Adobe
Photoshop CS3
Übungsbuch

Bibliografische Information Der Deutschen Bibliothek

Die Deutsche Bibliothek verzeichnet diese Publikation in der Deutschen Nationalbibliografie; detaillierte bibliografische Daten sind im Internet über <http://dnb.ddb.de> abrufbar.

Die Informationen in diesem Buch werden ohne Rücksicht auf einen eventuellen Patentschutz veröffentlicht. Warennamen werden ohne Gewährleistung der freien Verwendbarkeit benutzt. Bei der Zusammenstellung von Texten und Abbildungen wurde mit größter Sorgfalt vorgegangen. Trotzdem können Fehler nicht vollständig ausgeschlossen werden. Verlag, Herausgeber und Autoren können für fehlerhafte Angaben und deren Folgen weder eine juristische Verantwortung noch irgendeine Haftung übernehmen. Für Verbesserungsvorschläge und Hinweise auf Fehler sind Verlag und Herausgeber dankbar.

Alle Rechte vorbehalten, auch die der fotomechanischen Wiedergabe und der Speicherung in elektronischen Medien. Die gewerbliche Nutzung der in diesem Produkt gezeigten Modelle und Arbeiten ist nicht zulässig.

Fast alle Hardware- und Softwarebezeichnungen und weitere Stichworte und sonstige Angaben, die in diesem Buch verwendet werden, sind als eingetragene Marken geschützt. Da es nicht möglich ist, in allen Fällen zeitnah zu ermitteln, ob ein Markenschutz besteht, wird das ®-Symbol in diesem Buch nicht verwendet.

Umwelthinweis:
Dieses Buch wurde auf chlorfrei gebleichtem Papier gedruckt.
Um Rohstoffe zu sparen, haben wir auf Folienverpackung verzichtet.

Alle Aufnahmen dieses Buchs stammen von der Autorin, mit Ausnahme von:
2 Abbildungen Seite 27ff., Abbildung Seite 107, Seite 144ff., Seite 149, © MEV-Verlag
Die Abbildungen Seite 226ff, 242ff, 246ff mit freundlicher Genehmigung der Microsoft Deutschland GmbH

10 9 8 7 6 5 4 3 2 1

10 09 08

ISBN 978-3-8272-4277-8

© 2008 by Markt+Technik Verlag,
ein Imprint der Pearson Education Deutschland GmbH,
Martin-Kollar-Straße 10–12, D-81829 München/Germany
Alle Rechte vorbehalten
Umschlaggestaltung: Marco Lindenbeck, mlindenbeck@webwo.de
Lektorat: Cornelia Karl, ckarl@pearson.de
Fachliche Unterstützung: Heico Neumeyer
Korrektorat: Petra Kienle, Fürstenfeldbruck
Herstellung: Claudia Bäurle, cbaeurle@pearson.de
Satz: Eva Ruhland
Druck und Verarbeitung: Kösel, Krugzell (www.KoeselBuch.de)
Printed in Germany

Inhalt

Kapitel 1
Bilder mit Bridge verwalten

Übung 1
Von der Kamera zur Bridge 14

Übung 2
Navigation in Bridge 20

Übung 3
Fotos drehen, beschriften und werten 26

Übung 4
Fotos sortieren und umbenennen 32

Übung 5
Stichwörter vergeben (IPTC-Technik) 36

Übung 6
Metadaten bearbeiten 40

Übung 7
Ein Kontaktabzug für die CD-Hülle 46

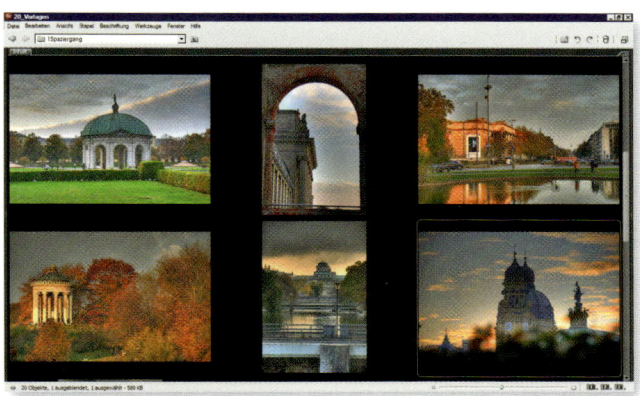

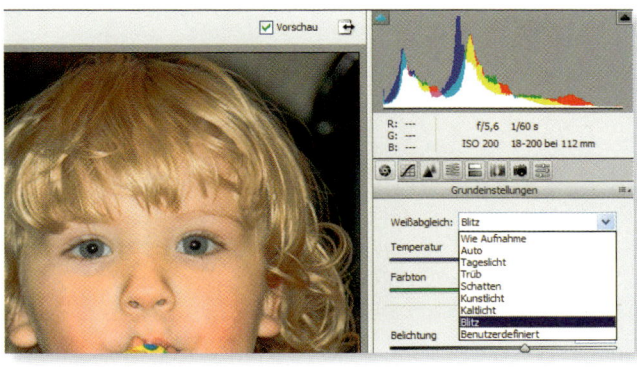

Kapitel 2
Camera Raw — das digitale Fotostudio

Übung 1
Der Raw-Dialog im Überblick 56

Übung 2
Farbe, Lichtquelle und Belichtung anpassen 60

Übung 3
Fortgeschrittene Raw-Funktionen 66

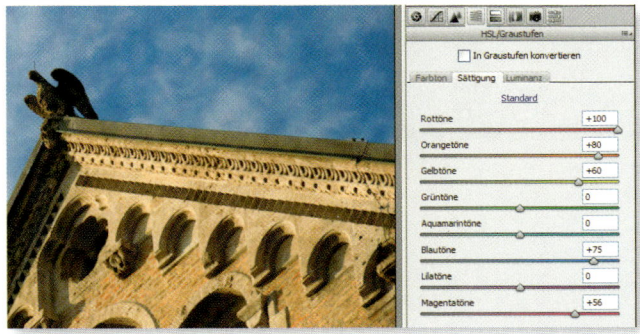

Inhaltsverzeichnis

Kapitel 3
Gescannte Bilder optimieren

Übung 1
Scannen lernen — von Raster bis Retusche 74

Übung 2
Gescannte Erinnerungen restaurieren 82

Kapitel 4
Bildgröße und -ausschnitt

Übung 1
Einen Ausschnitt begradigen und freistellen 92

Übung 2
Den Horizont gerade rücken 96

Übung 3
Auf eine bestimmte Bildgröße zuschneiden 100

Übung 4
Ein Seitenverhältnis zuweisen oder
beibehalten 104

Übung 5
Die Bildgröße verringern 108

Übung 6
Die Bildgröße hochrechnen 112

Übung 7:
Strecken und Dehnen mit Smart Objekten 118

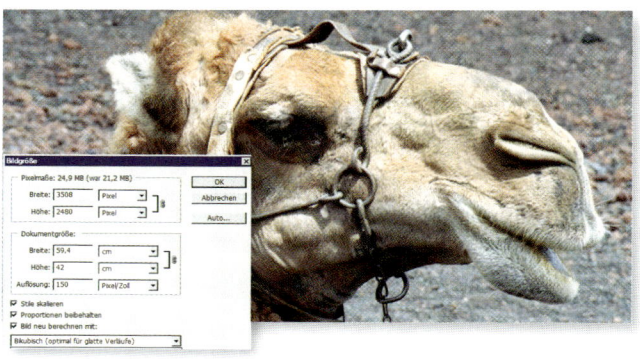

Kapitel 5
Kontrast- und Farbkorrektur

Übung 1
Automatisch oder manuell korrigieren? 128

Inhaltsverzeichnis

Übung 2
Kontraste per Ebenentechnik verbessern 136

Übung 3
Kontraste regeln und Farbtöne sättigen 140

Übung 4
Flexibel korrigieren per Einstellungsebene 144

Übung 5
Der digitale Aufhellblitz 150

Übung 6
Raffinesse mit Gradationskurven 156

Kapitel 6
Lösungen für Bildprobleme

Übung 1
Objekte umfärben 166

Übung 2
Den Himmel neu erfinden 170

Übung 3
Stürzende Linien und Verzerrungen
ausgleichen (1) 176

Übung 4
Stürzende Linien und Verzerrungen
ausgleichen (2) 180

Übung 5
Störende Objekte retuschieren 184

Übung 6
Bildrauschen entfernen 190

Übung 7
Klassisches Scharfzeichnen 194

Übung 8
Selektives Scharfzeichnen 196

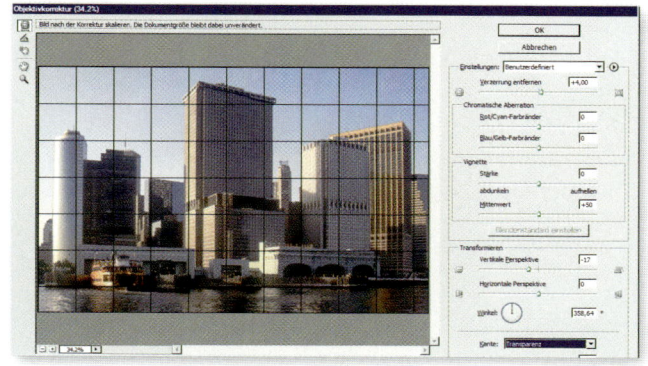

Inhaltsverzeichnis

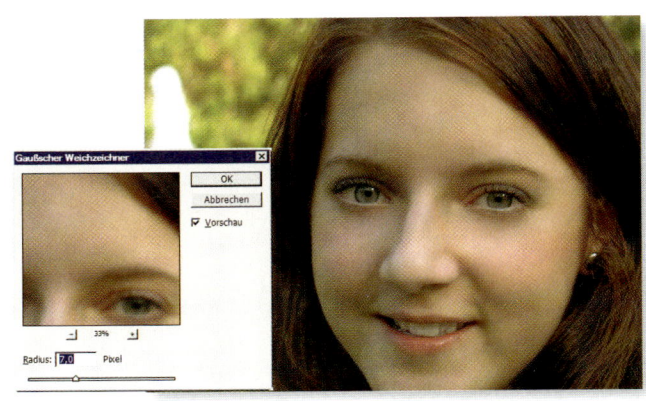

Kapitel 7
Porträts nachbearbeiten

Übung 1
Rote Augen — blaue Augen 204

Übung 2
Anti-Aging-Kur 206

Übung 3
Reif für das Titelbild 214

Kapitel 8
Spezialeffekte & Montagen

Übung 1
Text in Form gebracht 226

Übung 2
Völlig neue Textperspektiven 230

Übung 3
Voller Durchblick mit Glasschrift 236

Übung 4
Präzise Pfade für die Weiterverarbeitung 242

Übung 5
Digitales Kurvenlineal...246

Übung 6
Von Farbe zu Schwarzweiß..252

Übung 7
Zauberhafter Rundblick — Panoramabilder.........................256

Übung 8
Aha-Effekt mit Dynamikwunder HDRI 262

Kapitel 9
Dateiformate im Einsatz

Übung 1
Start mit Raw über DNG nach PSD 272

1 A: Raw-Dateien als flexible Basis im Archiv 273

1 B: Volles Programm mit dem PSD-Format 277

Übung 2
Von PSD zu TIFF für Offset- und Digitaldruck 280

2 A: Fit für die Druckvorstufe (CMYK) 281

2 B: TIFF-RGB — ideal für Toner und Tinte 287

Übung 3
JPEG: Der kompakte Allrounder 290

3 A: Ein Fotoabzug im richtigen Seitenverhältnis 291

3 B: Leichte Kost für Bildschirmpräsentationen 297

3 C: JPEG für Internet und E-Mail 302

Übung 4
GIF im Internet 306

4 A: GIF-Logo mit Transparenz 307

4 B: GIF-Animation 311

Index 315

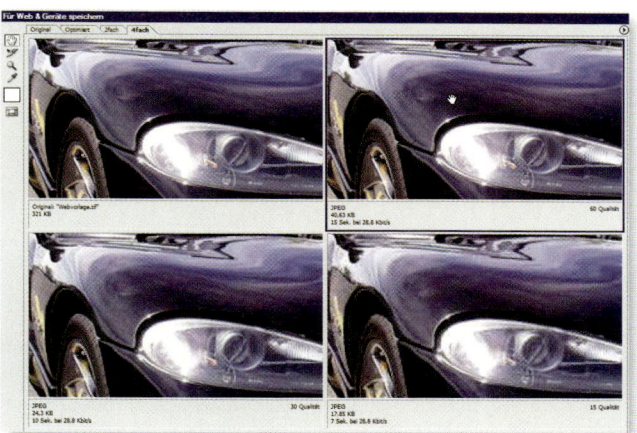

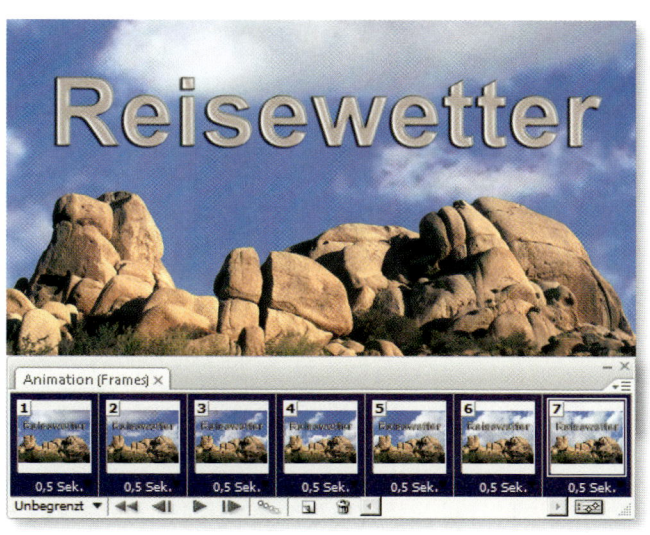

Vorwort

Schön, dass wir uns sehen!

Willkommen zum Photoshop-CS3-Übungsbuch.

Wie der Titel bereits verrät, möchte dieses Buch Sie anhand gezielter Übungen in die vielfältigen Möglichkeiten der Bildbearbeitung mit Photoshop einführen. Es wendet sich gleichermaßen an Einsteiger wie an Fortgeschrittene und bietet verschiedene Schwierigkeitsgrade, die Sie nach eigenem Ermessen angehen können.

Dabei liegt der Schwerpunkt auf der Praxis dessen, was Sie von der Eingabe bis hin zur Ausgabe der fertigen Bilder wissen müssen. Je nach Ihrem Wissensstand und dem aktuellen Bedarf können Sie bei jeder Übung im Buch einsteigen, denn jede stellt eine in sich geschlossene Einheit dar.

Nichtsdestotrotz hoffen wir natürlich, dass Sie dieses Buch vom Anfang bis zum Ende durcharbeiten und sich nichts von der Fülle an Informationen entgehen lassen. Zu jeder Übung gibt Ihnen die **Infothek** einen raschen Überblick über das, was Sie erwartet — vom Inhalt über den Arbeitsaufwand bis hin zu den genannten Übungsdateien auf der beiliegenden DVD:

Infothek	einfach ——————————————————— komplex
Lernschritte:	In dieser Rubrik erfahren Sie in kurzen Zügen, welche Arbeitsschritte die jeweilige Übung der Reihenfolge nach enthält. Ob Bildbefehle, Werkzeuge, Filter oder Ebenenmontage zur Inhaltsangabe zählen und welches Ergebnis für die Bildbearbeitung zu erwarten ist, lesen Sie hier.
Aufwand:	Vom geringen bis hin zum hohen Aufwand reicht die Skala der Übungen. Orientieren Sie sich auch rasch mit einem Blick auf den Grafikbalken der Infothek!
Übungsdatei:	Mit den genannten Dateinamen öffnen Sie die Übungsdateien im Ordner »Übungen« auf der DVD.

Vorwort

Zum Konzept

➤ Die 53 Übungen dieses Buchs enthalten jeweils spezifische Aufgaben und sind in übersichtliche Einzelschritte untergliedert. Hintergrundinformationen zu Photohop-Funktionen sowie zur (digitalen) Fotografie ergänzen die konkreten Anwendungen.

➤ Damit Sie die Arbeitsschritte Eins zu Eins nachvollziehen können, stehen Ihnen 260 Übungsbilder dieses Buchs auf DVD zur Verfügung. Insbesondere handelt es sich dabei um Dateien im JPEG-Format, da sie weniger Arbeitsspeicher und Speicherplatz benötigen, sowie um Ebenenmontagen im PSD-Format.

➤ Viele der Übungen sind auch mit älteren Photoshop-Versionen noch nachvollziehbar. Für die Version CS3 genügt die Standardausgabe.

➤ Der Großteil der Fotos stammt aus dem Archiv der Autorin. Bei einigen wenigen Bildern verdanken wir das Erscheinen der Agentur MEV sowie der Microsoft GmbH.

➤ Eine Reihe unserer Übungsbilder mussten wir aus didaktischen Gründen zunächst mit Mängeln versehen, um Ihnen eine gezielte Problembehandlung zu ermöglichen.

➤ **EXTRA** Manche Übungsschritte sind mit dem Prädikat **Extra** ausgezeichnet. Dabei handelt es sich um besondere Ergänzungen oder „Goodies", die für den Ablauf der Übung nicht zwingend nötig sind.

Windows und Macintosh

Selbstverständlich richtet sich das Buch gleichermaßen an Windows- sowie Macintosh-Nutzer, da Photoshop für beide Plattformen ausgelegt ist. Dabei werden Tastaturbefehle, die sich unterscheiden, sowohl für PC als auch für Mac angegeben.

Photoshop und (digitale) Fotografie

Die raffinierteste Bildbearbeitung ersetzt noch nicht den klugen Fotografen. Und je mehr Sie vom Fotografieren verstehen, desto besser gelingt nicht nur Ihre Aufnahme, sondern auch die Nachbearbeitung in Photoshop. Denn das Programm bietet viele Befehle, Filter und Werkzeuge, die ihren Ursprung im klassischen Fotolabor haben — und das gilt auch für den Camera Raw-Dialog.

Natürlich sind die Bedingungen beim Fotografieren nicht immer ideal: Da ist etwa ein Schnappschuss, bei dem ein störendes Element übersehen wurde, die Gegenlichtaufnahme oder das Bild mit dem vergessenen Weißabgleich. Digitalfotografie und Photoshop arbeiten Hand in Hand und dies nicht nur, um Bildfehler zu beheben.

Insbesondere bei Studioaufnahmen inszenieren Sie ein Fotoshooting am besten schon in Hinblick auf die spätere Weiterbearbeitung. So wurde im obigen Bildbeispiel die Farbe der Kleidung bereits derart gewählt, dass nur die unbedeckte Haut und die Haare betont werden. Ein schwarzer Hintergrund ersparte mühselige Blitzer beim Freistellen. Durch die Froschperspektive ergibt die Körperhaltung des Verlobungspaars eine Herzform. Die Feinabstimmung von Tiefen und Lichtern sowie der Farbsättigung gelang mit Bildbefehlen wie den **Gradationskurven**.

Vorwort

Zum Aufbau des Buchs

➤ Mit dem ersten Kapitel lernen Sie Wege kennen, um die Fotos von der Kamera in den Rechner zu schicken. Das zugehörige Archiv verwaltet Bridge und dort kümmern Sie sich um die Organisation der Bilder, indem Sie Ordner zuweisen, Favoriten kennzeichnen, Stichwörter und Suchbegriffe anlegen sowie die Bilder mit Einträgen in den Metadaten versehen wie etwa mit Ihrem Namen und dem Copyright.

➤ Das zweite Kapitel befasst sich mit dem optimalen Aufnahmeformat Ihrer Kompakt- oder digitalen Spiegelreflexkamera (DSLR): mit dem flexiblen Rohdatenformat Camera Raw.

➤ Da selbst im Zeitalter der Digitalfotografie noch nicht alle Bilder als Daten vorliegen und es in der Praxis immer wieder nötig wird, behandelt Kapitel 3 die richtige Vorgehensweise beim Scannen, also den Weg, um analoge Bilder optimal zu verarbeiten.

➤ Sobald Sie Ihre Bilder in Photoshop öffnen, kümmern Sie sich am besten zuerst um Bildgröße und Ausrichtung. Ob schiefer Horizont, neuer Bildausschnitt, fixe Größe oder Proportion — Kapitel 4 gibt Auskunft darüber.

➤ Kontrast- und Farbkorrekturen zählen zu den grundlegenden Maßnahmen der Nachbearbeitung, und deshalb ist diesem Thema das Kapitel 5 gewidmet. Wenn Sie Bilder korrigieren, erfolgt diese Optimierung am besten gleich nach dem vorherigen Zuschnitt.

➤ Das nächste Kapitel behandelt typische Bildfehler wie fluchtende Perspektive, Unschärfe oder Bildrauschen. Wie Sie Objekte neu einfärben, den Himmel attraktiver gestalten oder störende Elemente beseitigen, erfahren Sie hier außerdem.

➤ In nur drei — teilweise allerdings recht anspruchsvollen — Übungen verrät Ihnen Kapitel 7 die wesentlichen Tricks, um Porträts zu retuschieren. Rote Augen, Falten, Flecke, Augenringe und ungünstige Schatten werden behoben. Das Weiß der Augen oder Zähne frischen Sie auf, der Teint erhält den Alabaster-Schimmer eines Modells à la Medienbranche und ein wenig Make-up tut das Übrige.

➤ Spezialeffekte und Photoshop-Montagen bietet Kapitel 8. Sie arbeiten mit Texteffekten, erstellen eine elegante Auswahl von Bildelementen mit Pfaden, die Sie an andere Desktop-Publishing-Programme weiterreichen können, und verwandeln Farbbilder in Graustufen mit Farbakzent. Die Highlights erläutern, wie Sie Panoramen und brillante HDR-Bilder erzeugen.

➤ Zuguterletzt sollen die bearbeiteten Dateien für den richtigen Zweck im geeigneten Format bei passender Bildgröße gespeichert werden. Ob Sie nun flexible Rohdaten für Ihr Fotoarchiv benötigen, Ebenenmontagen zur verlustfreien Weiterbearbeitung aufbereiten, Bilder für die Druckvorstufe oder auch den Ausdruck am heimischen Drucker ausgeben, Fotos ausbelichten wollen, optimale Bildschirmpräsentationen starten oder den idealen Internetauftritt planen — hier finden Sie rasch die beste Lösung.

➤ Damit schließt sich der Kreis von der Eingabe bis hin zur Ausgabe Ihrer Bilder und Sie sind auf dem besten Weg, der Autorin Konkurrenz bei guten Jobs zu machen und Kunden zufriedenzustellen. Falls es gewisse Auftraggeber dennoch immer besser wissen wollen, kombinieren Sie Ästhetik und Photoshop am besten mit etwas einfühlsamer Psychologie.

Informationen

Ihre Bedürfnisse sind uns ein Anliegen! — Übungen im Internet

Schön und gut. Da sitzen Sie nun vor einem Berg von Übungen, doch Ihr akutes Problem ist nicht dabei? Kein Übungsbuch vermag die Vielfalt der Möglichkeiten abzudecken, die eine Bildbearbeitung mit Photoshop ermöglicht. Deshalb haben wir eine Webadresse eingerichtet, an die Sie sich wenden können, wenn Ihnen ein wirklich wichtiges Thema fehlt. Sofern es nicht allzu speziell ist und mehreren Nutzern dienen kann, stellen wir Ihren Vorschlag als neue Übung im Internet vor.

Unter der Adresse **www.mut.de/photoshop-kompendium/** finden Sie die Rubrik „Übungsbuch". Per Klick darauf können Sie sich weitere neue Übungen ansehen. Dort finden Sie auch die E-Mail-Adresse, um Ihren persönlichen Vorschlag zu senden.

Wer steckt hinter „wir"?

Immer wieder taucht im Buch das Wörtchen „wir" auf. Dahinter steht ein kleines Team von unglaublich engagierten Leuten, die die Autorin unterstützt und begleitet haben: Michael Schmithäuser mit Fotos, Tipps und Tricks, die ermutigende Lektorin Cornelia Karl und natürlich Heico Neumeyer, der Verfasser des „Kompendiums" zu Photoshop CS3 (erschienen im selben Verlag), wo Sie wirklich jede Frage beantwortet finden, die Sie noch zu Photoshop haben und die den Rahmen dieses Buchs bei weitem sprengen würde. — Ihnen allen gebührt ein heftiger Applaus und der herzliche Dank der Autorin.

Über die Autorin

Eva Ruhland lebt als Grafikdesignerin, Medienkünstlerin und Fachjournalistin in München. Neben Lehraufträgen schreibt sie auch Übersetzungen und Fachartikel. Interaktive Multimedia-Produktionen ergänzen das Spektrum.

Schon seit Mitte der achtziger Jahre bearbeitet Eva Ruhland Fotos und Videos analog und digital — angefangen hat sie mit dem legendären Commodore Amiga. Mitte der neunziger Jahre betrieb sie während eines längeren Stipendienaufenthalts in New York ein intensives One-by-One-Training zu Photoshop. Später kam dann auch Webdesign hinzu.

Ruhland studierte in München an der Akademie der Bildenden Künste, außerdem Germanistik und Pädagogik.

(Ent-)decken Sie mit Bridge den digitalen Leuchttisch, um Ihre Bilder zu verwalten und zu sortieren.

Vergeben Sie Namen, Wertungen und Stichwörter. Ergänzen Sie Metadaten und ITCP-Informationen: So erstellen Sie ein gut organisiertes Fotoarchiv bis hin zur optimalen Präsentation.

Kapitel 1
Bilder mit Bridge verwalten

Übung 1
Von der Kamera zur Bridge   14

Übung 2
Navigation in Bridge   20

Übung 3
Fotos drehen, beschriften und werten   26

Übung 4
Fotos sortieren und umbenennen   32

Übung 5
Stichwörter vergeben (IPTC-Technik)   36

Übung 6
Metadaten bearbeiten   40

Übung 7
Ein Kontaktabzug für die CD-Hülle   46

Übungen mit Bridge — Foto-Downloader

Übung 1: Von der Kamera zur Bridge

Sobald Sie Ihre Digitalkamera oder einen Kartenleser an Ihren Computer angeschlossen haben, beginnt der Dialog zum Herunterladen der Fotos.

Alternativ wählen Sie direkt in Bridge den Befehl **Datei: Bilder von Kamera abrufen**. Es öffnet sich der **Adobe Bridge CS3-Foto-Downloader**. – Unter Windows erscheint dieselbe Dialogbox bereits, wenn Sie im Autoplay-Fenster auf **Bilder herunterladen mit Adobe Bridge CS3** klicken. Bereits mit dem **Downloader** können Sie grundlegende Voreinstellungen treffen, um Ihre Fotos zu archivieren und zu verwalten. Das Feintuning mit Wertungen, Stichwörtern und Metadaten nehmen Sie danach direkt in Bridge vor. Dort vergeben Sie nach Bedarf auch individuelle Namen für Einzelbilder, während im Downloader nur serielle Benennungen möglich sind.

Lesen Sie, wie Sie mit dem Downloader bereits erste Weichen stellen können, um ein systematisches Fotoarchiv anzulegen. So manche Einstellung wird Ihnen bei der Arbeit mit Bridge immer wieder begegnen – es lohnt sich also, diese Übung nicht zu überspringen, selbst wenn Sie vor allem mit längst auf der Festplatte gespeicherten Fotos arbeiten.

Infothek

	einfach		komplex

Lernschritte:	Sie vollziehen den Weg Ihrer Fotos direkt von der Kamera zur Bridge: Legen Sie Ordnernamen, Bildbezeichnung und Nummerierung für einzelne Fotos oder komplette Serien fest. Ergänzen Sie Autor- und Copyright-Eintrag. Je nach Dateityp bestimmen Sie schon vorab den Umgang mit Raw-Dateien. Sicherungskopien begleiten Ihre Archivierung.
Aufwand:	Gering bis mittel
Übungsdatei	Beliebige Fotos Ihrer Digitalkamera

Übung 1

Schritt 1: Bestimmen Sie den richtigen Ordner zum Speichern

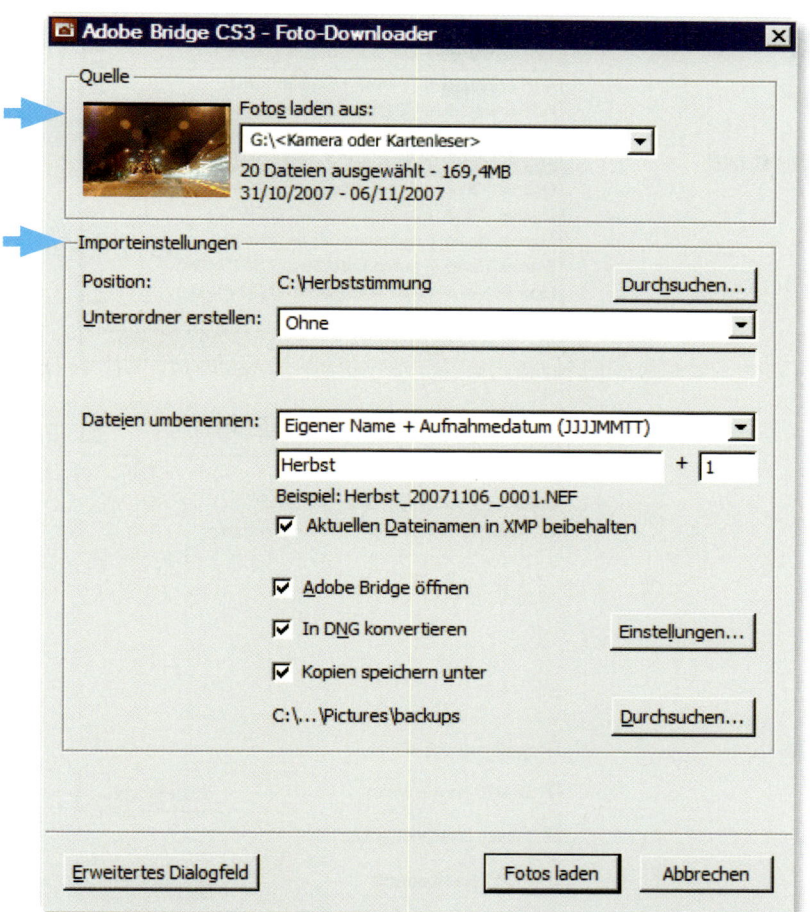

Geben Sie im **Foto-Downloader** als QUELLE im Ausklappmenü FOTOS LADEN AUS Ihren Kameratyp, die Speicherkarte oder den Kartenleser an. Das zuletzt aufgenommene Bild wird in der Vorschau angezeigt, zudem die Informationen über Anzahl, Dateigröße und Aufnahmezeitraum der gewählten Dateien.

Unter den IMPORTEINSTELLUNGEN können Sie per DURCHSUCHEN den Ordner anlegen oder anwählen, in dem die Fotos gespeichert werden sollen.

Wie Ihre Fotos gespeichert werden, hängt dabei entscheidend vom Menü UNTERORDNER ERSTELLEN ab:

Vergeben Sie nach Belieben einen EIGENEN NAMEN oder weisen Sie etwa das AUFNAHME-DATUM zu; wenn Sie Ihr Fotoarchiv langfristig planen wollen, erleichtert die Einteilung nach Jahr, Monat und Tag (JJJJMMTT) Ihr System deutlich, da Sie über präzise Suchkriterien verfügen.

Wollen Sie individuelle Vorgaben lieber später in Bridge vornehmen, so verzichten Sie auf Unterordner mit Namen oder Datum und geben Pfad und Ordner pauschal per OHNE an.

Den aktuellen Pfad sowie die Benennung des Ordners können Sie nach Ihrer Eingabe rechts neben der POSITION überprüfen.

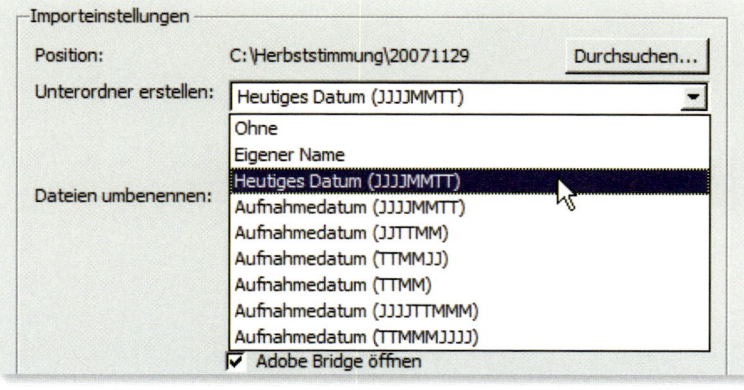

Tipp
Der Foto-Downloader legt bei der Option AUFNAHMEDATUM mehrere Unterordner an, sofern die Fotos an unterschiedlichen Tagen entstanden sind. Mit der Wahl HEUTIGES DATUM oder EIGENER NAME erhalten Sie einen einzigen Unterordner für Ihre Serie oder Ihr Thema.

Übungen mit Bridge — Foto-Downloader

Schritt 2: Vergeben Sie präzise Dateinamen

Mit der Einstellung DATEIEN UMBENENNEN bestimmen Sie Namen und Aufnahmedatum Ihrer Fotos selbst. Zudem legen Sie die Nummerierung der Bilder nach Bedarf fest: Der Eintrag kann beispielsweise bei +1 beginnen oder auch mit der Bildnummerierung Ihrer Kamera konform gehen, indem Sie mit den Ziffern des ersten Fotos beginnen (Beispiel: +1022). Allerdings erlaubt der **Downloader** maximal einen vierstelligen Eintrag. Das BEISPIEL zeigt Ihre aktuellen Vorgaben in der Vorschau.

Alternativ speichern Sie den Originaldateinamen in der Datei, indem Sie folgende Option der Mausklick akivieren: AKTUELLEN DATEINAMEN IN XMP BEIBEHALTEN. Damit bleibt der ursprüngliche Dateiname des Originalfotos in den Metadaten erhalten.

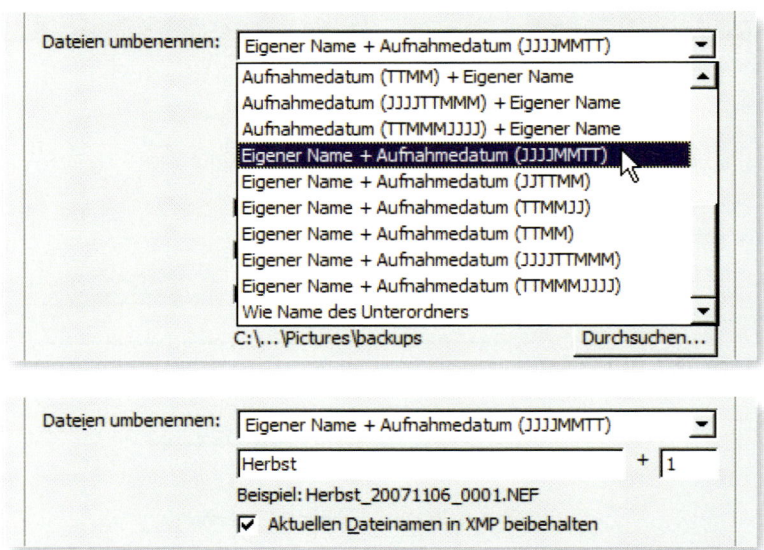

Schritt 3: Weitere Einstellungen

Standardmäßig ist die Einstellung ADOBE BRIDGE ÖFFNEN aktiviert — selbst wenn Sie den **Downloader** aus Bridge heraus geöffnet haben und nicht unter der Autoplay-Funktion von Windows. Logik hin oder her, belassen Sie es dabei, denn schließlich sollen die weiteren Feineinstellungen zu Ihrem Fotoarchiv ja in Bridge erfolgen.

Die aktivierte Option IN DNG KONVERTIEREN öffnet ein Dialogfenster mit den **DNG-Konvertierungseinstellungen**.

Sie eignet sich für Camera Raw-Dateien, die ein eigenes, kameraspezifisches Rohdatenformat verwenden und in das von Photoshop CS3 unterstützte, offene Archivformat DNG (Digital Negative) konvertiert werden sollen. Weitere Informationen zum Thema »DNG« finden Sie in Kapitel 2.

Verschiedene Einstellungen und Kombinationen regeln Datenmenge und Dateigröße:

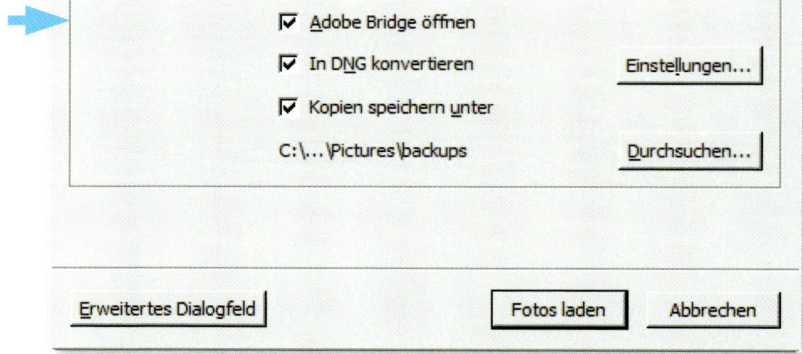

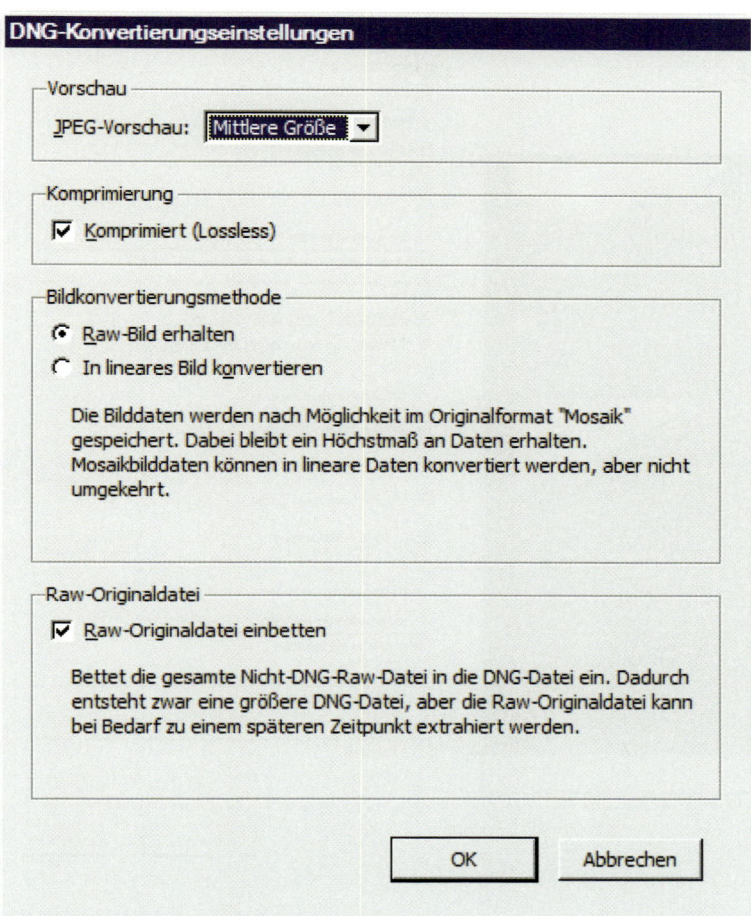

DNG-Konvertierungseinstellungen
Per JPEG-VORSCHAU bestimmen Sie, ob eine Vorschau als JPEG in die RAW-Datei eingebettet wird. Dies wirkt sich nicht auf die Miniaturdarstellung in Bridge aus, jedoch darauf, wie klein oder groß das Bild etwa beim Import in andere (Adobe-)Programme dargestellt wird. OHNE erzeugt bestenfalls einen Thumbnail in Briefmarkengröße, MITTLERE GRÖSSE wirkt brauchbar, VOLLE GRÖSSE eignet sich am besten, beansprucht jedoch in unserer Testdatei knapp 1 MB mehr an Speicherplatz als die Option OHNE.

Aktivieren Sie KOMPRIMIERT, wird das Foto ohne Datenverlust mit geringerer Dateigröße komprimiert. Die Option ist empfehlenswert, da sie viel Speicherplatz spart.

Als Bildkonvertierungsmethode behalten Sie ein Maximum an Bildinformationen, wenn Sie RAW-BILD ERHALTEN wählen. IN LINEARES BILD KONVERTIEREN speichert das Bild ohne Mosaikbilddaten in interpoliertem Format. Dies ist höchstens dann sinnvoll, wenn das Bild von einer anderen Software interpretiert werden soll, die über kein Profil Ihrer Digitalkamera verfügt. Achtung: Die Dateigröße steigt dabei fast um das Dreifache und das Raw-Format geht verloren!

Tipp
Unter http://www.adobe.com/products/photoshop/cameraraw.html finden Sie eine Liste der Kameras, die DNG bereits unterstützen.

Auch Ihr Umgang mit der Raw-Originaldatei bestimmt die Dateigröße mit: Deaktivieren Sie RAW-ORIGINALDATEI EINBETTEN per Klick, schrumpft die Dateigröße fast auf die Hälfte. Da die Raw-Datei dann nicht mehr extrahiert werden kann, wagen Sie diesen Schritt am besten dann, wenn Sie Sicherungskopien Ihrer Raws angelegt haben, wie sie der Ordner »backups« links zeigt:

Mit dem Häkchen in der Checkbox KOPIEN SPEICHERN UNTER erstellt Photoshop im angegebenen Ordner Kopien der ursprünglichen Kameradateien. Dateiformat und Benennung werden unverändert beibehalten. Sind Sie mit den bisherigen Einstellungen zufrieden, klicken Sie auf FOTOS LADEN.

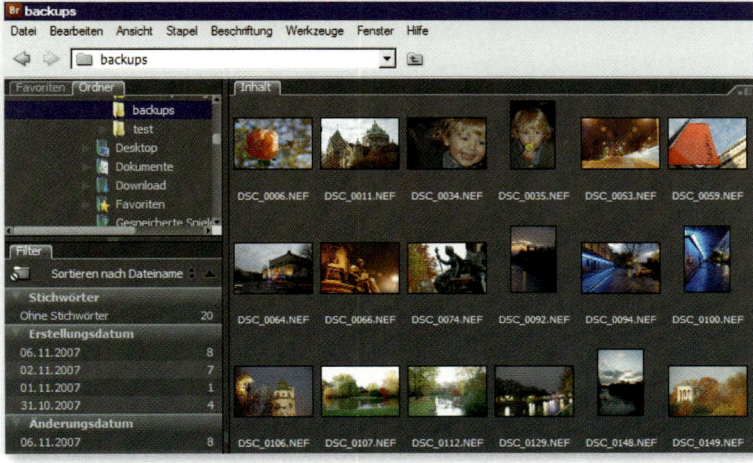

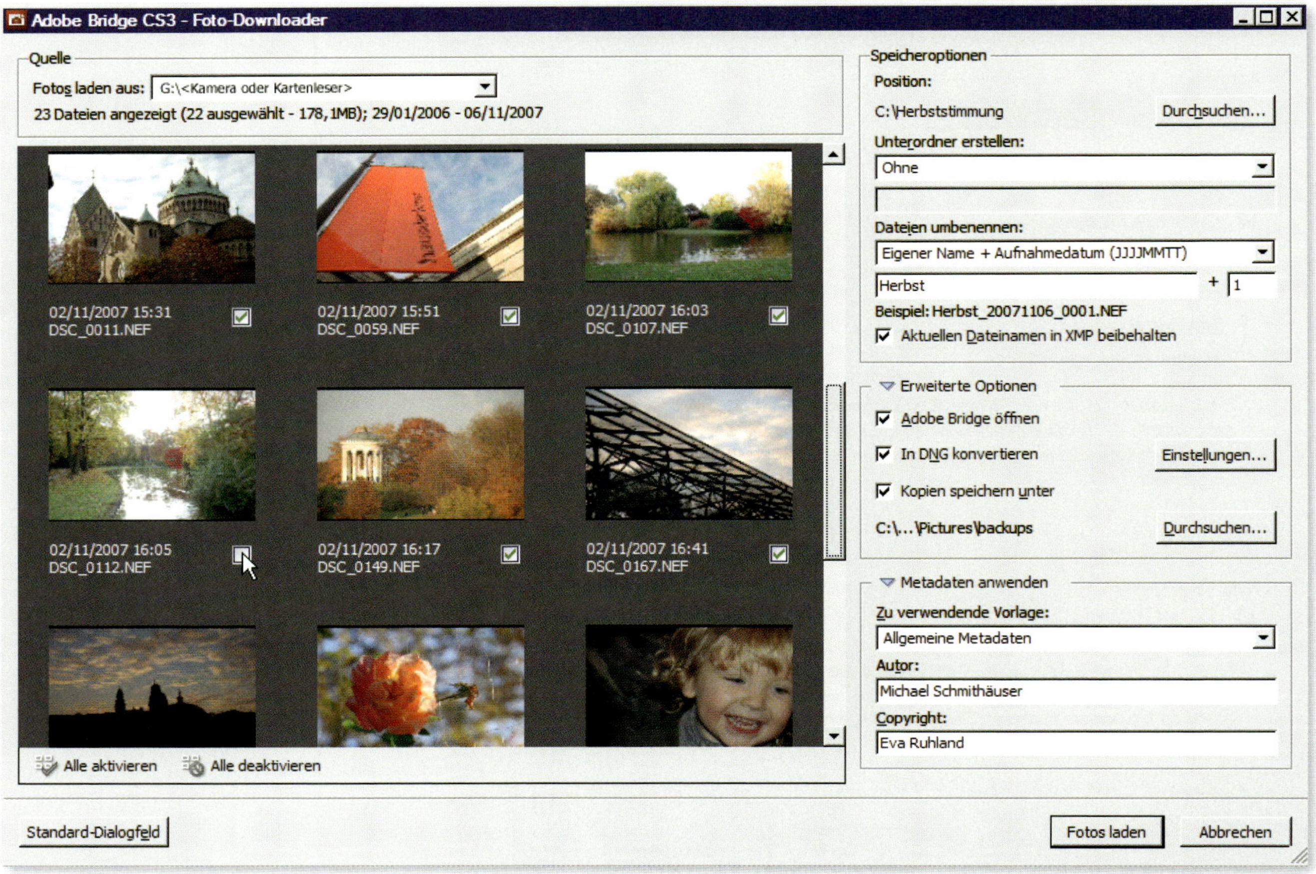

Übungen mit Bridge — Foto-Downloader

Schritt 4: Erweitertes Dialogfeld

Sie sind noch nicht zufrieden? Gut, ein bisschen mehr geht noch: Per Klick auf die Taste unten links wechseln Sie zwischen ERWEITERTES DIALOGFELD und dem bisher verwendeten STANDARD-DIALOGFELD.

Im Fenster ERWEITERTES DIALOGFELD können Sie einzelne Fotos per Mausklick deaktivieren. So vermeiden Sie beispielsweise den unnötigen Download von verwackelten oder schlecht belichteten Aufnahmen. Auch ein guter Fotograf wird vorweg die Spreu vom Weizen trennen. Sollten Sie mit Ihrer Auswahl an gewählten Fotos nicht zufrieden sein, rollen Sie das Ganze von vorn auf und zwar mit Klick auf ALLE DEAKTIVIEREN bzw. ALLE AKTIVIEREN links unter dem Miniaturfeld. Dann wählen Sie einzelne Bilder gezielt an. Die Option, Bilder von der Karte zu löschen, besteht allerdings nicht.

Haben Sie Ihre Digitalkamera derart eingestellt, dass neben den Raw-Formaten auch JPEG-Dateien gespeichert werden, zeigt das ERWEITERTE DIALOGFELD auch beide Versionen an. Eine Konvertierung in DNG betrifft natürlich nur die Raw-Bilder.

Übung 1

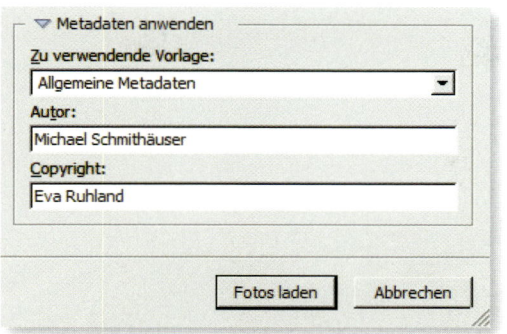

Schritt 5: Metadaten ganz global

Die bisher besprochenen Einstellungen des Standard-Dialogfelds bleiben im ERWEITERTEN DIALOGFELD erhalten. Ganz generell (und nicht so individuell wie bei den Eingaben in Bridge) haben Sie in dieser Ansicht jedoch noch die Wahl, die Metadaten Ihrer Fotos beizubehalten oder zu löschen.

Unter METADATEN ANWENDEN: ZU VERWENDENDE VORLAGE bleiben allgemeine Metadaten Ihrer Fotos erhalten. Mit der Option OHNE tilgen Sie die Metadaten unweigerlich. Da Sie später in Bridge individuell Metadaten ergänzen oder Einträge löschen können, belassen Sie diese hier unbedingt.

Komfortabel sind die Vorgaben zu AUTOR und COPYRIGHT. Hier tippen Sie nach Bedarf ganz generell Ihren Vermerk zu allen Digitalfotos ein, die Sie herunterladen möchten. Differenzierungen können Sie wiederum in Bridge vornehmen. Klicken Sie nun auf FOTOS LADEN und freuen Sie sich auf das Feintuning in Bridge.

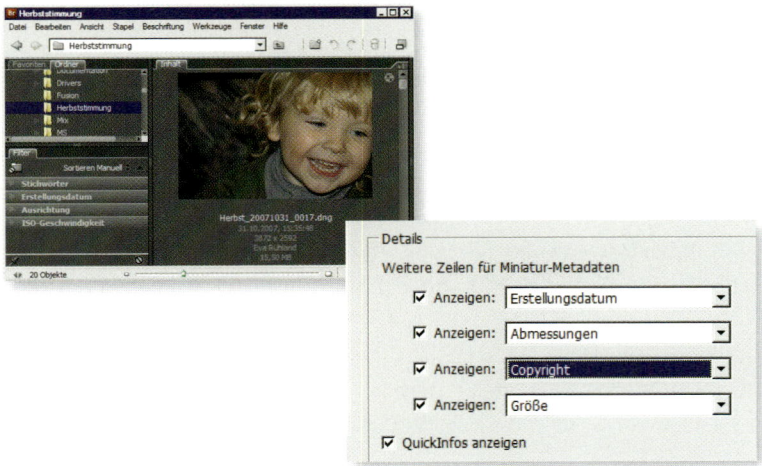

Schritt 6: Miniatur-Metadaten in Bridge anzeigen

Vielleicht wollen Sie die Früchte Ihrer bisherigen Arbeit sogleich in Bridge genießen?

Lassen Sie sich bis zu vier der vorhandenen Metadateneinträge doch gleich in Bridge anzeigen. Wählen Sie dazu **Bearbeiten: Voreinstellungen: Miniaturen** und aktivieren Sie unter DETAILS die Option WEITERE ZEILEN FÜR MINIATUR-META-DATEN per Häkchen. Dabei haben Sie die freie Wahl aus einer langen Liste von Einträgen.

Übungen mit Bridge — Navigation

Übung 2: Navigation in Bridge

Mit dieser Übung erhalten Sie einen allgemeinen Überblick über die Benutzeroberfläche von Bridge. Diese Grundlagen helfen Ihnen, sich im Umgang mit Paletten, Arbeitsbereichen und Funktionen rasch zurechtzufinden. Das kleine Einmaleins des „was ist wie und wo" dient als Voraussetzung für all jene Operationen, mit denen Sie Bilder verwalten und sortieren.

Von Photoshop aus starten Sie Bridge entweder über das Symbol GEHE ZU BRIDGE in der Optionsleiste oben rechts oder per **Datei: Durchsuchen** Alt + Strg + O am PC bzw. Alt + ⌘ + O am Mac.

Die Standardarbeitsfläche von Bridge gliedert sich generell in drei vertikale Spalten: Links finden Sie die Karteireiter zu Ordnern und Favoriten, darunter die Filter; in der Mitte steht das Inhaltsfenster mit den Miniaturen und rechts befindet sich die Vorschau, darunter Metadaten bzw. Stichwörter.

Auch in anderen Ansichten als der Standardeinstellung sind diese Fenster nicht frei schwebend, sondern fixiert. Je nach Bedarf können Sie einzelne Spalten jedoch entweder ausdehnen oder bis hin zum Rand minimieren. Auch die Karteireiter lassen sich verschieben.

Infothek	einfach				komplex
Lernschritte:	Sie kopieren Einzeldateien und Ordner in Bridge und weisen diese als Favoriten aus. Des Weiteren lernen Sie den Umgang mit Karteireitern, Miniaturen und Arbeitsbereichen so weit, dass Sie Ihr eigenes optimales Bridge-Erscheinungsbild gestalten können.				
Aufwand:	Relativ gering				
Übungsdatei:	Auf der DVD im Verzeichnis »Übungen« finden Sie den Ordner »Spaziergang« sowie die Datei Kontaktabzug_Ebenen.psd.				

Übung 2

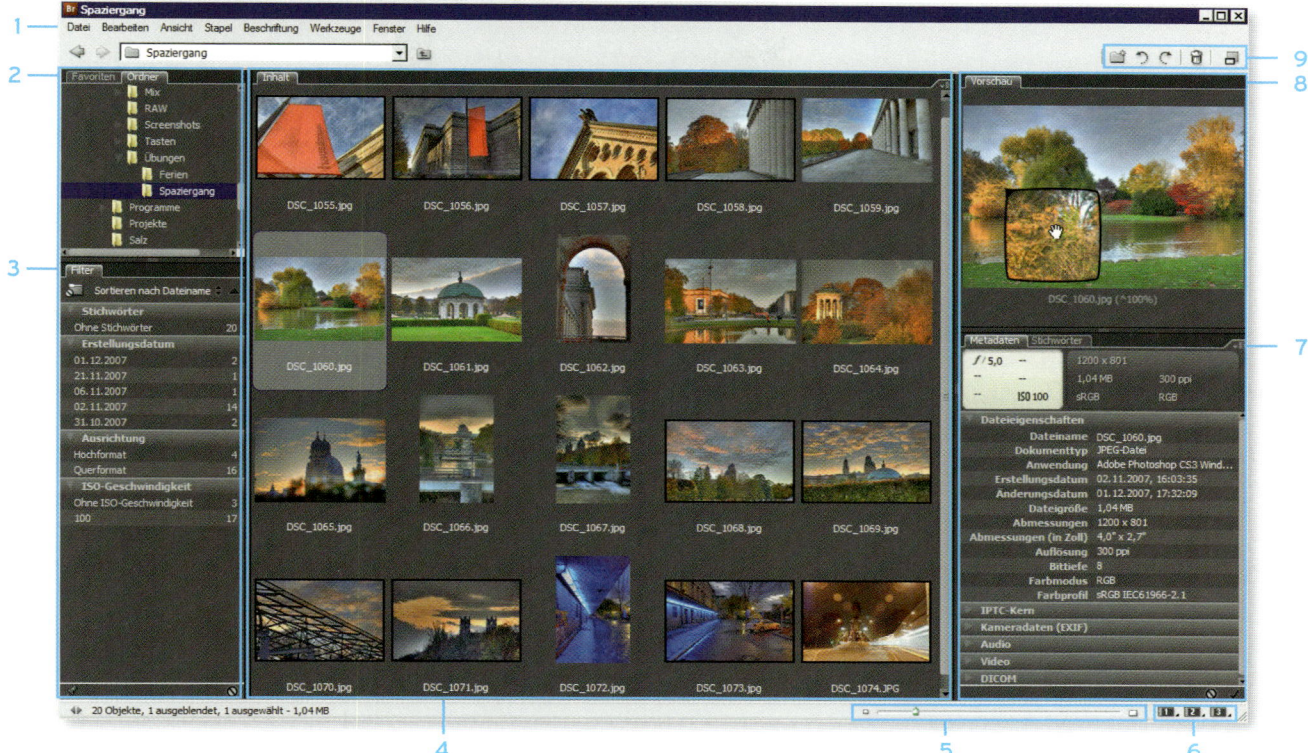

Der Bridge-Wegweiser – was ist wo und wie?

1 Per **Bearbeiten**: **Voreinstellungen** passen Sie Optik und Funktion Ihren individuellen Bedürfnissen an

2 Der Klick auf den Karteireiter ORDNER zeigt Bilder im Inhaltsfenster als Miniaturen an. Im Karteireiter FAVORITEN legen Sie wichtige Ordner für den schnellen Zugriff ab.

3 Für Photohop-Anwender mag der Begriff FILTER etwas irritierend sein. Gemeint ist die Bildsuche nach Kriterien: Filtern Sie Bilder beispielsweise nach DATEITYP, WERTUNGEN, STICHWÖRTERN, ERSTELLUNGSDATUM, ÄNDERUNGSDATUM, AUSRICHTUNG, SEITENVERHÄLTNIS oder ISO-GESCHWINDIGKEIT (siehe Übungen 3 und 4).

4 Im Inhaltsfenster werden Bilder als Miniaturen sowie die Dateinamen angezeigt. Ein Vorteil gegenüber anderen Programmen zur Dateiorganisation: Auch DNG- und andere Raw-Dateien erscheinen als Miniaturen.

5 Mit dem Regler legen Sie die Größe der Miniaturen fest. Je nach Menge der Bilder in einem Ordner bewahren Sie so den Überblick.

6 Wechseln Sie rasch die Ansicht Ihres Arbeitsbereichs zwischen 1 = STANDARD, 2 = HORIZONTALER FILMSTREIFEN, 3 = METADATEN-FOKUS. Weitere Arbeitsbereiche wählen Sie beim Klick auf eine der drei Schaltflächen mit gedrückt gehaltener Maustaste.

7 Der Karteireiter METADATEN zeigt vorhandene Einträge Ihrer Fotos zu DATEIEIGENSCHAFTEN, IPTC-KERN, EXIF-DATEN und gegebenenfalls CAMERA RAW-Informationen. Hier können Sie Einträge ergänzen oder verändern (siehe Übung 4).

8 In der Vorschau können bis zu neun ausgewählte Bilder angezeigt werden. Per Lupe zoomen Sie Ausschnitte heran, um die Bildqualität zu überprüfen.

9 Erstellen Sie per Klick einen neuen Ordner, drehen Sie Bilder um 90° gegen den oder im Uhrzeigersinn, löschen Sie Objekte oder wechseln Sie in den Kompaktmodus, um das Bridge-Fenster zu verkleinern. Dieser Modus ist sehr praktisch, wenn Sie viele Fenster oder Programme geöffnet haben.

Übungen mit Bridge — Navigation

Schritt 1: Ordner kopieren

Um ein neues Archiv anzulegen, müssen Sie zunächst vielleicht Dateien aus anderen Ordnern, von CD, DVD oder auch der Kamera kopieren. Dies ist einerseits direkt auf der Windows- bzw. Macintosh-Plattform möglich, andererseits in Bridge. Beide Verfahren stellen wir hier vor.

Mit dem Datei-Explorer von Windows, dem Finder auf Mac oder einem anderen Programm zur Dateiverwaltung wählen Sie den Ordner »Spaziergang« von der Übungs-CD. Ziehen Sie entweder den kompletten Ordner (per Drag & Drop) auf Ihre Festplatte oder kopieren Sie ihn mit [Strg]+[C] (PC) bzw. [⌘]+[C] (Mac).

Alternativ klicken Sie auf eines der Fotos im Ordner und markieren dann alle Bilder mit [Strg]+[A] (PC) bzw. [⌘]+[A] (Mac). Nach dem Kopierbefehl [Strg]+[C] (PC)/[⌘]+[C] (Mac) erstellen Sie einen neuen Ordner mit beliebigem Titel auf Ihrer Festplatte und fügen Sie die Fotos per [Strg]+[V] (PC) bzw. [⌘]+[V] (Mac) dort ein.

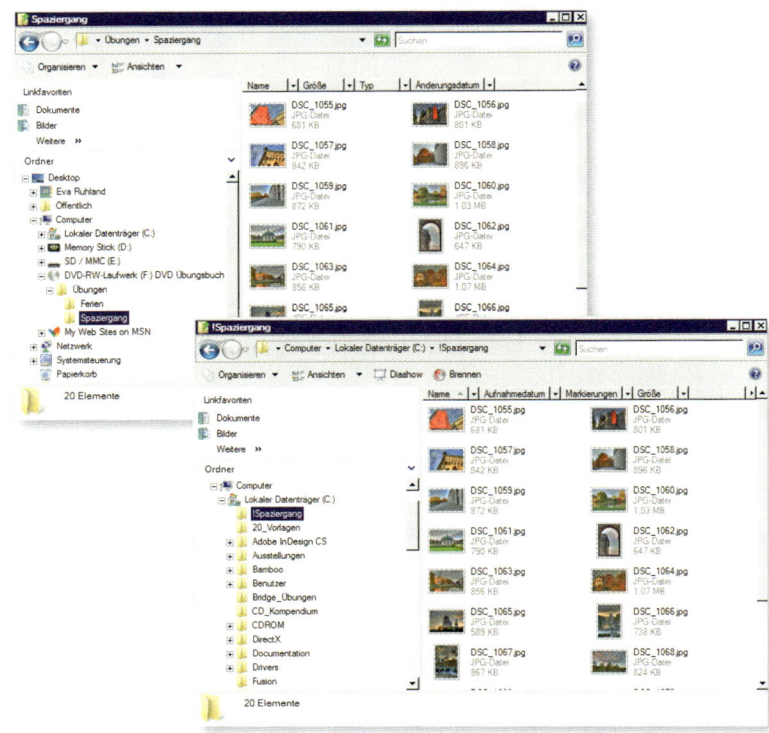

Direkt in Bridge navigieren Sie ähnlich. Wählen Sie entweder einen Ordner von DVD oder etwa Speicherkarte im Karteireiter INHALT und kopieren Sie ihn per **Bearbeiten: Kopieren** bzw. mit dem Tastaturbefehl [Strg]+[C] (PC)/[⌘]+[C] (Mac).
Alternativ benutzen Sie die rechte Maustaste (PC) oder halten die [Ctrl]-Taste gedrückt (Mac), um den Befehl KOPIEREN anzuklicken. Nur auf diesem Weg können Sie Ordner kopieren, die im Karteireiter ORDNER angewählt sind. Dann heißt es wiederum: Festplatte auswählen und **Bearbeiten: Einfügen** oder Tastaturbefehl [Strg]+[V] (PC) bzw. [⌘]+[V] (Mac), um den kopierten Ordner einzufügen. Per **Datei: Löschen** entfernen Sie überflüssige Ordner.

Tipp:
Sofern Sie einen Ordner im Karteireiter ORDNER angewählt haben, achten Sie unbedingt darauf, dass im Inhaltsfenster keine einzelne Datei bzw. kein Ordner markiert ist, sonst wird entweder nur diese eine Datei kopiert oder Sie erhalten einen unerwünschten Unterordner. Ein Klick in die neutrale Hintergrundfläche des Inhaltsfensters hebt übrigens jede Auswahl auf.

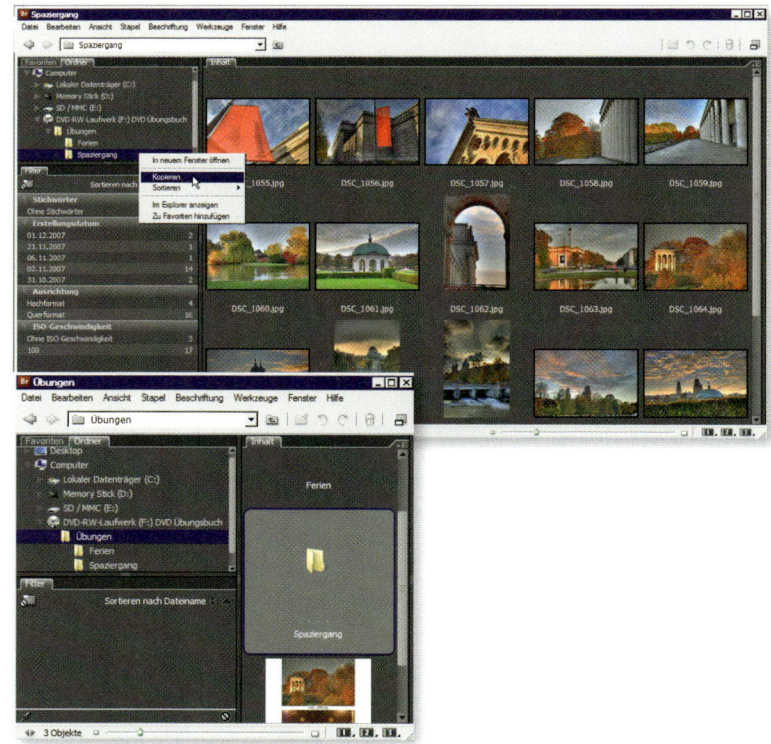

Übung 2

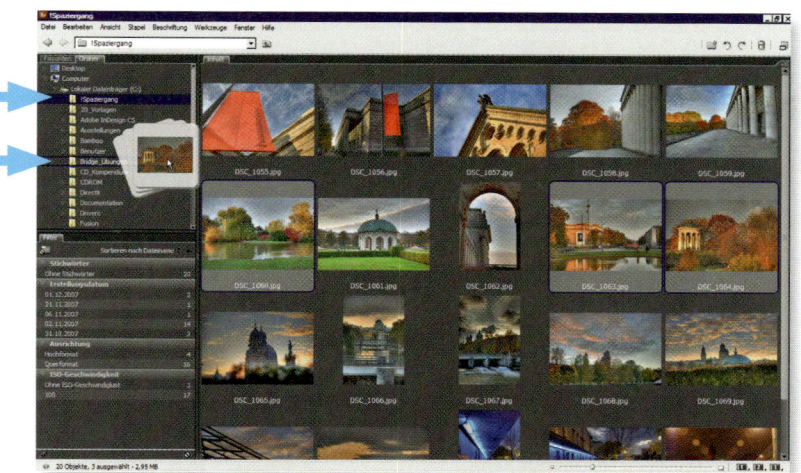

Schritt 2: Einzelne Fotos verschieben oder kopieren

Stopp, Sie wollten doch nur einzelne Dateien und nicht einen kompletten Ordner bewegen oder kopieren?

Um übersichtlich im Karteireiter ORDNER zu navigieren, ziehen Sie bei Bedarf den Reiter mit gedrückter Maustaste am unteren oder rechten Rand weiter auf.

Wählen Sie die gewünschten Bilder im Inhaltsfenster von Bridge per Klick bei gedrückter [Strg]-Taste am PC bzw. [⌘]-Taste am Mac im Inhaltsfenster aus. Ziehen Sie die Bilder dann auf den Ordner, in den sie bewegt werden sollen.

In unserem Beispiel heißt der Stammordner »Spaziergang«, der Zielordner trägt den Namen »Bridge_Übungen«.

Wollen Sie die Bilder kopieren und nicht nur bewegen, so halten Sie während des Ziehens die [Strg]-Taste am PC bzw. [Alt]-Taste am Mac gedrückt. Sofern Sie die Fotos auf eine andere Partition kopieren wollen, brauchen Sie allerdings keine Taste zu drücken.

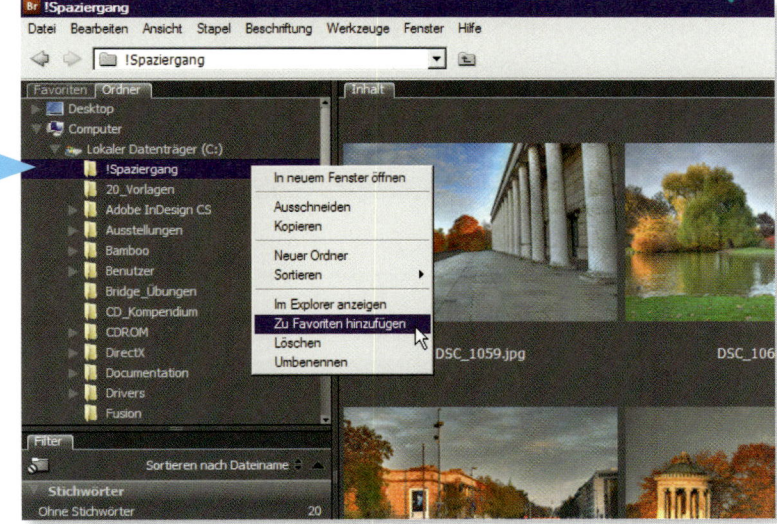

Schritt 3: Favoriten zuweisen

Bevorzugte Ordner, auf die Sie häufig rasch zugreifen wollen, tragen Sie im Karteireiter FAVORITEN ein.

Wählen sie dazu Im Karteireiter ORDNER – oder bei entsprechender Darstellung auch im Inhaltsfenster – den bevorzugten Ordner und klicken Sie mit der rechten Maustaste (PC) darauf bzw. mit der gedrückten [Ctrl]-Taste (Mac).

Mit dem Befehl **Zu Favoriten hinzufügen** wird Ihr Ordner im Karteireiter FAVORITEN prompt als Link gelistet und ist sofort greifbar, ohne dass Sie Ordner und Unterordner erst durchwühlen müssen.

Übungen mit Bridge — Navigation

Schritt 4: Favoriten verwalten oder löschen

Jeder Ordner, den Sie als Favoriten deklariert haben, erscheint im Karteireiter FAVORITEN. Dort können Sie ihn mit gedrückter Maustaste an eine beliebige Position nach oben oder unten verschieben. In unserem Beispiel zogen wir den Ordner »!Spaziergang« an die oberste Position der Favoriten.

Zum Löschen des Favoriten genügt wiederum der Klick per rechter Maustaste am PC bzw. per `Ctrl`-Taste am Mac mit dem Befehl AUS FAVORITEN ENTFERNEN. – Keine Sorge, der Ordner selbst wird mit dieser Aktion nicht gelöscht, nur dessen Link.

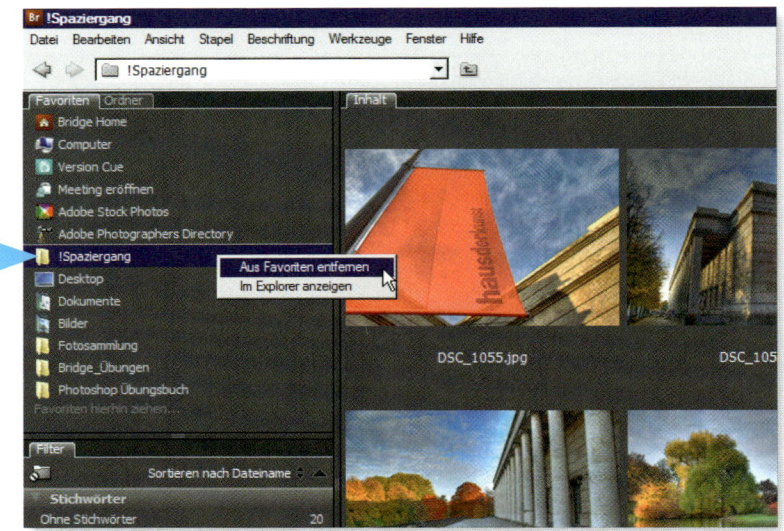

Schritt 5: Den Arbeitsbereich optimieren

Je nach Vorhaben können Sie Ihren Arbeitsbereich in Bridge komfortabel gestalten.

In der Standardansicht (siehe Beispiel rechts) wie auch in jeder anderen Ansicht dehnen oder strecken Sie einzelne Karteireiter nach Belieben in Breite oder Höhe. Im Menü **Fenster** können Sie einzelne Fenster auch deaktivieren oder aktivieren. Generell stehen in der Standardansicht sieben Karteireiter zur Verfügung.

Neben den Voreinstellungen zu STANDARD, HORIZONTALER FILMSTREIFEN und METADATEN-FOKUS im Bridge-Fenster unten rechts **1**, **2**, **3**, bietet ein Klick auf die Zahlen noch die Ansichten LEUCHTTISCH, DATEINAVIGATION und VERTIKALER FILMSTREIFEN. Per Befehl **Fenster: Arbeitsbereich** erhalten Sie die Auswahl ebenfalls.

Experimentieren Sie ruhig ein wenig, um die geeignete Ansicht für Ihre Zwecke zu finden. Sollten Sie sich zwischendurch im Fensterwirrwarr verirren, so wählen Sie einfach wieder die Grundeinstellung per **Fenster: Arbeitsbereich: Auf Standardarbeitsbereich zurücksetzen**.

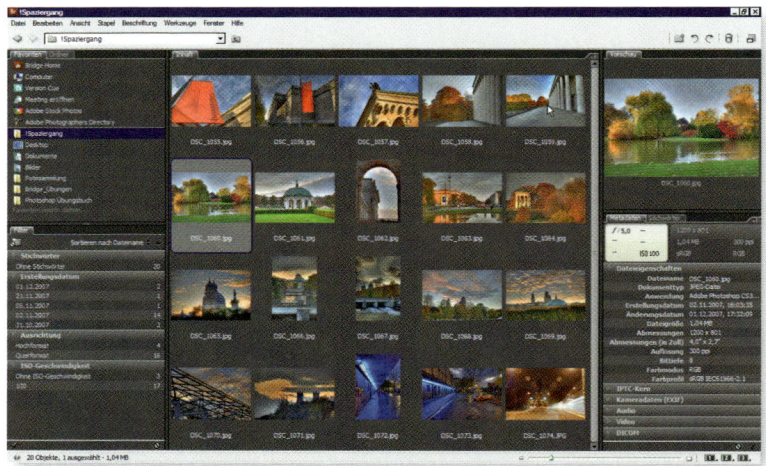

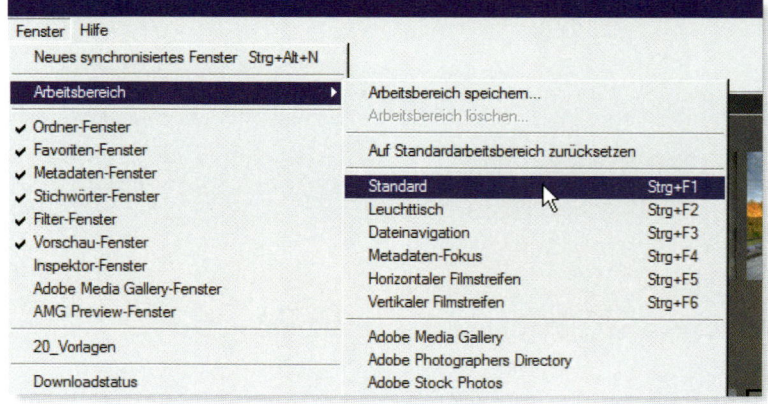

Übung 2

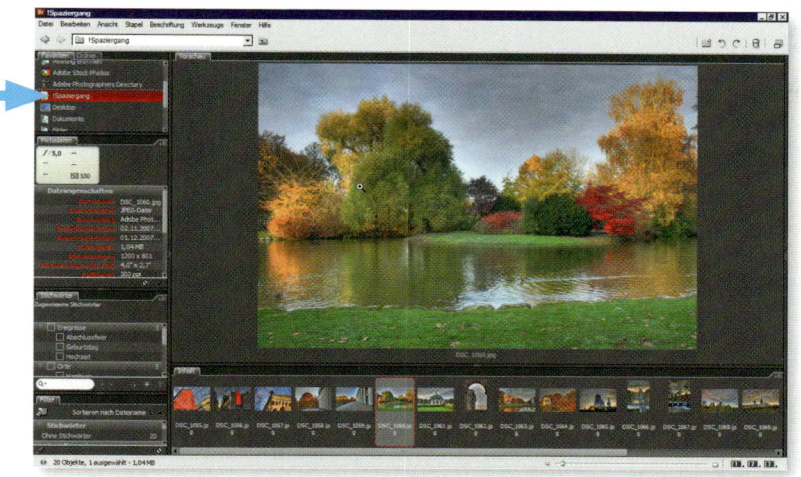

Schritt 6: Das Erscheinungsbild selbst bestimmen

Nicht nur das Schema der Ansicht und die Anzahl der Karteireiter können Sie variieren, sondern auch deren Position sowie die Helligkeit des Erscheinungsbilds. Wir zeigen zwei der vielen möglichen Kombinationen:

In der Ansicht HORIZONTALER FILMSTREIFEN erscheinen die Miniaturen mit Bildlauffunktion und die Vorschau zeigt das aktuelle Bild. Um alle Bildinformationen gebündelt zu sehen, ziehen Sie die Karteireiter METADATEN und STICHWÖRTER mit gedrückter Maustaste auf die linke Seite, bis ein Streifen (nicht das Rechteck!) zum Einfügen zwischen den dortigen Reitern erscheint.

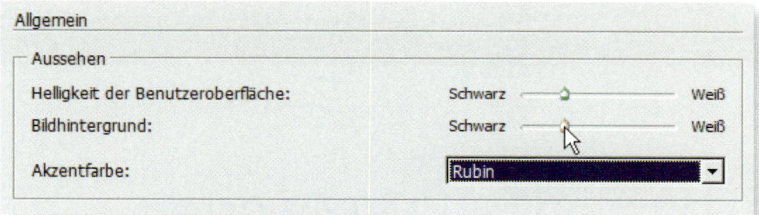

Per **Bearbeiten**: **Voreinstellungen**: **Allgemein** können Sie die Farbe markierter Bild- und Textelemente ändern. Das Beispiel oben zeigt die aktuelle AKZENTFARBE RUBIN. Auch die HELLIGKEIT DER BENUTZEROBERFLÄCHE und den BILDHINTERGRUND variieren Sie hier nach Bedarf: Von Schwarz bis hin zu Weiß sind alle Grautöne wählbar.

Tipp
*Speichern Sie Ihre individuellen Vorgaben per Befehl **Fenster**: **Arbeitsbereich**: **Arbeitsbereich speichern**. Je nach Einsatzzweck – etwa für Bildarchivierung oder Präsentationsvorschau – greifen Sie bequem darauf zurück, z.B. via Zahlenschaltflächen. Aber Vorsicht: Änderungen des Aussehens in den Voreinstellungen betreffen alle Ansichten und können nicht als Arbeitsbereich gespeichert werden.*

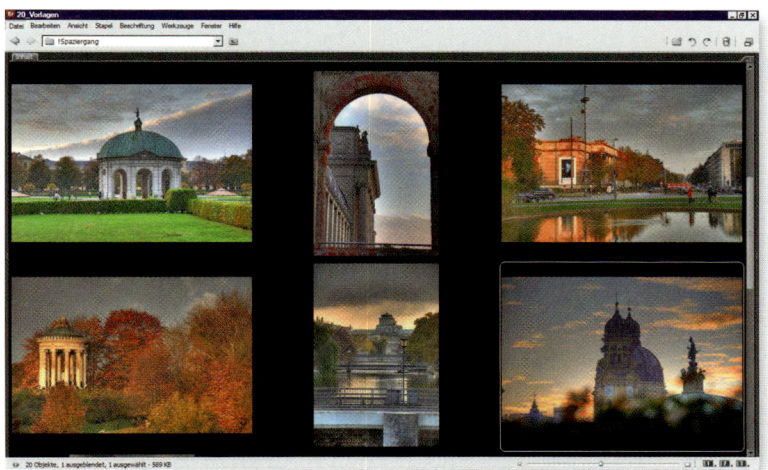

Der Arbeitsbereich LEUCHTTISCH zeigt nur den Bereich des Inhaltsfensters ohne Karteireiter. Wollen Sie die Bilder ohne Dateinamen betrachten, genügt die Tastenkombination [Strg]+[T] am PC bzw. [⌘]+[T] am Mac, um den Text verschwinden oder wieder erscheinen zu lassen. Vergrößern Sie die Miniaturen mit dem Regler unten rechts nach Belieben.

In unserem Beispiel änderten wir den Helligkeitsgrad des BILDHINTERGRUNDS in den Voreinstellungen. Als AKZENTFARBE wählten wir OBSIDIAN.

Übungen mit Bridge — drehen, beschriften, werten

Übung 3: Fotos drehen, beschriften und werten

Der Übungsordner »Ferien« liegt nun griffbereit auf Ihrer Festplatte. Nun geht es den Fotos an den Kragen. Sie müssen manche Bilder erst drehen. Dann vergeben Sie eine Rangfolge für die besten bis hin zu den weniger guten Bildern. Dies kann auf zweierlei Arten erfolgen, die Sie durchaus in Kombination verwenden können.

1. Mit den sogenannten BESCHRIFTUNGEN weisen Sie den Bildern farbige Balken zu. Bridge bietet fünf verschiedene Farben bzw. Kriterien an, die Sie vordefiniert nutzen oder auch selbst bestimmen können. In der englischen Version von Bridge heißen die BESCHRIFTUNGEN »Label« und wären nach unserer Ansicht von Adobe besser mit »Etikett« übersetzt worden. Aber diese Übersetzung scheitert wohl an der Doppelung mit dem gleichnamigen **Etikett** in der **Ablage** des Mac-Desktops.

2. Als WERTUNGEN vergeben Sie bis zu fünf Sterne pro Bild. Nutzer von iTunes etwa sind mit dieser Ansicht vertraut. Unter kleinen Miniaturen stellt Bridge die Sterne beispielsweise mit **5*** dar, vergrößern Sie die Ansicht, sehen Sie die Sterne nebeneinander als Kette *********.

Infothek

	einfach			komplex
Lernschritte:	Mit den Methoden BESCHRIFTUNGEN und WERTUNGEN legen Sie erste Suchkriterien für ein umfassendes Fotoarchiv an, das in Bridge bereits auf den ersten Blick die volle Übersicht bietet. Sie lernen, Farbbalken und Sterne einzeln sowie in Kombination zu vergeben. Im Karteireiter FILTER können Sie einzelne Kriterien per Klick aktivieren und sich nur die Bilder anzeigen lassen, die dieses Kriterium erfüllen – etwa einen roten Farbbalken für die Sparte der Fotos »Erste Wahl« sowie fünf Sterne dazu für die absoluten Top-Kandidaten.			
Aufwand:	Relativ gering			
Übungsdatei:	Auf DVD im Verzeichnis »Übungen« finden Sie den Ordner »Ferien«.			

Übung 3

Schritt 1: Fotos drehen

Kopieren Sie den Ordner »Ferien« von der Übungs-DVD auf Ihre Festplatte und öffnen Sie ihn in Bridge.

Zwei hochformatige Fotos sollen zur korrekten Ansicht noch gedreht werden. Dazu wählen Sie die Bilder mit gedrückter Strg-Taste (PC) bzw. ⌘-Taste (Mac) an. Dann genügt der Klick auf das Symbol 90° GEGEN DEN UHRZEIGERSINN DREHEN und die Bilder werden richtig dargestellt.

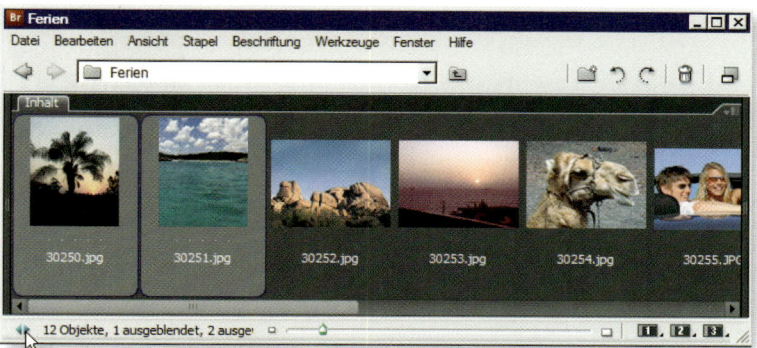

Auch Photoshop zeigt die Bilder nun hochkant. Allerdings erscheinen derart gedrehte Bilder in anderen Programmen noch immer in der ursprünglichen falschen Lage, solange Sie diese nicht in Photoshop geöffnet und gespeichert haben.

Um ungestört im INHALTSFENSTER zu navigieren, können Sie auch kurzfristig alle Karteireiter entfernen und zwar mit einem Klick auf FENSTER EINBLENDEN/AUSBLENDEN links unten im Bridge-Fenster. Oder drücken Sie dazu die ⇥-Taste (PC) bzw. →-Taste (Mac).

Schritt 2: Beschriftungen als visuelles Leitsystem

Beschriftungen haben nichts mit der Änderung von Dateinamen zu tun. Es handelt sich vielmehr um Einträge zu Bildern in den XMP-Metadaten, die als Informationen in der Datei gespeichert werden und auch beim Verschieben erhalten bleiben. Bridge zeigt die Etikettierung mit einem farbigen Balken an.

Mit dem Hauptmenü **Beschriftung** erreichen Sie die Auswahl an Kategorien und Farben, die Bridge vordefiniert hat: **Auswählen** (Rot), **Sekunde** (Gelb), **Genehmigt** (Grün), **Überprüfung** (Blau) und **Aufgabe** (Lila). Tastaturkürzel sind – bis auf die Farbe Lila – bereits vorgesehen.

Vergebene Beschriftungen werden im Karteireiter FILTER unter BESCHRIFTUNGEN mit Farbe und Thema angezeigt. Wählen Sie zunächst zwei Fotos mit gedrückter Strg-Taste (PC) bzw. ⌘-Taste (Mac) aus und weisen Sie die Beschriftung **Auswahl** zu. Sie sehen nun einen roten Balken unter den Bildern.

Übungen mit Bridge — drehen, beschriften, werten

Schritt 3: Vergeben Sie eigene Begriffe

Vielleicht erscheint Ihnen die Zuordnung der Begriffe zu den Farben für das eigene Archiv nicht zutreffend. Ändern Sie die Kategorien doch einfach per **Bearbeiten: Voreinstellungen: Beschriftungen**. Wenn Sie eigene Einträge tippen, so achten Sie darauf, keine Kategorien zu vergeben, die Sie später mit Stichwörtern oder Wertungen abdecken können. So wäre bei den beiden ausgewählten Bildern in unserem Beispiel der Eintrag »Tiere« überflüssig, da er später als Stichwort eingetragen werden kann.

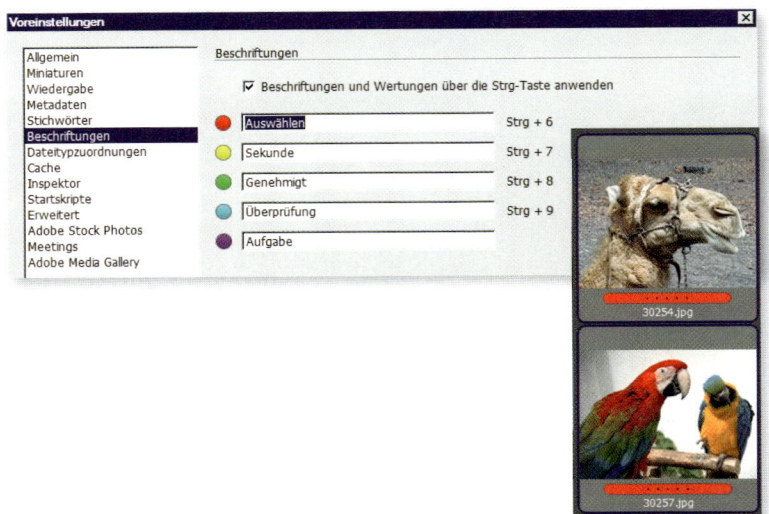

Tipp
Wählen Sie eigene Beschriftungen mit Bedacht, da sie für Ihr ganzes Archiv gelten werden und nicht nur für einen einzelnen Ordner. Die Änderung einer Beschriftung löscht alle bereits vorgenommenen Zuweisungen zu dem Begriff. Damit müssen diese Beschriftungen neu vergeben werden. Dies kann große Konsequenzen für Ihr gesamtes Fotoarchiv haben.

Entscheiden Sie sich im Fall der Farbe Rot etwa für den Eintrag »Erste Wahl« und versehen Sie weitere Bilder mit dieser Beschriftung. Weisen Sie dann beispielsweise der Farbe Gelb den Begriff »Zweite Wahl« zu.

Sobald Sie nun im Fenster BESCHRIFTUNGEN auf eine Farbe oder einen Begriff klicken, erscheint ein Häkchen und Bridge zeigt ausschließlich diejenigen Bilder an, die den entsprechenden Eintrag haben. Im Fall der »Ersten Wahl« sehen Sie also nur die Fotos, die einen roten Farbbalken besitzen.

In der Palette FILTER werden vorhandene BESCHRIFTUNGEN gelistet. Per Klick auf den jeweiligen Eintrag können Sie sich nur die Bilder einer oder mehrerer Kategorien bequem anzeigen lassen.

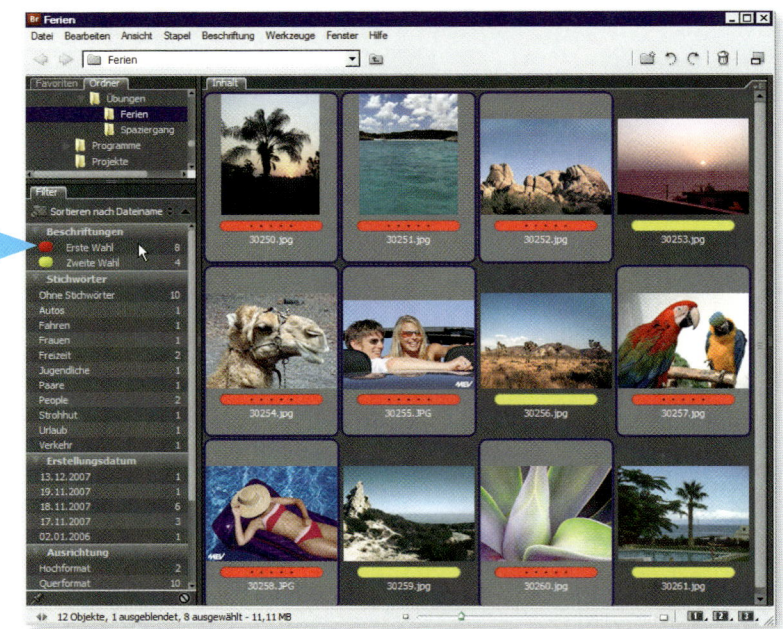

Übung 3

Schritt 4: Vergeben Sie Wertungen in Form von Sternen

Vielleicht irritiert Sie auf den ersten Blick eine Vergabe von Beschriftungen und auch noch von Wertungen. Doch wenn Sie eine tüchtige „Suchmaschine" für Ihr Fotoarchiv erstellen wollen, werden Sie die Kombination zu schätzen wissen.

Angenommen, Sie lassen sich alle Bilder der Beschriftung »Erste Wahl« anzeigen. Nach dem Klick darauf im Fenster BESCHRIFTUNGEN sehen Sie nur die Fotos mit dem roten Balken. Selbst hier werden Sie Bilder als hervorragend oder eben gut einstufen. Wie aber finden Sie nun künftig die allerbesten mit einem einzigen Klick?

Vergeben Sie Sterne in bester Feinschmeckertradition. Die Palette reicht von einem bis hin zu fünf Sternen. Natürlich erhalten Ihre besten Fotos in der Kategorie »Erste Wahl« das Maximum von fünf Sternen.

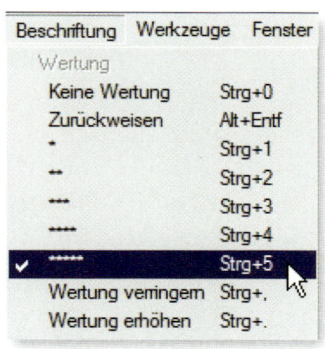

Stehen die gewünschten Bilder etwa im Block, so wählen Sie mit gedrückter ⇧-Taste das erste und letzte Foto aus; damit sind alle markiert. Mit dem Befehl **Beschriftung: ***** oder per Strg+5 (PC) bzw. ⌘+5 (Mac) teilen Sie die Sterne zu.

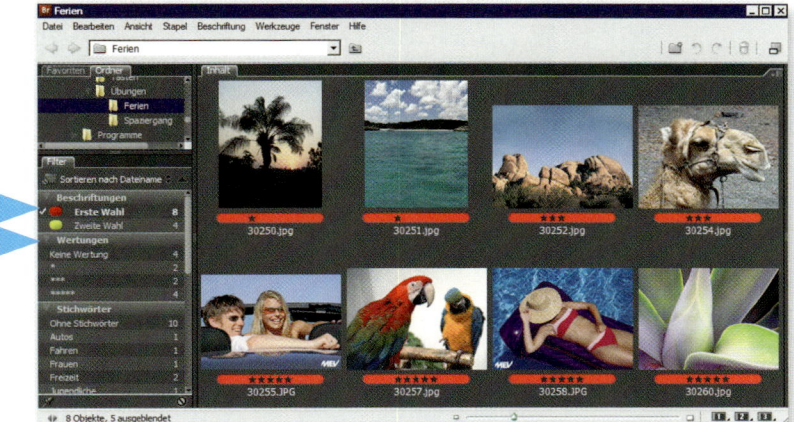

Nachdem Sie Ihre persönlichen Spitzenkandidaten ausgezeichnet haben, fahren Sie mit der Vergabe von weniger Sternen fort. Dabei können Sie bei einzelnen Fotos die Wertung per Strg+, (PC) bzw. ⌘+, (Mac) auch wieder verringern. Oder erhöhen Sie bei Bedarf die Zahl der Sterne mit den Tasten Strg+. (PC) bzw. ⌘+. (Mac).

In unserem Beispiel teilten wir drei verschiedene Sternekategorien zu. Sie erscheinen im Bereich WERTUNGEN der FILTER-Palette aufgelistet. Dabei handelt es sich nur um die rot gekennzeichneten Fotos der »Ersten Wahl«. Erstellen Sie eine Edition nach ähnlichem Schema.

Übungen mit Bridge — drehen, beschriften, werten

Schritt 5: Wie viel Sternlein?

Wollen Sie einem ausgewählten Bild die zugeteilten Sterne komplett aberkennen, genügt der Befehl `Strg`+`0` (PC) bzw. `⌘`+`0` (Mac).

Schneller geht es, im Farbbalken des markierten Fotos links neben die Sterne zu klicken. Es erscheint ein Parkverbotsschild 🚫 und alle Sterne werden gelöscht.

Um ein Bild auszublenden, verwenden Sie **Beschriftung: Zurückweisen** oder `Alt`+`Entf`.
Damit wird dieses Bild nicht gelöscht, sondern nur verborgen. Per Häkchen unter **Ansicht: Zurückgewiesene Dateien anzeigen** blenden Sie ein solches Bild künftig wieder ein oder aus. Per **Beschriftung: Keine Wertung** heben Sie den Befehl **Zurückweisen** wieder auf.

In Ihrem Übungsordner »Ferien« dürften nun Bilder mit Beschriftungen und Wertungen zur »Ersten Wahl« sowie beschriftete Bilder zur »Zweiten Wahl« liegen. Vergeben Sie nun munter auch Sterne für die gelbe Kategorie der »Zweiten Wahl«. Tun Sie dies aber wohlweislich nach dem Klick auf die Farbe Gelb in der FILTER-Palette und deaktivieren Sie dort alle anderen BESCHRIFTUNGEN, sonst erscheinen Ihre Sterne plötzlich vor der Farbe der oberen Kategorie, also in unserem Fall Rot.

Tipp
Bridge rechnet mit: Im Bereich WERTUNGEN der FILTER-Palette erscheint immer die gesamte Statistik Ihres aktuellen Ordners, nicht nur die momentan gezeigte Auswahl. Die Anzahl der ausgeblendeten Bilder vermerkt Bridge in der Leiste unten links.

Übung 3

Schritt 6: Greifen Sie nach den Sternen

Wir schlagen vor, dass Sie sich einmal nur die Top-Kandidaten der Roten Garde anzeigen lassen, um die erarbeitete Übersicht zu genießen. Laden Sie den „5-Sterne-Tempel" per Klick auf das Symbol ✶✶✶✶✶ im Bereich WERTUNGEN der FILTER-Palette.

Und nun stellen Sie sich vor, wie komfortabel Ihre Auswahl bei Hunderten von Archivbildern sein wird, die vielleicht sogar über diverse Festplatten verstreut sind. Nur die nach Ihren Kriterien besten Bilder erscheinen per Klick.

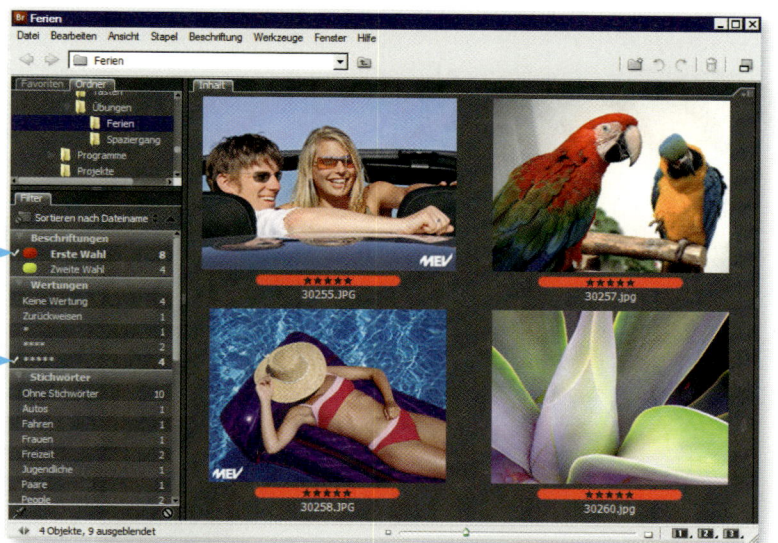

Schalten und walten Sie mit diversen Varianten der Sortierung – nach Sternen oder/und Farbbalken.

Wählen Sie beispielsweise nur die Fotos, die mit fünf und drei Sternen bewertet sind — und dies aus den Beschriftungen »Erste Wahl« sowie »Zweite Wahl«.

Allerdings ist Ihnen niemand böse, wenn Ihnen die doppelte Differenzierung mit Farbbalken und Sternchen zu viel wird und sie auf die eine oder andere Option generell verzichten wollen.

Vielleicht möchten Sie nur die Sterne allein vergeben? Dann wählen Sie alle Bilder Ihres Ordners per ⌈Strg⌉+⌈A⌉ (PC) bzw. ⌈⌘⌉+⌈A⌉ (Mac) aus. Mit dem schlichten Befehl **Beschriftung: Keine Beschriftung** verschwinden die Farbbalken. Dabei mag die Übersichtlichkeit etwas leiden, während die Fotoansicht profitiert.

Ein Klick auf die jeweilige Sternanzahl im Ordner WERTUNGEN zeigt nur die gewünschten Bilder mit der Wertung an.

Übungen mit Bridge — sortieren und umbenennen

Übung 4: Fotos sortieren und umbenennen

Die Suchkriterien zum Auffinden von Bildern sind mannigfaltig. So können Sie beispielsweise nach Dateinamen, Erstellungsdatum, Wertungen oder Beschriftungen Ausschau halten. Je nachdem, wie Sie Ihre Dateinamen gespeichert haben, werden Sie dabei bestimmte Suchbegriffe bevorzugen. Je systematischer Sie von Anfang an Dateibenennung und -sortierung planen, umso effektiver wird Ihre Bridge-Suchmaschine arbeiten.

Mit den Kriterien, die diese Übung bietet, um Fotos zu sortieren und umzubenennen, erhalten Sie das nötige Rüstzeug für die möglichen Schwerpunkte im eigenen Fotoarchiv. Selbst ganze Ordner, die seit längerem planlos auf Ihrer Festplatte liegen, können Sie per Stapelverarbeitung rasch auf den neuesten Stand von Dateinamen und Suchbegriffen bringen.

Infothek

einfach			komplex

Lernschritte:	Sie erfahren, wie Fotos nach diversen Kriterien in Bride sortiert werden können. Alle Möglichkeiten zum SORTIEREN finden Sie im Karteireiter FILTER bzw. im Menü **Auswahl: Sortieren**. Mit einer manueller Sortierung können Sie rasch Bildfolgen festlegen und etwa die Abfolge einer Präsentation erproben. Des Weiteren lernen Sie, komplette Ordnerinhalte neu zu benennen sowie Einzelbilder einfach umzutaufen.
Aufwand:	Relativ gering
Übungsdatei:	Auf DVD im Verzeichnis »Übungen« finden Sie den Ordner »Ferien_Sort1«. Das bearbeitete Resultat liegt im Ordner »Ferien_Sort2«.

Übung 4

Schritt 1: Ein neues Übungsverzeichnis erstellen

In der vorherigen Übung lernten Sie den Umgang mit Beschriftungen (Farbbalken) und Wertungen (Sterne). Kopieren Sie nun den Ordner »Ferien_Sort1« mit derart etikettierten Bildern auf Ihre Festplatte, um sie Schritt für Schritt zu sortieren.

Standardgemäß sortiert Bridge die Bilder alphanumerisch nach dem Dateinamen. Sternchen und Farbbalken purzeln in dieser Anordnung meist unschön durcheinander.

Ändern Sie die Anordnung entweder mit dem Befehl **Ansicht: Sortieren** oder per Klick auf die Pfeiltasten ≑ im Karteireiter FILTER.

Zudem können Sie festlegen, ob die Bilder in AUFSTEIGENDER oder ABSTEIGENDER Reihenfolge erscheinen sollen. Im Karteireiter FILTER geschieht dies mit einem Klick auf die Dreieck-Taste ▲ bzw. ▼.

Schritt 2: Die Reihenfolge nach Suchkriterien ändern

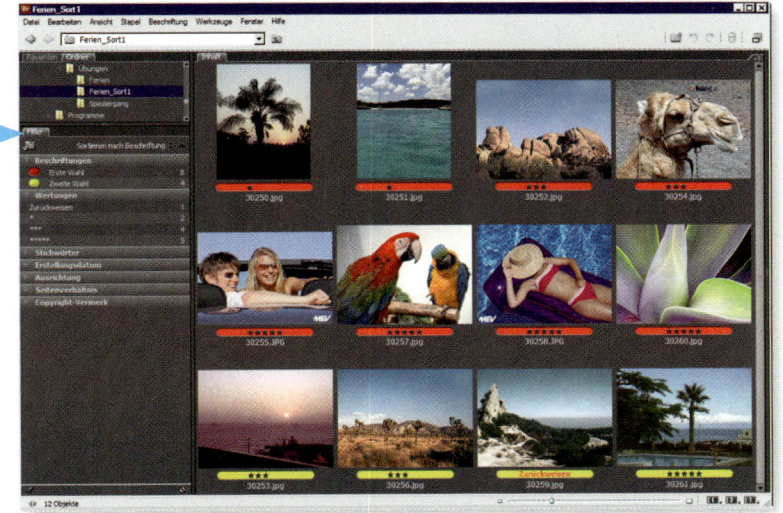

Die Liste der möglichen Suchbegriffe ist vielfältig. Suchen Sie beispielsweise NACH BESCHRIFTUNG mit AUFSTEIGENDER REIHENFOLGE wie hier in unserem Beispiel.

Damit erscheinen die 1*-Bilder ganz am Anfang mit einer Steigerung von links nach rechts bzw. von oben nach unten. Die Farbbalken signalisieren wie gehabt ERSTE und ZWEITE WAHL. Im Bereich BESCHRIFTUNGEN der FILTER-Palette können Sie einzelne Kriterien zusätzlich deaktivieren, etwa die komplette Serie der ZWEITEN WAHL (Gelb).

Übungen mit Bridge — sortieren und umbenennen

Schritt 3: Der manuelle Merkzettel

Mag sein, dass Sie keine der vorgefertigten Anordnungen zufrieden stellt und sei es auch nur, dass einzelne Bilder an der falschen Position stehen. Sie können die Anordnung Ihrer Bilder auch per Hand vornehmen — das ist beispielsweise dann sinnvoll, wenn Sie die Reihenfolge einer Fotopräsentation planen.

Hier ist es von Vorteil, wenn Sie Top-Bilder mit weniger bestechenden abwechseln. Sie müssen dazu im Menü oder im Karteireiter FILTER nicht erst SORTIEREN MANUELL einstellen, denn Bridge springt automatisch darauf, sobald Sie ein Bild mit gedrückter Maustaste an eine andere Stelle ziehen. Natürlich können Sie auch mehrere Bilder auf einmal bewegen, die Sie mit der Strg-Taste (PC) oder ⌘-Taste (Mac) ausgewählt haben. Ein schmaler Balken signalisiert die Position, an der sie eingefügt werden.

Tipp
Bridge erstellt beim manuellen Sortieren eine Art Merkzettel in Form der Datei »BridgeSort«, die sich im selben Ordner wie Ihre Bilder befindet. Auch wenn Sie zwischendurch eine andere Sortierung wählen, bleibt Ihre manuelle Anordnung erhalten. Dazu wählen Sie erneut den Befehl **Sortieren**: *Manuell.*

Schritt 4: Dateien stapelweise umbenennen

Die bisherigen Dateinamen sagen nichts über Thema oder Bildinhalt. Ändern Sie die Dateinamen mit einem einzigen Befehl: Wählen Sie mit Strg+A (PC) bzw. ⌘+A (Mac) alle Bilder zum Umbenennen aus. Dann heißt es **Werkzeuge**: Stapel-Umbenennung.

Die Option IN ANDEREN ORDNER KOPIEREN bewahrt die Ausgangsdateien, während Kopien mit der neuen Benennung an einem Speicherort Ihrer Wahl abgelegt werden.

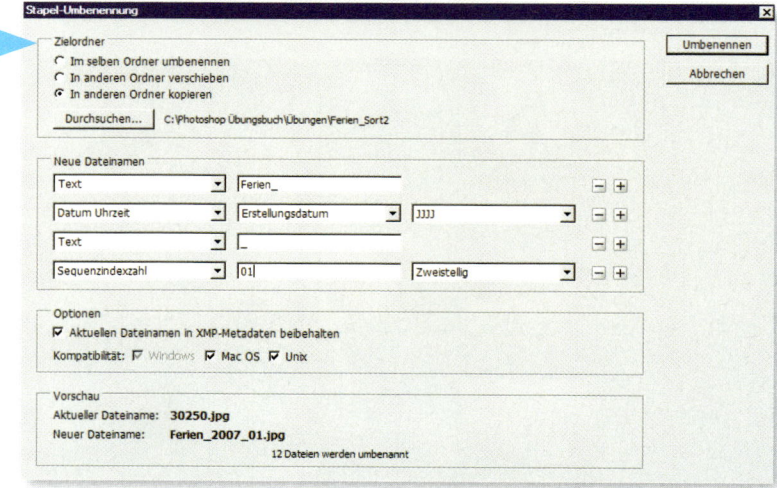

Übung 4

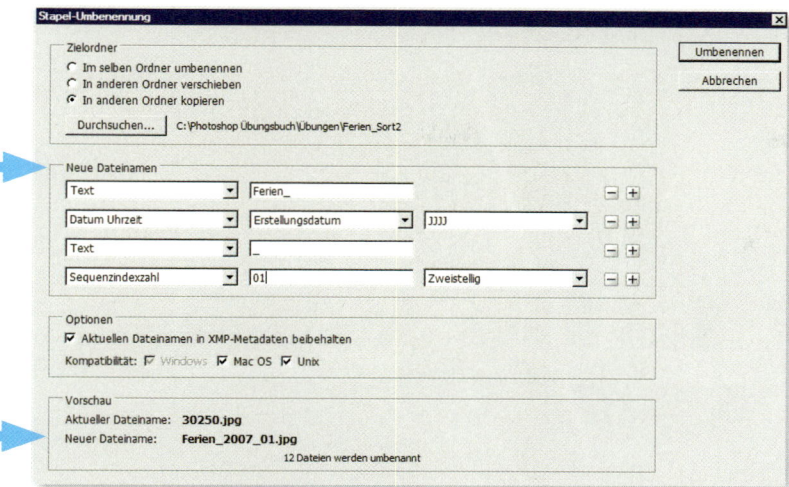

Unter NEUE DATEINAMEN finden Sie die Eingabefelder für die neuen Namensbestandteile. Im ersten Klappmenü wählen Sie TEXT und tippen rechts den Begriff »Ferien_« ein.

Im zweiten Klappmenü konzentrieren Sie sich auf das Datum mit den Angaben DATUM UHRZEIT und ERSTELLUNGSDATUM: Begnügen Sie sich eventuell mit der vierstelligen Anzeige des Jahres (JJJJ). Ansonsten eignet sich auch die Einstellung nach Jahr, Monat und Tag (JJMMTT) gut für die Archivsuche. Bis hin zu Millisekunden können Sie auch die Zeit nach Stunden, Minuten und Sekunden (HHMMSS) auswählen.

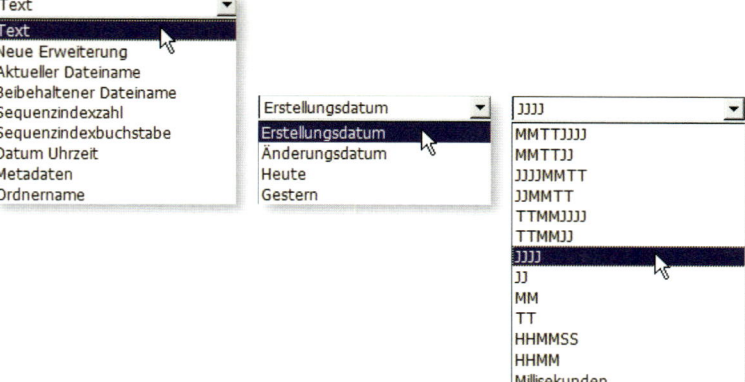

Im dritten Klappmenü TEXT reicht die Eingabe eines Unterstrichs, um das Datum ordentlich von der folgenden SEQUENZZAHL zu trennen. Sie kann in unserem Fall im zweistelligen Bereich bleiben und mit »01« beginnen.

Eine Vielzahl von Kombinationen zu Titeln ist möglich. Kontrollieren Sie in der VORSCHAU den NEUEN DATEINAMEN. Mit den Minus- oder Plus-Schaltern ⊟ ⊞ rechts entfernen oder öffnen Sie Eingabefelder zum Dateinamen.

Wenn Sie den AKTUELLEN DATEINAMEN IN XMP-METADATEN BEIBEHALTEN, können Sie ihn später per **Stapel-Umbenennung** mit BEIBEHALTENER DATEINAME wiederherstellen. Die KOMPATIBILITÄT zu anderen Betriebssystemen sollten Sie unbedingt aktivieren, um einen problemlosen Dateiaustausch zu gewährleisten. Klicken Sie nun auf UMBENENNEN.

Schritt 5: Dateinamen einzeln eingeben

Möchten Sie einzelne Dateinamen nun noch ändern, so bedarf es keines großen Aufwands.

Wählen Sie das betreffende Bild aus und klicken Sie einmal direkt auf den Dateinamen. Komfortablerweise gibt Bridge nur den Namen ohne Endung zur Eingabe eines neuen Texts frei.

Tippen Sie den neuen Titel ein und bestätigen Sie Ihre Änderung mit der ⏎-Taste.

Übungen mit Bridge — Stichwörter

Übung 5: Stichwörter vergeben (IPTC-Technik)

Was nützt das beste Foto, wenn es nicht zur geeigneten Zeit auffindbar ist? Stichwörter sind tatsächlich so etwas wie die „Megabucks" Ihrer Fotosammlung – eine gut angelegte Investition. Bei Stichwörtern handelt es sich letztlich um bearbeitbare Metadaten nach dem sogenannten IPTC-Standard (International Press Telecommunications Council). Alle Ordner und Festplatten, auf denen sich Ihre Fotos befinden, können Sie per Stichwortvergabe mit einbeziehen.

Sie können Stichwörter nach Kategorien und Unterkategorien gliedern. Ein Beispiel: Unter dem Stichwort »Natur« erstellen Sie die Unterkategorie »Blumen«. Als deren untergeordnete Kategorien listen Sie etwa »Rose«, »Sonnenblume«, »Blüten« etc. So finden Sie je nach Bedarfszweck rasch die in Frage kommenden Bilder und können sich über die gute Trefferquote freuen.

Alle Fotosammlungen arbeiten nach diesem Prinzip, so auch Bildagenturen wie MEV oder Getty Images im Internet. Geben Sie ein eigenes Foto etwa an eine Bildagentur weiter, erscheint es auch nach den richtigen Stichwörtern gelistet. Lesen Sie zum Thema Stichwörter unbedingt auch die folgende Übung 6: Metadaten bearbeiten. — Sonst behaupten Sie nämlich noch, wir hätten Ihnen die Arbeit hier unnötig erschwert.

Infothek

	einfach	komplex
Lernschritte:	Finden Sie vorhandene Stichwörter und benennen Sie sie bei Bedarf nach eigenen Kategorien um. Legen Sie eigene Stichwörter mit untergeordneten Kategorien an und weisen Sie diese Einzelbildern oder Bildreihen zu. Löschen Sie überflüssige Stichwörter aus Bildern oder aus der Stichwortliste in Bridge. Schließlich lernen Sie, nach Stichwörtern zu suchen und Suchergebnisse als Kollektionen abzuspeichern.	
Aufwand:	Gering bis mittel	
Übungsdatei:	Auf DVD im Verzeichnis »Übungen« finden Sie den Ordner »Impressionen« zur Vergabe von Stichwörtern.	

Übung 5

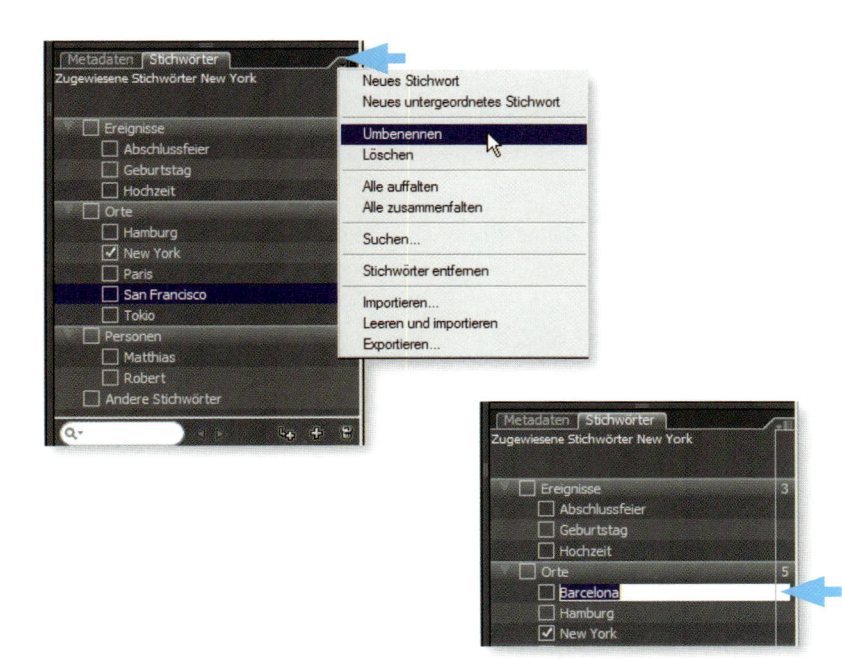

Schritt 1: Stichwörter einsehen

Um vorhandene Stichwörter zu nutzen und um neue anzulegen, kopieren Sie zunächst den Ordner »Impressionen« von der Übungs-DVD auf Ihre Festplatte.

Je nachdem, wie Sie sich zuvor in Bridge eingerichtet haben, setzen Sie bei Bedarf den Arbeitsbereich so zurück, dass Sie den Karteireiter STICHWÖRTER vorfinden und zwar per **Fenster: Arbeitsbereich: Auf Standardarbeitsbereich zurücksetzen**.

Bridge bietet als STICHWÖRTER eine Reihe vordefinierter Begriffe an: EREIGNISSE, ORTE und PERSONEN. — Nicht nur die Namen Matthias und Robert können Sie hier nach Wunsch mit ande-ren ergänzen oder auch umbenennen. Für das aktivierte Einzelbild zeigt das Häkchen im Kontrollkästchen das Stichwort »New York« an.

Bereits vorhandene Stichwörter werden im Karteireiter FILTER gelistet – im Fall unseres Übungsordners existieren bereits zwei Bilder mit Stichwort »New York«. Klicken Sie hier auf diesen Begriff, so werden Ihnen nur die beiden betroffenen Bilder angezeigt.

Schritt 2: Eigene Stichwörter vergeben

Damit ist es an der Zeit, eigene Stichwörter zu vergeben. Erst einmal benennen Sie die vorhandenen und vordefinierten Stichworteinträge von Bridge nach Ihren eigenen Bedürfnissen um. Damit vermeiden Sie ungenutzte, also überflüssige Einträge. Bridge gliedert nach Stichwörtern wie zum Beispiel »Orten« sowie nach untergeordneten Stichwörtern — etwa den Namen einzelner Städte.

Wählen Sie den Begriff aus, der geändert werden soll – in unserem Beispiel lautet er »San Francisco«. Per Klick auf das Menü der STICHWÖRTER im Karteireiter oben rechts wählen Sie die Option UMBENENNEN.

So wird das Begriffsfeld editierbar und Sie können den gewünschten Namen eintippen.

Übungen mit Bridge — Stichwörter

Dann wählen Sie im INHALTSFENSTER das gewünschte Bild und klicken im Karteireiter STICHWÖRTER auf das Kontrollkästchen vor dem umbenannten Begriff »Barcelona«. Das Häkchen signalisiert, dass das neue Stichwort zugewiesen ist. Es wird prompt im Karteireiter FILTER in der STICHWORT-Palette gelistet. Per Klick auf das Häkchen können Sie das vergebene Stichwort für ein ausgewähltes Bild auch wieder tilgen.

Schritt 3: Neue Stichwörter anlegen

Sicherlich werden die bisher vorhandenen Einträge für Ihre Fotosammlung nicht ausreichen. Legen Sie daher neue Stichwörter an.

Klicken Sie unten im Karteireiter STICHWÖRTER auf NEUES STICHWORT und tippen Sie im Eingabefeld das Wort »Natur« ein. Bridge sortiert Ihr Stichwort gleich in alphabetischer Reihenfolge ein.

Wählen Sie mit gedrückter ⇧-Taste das erste und das letzte Blumenfoto im INHALTSFENSTER an; damit ist die komplette Reihe markiert. Aktivieren Sie das Kontrollkästchen neben »Natur«. – Das Stichwort ist zugeteilt.

Nun vergeben Sie ein neues untergeordnetes Stichwort zum Thema »Natur«. Dazu wählen Sie das Hauptstichwort an und klicken auf NEUES UNTERGEORDNETES STICHWORT unten im Karteireiter STICHWÖRTER. Tippen Sie den Begriff »Blumen« ein. Da die Reihe der Blumenfotos noch markiert ist, genügt der Klick ins Kontrollkästchen, um auch dieses Stichwort zuzuteilen.

Für die Tierfotos im Ordner gilt nun die Kategorie »Natur« ebenfalls. Wählen Sie die drei Bilder rechts unten an und verpassen Sie ihnen dieses Stichwort. Allerdings müssen Sie noch das untergeordnete Stichwort »Tiere« vergeben. Achten Sie dabei unbedingt auf die Hierarchie: Um eine Unterkategorie anzulegen, muss immer das übergeordnete Stichwort markiert sein.

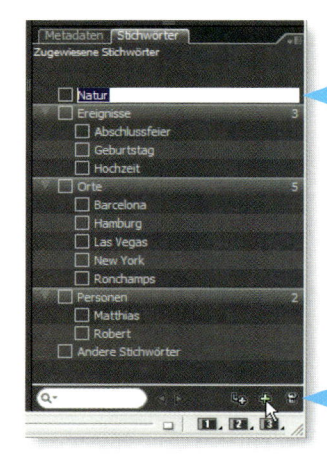

Übung 5

In unserem Beispiel haben wir den Karteireiter STICHWÖRTER auf die linke Seite gezogen, um ihn zusammen mit der Stichwortliste in der FILTER-Palette im Blick zu behalten (siehe Übung 2, Schritt 6).

Legen Sie nun noch das Stichwort »Autos« für die restlichen beiden Fotos neu an. Damit tragen alle Bilder im Übungsordner ein Stichwort.

Um ein zugeteiltes Stichwort zu tilgen, wählen Sie das betreffende Bild an und entfernen im Karteireiter STICHWÖRTER das Häkchen per Klick. Wollen Sie es ganz aus der Bridge-Stichwortliste löschen, markieren Sie es und klicken auf den Papierkorb. In den Bildern selbst bleiben vergebene Stichwörter erhalten.

Schritt 4: Stichwörter suchen

Je fleißiger Sie Stichwörter vergeben, desto häufiger werden Sie danach suchen. Mit dem Befehl [Strg]+[F] am PC bzw. [⌘]+[F] am Mac erhalten Sie die möglichen Optionen im Fenster **Suchen**.

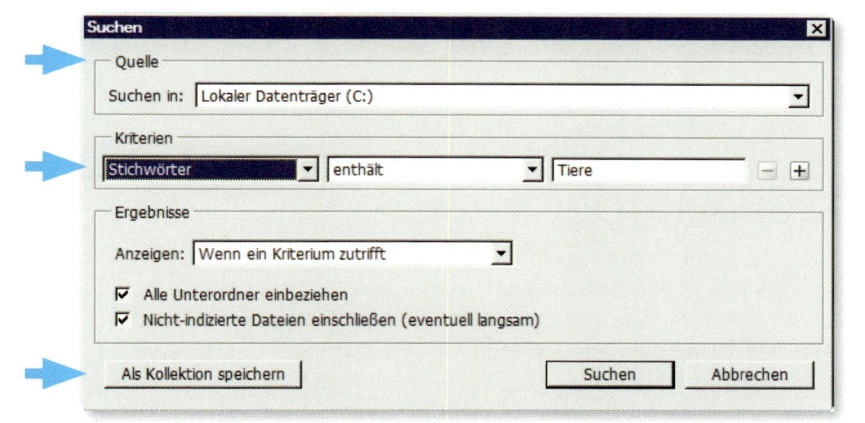

Als QUELLE geben Sie die Festplatte oder den Ordner an, für den Ihre Suche gilt. Unter KRITERIEN wählen Sie in der Dialogbox STICHWÖRTER und tippen neben ENTHÄLT das gesuchte Stichwort ein, z.B. »Tiere«. Mit den Plus- oder Minusschaltern ⊟ ⊞ können Sie die Suchkriterien noch verfeinern oder einschränken.

Lassen Sie sich die ERGEBNISSE ANZEIGEN, wenn EIN KRITERIUM oder ALLE KRITERIEN der Suche zutreffen. Beziehen Sie insbesondere bei der Suche auf ganzen Festplatten ALLE UNTERORDNER mit ein und erweitern Sie die Suche eventuell auch für „jungfräuliche", noch nicht von der Suchmaschine erfasste Dateien, also NICHT-INDIZIERTE DATEIEN.

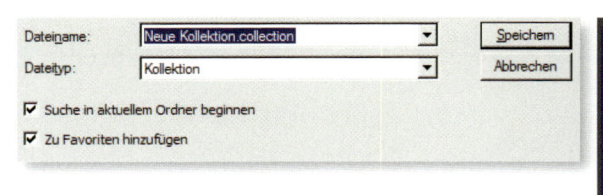

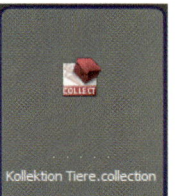

Per Klick auf die Taste ALS KOLLEKTION SPEICHERN wird das Suchergebnis als Liste gespeichert und erscheint auf Wunsch auch unter den FAVORITEN. Öffnen Sie eine gespeicherte Kollektion per Doppelklick, zeigt Bridge die Sammlung in einem eigenen Fenster. Per **Datei: In Bridge anzeigen** gelangen Sie zum ursprünglichen Speicherort eines ausgewählten Fotos.

Die Stichwortsuche können Sie im Suchen-Dialog vornehmen. In der Praxis jedoch erweist sich die FILTER-Palette von Bridge oft als effektiver.

Übungen mit Bridge — Metadaten

Übung 6: Metadaten bearbeiten

Metadaten enthalten Dateiinformationen zu Ihren Fotos, etwa Dateigröße und Auflösung, den Autorennamen, Copyright-Vermerk oder Stichwörter. Sie werden im austauschfähigen XMP-Standard (Extensible Metadata Platform) – meist in der Datei selbst – gespeichert. Bei einer Änderung des Dateiformats beispielsweise von PSD in JPG oder sogar in PDF bleiben diese Metadaten in der Regel erhalten.

Sogenannte EXIF-Werte, die von den meisten Digitalkameras mit der Aufnahme gespeichert werden, listen beispielsweise Aufnahmezeitpunkt, Brennweite und Blendenwert. Sie zählen ebenfalls zu den Metadaten.

In den IPTC-Einträgen können Sie eigenständige Angaben machen, sei es zu Name und Adresse des Verfassers, Copyright, Stichwörtern oder Verwendungszweck. Per Metadatenvorlagen versorgen Sie schließlich ganze Serien von Fotos mit passenden Einträgen. Zu Ihrem eigenen Schutz kontrollieren Sie so die Informationen, die Sie bei der Weitergabe oder der Publikation eines Fotos mitliefern. – Nur keine Angst, die Metadaten wirken weitaus komplizierter, als sie es tatsächlich sind.

Infothek	einfach	komplex
Lernschritte:	Sie lernen, die Struktur von Metadaten zu verstehen und eigene IPTC-Einträge in Bridge und Photoshop vorzunehmen. Wie Sie die Einträge auf weitere Bilder anwenden, erfahren Sie in den nächsten Schritten, indem Sie Metadatenvorlagen erstellen und auf Fotos übertragen. Zuguterletzt können Sie Metadaten auch mit ein paar simplen Photoshop-Kniffen aus Bildern entfernen.	
Aufwand:	Gering bis mittel	
Übungsdatei:	Auf DVD im Verzeichnis »Übungen« finden Sie den Ordner »Winterlandschaft« zur Vergabe von Metadaten.	

Übung 6

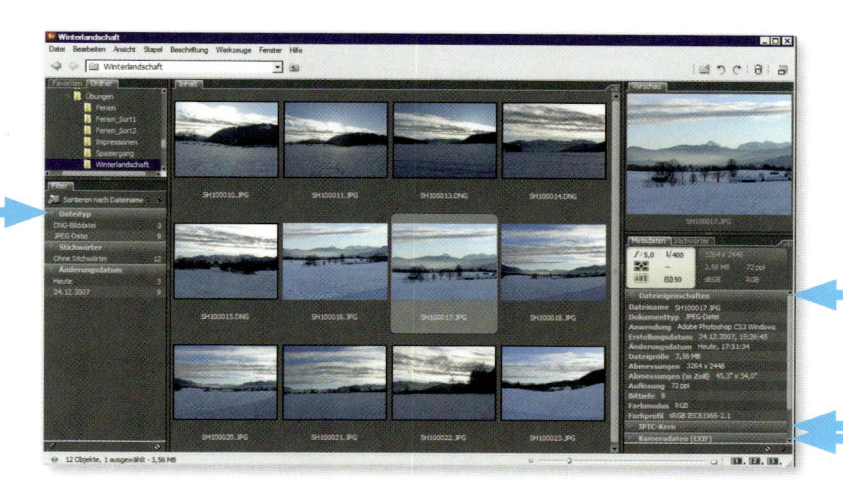

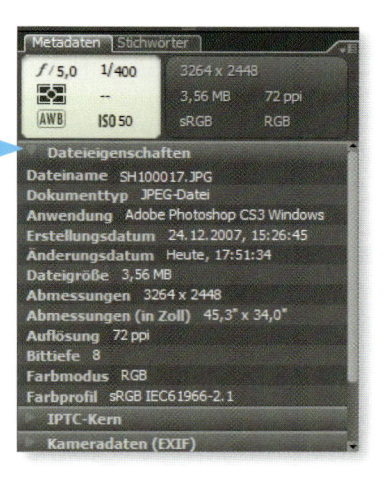

Schritt 1: Die Struktur der Metadaten verstehen

Bridge bietet zwei Wege, um Metadaten anzuzeigen und zu bearbeiten:

1. Den Bereich METADATEN rufen Sie entweder mit dem Befehl **Fenster: Metadaten-Fenster** auf oder Sie erhalten ihn in der Standardansicht per **Fenster: Arbeitsbereich: Standard**.

2. Über **Datei: Dateiinformationen** finden Sie Zugang zu den Metadaten eines Fotos – und zwar sowohl in Bridge wie auch in Photoshop.

Wir konzentrieren uns zunächst auf den Karteireiter METADATEN: Er besteht aus den drei Bereichen DATEIEIGENSCHAFTEN, IPTC-KERN und den KAMERADATEN (EXIF), die Ihre Digitalkamera mit der Aufnahme gespeichert hat.

Im Menü ▼▤ des METADATEN-Fensters können Sie zur besseren Lesbarkeit die **Schriftgröße** (mehrfach) **vergrößern** und auch wieder verkleinern. Ein Klick auf die Pfeiltaste ▶ klappt das jeweilige Fenster aus bzw. wieder ein ▼.

Die DATEIEIGENSCHAFTEN informieren unter anderem über Dateityp und -größe, Pixelmaße, Auflösung sowie Farbraum. Auch Erstellungs- und Änderungsdatum liegen vor.

Im Bereich IPTC-KERN können Sie eigene Eingaben vornehmen. Die Liste der Möglichkeiten ist lang, doch zu den wichtigsten Einträgen gehören sicherlich die BESCHREIBUNG, STICHWÖRTER sowie der COPYRIGHT-VERMERK. Die Angaben zu ERSTELLER oder VERWENDUNGSBEDINGUNGEN sollten bei der Veröffentlichung eines Fotos vor Missbrauch schützen.
Der klobige Bleistift 🖉 auf der rechten Seite signalisiert die Editierbarkeit einer Zeile. Per Klick auf den gewünschten Begriff – etwa ERSTELLER – erscheint der Cursor und Sie können Ihre Eingabe tippen.

Praktisch für Vergleich und Analyse von Digitalfotos sind die KAMERADATEN oder EXIF-Werte. Wie viele Informationen zu den Aufnahmebedingungen Ihre Kamera mitliefert, hängt auch vom Kameramodell ab.

41

Übungen mit Bridge — Metadaten

Schritt 2: Eigene IPTC-Einträge vornehmen

Kopieren Sie den Übungsordner »Winterlandschaft« von der DVD auf Ihre Festplatte. Markieren Sie die Miniatur des Fotos, dessen Metadaten Sie ändern wollen, im Inhaltsfenster. Dann klicken Sie für Ihre Eingabe auf das betreffende Feld im Bereich IPTC-Kern.

Wählen Sie beispielsweise das Bild »SH100017.JPG« und tippen Sie den Text im Feld BESCHREIBUNG ein. Per ⏎-Taste bestätigen Sie Ihre Eingabe. Natürlich können Sie auf gleiche Weise beliebige weitere Felder ausfüllen und bereits vorhandene Einträge jederzeit ändern.

Tipp
Stichworteinträge erstellen Sie am schnellsten im Feld STICHWÖRTER des IPTC-Kerns. Bei mehreren Einträgen fügen Sie Strichpunkte dazwischen ein, also zum Beispiel »Winter; Landschaft; Schnee«.

Schritt 3: IPTC-Felder anpassen

In der Regel werden Sie nur einen Bruchteil der möglichen IPTC-Felder für Ihre eigenen Einträge nutzen. Sie können Anzahl und Art der angezeigten IPTC-Felder Ihren individuellen Bedürfnissen anpassen und die Liste auf ein übersichtliches Maß kürzen.

Nutzen Sie dazu den Befehl **Bearbeiten: Voreinstellungen: Metadaten**. Im Bereich IPTC-KERN setzen Sie dann die Häkchen für Ihre eigenen Vorgaben. Den Abschnitt IPTC (IIM, ALT) können Sie übrigens getrost ignorieren. Er entspricht einem älteren IPTC-Standard und ist normalerweise ausgeblendet.

Aktivieren Sie die Option LEERE FELDER VERBERGEN, so werden ungenutzte Felder ausgeblendet.

Das Resultat im METADATEN-Fenster kann sich sehen lassen: Die IPTC-Einträge sind jetzt tatsächlich auf den „Kern" geschrumpft und schnell zu bearbeiten. Für die folgenden Arbeitsschritte behalten wir die Einstellungen unseres Beispiels bei, damit Sie sich nicht im IPTC-Dickicht verirren.

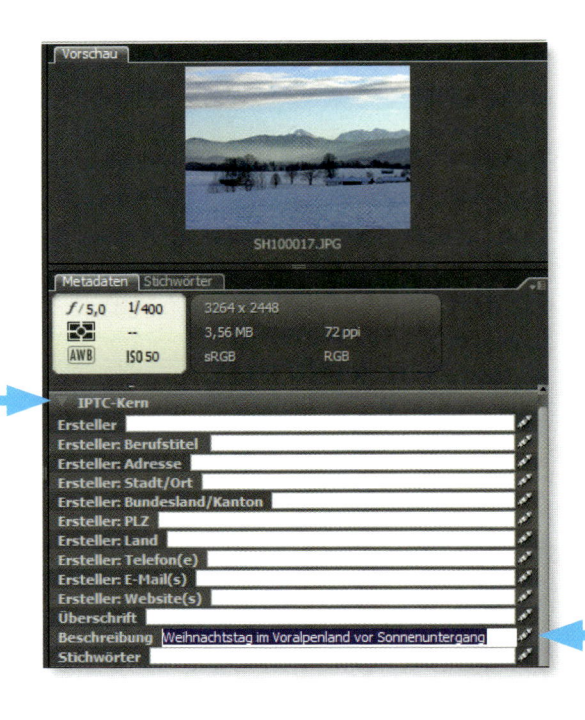

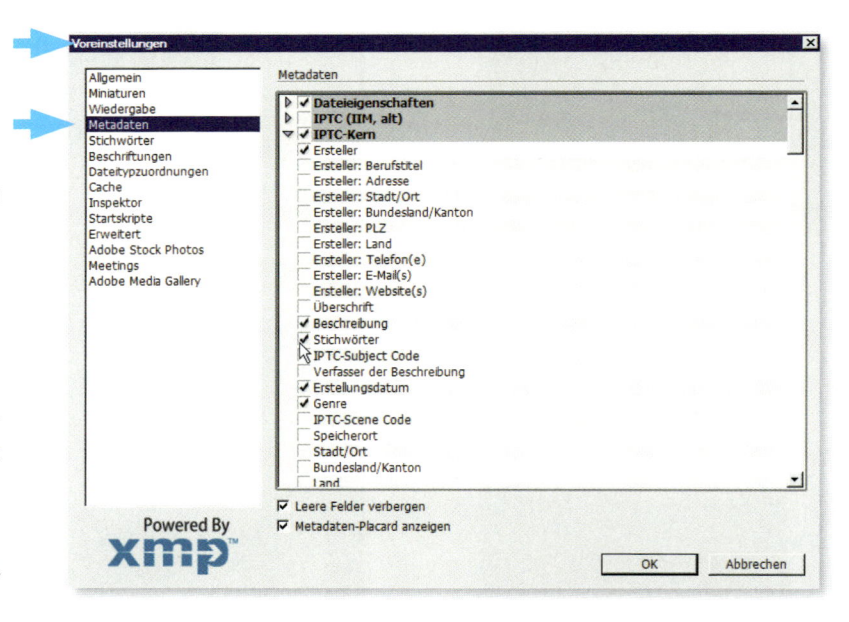

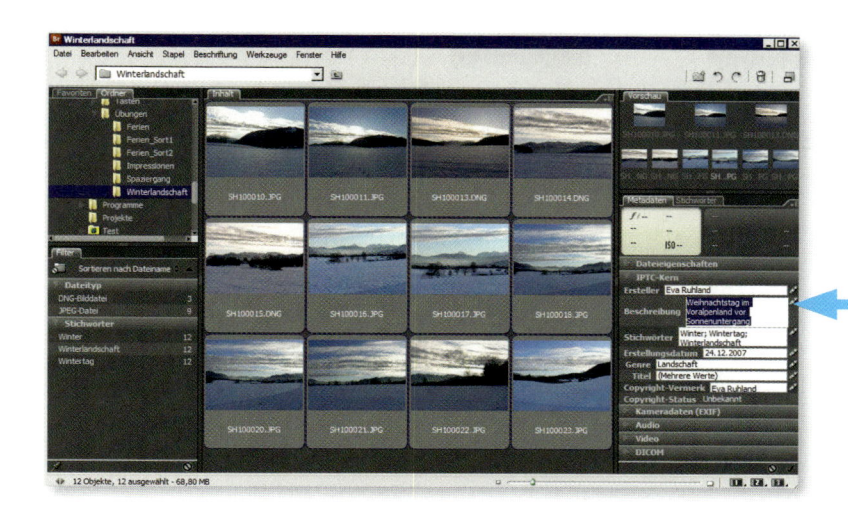

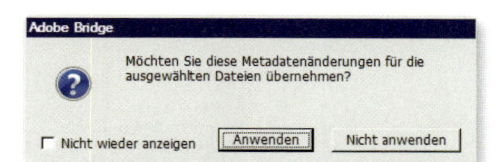

Schritt 4: Mehrere Fotos mit Metadaten versehen

Treffen Ihre IPTC-Einträge für mehrere Fotos zu, so vergeben Sie die Informationen doch gleich in einem Durchgang.

Wählen Sie mit `Strg`+`A` (PC) oder mit `⌘`+`A` (Mac) alle Miniaturen des Übungsordners im Fenster INHALT aus. Tippen Sie dann Ihren Text in den Feldern des Fensters IPTC-KERN. Sollten Sie zuvor bereits einzelne Einträge vorgenommen haben, zeigt Bridge im betreffenden Feld MEHRERE WERTE an. In unserem Beispiel sollen sich die TITEL der Fotos auch weiterhin unterscheiden und deshalb belassen wir MEHRERE WERTE.

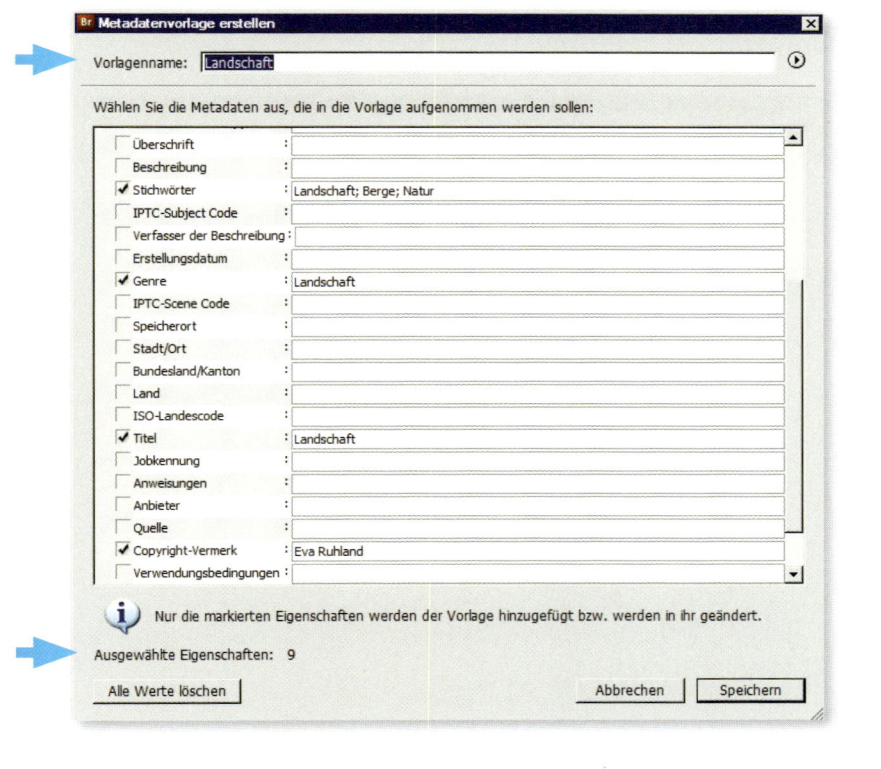

Bestätigen Sie Ihre Einträge nicht per `↵`-Taste, sondern klicken Sie irgendwo in den Bereich des Inhaltsfensters, fragt Bridge höflich, ob Sie die Metadatenänderung **Anwenden** oder **Nicht anwenden** wollen.

Schritt 5: Eine Metadatenvorlage für das Fotoarchiv anlegen

In Ihrer Fotosammlung gibt es sicherlich Themen, die zu den Schwerpunkten des eigenen Archivs zählen – mögen es Naturaufnahmen, Stillleben oder auch Familienbilder sein.

Für all jene Fotos, die zu solch häufig verwendeten Komplexen gehören, können Sie eine Metadatenvorlage erstellen, die sich rasch auf neue Aufnahmen übertragen lässt.

Markieren Sie dazu eine Miniatur und wählen Sie den Befehl **Metadatenvorlage erstellen** aus dem Menü der METADATEN-Palette. Tippen Sie nun jene Informationen ein, die für eine Kategorie Ihrer Sammlung zutreffen. In unserem Beispiel konzentrieren wir uns auf den VORLAGENNAMEN »Landschaft« und tragen nur Vermerke ein, die für andere Fotos der Sparte ebenfalls gelten. Per Häkchen werden die nötigen Felder aktualisiert und in ihrer Anzahl als AUSGEWÄHLTE EIGENSCHAFTEN gelistet. Klicken Sie auf SPEICHERN.

Übungen mit Bridge — Metadaten

Schritt 6: Metadatenvorlagen anwenden

Überprüfen Sie die Eingaben, die Sie im Fenster **Metadatenvorlage erstellen** getippt haben, an Ihrem ausgewählten Musterbild. Wenn Sie mit den Einträgen zufrieden sind, können Sie die erstellte Metadatenvorlage nun auf andere Bilder des gleichen Genres übertragen.

Sofern Sie noch andere Übungsordner von der DVD auf Ihrer Festplatte gespeichert haben, eignet sich beispielsweise das Bild »30252.jpg« im Ordner »Ferien«. Markieren Sie das Foto und wählen Sie im Metadaten-Menü den Befehl **Metadaten anhängen**: Landschaft. – Erst nach einem Klick auf eine andere Miniatur oder auf die Hintergrundfläche des Fensters INHALT erscheinen die neu zugewiesenen Daten im IPTC-KERN-Fenster.

Mit dem Befehl **Metadaten anhängen** werden bereits vorhandene Metadaten ergänzt und nur dann ersetzt, wenn sie in der Metadatenvorlage geändert wurden. Wählen Sie hingegen **Metadaten ersetzen**, so werden ältere Einträge überschrieben, wenn die entsprechende Eigenschaft in der Metadatenvorlage einen neueren Text enthält.

Schritt 7: Die Metadaten in den Dateiinformationen eines Fotos

Wie eingangs erwähnt, können Sie die Metadaten eines Fotos auch in den **Dateiinformationen** bearbeiten und speichern – und zwar sowohl in Bridge als auch in Photoshop. Dieser Weg mag Ihnen eventuell übersichtlicher erscheinen und ist insbesondere bei der Arbeit in Photoshop recht komfortabel.

In Bridge wählen Sie die Miniatur des gewünschten Bilds aus; in Photoshop nutzen Sie das aktuelle, geöffnete Bild: Per Befehl **Datei: Dateiinformationen** erhalten Sie die Übersicht zu den Metadaten des Fotos. Die Einträge zum IPTC-Kern sind hier nach Kategorien wie IPTC-KONTAKT oder -INHALT gegliedert. Tippen Sie neue Texte hier einfach ein. Im Fenster BESCHREIBUNG erhalten Sie eine Übersicht der Einträge. Anders als im Metadaten-Fenster von Bridge ist hier auch der COPYRIGHT-STATUS auswählbar.

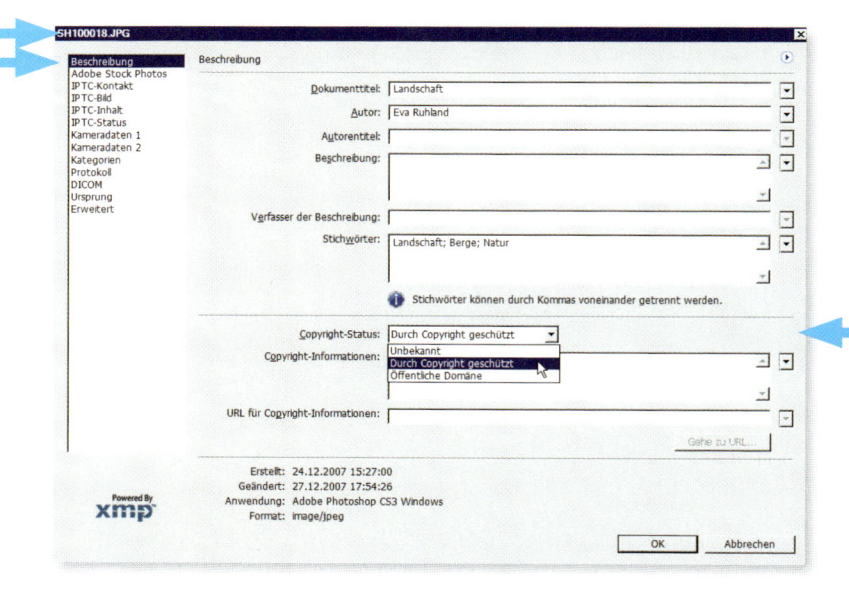

Übung 6

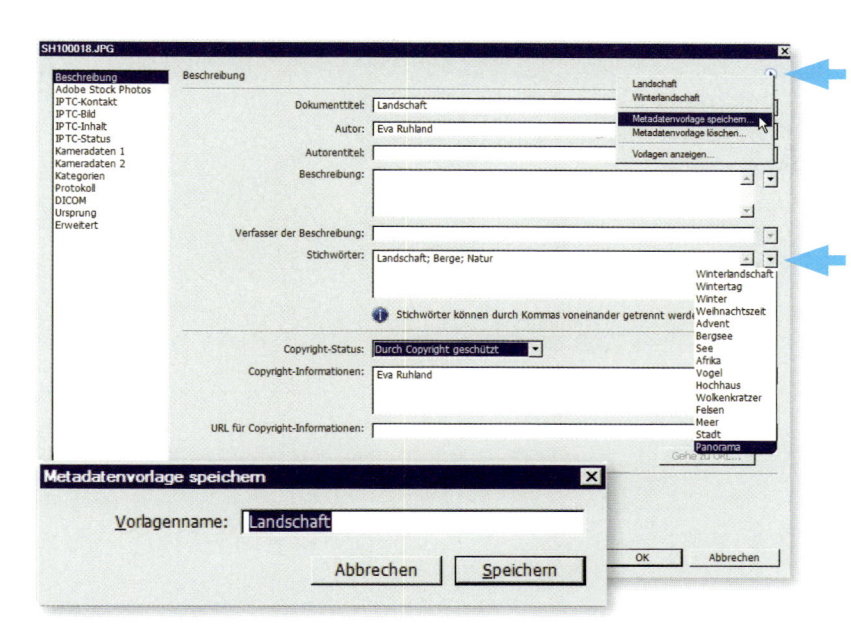

Schritt 8: Metadaten checken & Vorlage speichern **EXTRA**

Sobald alle Ihre Eingaben stimmen, können Sie auch im Fenster **Dateieigenschaften** per Klick auf das Menüdreieck ▶ oben rechts Ihre METADATENVORLAGE SPEICHERN.

Liegen zu einzelnen Feldern – etwa den STICHWÖRTERN – bereits früher vergebene Begriffe vor, dann sehen Sie diese mit dem Dreieckschalter ▼ an bzw. fügen sie hinzu.

Übertragen Sie dann in Bridge die Metadaten auf andere Fotos, indem Sie diese anwählen und wie in Schritt 6 beschrieben per Befehl **Metadaten anhängen** im Metadaten-Menü zuweisen.

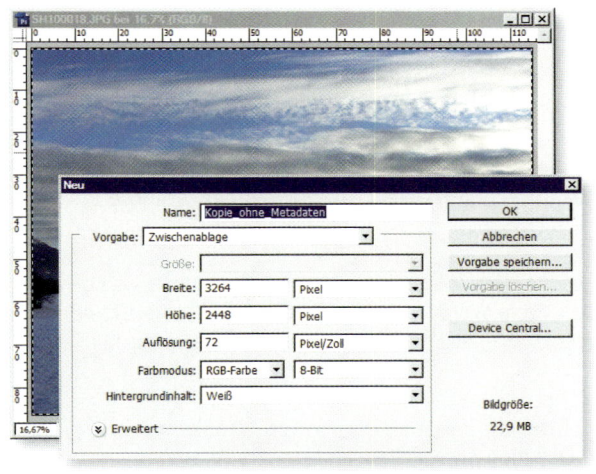

Schritt 9: Metadaten löschen

Was aber, wenn Sie Fotos weitergeben oder veröffentlichen wollen, die keine weiteren Informationen, also Metadaten, enthalten sollen? Löschen Sie IPTC-Einträge sowie EXIF-Werte eines Fotos mit ein paar Tricks in Photoshop:

► Öffnen Sie das Foto, dessen Daten getilgt werden sollen.

► Wählen Sie das komplette Bild per Strg + A (PC) bzw. ⌘ + A (Mac) aus. Es erscheint ein gestrichelter Rahmen an den Bildrändern.

► Mit dem Befehl Strg + C (PC) bzw. ⌘ + A (Mac) kopieren Sie das Foto in die Zwischenablage.

► Per Strg + N (PC) bzw. ⌘ + N (Mac) erscheint das Fenster **Neu**. Es enthält alle Bildmaße Ihres Fotos aus der Zwischenablage. Klicken Sie auf OK.

► Fügen Sie mit Strg + V (PC) bzw. ⌘ + V (Mac) das Foto in die neue leere Fläche ein. Ein Blick in die **Dateiinformationen** zeigt Ihnen, dass alle Daten getilgt sind.

Übungen mit Bridge — Kontaktabzug

Übung 7: Ein Kontaktabzug für die CD-Hülle

Streng gesehen gehört dieses Thema nicht hierher, denn es bedeutet einen vorweggenommenen (Bridge-)Ausflug in den Photoshop. Wiederum anders betrachtet passt es jedoch nirgendwo besser als hier – beim grundlegenden Archivieren und Sichern Ihrer originalen Digitalfotos.

Haben Sie Ihre Fotos etwa im **Downloader** per KOPIEN SPEICHERN UNTER gesichert und wollen Sie für den Fall des Falls den ursprünglichen Zustand der Bilder zur späteren Weiterbearbeitung erhalten, dann werden Sie spätestens jetzt eine CD oder DVD mit den Daten brennen. Natürlich eignet sich der Kontaktabzug auch später für die bearbeiteten Bildversionen — je nach Bedarf.

Ein Cover mit Kontaktabzügen für den Datenträger mag für manche schlichtweg unnötig sein, für Foto-Traditionalisten oder -Freaks hingegen ist es ein vertrautes Muss. Leisten Sie sich den Service doch selbst, den Sie sonst von einem Fotolabor erwarten. In wenigen Schritten ist Ihr Abzug druckreif.

Infothek	einfach		komplex
Lernschritte:	Erstellen Sie einen Kontaktabzug mit den gesamten oder ausgewählten Bildern eines Ordners für Ihre CD-Hülle. Sie lernen, wie Sie – je nach Bildmenge – die richtigen Maße und Proportionen für Miniaturen, Titel und Bildränder erstellen. Wie Sie unaufwändig zur eigenen Archivierung die Daten auf CD sichern und dokumentieren, erfahren Sie in wenigen Schritten. Benötigen Sie einen stilvollen Kontaktabzug zu Präsentationszwecken, so lesen Sie unbedingt die Arbeitsschritte mit dem Vermerk *EXTRA*.		
Aufwand:	Gering bis mittel		
Übungsdateien:	Im Ordner »Übungen« auf CD: Ordner »Spaziergang«, Datei: Kontaktabzug_Ebenen.psd		

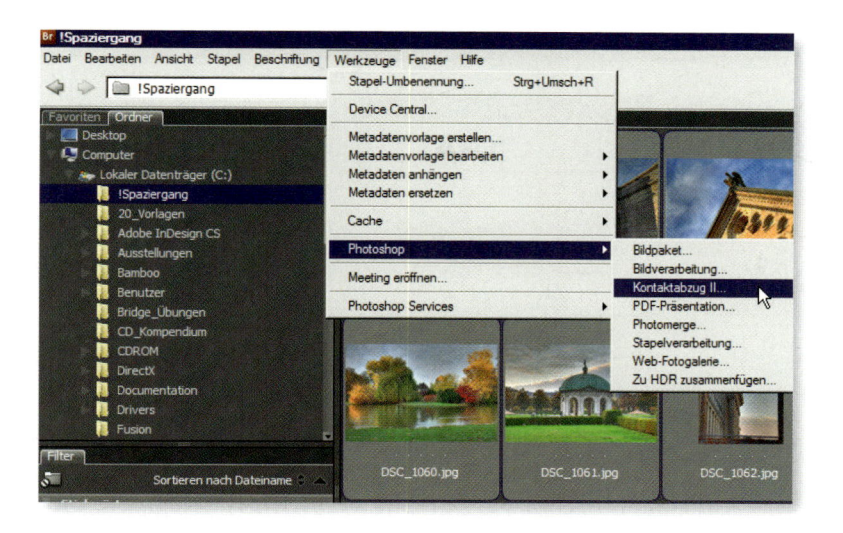

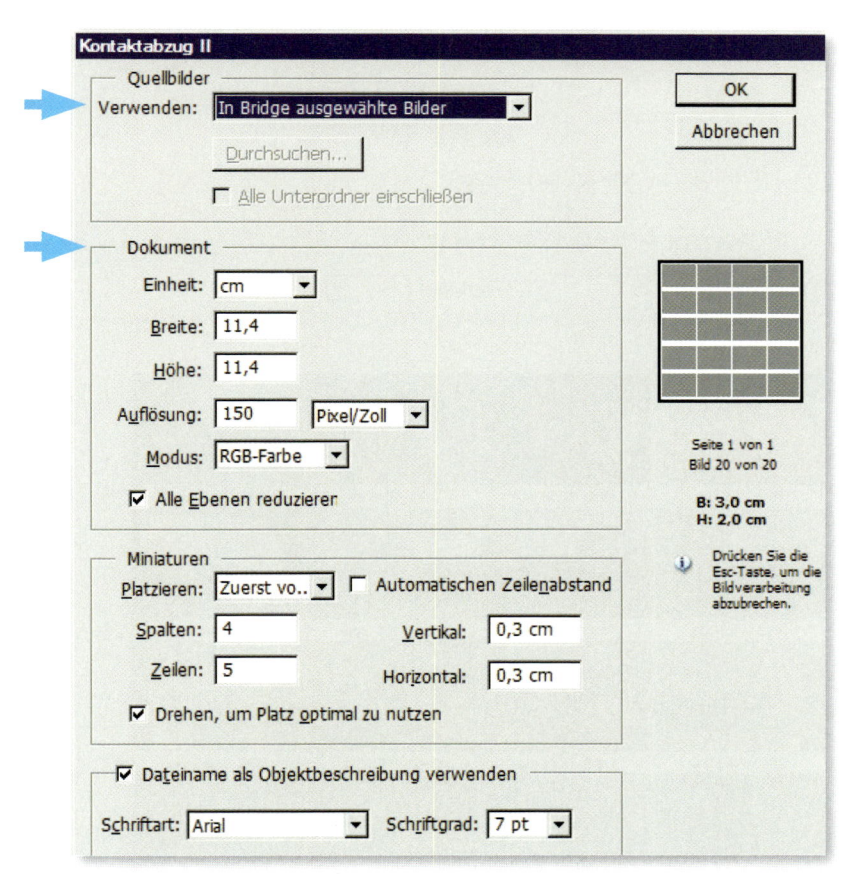

Schritt 1: Fotos auswählen

Öffnen Sie im Karteireiter **Ordner** von Bridge den Ordner mit Fotos, für die Sie einen Kontaktabzug erstellen möchten.

Wählen Sie entweder alle Bilder zugleich mit [Strg]+[A] am PC bzw. [⌘]+[A] am Mac oder einzelne mit Klick bei gedrückter [Strg]-Taste (PC)/[⌘]-Taste (Mac).

Per Befehl **Werkzeuge: Photoshop: Kontaktabzug II** öffnet sich Photoshop mit den Optionen im Fenster **Kontaktabzug**. (Natürlich können Sie auch direkt in Photoshop darauf zugreifen und zwar mit **Datei: Automatisieren: Kontaktabzug II**.)

Schritt 2: Dokumentmaße setzen

Wenn Sie von Bridge aus gestartet sind, finden Sie neben QUELLBILDER: VERWENDEN ganz automatisch die Vorgabe IN BRIDGE AUSGEWÄHLTE BILDER. Alternativ können Sie natürlich auch einen ORDNER oder in Photoshop GEÖFFNETE DOKUMENTE als Quelle bestimmen. Entscheidend sind nun zunächst die Maße des Dokuments:

Wollen Sie nur ein schlichtes DIN-A4-Blatt ausdrucken, so gehen Sie vom üblichen Maß BREITE 21 cm x HÖHE 29,7 cm aus. Bedenken Sie, dass Ihr Drucker eventuell nicht bis zum äußersten Rand des Blatts druckt, und ziehen Sie dann die wohl ca. 2 cm Höhe sowie Breite ab.

Beim Kontaktabzug für eine CD- oder auch DVD-Hülle müssen Sie ein wenig rechnen: Die Maße für eine sogenannte „Inlaycard", sprich Vorderseite einer CD-Hülle, werden mit 12,0 cm x 12,0 cm angesetzt. Damit Ihre Kontaktminiaturen später nicht bis an den Rand gequetscht werden, ziehen Sie an allen Seiten etwa 3 mm ab. Resultat: BREITE und HÖHE je 11,4 cm. Für das eigene Archiv wird eine geringere AUFLÖSUNG von 100–150 PIXEL/ZOLL reichen. Eine schicke Variante für den Kunden macht sich natürlich besser bei 300 Pixel/cm auf Fotopapier.

Den MODUS: RGB-FARBE können Sie belassen. Aktivieren Sie ALLE EBENEN REDUZIEREN, sofern Sie Miniaturen und Bildtitel nicht weiterbearbeiten und die Dateigröße reduzieren wollen.

Übungen mit Bridge — Kontaktabzug

Schritt 3: Miniaturen erstellen

Je besser Sie im Abschnitt MINIATUREN rechnen, desto gelungener ist das Resultat. Den Ausgangspunkt bestimmt die Menge der Bilder, die Sie für Ihren Kontaktabzug vorsehen.

Für unser Beispiel wählten wir 20 Bilder in Bridge aus und starteten von dort aus Photoshop mit dem Befehl **Werkzeuge: Photoshop: Kontaktabzug II**.

Die Bilder sollen in der üblichen Lesart, zeilenweise von links nach rechts, angeordnet werden. Also nehmen wir beim PLATZIEREN die Einstellung ZUERST VON LINKS NACH RECHTS.

Da das Format der CD-Hülle nahezu quadratisch ist und ein Großteil der Bilder querformatig sind, bieten sich 4 SPALTEN und 5 ZEILEN an. Die Miniaturvorschau im Fenster rechts zeigt die aktuelle Wahl als graue Felder.

Damit hochformatige Bilder nicht zu klein dargestellt werden, sollten sie quer gelegt werden und zwar mit der Option DREHEN, UM PLATZ OPTIMAL ZU NUTZEN.

Und nun zum AUTOMATISCHEN ZEILENABSTAND: Ist er aktiviert, berechnet Photoshop unter Umständen nur minimale Spalten zwischen den Bildern und das Ganze wirkt unübersichtlich. Deaktivieren Sie das Häkchen per Klick und geben Sie manuell die Maße für den Zeilenabstand VERTIKAL und HORIZONTAL ein: In unserem Beispiel wählen wir jeweils 0,3 cm. Je nach Bildmenge und -größe eignet sich vielleicht auch eher ein höherer Wert.

Um Ihre Fotos rasch wiederzufinden, sollten auch die Dateinamen auf dem Kontaktabzug stehen. Per Häkchen vor DATEINAME ALS OBJEKTBESCHREIBUNG VERWENDEN können Sie SCHRIFTART und SCHRIFTGRAD bestimmen: Immerhin stehen drei Systemschriftarten zur Auswahl. Den Schriftgrößen vertrauen Sie besser nicht blind, denn Photoshop berechnet die Größe relativ zur Anzahl der Fotos. Als Faustregel gilt: je mehr Bilder, desto kleiner der Schriftgrad. In unserem Beispiel reichten 7 pt völlig aus.

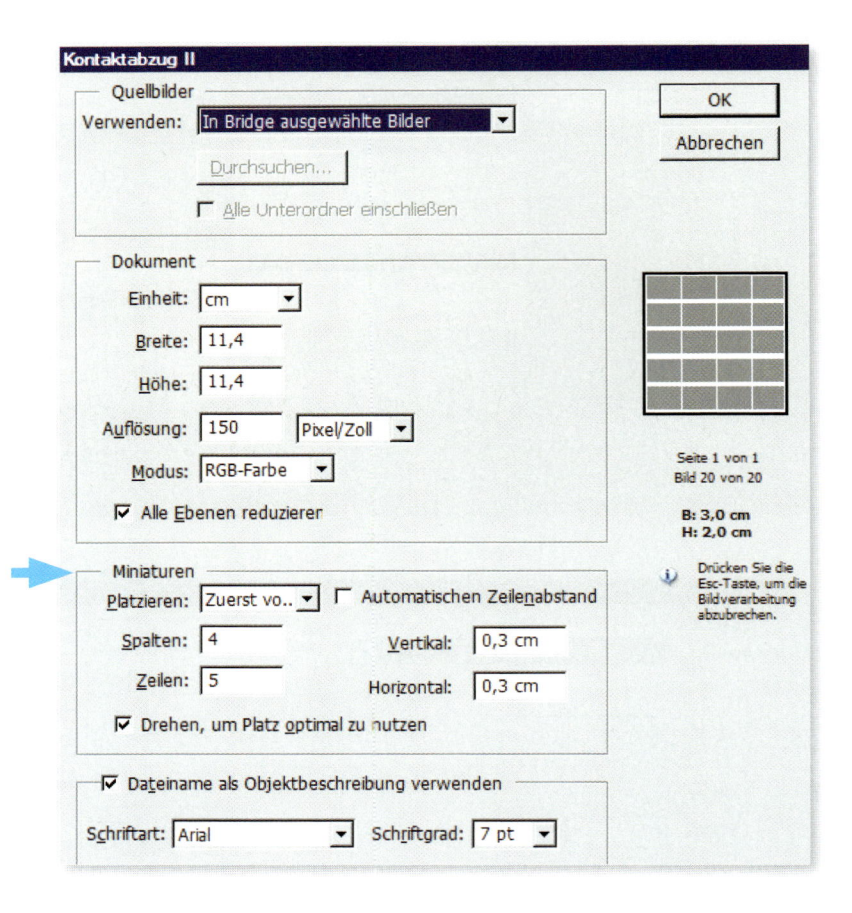

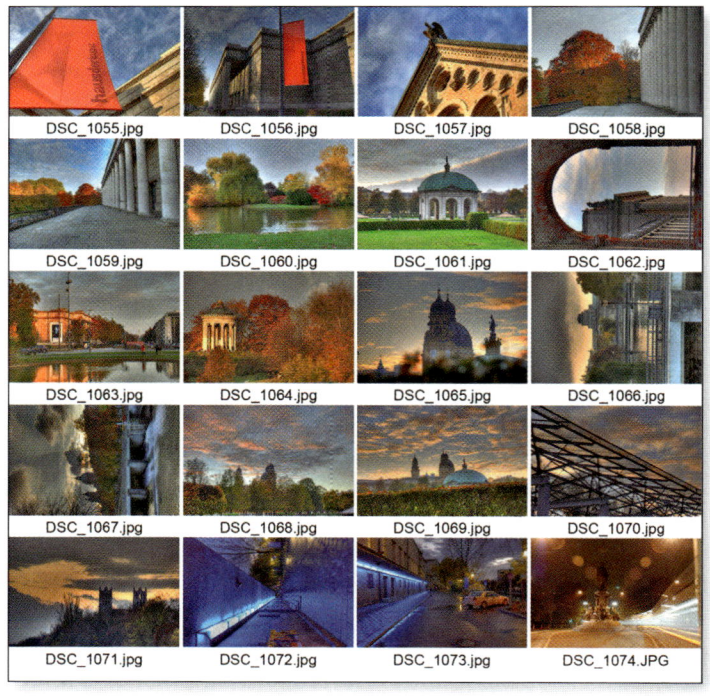

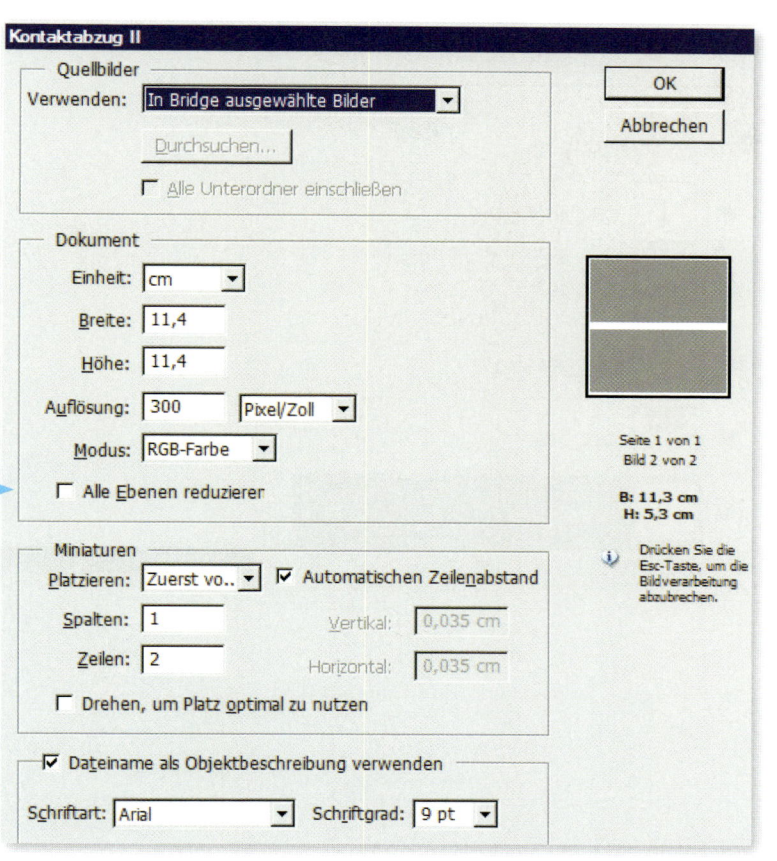

Schritt 4: Spielen Sie mit Variationen – und Ebenen *EXTRA*

Um das optimale Ergebnis Ihres Kontaktabzugs zu erhalten, spielen Sie mit den einzelnen Optionen und Kombinationen.

Überwiegen etwa hochformatige Bilder, geben Sie mehr Spalten als Zeilen ein. Wollen Sie hingegen etwa einem Kunden nur ganz wenige Bilder präsentieren, so eignet sich vielleicht folgendes Beispiel:

Zwei querformatige Bilder mit Titel sollen den Kontaktabzug zieren. Wählen Sie beispielsweise zwei Fotos aus dem Ordner »Spaziergang« im Verzeichnis »Übungen« der DVD.

Auch hier ziehen Sie vorsorglich je 6 mm bei HÖHE und BREITE der Inlaycard ab, um später einen Rand zu erstellen.

Mit einer Auflösung von 300 PIXEL/ZOLL erzielen Sie später beim Ausdruck auf Fotopapier ein hochwertiges Ergebnis. Für den hausinternen Drucker belassen Sie ruhig den MODUS RGB-FARBE.

Nun kommt der scheinbar so unspektakuläre Clou der ganzen Angelegenheit:

Sobald Sie das Häkchen zur Checkbox ALLE EBENEN REDUZIEREN deaktivieren, legt Photoshop für jedes Bild, jeden Text sowie für den Hintergrund eine eigene Ebene an. Damit können Sie nach Geduld, Lust und Laune jede Ebene einzeln bearbeiten (siehe folgende Schritte).

Belassen Sie PLATZIEREN: ZUERST VON LINKS NACH RECHTS, da die Bilder sowieso in der Reihenfolge erscheinen, wie sie in Bridge sortiert sind – in diesem Standardfall nach Namen. SPALTEN: 1 und ZEILEN: 2 bieten sich logischerweise für die beiden Querformate an.

Nur bei AUTOMATISCHEM ZEILENABSTAND legt Photoshop die beiden Bilder hier mittig an, deshalb lassen Sie das Häkchen ruhig stehen.

Der SCHRIFTGRAD von 9 pt wirkt in diesem Fall passend. Wie groß die Titel erscheinen, hängt immer von Bildmenge sowie Auflösung ab.

Übungen mit Bridge — Kontaktabzug

Schritt 5: Bestimmen Sie die Hintergrundfarbe *EXTRA*

Haben Sie beim Kontaktabzug per Klick die Option ALLE EBENEN REDUZIEREN deaktiviert? Dann sehen Sie in der Photoshop-Ebenenpalette Ihres Abzugs Hintergrund, Bilder und Texte auf einzelnen Ebenen angeordnet. Unter dem Namen »Kontaktabzug_Ebenen.psd« finden Sie die Vorlage im Ordner »Übungen« auf der DVD.

Wir arbeiten uns von unten nach oben vor und definieren zuerst die Farbe des HINTERGRUNDS.

Klicken Sie in der Ebenenpalette auf NEUE FÜLL- ODER EINSTELLUNGSEBENE ERSTELLEN und wählen Sie VOLLTONFARBE. Es öffnet sich der FARBWÄHLER, wo Sie die gewünschte Hintergrundfarbe einstellen können.

Photoshop erstellt eine eigene Füllebene mit Ebenenmaske. Per Klick auf die Miniatur der Ebenenmaske, also auf FARBFÜLLUNG 1, ändern Sie jederzeit Farbe oder Füllebene nach Bedarf.

Auf die Einstellungen VERLAUF oder MUSTER verzichten Sie in diesem Fall besser — schließlich soll später dem Motiv ja noch ein einheitlicher Rand hinzugefügt werden.

Voilà, der Hintergrund zeigt den neuen Farbton und rückt die Bilder ins rechte Licht.

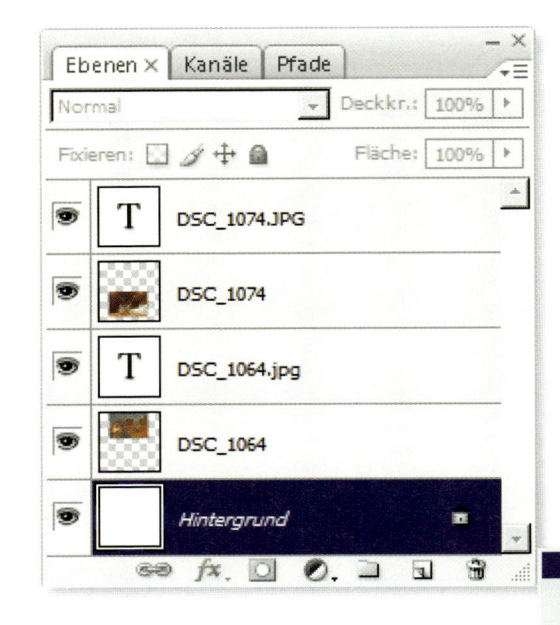

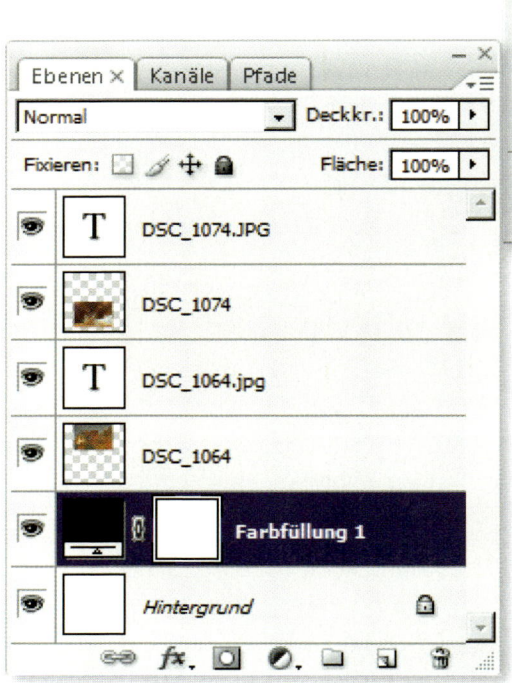

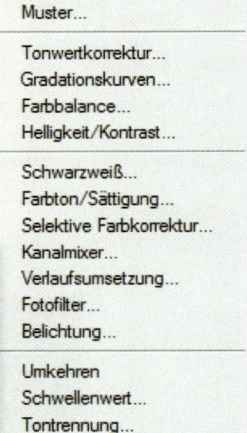

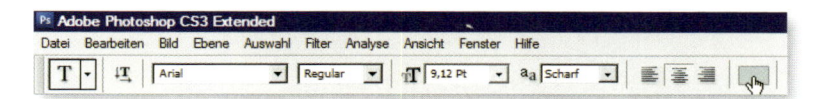

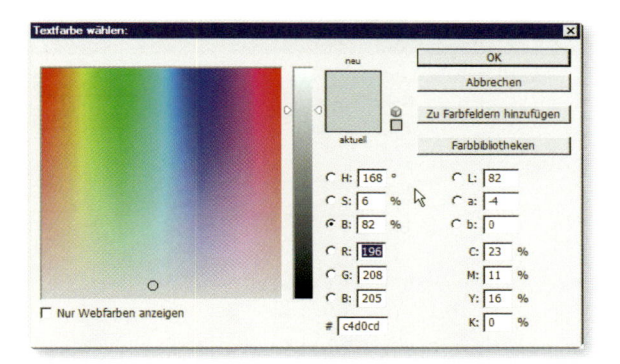

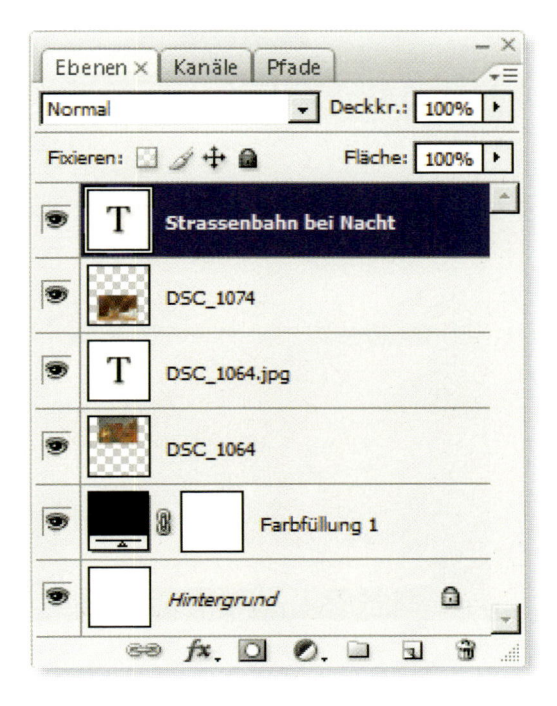

Schritt 6: Editieren Sie Schriftfarbe, -stil und Text **EXTRA**

Wie auch bei Schritt 5 arbeiten Sie auf einzelnen Ebenen, hier auf den Textebenen. Klicken Sie dazu in der Ebenenpalette die betreffende Textebene an und nehmen Sie per Klick das HORIZONTALE TEXTWERKZEUG T aus der Werkzeugleiste. Wählen Sie die betreffende Textebene in der Ebenenpalette. Markieren Sie nun den Text im Bild mit gedrückter Maustaste und ändern Sie ihn nach Belieben. Er erscheint auch in der Ebenenpalette.

Mit den Funktionen der Textleiste können Sie nun die Schriftart bestimmen und die Schriftgröße variieren.

Per Klick auf die aktuelle Textfarbe oder auf die Vordergrundfarbe in der Werkzeugleiste öffnet sich das Fenster TEXTFARBE WÄHLEN. Wünschen Sie einen Farbton aus einem der Fotos, so wandern Sie mit dem Cursor an die gewünschte Stelle im Bild: Der Mauspfeil verwandelt sich dabei zum PIPETTE-WERKZEUG und nimmt beim Klicken die gewünschte Farbe auf.

Natürlich bleibt es Ihnen überlassen, ob Sie einen Kontaktabzug mit so wenigen Bildern nicht lieber direkt in Photoshop anlegen und die Texte direkt eingeben. Bei einer größeren Anzahl von Bildern ist das Verfahren per Kontaktabzug allerdings sehr effektiv.

Übungen mit Bridge — Kontaktabzug

Schritt 7: Ein perfekter Rahmen

Höchstwahrscheinlich »kleben« Ihre Miniaturen noch immer unschön am Bildrand. Erinnern Sie sich, dass wir in weiser Voraussicht die Maße der CD-Hülle von 12 cm Breite x Höhe auf 11,4 cm reduziert haben?

Mit den verbleibenden 6 mm pro Seite kann nun ein Rahmen entstehen, der die Miniaturen zur Geltung bringt. Wir zeigen im Folgenden die Ergebnisse der beiden Beispiele, die in dieser Übung verwendet wurden:

Bei Ihrem Kontaktabzug wählen Sie dazu in Photoshop **Bild: Arbeitsfläche**. Sofern die Maße auf cm eingestellt sind, zeigt die **Arbeitsfläche** als AKTUELLE GRÖSSE sowie NEUE GRÖSSE je 11,4 x 11,4 cm BREITE X HÖHE.

Geben Sie den Wert 12 cm für die NEUE GRÖSSE bei BREITE X HÖHE ein. (Bisweilen wird auch ein Maß von 12,1 cm für die Breite angegeben.) Soll der Rahmen um den Kontaktabzug nach allen Seiten gleich stark sein, so belassen Sie die Position des Quadrats im Bildschema (ANKER) mittig. So berechnet Photoshop an jeder Seite zusätzlich 0,3 cm Rand.

Die FARBE FÜR ERW. ARBEITSFLÄCHE können Sie abermals frei wählen. So stehen VORDER- oder HINTERGRUNDFARBE der Werkzeugleiste, WEISS, SCHWARZ oder GRAU zur Verfügung. ANDERE ermöglicht jede beliebige Farbe, etwa auch eine, die Sie per Pipette aus einem Bild aufgenommen haben.

Möchten Sie lieber oben mehr Rand als unten hinzugeben, müssen Sie nur ein wenig rechnen. Geben Sie beispielsweise 12 cm für die Breite ein und 12 cm für die Höhe. Das Quadrat im Bildschema setzen Sie dazu auf die Position Mitte unten.

Damit entsteht unten kein weiterer Rand, oben jedoch ein zusätzlicher Rand von 6 mm. Je nach Bedarf können Sie Maße und Anker-position beliebig variieren und eventuell meh-rere Durchgänge zur **Arbeitsfläche** erstellen.

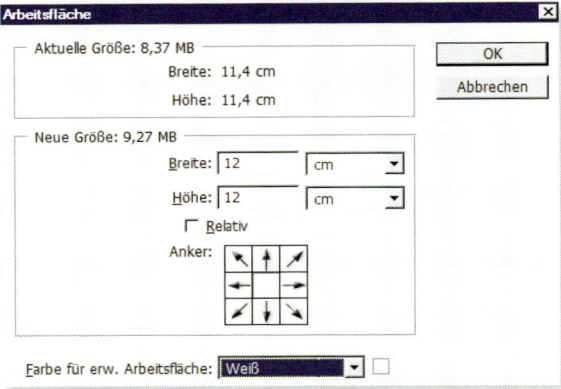

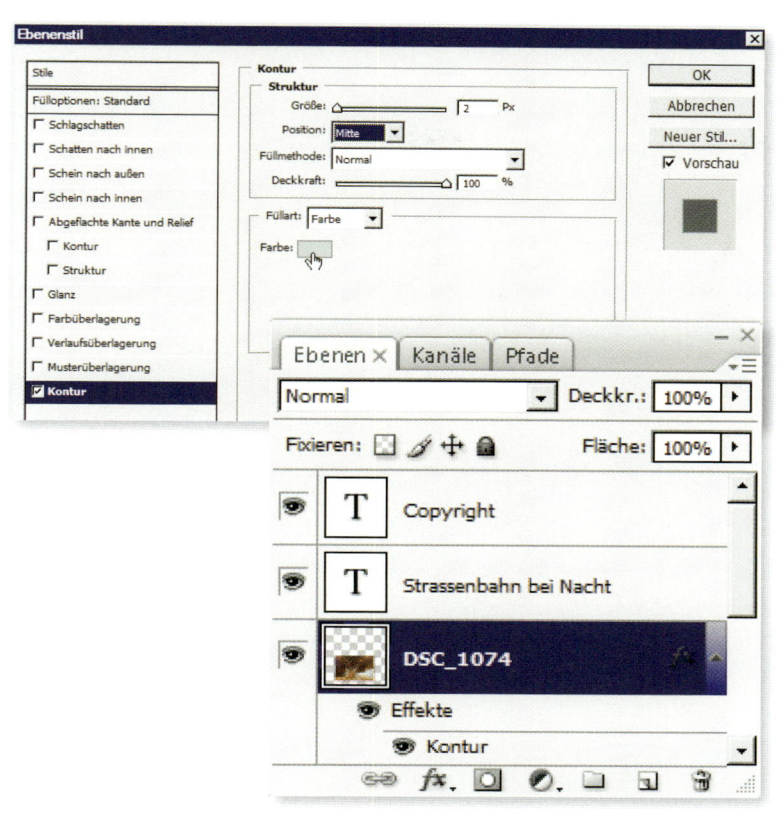

Schritt 8: Der letzte Schliff *EXTRA*
Bildrand & Copyright

Das Ergebnis Ihres Kontaktabzugs können Sie noch beliebig verfeinern. Zu unseren Beispielen zeigen wir ein paar Wege auf, die den Umgang mit Ebenen sowie die gesamte Bildfläche betreffen:

Wenn Sie beim Erstellen Ihres Kontaktabzugs ALLE EBENEN REDUZIEREN deaktiviert haben, können Sie einzelnen Ebenenbildern bequem einen Rand zuweisen:

Klicken Sie die betreffende Ebene mit dem Bild in der Ebenenpalette an. Wählen Sie den Befehl **Ebene: Ebenenstil: Kontur**.

In unserem Beispiel mit 300 Pixel/Zoll erstellten wir einen feinen Rahmen mit einer GRÖSSE von 2 Pixel. (Die Darstellung der Pixelstärke hängt immer von der Auflösung Ihres Bilds ab.) Die Farbe tippten wir per Farbwähler mit den RGB-Werten R: 203, G: 214, B: 213 gemäß der Schriftfarbe ein. Als POSITION des Rands gaben wir MITTE an, den MODUS der FÜLLMETHODE beließen wir bei NORMAL, die DECKKRAFT bei 100%.

Ob Sie Ihren Kontaktabzug mit oder ohne Ebenen erstellt haben – wenn Sie genügend Platz für den Rand berechnet haben, können Sie jederzeit noch einen Titel oder Kurztext hinzufügen:

Schreiben Sie beispielsweise einen Copyrightvermerk an den linken Rand. Dazu klicken Sie mit dem Textwerkzeug T in den Bildbereich. Automatisch entsteht eine neue Textebene.

Editieren Sie den Text, wie in Schritt 6 beschrieben. Mit dem Verschieben-Werkzeug positionieren Sie den Text oder drehen Sie ihn per Befehl **Bearbeiten: Transformieren: Um 90° gegen USZ drehen**. – Und fertig ist das Design.

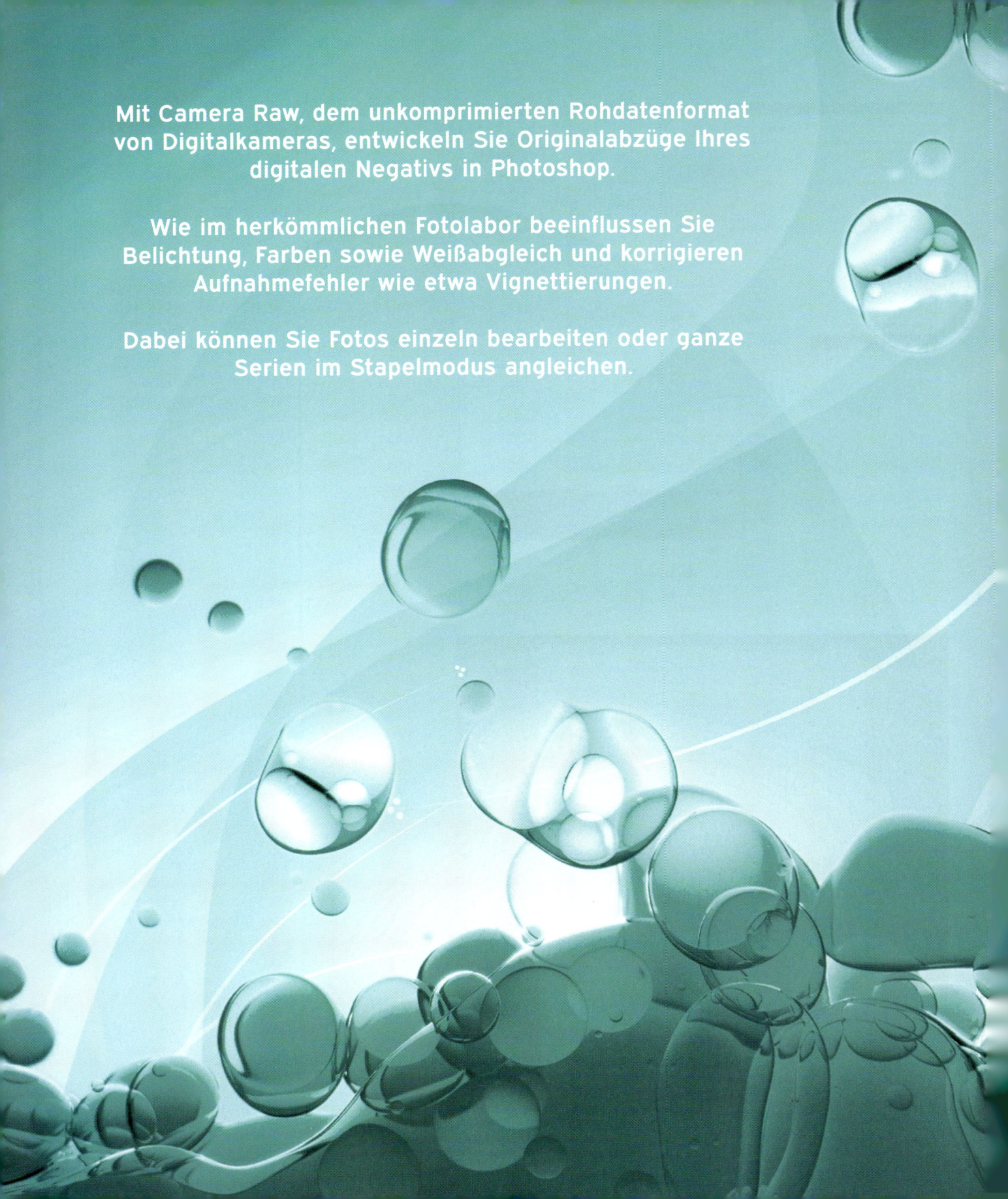

Mit Camera Raw, dem unkomprimierten Rohdatenformat von Digitalkameras, entwickeln Sie Originalabzüge Ihres digitalen Negativs in Photoshop.

Wie im herkömmlichen Fotolabor beeinflussen Sie Belichtung, Farben sowie Weißabgleich und korrigieren Aufnahmefehler wie etwa Vignettierungen.

Dabei können Sie Fotos einzeln bearbeiten oder ganze Serien im Stapelmodus angleichen.

Kapitel 2
Camera Raw — das digitale Fotostudio

Übung 1
Der Raw-Dialog im Überblick   56

Übung 2
Farbe, Lichtquelle und Belichtung anpassen   60

Übung 3
Fortgeschrittene Raw-Funktionen   66

Übungen mit Raw-Dateien — Raw-Dialog im Überblick

Übung 1: Der Raw-Dialog im Überblick

Schlaue Digitalfotografen setzen auf das Raw-Format – alle digitalen SLRs sowie viele hochwertige Kompaktkameras können Dateien in diesem Format auf die Speicherkarte bannen. Das Besondere an Raw-Dateien: Sie liegen in ihrer ursprünglichen, vom Sensor der Kamera erfassten und von der Elektronik der Kamera unbearbeiteten Form vor. Das bedeutet: Vom Weißabgleich über die Blende bis hin zur Farbbalance lassen sich sämtliche Korrekturen zu Hause am Rechner vornehmen. Und das originale Raw-Bild bleibt sozusagen als »digitales Negativ« in seiner ursprünglichen Form erhalten und kann für spätere Änderungen archiviert werden. Dabei werden alle Änderungen verlustfrei als Metadaten in der DNG-Datei oder Datenbank gesichert.

Adobe Photoshop kann das Raw-Format vieler Kameratypen interpretieren und bietet einen umfassenden Importdialog, in dem Sie alle nötigen Einstellungen und Korrekturen vornehmen können, bevor Sie die Bilddatei in Photoshop überführen und dort weiterbearbeiten. Je nach Hersteller unterscheiden sich die Dateiendungen der Raw-Dateien. So tragen die Übungsfotos dieses Kapitels die Endung *.NEF, da sie mit einer Nikon-Kamera aufgenommen wurden. Eine Liste der unterstützten Kameras finden Sie unter **http://www.adobe.com/de/products/photoshop/cameraraw.html**. Nachfolgend ein schneller Überblick über den Raw-Dialog von Photoshop CS3.

Infothek	einfach			komplex
Lernschritte:	Sie fertigen mit Ihrer Kamera Dateien im Raw-Format an, übertragen diese auf den Rechner und öffnen sie mithilfe des Raw-Dialogs von Photoshop CS3. Hier nehmen Sie grundlegende Fotokorrekturen wie Geraderichten, Freistellen und Weißabgleich durch.			
Aufwand:	Relativ gering			
Übungsdatei:	Auf DVD im Ordner »Übungen/Raw/«: Datei: Laterne_am_Fluss.NEF			

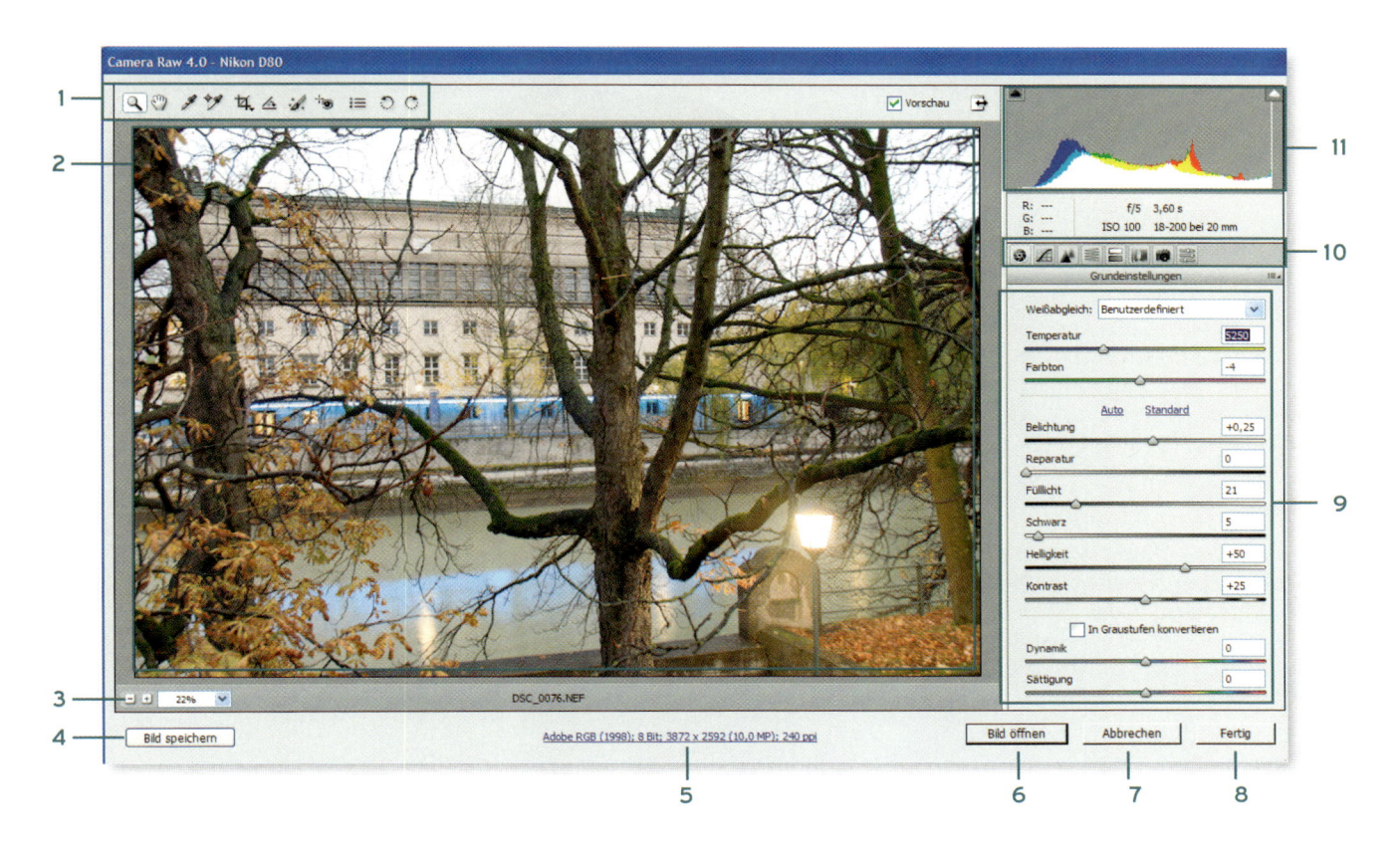

Schneller Überblick über den Raw-Dialog

1 Grundlegende Bearbeitungswerkzeuge wie Freistellen, Geraderichten und Rote Augen Entfernen.

2 Der Vorschaubereich. Wenn die Checkbox Vorschau angekreuzt ist, sehen Sie hier sämtliche Änderungen in Echtzeit.

3 Die Darstellungsgröße des Vorschaubilds. 100% = Originalgröße, In Ansicht = das Vorschaufenster ausfüllend.

4 Ein Klick auf die Schaltfläche Bild Speichern erlaubt das Sichern der modifizierten Raw-Datei, ohne das Bild in Photoshop zu laden.

5 Dieser Link stellt nicht nur die Bilddaten dar, sondern öffnet per Mausklick den Dialog Arbeitsablauf-Optionen, in dem Sie den Farbraum, die Farbtiefe und die Bildgröße festlegen.

6 Öffnet das Bild in Photoshop bzw. mit gedrückter Alt-Taste eine Kopie der Raw-Datei. Sämtliche im Dialog vollzogenen Änderungen werden übernommen.

7 Mit dieser Schaltfläche brechen Sie den Dialog ab bzw. setzen die Raw-Datei mit gedrückter Alt-Taste auf ihre ursprünglichen Bildwerte zurück und machen alle Änderungen ungeschehen.

8 Ein Klick auf Fertig schließt den Dialog, wobei alle vorgenommenen Änderungen in der Datenbank gesichert werden.

9 Das Eingabefeld für Bildänderungen; korrespondiert inhaltlich mit den ausgewählten Karteireitern (10).

10 Die Karteireiter für die Auswahl der Bearbeitungsvarianten: Grundeinstellungen, Gradationskurve, Details, HSL/Graustufen, Teiltonung, Obektivkorrekturen, Kamerakalibrierung und Vorgaben (von links nach rechts)

11 Das Histogramm gibt einen schnellen Überblick über die Helligkeitsverteilung im Bild. Ein Klick auf den Pfeil rechts ▲ markiert beschnittene Lichter, ein Klick auf den Pfeil links ▲ dagegen beschnittene Tiefen.

Übungen mit Raw-Dateien — Raw-Dialog im Überblick

Schritt 1: Kamera vorbereiten

Die meisten digitalen Spiegelreflex- oder Superzoom-Kameras speichern Fotos standardmäßig im JPG-Format. Im Menü Ihrer Kamera müssen Sie deshalb das Speicherformat auf RAW ändern. Näheres hierzu erfahren Sie in der Dokumentation Ihrer Kamera. Modelle neuerer Bauart – so zum Beispiel die aktuellen digitalen SLRs von Canon und Nikon – erlauben das gleichzeitige Speichern eines Bilds im Raw- und JPG-Format. Somit verfügen Sie stets über ein kleines und leicht zu öffnendes JPG fürs Grobe und ein Raw für die professionelle Weiterverarbeitung.

Tipp
*Der komfortable Raw-Dialog ist übrigens nicht auf Raw-Dateien beschränkt. Über den Befehl **Datei: Öffnen als**... laden Sie auch JPEG- und TIFF-Dateien in das Raw-Fenster. Hierzu wählen Sie einfach unter ÖFFNEN ALS das Dateiformat CAMERA RAW.*

Schritt 2: Raw-Datei öffnen

Egal, ob Sie die Raw-Datei in Bridge doppelt anklicken oder direkt in Photoshop per **Datei: Öffnen** auswählen – Sie gelangen stets zum umfassenden Raw-Importdialog von Photoshop. Auch ein Doppelklick auf die Raw-Datei im Windows-Explorer oder auf dem Macintosh-Schreibtisch startet normalerweise Photoshop mit dem entsprechenden Importdialog.

Tipp
In der Regel werden die unterstützten Raw-Formate bei der Installation von Photoshop automatisch mit dem Programm verknüpft, so dass ein Doppelklick auf eine Raw-Datei im Windows Explorer oder auf dem Mac-Schreibtisch Photoshop mit der entsprechenden Bilddatei startet. Ist dies bei Ihnen nicht der Fall, klicken Sie im Schreibtisch eine Raw-Datei mit der rechten Maustaste an (PC) bzw. mit gedrückter `Ctrl` *-Taste (Mac) und wählen Sie im Kontextmenü die Option **Öffnen mit** ..., gefolgt von **Programm auswählen**. Markieren Sie in der Auswahlliste Adobe Photoshop CS3 und setzen Sie in die Checkbox DATEITYP IMMER MIT DEM AUSGEWÄHLTEN PROGRAMM ÖFFNEN ein Häkchen.*

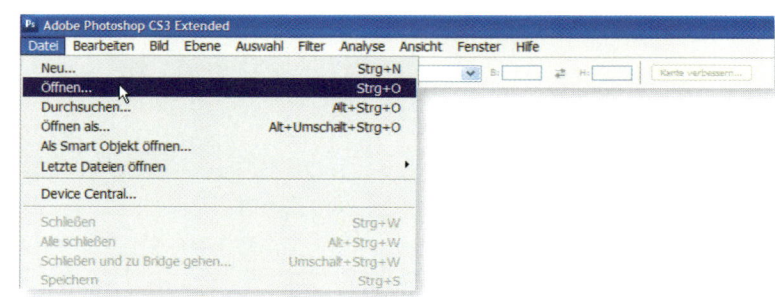

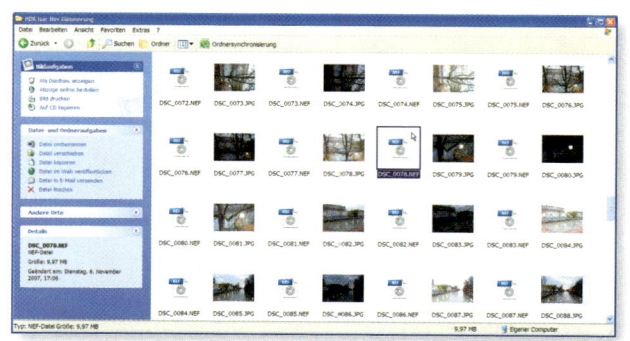

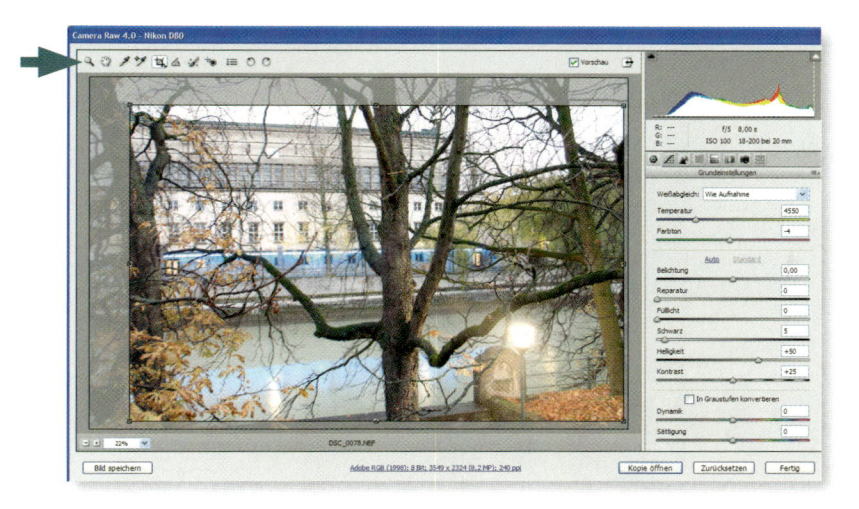

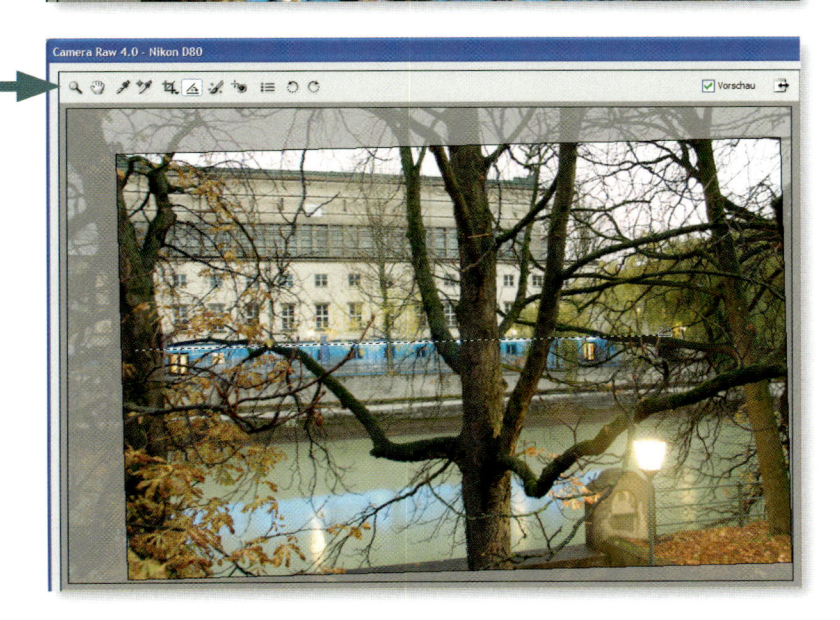

Schritt 3: Bildausschnitt festlegen

Das Bild soll ein wenig beschnitten werden, um Teile des unschönen Himmels zu entfernen. Dazu verwenden Sie das Freistellungswerkzeug ⛶ (Taste `C`). Ziehen Sie bei gedrückt gehaltener Maustaste einen Beschnittrahmen um den gewünschten Ausschnitt herum auf. Der entfernte Rand wird dabei nicht gelöscht und kann jederzeit wieder angezeigt werden.

Tipp
*Im Pulldown-Menü des Freistellwerkzeugs ⛶ (Maus über dem Icon gedrückt halten) können Sie direkt verbreitete Seitenverhältnisse wie 3:4 oder 5:7 auswählen oder per **Benutzerdefiniert** ein eigenes Format angeben (z.B. 16:9 für die Wiedergabe auf neuen TV-Geräten). Danach genügt ein einzelner Klick in die Bildvorschau, damit der fixierte Rahmen erscheint.*

Schritt 4: Weißabgleich

Sogar ein schneller Weißabgleich lässt sich direkt im Raw-Importdialog durchführen. Aktivieren Sie dazu mit der Taste `I` oder einem Klick auf das Symbol 🖉 die entsprechende Funktion. Nachfolgend bewegen Sie den Cursor über eine neutral-weiße Stelle im Bild – im Beispiel ist dies das Schild im oberen Bereich des Gebäudes. Ein Mausklick genügt und der Weißabgleich wird durchgeführt.

Schritt 5: Geraderichten

Zu guter Letzt soll das Bild noch gerade ausgerichtet werden. Als Referenz für die Ausrichtung soll die Linie aus Neonröhren in der Bildmitte dienen. Klicken Sie auf das Symbol Gerade-ausrichten-Werkzeug 📐 oder die Taste `A` und ziehen Sie bei gedrückt gehaltener Maustaste eine Linie entlang der Neonröhren auf. Sobald Sie die Maustaste loslassen, erscheint ein Rahmen, der die neue Ausrichtung des Fotos kennzeichnet. Ein finaler Klick auf **Bild öffnen** lädt das bearbeitete Foto in Photoshop.

Tipp
*Sie suchen die Funktion zum **Zurücksetzen**? Halten Sie einfach die `Alt`-Taste gedrückt!*

Übungen mit Raw-Dateien — Farbe, Lichtquelle und Belichtung

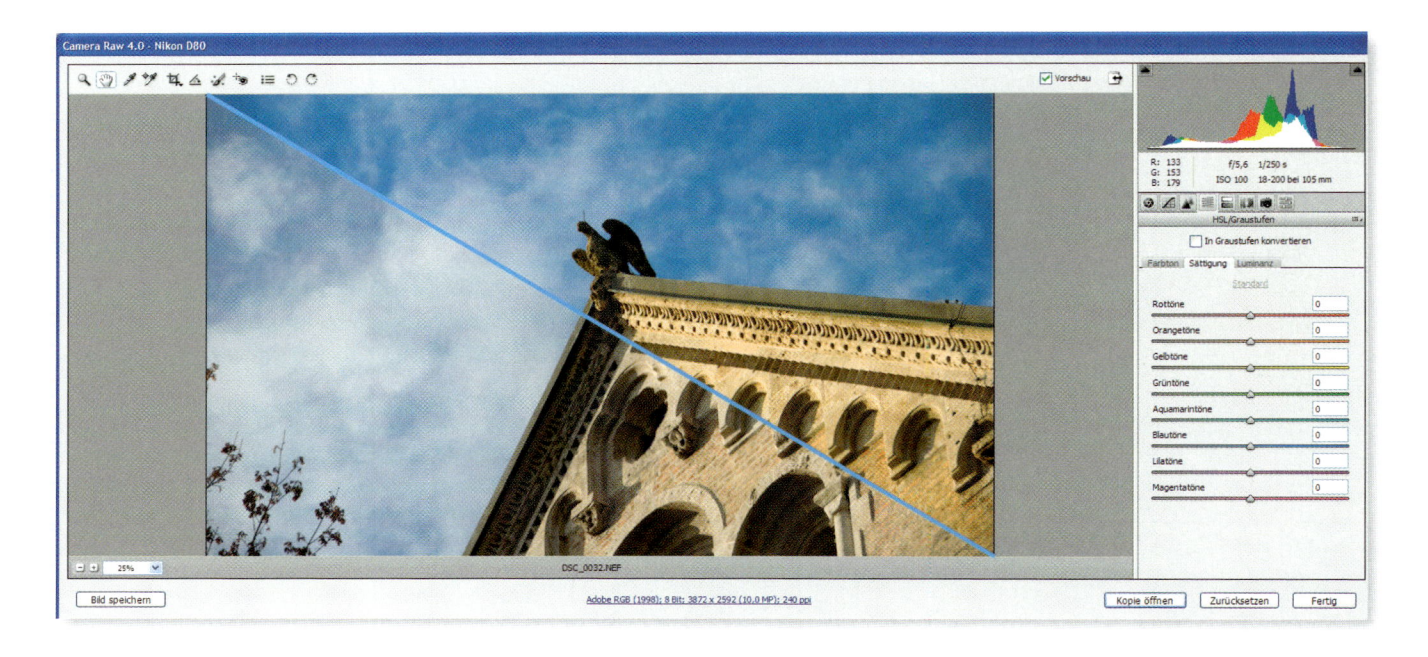

Übung 2: Farbe, Lichtquelle und Belichtung anpassen

Einer der Hauptvorteile des Raw-Formats: Sie müssen sich während der Aufnahme weniger Gedanken über die exakte Belichtung und u.a. über den idealen Weißabgleich machen. Somit können Sie bei Schnappschüssen auf die Kameraautomatik oder grobe Näherungswerte vertrauen und die Feinjustage später am PC vornehmen.

Auch die Farbtemperatur und damit den eher unterkühlten oder warmen Look eines Fotos bestimmen Sie im Raw-Dialog schnell und bequem per Schieberegler oder durch die Auswahl einer bestimmten Lichtquelle wie Blitz, Kunst- oder Tageslicht. Auch Belichtungsreihen fertigen Sie im Nu an – aus einem richtig belichteten Foto lassen sich so durch Erzeugen zweier Varianten mit -2 und +2 Blenden ideale Vorlagen für High Dynamic Range Images (HDRI) machen. Näheres zum Thema HDRI erfahren Sie in Kapitel 8 ab Seite 262.

Eine der mächtigsten Funktionen des Raw-Dialogs ist die Farbkontrolle, mit der Sie Farben gezielt verstärken oder abschwächen können. Damit eliminieren Sie zum Beispiel unschöne Rottönungen auf der Haut oder heben das Blau des Himmels wie auf einem Postkartenmotiv hervor.

Infothek	einfach			komplex
Lernschritte:	Entfernen Sie den gefürchteten Rote-Augen-Effekt bei Blitzlichtaufnahmen mit nur wenigen Mausklicks, passen Sie die Lichtquelle frei an und ändern Sie den Farbton eines Bilds. Erzielen Sie durch Intensivierung bzw. Abschwächung einzelner Farben kreative Ergebnisse. Verwandeln Sie Motivbereiche in Schwarzweißaufnahmen, während der Hintergrund farbig bleibt. Holen Sie Details aus zu dunklen Bildbereichen heraus und erstellen Sie Belichtungsreihen für HDR-Montagen.			
Aufwand:	Mittel bis hoch			
Übungsdateien:	Im DVD-Ordner »Übungen/Raw/«: Tröte.NEF, Gotisch.NEF, Salz.NEF und Maximilianeum.NEF			

Übung 2

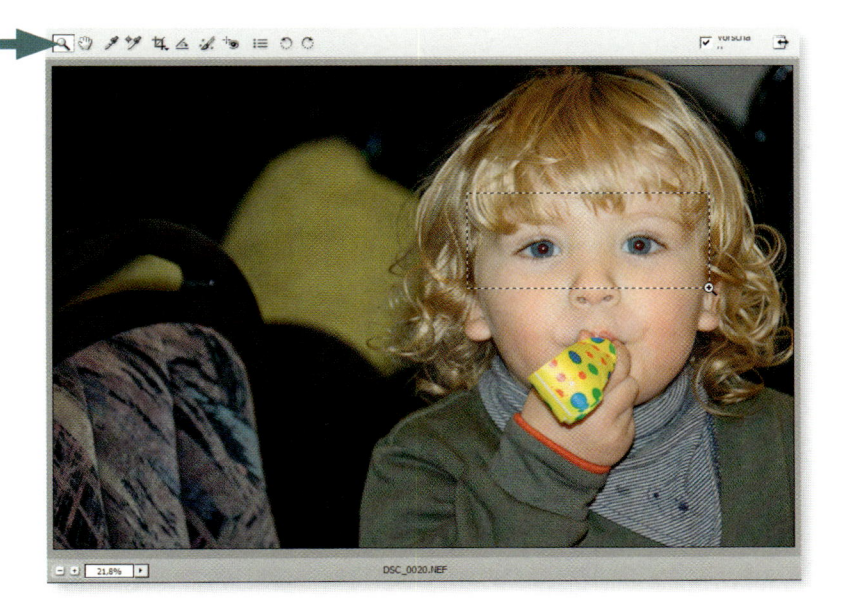

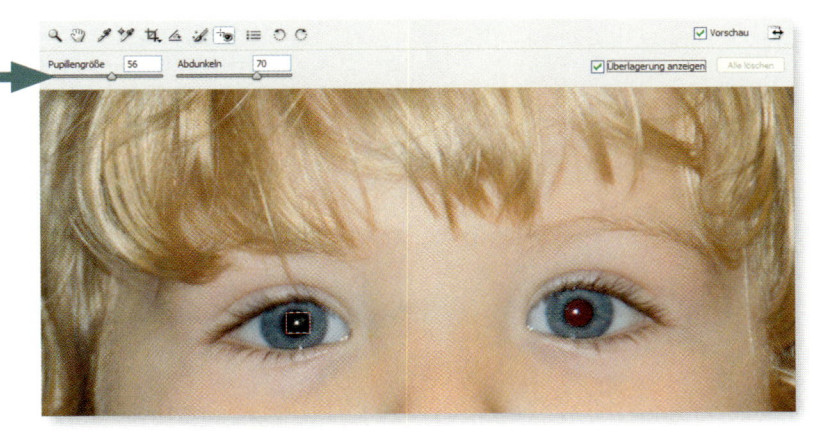

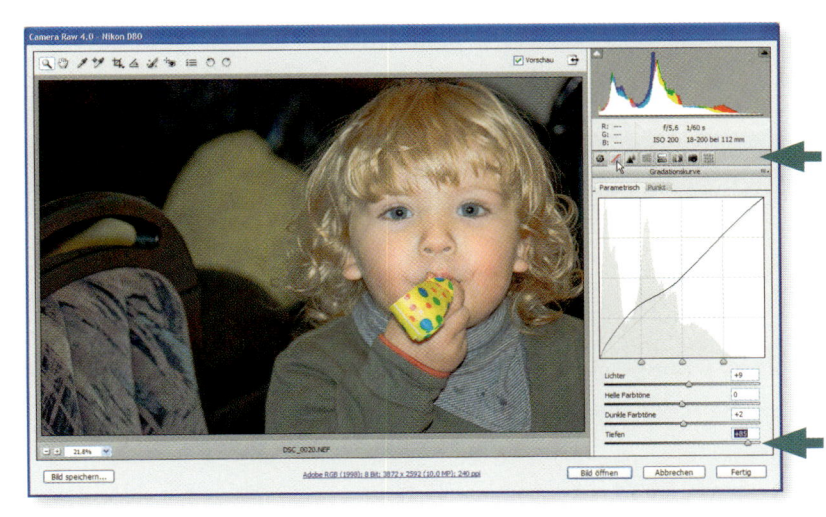

Schritt 1: Bildbereich zoomen

Öffnen Sie die Beispieldatei Tröte.NEF aus dem DVD-Ordner »Übungen/Raw/«. Der kleine Kerl hat tapfer mitten in das Blitzlicht geguckt, so dass seine Netzhaut das Licht reflektiert hat – der gefürchtete Rote-Augen-Effekt. Aktivieren Sie mit der Taste [Z] das Zoom-Werkzeug und holen Sie die Augenpartie im Vorschaufenster ganz nah heran.

Schritt 2: Rote Augen korrigieren

Aktivieren Sie mit der Taste [E] oder dem Icon das Werkzeug **Rote-Augen-Korrektur**. Ziehen Sie einen Rahmen um das linke Auge herum auf – Photoshop erkennt automatisch die Pupille und ersetzt das Rot durch natürliches Schwarz. Bei großen oder sehr kleinen Pupillen müssen Sie den Wert PUPILLENGRÖSSE entsprechend anpassen. Starke Rottönungen erfordern eine Erhöhung des Werts ABDUNKELN. Wiederholen Sie den Vorgang am rechten Auge und schon guckt der Kleine mit natürlich wirkenden Augen in die Kamera!

Tipp
Um die Auswirkungen der Korrektur besser erkennen zu können, deaktivieren Sie ganz einfach die Checkbox ÜBERLAGERUNG ANZEIGEN, woraufhin der Rahmen um die Pupille herum verschwindet.

Schritt 3: Dunklen Hintergrund aufhellen

Der Hintergrund der Aufnahme ist arg dunkel ausgefallen. Doch mit einem kleinen Trick können Sie diesen aufhellen, ohne das Vordergrundmotiv allzu stark zu beeinflussen. Klicken Sie in der Reiterleiste im Dialog oben rechts auf das Werkzeug GRADATIONSKURVE und verschieben Sie den untersten Regler TIEFEN auf einen Wert von +85 bis +90. Dadurch werden dunkle Tonwerte angehoben, während sich die Überbelichtung des Gesichts in engen Grenzen hält. Ein probates Mittel, um zu dunkel geratene Bildbereiche mit nur zwei Mausklicks aufzuhellen.

Übung 2 • Farbe, Lichtquelle und Belichtung anpassen

Übungen mit Raw-Dateien — Farbe, Lichtquelle und Belichtung

Schritt 4: Lichtquelle wählen

Falls Sie während der Aufnahme keinen Weißabgleich durchgeführt haben oder die Kameraautomatik nicht mit der Lichtsituation fertig wurde, können Sie dies problemlos im Raw-Dialog nachholen. Neben dem auf Seite 59 beschriebenen, manuellen Weißabgleich bietet der Raw-Dialog In den GRUNDEINSTELLUNGEN zuoberst ein Pulldown-Menü, das vordefinierte Weißabgleichsvariationen für neun Lichtquellen bietet:

1. WIE AUFNAHME (unverändert)
2. AUTO (von Photoshop ermittelt)
3. TAGESLICHT (5500 Kelvin, Farbton +10)
4. TRÜB (6000 Kelvin, Farbton +10)
5. SCHATTEN (7500 Kelvin, Farbton +10)
6. KUNSTLICHT (2850 Kelvin, Farbton +/-0)
7. KALTLICHT (3800 Kelvin, Farbton +21)
8. BLITZ (5500 Kelvin, Farbton +/-0)
9. BENUTZERDEFINIERT

Das Beispielfoto ist mit Blitzlicht entstanden, so dass die Option BLITZ ein wenig von der Kälte aus dem Bild nimmt und alles in wärmere Farbtöne taucht. Unten rechts sehen Sie einige Beispiele mit verschiedenen Farbtemperaturen.

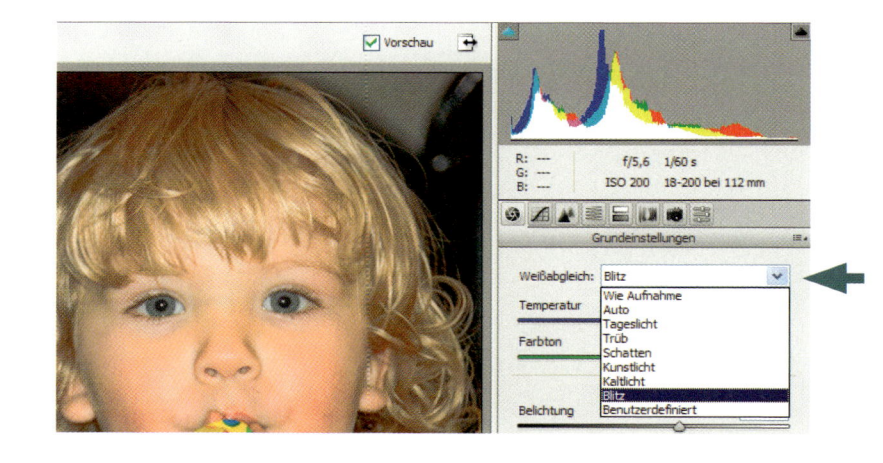

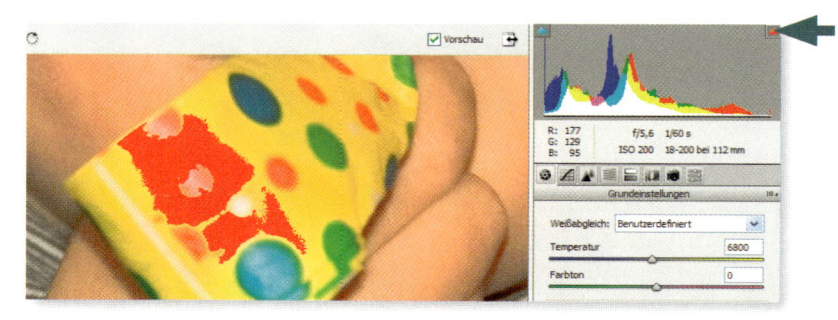

Tipp

Beachten Sie, dass die Änderung der Farbtemperatur zu einer Beschneidung der Lichter oder Schatten führen kann. Liegen die Farbwerte von Pixeln außerhalb der darstellbaren Höchst- oder Tiefstwerte, verlieren Sie Bilddetails. Indikatoren für diesen Fall sind die Icons ▣ oberhalb der Kurve im Dialog oben rechts. Wenn das Dreieck im Symbol seine Farbe ändert (z.B. ▣), liegt eine Beschneidung vor. Ein Klick auf das betreffende Icon färbt die beschnittenen Bereiche im Bild korrespondierend mit einer Signalfarbe ein.

2500 Kelvin

4000 Kelvin

Schritt 5: Farbton variieren

Sollte der Weißabgleich nicht die gewünschten Farbänderungen bewirken, bemühen Sie den darunterliegenden Regler FARBTON. Die Ausgangsposition 0 steht für keine Farbänderung, während die Minuswerte (Regler nach links) die Farbbalance Richtung Grün verschieben. Die positiven Werte (Regler nach rechts) ergeben eine violette Tönung.

5500 Kelvin

7000 Kelvin

Übung 2

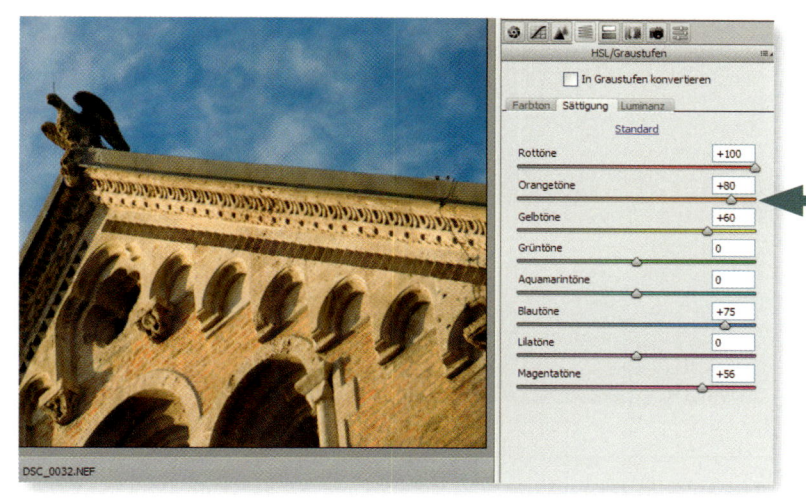

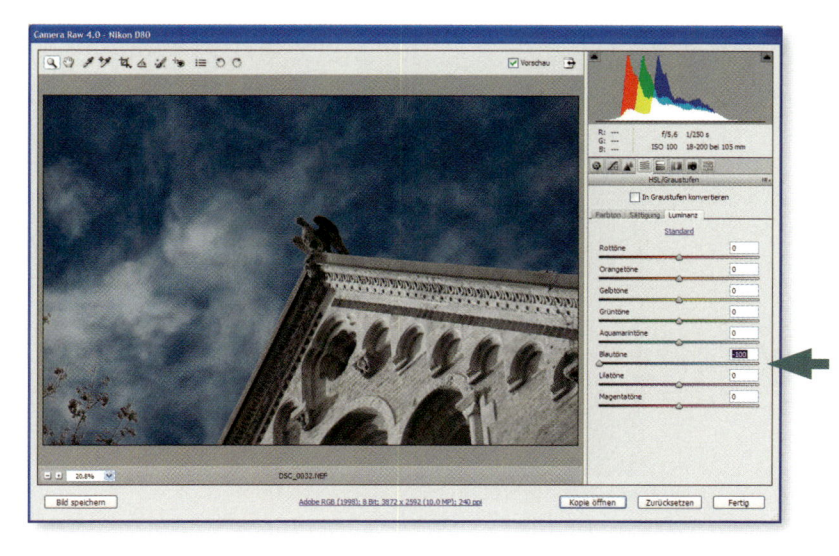

Schritt 6: Bestimmte Farbtöne verstärken und intensivieren

Der Himmel über dem Meer am Urlaubsort soll blauer als in der Realität erstrahlen oder in einer Porträtaufnahme müssen unschöne Hautrötungen verschwinden – alles kein Problem mit den leistungsstarken Farbkontrollen im Raw-Dialog von Photoshop.

Laden Sie die Datei Gotisch.NEF aus dem Verzeichnis »Übungen/Raw/«. Der Himmel in dieser Aufnahme wirkt etwas blass und soll in kräftigerem Blau dargestellt werden. Aktivieren Sie mit einem Klick auf ▦ die Funktion HSL/GRAUSTUFEN und dann den darunterliegenden Karteireiter SÄTTIGUNG. In der Fassade befinden sich keine Blautöne, so dass Sie den Regler BLAUTÖNE getrost bis auf 75% hochziehen können. Nun erstrahlt der Himmel im kräftigsten Blau. Um die Lichtstimmung des Sonnenuntergangs zu intensivieren, können Sie die Rot-, Orange- und Gelbtöne des Bilds verstärken. Im Beispiel lässt eine Erhöhung dieser Farbwerte auf +100, +80 und +60 die Fassade im hellen, warmen Sonnenlicht erstrahlen.

Tipp:
Wenn Ihnen die Änderungen nicht mehr gefallen, können Sie alle Regler mit einem Klick auf den Link STANDARD wieder auf Mittelstellung zurücksetzen.

Schritt 7: Bild verfremden

Künstlerisch wirkende Schwarzweißmotive vor farbigen Hintergründen können Sie mit den HSL-Einstellungen problemlos ohne große Maskierungsarbeiten erzeugen. Das schaurig-schöne Beispiel links, in dem aus der friedlichen Kirchenfassade bei Sonnenuntergang ein gruseliges Geisterschloss bei Nacht wird, ist durch das Verschieben von gerade mal vier Reglern entstanden: Zunächst wurden im Feld SÄTTIGUNG die drei Regler ROTTÖNE, ORANGETÖNE und GELBTÖNE auf -100 gezogen, um sämtliche Farbe aus der Fassade zu tilgen. Der spektakuläre Himmel entstand durch die Verringerung der BLAUTÖNE im Bereich LUMINANZ auf den Wert -100.

Übungen mit Raw-Dateien — Farbe, Lichtquelle und Belichtung

Schritt 8: Strukturen aus Schattenflächen herausholen

Wenn Sie ohne Blitzlichtgerät unter schwierigen Lichtverhältnissen fotografieren müssen, verschwinden oftmals wertvolle Bilddetails in Schattenflächen. Durch die direkte Sonneneinstrahlung ist dies im Falle des linken Dachgiebels geschehen – die Strukturen des Mauerwerks verschwinden in den Schatten. Wie gut, dass Ihnen der Raw-Dialog für solche Fälle einen eingebauten Zusatzblitz bietet, der sich in der Karteikarte GRUNDEINSTELLUNGEN hinter dem Regler FÜLLLICHT verbirgt. Ein Wert von 35 holt die Details aus den Schatten heraus.

Schritt 9: Farbe abschwächen

Im Beispielbild Salz.NEF im DVD-Verzeichnis »Übungen/Raw/« tritt ein typisches dermatologisches Problem zu Tage: Die Haut der Hand ist stark gerötet. Solche typischen Macken reduzieren Sie unter Zuhilfenahme des Karteireiters SÄTTIGUNG im Menü HSL/GRAUSTUFEN. Hautrötungen sind meist in den Spektralbereichen Lila und Magenta zu finden. Deshalb führt ein Herabsetzen der Sättigung der LILATÖNE und MAGENTATÖNE meist zum gewünschten Ergebnis. Im Beispiel rechts wurden beide Regler auf einen Wert von -60 eingestellt.

Schritt 10: Belichtung ändern

Sollte bei der Belichtung einer Aufnahme etwas schief gegangen sein, bietet Ihnen der Raw-Importdialog in der Kategorie GRUNDEINSTELLUNGEN mit dem Regler BELICHTUNG eine Möglichkeit zur Korrektur. Das sehr dunkel geratene Beispielbild erstrahlt durch die Zugabe von 1,35 Blenden in neuem Glanz.

Tipp
Generell gilt: Aus unterbelichteten Bildern lässt sich mehr herausholen als aus überbelichteten Aufnahmen. In den dunklen Stellen von unterbelichteten Aufnahmen verstecken sich viele Details, während helle, überbelichtete Bereiche sozusagen verloren sind und sich auch mit dem Belichtungsregler im Raw-Importdialog nicht mehr korrigieren lassen.

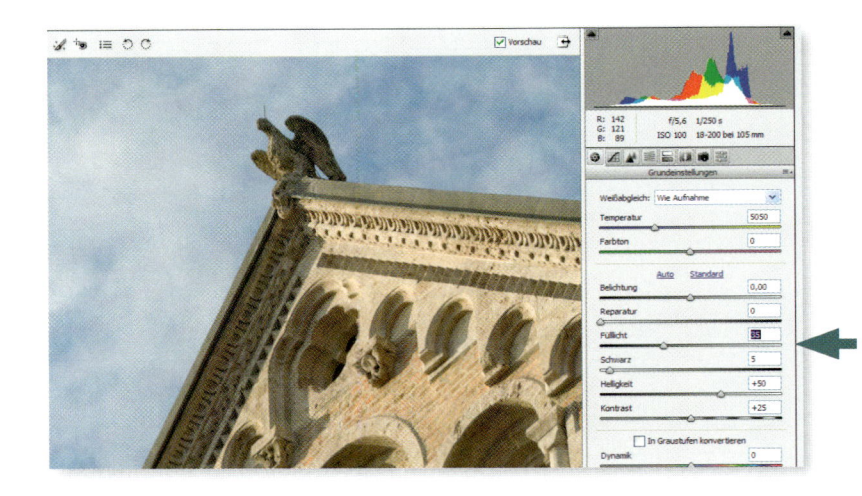

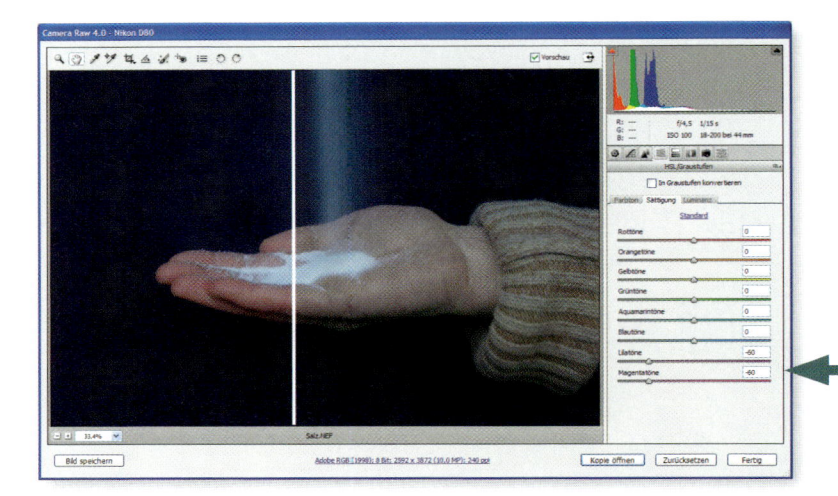

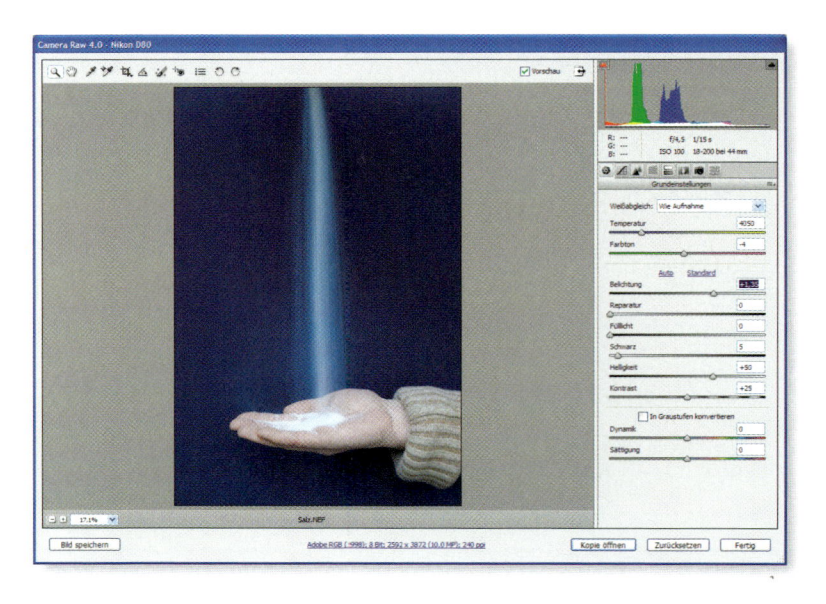

Übung 2

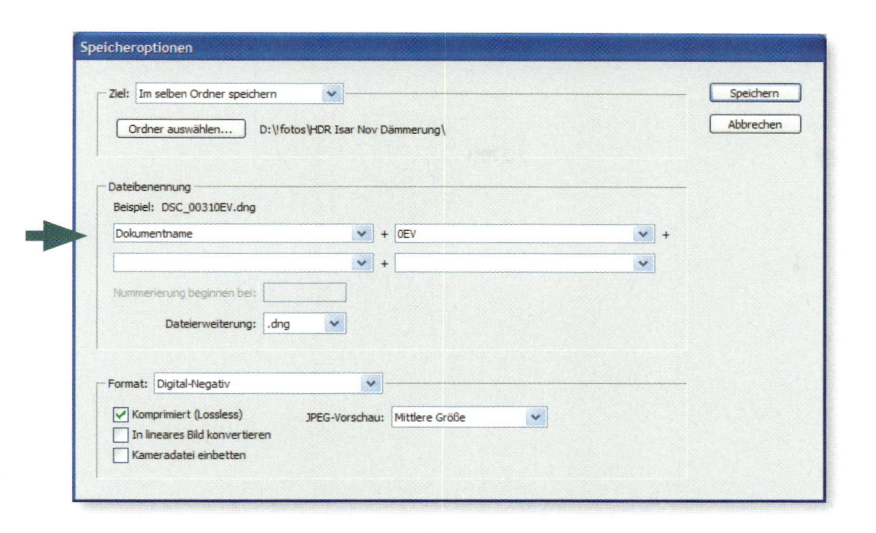

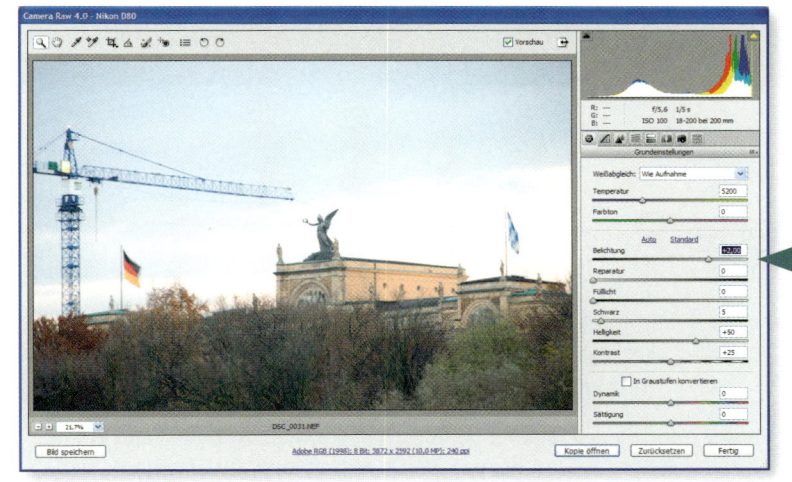

Schritt 11: Belichtungsreihen *EXTRA* aus einer Aufnahme erstellen

Mithilfe des Raw-Importdialogs erzeugen Sie im Handumdrehen Belichtungsreihen aus einer einzigen Aufnahme – ideal, um die entstandenen Dateien später in Photoshop zu einem High Dynamic Range Image (HDRI) zusammenzufügen (siehe Kapitel 8 ab Seite 262).

Laden Sie die Beispieldatei Maximilianeum.NEF aus dem DVD-Ordner »Übungen/Raw/«. Dieses korrekt belichtete Bild sichern Sie nun mit einem Klick auf die Schaltfläche BILD SPEICHERN. Mehr zum Thema Raw-Dateien speichern finden Sie in Kapitel 9 ab Seite 272.

Tipp:
Der Dialog SPEICHEROPTIONEN bringt komfortable Funktionen zum Benennen von Dateien mit. In den Standardeinstellungen speichert Photoshop die Datei im selben Ordner und mit identischem Dateinamen, dem Sie allerdings unter DATEIBENENNUNG ein Differenzierungsmerkmal mit auf den Weg geben können. Im Fall des Beispiels ist dies der Anhang 0EV, was eine Blendenkorrektur von +/- 0 indiziert.

Sobald die Originaldatei im Photoshop-eigenen Raw-Format namens DNG abgespeichert ist, verschieben Sie den Regler BELICHTUNG nach rechts, bis +2,00 Blenden erreicht sind. Diese überbelichtete Variante speichern Sie mit dem Dateinamenanhang plus2EV ab.

Bleibt noch die Erzeugung der dritten, unterbelichteten Aufnahme der Belichtungsreihe. Hierzu ziehen Sie den Regler BELICHTUNG nach links, um -2,00 Blenden einzustellen. Sichern Sie dieses Bild mit dem Dateianhang minus2EV.

Nun befinden sich drei Varianten des Fotos im Ordner. Erstere enthält mehr Details in den Lichtern, während Zweitere die Strukturen in den Schatten zutage fördert. Aufnahme Nummer 3 ist korrekt belichtet. Kombiniert man diese drei Aufnahmen in Photoshop zu einem HDR-Bild, entsteht ein in Sachen Farbe und Details überaus spektakuläres Foto.

65

Übungen mit Raw-Dateien — Fortgeschrittene Funktionen

CCD-Sensor einer Nikon-Kamera. Quelle: Nikon

Übung 3: Fortgeschrittene Raw-Funktionen

Im Raw-Dialog steckt noch viel mehr bloße Basisfunktionalität und Farbkontrolle. Profis schwören auf die Gradationskurve zum gezielten Anpassen von Licht, Schatten und Farbintensität sowie auf die leistungsstarken Funktionen zum Nachschärfen und für die Rauschunterdrückung.

Fehlerhaften Scans rücken Sie mit den vielfältigen Reparatur- und Retuschefunktionen zu Leibe, ohne die Raw-Datei in Photoshop öffnen zu müssen. Sogar einen Kopierpinsel zum Eliminieren unerwünschter Objekte haben die Entwickler in den Raw-Dialog gepackt.

Auch die Besitzer hochwertiger Kameras können in verschiedenen Einstellungen schwelgen – korrigieren Sie objektivspezifische Verzerrungen, entfernen Sie Vignettierungseffekte und legen Sie ein optimal auf Ihre Kamera angepasstes Profil an, das bereits beim Öffnen eines Fotos automatisch die nötigen Anpassungen vornimmt.

Infothek	einfach			komplex
Lernschritte:	Sie vermeiden die Beschneidung von Lichtern oder Tiefen im Bild, entfernen das Bildrauschen aus einem Foto, nehmen Feintuning-Maßnahmen per GRADATIONSKURVE vor und manipulieren/reparieren Fotos mit den Retuschewerkzeugen des Raw-Dialogs. Zum Schluss nehmen Sie Objektivkorrekturen vor, kalibrieren Ihre Kamera und verewigen Vorgaben-Sets zur späteren Verwendung.			
Aufwand:	Mittel bis hoch			
Übungsdateien:	Im DVD-Ordner »Übungen/Raw/«: DeutschesMuseum.NEF, Park.NEF, Glas.NEF			

Übung 3

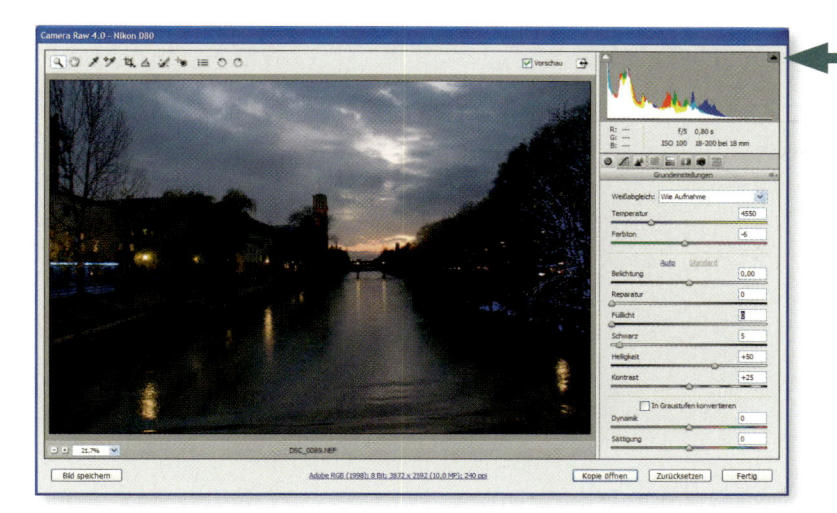

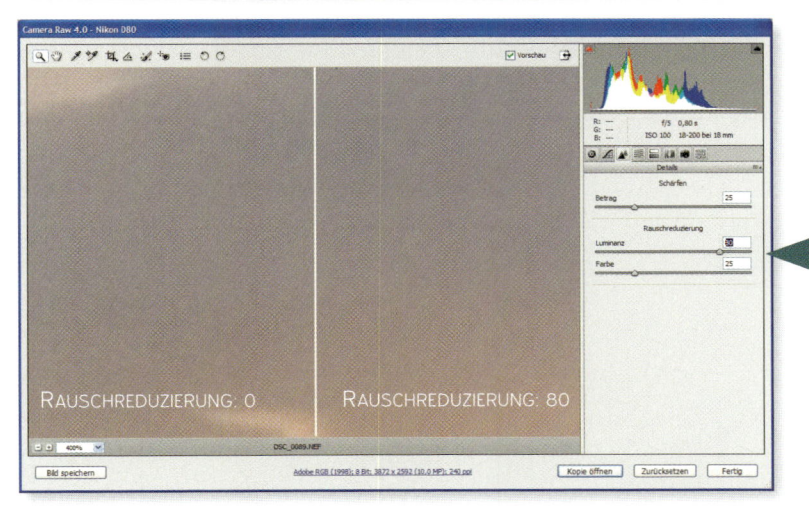

Schritt 1: Tiefenbeschneidung bei Nachtaufnahmen verhindern

Die Beispieldatei DeutschesMuseum.NEF ist stark unterbelichtet, so dass Details und Zeichnung verschwinden. Indem Sie die Funktion zur Anzeige der Tiefenbeschneidung mit einem Klick auf das Icon ▲ oder per Taste Ⓤ aktivieren, werden Ihnen die beschnittenen Tiefen als leuchtend blaue Pixel im Bild präsentiert.

Das Gute an unterbelichteten Aufnahmen wie dieser: Im Gegensatz zu überbelichteten Bildern, wo die in den beschnittenen Lichtern enthaltenen Informationen unwiederbringlich verloren sind, lassen sich aus Schatten noch viele Bildinformationen herausholen.

Am besten funktioniert dies im Beispiel mit dem Schieberegler FÜLLLICHT, den Sie bis zum Erreichen des Werts 60 nach rechts verschieben. Schon verwandeln sich die vormals beschnittenen Tiefen in sichtbare Bildinformationen, wobei die dunkle Abendstimmung kaum unter den Korrekturmaßnahmen leidet. Sämtliche blauen Warnpixel sind nun aus dem Bild verschwunden. Allerdings ziehen solche extremen Erhöhungen der Helligkeit bei generell dunklen Bildern ein weiteres Problem nach sich: Das vom Kamerasensor verursachte Bildrauschen wird intensiviert.

Schritt 2: Rauschen vermindern

In der kleinen Bildschirmvorschau ist das Rauschen nicht zu erkennen – erst wenn Sie einen kleinen Bildbereich nah heranzoomen, werden die störenden Pixelmuster sichtbar. Aktivieren Sie das ZOOM-Werkzeug 🔍 (Taste Ⓩ) und zoomen Sie den Bereich über der entfernten Brücke in der Bildmitte auf ca. 300% heran. Klicken Sie auf den Karteireiter DETAILS ▲ und erhöhen Sie im Bereich RAUSCHREDUZIERUNG den Wert LUMINANZ auf 80. Schon ist das Rauschen aus dem Bild verschwunden.

Tipp:
Die Rauschunterdrückung wirkt wie ein Weichzeichner auf die Bildinhalte. Um diesen Effekt zu kompensieren, ziehen Sie den Schieberegler unter SCHÄRFEN nach rechts.

Übungen mit Raw-Dateien — Fortgeschrittene Funktionen

Schritt 3: Feintuning mit der Gradationskurve

Nachdem Sie das Bildrauschen reduziert haben, wechseln Sie mit der Tastenkombination [Strg]+[0] (PC) bzw. [⌘]+[0] (Mac) wieder in die komplette Bildvorschau. Mit dem Werkzeug GRADATIONSKURVE korrigieren Sie nun gezielt die Verteilung und Gewichtung von Lichtern, hellen Farbtönen, dunklen Farbtönen und Tiefen im Bild.

Im voreingestellten Modus PARAMETRISCH justieren Sie die Bildbalance mit den Reglern LICHTER, HELLE FARBTÖNE, DUNKLE FARBTÖNE und TIEFEN. Um dem Foto eine dramatischere Wirkung zu verleihen, können Sie die hellen Passagen des Abendhimmels hervorheben und die dunklen Bereiche intensivieren, indem Sie die LICHTER und HELLEN FARBTÖNE um den Wert +70 verstärken sowie die DUNKLEN FARBTÖNE durch die Eingabe von -30 noch dunkler wirken lassen. Die TIEFEN sollten Sie nicht zu sehr herunterschrauben, da die dunklen Bereiche sonst absaufen. Ein Wert von -10 ist deshalb vollkommen ausreichend.

Der Modus PUNKT erlaubt noch feinere Korrekturen. Die Kurve führt von den Tiefen (links) über die mittleren Farbtöne (Mitte) bis hin zu den Lichtern (rechts). Durch Verschieben der Anfasspunkte innerhalb der Kurve verstärken Sie die entsprechenden Farbbereiche (nach oben) oder schwächen diese ab (nach unten). Im Beispiel beschreibt die Kurve einen sanften Bogen nach oben, der im Lichterbereich weiter vom Ursprungsbild abweicht als im Schattenbereich. Das Ergebnis ist ein insgesamt heller wirkendes Bild, auf dem wesentlich mehr Details zu erkennen sind.

Tipp

Die standardmäßig vorhandenen fünf Anfasspunkte in der Gradationskurve lassen sich durch einen Klick bei gehaltener [Strg]/[⌘]-Taste entfernen, um eine gröbere Justage zu ermöglichen. Wenn Sie dagegen eine noch feinere Korrektur vornehmen wollen, klicken Sie einfach in einen beliebigen Bereich der Kurve, um an dieser Stelle einen weiteren Anfasspunkt hinzuzufügen. Mehr über das Thema Gradationskurven erfahren Sie in Kapitel 5 ab Seite 156.

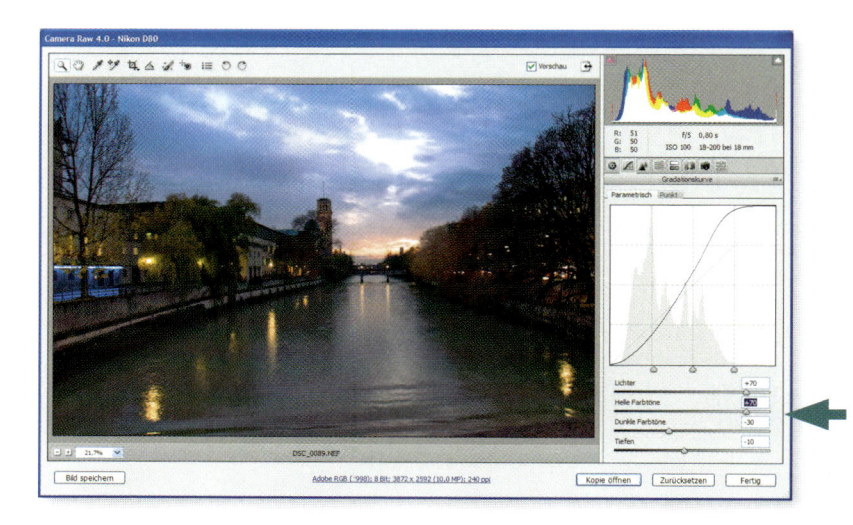

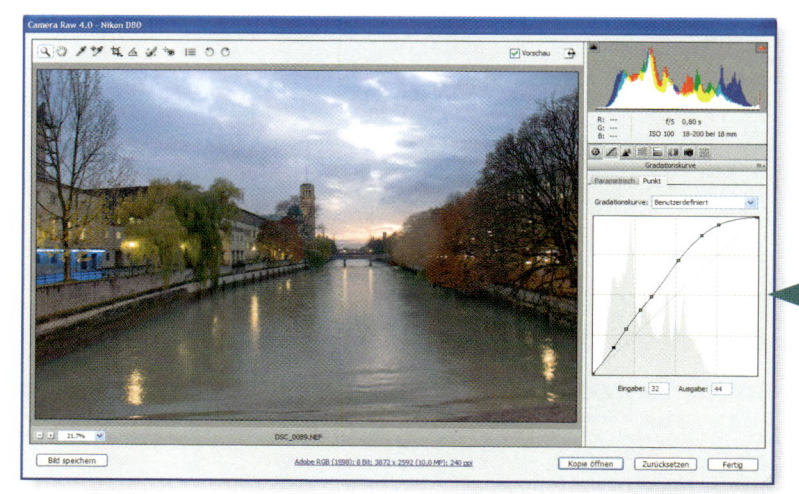

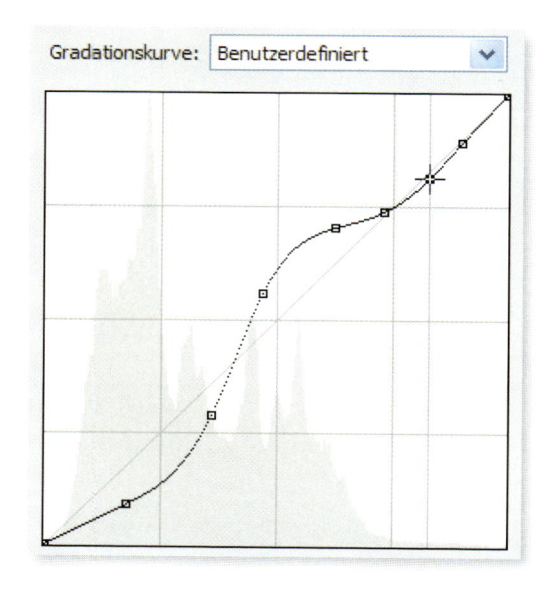

Übung 3

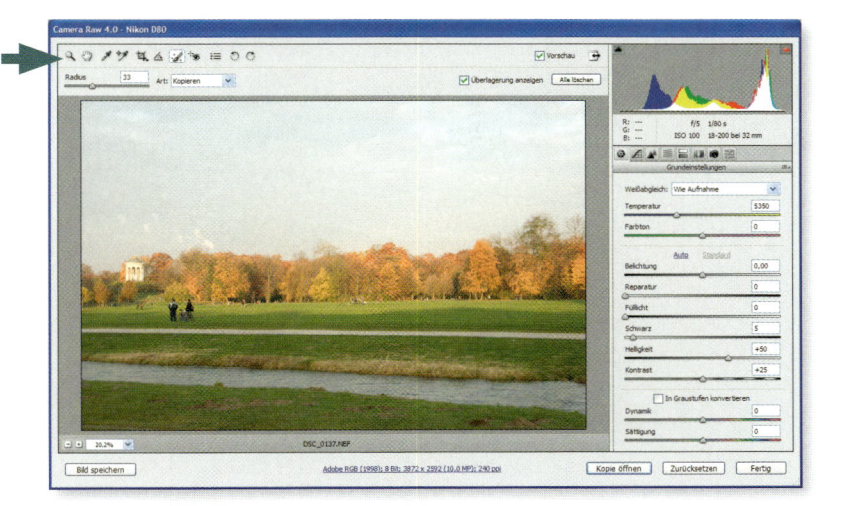

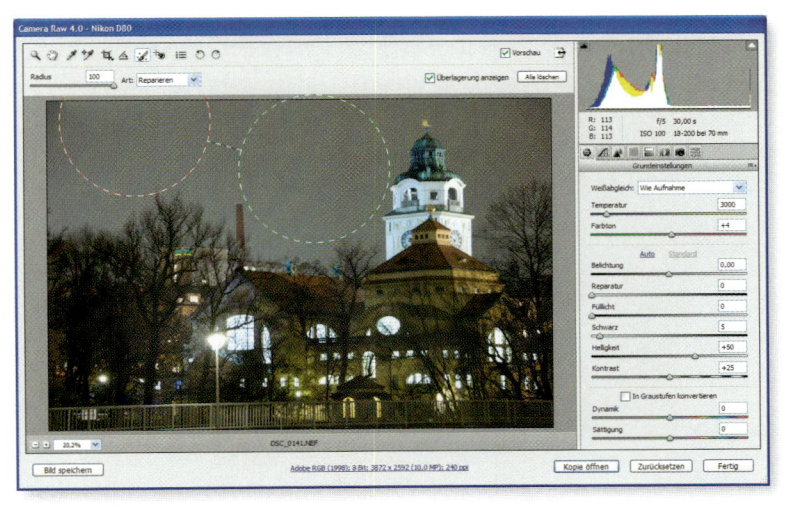

Schritt 4: Kleinere Bildretuschen vornehmen

Kleine Fehler in Fotos können Sie im Handumdrehen bereits im Raw-Dialog entfernen, statt den umständlichen Weg über Photoshop gehen zu müssen.

Dazu bietet der Dialog die Funktion RETUSCHIERWERKZEUG , die sich auch mit der Taste B aufrufen lässt. Die beiden Optionen im Pulldown-Menü – KOPIEREN und REPARIEREN – sind von der Bedienung her identisch, liefern jedoch unterschiedliche Ergebnisse. Erstere Option kopiert Bildbereiche in den ausgewählten Bereich, während REPARIEREN neben der Kopie auch noch bildverbessernde Maßnahmen wie Kantenanpassung und Weichzeichnung vornimmt.

Im Beispielbild Park.NEF soll die Gruppe von Spaziergängern links aus dem Bild getilgt werden. Dazu aktivieren Sie das Werkzeug KOPIEREN und ziehen bei gedrückt gehaltener Maustaste eine kreisförmige Markierung um die Personen herum auf. Alternativ können Sie auch einen numerischen Wert in das Feld RADIUS eingeben. Nun erscheinen ein rot gestrichelter und ein grün gestrichelter Kreis im Bild. Der grüne Kreis bestimmt die Quelle, während der rote Kreis das Ziel darstellt. Verschieben Sie den grünen Kreis bei gedrückt gehaltener Maustaste, bis dieser ein unberührtes Stück Rasen umschließt. Dieser Bildbereich wird nun direkt in den Zielkreis kopiert. Auf diese Weise lassen Sie nicht nur Personen oder Objekte aus einem Bild verschwinden, sondern Sie merzen auch kleinere Bildfehler, Kratzer oder Staubpartikel aus.

Die Option REPARIEREN ist dagegen ausschließlich zur Korrektur von Verunreinigungen oder kleineren Bildfehlern in homogenen Bildbereichen ausgelegt, da sie umfangreiche Neuberechnungen innerhalb des kopierten Bereichs vornimmt, so dass die Korrekturen im Falle des Beispiels oben deutlich sichtbar wären.

Tipp
Da die Option REPARIEREN sehr viel Rechenleistung benötigt, sollten Sie die Auswahl bei aktivierter Option KOPIEREN vornehmen und erst dann auf REPARIEREN umschalten.

Übungen mit Raw-Dateien — Fortgeschrittene Funktionen

Schritt 5: Objektiv-Vignettierung entfernen

Besonders bei der Verwendung von Objektiven mit einem großen Brennweitenbereich (z.B. 14-200mm) kommt es bei Aufnahmen mit hohem Kontrast zu einer Abschattung der Randbereiche, was im Fachjargon als Vignettierung be-zeichnet wird. Besonders stark tritt dieser Effekt bei Objekten vor hellen Hintergründen auf, wie in der Beispielgrafik Glas.NEF, die mit einem 14-200er Superzoom entstanden ist.

Die Lösung dieses Problems versteckt sich im Karteireiter OBJEKTIVKORREKTUREN. Im unteren Fensterbereich können Sie mithilfe des Reglers STÄRKE die OBJEKTIV-VIGNETTIERUNG komplett eliminieren. Bei einem hohen Wert unter STÄRKE entsteht eine kreisförmige, hellere Aura um das zentrale Motiv herum. Diese tilgen Sie jedoch schnell mit dem Regler MITTENWERT aus dem Bild. Balancieren Sie die beiden Regler so lange aus, bis die Abschattungen in den Ecken verschwunden sind und der Hintergrund so homogen wie möglich wirkt.

Tipp:
Wenn Sie viele Motive vor weißen oder hellen Bereichen fotografieren (z.B. Produktfotos für Ihre eBay-Verkäufe), sollten Sie zur Vermeidung von Vignettierungseffekten ein Objektiv mit kleinem Brennweitenbereich oder Festbrennweite verwenden. Ist dies nicht möglich, lichten Sie Ihre Motive im mittleren Brennweitenbereich ab.

Schritt 6: Kamera kalibrieren

Wenn Ihre Kamera stets zu helle, zu dunkle, zu matte oder mit einem Farbstich versehene Bilder produziert, können Sie solche Fehler im Karteireiter KAMERAKALIBRIERUNG von vornherein ausmerzen. Das voreingestellte, neutrale Kameraprofil können Sie durch Ihr eigenes, perfekt auf die Macken Ihrer Kamera abgestimmtes Profil ersetzen. Mit dem Regler TIEFEN vermindern Sie Grün- und Rotstiche. Die drei Felder PRIMÄRWERTE erlauben Ihnen die Variation des FARBTONS sowie der SÄTTIGUNG für jede der drei Grundfarben.

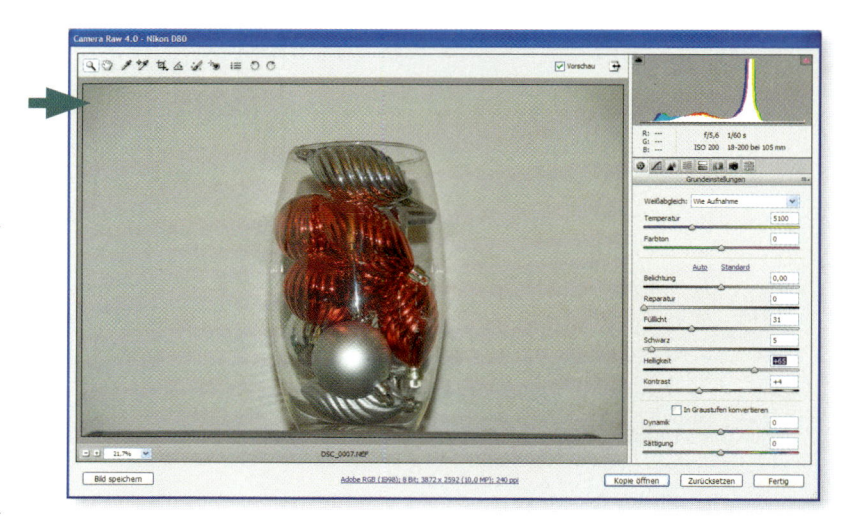

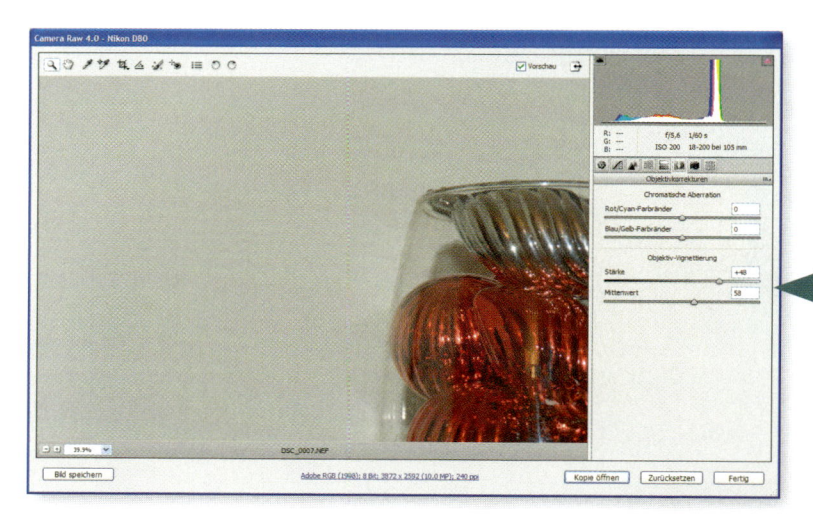

Übung 3

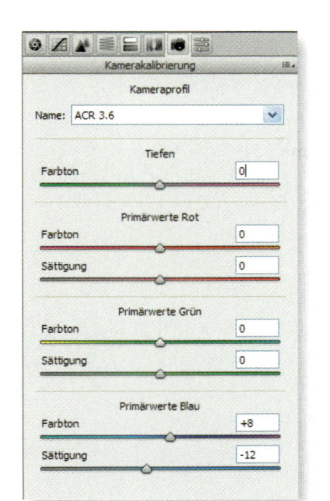

Wenn Ihre Kamera also über einen leichten Blaustich verfügt, justieren Sie einfach die Regler FARBTON und SÄTTIGUNG in der Sektion PRIMÄRWERTE BLAU, bis das Vorschaubild Ihren Vorstellungen entspricht.

Tipp
Bevor Sie zur Kamerakalibrierung schreiten, sollten Sie sicherstellen, dass Ihr Monitor sowie Ihr Drucker bereits korrekt kalibriert sind. Ansonsten kann es zu verheerenden Falscheinstellungen kommen, die spätestens bei der Druckausgabe oder nach der Bestellung von Fotoabzügen zutage treten.

Schritt 7: Kameraprofil sichern

Nachdem Sie Ihre Farbjustierungen vorgenommen haben, legen Sie das neue Kameraprofil auf der Festplatte ab. Dazu klicken Sie auf die Options-Schaltfläche rechts neben KAMERA-KALIBRIERUNG und wählen die Option **Camera Raw-Standards speichern**. Nun wird jedes Bild unter Verwendung des von Ihnen erzeugten Kameraprofils geöffnet.

Schritt 8: Komplette Vorgaben-Sets speichern

Wenn Sie oftmals ähnliche Fotos mithilfe des Raw-Dialogs importieren, können Sie selbst umfangreiche Änderungen mit nur einem Mausklick automatisch durchführen lassen. Für immer wiederkehrende Korrekturen legen Sie mehrere Sets von Vorgaben an, die nur die von Ihnen gewählten Änderungen enthalten. Diese stehen dann im Karteireiter VORGABEN per Mausklick zur Verfügung. Nachdem Sie all Ihre Änderungen an einem Bild vorgenommen haben, klicken Sie auf die Options-Schaltfläche und wählen Sie **Einstellungen speichern**. Nun erscheint ein Dialog, in dem Sie die zu sichernden Änderungsbereiche auswählen. So können Sie beispielsweise lediglich die Änderungen des WEISSABGLEICHS und des FÜLLLICHTS speichern oder auch ALLE EINSTELLUNGEN. Im Pulldown-Menü TEILMENGE lassen sich auch nur die Inhalte bestimmter Karteireiter zum Sichern auswählen. Geben Sie Ihrem Vorgaben-Set einen Namen und es steht im Auswahlbereich zur späteren Verwendung bereit.

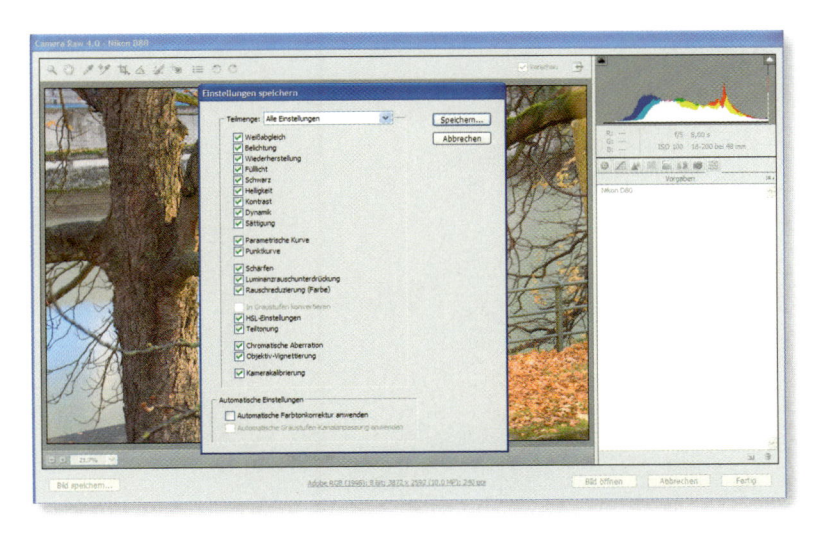

Tipp:
Per Stapelverarbeitung können Sie mehrere Raw-Dateien in einem Rutsch mit Ihren Einstellungen und Änderungen versehen.
Mehr zu diesem Thema finden Sie in Kapitel 9 ab Seite 273

Auch in den Zeiten von Adobe Photoshop CS3 ist das Thema Scannen noch aktuell. Ob Fotoabzug, Katalog-abbildung oder Vorlage zur Überarbeitung — machen Sie das Beste aus Ihrem Scan.

Erfahren Sie, wie Sie mehrere Bilder zeitsparend auf einmal scannen, gedruckte Vorlagen mit Raster verbessern und typische Bildfehler retuschieren, die beim Scannen passieren.

Kapitel 3
Gescannte Bilder optimieren

Übung 1
Scannen lernen — von Raster bis Retusche   74

Übung 2
Gescannte Erinnerungen restaurieren   82

Übungen mit Scans — Von Raster bis Retusche

Übung 1: Scannen lernen — von Raster bis Retusche

Je nach Altersstufe und Vorliebe haben Sie Ihre fotografische Tätigkeit vielleicht nicht unbedingt mit einer digitalen Kamera, sondern mit einem analogen Modell begonnen und verfügen daher über einen Fundus an Fotoabzügen – dazu noch Dias und Negative. So oder so, auch in der Ära der Digitalfotografie können Sie immer wieder in die Verlegenheit kommen, auf die gute alte Methode des Scannens zurückgreifen zu müssen. Damit Sie bei der Bearbeitung von Scans nicht auf verlorenem Posten stehen, führen unsere Übungsdateien die typischen Bildfehler vor, die Sie bei Scans oft beheben müssen. Generell sollten Sie beim Scannen Folgendes beachten:

➤ Wenn möglich, sollten Sie Farbscans nicht mit einer Farbtiefe von 8 Bit, sondern mit 16 Bit pro Kanal anlegen, damit vorhandene Farbinformationen nicht verloren gehen.

➤ Bei Schwarzweißfotos oder Zeichnungen scannen Sie entweder in Graustufen — oder sogar in Farbe, denn dann können Sie den Kontrastumfang der Grautöne, die als Farbkanäle interpretiert werden, folgendermaßen in Photoshop beeinflussen: Wählen Sie den Befehl **Bild: Anpassungen: Schwarzweiß** und bestimmen Sie den Kontrastumfang einzelner „Farbtöne" per Regler, bevor Sie das Bild in den Graustufenmodus konvertieren.

Infothek	einfach → komplex	
Lernschritte:	Sie erfahren, wie einzelne oder mehrere schief gescannte Fotos rasch gerade gerückt werden und randlos erscheinen. Des Weiteren lernen Sie, das Beste aus gerasterten Scanvorlagen herauszuholen. Welche Auflösung sich für welche Druckgröße eignet, zeigt ein weiterer Übungsschritt. Bildfehler wie Verschmutzungen, Vignettierungen und Bildrauschen beheben Sie in der Folge.	
Aufwand:	Je nach Übungsschritt gering bis höher	
Übungsdateien:	Vorlagen: Scanvorlage1.tif, Scanvorlage2.tif, Scanvorlage3.tif, Scanvorlage3a.tif. Resultat: Scanvorlage3b.tif	

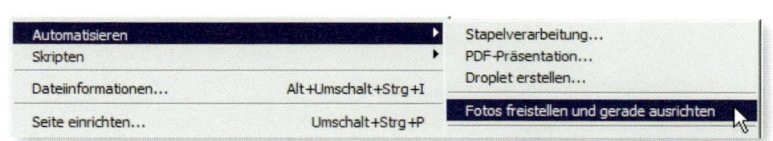

Schritt 1: Mehrere Bilder zugleich scannen

Haben Sie die Software Ihres Scanners installiert, so listet Photoshop das Gerät per **Datei: Importieren** auf. Wir verwenden einen Canon-Scanner für diese Übung und so lautet der Befehl zum Aufrufen des Scan-Dialogfensters also **Datei: Importieren: CanoScan 8000F**.

Sie können mehrere Fotos auf einmal scannen, die Photoshop zunächst als eine einzige Bilddatei anzeigt. In der Regel belassen Sie dabei die Standardeinstellungen Ihres Scanners. Allerdings sollten Helligkeitsgrad und Kontraste der Motive einigermaßen ausgewogen sein, damit keines der Fotos beim Scan benachteiligt wird.

Dabei müssen Sie die Vorlagen nicht einmal ganz gerade auf den Scanner legen. Achten Sie jedoch darauf, dass zwischen den einzelnen Bildern mindestens 3 Millimeter Abstand liegen und der Hintergrund möglichst rauschfrei ist – am besten durch die Scannerabdeckung.

Aus der entstandenen Bilddatei (»Scanvorlage1.tif« im Ordner »Übungen« auf der DVD) lassen wir mit einem einzigen Befehl gerade Einzelbilder berechnen und zwar per **Datei: Automatisieren: Fotos freistellen und gerade ausrichten**. – Bereits bei einem einzigen, schief gescannten Bild ist übrigens der Befehl schon hilfreich.

Nach kurzer Rechenzeit sehen Sie die Einzelbilder. Hier müssen noch zwei Bilder gedreht werden. Erledigen Sie dies mit dem Befehl **Bild: Arbeitsfläche drehen: 90° gegen UZS**. Nun können Sie die einzelnen Bilder optimieren oder speichern.

Tipp
Sollte Photoshop die Bildgrenzen nicht korrekt erkennen, dann ziehen Sie mit dem Auswahl-Rechteck [ ] aus der Werkzeugleiste einen Rahmen um das Bild sowie um ein Stück des Hintergrunds. Halten Sie während des Befehls **Fotos freistellen und gerade ausrichten** *die* [Alt]*-Taste gedrückt, wird nur jenes eine Bild zurechtgestutzt, meist mit gutem Erfolg.*

Übungen mit Scans — Von Raster bis Retusche

Schritt 2: Druckraster verringern *EXTRA*

Nicht immer haben Sie das Glück, dass sofort alle optimalen Bilddaten zur Bearbeitung vorliegen. Beispielsweise wollen Sie das Design einer Homepage in Photoshop anlegen und verfügen für den ersten Entwurf nur über ein bereits gedrucktes Bild aus einem Prospekt. Dennoch soll der Entwurf möglichst hochwertig aussehen. Was bleibt Ihnen übrig, als das gedruckte Bild zu scannen? Während Profis an dieser Stelle aufjaulen, ahnt so mancher Auftraggeber nicht, dass das Druckraster für die weitere Verarbeitung ein Problem darstellt. Bevor Sie also eine druckreife Originaldatei erhalten, machen Sie so lange das Beste aus Ihrer gerasterten Vorlage.

Unser Beispiel zeigt einen Scan in drei verschiedenen Auflösungen bei gleichem Vergrößerungsfaktor: oben mit 300, in der Mitte mit 600 und unten mit 1200 Pixel/Zoll. Das Halbtonraster tritt mit steigender Auflösung deutlich hervor. Die CMYK-Werte, also die Druckfarben Cyan, Magenta, Yellow und Key (Helligkeitsstufen bis hin zu Schwarz) erscheinen in Kreise oder Punkte separiert.

Ein Tintenstrahldrucker frisst solche Dateien recht undifferenziert, doch der Auftrag bei einer Druckerei enthüllt das ganze Desaster in Form eines üblen Moiré-Musters, indem das vorhandene Raster mit der erneuten Rasterung interferiert. Rechts sehen Sie den Effekt.

Je gröber das Raster – wie etwa bei einem Zeitungsausschnitt – desto geringer sind Ihre Chancen auf ein brauchbares Ergebnis. Feiner ist dagegen das Raster eines Prospekts oder gar eines Bildbands. Falls Ihr Scanner über Einstellungen wie Raster entfernen, Staub und Kratzer reduzieren oder Glätten verfügt, nutzen Sie diese beim Scan. Schärfe und Detailreichtum werden dabei allerdings etwas leiden.

Lesen Sie ein gerastertes Bild in jedem Fall mit mindestens 600 Pixel/Zoll ein und bearbeiten Sie es mit den Methoden, wie sie im folgenden Übungsschritt vorgestellt werden.

Allerdings werden Sie auch nach der Bearbeitung die Qualität des Originals nicht erreichen.

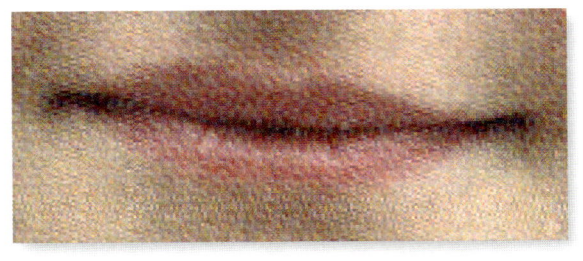

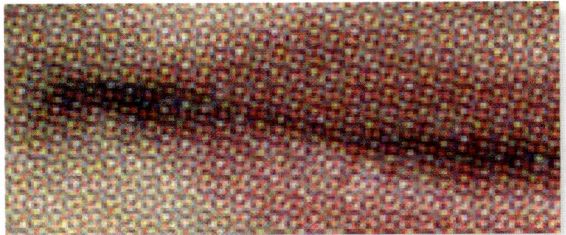

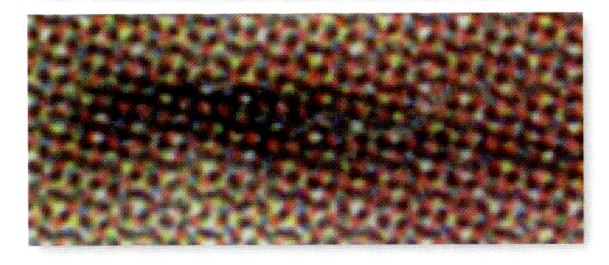

Moiré-Effekt

Gerastertes Bild nach Retusche

Originaldatei

Übung 1

Schritt 3: Filter gegen Raster

Photoshop bietet einige Filter und Werkzeuge, mit denen Sie weitere Verfeinerungen eines Rasters vornehmen können. Je feiner das Raster, desto größer wird der Erfolg. Testen Sie die Verfahren anhand der »Scanvorlage2.tif« im Ordner »Übungen« auf der DVD. Die folgenden Werte sind abhängig von der Bildauflösung:

➤ Wählen Sie beispielsweise **Filter: Weichzeichnungsfilter: Gaußscher Weichzeichner**. Bei einer Auflösung von 600 Pixel/Zoll genügt meist ein RADIUS von 1,8 Pixel.

➤ Mit **Filter: Rauschfilter: Helligkeit interpolieren** glätten Sie ein Foto mit 600 Pixel/Zoll am besten bei einem RADIUS von 3.

➤ Bei sensiblen Stellen legen Sie eventuell auch mit dem Weichzeichner-Werkzeug Hand an. Im Gegensatz zu den Filtern können Sie hier die STÄRKE der Weichzeichnung punktuell variieren.

Tipps
*Je nach Rasterwinkelung verringern Sie bisweilen die Stärke des Rasters beim Scan, indem Sie die Vorlage leicht gedreht auflegen. Scheint die Rückseite der Scanvorlage durch, legen Sie beim Scan einen schwarzen Karton darauf und führen danach eine Tonwertkorrektur durch. Skalieren Sie ein hochauflösendes Bild nach der Bearbeitung per **Bild**: **Bildgröße** mit der Methode BIKUBISCH auf die Hälfte, erscheint es meist etwas glatter.*

Schritt 4: Scanauflösung und Druckgröße

Wie wirkt sich die gewählte Auflösung beim Scan auf die Datei- und Druckgröße aus?

Legen Sie den üblichen Richtwert für die Druckauflösung mit 300 ppi (Pixel/Zoll) zugrunde. Bei einer Vorlage mit 12 cm Breite und 9 cm Höhe ergeben sich die Richtwerte der nebenstehenden Tabelle.

Vorsicht: Beträgt die Druckgröße ein Mehrfaches der Scanvorlagen, wird die Bildqualität leiden – denn auch ein „Push" vermehrt die vorhandenen Bildinformationen nicht.

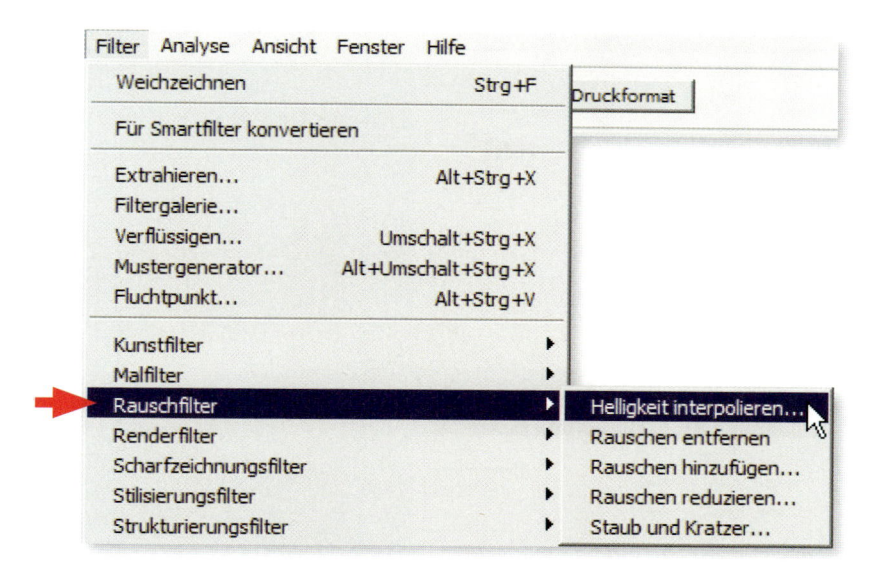

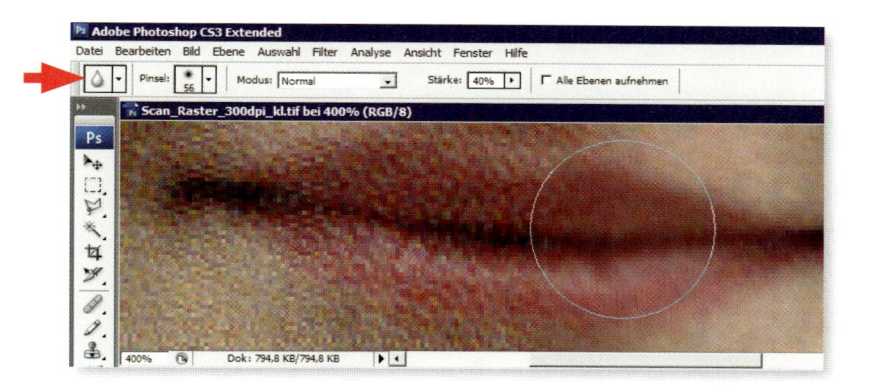

Bildmaße B x H cm	Scan in dpi **	Pixel	Arbeitsspeicherbedarf in MB	Druckgröße cm bei 300 Pixel/Zoll
12 x 9	150	709 x 531	1,08	6 x 4,5
12 x 9	300	1417 x 1063	4,31	12 x 9 *
12 x 9	600	2944 x 2048	17,690	24,9 x 17,3
12 x 9	1200	5888 x 4096	70,682	49,8 x 34,7

* Entspricht der Größe der Scanvorlage.
** Jede Verdoppelung der Scanaufösung vervierfacht die Dateigröße.

Übungen mit Scans

Passen Sie die Scangröße immer dem Ausgabezweck an und bestimmen Sie die Auflösung entsprechend hoch oder niedrig. So benötigt ein DIN-A4-Bild die doppelte Pixelzahl eines DIN-A5-Bilds bei gleicher Schärfe.

Wie aber rechnen Sie einen hochauflösenden Scan, etwa mit 600 oder 1200 ppi (Pixel/Zoll), in bestimmte Bildgrößen um oder herunter? Das Zusammenspiel von Bildgröße und Druckauflösung bestimmen Sie per Befehl **Bild: Bildgröße**.

Die PIXELMASSE verraten die Dateigröße und die Anzahl der Pixel in Breite und Höhe.

Als Dokumentgröße wählen Sie am besten die Maßeinheit cm. BREITE und HÖHE des Bilds hängen von der aktuellen AUFLÖSUNG ab. Ändern Sie beispielsweise die AUFLÖSUNG in der »Scanvorlage3.tif« (im Ordner »Übungen« auf der DVD) von 600 auf 300 Pixel/Zoll. BREITE und HÖHE des Bilds verdoppeln sich dann bei gleichbleibender Pixelzahl und ergeben eine Bildgröße, die gut auf eine DIN-A4-Seite passt.

Aktivieren Sie hingegen das Kontrollkästchen BILD NEU BERECHNEN MIT: per Klick und ändern Sie dann erst die Auflösung auf 300 ppi, so behält das Bild die ursprüngliche Größe von 12,46 x 8,67 cm, es wird jedoch in der Pixelzahl heruntergerechnet. Damit schrumpft auch die Dateigröße von 17,3 auf 4,3 MB.
Vollziehen Sie diese Skalierung an der Übungsdatei »Scanvorlage3.tif« und speichern Sie das 4,3 MB große Bild für die weitere Bearbeitung auf Ihrer Festplatte.

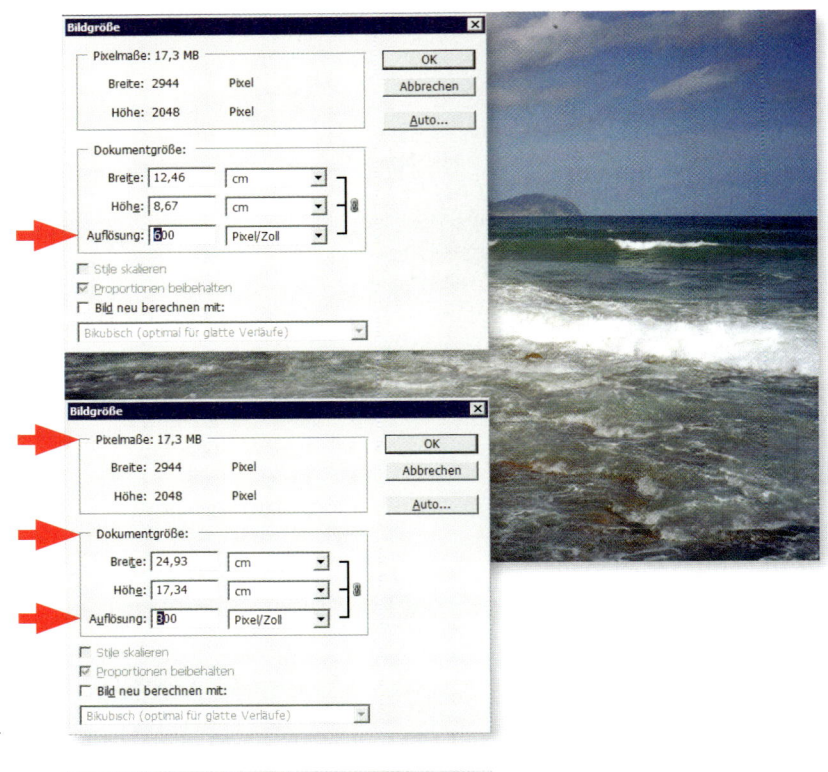

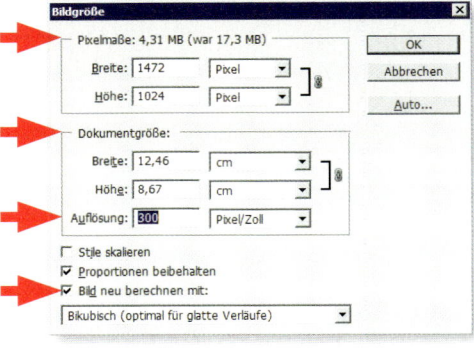

Schritt 5: Reinigen Sie den Scan

Mag Ihr Scanner noch so gereinigt und gepflegt sein, lässt sich doch nicht jedes winzige Staubkörnchen oder Härchen vermeiden. Beim Scan in höherer Auflösung wird es gnadenlos mit vergrößert. Hält sich das Problem beim Flachbettscan noch in Grenzen, wächst es bei einem Dia- oder Negativscan über die Maßen, denn bei einer Auflösung von etwa 3600 Pixel/Zoll wird auch ein Fussel zum Ereignis – trotz etwaiger ICE Staub- und Kratzerkorrektur. Mit ein paar Tricks befreien Sie Ihre Bilder vom Staub.

Übung 1

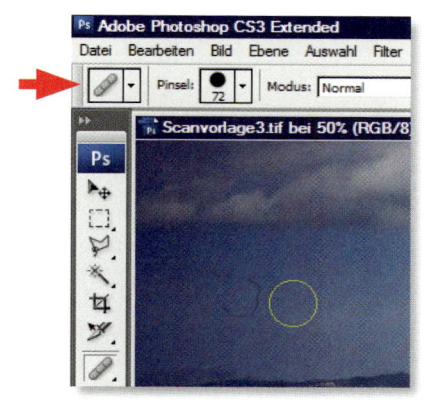

Haben Sie im letzten Schritt Ihr Übungsbild auf 300 Pixel/Zoll heruntergerechnet? Das ist wichtig, weil sich die folgenden Werte auf diese Auflösung beziehen. Andernfalls starten Sie diese Übung doch einfach mit der »Scanvorlage3a.tif« von DVD.

Bei einer Verschmutzung, die sich über eine größere Bildfläche zieht, eignet sich zunächst die Kur mit dem Filter **Staub und Kratzer**. Wenden Sie den Filter auf das ganze Bild an, riskieren Sie leicht den Verlust von Details. In unserem Bildbeispiel muss nur der Himmel geputzt werden: Markieren Sie ihn mit dem SCHNELLAUSWAHLWERKZEUG.

Eventuell einbezogene Berge ziehen Sie mit der Option VON AUSWAHL SUBTRAHIEREN wieder von der Auswahl ab.

Dann heißt es **Filter: Rauschfilter: Staub und Kratzer**. Aktivieren Sie die VORSCHAU und regeln Sie nach Bedarf die %-Größe des Ausschnitts im Vorschaufenster mit den Plus- und Minustasten. Ziehen Sie dabei den gewünschten Bildteil per Hand ins Fenster. Die fluffigen Wolken vertragen einen RADIUS von 7 und einen SCHWELLENWERT für die Schärfe von 8, um alle Schäden zu beseitigen. Klicken Sie auf OK.

Tipp
Ein Antistatiktuch zum Reinigen der Scannerauflage oder ein Druckluftspray für Dia- bzw. Negativscans erspart so manchen Klick.

Alternative zum Filter **Staub und Kratzer**: Wenn im Bild nur einzelne Schmutzpartikel vorhanden sind, können Sie diese leicht mit dem Reparatur-Pinsel-Werkzeug beheben. Wählen Sie dazu eine Pinselgröße, die der unmittelbaren Umgebung der Schadensstelle angepasst ist. Im Bildbeispiel können wir wegen des einheitlichen Blautons sogar eine Größe von 72 wählen.

Klicken Sie dazu mit gedrückter [Alt]-Taste in den unmittelbar benachbarten Teil neben dem Makel, um einen Quellpunkt für die Retusche zu definieren, und ziehen Sie dann den Cursor bei gedrückter Maustaste über den geschädigten Bereich.

Übungen mit Scans

Schritt 6: Bildkanten aufhellen

Immer wieder trifft man auf Fotos, deren Bildränder Abschattungen zeigen. Diese Vignettierung macht sich insbesondere bei einheitlichen Flächen – wie etwa dem Blau des Himmels – unangenehm bemerkbar. Mit einer sensiblen Abwedler-Korrektur, die an die guten alten Zeiten im Fotolabor erinnert, gleichen Sie die unregelmäßige Randabschattung aus:

Wählen Sie das Abwedler-Werkzeug und geben Sie in der Optionsleiste einen großzügigen Wert für den HAUPTDURCHMESSER des Pinsels bei 0% HÄRTE ein. Im Fall des Übungsbilds »Scanvorlage3a.tif« von DVD eignet sich ein Durchmesser um die 300 Pixel. Für den BEREICH geben Sie TIEFEN an und die Stärke der BELICHTUNG setzen Sie auf behutsame 25%.

Dann fahren Sie mit gedrückter Maustaste, nach Bedarf mehrfach, über die abgeschatteten Zonen am Bildrand, bis Sie mit dem Ergebnis zufrieden sind. Unser Resultat zeigt das Übungsbild »Scanvorlage3b.tif« auf DVD.

Tipp
*Bei gleichmäßiger Vignettierung verwenden Sie zur Korrektur den Befehl **Filter**: **Verzerrungsfilter**: **Objektivkorrektur** und regeln die STÄRKE der VIGNETTE per ABDUNKELN oder AUFHELLEN. Zudem können Sie den MITTELWERT verändern. Auch der Raw-Dialog bietet die Möglichkeit, die Vignettierung auszugleichen (siehe Seite 70).*

Schritt 7: Rauschen reduzieren

Wohlgemerkt – nicht das Rauschen des Meeres ist hier gemeint, sondern das digitale Rauschen in Form von Pixelabweichungen, die nicht dem Motiv entsprechen. Es kann sich in zwei verschiedenen Ausprägungen zeigen: als Luminanzrauschen (der Graustufen) oder als Farbrauschen. Generell kann beim Scan die Ursache in der Körnigkeit des Filmmaterials liegen. Ein Diascanner mag eventuell über eine mangelnde Maximaldichte verfügen, also zu lichtdurchlässig sein. Mit Photoshop reduzieren Sie das Rauschen sogar in einzelnen Farbkanälen.

Übung 1

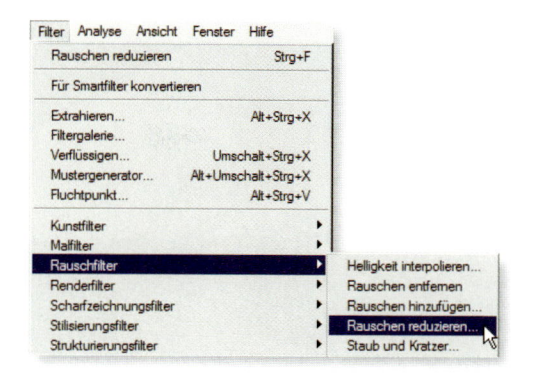

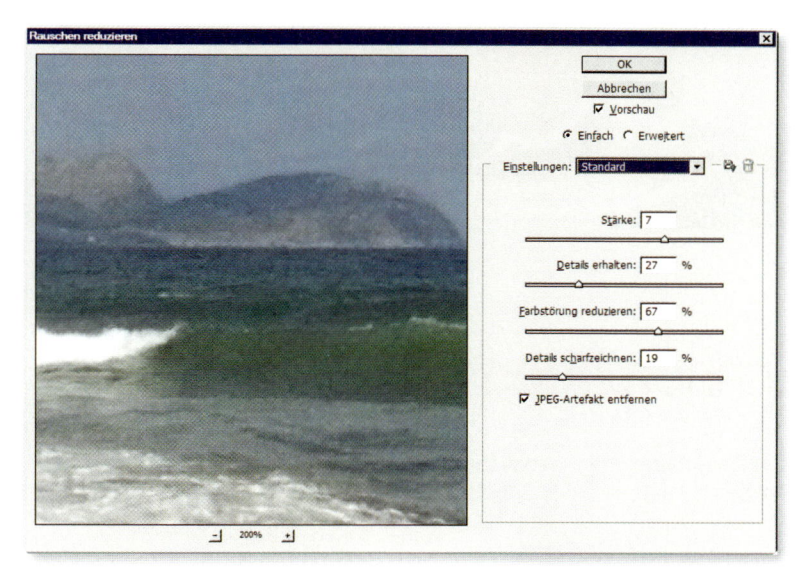

Die Rauscheffekte erkennen Sie in der »Scanvorlage3b.tif« auf DVD am besten, wenn Sie mit der Lupe 🔍 hineinzoomen. In Schritt 5 haben Sie den Bereich des Himmels bereits mit **Filter**: **Rauschfilter**: **Staub und Kratzer** bearbeitet. Dadurch wurde auch das Luminanzrauschen verringert. – Vergleichen Sie das Resultat doch einmal mit der Vorläuferversion »Scanvorlage3a.tif« auf DVD, um den Unterschied zu sehen. Noch effektiver wirkt sich in der Regel der Befehl **Filter**: **Rauschfilter**: **Rauschen reduzieren** aus.

Mit den EINSTELLUNGEN: STANDARD regeln Sie die Optionen zur Rauschreduktion für alle Bildkanäle. Hier legen Sie die STÄRKE fest, mit der das Luminanzrauschen vermindert wird. Sie kann jedoch kaum etwas bewirken, wenn der Wert für DETAILS ERHALTEN auf 100% hochgezogen wird. Störende Farbpixel verringern Sie per FARBSTÖRUNG REDUZIEREN. Mit der Rauschreduktion entsteht eine Unschärfe, der Sie durch DETAILS SCHARFZEICHNEN entgegenwirken können. JPEG-ARTEFAKTE liegen in unserem Scan nicht vor.

Erst das Zusammenspiel der einzelnen Optionen führt zum befriedigenden Ergebnis. Zoomen Sie im Vorschaufenster mit den Plus- und Minustasten, um die Auswirkungen Ihrer Regler zu prüfen. Wählen Sie per Hand den gewünschten Bildausschnitt. Das Ergebnis der gezeigten Einstellungen sehen Sie im Bildausschnitt unten. Wie Sie das Luminanzrauschen in einzelnen Farbkanälen reduzieren, erfahren Sie in Kapitel 6 ab Seite 190.

Tipp
Besitzen Sie vielleicht eine große Sammlung von Dias und Negativen, die Sie gerne digital verwenden wollen, und verfügen Sie über mehr Zeit als Geld? Dann leihen Sie sich doch einen hochwertigen Scanner mit einer Auflösung von 3600 dpi oder mehr inklusive Diaschlitten. Bestimmen Sie die Einstellungen für jeden Scan selbst und sparen Sie das Geld von teuren High-End-Scans für eine Fotoreise mit der neuen Digitalkamera auf. Einen Leihscanner in Ihrer Nähe finden Sie unter:
http://www.erento.com/mieten/foto_audio_video/fotozubehoer/filmscanner/

Übungen mit Scans — Alte Fotos restaurieren

Übung 2: Gescannte Erinnerungen restaurieren

Fotoabzüge und auch Dias oder Negative leiden mit der Zeit, bekommen Farbstiche, Risse und verblassen immer mehr. Digitale Daten sind prinzipiell haltbarer als analoge und damit lohnt sich der Schritt, endlich die alten, wertvollen Erinnerungen zu konservieren und zu archivieren.

Ob Sie nun Aufnahmen aus den letzten beiden Jahrhunderten für eine historische Dokumentation aufbereiten müssen oder auch das Familien-Fotoalbum für Oma und die Kinder auffrischen wollen — mit etwas Arbeitseinsatz und Know-how können Sie Geschichte speichern.

Wie Sie die typischen Macken der alten Aufnahmen restaurieren, zeigt Ihnen diese Übung. Bei Farbfotos behandeln Sie Farbstiche und verblasste Farben. Bei ausgeblichenen Schwarzweißfotos kümmern Sie sich um den Kontrastumfang und kolorieren es bei Bedarf mit einem Farbton. Risse, Kratzer und Flecken werden Sie zudem oft auszugleichen haben. Auf geht's: Rücken Sie mit den digitalen Möglichkeiten von Photoshop der analogen Vergangenheit zu Leibe.

Infothek

	einfach			komplex

Lernschritte: Entfernen Sie Farbstiche, korrigieren Sie Tonwerte und frischen Sie verblasste Fotos durch Nachbelichtung auf. Kratzer werden per Filter oder manuell mit verschiedenen Werkzeugen retuschiert. Verbessern Sie ferner den Tonbereich von Tiefen und Lichtern bei verblichenen Bildern und wenden Sie das Verfahren auf Smart Objekte an, um das Originalbild zu erhalten.

Aufwand: Mittel

Übungsdateien: Schultag_1.tif, SW_Ausflug.tif

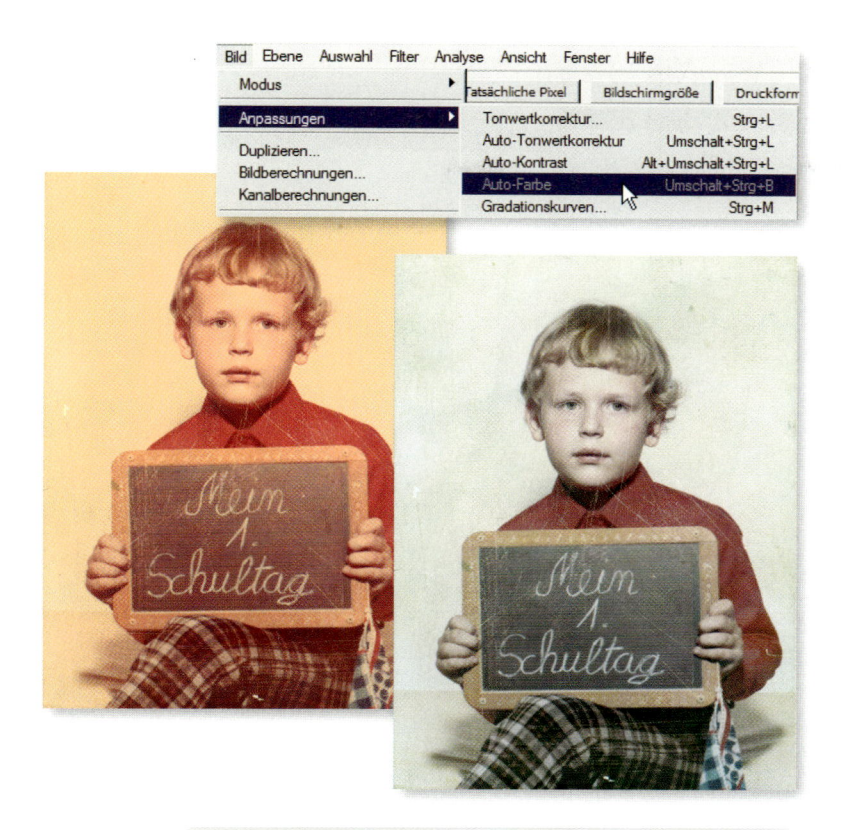

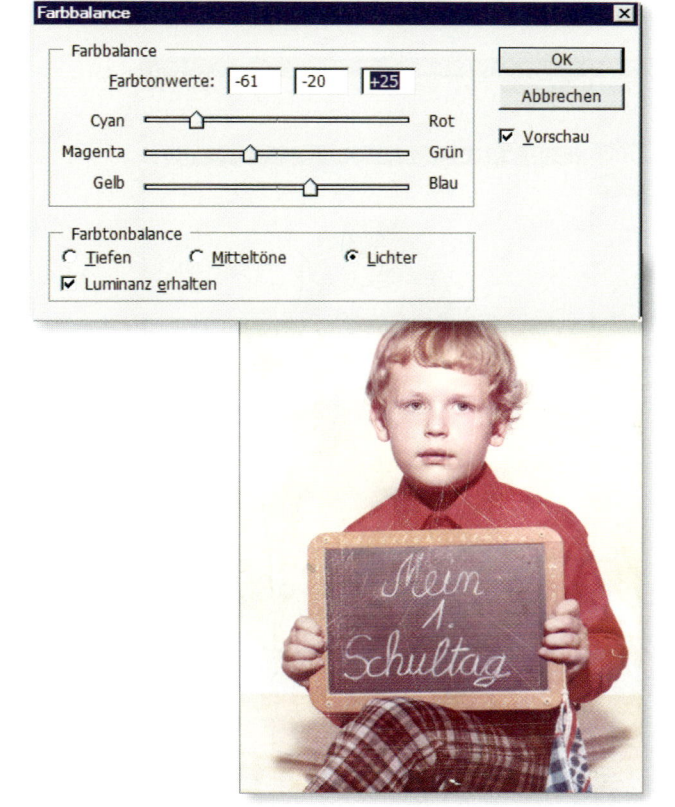

Schritt 1: Farbstich entfernen

Das Übungsbild »Schultag_1.tif« von der DVD ist vergilbt, ausgeblichen und verkratzt. Kümmern Sie sich zunächst um den rötlichen Farbstich und zwar mit dem Befehl **Bild: Anpassungen: Auto-Farbe**. Wie häufig funktioniert der Effekt auch bei unserem Beispiel recht gut. Natürlich wirken die Farben nun flau und blass, doch das beheben Sie später.

Es gibt jedoch auch schwierigere Fälle, in denen die **Auto-Farbe** die Farbverhältnisse nur unzureichend interpretiert, und sogar unser Beispielbild mag mit einer anderen Bearbeitung noch besser aussehen. Versuchen Sie daher, den Farbstich mit einer differenzierten Methode auszugleichen. Dazu machen Sie den eben erteilten Korrekturbefehl wieder rückgängig, indem Sie auf der Tastatur [Strg]+[Z] (PC) bzw. [⌘]+[Z] (Mac) drücken, oder wählen Sie **Datei: Zurück zur letzten Version** bzw. die Taste [F12]. Nun beheben Sie den Farbstich per **Bild: Anpassungen: Farbbalance**:

Hier ändern Sie per Regler die Farbanteile für Tiefen, Mitteltöne und Lichter. Da die Rot- und Gelbtöne vor allem die hellen Bildbereiche beherrschen, reduzieren Sie diese im Bereich Farbbalance unter Lichter, etwa mit den Werten –61 Cyan (= weniger Rot), –20 Magenta (weniger Grün) und +25 Blau (= weniger Gelb). Um die Gesamthelligkeit zu schützen, aktivieren Sie Luminanz erhalten.

Nun ist der Farbschleier zwar behoben, doch Helligkeit, Kontraste und Farbsättigung bedürfen im folgenden Übungsschritt der Nacharbeit.

Tipp
Um die Farbtendenz eines Bildbereichs zu testen und gezielt nachzuregulieren, klicken Sie mit dem Pipette-Werkzeug auf eine Stelle — etwa der dunkleren Locke oberhalb der Stirn. Der Farbton wird in der Info-Palette mit den RGB- und CMYK-Werten angezeigt. Er verrät mit dem höchsten Farbanteil die Farbtendenz, z.B. neigt der Wert R: 180, G: 93, B: 106 noch heftig zu Rot.

Übungen mit Scans — Alte Fotos restaurieren

Schritt 2: Tonwerte korrigieren

Nachdem die Farbbalance im Bild ausgewogen erscheint, geben Sie nun den Kontrasten etwas mehr Biss. Der Befehl **Bild: Anpassungen: Auto-Tonwertkorrektur** erledigt dies zuverlässig und rückt die Person ins rechte Licht.

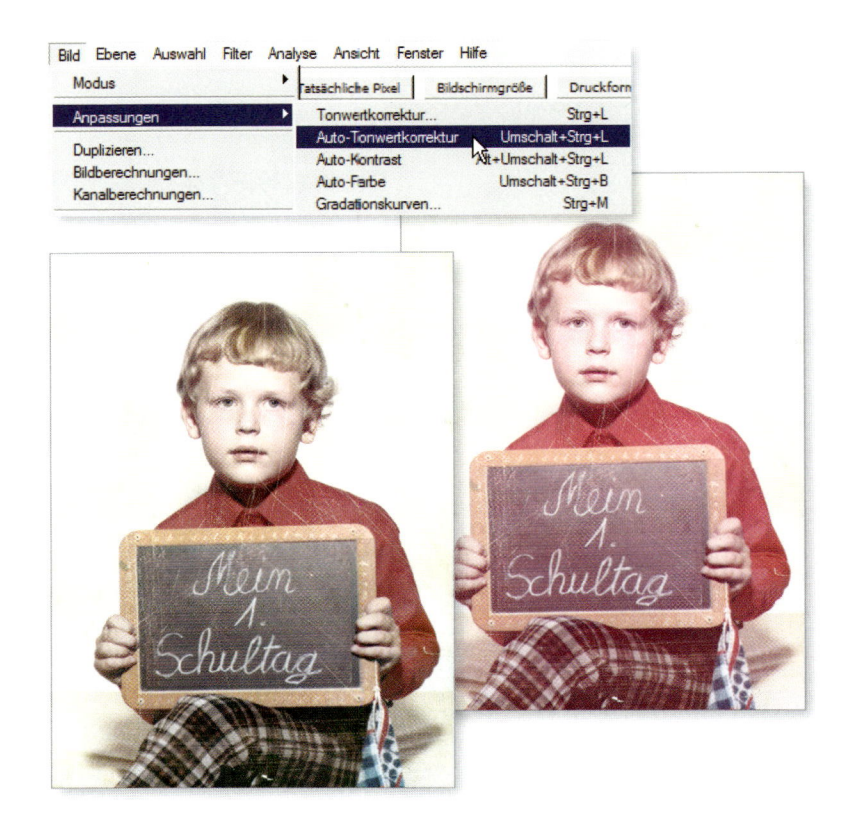

Schritt 3: Nachbelichten

Um das Porträt präsenter wirken zu lassen, sollten Sie es noch etwas mehr „herauskitzeln". Dazu eignet sich das Werkzeug Nachbelichter ganz hervorragend, denn es dunkelt Bildbereiche nach.

Wenn Sie bereits selbst im Fotolabor Bilder entwickelt haben, dürfte Ihnen diese Technik durchaus vertraut sein. Im Photoshop belichten Sie Bildteile nach, indem Sie mit gedrückter Maustaste über die betreffenden Bereiche fahren. Entscheidend dabei sind die geeignete Pinselgröße sowie die Stärke der Belichtung, um Tiefen, Mitteltöne oder Lichter zu betonen.

Für das Übungsbild ist eine Pinselgröße von 257 bei 0% Härte angemessen. Konzentrieren Sie sich auf den Bereich der Mitteltöne und arbeiten Sie mit einem vorsichtigen Wert von nur 22% Belichtung, damit keine dunklen Flecken entstehen, wenn Sie mit dem Cursor über Gesicht, Haare, Körper und Schultafel fahren. Setzen Sie lieber mehrfach an einer Stelle an, anstatt einmal zu stark.

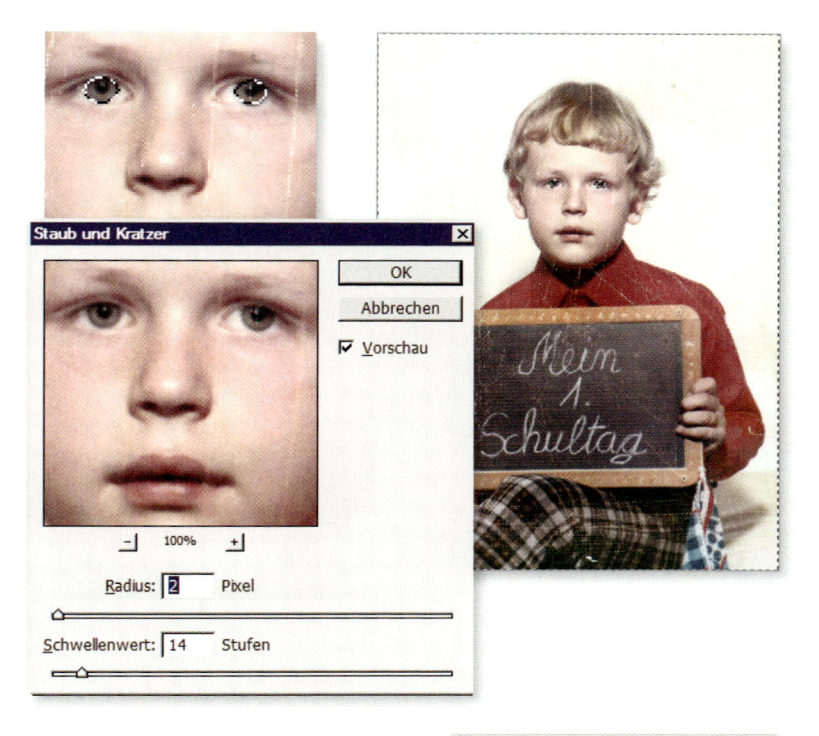

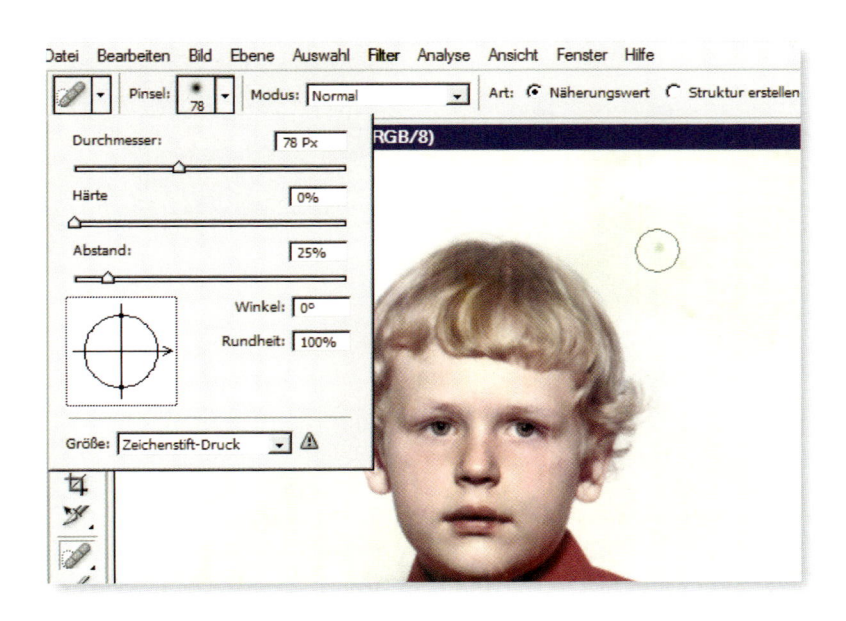

Schritt 4: Kratzer beseitigen

Das Übungsbild »Schultag_1.tif« ist extrem zerkratzt. Photoshop bietet unter **Filter: Rauschfilter** verschiedene Möglichkeiten, solche Störungen zu beseitigen. Allerdings gehen sie auf Kosten von Details und Brillanz. Bevor Sie einen dieser Filter auf das gesamte Bild anwenden, vergewissern Sie sich, ob besondere Details erhaltenswert sind. Im Beispiel sind es die Pupillen mit den Spitzlichtern:

Wählen Sie die Pupillen mit dem AUSWAHLELLIPSE-WERKZEUG bei einer WEICHEN KANTE von 3 Pixel aus. Dann heißt es **Auswahl: Auswahl umkehren**. Damit ist die Bildfläche ausgenommen der Pupillen markiert und Sie können **Filter: Rauschfilter: Staub und Kratzer** darauf anwenden. Bei einem RADIUS von 2 bleiben zwar die tiefsten Kratzer noch sichtbar, doch die Bildschärfe wirkt vertretbar. Mit einem SCHWELLENWERT von 14 STUFEN unterscheiden sich die einzelnen Pixel noch genügend, um den Spagat zwischen Detailschärfe und Fehlerkorrektur zu schaffen. Kontrollieren Sie das Ergebnis im Vorschaufenster, zoomen Sie bei Bedarf mit den Plus- und Minustasten und verschieben Sie den anzuzeigenden Bildbereich mit dem Hand-Cursor.

Tipp
*Sind Sie unsicher, ob die Werte des **Rauschfilters: Staub und Kratzer** stimmen? Dann wählen Sie vor der Anwendung **Filter: Für Smartfilter konvertieren**, um jederzeit nachzujustieren.*

Schritt 5: Bildfehler manuell ausbessern

Bei den meisten Bildern muss manuell noch etwas nachkorrigiert werden, so auch hier. Um die Flecken im Hintergrund zu retuschieren, benutzen Sie das schlicht und einfach benannte Bereichsreparatur-Pinsel-Werkzeug. Wählen Sie eine Pinselgröße, die in adäquater Größe zu den Bildfehlern steht (siehe Maße im Screenshot) und fahren Sie mit gedrückter Maustaste in kurzen Linien über die Flecken. Im direkten Umkreis der Figur reicht sogar der Mausklick für die Korrektur, um ungewollte Pixelwiederholungen des Motivs zu vermeiden.

Übungen mit Scans — Alte Fotos restaurieren

Auch die verbliebenen Kratzer in Gesicht, Hals, Hemd und Schultafel können Sie zunächst mit dem Bereichsreparatur-Pinsel behandeln. Zoomen Sie dabei mit der Lupe 🔍 kritische Bildbereiche näher heran und passen Sie die Pinselgröße den schadhaften Stellen an.

Lassen Sie sich nicht entmutigen, wenn so manche Korrektur nicht greift — dazu gibt es die Tasten [Strg]+[Z] am PC bzw. [⌘]+[Z] am Mac für **Rückgängig**. Mit etwas Geduld und Erfahrung kommen Sie immer besser zurecht.

Allerdings werden Sie im sprichwörtlichen Sinne an Grenzen stoßen und zwar überall dort, wo starke Farbkontraste aufeinandertreffen, Kanten liegen oder delikate Korrekturen erforderlich sind. Dann ist das richtige Werkzeug gefragt und damit der Kopierstempel 🖌. Mit ihm können Sie nicht nur Hauptdurchmesser und Härte des Pinsels definieren, sondern etwa auch die Deckkraft regeln. Und so geht's:

Wählen Sie eine Pinselgröße, die ungefähr der schadhaften Stelle entspricht. Klicken Sie dann bei gedrückter [Alt]-Taste in einen unbeschadeten, farbverwandten Bereich direkt neben dem Kratzer, um diese Pixel als Quelle zu verwenden. Mit einem weiteren Klick (oder kurzem Ziehen des Cursors) deponieren Sie die aufgenommene Quelle auf der Schadenstelle.

Erhöhen Sie an glatten Kanten z.B. die Härte des Pinsels auf bis zu 100%. Um schwierige Stellen wie etwa die Lippen im Beispielbild zu korrigieren, reduzieren Sie die Deckkraft auf 50% oder weniger und setzen die Härte auf 0% bei geringer Pinselgröße von ca. 10 Pixel. Da Sie sicherlich einige Zeit für diese Art der Korrektur aufbringen müssen, lohnt es sich, die Arbeitsschritte zwischendurch zu speichern, aber das wissen Sie ja sicher selbst.

Vergleichen Sie nun das Ausgangsbild mit der retuschierten Version. Zugegeben — Putzen war noch nie besonders amüsant, doch wie so oft ist das Ergebnis sehr befriedigend. Sollten Sie spätestens angesichts der verkratzten Schultafel die Arbeit am Beispielbild aufgegeben haben und sich mit dem erworbenen Know-how an eigene Bilder gemacht haben, ist das eigentliche Ziel dieser Übung erreicht.

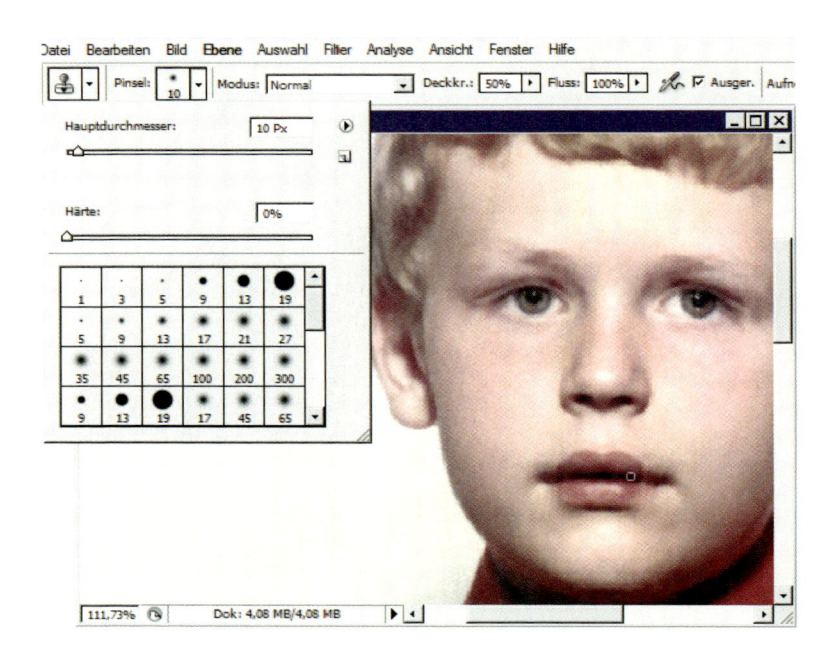

vorher

nachher

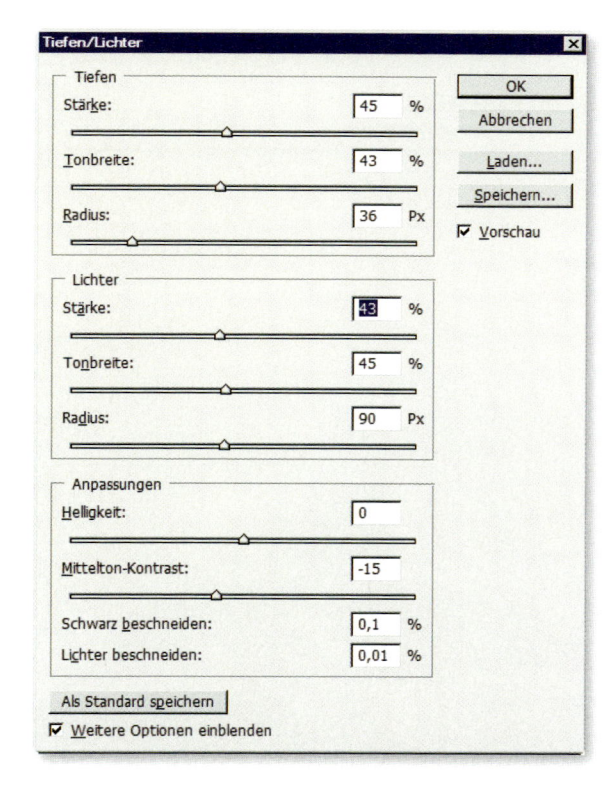

Ausgeblichene Fotos auffrischen

Um den Tonbereich eines ausgeblichenen Farb- oder Schwarzweißfotos aufzufrischen, gibt es in Photoshop diverse Wege, die je nach Problemlage mehr oder weniger erfolgreich sind. Beispielsweise können Sie per **Bild: Anpassungen** eine **Tonwertkorrektur** durchführen (siehe Kapitel 5, Übung 3) oder die **Gradationskurven** ändern (siehe Kapitel 5, Übung 6).

In den folgenden Arbeitsschritten stellen wir zwei alternative Wege vor, um ausgebliche, flaue Fotos effektiv zu verbessern und eventuell nachzuregulieren, ohne in das Originalbild einzugreifen.

Variante A: Tiefen und Lichter auspegeln

Öffnen Sie die Übungsdatei „SW_Ausflug.tif" von der DVD. Die beiden Damen drohen geradewegs ins Nichts zu entschwinden. Holen Sie sie zurück in die Gegenwart und zwar mit dem Befehl **Bild: Anpassungen: Tiefen/Lichter**:

Um das Spektrum der Korrekturmöglichkeiten auszunutzen, aktivieren Sie gleich WEITERE OPTIONEN EINBLENDEN per Mausklick. Alle angezeigten Werte sehen Sie zunächst als Standardvorgaben, so eine Stärke von 50% für TIEFEN und 0% für LICHTER. Per Regler steuern Sie die Werte individuell. Je größer eine Zahl, desto stärker wirken sich TIEFEN oder LICHTER aus. Aber erst das richtige Zusammen-spiel aller Faktoren führt zu einem befriedigenden Ergebnis.

Für das Übungsbild senken Sie die STÄRKE für die TIEFEN etwas ab. Erhöhen Sie dagegen die STÄRKE für die LICHTER auf knapp 50%, um den Tonwert mehr auf den Bereich der Mitteltöne auszuweiten. Ähnlich verfahren Sie jeweils mit den Werten für TONBREITE und RADIUS. Je höher die TONBREITE angesetzt wird, desto umfassender wirken sich Helligkeit bzw. Dunkelheit auf den Bildbereich aus. Bei extremen Werten können allerdings an den Bildrändern kreisförmige Lichthöfe auftreten. Beachten Sie zum Befehl TIEFEN/LICHTER auch die Ausführungen in Kapitel 5 ab Seite 150.

Übungen mit Scans — Alte Fotos restaurieren

Mit stärkerem RADIUS von TIEFEN und LICHTERN wächst die Menge der benachbarten dunklen oder hellen Pixel.

Aufgrund der kombinierten Werte muss für das Beispielbild unter ANPASSUNGEN die HELLIGKEIT nicht weiter verändert werden, doch senken Sie den MITTELTON-KONTRAST, um die LICHTER etwas abzudunkeln und die TIEFEN zu reduzieren.

Der sensible Vorgabewert von 0,01 für SCHWARZ BESCHNEIDEN bzw. LICHTER BESCHNEIDEN mahnt bereits zur Vorsicht, denn schnell erhöht sich der Kontrastumfang im Bild extrem. Setzen Sie den Wert für SCHWARZ BESCHNEIDEN beim Übungsbild auf 0,1% hoch, so verringern Sie nicht etwa den Schwarzanteil, sondern erhöhen ihn durch eine Verkürzung der Schwarzweißskala des Bilds. — Manche Begriffe dieses Fensters sind leider teilweise ein wenig „um die Ecke gedacht", doch die detaillierten Möglichkeiten machen vieles wett.

Nur bei der Bearbeitung eines Farbbilds bietet das Fenster übrigens noch die Möglichkeit der FARBKORREKTUR. Mit höherem Eingabewert nimmt dabei die Farbsättigung zu, allerdings immer in Korrelation zu den übrigen Werten.

Wollen Sie die eingestellten Werte wiederverwenden, z.B. um eine Serie zu bearbeiten, dann klicken Sie auf die Option ALS STANDARD SPEICHERN.

Rechts sehen Sie das Resultat mit den eingegebenen Werten des Fensters TIEFEN/LICHTER. Statt des nebligen Hintergrunds sind nun Wellen zu sehen, die Kontur des Boots hebt sich deutlich ab und die Personen zeigen mehr Präsenz.

Wiederum jedoch gilt die alte Regel: Was nicht da war, wird nicht kommen: Das ausgefranste reine Weiß der Spitzlichter in den Haaren der Dame rechts bleibt unausgeglichen. Hier können Sie nur noch manuell mit den Werkzeugen NACHBELICHTER oder KOPIERSTEMPEL Verbesserungen vornehmen.

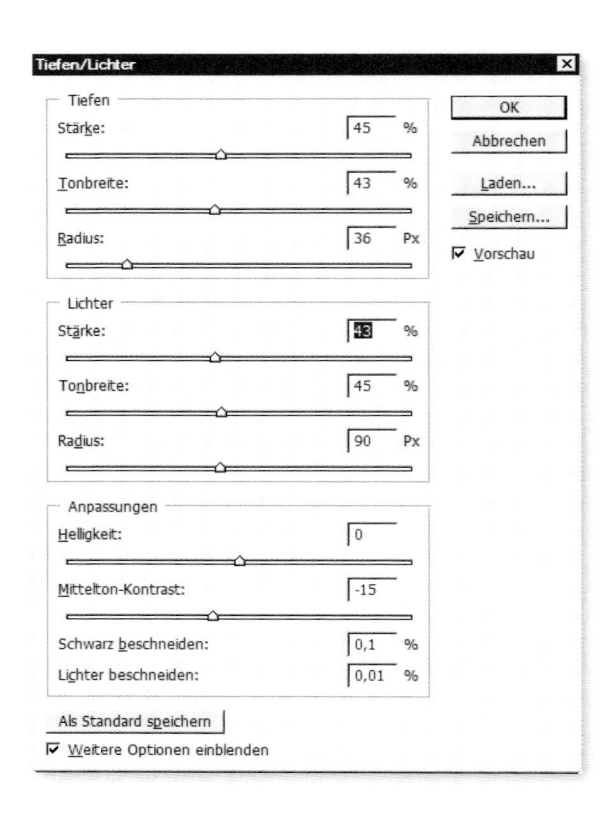

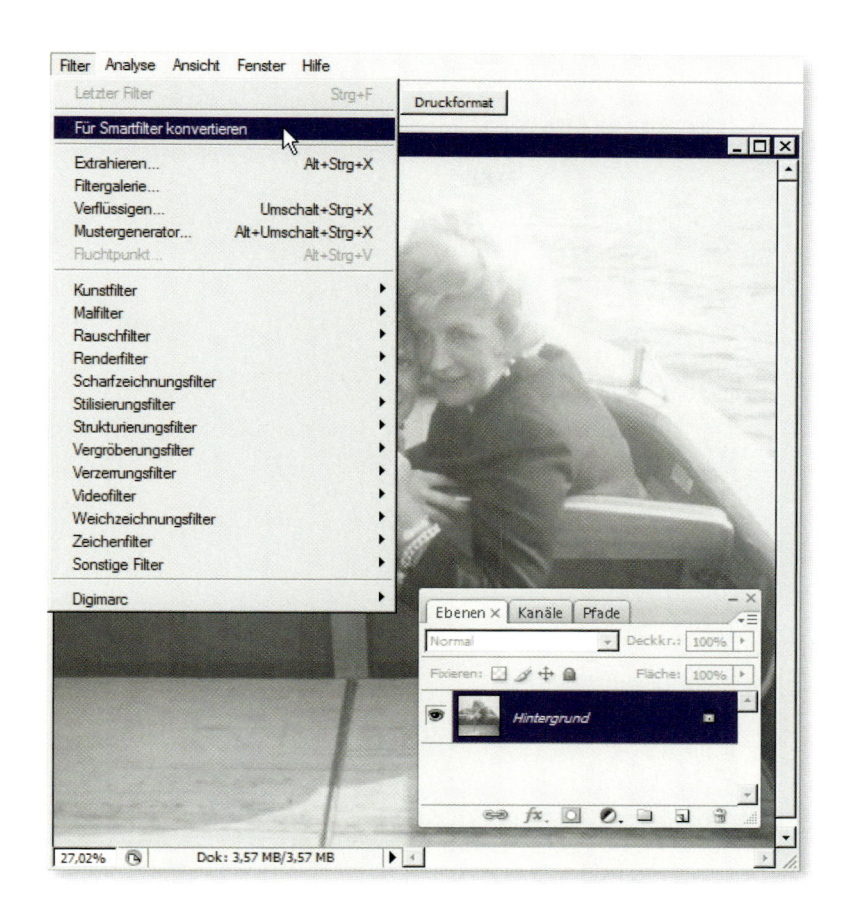

Variante B: Tiefen und Lichter auf ein Smart Objekt anwenden

Diese Korrekturmethode des Tonwertbereichs eignet sich, wenn Sie flexibel bleiben wollen und das Ausgangsbild — etwa für verschiedene Testversionen oder Ausgabegeräte — immer wieder variieren wollen, ohne die ursprünglichen Pixelwerte des Bilds zu verlieren.

Öffnen Sie erneut die Übungsdatei »Ausflug_SW.tif« von der DVD. Verwandeln Sie das Bild mit dem Befehl **Filter: Für Smartfilter konvertieren** in ein Smart Objekt. Dann wählen Sie wiederum **Bild: Anpassungen: Tiefen/Lichter**. Photoshop benennt die fixierte Ebene HINTERGRUND, auf der das Bild liegt, automatisch in eine bearbeitbare EBENE 0 um und erzeugt einen SMARTFILTER für **Tiefen/Lichter**.

Genau wie etwa bei den Ebenenstilen können Sie mit dem Smartfilter nun Ihr Motiv bearbeiten und nach Belieben wieder verändern, ohne es selbst zu zerstören. Machen Sie nun Ihre Eingaben für die **Tiefen/Lichter**, wie bereits in Schritt A beschrieben. Der SMARTFILTER lässt sich auch nach dem Abspeichern jederzeit verändern, entfernen oder ausblenden. Dazu klicken Sie doppelt auf die Zeile TIEFEN/LICHTER in der Ebenenpalette.

Tipp
*Ein anderer Weg, der die flexible Wiederbearbeitung ermöglicht, ohne das Originalbild zu touchieren, besteht nach dem Öffnen des Fotos per Befehl **Ebene: Neue Einstellungsebene: Belichtung**. Allerdings können Sie dabei nur BELICHTUNG, VERSATZ und GAMMAKORREKTUR durchführen.*

*So manch flaues Foto lässt sich bereits mit einem einfachen (doch je nach Motiv bisweilen auch zu unflexiblen) raschen Trick auffrischen: Wählen Sie in der Ebenenpalette die Ebenen mit dem Bild an und geben Sie den Befehl **Ebene: Ebene duplizieren**. Die verdoppelte Ebene versehen Sie statt NORMAL z.B. mit der Füllmethode WEICHES LICHT oder MULTIPLIZIEREN; mit NEGATIV MULTIPLIZIEREN erhellen Sie dagegen zu dunkle Fotos. Nach Bedarf duplizieren Sie die Ebene erneut oder verändern die DECKKRAFT (siehe Kapitel 5 ab Seite 136).*

Schiefe Fotoaufnahmen mit kippendem Horizont und ungünstige Bildausschnitte begegnen Ihnen auch in der Digitalfotografie immer wieder. Mit den folgenden Methoden beheben Sie die Bildfehler mühelos.

Wie Sie bestimmte Bildgrößen zuschneiden und fixe Seitenverhältnisse vergeben, erfahren Sie ebenfalls in diesem Kapitel. Des Weiteren lernen Sie, die Bildgröße optimal herauf- oder herunterzurechnen, und arbeiten mit flexiblen Smart Objekten.

Kapitel 4
Bildgröße und -ausschnitt

Übung 1
Einen Ausschnitt begradigen und freistellen — 92

Übung 2
Den Horizont gerade rücken — 96

Übung 3
Auf eine bestimmte Bildgröße zuschneiden — 100

Übung 4
Ein Seitenverhältnis zuweisen oder beibehalten — 104

Übung 5
Die Bildgröße verringern — 108

Übung 6
Die Bildgröße hochrechnen — 112

Übung 7:
Strecken und Dehnen mit Smart Objekten — 118

Übungen zu Bildgröße und -ausschnitt: Begradigen und freistellen

Übung 1: Einen Ausschnitt begradigen und freistellen

Bereits mit dem richtigen Zuschnitt eines Fotos können Sie grundlegende Fehler der Aufnahmesituation korrigieren. Ein einfaches und sehr flexibles Tool, das Freistellungswerkzeug, hilft Ihnen dabei.

Ob nun störende Elemente am Bildschirmrand weggekappt werden sollen, der Horizont schief liegt oder die Perspektive korrigiert werden muss — mit wenigen Griffen gelangen Sie in dieser Übung zum gewünschten Bildausschnitt. Dabei arbeiten Sie unabhängig von vordefinierten Maßen und Proportionen. Wenn Sie also die folgenden Übungsschritte auf eigene Fotos anwenden, achten Sie darauf, dass die Ausgangsgröße des Bilds nicht zu gering ist, damit Sie einen brauchbaren Ausschnitt erhalten.

Übungen zu Bildgrößen und Pixelmaßen folgen ab Seite 100. Generell überprüfen Sie die Größe Ihres Foto mit dem Befehl **Bild: Bildgröße**. So macht es beispielsweise bei einem 1000 x 750 großen JPEG noch am ehesten Sinn, mit einem Bildausschnitt einen Freisteller für das Internet zu erzeugen. Arbeiten Sie generell also möglichst mit hochauflösenden Dateien, um auch nach dem Beschnitt für die Weiterverarbeitung eine gute Auflösung zu wahren.

Infothek	einfach				komplex
Lernschritte:	Schneiden Sie mit dem Freistellungswerkzeug ein Foto zu. Bestimmen Sie den idealen Bildausschnitt in Höhe und Breite frei, drehen Sie den Ausschnitt, wenn etwa Horizont oder Vertikalen kippen, und korrigieren Sie fluchtende Perspektiven oder Schräglagen.				
Aufwand:	Gering				
Übungsdateien:	Freistellen_1.tif, Freistellen_2.tif im Ordner Übungen auf der DVD				

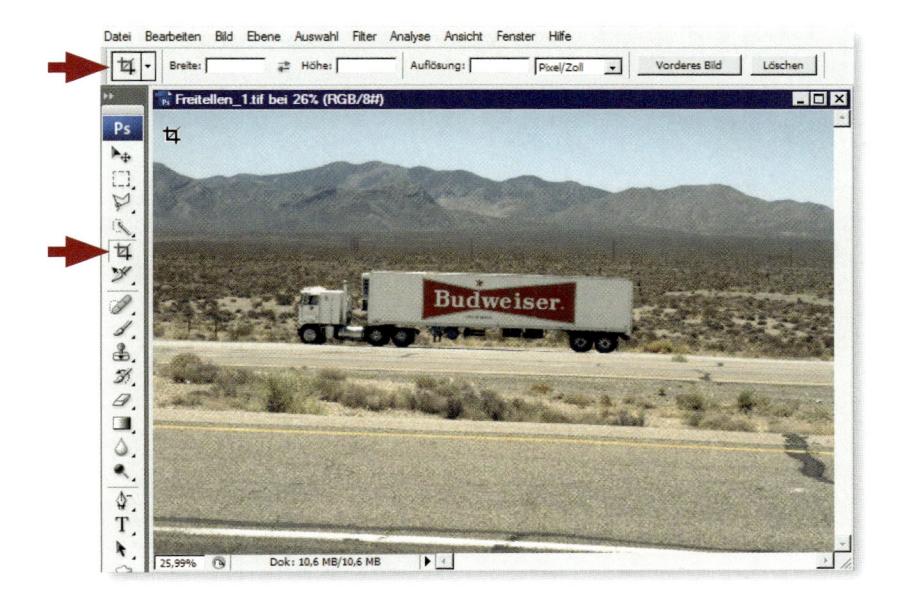

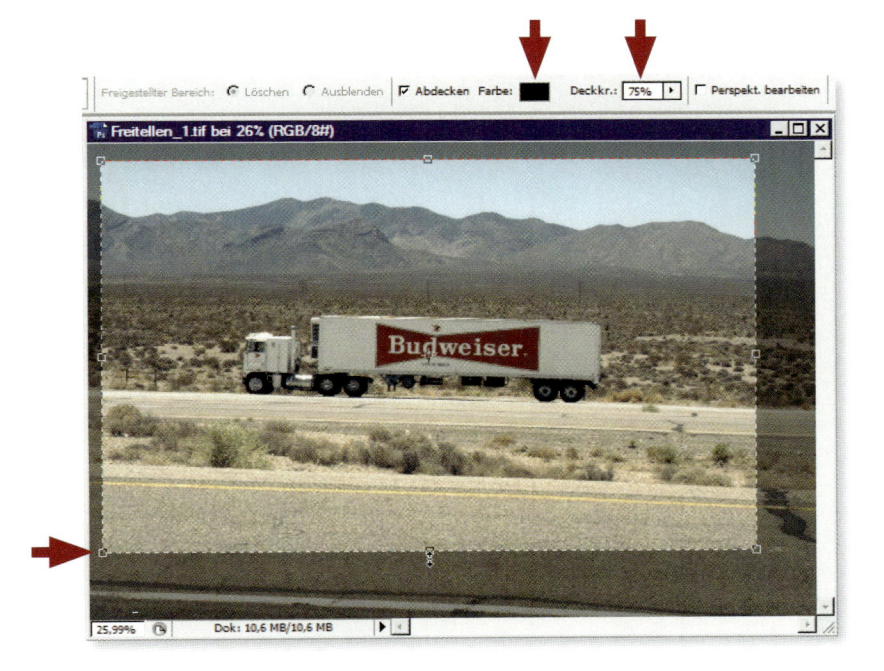

Schritt 1: Freistellungswerkzeug wählen

Öffnen Sie die Datei »Freistellen_1.tif« im Ordner »Übungen« auf der DVD. Das Foto soll auf einen besseren Ausschnitt zugeschnitten und gerade gerückt werden, damit der LKW nicht mehr bergauf fährt.

Wählen Sie in der Werkzeugpalette das Freistellungswerkzeug 🔲 oder drücken Sie ganz einfach die Taste [C]. Für die folgende Bearbeitung dürfen oben in der Optionsleiste des Werkzeugs keine Maßangaben stehen.

Klicken Sie mit dem Freisteller auf eine Stelle links oben im Bild und ziehen Sie mit gedrückter Maustaste einen Rahmen auf.

Tipp
*Wünschen Sie, dass der Bildausschnitt an einer oder mehreren Seiten exakt mit dem Bildrand übereinstimmt, prüfen Sie per Befehl **Ansicht: Ausrichten an: Dokumentbegrenzungen**, ob die Funktion per Häkchen aktiviert ist.*

Schritt 2: Den Bildausschnitt bestimmen

Mit den Anfassern in der Mitte und an den Eckpunkten des gestrichelten Rahmens können Sie den Bildausschnitt bei gedrückter Maustaste nach Belieben vergrößern oder verkleinern.

Der ausgegrenzte Bereich des Fotos wird standardmäßig mit der Farbe Schwarz bei einer Deckkraft von 75% abgedunkelt. Natürlich muss dazu ABDECKEN per Häkchen aktiviert sein. — Sollten Sie etwa einmal ein Bildmotiv mit einer sehr dunklen Umgebung bearbeiten wollen, ändern Sie FARBE und DECKKR. in der Optionsleiste besser in einen hellen Farbton, um den Unterschied zum gewählten Ausschnitt deutlich zu sehen.

Dazu klicken Sie auf das Farbfeld, um im FARBWÄHLER die gewünschte Farbe auszusuchen. Die DECKKR. variiieren Sie per Regler oder Sie tippen Ihre Eingabe einfach ein.

Übungen zu Bildgröße und -ausschnitt: Begradigen und freistellen

Schritt 3: Den Ausschnitt drehen

Im Übungsbild fährt der Getränke-LKW bergauf durch die Wüstenebene. Drehen Sie nun den Bildausschnitt, indem Sie den Mauszeiger außerhalb des gestrichelten Rahmens positionieren und er halbkreisförmig mit zwei Pfeilen erscheint; dann kippen Sie den Bildausschnitt mit gedrückter Maustaste nach oben oder unten.

Orientieren Sie sich dabei im Übungsbild an der geraden Linie der Straße, zu welcher der Lastwagen parallel stehen soll. Wollen Sie dazu den gesamten Bildausschnitt an eine andere Position bringen, so klicken Sie innerhalb des aktiven Rahmens auf einen Bildpunkt und ziehen ihn — wiederum mit gedrückter Maustaste — an eine andere Stelle.

Wenn Sie sich im Bildausschnitt vertan haben und gerne von vorn beginnen möchten, genügt übrigens der Klick auf die `Esc`-Taste, um den Freistellrahmen zu entfernen.

Schritt 4: Freistellen

Bestätigen Sie den Zuschnitt mit der `↵`-Taste. Der Lastwagen steht gerade, die hässlichen Straßenschäden sind verschwunden und das vormals 10,6 MB große Foto mit 2362 x 1575 Pixel verfügt nach unserem Freistellen noch über ca. 6,9 MB mit 2068 x 1159.

Warum dies wichtig ist? Weil Sie beim Freistellen eines Bilds auch die Pixelmaße verringern bzw. Bildgröße einbüßen. Insbesondere bei Vorlagen mit geringer Bildgröße sollten Sie daher den Ausschnitt nicht zu eng wählen.

Tipp

*Alternativ können Sie einen Bildausschnitt auch rasch mit dem Auswahlrechteck-Werkzeug ⌷ auswählen. Allerdings ist es weder möglich, den Ausschnitt zu verändern, noch ihn zu drehen. Bestätigen Sie den Zuschnitt per **Bild: Freistellen**. Alternativ wählen Sie den Befehl **Bearbeiten: Transformieren: Skalieren** und bestimmen den Ausschnitt per Anfasser.*

Übung 1

Schritt 5: Perspektive korrigieren *EXTRA*

Mit dem Freistellungswerkzeug gleichen Sie beim Zuschnitt auch einfach fluchtende Perspektiven aus. Öffnen Sie das Bild »Freistellen_2.tif« im Ordner »Übungen« auf der DVD. Die Hauswände an den Seiten des Fotos kippen gen Himmel leicht nach innen.

Ziehen Sie, wie in den vorherigen Schritten beschrieben, mit dem Freistellungswerkzeug einen Rahmen im Bild auf. Dann aktivieren Sie in der Optionsleiste PERSPEKT. BEARBEITEN. Die Anfasser an den Eckpunkten des Rahmens können nun beliebig in jede Richtung verzerrt werden. Ordnen Sie die Vertikalen parallel zu den Linien der Mauern im Bildvordergrund an.

Um den neuen Bildausschnitt besser beurteilen zu können, erhöhen Sie eventuell die DECKKR. für den abgedunkelten Außenbereich in der Optionsleiste auf etwa 88%. Wollen Sie den dunklen Rahmen zwischendurch ausblenden, so drücken Sie ⇧+⁄ .

Mit der ↵-Taste bestätigen Sie wiederum den Zuschnitt. Die vertikalen Linien im Bild verlaufen nun parallel zu den Außenkanten. Insbesondere bei Motiven mit vielen Schrägen beruhigt diese Korrektur der Statik den Blick.

Übungen zu Bildgröße und -ausschnitt: Horizont gerade rücken

Übung 2: Den Horizont gerade rücken

Wie auch bei der Übung zuvor, liegt im Beispielbild der Horizont schief. Diesmal jedoch drehen Sie das Bild nach der Winkelberechnung des Linealwerkzeugs und schneiden es danach auf die passende Größe zu.

Wichtige Bildelemente am Rand werden komplett beibehalten, andere retuschiert und ergänzt. Angesichts der Einfachheit der Übung ist der Effekt verblüffend und spart viel Nachbearbeitung in Photoshop.

Natürlich verlieren Sie mit jeder Drehung und perspektivischen Skalierung Pixel im Bild. Die Ausgangsgröße des Übungsbilds mit 2067 x 1383 Pixel lässt solche Arbeitsschritte jedoch problemlos zu. Kopieren Sie es vor dem Öffnen am besten auf Ihre Festplatte, damit Sie ohne verzögerte Rechnerleistung arbeiten können.

Hinweis: Sie können übrigens auch im Raw-Dialog Bilder verlustfrei drehen und freistellen (siehe Seite 59).

Infothek

	einfach				komplex
Lernschritte:	Mit dem Linealwerkzeug messen Sie die Schräge des Horizonts. Drehen Sie die Arbeitsfläche dann passend und wenden Sie für den Zuschnitt des Bilds das Freistellungswerkzeug an. Damit bewahren Sie auch Motive, die sonst durch die Drehung abgeschnitten wären. Zuletzt retuschieren Sie fehlerhafte Bildstellen mit dem Kopierstempel.				
Aufwand:	Einfach				
Übungsdatei:	Freistellen_3.tif				

Übung 2

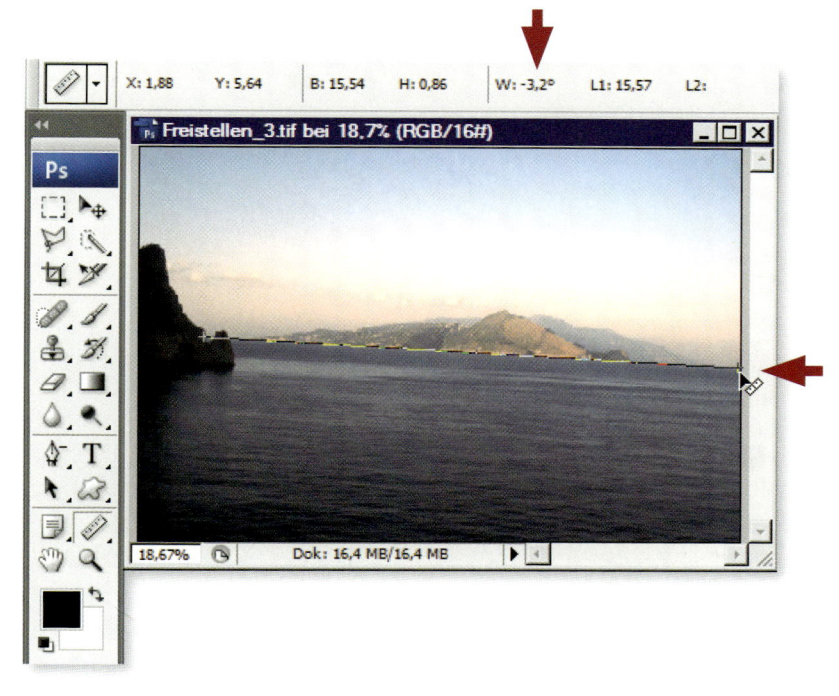

Schritt 1: Abweichung mit dem Linealwerkzeug messen

Öffnen Sie das Bild »Freistellen_3.tif« im Ordner »Übungen« auf der DVD. Das Meer fließt nach rechts unten aus dem Foto und muss begradigt werden.

Versichern Sie sich zunächst mit der Taste D, dass die Hintergrundfarbe in der Werkzeugpalette auf Weiß steht, damit Sie die spätere Bildbegrenzung leicht erkennen können.

Wählen Sie nun das Linealwerkzeug aus der Werkzeugpalette und ziehen Sie von links nach rechts eine Linie, die genau den schiefen Horizont markiert. Sollte die Linie beim ersten Versuch nicht exakt stimmen, platzieren Sie sie einfach neu.

In der obigen Optionsleiste sehen Sie die Abweichung von der Horizontalen sogleich mit W: –3,2° angezeigt.

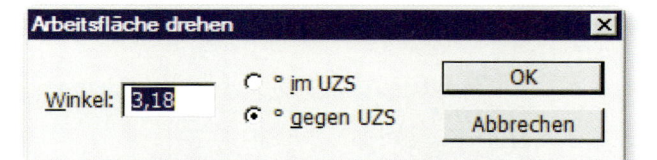

Schritt 2: Arbeitsfläche drehen

Wählen Sie sofort anschließend den Befehl **Bild: Arbeitsfläche drehen: Per Eingabe**, dann zeigt Photoshop automatisch die Abweichung von 3,18° an und schlägt die Drehung gegen den Uhrzeigersinn (USZ) vor.

Nach dem OK stimmt die Horizontale, doch dafür erfordern die weißen Ecken rund um das Bild einen erneuten Zuschnitt. Dabei hat Photoshop automatisch die Arbeitsfläche vergrößert.

Übungen zu Bildgröße und -ausschnitt: Horizont gerade rücken

Schritt 3: Ausschnitt freistellen

Wählen Sie das Freistellungswerkzeug per Taste `C` und ziehen Sie einen Rahmen um den gewünschten Bildausschnitt. Damit der Felsen links im Bildmittelgrund nicht abgeschnitten wird, riskieren Sie hier eine kleine weiße Ecke. Um die Aufteilung im Bild spannend zu gestalten, kürzen Sie die Meeresfläche und ziehen Sie den Bereich des Himmels möglichst groß — um die weiße Kante kümmern Sie sich später.

Sparen Sie sich durch den geschickten Zuschnitt eine mühevolle Nachbearbeitung: Aktivieren Sie PERSPEKT. BEARBEITEN in der Optionsleiste und ziehen Sie mit gedrückter Maustaste den Anfasser an der linken unteren Ecke so weit nach innen, bis der weiße Rand verschwunden ist. Den Anfasser links oben hingegen erweitern Sie etwas nach links außen.

Während Sie die Kanten verzerren, achten Sie darauf, dass die waagrechten gestrichelten Linien des Rahmens absolut gerade bleiben und keine kleinen Stufen zeigen, damit der Horizont nicht wieder kippt. Orientieren Sie sich gegebenenfalls an Hilfslinien.

Dazu wählen Sie **Ansicht: Neue Hilfslinie** mit der Option HORIZONTAL und als POSITION etwa 1 cm, damit sie nicht mit 0 cm am Bildrand klebt. Nach dem OK platzieren Sie die Hilfslinie einfach mit gedrückter Maustaste an der gewünschten Position. Vergewissern Sie sich, dass die Funktion **Ansicht: Ausrichten an: Hilfslinien** per Häkchen aktiviert ist und Sie können bequem arbeiten.

Mit der `↵`-Taste vollziehen Sie das Freistellen. Jetzt müssen Sie sich nur noch um die weiße Ecke am Himmel kümmern.

Tipp
Mit jedem erneuten Drehen sowie auch mit der perspektivischen Verzerrung verlieren oder verändern Sie Bildpunkte. Versuchen Sie also möglichst, das Bild in einem einzigen Vorgang freizustellen.

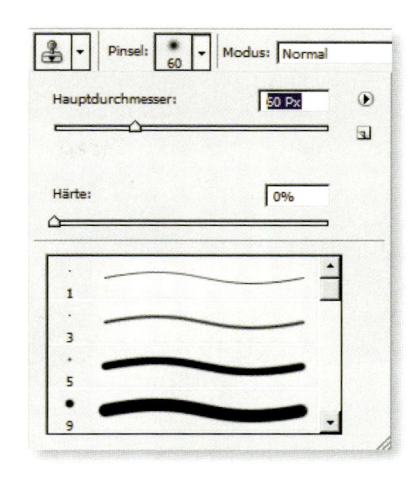

Schritt 4: Kante retuschieren

Drücken Sie die Taste [Z] und vergrößern Sie den zu retuschierenden Bildausschnitt mit der Lupe.

Mit der Taste [S] rufen Sie das Kopierstempel-Werkzeug auf. Klicken Sie mit der rechten Maustaste (PC) bzw. bei gedrückter [Ctrl]-Taste (Mac) in den Bildbereich und geben Sie für den Hauptdurchmesser einen Wert von 60 Px an. Dieser Wert hängt natürlich von der Auflösung des Bilds ab. Überprüfen Sie die Größe des Kopierstempels, indem Sie zwischendurch den Mauszeiger auf die Bildzone bewegen. Er sollte etwas größer sein als die zu retuschierende Stelle.

Die HÄRTE reduzieren Sie auf 0%, um weiche Übergänge zwischen ursprünglichen und geklonten Pixeln zu erhalten.

Positionieren Sie nun den Mauszeiger nahe der weißen Ecke und nehmen Sie mit gedrückter [Alt]-Taste einen blauen Farbwert auf. Dabei verwandelt sich der Cursor in ein Fadenkreuz. Per Klick ins Weiß darüber fügen Sie den Blauton ein. Sie können bei gedrückter Maustaste dabei auch über kurze Strecken ziehen, um die Fläche rascher zu füllen.

Da der Himmel einen leichten Verlauf zeigt, wiederholen Sie die Prozedur, die Farbe aufzunehmen und einzufügen, immer wieder neu, bis jedes Weiß getilgt ist.

Das Ergebnis zeigt einen makellos blauen Himmel über einem geradlinigen Horizont. — Zaubern ist doch gar nicht so schwer, stimmt's?

Übungen zu Bildgröße und -ausschnitt: Auf eine bestimmte Größe zuschneiden

Übung 3: Auf eine bestimmte Bildgröße zuschneiden

Wenn Sie Bilder zur Weitergabe bearbeiten, sind oft exakte Bildgrößen erforderlich. Vielfach handelt es sich um die Standardfotoformate, die sich auch für diverse Bilderrahmen eignen. Entscheidend für die optimale Ausgabe etwa zum Drucken ist dabei der Zusammenhang von Bildgröße und Auflösung, den Sie in dieser Übung ermitteln.

Das Freistellungswerkzeug erlaubt die Eingabe von Breite, Höhe sowie Auflösung. Sie wählen zwischen der Einheit »cm« oder auch »Px«.

Sie können vorhandene Bildmaße einfach für den Zuschnitt weiterer Fotos verwenden und dabei die Bildausschnitte für jedes Bild individuell festlegen, ohne Proportionen oder exakte Maßeinheiten zu verlieren.

Infothek	einfach			komplex
Lernschritte:	Sie erproben den Zusammenhang von Bildgröße und Auflösung. Dabei ermitteln Sie eine optimale Druckqualität. Dann stellen Sie ein Foto mit eigens eingegebenen Bildmaßen für Breite und Höhe frei. Wie Sie vorhandene Maße auf weitere Fotos übertragen, erfahren Sie in einem weiteren Schritt.			
Aufwand:	Gering			
Übungsdateien:	Bildgroesse_1.tif, Bildgroesse_18x13.tif, Bildgroesse_B.jpg			

Übung 3

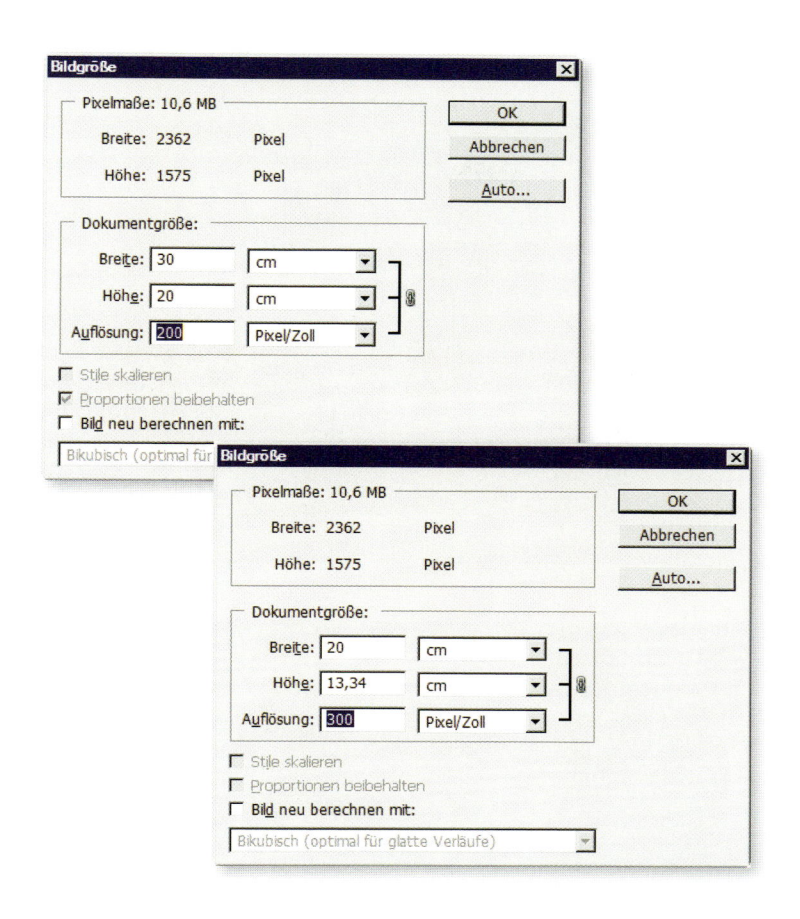

Schritt 1: Bildgröße & Auflösung prüfen

Öffnen Sie das Foto »Bildgroesse_1.tif« im Ordner »Übungen« auf der DVD. Prüfen Sie die Pixelmaße der 10,6 MB großen Datei per **Bild: Bildgröße**.

Die BREITE beträgt 2362 Pixel, die HÖHE 1571 Pixel. Testen Sie, wie groß Ihr Zuschnitt mit festen Bildmaßen bei der optimalen Auflösung von 300 Pixel/Zoll sein kann:

Dazu tippen Sie unter DOKUMENTGRÖSSE im Feld AUFLÖSUNG statt der 200 Pixel/Zoll einfach 300 ein. An den absoluten Pixelmaßen ändert sich damit gar nichts, nur die Dokumentgröße verringert sich auf 20 x 13,34 cm.

Achtung: Die Option BILD NEUBERECHNEN MIT darf dazu nicht per Häkchen aktiviert sein, sonst skalieren Sie das Bild. Klicken Sie dann auf OK.

Schritt 2: Die Konsequenz fürs Freistellen berechnen

Wenn Sie eine gute Auflösung beibehalten wollen, müssen Sie mit der festen Bildgröße beim Freistellen unter dem Maß von 20 x 13,34 cm bleiben und den Ausschnitt nicht zu klein wählen.

Schneiden Sie das Bild beispielsweise im Fotostandardformat mit 18 x 13 cm zu. Drücken Sie die Taste [C], um das Freistellungswerkzeug aufzurufen, und tippen Sie in der Optionsleiste eine BREITE von 18 sowie eine HÖHE von 13; als Maßeinheit wählen Sie »cm«.

Das Feld AUFLÖSUNG lassen Sie frei, denn diese wird beim Freistellen sowieso neu berechnet.

Übungen zu Bildgröße und -ausschnitt: Auf eine bestimmte Größe zuschneiden

Schritt 3: Mit fixer Größe freistellen

Unabhängig davon, an welcher Stelle im Bild und wie groß Sie den Rahmen mit dem Freistellungswerkzeug aufziehen — die 18 x 13 cm bleiben immer gewahrt. Dennoch gilt die Faustregel: Je kleiner der Bildausschnitt, desto mehr verlieren Sie an Auflösung.

Wählen Sie deshalb einen möglichst großen Ausschnitt. Verändern Sie ihn, indem Sie an den Anfassern des gestrichelten Rahmens ziehen. Er behält die richtigen Proportionen immer bei. Den gesamten Rahmen können Sie auch mit den Pfeiltasten der Tastatur bewegen.

Nutzen Sie im Übungsbild einen Ausschnitt, der die sowieso hinten abgeschnittene Limousine unendlich lang werden lässt, weil das Ende nicht abzusehen ist. Doch achten Sie darauf, die Dokumentbegrenzung nicht zu überschreiten, sonst ergänzt Photoshop beim Zuschnitt die überstehende Fläche als Randleiste in der aktuellen Hintergrundfarbe. Per ⏎-Taste erhalten Sie das neue Bildformat.

Schritt 4: Die neue Bildauflösung prüfen

Überprüfen Sie nun die Maße des freigestellten Fotos mit dem Befehl **Bild: Bildgröße**. Wie vorgegeben, zeigt es als DOKUMENTGRÖSSE eine BREITE von 18 cm sowie eine HÖHE von 13 cm an.

Allerdings hat durch den kleineren Bildausschnitt die AUFLÖSUNG etwas gelitten. Mit rund 262 Pixel/Zoll liegt sie jedoch noch gut über dem Grenzwert für viele Drucker von 250 Pixel/Zoll.

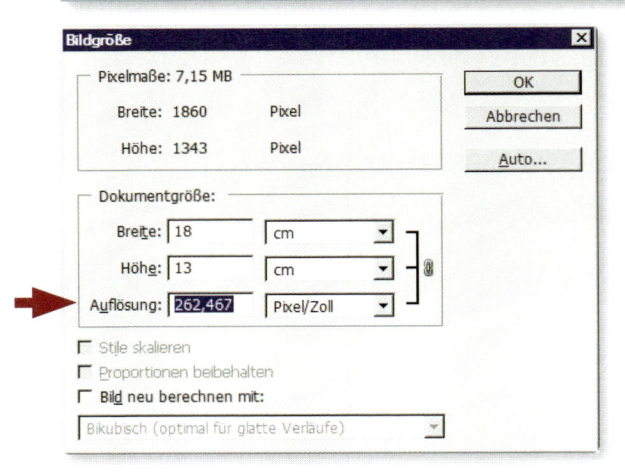

Übung 3

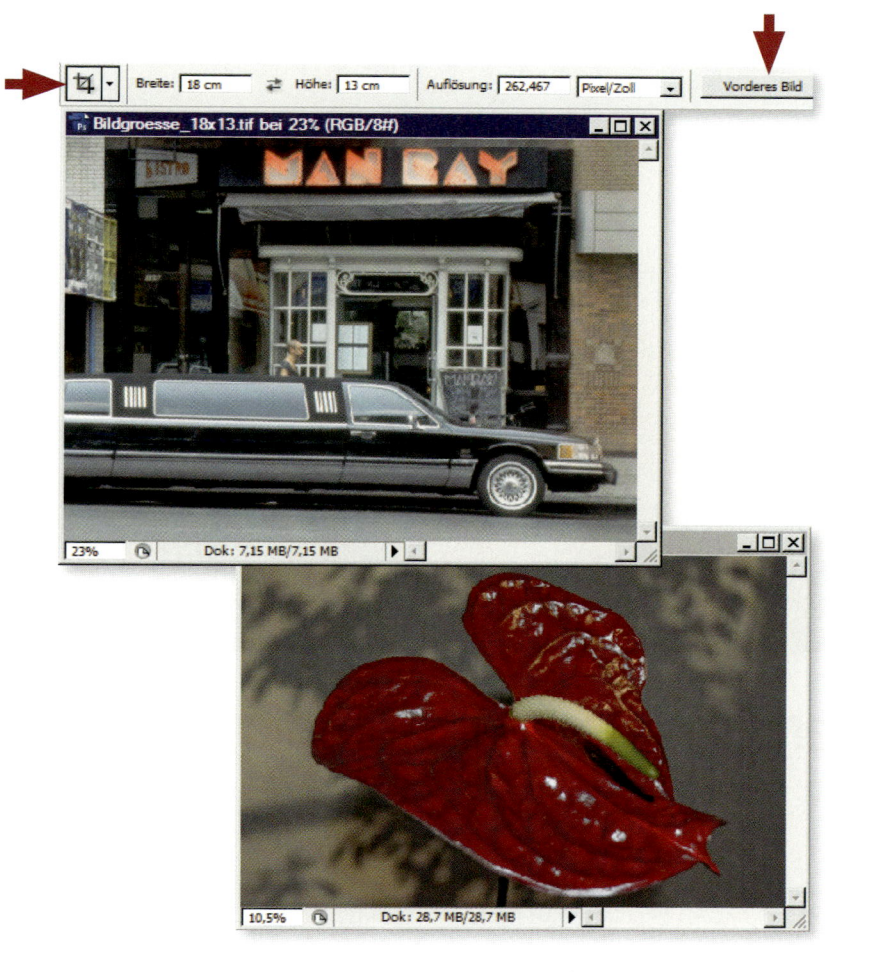

Schritt 5: Pixelmaße auf weitere Fotos übertragen **EXTRA**

Sind Sie mit Bildmaßen und Auflösung zufrieden, übertragen Sie die Maße doch rasch auf ein weiteres Foto.

Sichern Sie das soeben freigestellte Bild auf Ihrer Festplatte. Für den jetzigen Übungsschritt finden Sie es auch auf der DVD als »Bildgroesse_18x13.tif«. Ist es geöffnet, dann rufen Sie noch ein zweites Foto von der DVD auf, nämlich »Bildgroesse_B.jpg«.

Drücken Sie die Taste [C], um das Freistellungswerkzeug aufzurufen. Klicken Sie nun auf den Rahmen des Bilds mit der Limousine, damit es aktiv im Vordergrund steht. Dann wählen Sie in der Optionsleiste VORDERES BILD. Breite, Höhe und Auflösung werden sofort angezeigt.

Klicken Sie nun auf das Bild mit der Blume und ziehen Sie einen Rahmen mit dem Freistellungswerkzeug auf. Proportionen, Maße und Auflösung des ersten Bilds werden dabei übernommen. Bestätigen Sie den Zuschnitt per ↵-Taste. Natürlich ist das Verfahren nur dann sinnvoll, wenn das zweite Bild nicht weniger Pixel als das erste enthält.

Mit der Übertragung von Maßen können Sie rasch verschiedene Bildformate und Bildgrößen einheitlich zuschneiden.

Wenn die Pixelmaße eines Fotos geringer als jene der Vorlage sind, sollten Sie das Feld AUFLÖSUNG allerdings lieber leer halten, um versehentliche Vergrößerungen zu vermeiden.

Übungen zu Bildgröße und -ausschnitt: Seitenverhältnis zuweisen oder beibehalten

Übung 4: Ein Seitenverhältnis zuweisen oder beibehalten

Ob für Bildschirm, Web, Ausbelichtung oder Druck — immer wieder benötigen Sie Fotos in einem bestimmten Seitenverhältnis. In dieser Übung stellen Sie ein Bild für die vollformatige Präsentation an einem Breitbildmonitor frei. Die Übungsschritte funktionieren dabei auch mit jedem anderen Seitenverhältnis und damit genauso gut für andere Verwendungszwecke.

Wie Sie ein bereits vorhandenes Seitenverhältnis beim Freistellen eines Bilds beibehalten, erfahren Sie zudem im **Extra** am Ende dieser Übung.

Beachten Sie zu diesem Thema unbedingt auch die **Übung 3 A** mit dem Titel »**Ein Fotoabzug im richtigen Seitenverhältnis**« im Kapitel »**Dateiformate im Einsatz**«. Hier erfahren Sie überdies, wie Sie die Freistellungsvorgabe zur Wiederverwendung abspeichern können.

Infothek

	einfach				komplex

Lernschritte: Sie lernen gängige Seitenverhältnisse und ihren Einsatzzweck kennen und stellen dann ein Foto im vordefinierten Seitenverhältnis frei. Mit der Überprüfung von Auflösung und Pixelmaßen optimieren Sie die Bild- und damit Dateigröße. Des Weiteren übertragen Sie vorhandene Seitenverhältnisse auf neue Bildausschnitte.

Aufwand: Gering

Übungsdateien: Bildgroesse_2.jpg, Bildgroesse_2B.jpg

Übung 4

Schritt 1: Das Seitenverhältnis bestimmen

Je nach Einsatzzweck sollten die Proportionen von Fotos verschieden sein. Gängige Seitenverhältnisse sind beispielsweise 3:2 (Fotoabzug), 4:3 (Monitor, TV-Gerät, Beamer), 5:4 (Notebook), 16:10 (Breitbildmonitor) oder 16:9 (TV-Gerät).

In der Optionsleiste des Freistellungswerkzeugs können Sie die eben genannten Werte eintragen. Um ein Foto im fixen Seitenverhältnis freizustellen, gehen Sie folgendermaßen vor:

Öffnen Sie das Übungsbild »Bildgroesse_2.jpg« im Ordner »Übungen« auf der DVD. Wählen Sie das Freistellungswerkzeug per Taste [C] und tippen Sie in der Optionsleiste neben BREITE 16 cm und neben HÖHE 10 cm ein. Mit diesen Maßen wird das Bild formatfüllend auf einem Breitbildmonitor dargestellt.

Stopp: Sie verfügen nicht über einen Breitbildmonitor und möchten das Resultat der Übung trotzdem bildschirmfüllend sehen? Dann tragen Sie einfach die Werte 4 x 3 cm ein und rechnen Sie bei den weiteren Übungsschritten ein wenig um.

Schritt 2: Im fixen Seitenverhältnis freistellen

Ziehen Sie einen Rahmen im Bild auf und bestimmen Sie den gewünschten Bildausschnitt, indem Sie ihn per Anfasser an den Eckpunkten bei gedrückter Maustaste verkleinern oder vergrößern. Dabei wird in jeder Größe das vorgegebene Seitenverhältnis beibehalten. Wählen Sie für den Zuschnitt einen relativ großen Ausschnitt.

Beim Freistellen mit der [↵]-Taste bleiben die Proportionen des Bilds erhalten, doch die Auflösung verändert sich proportional mit der Bildgröße: Je kleiner der Bildausschnitt, umso geringer ist auch die Auflösung.

Übungen zu Bildgröße und -ausschnitt: Seitenverhältnis zuweisen oder beibehalten

Schritt 3: Pixelmaße anpassen

Im Prinzip haben Sie mit dem Freistellen bei vordefinierten Seitenverhältnissen bereits alles Nötige für die Weiterverarbeitung getan — und verfügen jetzt sogar über eine sehr flexible Bilddatei.

Überprüfen Sie die Größe des freigestellten Fotos nun per **Bild: Bildgröße**. Die PIXELMASSE liegen in unserem Beispiel bei 2993 x 1871 und die AUFLÖSUNG bei satten 475 Pixel/Zoll. Je nach dem Ausschnitt, den Sie gewählt haben, mögen sich die Zahlen etwas unterscheiden, doch eines bleibt immer gleich: Die DOKUMENTGRÖSSE zeigt das Seitenverhältnis — hier mit 16 x 10 cm in BREITE und HÖHE.

Daraus folgt, dass das Übungsbild nun auf jedem Breitbildmonitor formatfüllend sowie qualitativ hochwertig dargestellt werden kann — und das sogar bei extrem hoher Bildschirmauflösung (siehe »Bildgroesse_2B.jpg« im Ordner »Übungen« auf der DVD). Nehmen Sie nun einmal an, dass das Bild auf einem Breitbildmonitor mit der Auflösung 1280 x 800 Pixel in Breite x Höhe gezeigt und entsprechend rasch geladen werden soll, dann reduzieren Sie jetzt die Pixelmaße.

Speichern Sie aber unbedingt vor dem Herunterrechnen Ihre Datei als Grundlage, damit sie später auch bei einer höheren Bildschirmauflösung noch optimal zur Geltung kommt.

Im Fenster **Bild: Bildgröße** aktivieren Sie nun die Optionen BILD NEU BERECHNEN MIT und PROPORTIONEN BEIBEHALTEN. Dann tippen Sie unter PIXELMASSE die BREITE von 1280 ein. Photoshop berechnet automatisch die proportionale Höhe von 800 Pixel. Mit BIKUBISCH SCHÄRFER optimieren Sie die Reduktion. Mehr, als der Monitor zeigen kann, brauchen Sie nicht und die Dateigröße schrumpft dabei erheblich. Auch bei geringster JPEG-Kompression der Stufe 12 liegt sie noch unter 1 MB.

Tipp
Testen Sie das gespeicherte Resultat in Bridge doch einmal nach dem Anwählen der Datei als Präsentation per [Strg]+[L] *(PC) bzw.* [⌘]+[L] *(Mac).*

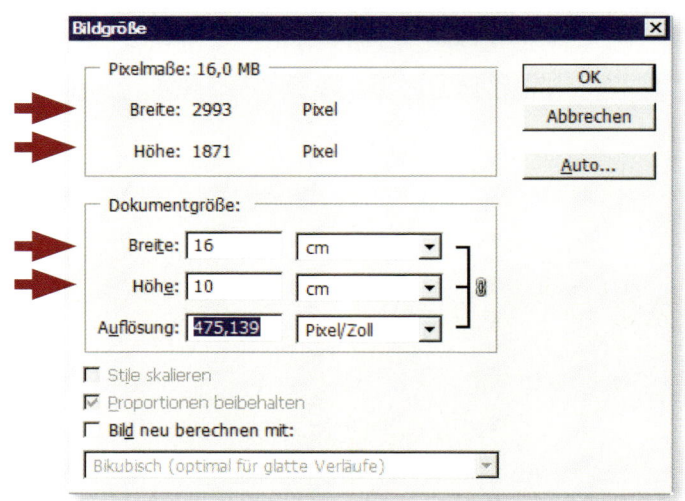

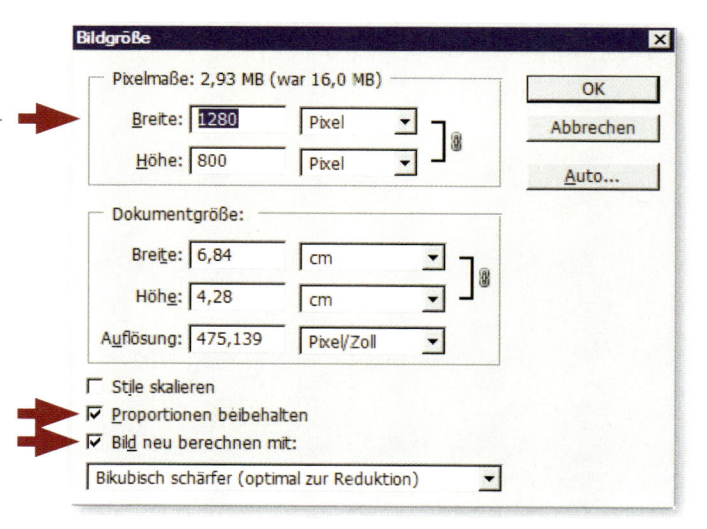

Schritt 4: Seitenverhältnis wahren **EXTRA**

Sie möchten nur den Ausschnitt eines Bilds im gleichen Seitenverhältnis freistellen? Mit ein paar kurzen Befehlen ist es schon getan:

Öffnen Sie die Datei »Bildgroesse_2B.jpg« im Ordner »Übungen« auf der DVD. Sie verfügt über ein Seitenverhältnis von 4:3.

Wählen Sie das gesamte Bild per [Strg]+[A] (PC) bzw. [⌘]+[A] (Mac) aus. Es erscheint ein gestrichelter Rahmen rund um das Foto. Dann nutzen Sie den Befehl **Auswahl: Auswahl transformieren**.

Damit erscheinen die Anfasser zum Skalieren an den Ecken und Mitten des Rahmens. Ein geradliniger Doppelpfeil ⤡ außerhalb des Ausschnitts signalisiert die Größenbearbeitung.

Ziehen Sie nun den Rahmen an einem der Eckpunkte (und nur dort!) bei gedrückter [⇧]-Taste kleiner, erfolgt die Skalierung proportional.

Den gesamten Ausschnitt bewegen Sie bei gedrückter Maustaste beliebig, sofern sich der Cursor im aktiven Bildausschnitt befindet. Der Mauszeiger verwandelt sich dabei in ein Dreieck ▶. Genauso gut können Sie den markierten Bereich auch mit den Pfeiltasten der Tastatur an eine andere Position dirigieren. Bestätigen Sie per [↵]-Taste.

Mit dem Befehl **Bild: Freistellen** erhalten Sie den neuen Bildausschnitt im exakten Seitenverhältnis des Quellbilds.

Auch dieses Bild können Sie nun nach Bedarf noch per **Bild: Bildgröße** für genaue Pixelmaße oder eine bestimmte Monitorauflösung umrechnen, und zwar mit der aktivierten Option BILD NEU BERECHNEN MIT, genau wie in Schritt 3 beschrieben.

Übungen zu Bildgröße und -ausschnitt: Bildgröße verringern

Übung 5: Die Bildgröße verringern

Mit der wachsenden Anzahl an Megapixeln bei Digitalkameras werden Sie zur Weitergabe von Fotos vielfach die Bildgröße reduzieren müssen. Das Spektrum der Dateigymnastik reicht etwa vom 14,2 Megapixel-Bild mit 4592 x 3056 Pixel bis hin zum Homepage-Bildchen mit 400 x 300 Pixel.

In dieser Übung erfahren Sie typische Vorgehensweisen zur Reduktion der vorhandenen Bildgröße sowohl für den Druck als auch für E-Mail oder Internet. Die Vorgehensweise in den einzelnen Arbeitsschritten ist auf alle Bildgrößen übertragbar, so dass Sie den eigenen Anforderungen und Wünschen ebenso schnell gerecht werden können wie jenen von Auftraggebern.

Weiterführende Übungen, um die Dateien mit verringerter Bildgröße optimal zu speichern, werden in Kapitel 9 »**Dateiformate im Einsatz**« vorgestellt; auf sie wird in den einzelnen Übungsschritten präzise verwiesen.

Infothek	einfach				komplex
Lernschritte:	Prüfen Sie die vorhandenen Pixelmaße, Bildgröße und Auflösung eines Fotos, bevor Sie die Maße verkleinern. Je nach Verwendungszweck eignen sich unterschiedliche Vorgehensweisen, um optimale Druckergebnisse oder Bildschirmdarstellungen zu erhalten. Sie lernen zwei Varianten kennen und werden mit den grundlegenden Zusammenhängen von Pixelmaßen, Bildgröße und Auflösung im Bildgrößefenster vertraut.				
Aufwand:	Gering				
Übungsdateien:	Bildgroesse_3.jpg, Bildgroesse_3B.jpg				

Übung 5

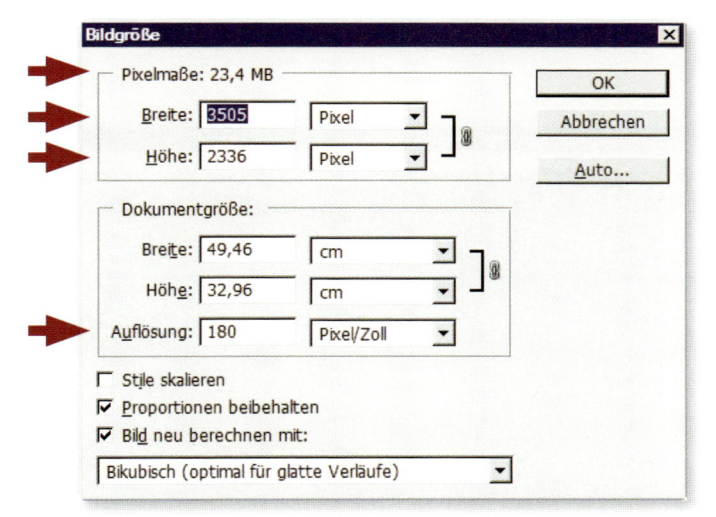

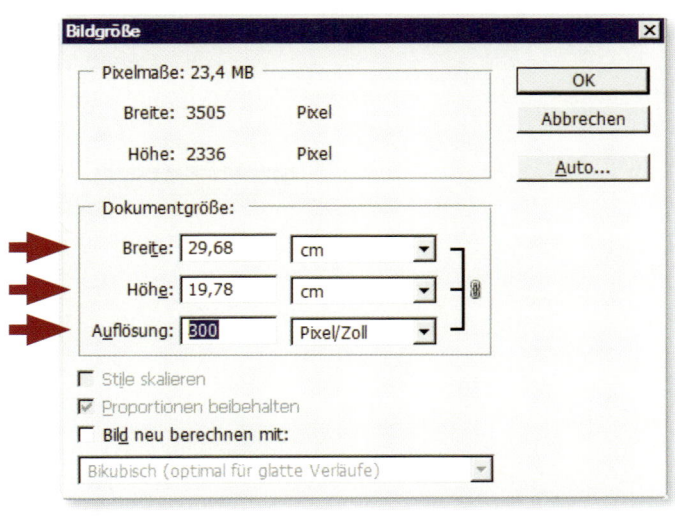

Schritt 1: Bildgröße prüfen

Öffnen Sie das Übungsbild »Bildgroesse_3.jpg« im Ordner »Übungen« auf der DVD. Blenden Sie mit [Strg]+[R] (PC) bzw. [⌘]+[A] (Mac) die Lineale ein, so können Sie die Bildgröße bereits abschätzen.

Photoshop misst hier in Zentimetern. Wollen Sie die Maßeinheit ändern, rufen Sie **Bearbeiten: Voreinstellungen: Maßeinheiten & Lineale** auf.

Allerdings verraten die Lineale bei der Maßeinheit »cm« nichts über die Pixelmaße und damit über die eigentliche Größe des Fotos. Dazu erfahren Sie mehr mit dem Befehl **Bild: Bildgröße**.

Schritt 2: Pixel oder Zentimeter eingeben?

Mit den P<small>IXELMASSEN</small> von 3504 x 2336 Pixel in Breite x Höhe benötigt dieses 8,2 Megapixel große Bild satte 23,4 MB Arbeitsspeicher. Entscheidend für die folgende Reduktion der Bildgröße ist der weitere Verwendungszweck: Für Bildschirm/Web oder Ausdruck/Belichtung sind die Maßgaben verschieden. Die folgenden Arbeitsschritte zeigen Ihnen, wie Sie mit beiden Anforderungen umgehen.

Wollen Sie die Bildgröße für die Bildschirmdarstellung herunterrechnen, konzentrieren Sie sich besser auf die Pixelwerte. Soll das Resultat für den Druck angepasst werden, arbeiten Sie bevorzugt mit der Einheit »cm« plus Auflösung. — Aber keine Sorge, so oder so bleibt der Aufwand gering.

Schritt 3: Zentimeter für den Druck

Um das Bild später in optimaler Qualität zu drucken, erhöhen Sie zunächst die Auflösung. Deaktivieren Sie die Option B<small>ILD NEU BERECHNEN MIT</small> und tippen Sie als A<small>UFLÖSUNG</small> 300 Pixel/Zoll ein. Damit verändern sich die P<small>IXELMASSE</small> des Bilds überhaupt nicht, doch Sie erfahren, dass die optimale Druckgröße bei knapp 30 x 20 cm liegt.

Übungen zu Bildgröße und -ausschnitt: Bildgröße verringern

Schritt 4: Auf Druckgröße reduzieren

Das Foto soll mit einer Breite von 15 cm ausgedruckt werden. Aktivieren Sie nun die Option BILD NEU BERECHNEN MIT und tippen Sie unter DOKUMENTGRÖSSE eine BREITE von 15 cm ein.

Photoshop errechnet bei diesem Bild im Seitenverhältnis 3:2 automatisch die HÖHE von 10 cm und reduziert die Pixelmaße erheblich. Statt der vormaligen 23,4 MB benötigt es im Arbeitsspeicher nur noch 5,99 MB.

Bevor Sie das OK geben, wählen Sie noch die Interpolationsmethode BIKUBISCH SCHÄRFER, um die beste Qualität beim Neuaufbau des verkleinerten Bilds zu erhalten. Damit ersparen Sie sich einen späteren Scharfzeichnungsfilter.

Das Bild kann nun gespeichert und gedruckt werden. Während wir das Übungsbild im JPEG-Format anbieten, damit Sie leicht und schnell arbeiten können, sollten Sie verkleinerte PSD- oder TIFF-Vorlagen ruhig wieder verlustfrei im Dateiformat TIFF speichern.

Beachten Sie zu diesem Thema auch die Übung 2 B in Kapitel 9.

Tipp
Je nach Bedarf können Sie sich übrigens etwa DATEIGRÖSSEN oder DOKUMENTMASSE in der unteren Bildlaufleiste per Klick auf das Dreieck ▶ anzeigen lassen.

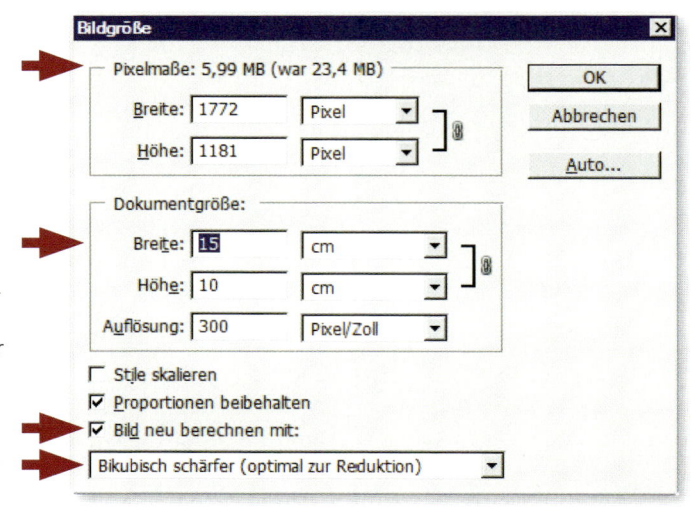

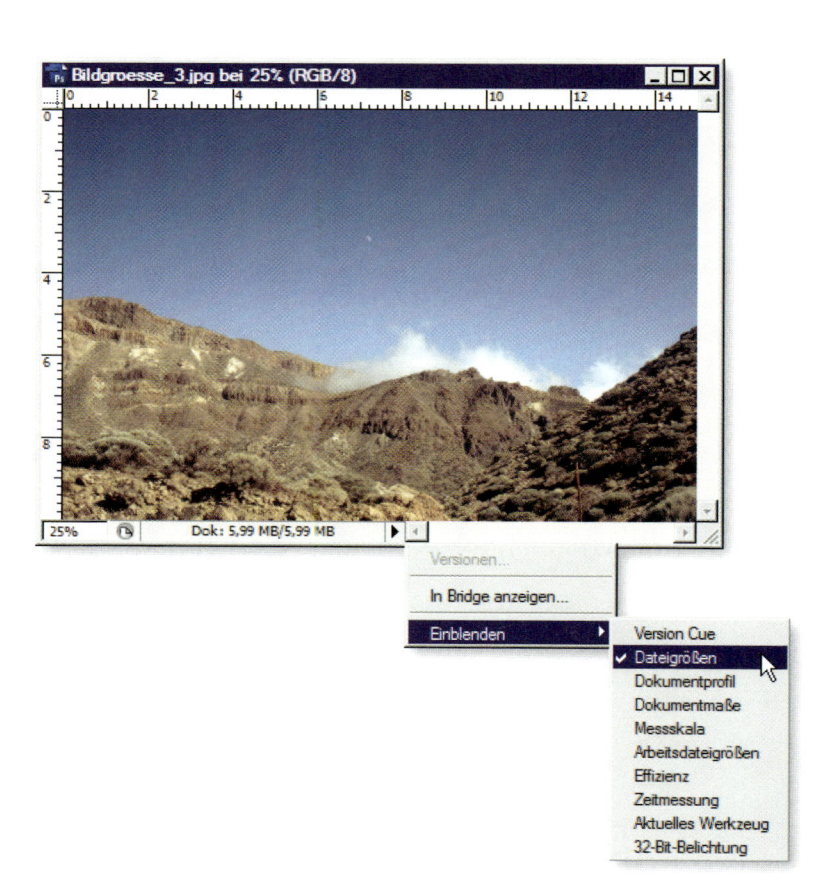

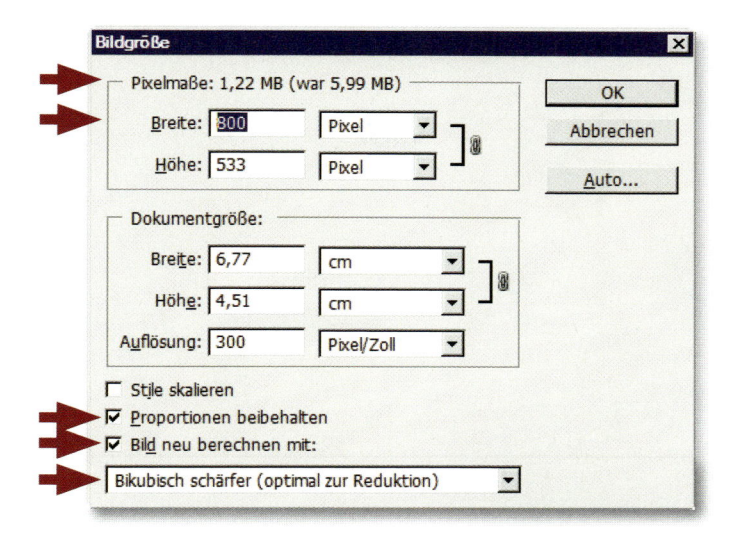

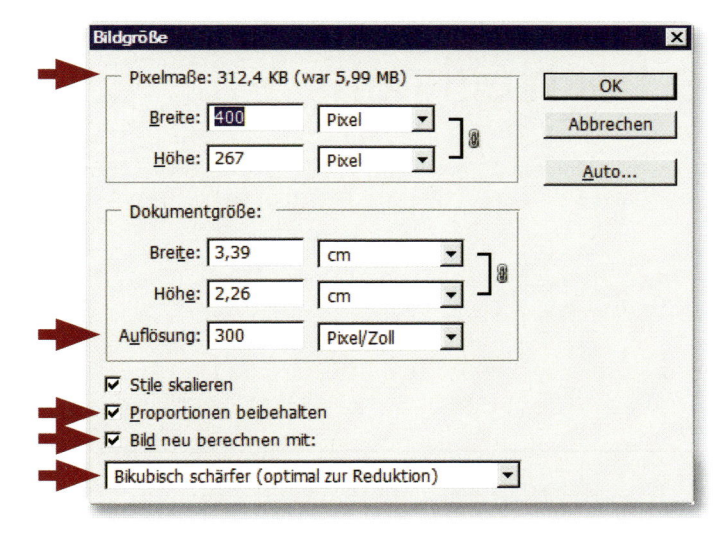

Schritt 5: Für E-Mail & Web abspecken

Öffnen Sie die in Schritt 4 verkleinerte Version des Übungsbilds »Bildgroesse_3B.jpg« im Ordner »Übungen« auf der DVD. Das Foto soll nun via E-Mail versandt werden. Wenn der Empfänger es ebenfalls drucken möchte, geben Sie es ohne Veränderung der Pixelmaße im JPEG-Format weiter.

Dient es nur zur Ansicht, können Sie das Bild noch gewaltig reduzieren:

Mit den aktivierten Optionen PROPORTIONEN BEIBEHALTEN und BILD NEU BERECHNEN MIT tippen Sie unter PIXELMAßE eine BREITE von 800 Pixel ein. Wiederum wählen Sie die Interpolationsmethode BIKUBISCH SCHÄRFER. Das Bild schrumpft auf den Bedarf von 1,22 MB Arbeitsspeicher und ist beispielsweise nach JPEG-Speicherung bei Qualitätsstufe 8 nur noch 122 KB groß.

Auf einer Internetseite würde es bei dieser Größe angesichts einer durchschnittlichen Browser-Auflösung von 1024 x 768 Pixel fast den Monitor füllen und wäre viel zu groß. Wählen Sie **Datei: Zurück zur letzten Version**, um die soeben durchgeführte Größenreduktion wieder aufzuheben, da Sie die verkleinerte Version immer besser vom Original ableiten sollten, um das Bild nicht zweifach herunterzurechnen. Setzen Sie erneut an:

Diesmal geben Sie unter PIXELMASSE eine BREITE von 400 Pixel an. Es ergibt sich eine Höhe von 267 Pixel. Die Größe eignet sich gut, um neben Text auf einer Webseite Platz zu finden. Wollen Sie sie doch noch etwas erhöhen, tippen Sie unter den PIXELMASSEN die BREITE von beispielsweise 500 Pixel ein. Damit wirkt das Bild im WWW in der Regel schon dominanter als der Text daneben.

Nach dem OK speichern Sie das Bild im JPEG-Format. Zur Optimierung beim Speichern beachten Sie bitte die Übung 3 C in Kapitel 9 ab Seite 302.

Übungen zu Bildgröße und -ausschnitt: Bildgröße hochrechnen

Übung 6: Die Bildgröße hochrechnen

Während es recht unproblematisch ist, Bilder zu verkleinern, treten beim Vergrößern oft Unschärfen und Pixeltreppchen auf. Umso wichtiger ist es, die Grenzen der Skalierung zu kennen und sie nicht zu überschreiten, um eine angemessene Bildqualität zu bewahren.

Auch wenn Sie als guter Digitalfotograf Ihre Bilder mit hoher Auflösung aufnehmen und wissen, dass Sie Fotos nicht stärker als das Original vergrößern sollten, erhalten Sie bisweilen Bildmaterial, das eine Skalierung erfordert.

Beispielsweise sollen Sie ein Plakat im DIN-A2-Format gestalten oder mit älterer Digitalfotos arbeiten, die vielleicht nur über eine Auflösung von 1 Megapixel verfügen. Am ärgsten wird es, wenn Sie mit einem kleinen komprimierten JPEG-Bild aus dem Internet oder vom Mobiltelefon umgehen müssen.

Gehen Sie beim Hochrechnen der Bildgröße behutsam vor — und werden Sie nicht zum »Wüstling«!

Infothek

	einfach		komplex

Lernschritte:	Stellen Sie ein Plakatmotiv im typischen DIN-Seitenverhältnis für den Druck frei. Dann reduzieren Sie die Auflösung, um unter Beibehalten der vorhandenen Pixelmaße die Größe in cm hochzurechnen. Schließlich skalieren Sie das Bild noch per Interpolation. Des Weiteren erfahren Sie, wie Sie Digitalfotos mit nur 1 Megapixel optimal vergrößern können. Zuguterletzt skalieren Sie JPEG-Dateien mit Artefakten, die aus dem Internet oder vom Handy stammen.
Aufwand:	Gering bis mittel
Übungsdateien:	Bildgroesse_4.jpg, Bildgroesse_5.jpg, Bildgroesse_6.jpg

Übung 6

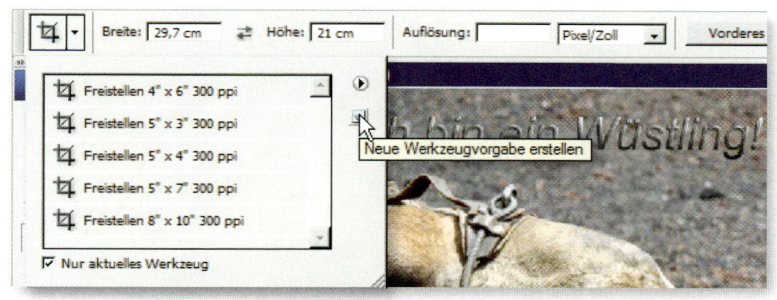

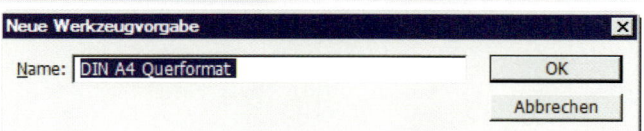

Schritt 1: In DIN-Norm fürs Plakat freistellen

Öffnen Sie das Übungsbild »Bildgroesse_4.jpg« im Ordner »Übungen« auf der DVD. Es soll als Plakat im Format DIN A2 gedruckt werden.

Um das Seitenverhältnis richtig anzulegen, wählen Sie zunächst per Taste [C] das Freistellungswerkzeug und tippen in der Optionsleiste eine BREITE von 29,7 cm und eine HÖHE von 21 cm ein. — Richtig, das entspricht nur dem DIN-A4-Format, denn alles Weitere regeln Sie im Bildgrößefenster. Dafür können Sie jedoch die DIN-Vorlage für alle querformatigen Bilder zur Wiederverwendung speichern, da sie sicherlich häufiger gebraucht wird.

Ziehen Sie mit dem Freistellungswerkzeug einen möglichst großen Rahmen auf, um so wenig Pixel wie nötig zu verschenken. Egal, wie Sie die Anfasser an den Ecken ziehen, die DIN-Proportionen bleiben immer erhalten. Mit der [↵]-Taste erfolgt der Zuschnitt.

Schritt 2: Die DIN-Vorlage speichern

Klicken Sie oben in der Optionsleiste auf das kleine Dreieck neben dem Freistellungswerkzeug, um das Fenster mit den standardmäßig vorhandenen Freistellervorgaben aufzuklappen.

Mit einem weiteren Klick auf die Schaltfläche NEUE WERKZEUGVORGABE ERSTELLEN können Sie den neuen Namen »DIN-Norm« eintippen und in der Vorgabenliste speichern. Die Vorlage für jede querformatige DIN-Größe können Sie jederzeit wieder nutzen.

Übungen zu Bildgröße und -ausschnitt: Bildgröße hochrechnen

Schritt 3: Mehr cm, weniger ppi

Per Alt+Strg+I (PC) bzw. Alt+⌘+I (Mac) rufen Sie nun das Dialogfeld **Bildgröße** auf, um die aktuellen Maße zu bearbeiten.

Das vormals 8,2 Megapixel große Bild mit den PIXELMASSEN von 3504 x 2336 Pixel in Breite x Höhe bei einer Auflösung von 180 ppi hat etwas an Größe verloren.

Dennoch liegen die Pixelmaße noch recht hoch und die AUFLÖSUNG von 277 Pixel/Zoll bietet Potenzial, um das Bild großzurechnen. Immerhin empfehlen viele Plakat-Druckdienste eine Auflösung von ca. 150 Pixel/Zoll für das DIN-A2-Format.

Bei deaktivierter Option BILD NEU BERECHNEN MIT tippen Sie nun unter der DOKUMENTGRÖSSE eine BREITE von 59,4 cm ein. Photoshop ergänzt die HÖHE mit 42 cm automatisch. Durch die Skalierung sinkt die AUFLÖSUNG auf 138,5 Pixel/Zoll.

Dieser Wert mag bei Ihrem Bild variieren, da Sie wohl kaum den pixelgleichen Zuschnitt wie wir gemacht haben.

Tipp
Wie waren doch noch einmal die Maße für DIN-Normen? Ach ja richtig:
DIN A6:   148 x 105 mm
DIN A5:   210 x 148 mm
DIN A4:   297 x 210 mm
DIN A3:   420 x 297 mm
DIN A2:   594 x 420 mm
DIN A1:   841 x 594 mm
DIN A0: 1189 x 841 mm

Nach dem Freistellen mit der gespeicherten DIN-A4-Vorgabe geben Sie für andere DIN-Querformate einfach die gewünschte Breite im Bildgrößefenster ein und erhalten sofort die richtigen Proportionen.

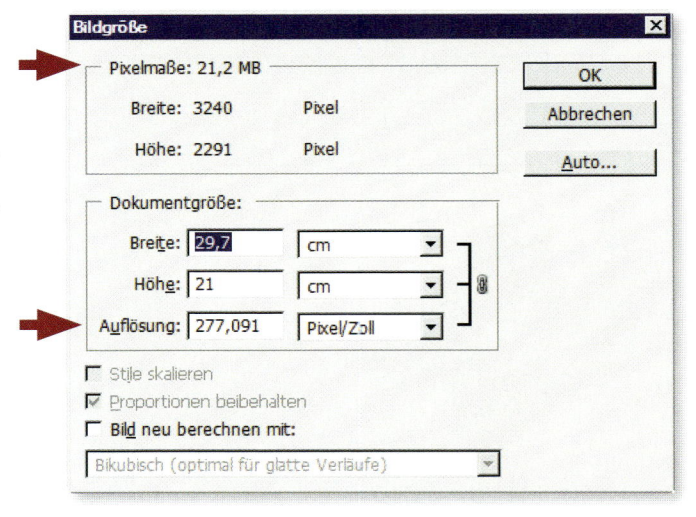

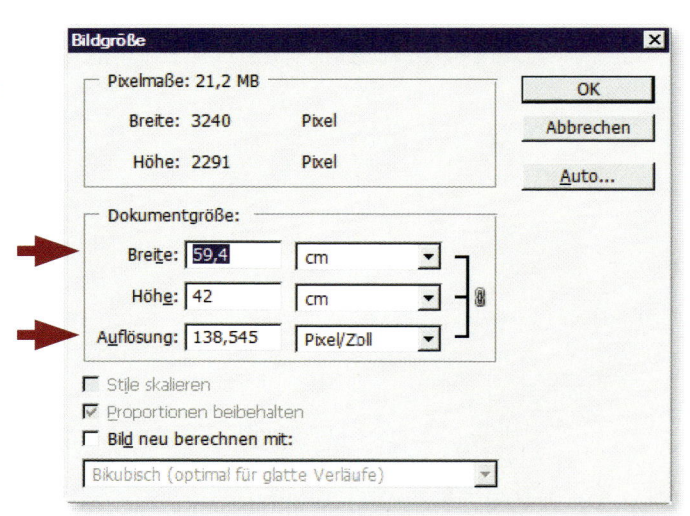

Übung 6

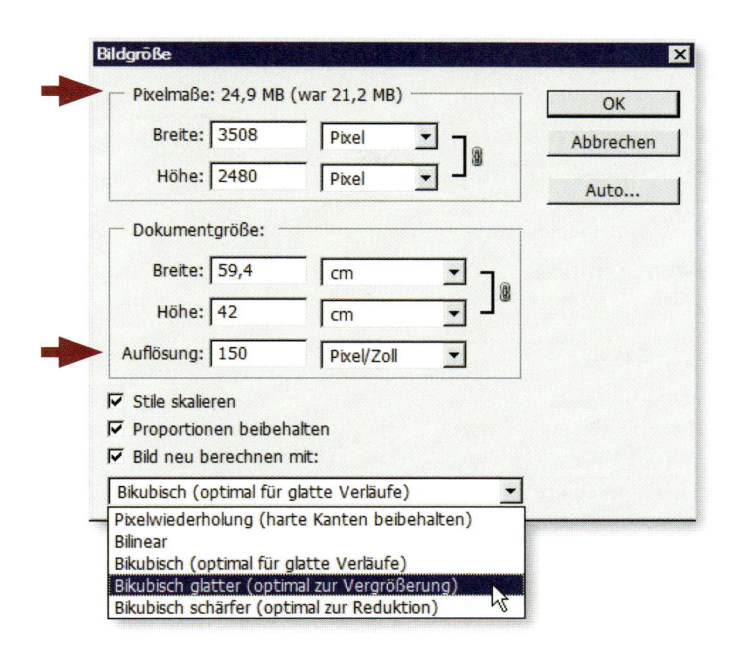

Schritt 4: Die Größe skalieren mit Interpolation

Obwohl die Auflösung von 138 Pixel eigentlich ausreicht, beharren wir pedantisch auf den 150 ppi. — Und damit, erst jetzt(!), beginnt die eigentliche Skalierung mit Qualitätsverlust, da bisher nur vorhandene Pixel umverteilt wurden.

Obwohl eine um 12 Pixel erhöhte Auflösung noch ein recht zaghafter Eingriff ist und Sie sicherlich auch einen größeren Sprung riskieren können, bleibt die Vorgehensweise doch immer dieselbe:

Aktivieren Sie die Optionen BILD NEU BERECHNEN MIT, PROPORTIONEN BEIBEHALTEN und (im Fall einer Ebenenmontage) auch STILE SKALIEREN. Tippen Sie dann die AUFLÖSUNG mit 150 Pixel/Zoll ein und wählen Sie die Interpolationsmethode. Laut Liste eignet sich BIKUBISCH GLATTER mit dem Zusatz (OPTIMAL ZUR VERGRÖSSERUNG) am besten.

Je nach Motiv — und so auch bei dem Kamel — erzielen Sie jedoch vielfach schärfere und bessere Ergebnisse mit der Methode BIKUBISCH SCHÄRFER. Wagen Sie es und klicken Sie auf OK.

Schritt 5: Ältere Digitalfotos vergrößern **EXTRA**

Die Digitalfotografie eroberte in den letzten Jahren des 20. Jahrhunderts auch den Heimanwenderbereich. Dementsprechend viele Fotos dürften noch immer auf diversen Festplatten liegen und harren, nicht zuletzt weil sie unwiederbringlich sind, der Wiederverwertung.

Öffnen Sie das Übungsbild »Bildgroesse_5.jpg« im Ordner »Übungen« auf der DVD. Es verfügt in Breite x Höhe mit 1280 x 1024 nur über niedliche 1 Megapixel mit dem Seitenverhältnis 4:3 und ist vor genau zehn Jahren entstanden. Bei einer optimalen Auflösung für den Druck von 300 ppi wäre gerade einmal ein Ausdruck mit 10,8 x 8,6 cm möglich. Ein bisschen aufpeppeln können Sie aber dieses Urpferdchen aus dem letzten Jahrtausend durchaus noch.

115

Übungen zu Bildgröße und -ausschnitt: Bildgröße hochrechnen

Per Befehl **Bild: Bildgröße** rufen Sie die aktuellen Maßgaben des Bilds auf. Aktivieren Sie die Optionen BILD NEU BERECHNEN MIT, PROPORTIONEN BEIBEHALTEN. Wählen Sie rechts unter DOKUMENTGRÖSSE die Einheit PROZENT und tippen Sie für die BREITE 200 ein. Photoshop zeigt das Maß automatisch auch für die Höhe und skaliert die PIXELMAßE von 1280 x 1024 auf 2560 x 2048.

Trauen Sie sich ruhig, dabei die Interpolationsmethode BIKUBISCH SCHÄRFER einzustellen.

Nach dem Klick auf OK wenden Sie den Befehl **Filter: Rauschfilter: Rauschen entfernen** an. Die JPEG-Artefakte verringern sich damit erheblich.

Dann rufen Sie erneut **Bild: Bildgröße** auf, um das Bild wieder kleiner zu skalieren. Diesmal geben Sie unter DOKUMENTGRÖSSE wiederum die Einheit PROZENT an und tippen die BREITE 75 ein.

Abermals belassen Sie es bei der Interpolationsmethode BIKUBISCH SCHÄRFER.

Damit hat sich das Bild letztlich um ein Viertel vergrößert, die Artefakte wurden reduziert und Sie können glatt einen Druck bis hin zu 20 cm Breite wagen.

Überzeugen Sie sich selbst: Links sehen Sie ein Detail des Fotos im Aufnahmeformat, rechts die bearbeitete und vergrößerte Version.

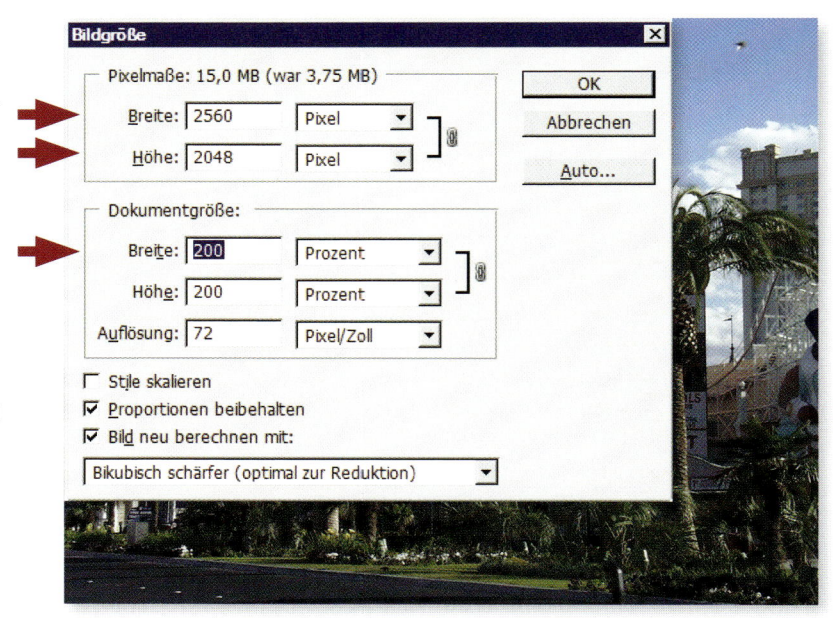

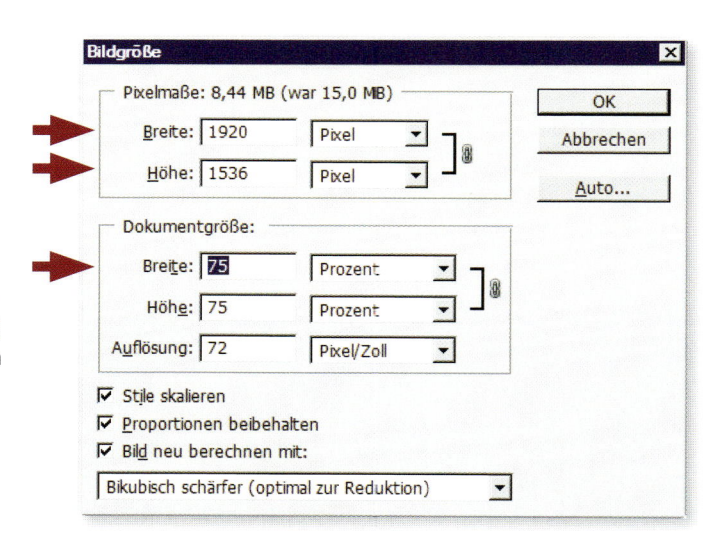

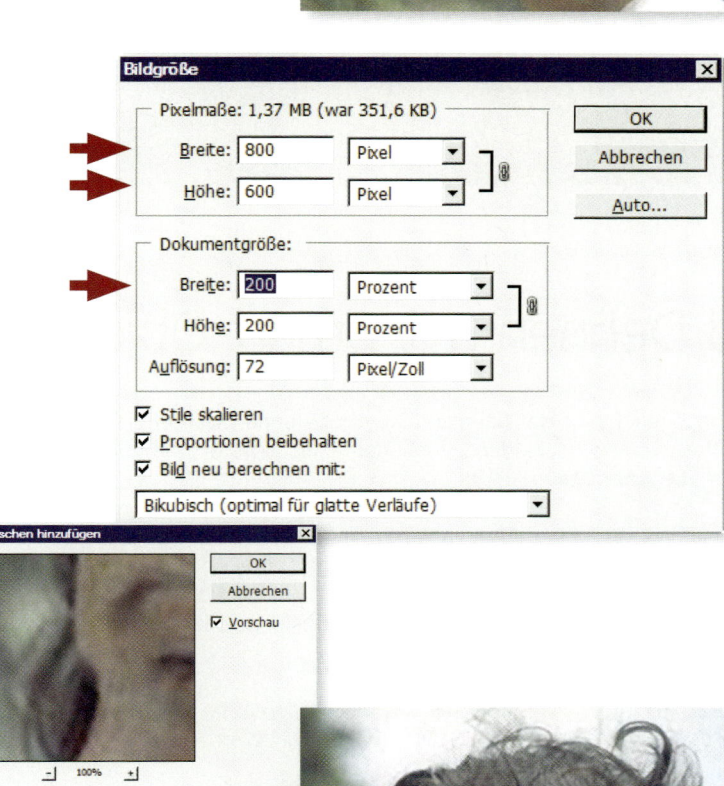

Schritt 6: Fotos vom Handy oder Internet aufbessern *EXTRA*

Für alle Tipps und Tricks gibt es Grenzen. Natürlich werden Sie niemals aus einem Bild mit geringer Auflösung und hoher Kompression ein gutes Foto zaubern, doch manchmal werden Sie tatsächlich das Beste herausholen müssen, wenn Sie Fotos vom Handy oder aus dem Internet zeigen wollen (oder besser sollen).

Öffnen Sie das Übungsbild »Bildgroesse_6.jpg« im Ordner »Übungen« auf der DVD. Es verfügt nur über 400 x 300 Pixel und zeigt deutliche JPEG-Artefakte.

➤ Rufen Sie per [Alt]+[Strg]+[I] (PC) bzw. [Alt]+[⌘]+[I] (Mac) das Fenster **Bildgröße** auf. Aktivieren Sie die Optionen BILD NEU BERECHNEN MIT und PROPORTIONEN BEIBEHALTEN. Unter DOKUMENTGRÖSSE wählen Sie PROZENT und tippen 200 ein. Für die Interpolation eignet sich BIKUBISCH.

➤ Dann heißt es **Filter: Rauschfilter: Rauschen entfernen**. Damit werden die Artefakte etwas gemildert.

➤ Rufen Sie erneut das Fenster **Bildgröße** auf und erhöhen Sie die DOKUMENTGRÖSSE wiederum um 200%. Die PIXELMASSE betragen jetzt 1600 x 1200.

➤ Nun zersprengen Sie die Artefakte endgültig per **Filter: Rauschfilter: Rauschen hinzufügen**. Aktivieren Sie das Kontrollkästchen MONOCHROMATISCH und testen Sie die STÄRKE im Vorschaufenster. Bei der VERTEILUNG GLEICHMÄSSIG erzeugt ein Wert von etwa 2,7 noch ein recht feines Ergebnis.

➤ Mit **Filter: Weichzeichnungsfilter: Matter machen** bei einem RADIUS von 2 und einem SCHWELLENWERT von 10 glätten Sie die Körnung.

➤ Zum Abschluss reduzieren Sie die DOKUMENTGRÖSSE im Fenster **Bildgröße** auf 50%, so dass die PIXELMASSE nun 800 x 600 betragen.

Übungen zu Bildgröße und -ausschnitt: Smart Objekte strecken und dehnen

Übung 7: Strecken und Dehnen mit Smart Objekten

Manchmal bedürfen Photoshop-Projekte mehrerer Variationen, bevor der optimale Entwurf gefunden werden kann. Auch fordern so manch ambitionierte oder unschlüssige Auftraggeber verschiedene Versionen eines Bilds an, die zu starken Veränderungen der Größenverhältnisse innerhalb einer Ebenenmontage führen.

Mit Smart Objekten sind Sie gut gewappnet, denn Sie können die Bildgrößen variieren, ohne mit jeder erneuten Veränderung Qualität zu verlieren. Allerdings sollten Sie die Größe eines Originalbilds dabei nicht überschreiten. Starten Sie eine Ebenenkomposition, die mindestens zwei Fotos bzw. Ebenen enthält, mit hochauflösendem Ausgangsmaterial, um bei späteren Arbeitsvorgängen über das volle Potenzial an Bildqualität zu verfügen. Ein ausreichender Arbeitsspeicher erleichtert die Sache wesentlich.

Diese letzte Übung zum Thema Bildgröße zeigt Wege auf, die tief in die Möglichkeiten des Programms führen. Damit steigt auch der Schwierigkeitsgrad, aber mit der nötigen Portion Geduld werden Sie staunen und profitieren. — Nur Mut, entdecken Sie die flexible Bildmontage!

Infothek	einfach ───────────────────────── komplex
Lernschritte:	Erstellen Sie eine Ebenenmontage mit zwei Fotomotiven unterschiedlicher Bildgröße. Definieren Sie nacheinander beide Bilder als Smart Objekte, um sie ohne Qualitätsverlust erst zu verkleinern und später wieder zu vergrößern. Tauschen Sie ein Smart Objekt gegen ein anderes Foto aus und setzen Sie es auf die ursprünglichen Pixelwerte zurück. Dann weisen Sie Smartfilter zu, die jederzeit zu bearbeiten oder löschen sind.
Aufwand:	Relativ gering bis mittel, höher bei den *Extras*
Übungsdateien:	Smart_1.psd, Smart_2.jpg, Smart_3.psd, Smart_Neue_Wolken.jpg

Übung 7

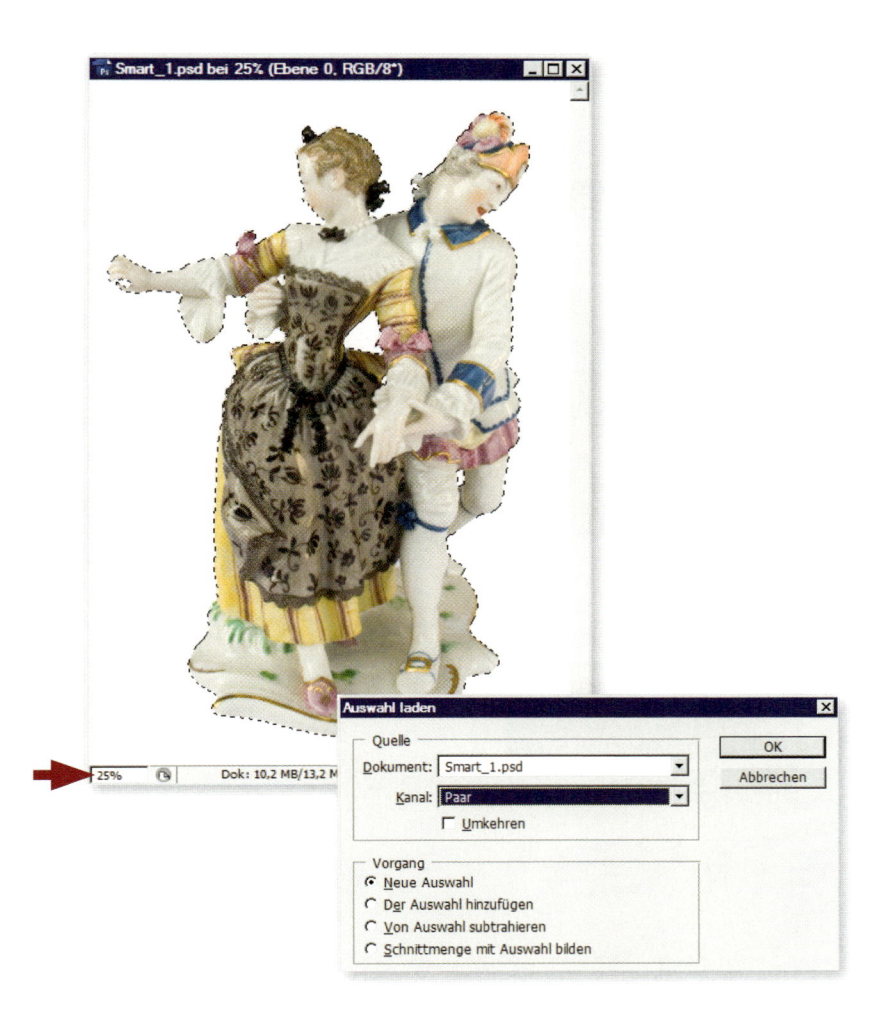

Schritt 1: Das erste Motiv kopieren

Öffnen Sie das Übungsbild »Smart_1.psd« im Ordner »Übungen« auf der DVD. Komfortablerweise verfügt das Foto der Porzellanfiguren bereits über einen vorgefertigten Alphakanal, der das Motiv ohne Hintergrund beinhaltet.

Den Umgang mit Alphakanälen und Pfaden lernen Sie in Kapitel 8, Übungen 4 und 5 ab Seite 242 kennen — hier geht es um Smart Objekte und deshalb bleiben Sie zunächst davon verschont, das Pärchen zu bearbeiten.

Mit dem Befehl **Auswahl: Auswahl laden** wählen Sie als KANAL die Option PAAR und als VORGANG die NEUE AUSWAHL. Nach dem OK sind nur die Figuren ausgewählt und von einem gestrichelten Umriss umgeben.

Kopieren Sie nun die aktive Auswahl per Strg + C (PC) bzw. ⌘ + C (Mac) in die Zwischenablage und schließen Sie das Bild »Smart_1.psd«.

Schritt 2: Ins zweite Foto einfügen

Öffnen Sie nun ein zweites Bild im Ordner »Übungen« auf der DVD: »Smart_2.jpg«. Mit Strg + V (PC) bzw. ⌘ + V (Mac) fügen Sie nun das Porzellan-Paar vor dem Abendhimmel ein.

Hoppla, das Paar erscheint nun abgeschnitten und viel zu groß. — Ein Phänomen, das Ihnen sicher noch häufiger beim Kombinieren von Bildern begegnen mag. Bereits der Blick auf Vergrößerungsfaktor und Dokumentgröße der beiden Fotos in der unteren Bildlaufleiste zeigt, dass sich die Bildgrößen stark unterscheiden. Genaueres verrät der Blick in **Bild: Bildgrößen**. Mit 1530 x 2332 Pixel ist das hochformatige Porzellanbild fast doppelt so groß wie das querformatige Wolkenfoto bei 1600 x 1027 Pixel.

Übungen zu Bildgröße und -ausschnitt: Smart Objekte strecken und dehnen

Schritt 3: Als Smart Objekt definieren

In diesem Fall ist es ein Glück, dass Sie das große Porzellanfoto vor dem Einfügen nicht heruntergerechnet haben, denn damit können Sie diverse Größenvariationen ausprobieren, ohne Bildqualität zu verlieren.

Voraussetzung ist, das Bild zuvor als Smart Objekt zu definieren. Die eingefügten Figuren erscheinen als eigene, aktive Ebene in der Ebenenpalette, in deren Menü ≡ Sie nun den Befehl IN SMART OBJEKT KONVERTIEREN wählen.

In der Ebenenpalette erkennen Sie das Smart Objekt an einer Miniatur. Da der Quellinhalt des Bilds erhalten bleibt, können Sie es nun beliebig skalieren, transformieren, verzerren oder mit Filtern versehen, die Sie jederzeit neu bearbeiten oder wieder löschen können.

Nur Funktionen, die Pixeldaten des Bilds direkt ändern würden, sind bei einem Smart Objekt nicht verfügbar wie z.B. Malen, Abwedeln, Nachbelichten oder Klonen. Aber keine Sorge, hat Ihr Bild seine endgültige Form gefunden, rastern Sie es einfach, um derartige Werkzeuge anzuwenden. Dazu verwenden Sie den Befehl **Ebene: Smart Objekte: Rastern**. Bedenken Sie aber, dass das Bild damit in der aktuellen Pixelgröße berechnet wird und die Flexibilität eines Smart Objekts verliert.

Schritt 4: Die Größe des Smart Objekts verkleinern

Wählen Sie den Befehl **Bearbeiten: Transformieren: Skalieren**. Das Smart Objekt wird durch einen Rahmen angezeigt, der die Bildgröße mindestens um die Hälfte überschreitet. Damit Sie ihn komplett sehen können, drücken Sie [Strg]+[0] (PC) — also die Zahl Null — bzw. [⌘]+[0] (Mac).

Ziehen Sie nun mit gedrückter [⇧]-Taste den Anfasser eines Eckpunkts nach innen, um das Bild proportional zu verkleinern. Der Doppelpfeil signalisiert die Funktion.

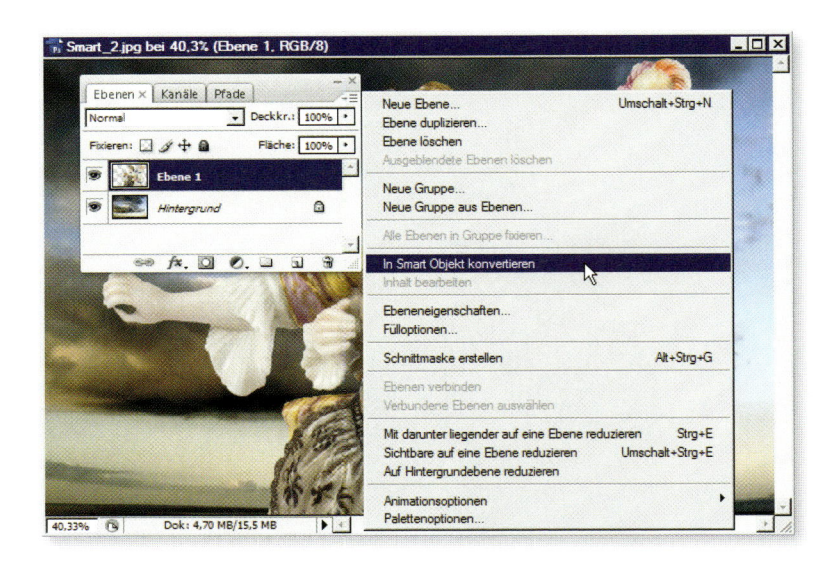

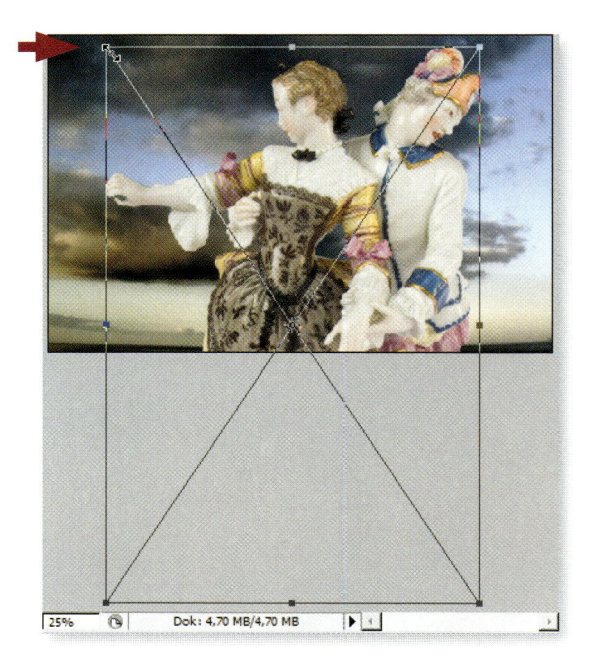

Sie können auch den gesamten Bildrahmen zur bequemeren Ansicht versetzen, indem Sie auf eine Stelle im Bildbereich klicken und sie bei gedrückter Maustaste ziehen.

Verkleinern Sie nun die Figuren so weit, dass sie komplett im Wolkenhimmel stehen. Mit den Pfeiltasten der Tastatur positionieren Sie sie optimal. Haben Sie sich beim Verkleinern vertan, genügt ein Klick auf die Esc-Taste, um von vorn zu beginnen.

Bestätigen Sie die Transfomation per ↵-Taste. Ein bisschen verloren steht das Pärchen nun vor dem Firmament, aber das wird sich gleich ändern.

Schritt 5: Den Hintergrund als Smart Objekt freistellen

Klicken Sie jetzt in der Ebenenpalette auf die Hintergrundebene, um sie zu aktivieren, und verwandeln Sie sie ebenfalls mit dem Befehl im Ebenenmenü IN SMART OBJEKT KONVERTIEREN.

Nun gilt es, den idealen Bildausschnitt im Hochformat zu finden. Wählen Sie das Freistellungswerkzeug per Taste C und ziehen Sie einen Rahmen in geeigneter Größe auf.

Den Ausschnitt verändern Sie wiederum per Anfasser, den gesamten Rahmen positionieren Sie bei gedrückter Maustaste innerhalb der Bildfläche. Vollziehen Sie den Zuschnitt mit der ↵-Taste.

Übungen zu Bildgröße und -ausschnitt: Smart Objekte strecken und dehnen

Schritt 6: Den freigestellten Hintergrund skalieren

Mit dem Befehl **Bearbeiten: Transformieren: Skalieren** können Sie nun auch den Wolkenhimmel verlustfrei variieren. Auch beim Speichern, am besten natürlich im PSD-Format oder oft platzsparender als TIFF, bewahren Sie den vollen Bildumfang aller Ebenen.

Das ausgeblendete Hintergrundbild erscheint als rechteckiger Rahmen, den Sie wie immer mit gedrückter Maustaste bewegen können.

Um die ganze Dramatik der Wolken einzufangen, ziehen Sie die mittleren Anfasser links und rechts nach innen, bis das horizontale Hintergrundbild zur vertikalen Fläche gerät.

Bestätigen Sie die Transformation wiederum mit der ⏎-Taste.

Das freigestellte Bild besteht nach wie vor aus einer Ebenenmontage mit Smart Objekten. Im momentanen Zustand finden Sie es auf der DVD im Ordner »Übungen« als »Smart_3.psd« mit einer Dateigröße von 13,8 MB.

Würden Sie die Montage ohne Smart Objekte modifiziert haben, läge die Dateigröße nur bei 5,5 MB. Allerdings müssten Sie für erneute Vergrößerungen der einzelnen Ebenen dann Qualitätsverluste in Kauf nehmen oder die Montage neu erstellen.

Damit sind die aktuellen 13,8 MB tatsächlich eine sinnvolle Investition bezüglich Bildoptionen und Arbeitszeit.

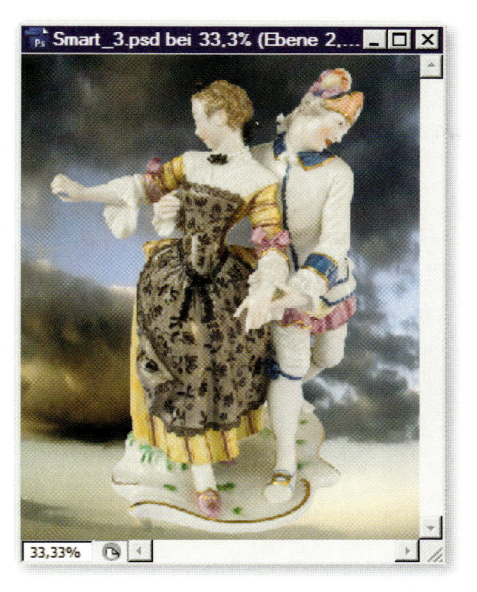

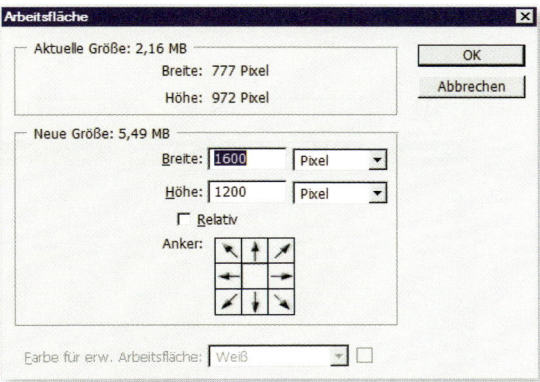

Schritt 7: Ein Smart Objekt EXTRA ersetzen

Stopp, Kommando zurück: Der soeben erstellte Entwurf muss noch einmal gravierend geändert werden, vielleicht weil Sie es selbst möchten oder weil Ihr Auftraggeber darauf besteht. Mit den angelegten Smart Objekten sind Sie auf der sicheren Seite.

Das Bild soll im Querformat angelegt und der Hintergrund soll gegen einen lieblicheren Himmel ausgetauscht werden. Zudem müssen die Porzellanfiguren größer dargestellt und mit Konturen versehen werden.

Sollten Sie sich jetzt schikaniert fühlen, denken Sie daran, dass derartige Änderungen in der Praxis der Bildbearbeitung immer wieder erforderlich sind und dass wir diese Arbeitsschritte vorstellen, um Ihnen weitere Möglichkeiten im Umgang mit Smart Objekten zu zeigen. Haben Sie nach dem vorherigen Übungsschritt die Datei geschlossen, um eine Pause einzulegen, öffnen Sie einfach die Datei »Smart_3.psd« im Ordner »Übungen« auf der DVD.

Die neue Bildgröße soll der Größe des künftigen Hintergrundbilds »Smart_Neue_Wolken.jpg« entsprechen, das über 1600 x 1200 Pixel verfügt.

Aktivieren Sie die Hintergrundebene. Mit der vormaligen Konvertierung zum Smart Objekt benannte Photoshop sie automatisch in »Ebene 2« um.

Dann wählen Sie **Bild: Arbeitsfläche**. Unter NEUE GRÖSSE geben Sie die Maßeinheit PIXEL an und tippen neben BREITE 1600 sowie als HÖHE 1200 ein. Den Anker belassen Sie auf der Position in der Mitte.

Nach dem Klick auf OK erscheint die Ebenenmontage umgeben von einer leeren gekachelten Fläche, die mit dem neuen Hintergrundbild gefüllt werden soll.

Übungen zu Bildgröße und -ausschnitt: Smart Objekte strecken und dehnen

Mit dem Befehl **Ebene: Smart Objekte: Inhalt ersetzen** öffnet sich das Fenster **Platzieren**. Wählen Sie den Pfad zum Ordner »Übungen« auf der DVD, klicken Sie auf die Datei »Smart_3.jpg« und dann auf PLATZIEREN.

Das neue Hintergrundbild erscheint im Format der Vorgängerversion ebenfalls als Smart Objekt, wie die Miniatur der Ebenenpalette zeigt. Dabei vergab Photoshop automatisch den Dateinamen für die Benennung in der Ebenenpalette.

Schritt 8: Auf Originalgröße umrechnen

EXTRA

Wie aber gelangen Sie zur ursprünglichen Bildgröße des verzerrten Motivs zurück? Wählen Sie **Bearbeiten: Transformieren: Skalieren**. Achten Sie nun auf die Werte in der Optionspalette:

Automatisch berechnet Photoshop die horizontale und vertikale Position des Ebenenbilds, also die X- und Y-Werte, aus dem Bildmittelpunkt.

Klicken Sie auf das Quadrat links oben, um den Referenzpunkt am einfachsten zu platzieren. Für X und Y tippen Sie jeweils 0 Px ein, damit das Bild exakt am oberen linken Bildrand positioniert wird. Dann geben Sie für B und H jeweils 100% ein.

Das Foto füllt damit den Rahmen komplett aus und hat die ursprünglichen Pixelmaße von 1600 x 1200.

Übung 7

Schritt 9: Ein Smart Objekt vergrößern **EXTRA**

Um nun das Porzellanpaar zu vergrößern, aktivieren Sie die EBENE 1 in der Ebenenpalette und wählen wiederum den Befehl **Bearbeiten: Transformieren: Skalieren**. Drücken Sie die ⇧-Taste, um das Bild im gleichbleibenden Seitenverhältnis zu verändern, und ziehen Sie nun die Anfasser des Begrenzungsrahmens nach außen, bis das Bild die gewünschte Größe erreicht hat.

Bei Bedarf können Sie es auch etwas drehen, indem Sie den Cursor außerhalb des Rahmens positionieren, bis er zum Halbkreis mit Pfeilspitzen wird, und dann mit gedrückter Maustaste nach unten ziehen.

Behalten Sie beim Vergrößern immer die Optionsleiste im Auge. Die Werte für Breite und Höhe sollten 100% nicht übersteigen, weil sie sonst die ursprüngliche Größe des Originalbilds überschreiten und die Bildqualität dann auch bei einem Smart Objekt leidet. Mit beispielsweise 98,7%, wie oben angezeigt, können Sie getrost die Transfomation per ↵-Taste bestätigen.

Schritt 10: Smarte Filter zuweisen **EXTRA**

Zum krönenden Abschluss weisen Sie der EBENE 1 noch einen Filter zu und nutzen damit einen tollen Vorteil von Smart Objekten, denn er erscheint als SMARTFILTER in der Ebenenpalette und das bedeutet: Sie können ihn jederzeit wieder verändern oder entfernen. Sollten Sie oder Ihr Kunde also noch weitere Variationen wünschen, ist noch alles drin. Dazu klicken Sie doppelt auf das Feld in der Ebenenpalette.

Wählen Sie **Filter: Kunstfilter: Tontrennung & Kantenbetonung**. Geben Sie eine KANTENSTÄRKE von 2 ein, eine KANTENDECKKRAFT von 1 und eine TONTRENNUNG von 4. Nach dem Klick auf OK erscheint die EBENE 1 mit bearbeitbarem Filtereffekt in der Ebenenpalette.

Die fertige PSD-Datei benötigt 25,3 MB an Speicherplatz. Rastern Sie die Smart Objekte, sparen Sie 10 MB ein und verlieren bis zu 100% Flexibilität!

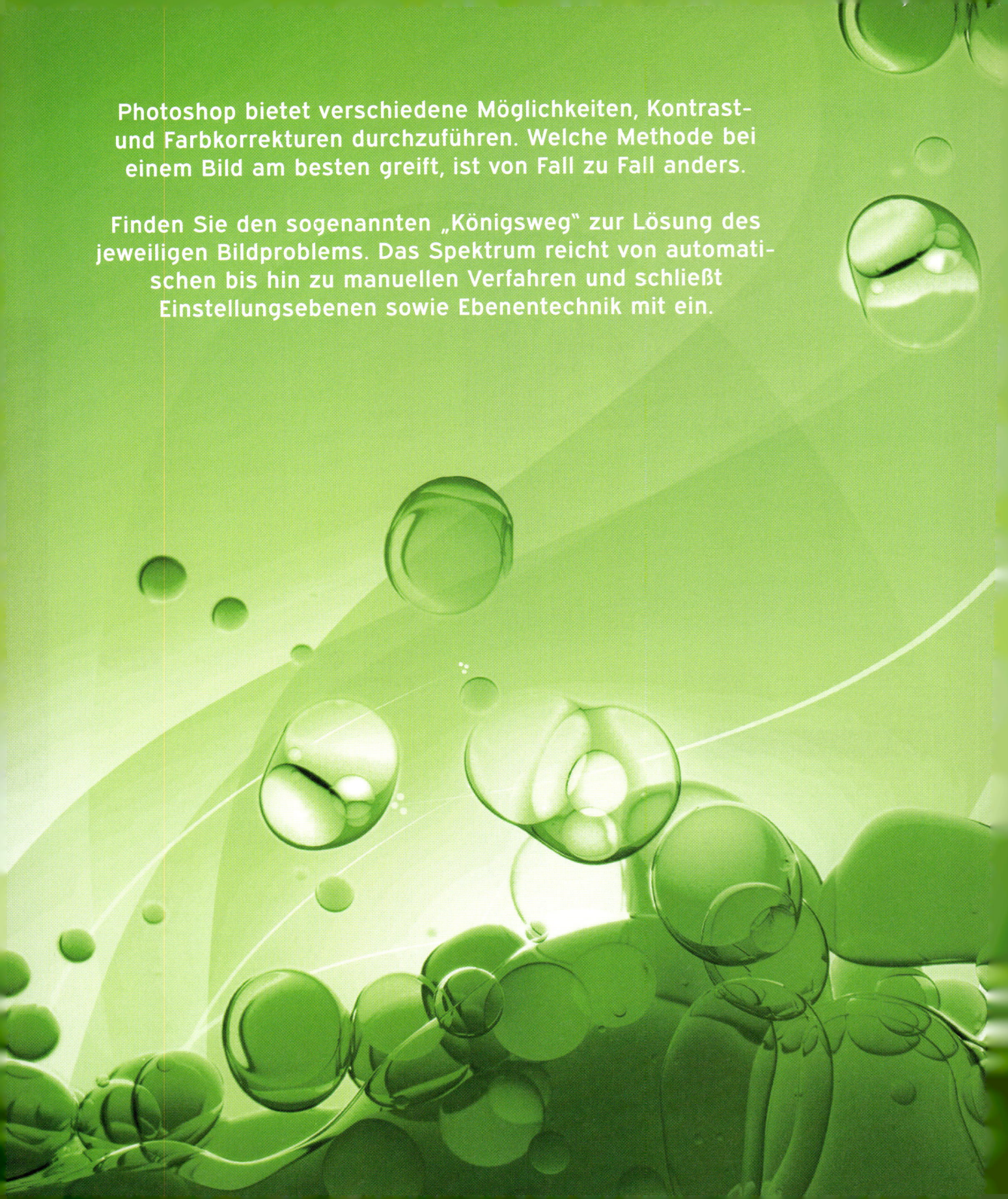

Photoshop bietet verschiedene Möglichkeiten, Kontrast- und Farbkorrekturen durchzuführen. Welche Methode bei einem Bild am besten greift, ist von Fall zu Fall anders.

Finden Sie den sogenannten „Königsweg" zur Lösung des jeweiligen Bildproblems. Das Spektrum reicht von automatischen bis hin zu manuellen Verfahren und schließt Einstellungsebenen sowie Ebenentechnik mit ein.

Kapitel 5
Kontrast- und Farbkorrektur

Übung 1
Automatisch oder manuell korrigieren?   128

Übung 2
Kontraste per Ebenentechnik verbessern   136

Übung 3
Kontraste regeln und Farbtöne sättigen   140

Übung 4
Flexibel korrigieren per Einstellungsebene   144

Übung 5
Der digitale Aufhellblitz   150

Übung 6
Raffinesse mit Gradationskurven   156

Übungen zu Kontrast- und Farbkorrektur: Automatisch oder manuell

Übung 1: Automatisch oder manuell korrigieren?

Als Einstieg ins Thema der Kontrast- und Farbkorrektur erfahren Sie grundlegende Möglichkeiten, um Fotos rasch und effektiv zu bearbeiten. Ausgangspunkt sind die sogenannten „Auto-Korrekturen", die Photoshop zur Bildverbesserung bietet. Oft noch werden Sie diese für erste Tests zur raschen Korrektur bemühen, manchmal werden sie ausreichen, bisweilen müssen sie aber auch ergänzt werden durch weitere Arbeitsschritte.

Wie die automatischen Korrekturen arbeiten und mit welchen Anpassungen Sie manuell noch bessere Ergebnisse erzielen können, lernen Sie anhand von vier Basisbefehlen: **Tonwertkorrektur**, **Helligkeit/Kontrast**, **Farbton/Sättigung** und **Farbbalance**. Meist erreichen Sie das perfekte Ergebnis erst in der Kombination von zwei oder mehr Befehlen.

Wie unterschiedlich die Ansätze bei Kontrast- und Farbkorrekturen sein können, zeigt Ihnen diese Übung. Testen Sie einige Wege, um zum optimalen Bildergebnis zu gelangen. Dabei nutzen Sie die Informationen, die das Histogramm Ihnen bietet.

Infothek

	einfach			komplex

Lernschritte:	Machen Sie sich die Histogrammpalette zunutze und lernen Sie, diese für geeignete Korrekturgänge auszuwerten. Wenden Sie alternativ Photoshops automatische Korrekturbefehle **Auto-Tonwertkorrektur**, **Auto-Kontrast** sowie **Auto-Farbe** an. Was dahinter steckt und wie Sie selbst noch besser mit manuellen Einstellungen arbeiten, lernen Sie anhand von Standardanpassungen in der Kontrast- und Farbkorrektur. Als Bonus stellen Sie dann per Protokollpinsel den Hintergrund des Quellbilds wieder her.
Aufwand:	Gering bis mittel
Übungsdatei:	Farbkorrektur_1.jpg

Übung 1

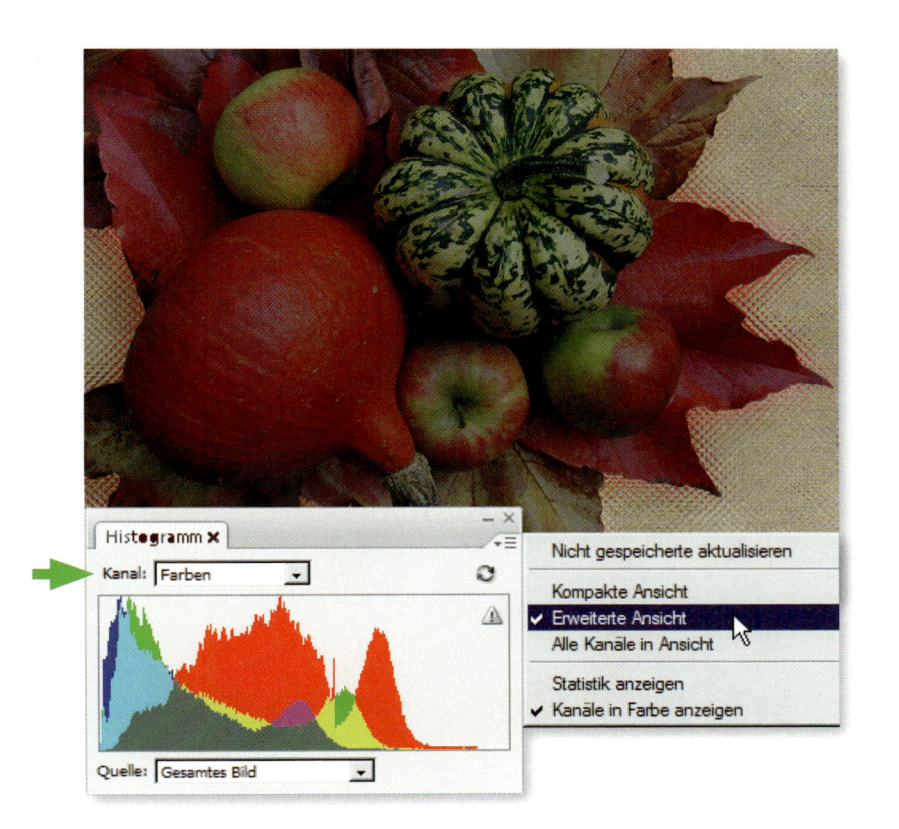

Schritt 1: Farben und Kontraste per Histogramm einsehen

Öffnen Sie das Foto »Farbkorrektur_1.jpg« im Ordner »Übungen« auf der DVD. Das Stillleben wurde auf einer Glasfläche aufgenommen, die von unten Licht durchscheinen ließ. Dadurch ist der Kontrast zwischen Hintergrund und Motiv zu hoch, während Blätter und Früchte unterbelichtet sind.

Ein Blick ins **Histogramm** verrät vieles. Rufen Sie es im Menü **Fenster** auf. Wählen Sie im Menü ▼≡ der Palette die ERWEITERTE ANSICHT und dann im KANAL-Menü die FARBEN.

Auf diese Weise erhalten Sie einen Einblick in die Farbverteilung des Bilds. Rot dominiert beispielsweise im Bereich der Mitteltöne, während im dunklen Bereich links die Blautöne vorherrschen. An den fehlenden Pixelwerten rechts erkennen Sie die Unterbelichtung deutlich.

Schritt 2: Cross-Check der Auto-Korrekturen

Automatische Korrekturen eignen sich oft für den ersten Versuch, um Kontraste zu korrigieren, und liefern manchmal erstaunlich gute Ergebnisse. Testen Sie nacheinander unter **Bild: Anpassungen** die **Auto-Tonwertkorrektur**, den **Auto-Kontrast** oder die **Auto-Farbe** und kehren Sie zwischendurch jeweils zum unbearbeiteten Quellbild zurück, um neu anzusetzen. Alle Auto-Befehle greifen beim Übungsbild nur vollkommen unzureichend.

Auch die Anwendung aller drei Auto-Korrekturen zugleich bietet meist keine sinnvolle Lösung, wie Sie am Bildbeispiel links erkennen können Erfahren Sie, wie die Auto-Korrekturen funktionieren und warum das Resultat bisweilen unzureichend wird. Nehmen Sie die Auto-Korrektur doch als Ausgangspunkt für die weitere Bildbearbeitung und lernen Sie grundlegende Lösungen zur weiteren Verbesserung von Kontrast- und Farbkorrektur kennen.

Übungen zu Kontrast- und Farbkorrektur: Automatisch oder manuell

Schritt 3: Die Auto-Tonwertkorrektur anwenden

Mit dem Befehl **Bild: Anpassungen: Auto-Tonwertkorrektur** erzeugen Sie eine erste Korrektur des Übungsbilds. Das Foto erscheint jetzt etwas heller, doch immer noch wie von einem Grauschleier überzogen. Die Farben erhielten einen Blaustich.

Diagnose:
Der Kontrast verbessert sich, weil der Tonwertumfang des Bilds erweitert wird. Allerdings sind Tiefen und Lichter im Übungsbild immer noch nicht voll ausgenutzt und somit reicht das Spektrum im Histogramm nach wie vor nicht bis zu den linken und rechten Rändern.

Eine ausgewogene Farbverteilung leistet die Auto-Korrektur ebenfalls nicht.

Therapie:
Erweitern Sie den Tonwertumfang, hellen Sie die Mitteltöne auf und verbessern Sie die Farbskala, wie im folgenden Übungsschritt beschrieben.

Schritt 3 A: Die Tonwertkorrektur verbessern

Wählen Sie **Bild: Anpassungen: Tonwertkorrektur** und zeigen Sie mit den folgenden Einstellungen, dass Sie klüger sind als die **Auto-Tonwertkorrektur**:

Ziehen Sie unter der TONWERTSPREIZUNG den schwarzen Regler nach rechts, bis er die ersten Balken im Histogramm erreicht und unten statt 0 einen Wert von 21 anzeigt. Damit haben Sie den Schwarzpunkt neu gesetzt. Sie können gleichzeitig im Histogramm-Fenster beobachten, wie sich der Balken nach links bis hin zum Rand ausdehnt.

Den weißen Regler für den Weißpunkt rechts versetzen Sie nach innen, bis unten rechts der Wert von 237 angezeigt wird. Die Tonwertspreizung dehnt sich nun im Histogramm bis hin zu den Rändern. Die Mitteltöne werden das gesamte Bild aufhellen, wenn Sie den mittleren grauen Regler nach links auf 1,63 bewegen.

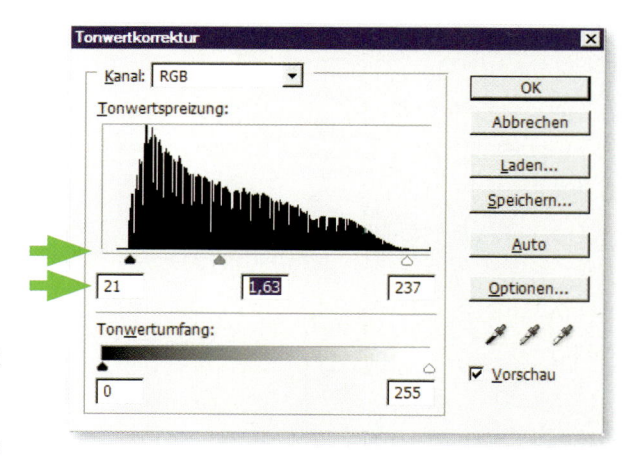

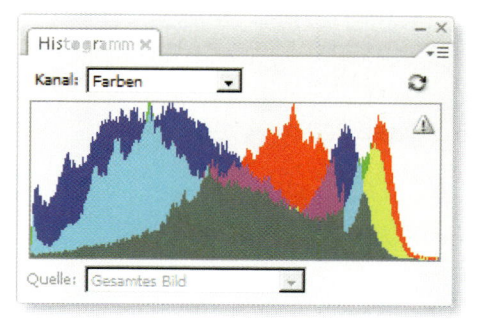

Übung 1

Die Tonwertspreizung mit der Verlagerung der Mitteltöne hat sich auch auf die Farbverteilung ausgewirkt und den Blaustich aufgelöst.

Fazit: Bringt die **Auto-Tonwertkorrektur** nicht auf Anhieb die gewünschte Verbesserung, machen Sie die **Tonwertkorrektur** lieber von vornherein per Hand.

Mit dem Befehl **Datei: Zurück zur letzten Version** kehren Sie zum unbearbeiteten Quellbild zurück, um nun den **Auto-Kontrast** auszuprobieren.

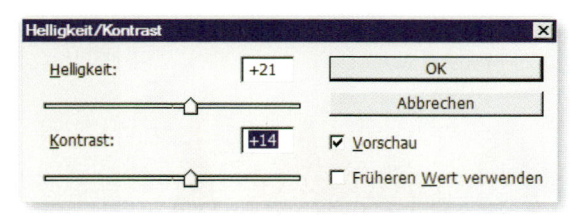

Schritt 4: Den Auto-Kontrast testen

Prüfen Sie nun, wie das Ergebnis per **Bild: Anpassungen: Auto-Kontrast** aussieht.

Diagnose:
Durch diesen Befehl steigert sich die Grundhelligkeit des Bilds, indem die Tiefen stärker beschnitten werden. Allerdings bleibt die Farbstimmung unverändert und es findet keine Neuverteilung von Farbwerten statt.

Therapie:
Steigern Sie Kontrast sowie Farbsättigung, erweitern Sie die Tonwertspreizung und bearbeiten Sie die Mitteltöne, um etwas wärmere Farben zu erhalten. Wie Sie vorgehen, erfahren Sie im nächsten Schritt.

Schritt 4 A: Helligkeit/Kontrast & Tonwertkorrektur kombinieren

Die fehlende Brillanz und Leuchtkraft regeln Sie nun per **Bild: Anpassungen: Helligkeit/Kontrast**. Mit einem Wert von +21 für die HELLIGKEIT und +14 für den KONTRAST erhalten Sie ein recht gutes Ergebnis. Achten Sie darauf, dass die Option FRÜHEREN WERT VERWENDEN deaktiviert ist, um bei Tiefen und Lichtern keine Details zu verlieren.

Übungen zu Kontrast- und Farbkorrektur: Automatisch oder manuell

Das Histogramm zeigt den Zuwachs im Bereich der Mitteltöne und Lichter, insbesondere für die Rot- und Gelbtöne. Mit dem Befehl **Helligkeit/Kontrast** steigern Sie dabei auch die Farbsättigung.

Schritt 4 B: Individuelle Tonwertkorrektur

Nach wie vor jedoch reicht die Tonwertspreizung im Bereich der Tiefen nicht bis zum linken Rand, sondern bleibt etwas beschnitten. Auch die Lichter vertragen noch eine minimale Verbesserung. Und die Farben könnten noch einen Tick wärmer werden.

Nutzen Sie wiederum den Befehl **Bild: Anpassungen: Tonwertkorrektur**, um alle Mängel auf einmal zu beseitigen. Ziehen Sie, wie bereits in Schritt 3 A beschrieben, unter der TONWERT-SPREIZUNG den schwarzen Regler ▲ nach rechts, bis er den Anschlag im Histogramm erreicht. Den weißen Regler △ für den Weißpunkt versetzen Sie geringfügig nach innen. Die Tonwertspreizung dehnt sich nun in der Histogrammpalette bis hin zu den Rändern.

Sie können den grauen Regler ▲ für die mittlere Helligkeit etwas nach links ziehen, um sie zu erhöhen. Im Fall des Übungsbilds erzielen Sie aber auch eine erhebliche Verbesserung mit der mittleren Pipette 🖉 für den Neutralton: Nehmen Sie im Bild den geeigneten Farbwert auf, der die gesamte Bildwirkung verändert.

Das ist leichter gesagt als getan, denn ein typischer (Fast-)Grauton fehlt im Bild und klicken Sie auf Rot oder Orange, wird das Bild in die Komplementärfarbe Grün getaucht. Soll es also mehr Rot- und Gelbwerte erhalten, klicken Sie logischerweise in einen Grünton. Im Übungsbild erzeugt der Pick auf den scheckigen Gorgonzola-Kürbis den geeigneten Farbton.

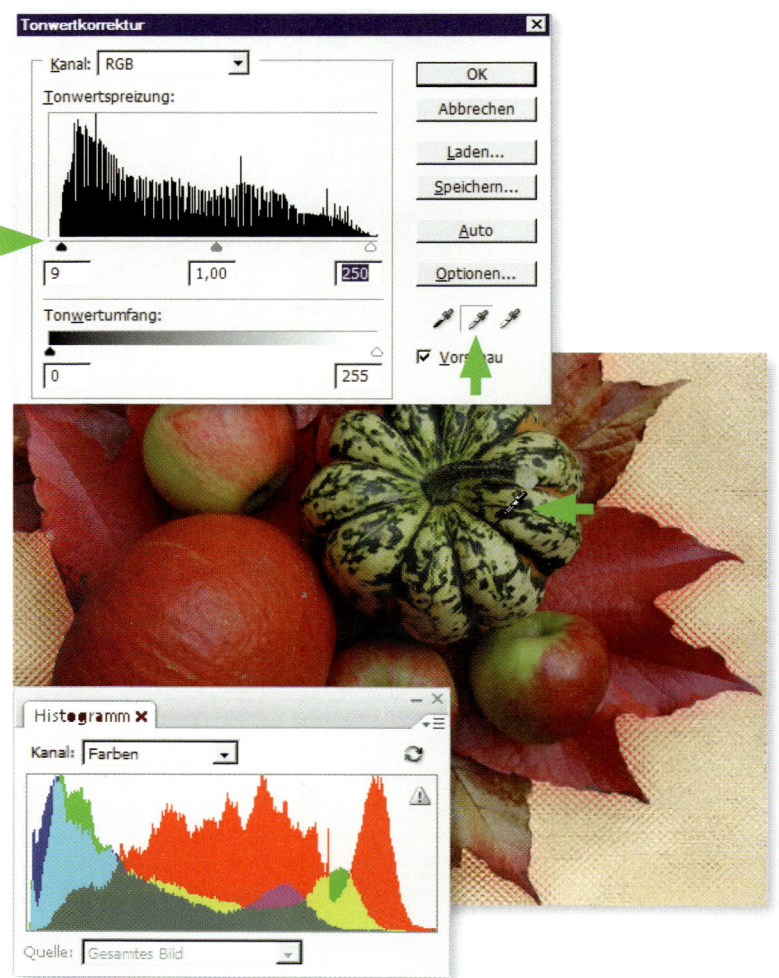

Übung 1

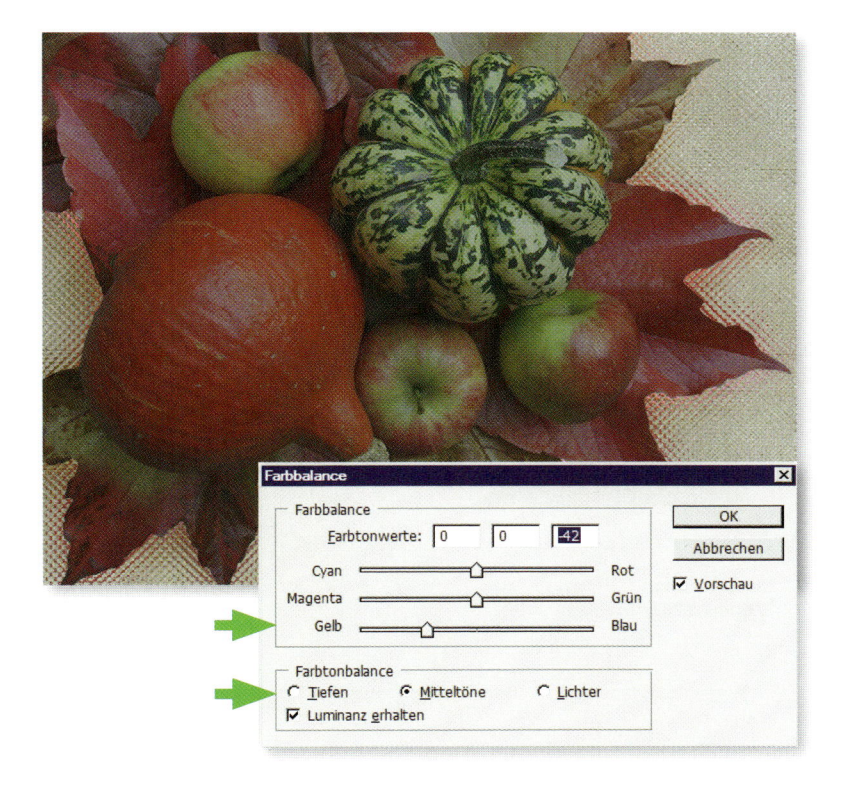

Schritt 5: Die Auto-Farbe zur Korrektur anwenden

Noch einmal gehen Sie per Befehl **Datei: Zurück zur letzten Version** zum Ursprungsbild, um jetzt auch noch die automatische Farbkorektur anzuwenden. Sie erzeugt bei vielen Fotos erstaunlich gelungene Ergebnisse, scheitert aber beim Übungsbild kläglich.

Wenden Sie den Befehl **Bild: Anpassungen: Auto-Farbe** an, erscheint das Foto viel zu dunkel, flau und die Blautöne dominieren unangenehm. In der Praxis werden Sie den Befehl **Auto-Farbe** umgehend per Strg + Z (PC) bzw. ⌘ + Z (Mac) rückgängig machen, um besser etwa die **Tonwertkorrektur** zu bemühen. Wenn Sie aber für künftige Farbbearbeitungen Wege kennen wollen, um Farbstiche zu tilgen und Farben zu optimieren, bleiben Sie jetzt am Ball.

Diagnose:
Per **Auto-Farbe** werden Tiefen, Mitteltöne und Lichter an einem Mittelwert von RGB 128 ausgerichtet, um Kontrast und Farbe auszugleichen. Da im Übungsfoto der Rot-Grün-Kontrast dominiert, kompensiert Photoshop in Richtung des fehlenden Blautons. Zudem beschneidet der Befehl die Tiefen und Lichter um 0,5%. Damit verengt sich die Tonwertspreizung auch im Histogramm.

Therapie:
Entfernen Sie den Farbstich und verbessern Sie Farbton sowie Sättigung. Die Tonwertspreizung sollten Sie außerdem erweitern.

Schritt 5 A: Farbstich entfernen

Wählen Sie **Bild: Anpassungen: Farbbalance**. Da der Blaustich gleichmäßig stark auf dem Foto verteilt ist, aktivieren Sie die MITTELTÖNE und LUMINANZ ERHALTEN, um die Farben nicht abzudunkeln. Dann ziehen Sie den Regler in Richtung GELB. Bei einem Wert von –42 haben Sie genügend Blau herausgezogen. Klicken Sie auf OK.

133

Übungen zu Kontrast- und Farbkorrektur: Automatisch oder manuell

Schritt 5 B: Farbton und Sättigung optimieren

Mit einer weiteren Korrektur können Sie die Farben noch verbessern: per **Bild: Anpassungen: Farbton/Sättigung**.

Ziehen Sie den Regler unter FARBTON auf -7, so steigern Sie insbesondere die Gelbtöne, wodurch vor allem die Äpfel frischer wirken. Die SÄTTIGUNG erhöhen Sie auf +16, damit Früchte und Laub üppiger wirken.

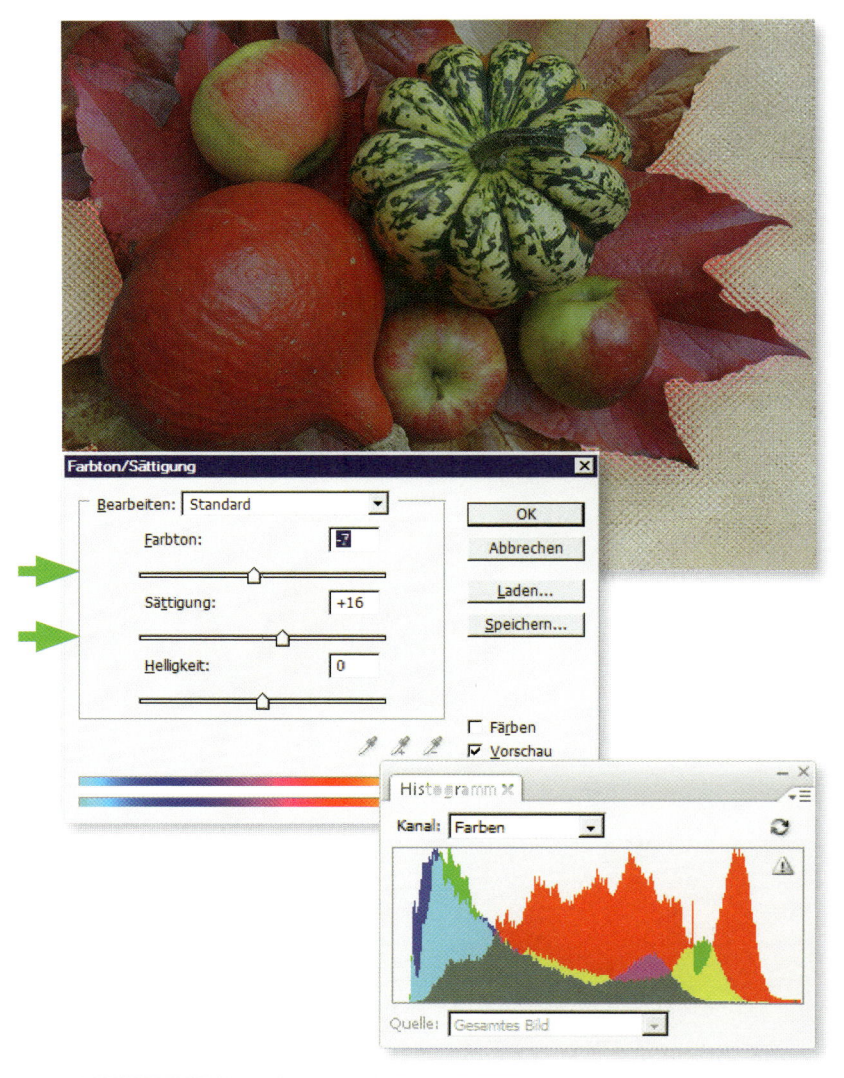

Schritt 5 C: Feinarbeit für Tonwerte und Hintergrund

Anders als die wesentlich differenzierteren **Gradationskurven**, bei denen Sie bis zu 14 Punkte im Tonwertbereich korrigieren können, verfügt die **Tonwertkorrektur** nur über drei. Für das Übungsbild ist dies allerdings ausreichend.

Wählen Sie **Bild: Anpassungen: Tonwertkorrektur** oder [Strg]+[L] (PC) bzw. [⌘]+[L] (Mac) und ziehen Sie nur die Regler für Schwarzpunkt ■ und Weißpunkt □ etwas nach innen. Mit Werten von 5 bzw. 232 deckt die TONWERTSPREIZUNG das Spektrum ab.

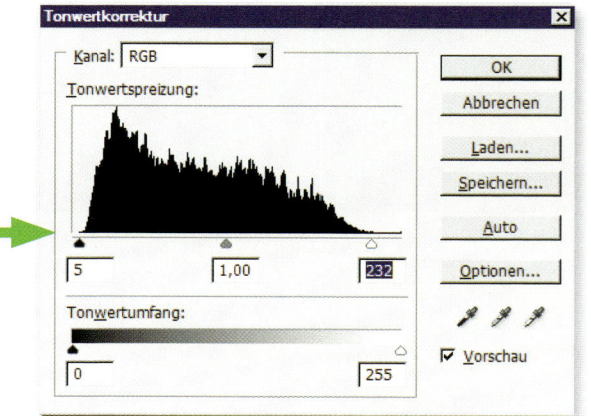

Übung 1

Das Bild ist so gut wie fertig, doch ein wenig stört die gleißend helle Glasplatte als Hintergrund. Eigentlich war ihr bräunlicher Farbton im unbearbeiteten Bild doch ganz angenehm.

Sie können den ursprünglichen Hintergrund ganz einfach wiederherstellen. Wählen Sie dazu mit der Taste [Y] das Protokollpinsel-Werkzeug. Belassen Sie die DECKKRAFT bei 100% und den MODUS NORMAL. Mit einem HAUPTDURCHMESSER von etwa 95 Pixel und einer HÄRTE von 0% beginnen Sie nun, bei gedrückter Maustaste über den Glashintergrund zu wischen. Die bräunliche Glasfläche des Quellbilds kommt mit jedem Zug mehr zum Vorschein.

Für größere Flächen können Sie zwischendurch den HAUPTDURCHMESSER vergrößern, an den welligen Rändern der Blätter eignet sich eine kleinere Pinselspitze für die Feinarbeit besser. Hier erhöhen Sie auch die HÄRTE auf bis zu 100%.

Achten Sie darauf, nicht in die Blätter zu wischen, damit dort die unterbelichteten Farben nicht wieder zutage treten.

Wie sehr sich das Quellbild von der bearbeiteten Version unterscheidet, sehen Sie links im Vergleich. Die Arbeit hat sich durchaus gelohnt, nicht wahr?

Übung 1 • Automatisch oder manuell korrigieren?

Übungen zu Kontrast- und Farbkorrektur: Ebenentechnik

Übung 2: Kontraste per Ebenentechnik verbessern

Eine Kontrastkorrektur per Ebenenmontage ist verblüffend einfach und wirkungsvoll. Sie können das Prinzip sowohl auf unter- wie auch auf überbelichtete Fotos anwenden, zu dunkle oder zu helle Bilder verbessern oder — wie im Fall des Übungsbilds — einzelne Zonen individuell behandeln.

Dabei erstellen Sie Ebenenduplikate Ihres Fotos, die Sie mit einer Füllmethode belegen, um Kontraste zu erhöhen bzw. auch zu mildern. Indem Sie die Deckkraft von Ebenen verändern, stimmen Sie Tonwerte fein ab.

Wie viele Ebenenduplikate Sie nutzen wollen, hängt ganz einfach vom Motiv ab. Setzen Sie auf einer Ebene Werkzeuge wie beispielsweise den Radiergummi ein, steuern Sie den Kontrast nach Belieben durch die Deckkraft.

Infothek

	einfach				komplex

Lernschritte: Erstellen Sie eine Ebenenmontage mit drei Ebenen, um über- und unterbelichtete Bereiche eines Fotos auszugleichen. Wenden Sie die Füllmethode MULTIPLIZIEREN an und reduzieren Sie die Deckkraft einer Ebene. Zur Feinabstimmung bearbeiten Sie eine Ebene per Radiergummi-Werkzeug, das Sie in verschiedener Pinselgröße und Deckkraft einsetzen.

Aufwand: Gering

Übungsdateien: Vorlage: Farbkorrektur_2.jpg, Ergebnis Farbkorrektur_2.psd

Schritt 1: Die Ebene duplizieren

Das Foto »Farbkorrektur_2.jpg« im Ordner »Übungen« auf der DVD sieht nach einem schwierigen Fall aus, wenn die harschen Kontraste ausgeglichen werden sollen. Die Braut ist überstrahlt, während der Bräutigam zwar ein bisschen hell, doch fast schon korrekt belichtet ist. — Ein typisches Problem bei Hochzeitsbildern, da das weiße Brautkleid die Belichtungsautomatik ins Wanken bringt.

Kaum zu glauben, wie einfach Sie das Bild korrigieren können:

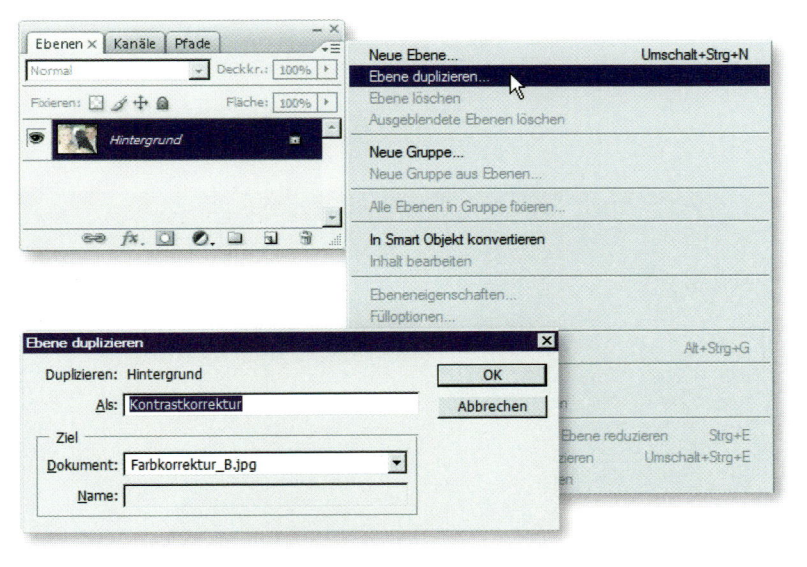

Wählen Sie im Menü der Ebenenpalette den Befehl EBENE DUPLIZIEREN. Unter DUPLIZIEREN ALS vergeben Sie einen neuen Namen für die Ebene, etwa »Kontrastkorrektur«.

Wie wichtig die ordentliche Benennung von Ebenen ist, werden Sie spätestens dann merken, wenn Sie eine Ebenenmontage mit vielen Ebenen erstellen und sich schnell zurechtfinden müssen.

Sie können die Ebene einfach auch per ⌈Strg⌉ + ⌈J⌉ (PC) bzw. ⌈⌘⌉ + ⌈J⌉ (Mac) duplizieren und den Ebenennamen direkt in der Ebenenpalette per Doppelklick darauf ändern.

Schritt 2: Füllmethode zuweisen

Ändern Sie nun die Füllmethode der aktiven neuen Ebene. Statt NORMAL wählen Sie MULTIPLIZIEREN.

Tipp
Bei unterbelichteten Motiven funktioniert das Prinzip der Ebeneneffekte genau umgekehrt. Hier nutzen Sie die Option NEGATIV MULTIPLIZIEREN.

Übungen zu Kontrast- und Farbkorrektur: Ebenentechnik

Durch den Effekt MULTIPLIZIEREN haben Sie bei der Braut mit einem Klick beinahe die Überbelichtung behoben, während der Bräutigam fast schon zu dunkel erscheint. Darum kümmern Sie sich aber später.

Schritt 3: Eine zweite Ebenenkopie anlegen

Die Dame könnte ruhig noch ein bisschen an Kontrast und Farbe zulegen. Kopieren Sie die aktuelle Ebene »Kontrastkorrektur 1« noch ein weiteres Mal mit dem Menübefehl EBENE DUPLIZIEREN der Ebenenpalette.

Photoshop dupliziert die Ebene inklusive Füllmethode. Wiederum dunkelt die neue Ebene das Motiv weiter ab.

Diesmal erscheint die Braut sogar schon ein klein wenig zu kontrastreich. Reduzieren Sie die DECKKRAFT der Ebene »Kontrastkorrektur 2« auf 75%.

Gut, die Lady strahlt nun mit gesunder Hautfarbe auf den Betrachter. Jetzt müssen Sie sich nur noch um den ins Abseits geratenen Bräutigam kümmern und ihm die nötige Helligkeit geben.

Übung 2

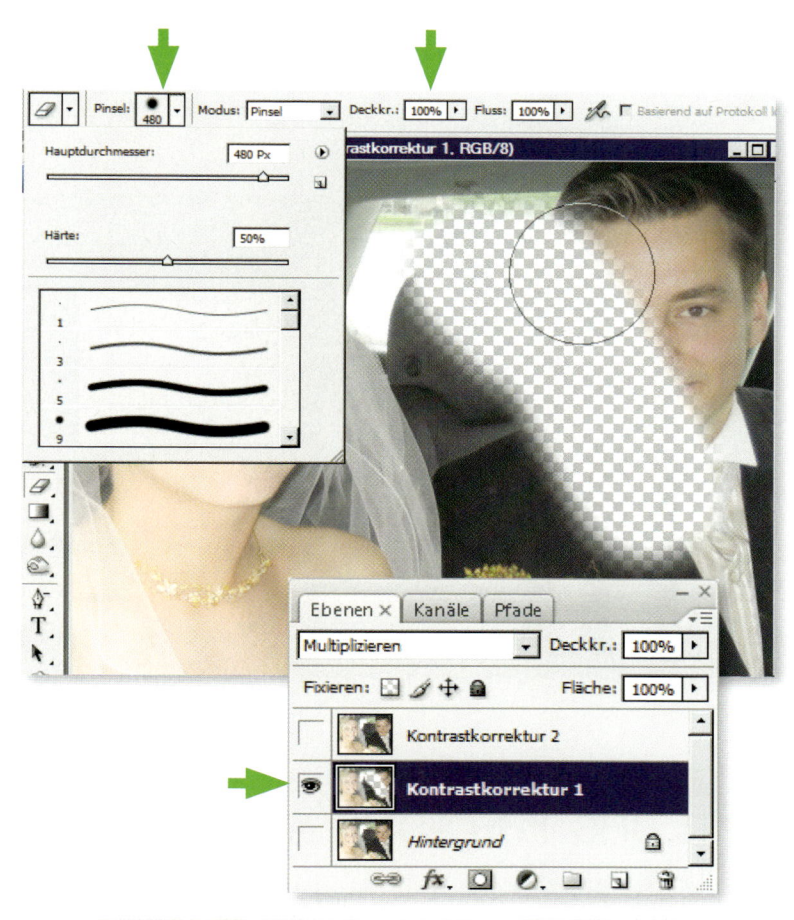

Schritt 4: Dunkle Zonen aufhellen

Blenden Sie die neu erstellte dritte Ebene per Klick auf das Augen-Symbol 👁 kurz aus, dann werden Sie feststellen, dass bereits auf der zweiten Ebene der Anzug des Bräutigams kaum noch eine Zeichnung aufweist und viel zu dunkel ist.

Wenn Sie hingegen kurz die Ebene »Kontrastkorrektur 1« mit dem Augen-Symbol 👁 wegschalten, wirkt der Bräutigam richtig belichtet — die DECKKRAFT von 66% auf der obersten Ebene eignet sich perfekt.

Also werden Sie die folgende Korrektur auf der Ebene »Kontrastkorrektur 1« durchführen:

Wählen Sie per Taste E das Radiergummi-Werkzeug. Belassen Sie die DECKKRAFT in der Optionsleiste bei 100%. Nach Klick auf die Pinsel-Schaltfläche geben Sie folgende Werte ein: einen HAUPTDURCHMESSER von ca. 494 Pixel und eine HÄRTE von 50% für relativ präzise Randzonen.

Deaktivieren Sie nun per Klick auf das Augen-Symbol 👁 die anderen beiden Ebenen, um Ihre Korrekturen besser sehen zu können.

Dann löschen Sie alles, was rund um die Braut zu sehen ist. Achten Sie darauf, Schleier, Kopf sowie Brautstrauß zu verschonen, und verringern Sie für kritische, feine Stellen lieber den Pinseldurchmesser. Zum Schluss blenden Sie die beiden anderen Ebenen wieder ein.

Über- und Unterbelichtungen sind nun ausgeglichen. — Angesichts des Paares möchte man doch glatt von Gleichberechtigung in der Fotografie sprechen. Die fertige Ebenenmontage finden Sie als »Farbkorrektur_2.psd« im Übungsordner auf der DVD.

Tipp
Partien, die durch die Ebenenmontage zu kontrastreich wirken, mildern Sie mit dem Radiergummi-Werkzeug bei reduzierter DECKKRAFT von beispielsweise 30%. So hellen Sie im Übungsbild auch den dunklen Haaransatz der Braut auf.

Übungen zu Kontrast- und Farbkorrektur: Tonwerte und Farbsättigung

Übung 3: Kontraste regeln und Farbtöne sättigen

Seien wir ehrlich: Ein Großteil der Bilder, die starke Kontrast- und Farbkorrekturen benötigen, entstehen durch Fehler beim Fotografieren. Vielleicht stimmt der Weißabgleich nicht, die Farbtemperatur ist unangemessen oder die Belichtungszeit ist falsch eingestellt. Aber selbst die besten Kameraeinstellungen, ob manuell oder per Automatik, versagen, wenn die Möglichkeiten des Sensors bzw. der Kamera überschritten werden und die Grenzen des Tonwertumfangs erreicht sind: Extreme Lichtsituationen wie grelles Mittagslicht, Innenaufnahmen bei Kunstlicht, Gegenlicht oder harte Hell-Dunkel-Kontraste verfälschen die Aufnahme und nicht immer sind traditionelle Kniffe wie Filter, Aufhellblitz oder Belichtungsreihen möglich, um das beste Resultat zu erzielen.

Gerade Profifotografen justieren ihre besten Fotofavoriten noch per Photoshop, wenn es um die digitale Ausbelichtung geht. Wie viel Sie aus ungünstigen Aufnahmen herausholen können, zeigen die nachfolgenden Übungen. Wir beginnen die Reihe mit einem typischen Problem: Fotos mit flauen Farben und starkem Hell-Dunkel-Kontrast, wie sie etwa etwa bei starker Sonnenlichteinstrahlung entstehen.

Infothek	einfach — komplex	
Lernschritte:	Wie Sie das Histogramm eines Bilds lesen und auswerten können, erfahren Sie im ersten Schritt. Mit den Erkenntnissen daraus korrigieren Sie Tonwerte und Tonspreizung im Fenster **Tonwertkorrektur**. Mit der Verbesserung von Tiefen und Lichtern finden Sie den Einstieg ins Thema **Gradationskurven**. Schließlich beeinflussen Sie per Farbbalance einzelne Farbtöne für Tiefen und Lichter, um markante Bildbereiche zu akzentuieren.	
Aufwand:	Gering bis mittel	
Übungsdatei:	Farbkorrektur_3.jpg	

Schritt 1: Analyse per Histogramm

Öffnen Sie das Foto »Farbkorrektur_3.jpg« im Ordner »Übungen« auf der DVD. Natürlich erkennen Sie mit bloßem Auge, dass das Foto der kleinen Oase blass und flau daherkommt. Woran es genau fehlt, verrät Ihnen der Blick ins Histogramm. Als Bestandteil des Standardarbeitsbereichs müssen Sie nur auf den Karteireiter klicken, um es zu öffnen, ansonsten rufen Sie es per **Fenster: Histogramm** auf.

Bei einem guten Foto weist der Tonwertbereich bei Tiefen (links), Mitteltönen (Mitte) und Lichtern (rechts) eine gewisse Anzahl von Pixeln auf. Im Übungsbild fehlen die Werte sowohl im dunklen als auch im hellen Bereich. Fazit: Die Tonwertspreizung muss dringend korrigiert werden.

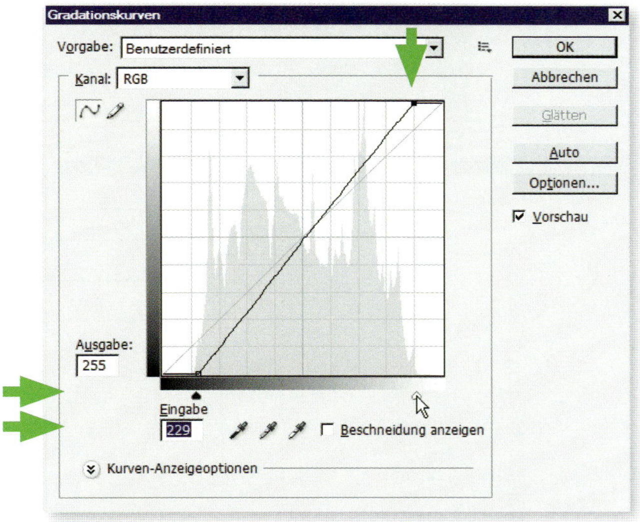

Schritt 2: Tonwerte korrigieren

Wählen Sie **Bild: Anpassungen: Gradationskurven**. Ziehen Sie im Bereich der TONWERTSPREIZUNG den schwarzen Regler nach rechts, bis er die erste Erhöhung im Histogramm erreicht bzw. links als EINGABE einen Wert von 29 statt 0 anzeigt. Sie sehen, dass das Bild dunkler wird, und können gleichzeitig in der Histogrammpalette beobachten, wie sich die Anschläge nach links bis hin zum Rand ausdehnen.

Verfahren Sie entsprechend mit dem weißen Regler rechts, indem Sie ihn nach innen ziehen, bis statt des Werts von 255 als EINGABE nur noch 229 angezeigt wird. Damit erhöht sich der Kontrastumfang im Bild.

Die ursprüngliche Diagonale bleibt im Hintergrund ausgegraut erhalten und zeigt die Differenz zur Korrektur. Klicken Sie auf OK.

Übungen zu Kontrast- und Farbkorrektur: Tonwerte und Farbsättigung

Schritt 3: Lichter und Schatten per Gradationskurve verbessern

Noch immer überstrahlt das weiße Gebäude im Bild zu sehr. Wir nehmen uns vor, derartige Szenen künftig lieber am späteren Nachmittag und nicht in der grellen Mittagssonne zu fotografieren, und schreiten zur Verbesserung:

Mit dem Befehl **Bild: Anpassungen: Gradationskurven** senken Sie nun die Lichter etwas ab. Dazu klicken Sie im oberen Bereich auf die diagonale Linie und ziehen den Anfasser mit gedrückter Maustaste etwas nach rechts unten. Die EINGABE erfasste den Wert 230 und reduzierte ihn in der AUSGABE auf 220.

Das helle Gebäude erhält dadurch eine stärkere Zeichnung, doch nach wie vor zeigt das Bild einen gehörigen Blaustich.

Steuern Sie mit dem nächsten Schritt dagegen und neutralisieren Sie die Mittelwerte. Dazu wählen Sie die mittlere Pipette und klicken auf den Berg im Bildhintergrund, um das Neutralgrau zu definieren. Insbesondere die Sättigung der Gelb- und Rottöne steigt. Klicken Sie auf OK.

Tipp
*Verfolgen Sie in der **Info**-Palette, wie sich die RGB-Werte des aktuellen Farbwerts verhalten, um ein möglichst reines Grau zu erhalten wie beispielsweise bei dem Wert R: 150, G: 150 und B: 150.*

Während der Arbeit verändert sich das ausgegraute Histogramm im Hintergrund des Gradationsfensters nicht. Sie können jedoch die Änderungen in der Histogrammpalette verfolgen. Mit dem OK geht es zum nächsten Schritt.

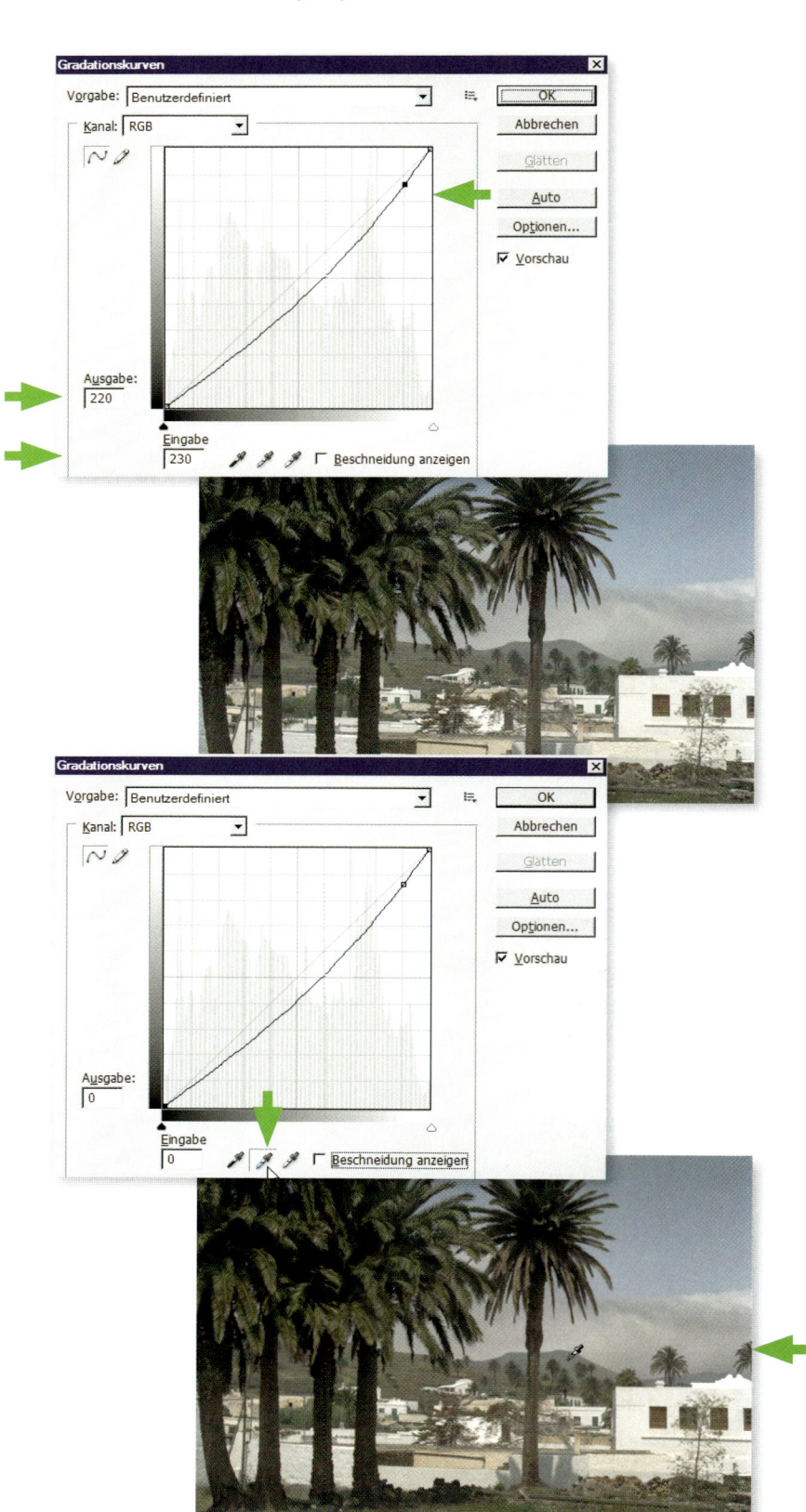

142

Übung 3

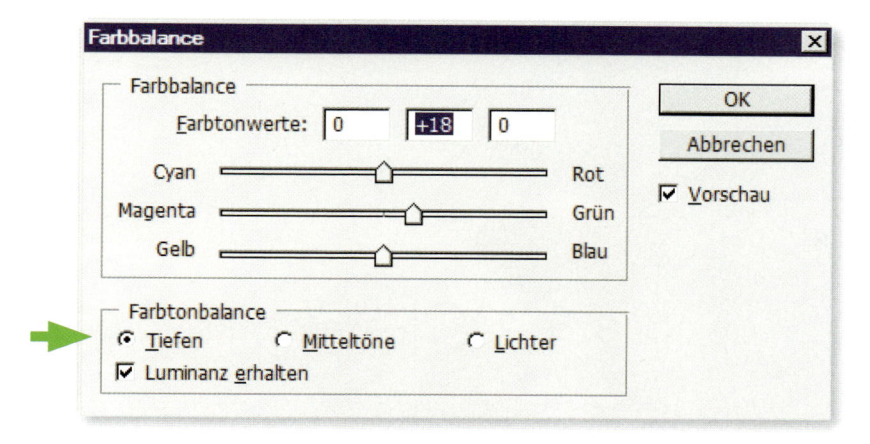

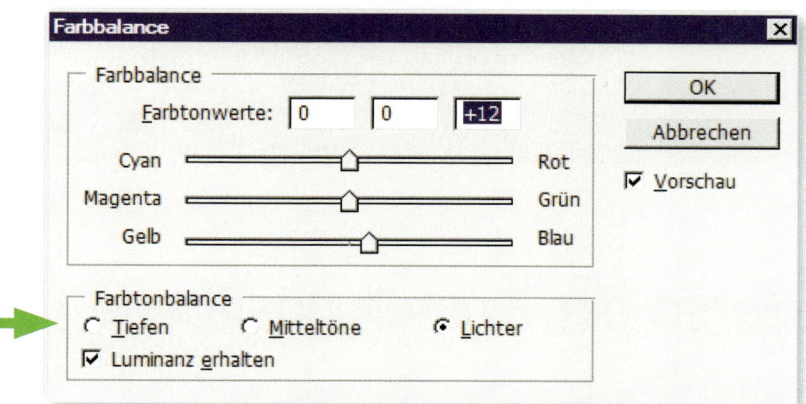

Schritt 4: Mehr Grün per Farbbalance

Ein wenig freudlos wirken die bräunlichen Blätter der Palmen. Sie könnten durchaus etwas Chlorophyll vertragen.

Wählen Sie **Bild: Anpassungen: Farbbalance**. Die Bäume gehören zum Bereich der TIEFEN im Bild, deshalb aktivieren Sie den Kontrollpunkt. Nachdem Sie bereits Kontrast und Tonwerte korrigiert haben, bestehen Sie auf LUMINANZ ERHALTEN. Nun ziehen Sie den mittleren Regler in Richtung GRÜN. Ein Wert von +18 verleiht den Palmen neue Frische.

Vielleicht soll auch der Himmel noch etwas „Postkartenblau" erhalten. Aktivieren Sie den Kontrollpunkt LICHTER und bewegen Sie den unteren Regler in Richtung BLAU. Ein Wert von +12 tut nicht nur dem Himmel gut, sondern sättigt auch das weiße Gebäude ganz zart.

Nach dem Klick auf OK ist die Welt doch gleich viel schöner, nicht wahr?

Tipp
Wollen Sie noch mehr zur Arbeit mit Histogrammen erfahren, dann lesen Sie die Übung 2 A in Kapitel 9 ab Seite 281. Mehr zum Thema »Gradationskurven« und zum Umgang mit Pipetten lernen Sie in Übung 6 dieses Kapitels ab Seite 156.

Übungen zu Kontrast- und Farbkorrektur per Einstellungsebene

Übung 4: Flexibel korrigieren per Einstellungsebene

Diese Übung eignet sich nicht nur für vorsichtige Zeitgenossen oder Menschen mit Angst vor Kontrollverlust, sondern vielmehr für jeden, der effektive und flexible Bildbearbeitung anstrebt.

Wertvolle Originalfotos mit Kontrast- und Farbkorrekturen zu bearbeiten, ist eine heikle Sache. Manchmal zeigt erst der Druck oder die Ausbelichtung, dass das Ergebnis nicht optimal ist. Mit einer eigenen Ebene für die Korrekturen bleibt das ursprüngliche Bild unangetastet und Sie können alle vorgenommenen Korrekturen erneut verändern, ergänzen oder wieder löschen.

Sie können Korrekturen auch nur auf bestimmte Bereiche des Fotos anwenden, indem Sie mit einer Ebenenmaske arbeiten. — Das ist übrigens weit weniger kompliziert, als es sich anhört.

Bei Fotoserien mit ähnlicher Belichtungssituation sparen Sie viel Zeit und Nerven, wenn Sie die Einstellungsebene mit den Korrekturen auf weitere Bilder übertragen. Stimmen dabei die Werte nicht exakt zum Bild, passen Sie diese einfach an.

Infothek

	einfach			komplex
Lernschritte:	Legen Sie Korrekturen von Kontrast und Farbe auf einer eigenen Einstellungsebene an. Jede Anpassung erhält eine separate Ebene. Dann erstellen Sie eine Ebenenmaske, durch die Sie bestimmte Bildbereiche von der Korrektur ausschließen können. Die vorhandenen Einstellungsebenen übertragen Sie anschließend auf ein anderes Foto, wobei Sie Ebenenmaske und Farbsättigung anpassen.			
Aufwand:	Höher			
Übungsdatei:	Farbkorrektur_4A.jpg, Farbkorrektur_4A.psd, Farbkorrektur_4B.jpg, Farbkorrektur_4B.psd			

Übung 4

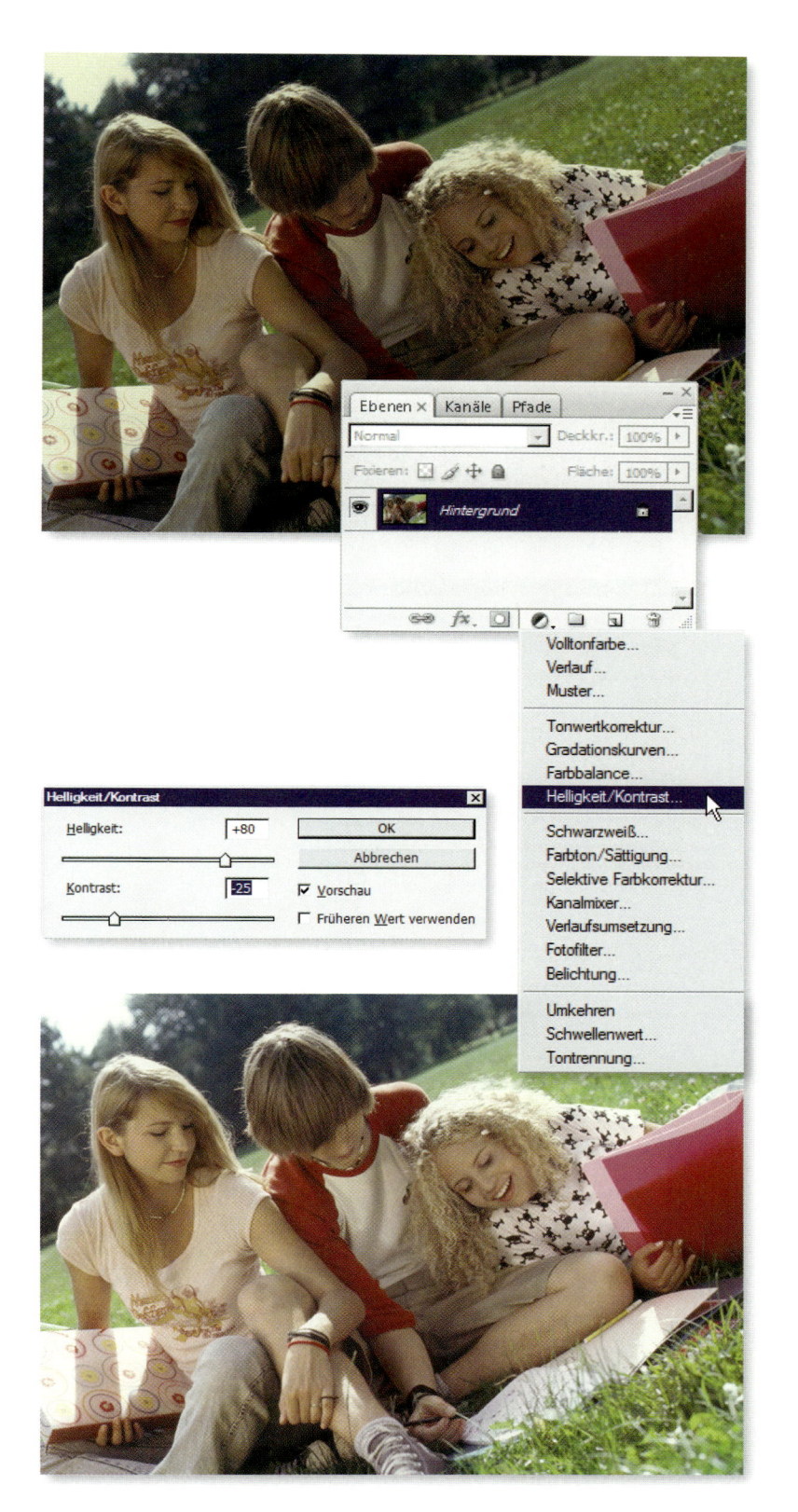

Schritt 1: Eine eigene Ebene für die Korrekturen erstellen

Öffnen Sie das Foto »Farbkorrektur_4A.jpg« im Ordner »Übungen« auf der DVD. Die Aufnahme geriet viel zu dunkel und auch die Farben wirken matt.

Klicken Sie in der Ebenenpalette auf NEUE FÜLL- ODER EINSTELLUNGSEBENE ERSTELLEN, erscheint ein Klappmenü mit diversen Anpassungsmöglichkeiten für Kontrast- und Farbkorrekturen. Sie müssen sich für eine der Optionen entscheiden, um darauf im zugehörigen Fenster die Vorgaben zu bestimmen.

Wählen Sie **Helligkeit/Kontrast**. Regeln Sie die HELLIGKEIT auf einen Wert von beispielsweise +80 und mindern Sie den KONTRAST auf -25.

Das Ergebnis kann sich sehen lassen. Dabei hat Photoshop eine eigene Ebene für die Korrektur angelegt, verbunden mit einer (vorläufig noch ungenutzten) Ebenenmaske, wie Sie in der Ebenenpalette sehen können.

Per Doppelklick auf das Symbol der Einstellungsebene können Sie die Werte jederzeit ändern. Behandeln Sie diese Ebene wie jede andere. Im Menü der Ebenenpalette finden Sie die üblichen Befehle zum Löschen, Duplizieren etc.

Weitere Einstellungsebenen fügen Sie nach dem obigen Prinzip einfach hinzu.

Übung 4 • Flexibel korrigieren per Einstellungsebene

Übungen zu Kontrast- und Farbkorrektur per Einstellungsebene

Schritt 2: Farbkorrektur mit Einstellungsebene ausführen

Im Übungsbild stimmen die Farben für den Hintergrund mit Wald und Wiese jetzt, doch die drei jungen Leute gucken etwas blass aus der Wäsche. Bearbeiten Sie nun die Farben der Teenies per Ebenenmaske, ohne den Hintergrund zu verändern.

Wählen Sie erneut NEUE FÜLL- ODER EINSTELLUNGS-EBENE ERSTELLEN ⬤ in der Ebenenpalette. Diesmal rufen Sie **Farbton/Sättigung** auf, um die matten, kühlen Farben etwas aufzufrischen.

Ziehen Sie den Regler unter FARBTON nach links, merken Sie deutlich, dass die Rot- und Gelbtöne stärker werden. Ein Wert von -8 tut den Personen gut, doch die Wiese wirkt zu giftig. — Keine Sorge, sie wird nachher von der Korrektur ausgenommen.

Erhöhen Sie die SÄTTIGUNG um +20, dann zaubern Sie Farbe in Kleidung und Gesichter. Klicken Sie auf OK.

Photoshop hat eine weitere Einstellungsebene mit verknüpfter Ebenenmaske erstellt, die Sie nun nutzen können, um den Hintergrund zu maskieren, damit er von der Farbkorrektur verschont bleibt.

Schritt 3: Ebenenmaske erstellen

Wählen Sie per Taste B das Pinsel-Werkzeug 🖌. In der Optionsleiste oben bestimmen Sie die Einstellungen für den PINSEL: Der HAUPT-DURCHMESSER hängt natürlich immer von der Bildauflösung ab. Das kleine Übungsbild mit 1000 x 700 Pixel verträgt mindestens eine Pinselgröße von 100 Px. Die HÄRTE stellen Sie auf 0%, um bei der nachfolgenden Bearbeitung harte Kanten zu vermeiden.

In der Regel zeigt Photoshop dann die Vordergrundfarbe Schwarz. Malen Sie nun mit dem Pinsel bei gedrückter Maustaste in einzelnen Zügen über den Hintergrund. An den übermalten Stellen erscheint er abgedunkelt, die Ebenenpalette zeigt den Bereich Schwarz an.

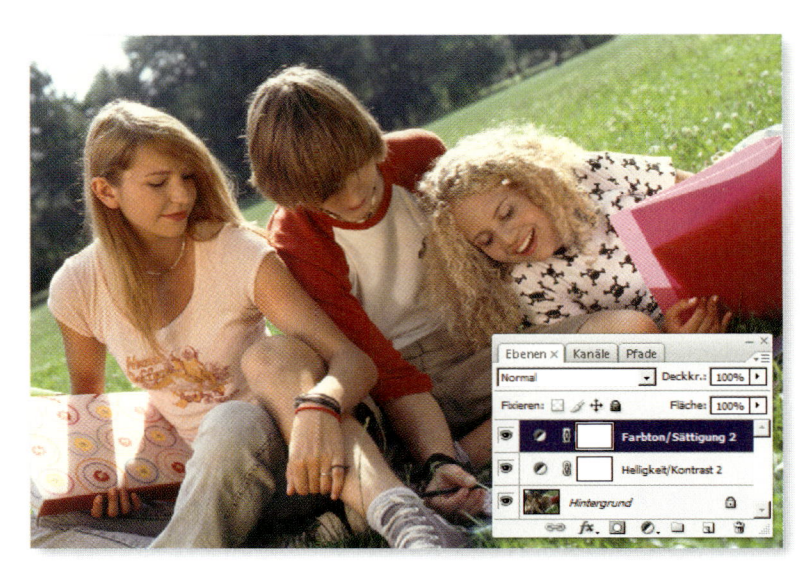

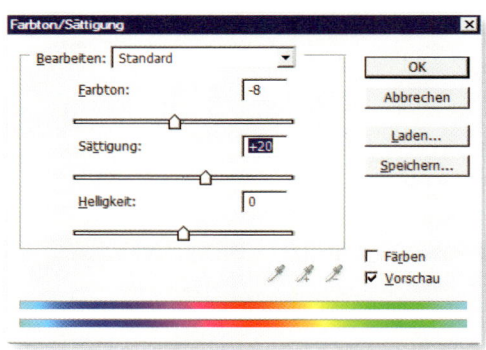

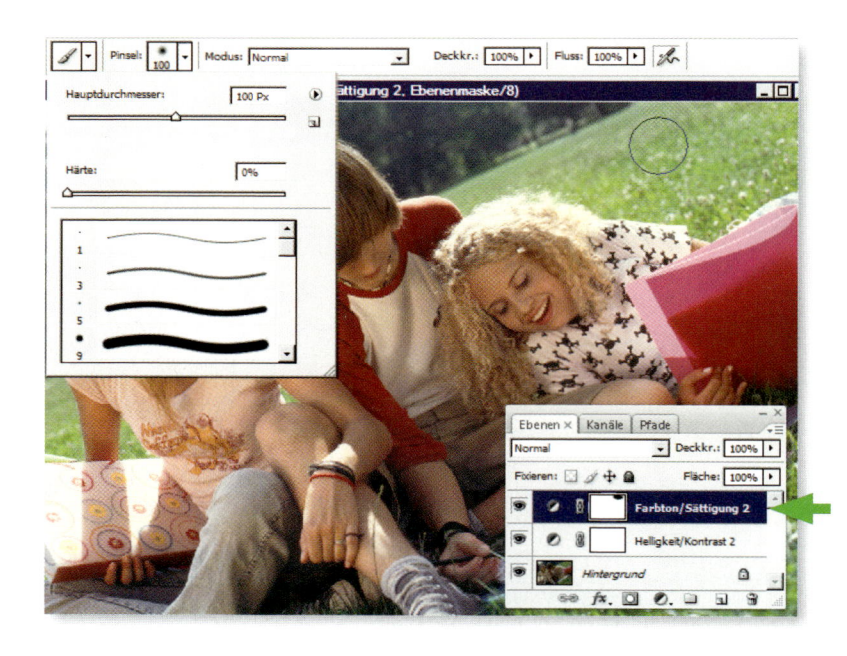

Übung 4

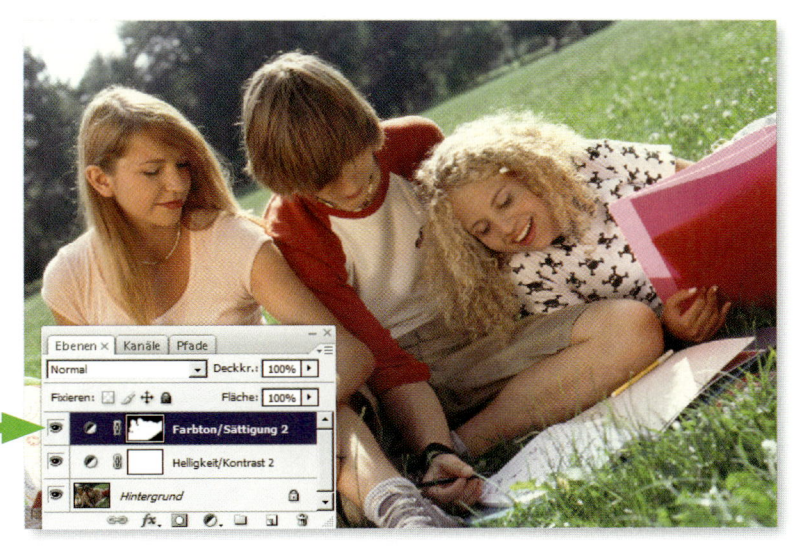

Wie bitte? Sie sehen kaum einen Unterschied zwischen Bild und Maske? Je massiver die Korrektur ist, desto deutlicher zeigt sich die Maske. Allerdings werden Sie auch künftig oft feinere Korrekturen vornehmen und den maskierten Bereich schlecht erkennen. Klicken Sie doppelt auf die Miniatur der Ebenenmaske in der Ebenenpalette. Standardmäßig wird der maskierte Bereich in der Farbe Rot angezeigt. Ändern Sie den Farbton je nach Motiv per Klick auf das Farbfeld.

Arbeiten Sie mit dem Pinsel besonders vorsichtig an den Konturen der Personen, um sie für die spätere Korrektur nicht zu sperren. Für kleine Stellen wie etwa zwischen den Köpfen verringern Sie die Pinselgröße und erhöhen eventuell die Härte des Pinsel auf ca. 30%.

Die Ebenenmaske mit dem rot markierten Bereich ist so gut wie fertig. Aber da gibt es ein paar Stellen, an denen Sie „gepatzt" haben bzw. zu weit in das Motiv gewischt haben.

Kein Problem: Stellen Sie per Taste [X] die Vordergrundfarbe auf Weiß und malen Sie mit dem Pinsel darüber, um die Fehler zu retuschieren.

Nach getanem Werk können Sie den Kanal per Klick deaktivieren und zum Karteireiter EBENEN zurückkehren.

Natürlich werden Sie bei vielen Fotos wesentlich schwierigere Kontrast- und Farbkorrekturen vornehmen müssen. Aber jetzt, da Sie wissen, wie Sie Einstellungsebenen anlegen und Ebenenmasken erstellen, können Sie sich mit den folgenden Übungen auch darauf konzentrieren.

Die fertige Datei mit Einstellungsebenen und Ebenenmaske finden Sie auf der DVD im Ordner »Übungen« unter »Farbkorrektur_4A.psd«.

Übung 4 • Flexibel korrigieren per Einstellungsebene

147

Übungen zu Kontrast- und Farbkorrektur per Einstellungsebene

Schritt 4: Einstellungsebenen auf ein anderes Bild übertragen

Aus der Serie im Park gibt es noch weitere Fotos, die bei ähnlicher Belichtungssituation entstanden. Öffnen Sie das Foto »Farbkorrektur_4B.jpg« im Ordner »Übungen« auf der DVD.

Auch dieses Bild wirkt zu flau und farblos. Zaubern Sie doch der jungen Dame ein Lächeln ins Gesicht, indem Sie die Einstellungsebenen mit den Kontrast- und Farbkorrekturen des ersten Bilds übertragen. Haben Sie es bereits geschlossen, öffnen Sie einfach »Farbkorrektur_4A.psd« von der DVD.

Das zuletzt geöffnete Bild ist aktiv und steht im Vordergrund. Klicken Sie nun in seiner Ebenenpalette auf die Miniatur der Einstellungsebene ⬤ HELLIGKEIT/KONTRAST und ziehen Sie sie bei gedrückter Maustaste auf das hochformatige neue Bild.

Schwupp, schon wird das Foto des Mädels wesentlich heller. Die Ebenenpalette zeigt die übernommene Einstellungsebene per Ebenenminiatur 🖼 an.

Auf dieselbe Weise übertragen Sie nun die Ebene FARBTON/SÄTTIGUNG ins neue Bild. Ein bisschen zu bunt wirkt es jetzt schon, zudem befinden sich einige seltsame Flecke darin.

Der Grund: Photoshop hat auch die Ebenenmaske mit übertragen. Sie wurde speziell für das obige Motiv angelegt und hat im Hochformat nichts mehr zu suchen.

Schritt 5: Ebenenmaske bearbeiten

Klicken Sie mit der rechten Maustaste (PC) bzw. der gedrückten `Ctrl`-Taste (Mac) direkt auf die Miniatur der Ebenenmaske, können Sie mehrere Optionen wie DEAKTIVIEREN oder LÖSCHEN wählen. Da Sie das gelbgrüne Gras aber sicher nicht beibehalten wollen, brauchen Sie eine neue Ebenenmaske.

Dazu löschen Sie einfach nur den *Inhalt* der Maske (also nicht die Maske selbst), indem Sie den Befehl **Bearbeiten: Fläche füllen** wählen und als Füllfarbe Weiß verwenden.

Die neue Maske ist rasch erstellt, wenn Sie die Vorgehensweise von Übungsschritt 3 wiederholen. Es genügt, die Grasflächen per Pinsel zu maskieren. Auch hier zeigt der Klick auf den Kanal FARBTON/SÄTTIGUNG das Ergebnis genauer.

Schritt 6: Einstellungen anpassen

Obwohl die Fotos der Parkserie ähnliche Aufnahmebedingungen hatten, sollten Sie die Farbsättigung im neuen Bild etwas nachjustieren.

Klicken Sie doppelt auf die Ebenenminiatur der Einstellungsebene FARBTON/SÄTTIGUNG: Die aktuellen Werte betragen FARBTON -8, SÄTTIGUNG +20. Reduzieren Sie die SÄTTIGUNG auf +10 und klicken Sie auf OK.

Auch diese fertige Datei mit Einstellungsebenen und Ebenenmaske finden Sie auf der DVD im Ordner »Übungen« unter »Farbkorrektur_4B.psd«.

Übungen zu Kontrast- und Farbkorrektur: Aufhellblitz

Übung 5: Der digitale Aufhellblitz

Mit dem Befehl **Tiefen/Lichter** verbessern Sie Fotomotive, die vor zu hellem Hintergrund fast wie Schattenrisse wirken. Ob es sich bei dem Motiv um Personen, Landschaften, Objekte oder Gebäude handelt, spielt dabei keine Rolle. Entscheidend ist das kluge Zusammenspiel der einzelnen Einstellungen, bei denen Sie mit Extremwerten immer vorsichtig umgehen sollten.

In der Fotografie kennen Sie die Wirkung des Befehls als den sogenannten Gegen- oder Aufhellblitz. Dabei gewinnt beispielsweise auch ein Porträt bei hellem Sonnenlicht an Prägnanz und Helligkeit, ohne vom Umgebungslicht überstrahlt zu werden.

Holen Sie den versäumten Aufhellblitz also mit Photoshop nach und machen Sie aus Aufnahmen, die scheinbar nichts mehr taugen, noch faszinierende Bilder. — Übrigens kompensieren Sie auch überbelichtete Gegenlichtmotive recht gut mit dem Dialogfenster **Tiefen/Lichter**.

Infothek	einfach		komplex
Lernschritte:	Analysieren Sie die Mängel eines Motivs, das im Gegenlicht aufgenommen wurde, mithilfe des Histogramms, um die nötigen Verbesserungen festzulegen. Mit dem Befehl **Tiefen/Lichter** lernen Sie alle vorhandenen Einstellungen und ihre Wirkung kennen. Regeln Sie dabei Tiefen, Lichter und weitere Bildanpassungen neu. Zum Schluss übertragen Sie gespeicherte Einstellungen auf ein weiteres Bild mit ähnlicher Belichtungsproblematik, um künftig ganze Serien effektiv zu korrigieren.		
Aufwand:	Mittel		
Übungsdateien:	Farbkorrektur_5.jpg, Farbkorrektur_5A.jpg		

Übung 5

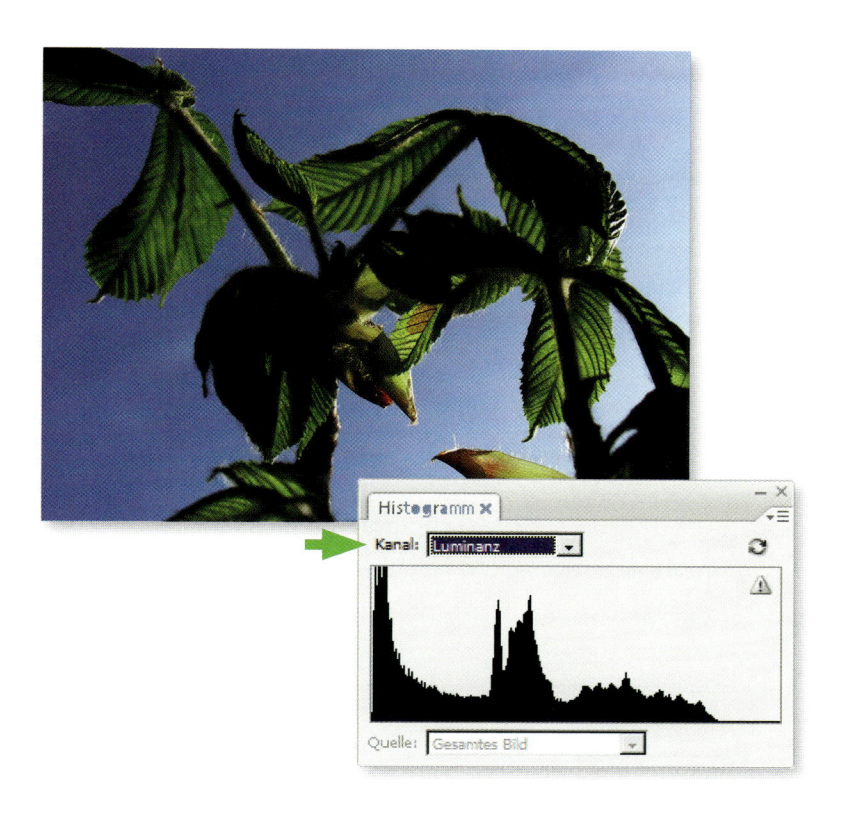

Schritt 1: Das Gegenlichtmotiv

Das Foto »Farbkorrektur_5.jpg« im Ordner »Übungen« auf der DVD zeigt die typische Problematik einer Gegenlichtaufnahme. Während das Hauptmotiv im Dunklen versinkt, leuchtet der blaue Hintergrund und weist überdies einen starken Verlauf auf.

Rufen Sie per **Fenster** das **Histogramm** auf und stellen Sie im KANAL-Klappmenü die LUMINANZ ein. Die Tonwertspreizung zeigt deutlich, wie unterbelichtet das Foto ist: Während am linken Rand die Tiefen hohe Spitzen aufweisen, fehlen im Bereich der Lichter rechts die Pixel.

Wäre die Aufnahme mit einem Gegenblitz zur Aufhellung der Blüten entstanden, würde das Bild wohl nicht solch einen harschen Kontrast aufweisen. Verbessern Sie die Tonwerte jetzt doch einfach per digitalem Aufhellblitz.

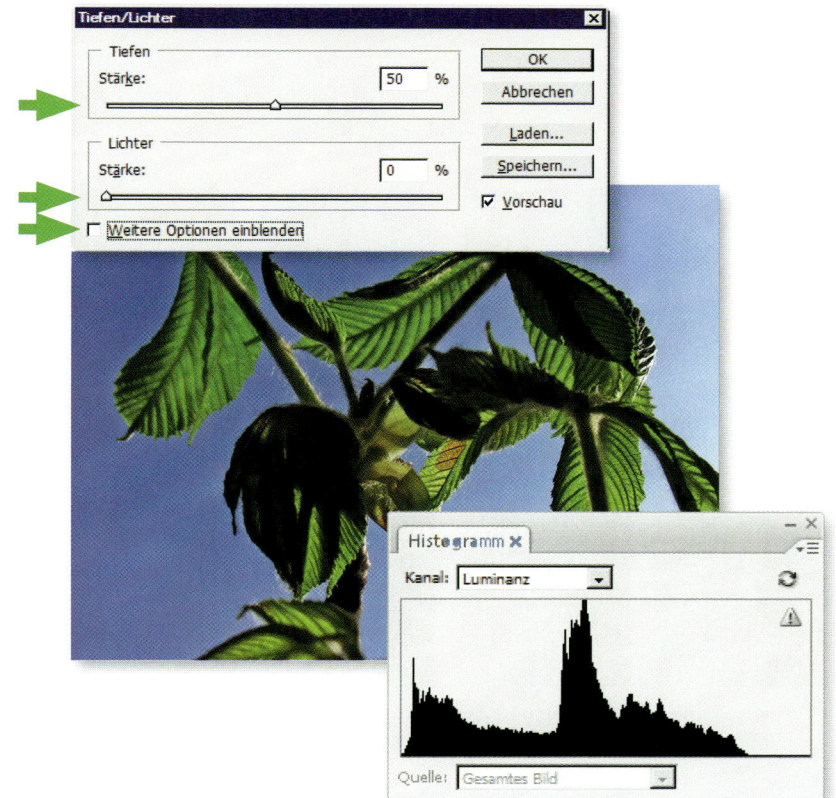

Schritt 2: Tiefen und Lichter aufrufen

Rufen Sie den Befehl **Bild: Anpassungen: Tiefen/Lichter** auf, so erscheint das Bild gleich wesentlich heller. Das Motiv hat von Photoshops automatischem Vorschlag schon profitiert. Im Histogramm zeigen die Mitteltöne bereits mehr Kraft, während die Tiefen links abgemildert sind. Nach wie vor jedoch fehlen die Lichter.

Testen Sie die STÄRKE für TIEFEN und LICHTER, so stellt sich bereits eine erhebliche Verbesserung ein, wenn Sie den Regler für die Tiefen nach rechts ziehen. Steigern Sie hingegen die STÄRKE der Lichter, bilden sich umgehend hässliche Lichtkränze rund um die Blätter.

Stellen Sie die Regler nun zurück auf die Ausgangswerte, also auf 50% für die TIEFEN und 0% für die LICHTER, denn die Dialogbox bietet noch wesentlich differenziertere Einstellungen, die Sie unbedingt nutzen sollten. Aktivieren Sie dazu das Kontrollkästchen WEITERE OPTIONEN EINBLENDEN.

Übungen zu Kontrast- und Farbkorrektur: Aufhellblitz

Schritt 3: Erweiterte Optionen nutzen

In der erweiterten Ansicht des Dialogfelds stehen drei unterschiedliche Bereiche zur Verfügung. Wir zeigen sie vorweg in der Standardansicht, da Sie beim Bearbeiten mehrerer Optionen schnell den voreingestellten Standard verlieren und die Orientierung an den Ausgangswerten oft recht hilfreich ist.

Die ersten beiden Maßgaben betreffen Einstellungen zu Tiefen und Lichtern:

> Mit der STÄRKE regeln Sie jeweils den Grad der Belichtungskorrektur; je größer dabei der Prozentwert eingestellt wird, desto stärker werden TIEFEN aufgehellt oder LICHTER beschnitten.

> Die TONBREITE bestimmt das Ausmaß, in dem TIEFEN bzw. LICHTER sich auf kleinere oder größere Bereiche ausdehnen. Je höher der Wert, umso mehr verändern sich auch die Mitteltöne im gesamten Bild.

> Per RADIUS steuern Sie die unmittelbare Umgebung von dunklen bzw. hellen Pixeln und damit den Grad, in dem die benachbarten Pixel von der Korrektur erfasst werden.

Im dritten Bereich der ANPASSUNGEN nehmen Sie die Feinabstimmung von Farben und Tonwerten vor.

> Die Farbkorrektur erhöht die Sättigung des Bilds und verstärkt dabei die grundlegende Farbtendenz. Bei stark unterbelichteten Motiven verstärkt sich mit zunehmenden Werten schnell das Bildrauschen.

> Lichter und Tiefen werden verstärkt, wenn Sie den MITTELTON-KONTRAST anheben. Senken Sie ihn, so erhalten Sie zartere Tonwertunterschiede.

> Erhöhen Sie die Werte für Beschneidungen lieber vorsichtig: Per SCHWARZ BESCHNEIDEN verringert sich die Tonspreizung im Bereich der Tiefen und mit WEISS BESCHNEIDEN bei den Lichtern.

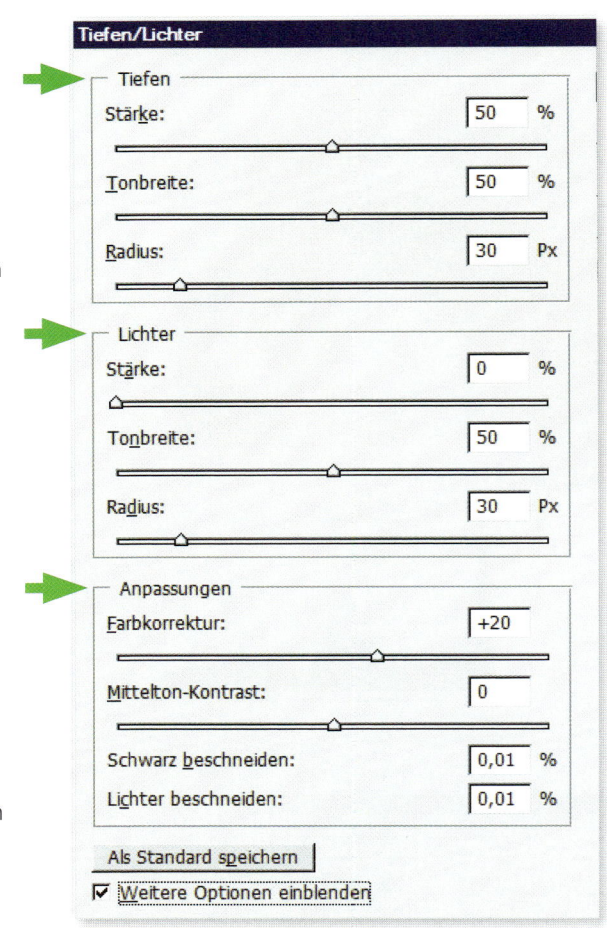

Erst die gelungene Kombination der Einstellungen führt zum optimalen Resultat, da alle Parameter einander beeinflussen.

Schritt 4: Die Tiefen regeln

Die Standardeinstellungen haben im Bereich der TIEFEN bereits zu erheblichen Verbesserungen geführt, die Sie nun individuell abgleichen können:

Im Übungsbild ziehen Sie die STÄRKE radikal auf 100%, um die massiven dunklen Bereiche aufzuhellen.

Erhöhen Sie hingegen die TONBREITE nur geringfügig auf 55%, damit der Hintergrund nicht zu hell wird und rund um das Motiv keine Lichtkränze entstehen.

Mit einem RADIUS von 98 Pixel gleicht sich der harsche Kontrast zwischen Blättern und Himmel aus. Wie bei allen Pixelangaben, hängt dieser Wert natürlich immer von der aktuellen Auflösung des Bilds ab.

Schritt 5: Die Lichter angleichen

Wenn Sie im Sektor der LICHTER die STÄRKE auf 48% erhöhen, gleicht sich der Helligkeitsverlauf im Hintergrund aus.

Reduzieren Sie die TONBREITE auf 30%, damit die Mitteltöne nicht mit in die Tiefe gezogen werden.

Sobald Sie den RADIUS erhöhen, werden die Blätter im Übungsbild von hellen Rändern umgeben, denn er wirkt sich fast nur auf den Hintergrund aus. Belassen Sie ihn auf 0%.

Übungen zu Kontrast- und Farbkorrektur: Aufhellblitz

Schritt 6: Farben und Mitteltöne angleichen

Mit den Einstellungen zu den ANPASSUNGEN sollten Sie besonders sensibel umgehen.

Die FARBKORREKTUR verhält sich sehr pauschal, indem sie die Sättigung steigert. Mehr als der vorgegebene Standardwert von +20 ist für die satten Blätter nicht nötig.

Senken Sie den MITTELTON-KONTRAST auf -10, um Tiefen und Lichter nicht noch mehr zu verschärfen. Auf diese Weise stärken Sie auch die Mitteltöne.

Belassen Sie den übrigens äußerst empfindlichen Wert für SCHWARZ BESCHNEIDEN auf 0,01%, um die mühsam herausgearbeiteten Details in den Tiefen nicht wieder zu verlieren. Den Wert für LICHTER BESCHNEIDEN setzen Sie auf dezente 0,3%, um die Mitteltöne etwas anzuheben.

Schritt 7: Als Standard speichern

Speichern Sie die eben erstellten Korrekturwerte zur Wiederverwendung per Klick auf die Option ALS STANDARD SPEICHERN.

Tipp
Sie müssen nicht befürchten, dass Photoshops Voreinstellungen dabei verlorengehen: Sobald Sie mit gedrückter ⇧-Taste auf ALS STANDARD SPEICHERN klicken, werden die Einträge auf die Ausgangswerte zurückgesetzt.

Es gibt ein weiteres Bild aus der Serie, das unter ähnlichen Bedingungen belichtet wurde. Öffnen Sie das Foto »Farbkorrektur_5A.jpg« im Ordner »Übungen« auf der DVD. Auch hier braucht das Motiv dringend einen digitalen Aufhellblitz.

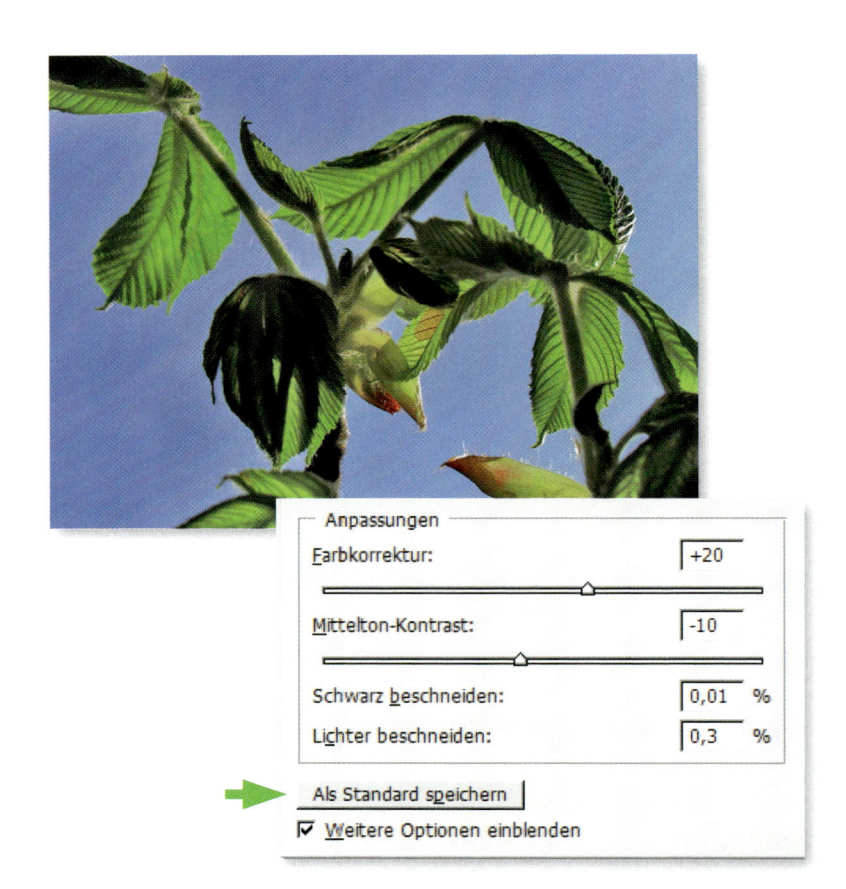

Übung 1

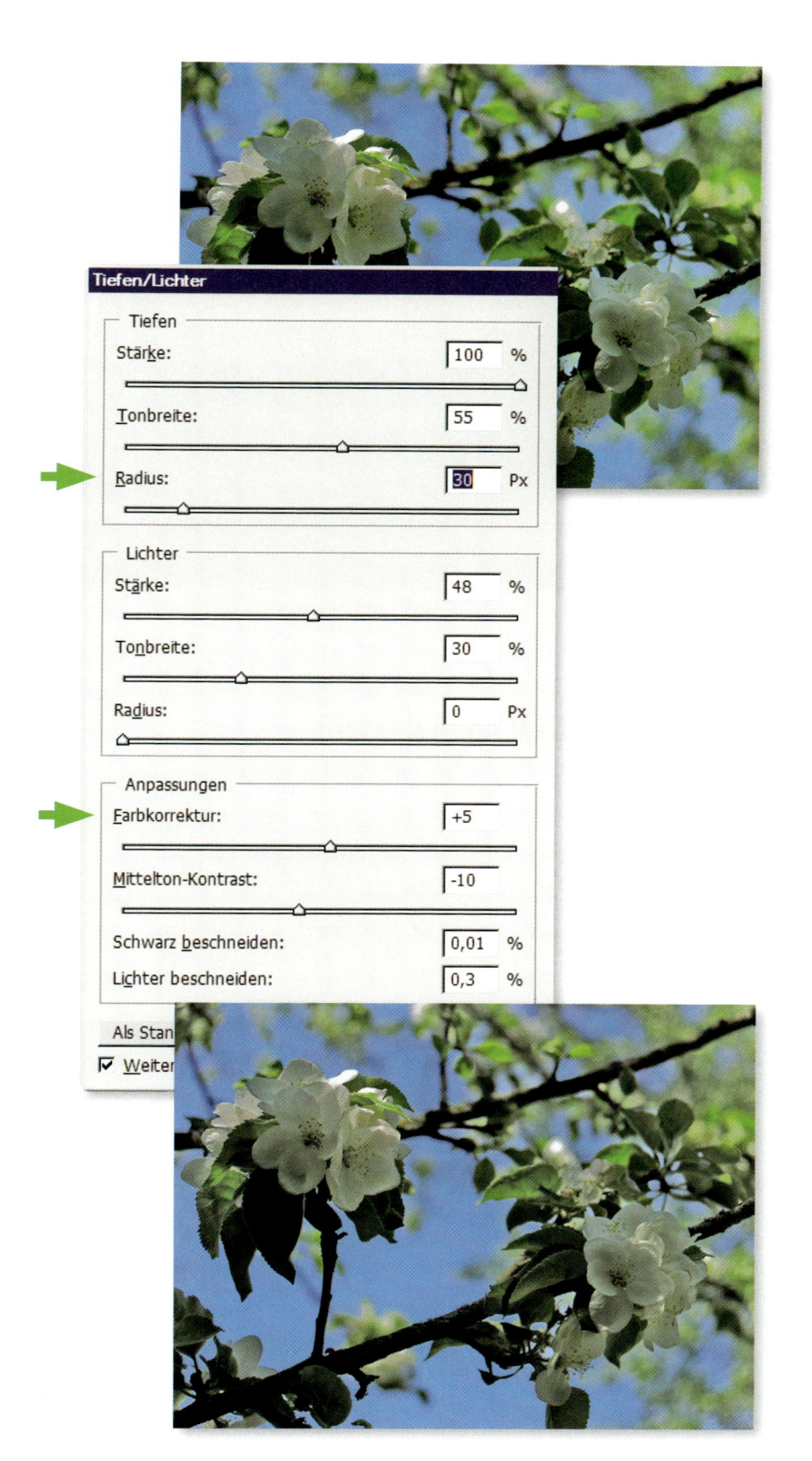

Schritt 8: Werte für weitere Fotos übernehmen

Sobald Sie den Befehl **Bild: Anpassungen: Tiefen/Lichter** aufrufen, werden Ihre gespeicherten Werte auf das Foto übertragen.

Die Vorgaben eignen sich im Ansatz schon recht gut, um das Motiv aufzuhellen, allerdings bedarf es noch ein paar kleiner Anpassungen, die Sie nun rasch vornehmen können.

Denn das Himmelblau des Hintergrunds knallt noch zu heftig und die weißen Blüten könnten, ebenso wie die Blätter, noch etwas mehr Licht vertragen.

Reduzieren Sie den RADIUS der TIEFEN von 98 Pixel auf 30, so wachsen die helleren Bereiche im Motiv, behalten jedoch noch genügend Zeichnung.

Die FARBKORREKTUR mit dem vorgegebenen Standardwert von +20 setzen Sie auf +5 herab, damit der Frühlingshimmel nicht überstrahlt.

Damit ist die Bildbearbeitung vollendet. Klicken Sie auf OK.

Damit Sie Ihr Übungsbuch später nicht verfluchen, sondern lieber weiter lustvoll nutzen, rufen Sie nun noch einmal die **Tiefen/Lichter** per Befehl **Bild: Anpassungen** auf und stellen Photoshops Standardwerte nun wieder her (siehe Tipp auf der linken Seite).

Denn vielleicht benötigen Sie eher gegensätzliche Einstellungen, wenn Sie die Dialogbox das nächste Mal öffnen. — Schließlich eignet sich der Befehl **Tiefen/Lichter** auch hervorragend, um bei einem überbelichteten Motiv die Lichter zu zähmen. Denken Sie daran!

Übungen zu Kontrast- und Farbkorrektur: Gradationskurven

Übung 6: Raffinesse mit Gradationskurven

Profis lieben es, mit Gradationskurven zu arbeiten, weil sie unendlich viele Varianten erzeugen können und durch die vielfältigen Einstellungsmöglichkeiten zur optimalen Bildlösung gelangen. Anders gesehen bedeutet diese Flexibilität für Anfänger ohne Anleitung, dass sie ebenso viel falsch wie richtig machen können. — Stopp! Jetzt bitte noch weiterlesen:

Dabei ist es gar nicht so schwer, mit dieser Dialogbox umzugehen, die durchaus zum Feinsten gehört, was Photoshop bietet. Immerhin lernen Sie, die dunkelsten und hellsten Partien eines Bilds selbst zu bestimmen, Mitteltöne mit Farbwerten abzugleichen und dadurch die gesamte Bildwirkung zu beeinflussen.

In den ersten vier Arbeitsschritten bereiten Sie die Dialogbox einmalig für jede künftige Bildbearbeitung vor. Diese Pflicht ist etwas trocken und lästig, aber unglaublich lohnenswert. Danach folgt die Kür, die Sie rasch zum Staunen bringen wird, wenn Sie entdecken, wie viel Sie auch aus problematischen Fotos noch machen können.

Infothek

	einfach			komplex
Lernschritte:	Mit der generellen Bestimmung des Schwarzpunkts, des Mittelwerts sowie des Weißpunkts vermeiden Sie „Ausreißer" und „Blitzer" ohne Tonwertunterschiede für die Zukunft. Voraussetzung ist, dass Sie diese drei Punkte bei jedem Bild, das mit Gradationskurven bearbeitet wird, richtig anwenden. Den Umgang lernen Sie mit dieser Übung. Mit der Akzentuierung von Schatten, Lichtern und Farbtönen vervollständigen Sie selbst Bilder mit Unter- oder Überbelichtung oder auch Gegenlichtaufnahmen.			
Aufwand:	Höher			
Übungsdatei:	Farbkorrektur_6.jpg			

Übung 6

Schritt 1: Die Dialogbox einrichten

Das Licht der späten Nachmittagssonne hat durchaus seinen Reiz. Dennoch sah doch alles vor Ort viel strahlender und erquickender aus. Zeigen Sie die Urlaubserinnerung optimiert in Licht sowie Farbe — und zwar per Gradationskurven.

Alternativ können Sie natürlich eine neue Reise machen und hoffen, dass die eben erworbene DSLR sogleich ein besseres Resultat der Gegenlichtaufnahme liefert. Nein? Gut, Sie werden es garantiert auch so schaffen:

Öffnen Sie das Foto »Farbkorrektur_6.jpg« im Ordner »Übungen« auf der DVD.

Mit dem Befehl **Bild: Anpassungen: Gradationskurven** rufen Sie nun eine äußerst vielfältige und sensible Dialogbox zur Bearbeitung von Kontrasten und Farben auf.

➤ Als VORGABE wählen Sie für diese Übung OHNE. Behalten Sie aber die mitgelieferten Voreinstellungen wie CROSSENTWICKLUNG, HELLER, KONTRASTVERSTÄRKT etc. für einen späteren Bedarfsfall im Kopf.

➤ Optimieren Sie zunächst die Darstellung nach Bedarf. Dazu klicken Sie auf den Doppelpfeil ⊗ der KURVEN-ANZEIGEOPTIONEN.

➤ Lassen Sie sich den BETRAG ANZEIGEN FÜR das LICHT, damit die Helligkeitswerte in Stufen von 0 bis 255 dargestellt werden.

➤ Per Klick wählen Sie ein grobes oder feines Raster ▦ zur Orientierung.

➤ Die KANALÜBERLAGERUNG aktivieren Sie besser erst später, wenn Sie mit der Diagonalen des Gesamtkanals vertrauter sind.

➤ Das HISTOGRAMM können Sie einblenden, allerdings zeigt es die Veränderungen nicht an. Verwenden Sie dazu parallel die aktuelle Histogrammanzeige per **Fenster: Histogramm**.

➤ Grund- und Schnittlinien helfen Ihnen, Abweichungen nachzuvollziehen und geänderte Punke präzise zu bestimmen.

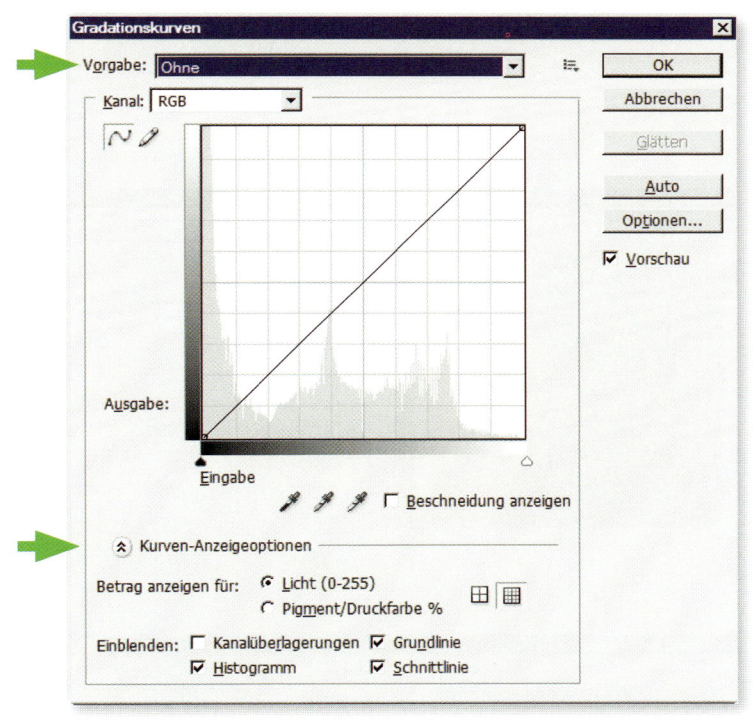

Die diagonale Linie umfasst das Spektrum von Tonalität und Farbe im Bild. Die Dunkelwerte befinden sich im unteren Bereich des Fensters, die Helligkeitswerte liegen in der oberen Zone.

Sie können bis zu 14 Punkte der Linie des Gesamtkanals (bzw. des Rot-, Grün- und Blaukanals) hinzufügen und damit die Diagonale zur individuellen Kurve wandeln. Definieren Sie Schatten, Mitteltöne und Lichter, um das bestmögliche Bildergebnis zu erzielen.

Übung 6 • Raffinesse mit Gradationskurven

Übungen zu Kontrast- und Farbkorrektur: Gradationskurven

Schritt 2: Den Schwarzpunkt bestimmen

Die Vorbereitungen für eine optimale Bildbearbeitung gehen jetzt in die entscheidende Phase:

Definieren Sie nun Schwarzpunkt, Mitteltöne und Weißpunkt generell für künftige Korrekturen. Konzentrieren Sie sich auf die drei Pipetten der Dialogbox, denn mit ihnen setzen Sie die entscheidenden drei Punkte durch Aufnehmen ins Bild.

Mit der linken Pipette picken Sie den Schwarzpunkt, also den dunkelsten Punkt im Bild auf, mit der mittleren Neutralgrau und mit der rechten den Weißpunkt als hellste Stelle im Bild. Je nach RGB-Zusammensetzung der aufgenommenen Bildpunkte definieren Sie damit aber nicht nur den Tonwertumfang, sondern auch die Farbstimmung.

Fangen wir links mit dem Schwarzpunkt an. Per Doppelklick auf die Pipette öffnet sich das Fenster ZIELTIEFENFARBE AUSWÄHLEN. Tippen Sie in der RGB-Skala jeweils den Wert 20 ein, so erhalten Sie einen Tonwert, der beim Druck als reines Schwarz erscheint. Darunterliegende Werte könnten zu sogenannten „Ausreißern" führen, also zu Stellen im Bild, die keinerlei Zeichnung mehr besitzen. Bestätigen Sie mit OK.

In der Dialogbox der Gradationskurven können Sie übrigens die „Ausreißer" oder „Blitzer" eines Bilds per BESCHNEIDUNG ANZEIGEN sehen, aber dazu später noch Genaueres.

Schritt 3: Mittelwert und Weißpunkt zuweisen

Den beiden anderen Pipetten weisen Sie auf gleiche Weise ihre Werte zu.

Die Mitteltöne erhalten nach Doppelklick auf die mittlere Pipette den Eintrag für R, G und B von jeweils 133.

Damit wandeln Sie später einen im Bild aufgenommenen Punkt zum neutralen Farbwert und vermeiden einen Farbstich.

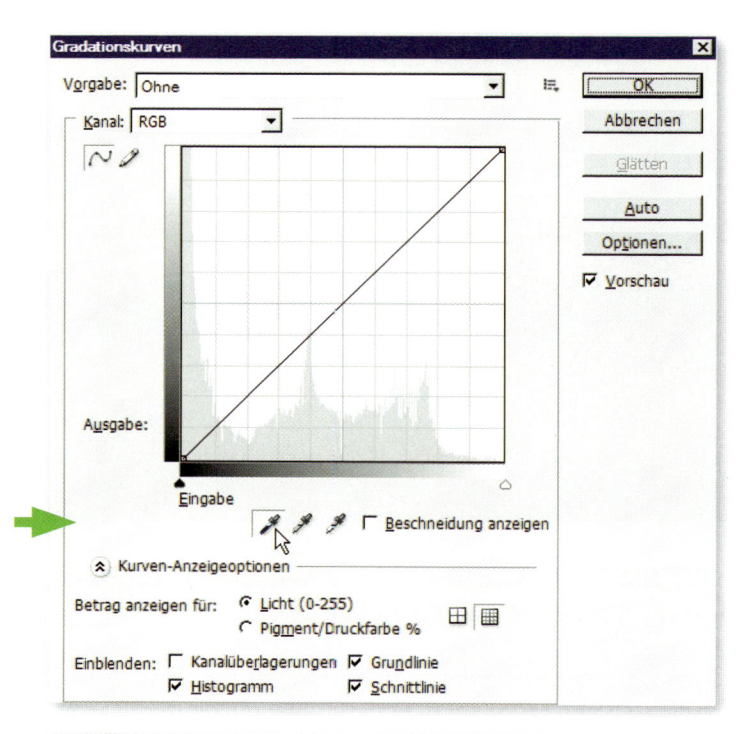

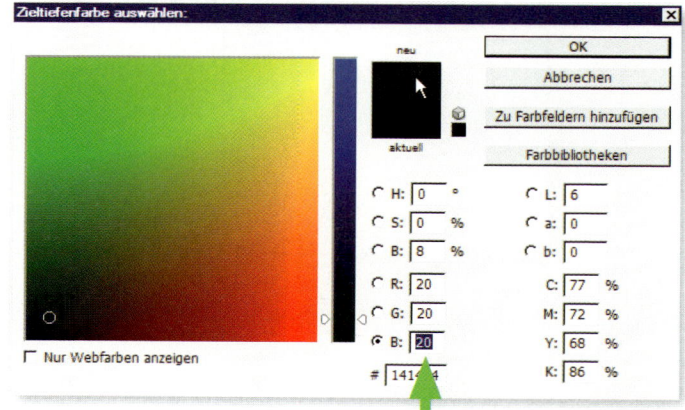

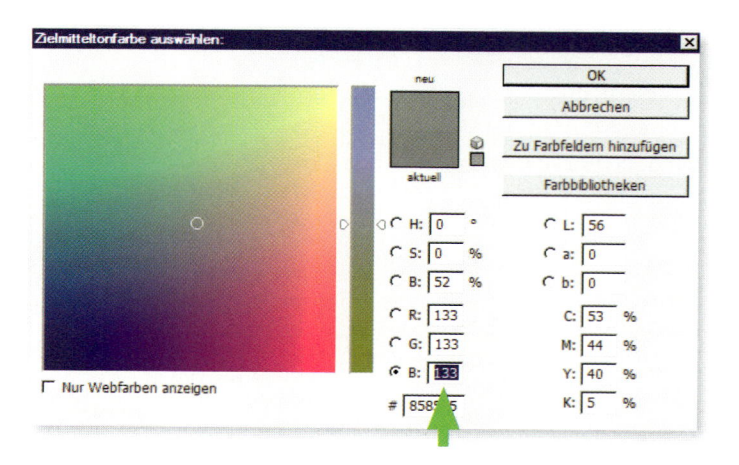

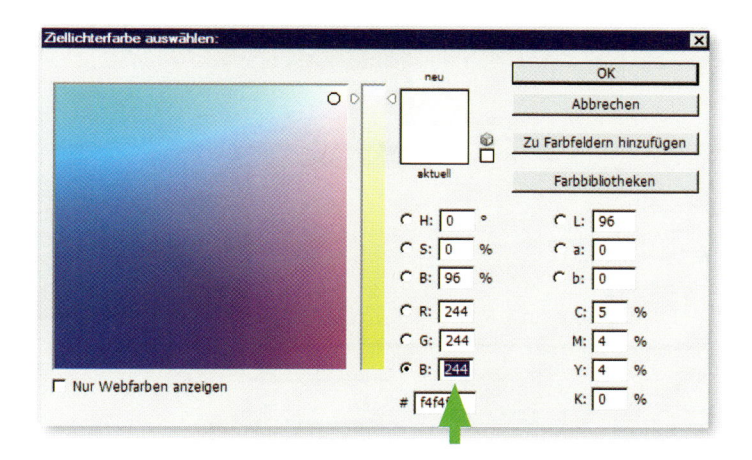

Übung 6

Für den Weißpunkt ✏ nutzen Sie die rechte Pipette, wiederum per Doppelklick und setzen den Wert 244 für R, G und B.

Damit vermeiden Sie „Blitzer" im Druck, also Partien, die undifferenziert weiß erscheinen und keinerlei Zeichnung besitzen.

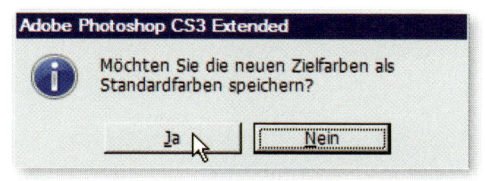

Sobald Sie die drei neuen Werte eingegeben haben, können Sie die Dialogbox der Gradationskurven per OK verlassen. Damit fragt Photoshop sogleich, ob die neuen Zielfarben gespeichert werden sollen. Aber ja doch, schließlich haben Sie das Thema dann ein für alle Mal vom Hals.

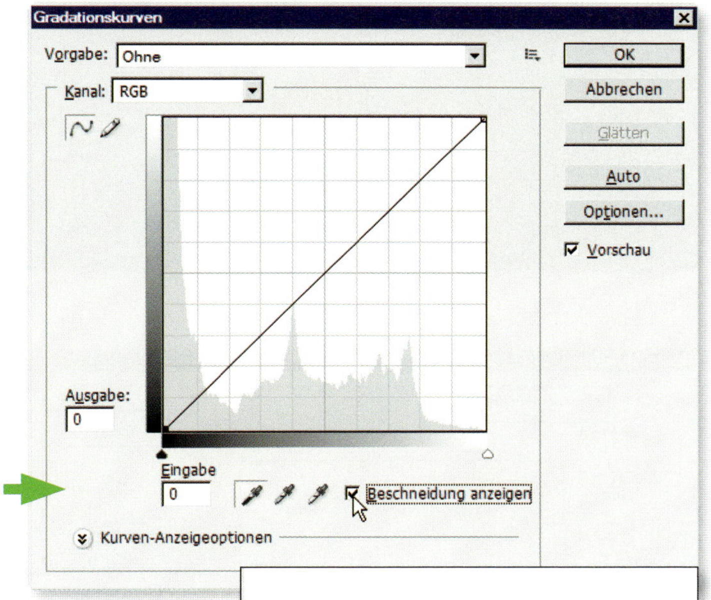

Schritt 4: Beschneidungen prüfen

Noch immer wartet die Datei »Farbkorrektur_6.jpg« geduldig auf eine Korrektur. Bevor Sie erst einmal den Schwarzpunkt neu zuweisen, prüfen Sie, wie stark einzelne Bildstellen von den dunklen „Ausreißern" betroffen sind.

Wählen Sie erneut den Befehl **Bild: Anpassungen: Gradationskurven**. Klicken Sie auf die linke Pipette für den Schwarzpunkt ✏; dabei zeigt die EINGABE 0 an. Dann aktivieren Sie das Kontrollkästchen BESCHNEIDUNG ANZEIGEN.

Photoshop zeigt nun all jene Partien im Bild an, die zu den dunkelsten zählen. Aus diesen Zonen werden Sie nun per Pipette einen Punkt aufpicken, um das hoffnungslos unterbelichtete Foto endlich ins rechte Licht rücken.

Deaktivieren Sie die Option BESCHNEIDUNG ANZEIGEN wieder.

Übungen zu Kontrast- und Farbkorrektur: Gradationskurven

Schritt 5: Den Schwarzpunkt im Foto festlegen

Wie die Beschneidungsansicht zeigt, bietet die etwas größere schwarze Stelle rechts unten im Bild eine gute Trefferquote, um den dunkelsten Punkt zu erwischen.

Im Foto selbst könnten Sie diesen Bereich ohne Ansichtshilfe kaum finden.

Klicken Sie nun mit der Schwarzpunkt-Pipette auf den Bereich des Bilds. Findet keine deutliche Aufhellung statt, haben Sie den geeigneten Punkt noch nicht getroffen. Versuchen Sie es einfach erneut.

Wie sehr sich der dunkle Tonwertbereich jetzt verbessert hat, können Sie feststellen, wenn Sie nochmals BESCHNEIDUNG ANZEIGEN aktivieren. Jetzt bleibt die gesamte Fläche leer und kein einziger Bildpunkt gerät zum „Ausreißer".

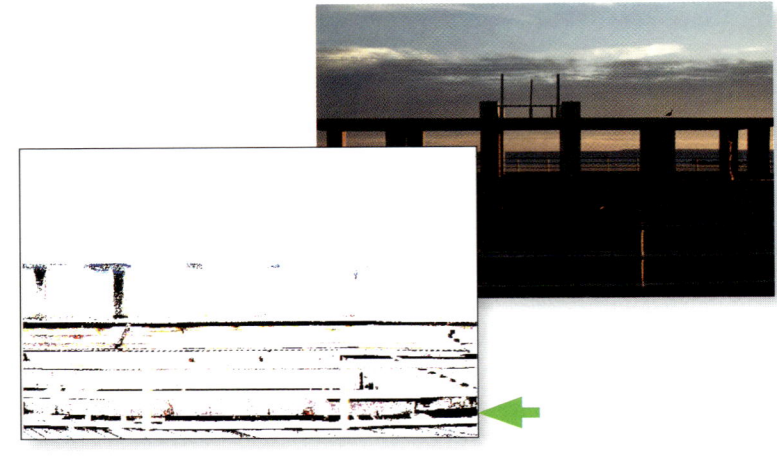

Schritt 6: Den Weißpunkt wählen

Klicken Sie nun auf die rechte Pipette, um den Weißpunkt festzulegen. Er dürfte irgendwo im Bereich der Wolken liegen. Wollen Sie sich vergewissern und nochmals die Beschneidungsansicht hinzuziehen, sehen Sie nur eine schwarze Fläche. Was tun?

Ziehen Sie den Regler für den Weißpunkt unten rechts etwas nach innen. Bei einem Wert für die EINGABE von 243 werden die ersten hellsten Stellen im Bild sichtbar.

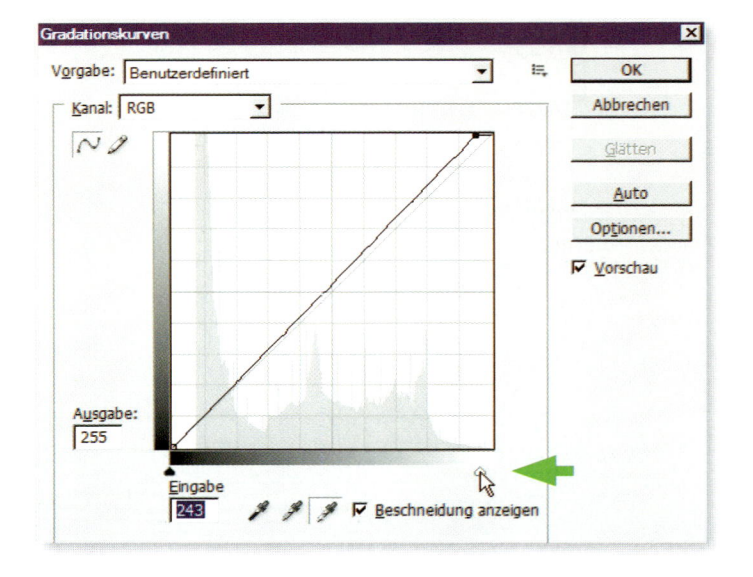

Übung 6

Merken Sie sich am besten die Stelle rechts oben im Bereich der Wolken.

Wichtig: Bevor Sie die Beschneidungsanzeige wieder verlassen, setzen Sie den Weißpunktregler zurück auf die EINGABE 255, sonst hellen Sie das Bild völlig ungesteuert auf.

Mit Klick auf die hellste Stelle im Bild verändert sich kaum etwas, da die zuvor definierte Vorgabe von 244 für den Weißwert den aktuellen Punkten entspricht.

Würden Sie einen geringfügig dunkleren Punkt als Weißwert aufnehmen, geriete der Himmel viel heller und farbloser. Der Weißwert ist also schon sehr stimmig. Belassen Sie ihn so.

Schritt 7: Mitteltöne mit Farbakzenten setzen

Mit der Pipette für die Mitteltöne 🖋 bestimmen Sie weniger den Tonwert des Bilds als vielmehr die Farbstimmung.

Generell erhalten Sie mit Klick auf ein möglichst neutrales Grau den geringsten bzw. keinen Farbstich. Nehmen Sie einen warmen rötlichen Farbton auf, erzeugen Sie eine kühlere, bläuliche Stimmung im Bild; erwischen Sie einen richtigen Orangeton, gerät das Foto ganz blau.

Immer ist es die Komplementärfarbe, die tendenziell erzeugt wird, also bei Rot ein Grün, bei Blau das Orange und bei Gelb ein Lila. Als Faustregel gilt dabei: Vermeiden Sie leuchtende Farben mit großer Sättigung.

Sie werden durchaus etwas suchen müssen, um den geeigneten Farbton aufzunehmen, der dem Neutralgrau am nächsten kommt.

Übungen zu Kontrast- und Farbkorrektur: Gradationskurven

Schritt 8: Punkte für Lichter und Schatten hinzufügen

Mit welchen Bereichen des Bilds sind Sie noch nicht zufrieden? Die Schatten in Vorder- und Mittelgrund sind zu dunkel, das Abendrot wirkt zu flau. Setzen Sie nun gezielt Schatten und Lichter.

Ist noch eine der drei Pipetten für Schwarzpunkt, Mitteltöne oder Weißpunkt angeklickt, deaktivieren Sie diese, um die soeben erbrachte Arbeit nicht neu zu beginnen.

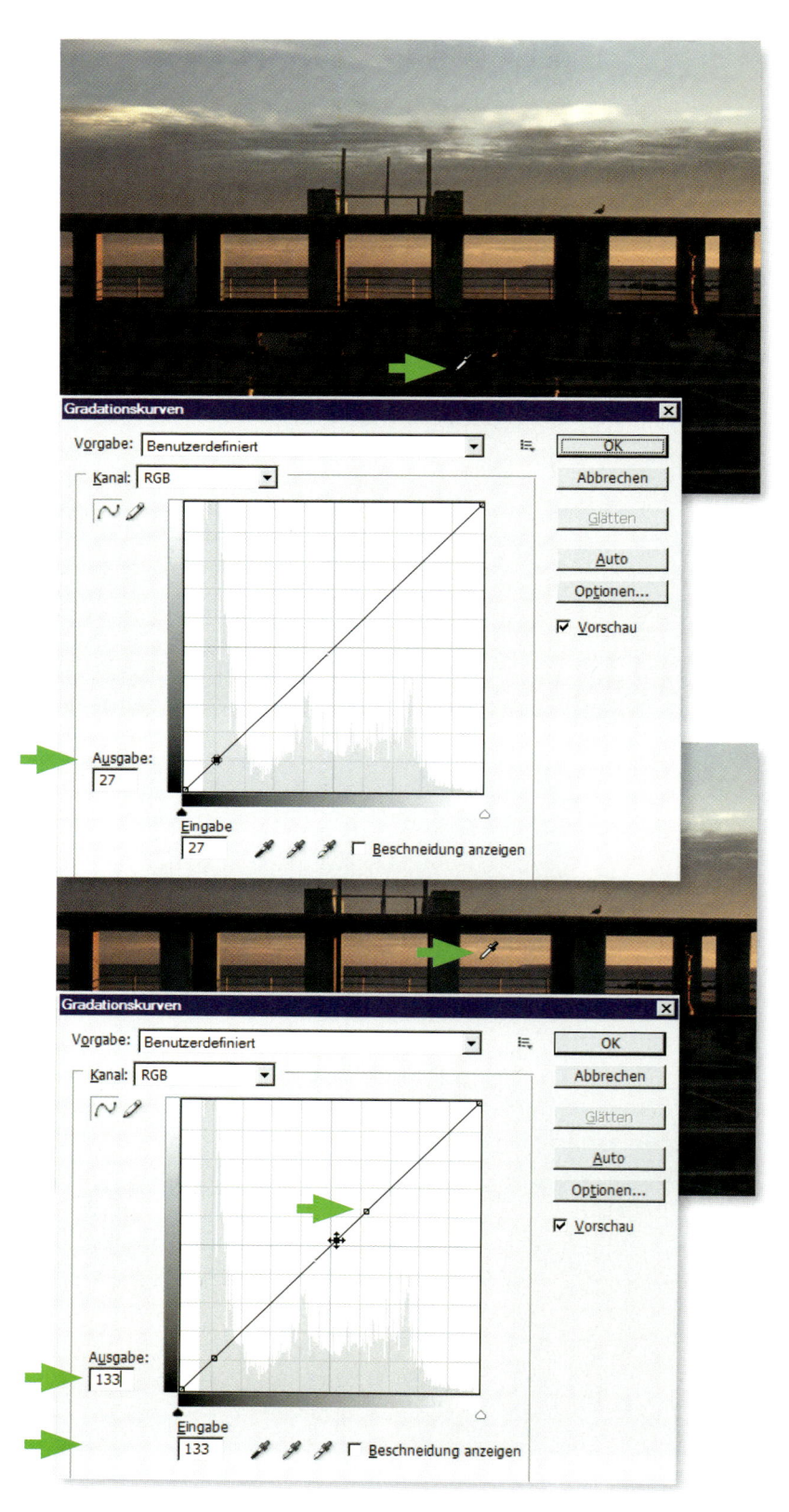

➤ Sobald Sie den Mauszeiger in den Bildbereich bewegen, erscheint er als Pipette. Klicken Sie nun mit gedrückter [Strg]-Taste (PC) bzw. [⌘]-Taste (Mac) auf einen Wert in der vorderen Schattenzone, erscheint er als neuer, editierbarer Punkt im unteren Bereich der Gradationslinie.

➤ Fügen Sie nun, wiederum mit gedrückter [Strg]-Taste (PC) bzw. [⌘]-Taste (Mac) einen Punkt im Bereich der Lichter hinzu, um ihn bearbeiten zu können.

➤ Zur besseren Kontrolle beim Erstellen der folgenden Kurven setzen Sie noch einen Kontrollpunkt mit dem neutralen Mittelwert: Dazu klicken Sie in der Mitte des Fadenkreuzes direkt auf die Gradationslinie. Dann tippen Sie als EINGABE sowie als AUSGABE den Wert 133 ein.

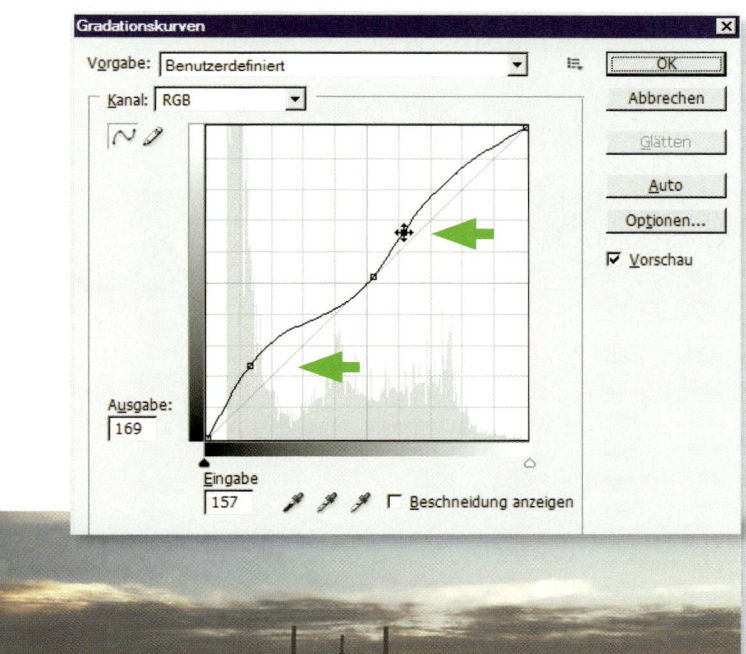

Schritt 9: Lichter und Schatten bearbeiten

Ziehen Sie nun mit gedrückter Maustaste den unteren Punkt von der Diagonalen des Gesamtkanals weg nach oben und dazu etwas nach links, um die dunklen Regionen aufzuhellen. Im Bereich der Schatten werden Details sichtbar und die Tonwerte variieren stärker.

Auch den oberen Punkt verlegen Sie weiter nach links oben, damit Farbintensität und Leuchtkraft der hellen Himmelszone zunehmen.

Sie werden schnell merken, wie sehr sich bereits kleine Veränderungen der Punkte auf das Bild auswirken. Bei vielen Korrekturen reicht ein behutsamer Eingriff aus.

Tipp
Legen Sie die Gradationskurven als eigene Einstellungsebene an (siehe Übung 2 dieses Kapitels), um die aktuellen Werte jederzeit zu variieren, denn nach dem Speichern der Korrekturen sehen Sie wiederum nur eine Diagonale.

Tipp
Nicht nur im Gesamtkanal können Sie einzelne Punkte variieren, auch bei den Einzelkanälen Rot, Grün und Blau ist dies möglich. Verstärken Sie beispielsweise die rötliche Abendstimmung im Übungsbild, indem Sie den Kanal ROT anwählen, in mittlerer Höhe auf die Diagonale klicken und sie etwas nach oben ziehen.

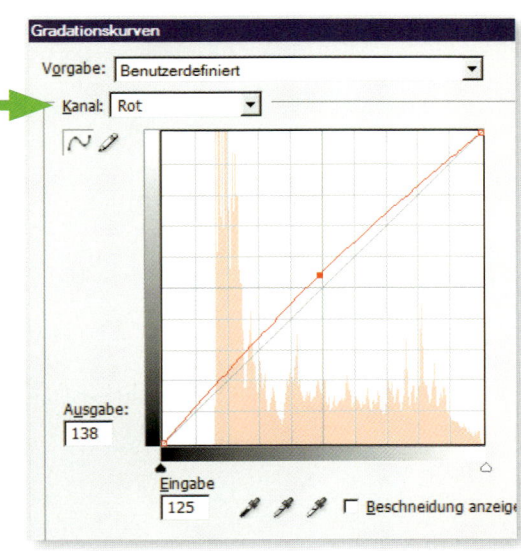

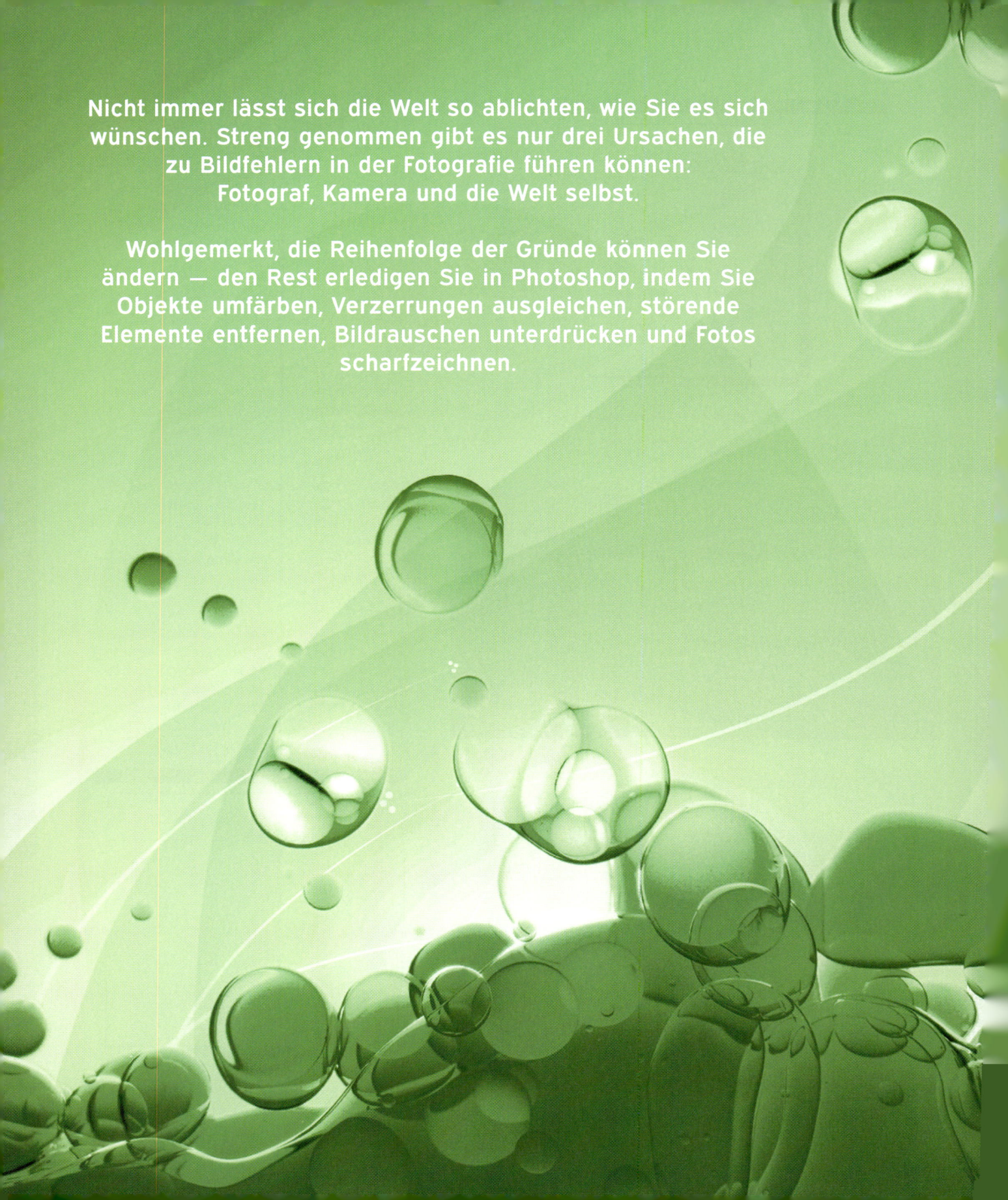

Nicht immer lässt sich die Welt so ablichten, wie Sie es sich wünschen. Streng genommen gibt es nur drei Ursachen, die zu Bildfehlern in der Fotografie führen können: Fotograf, Kamera und die Welt selbst.

Wohlgemerkt, die Reihenfolge der Gründe können Sie ändern — den Rest erledigen Sie in Photoshop, indem Sie Objekte umfärben, Verzerrungen ausgleichen, störende Elemente entfernen, Bildrauschen unterdrücken und Fotos scharfzeichnen.

Kapitel 6
Lösungen für Bildprobleme

Übung 1
Objekte umfärben										166

Übung 2
Den Himmel neu erfinden									170

Übung 3
Stürzende Linien und Verzerrungen
ausgleichen (1)										176

Übung 4
Stürzende Linien und Verzerrungen
ausgleichen (2)										180

Übung 5
Störende Objekte retuschieren								184

Übung 6
Bildrauschen entfernen									190

Übung 7
Klassisches Scharfzeichnen								194

Übung 8
Selektives Scharfzeichnen								196

Übungen zu Bildproblemen: Umfärben

Übung 1: Objekte umfärben

Nutzen Sie die Wirkung von Farben, indem Sie Produkten und Objekten einfach eine neue, aussagekräftige Farbe geben. Selbst im Bereich der Porträtfotografie erzeugen Sie regelrechte Eye-Catcher mit grünen Augen oder blauen Lippen. Natürlich können Sie dieses probate Mittel der Werbefotografie auch ganz dezent einsetzen — indem Sie beispielsweise ein Auto umfärben, damit es sich besser in die Landschaft einfügt.

Bei Motiven mit einheitlichem, andersfarbigem Hintergrund ist die Vorgehensweise besonders einfach. In der Regel jedoch komplizieren verwandte Farbtöne im Bild das Umfärben des Motivs, weil sie sich ebenfalls verändern. In diesem Fall erstellen Sie am besten erst eine Auswahl. Auch das Übungsbild behandelt diese Problematik in verschiedenen Facetten, von der Auswahl bis hin zur Wiederherstellung der ursprünglichen Farbwerte per Protokollpinsel.

Lassen Sie doch die Welt in wenigen Arbeitsschritten einmal in neuen Farben strahlen und legen Sie los!

Infothek

	einfach		komplex

Lernschritte: Per Auswahl grenzen Sie Bildbereiche aus, die verwandte Töne zum einzufärbenden Objekt aufweisen. Im Dialogfeld **Farbton/Sättigung** bestimmen Sie per Pipette den Farbbereich, der geändert werden soll. Sie optimieren den Farbbereich, um alle Farbtöne des Motivs aufzunehmen, und färben das Objekt nach Wunsch. Das Protokollpinsel-Werkzeug ermöglicht es, Details in den Originalfarben wiederherzustellen.

Aufwand: Gering bis mittel

Übungsdatei: Umfaerben_1.jpg

Übung 1

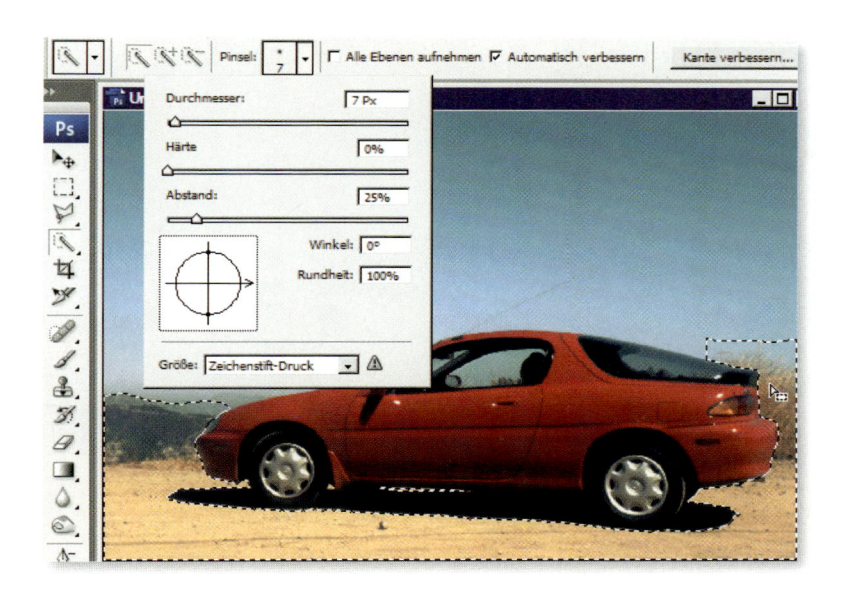

Schritt 1: Verwandte Farben ausschließen

Das Foto »Umfaerben_1.jpg« im Ordner »Übungen« auf der DVD dient als Übungsbild. Der Lack des roten Autos soll eine andere Farbe erhalten. Damit sich die Farbänderung nicht auf verwandte Farbtöne im Bild auswirkt, grenzen Sie diese zunächst aus. Betroffen sind die ockerfarbenen Töne von Boden und Gräsern, da sie einen gehörigen Rotanteil aufweisen.

Wählen Sie per Taste W das Schnellauswahlwerkzeug. In der Optionsleiste stellen Sie mit Klick auf das Menü PINSEL eine Pinselgröße von etwa 7 Px DURCHMESSER ein sowie eine HÄRTE von 0%. Die restlichen Werte belassen Sie beim Standard.

Malen Sie jetzt mit gedrückter Maustaste über Teile des Bodens und der Gräser. Mit Minus können Sie Bereiche wieder subtrahieren. Bei schwierigeren Stellen ziehen Sie den Cursor möglichst genau entlang der auszuwählenden Kontur. Dann heißt es: **Auswahl: Auswahl umkehren**, um die kritischen Zonen auszuschließen.

Schritt 2: Den Farbbereich bestimmen

Wählen Sie nun **Bild: Anpassungen: Farbton/Sättigung**. Im Dialogfenster legen Sie zuerst eine neue, eigene Farbkategorie an: Dazu klicken Sie im Klappmenü BEARBEITEN auf eine andere Farbkategorie als STANDARD, also z.B. auf ROTTÖNE oder GELBTÖNE.

Mit der Pipette nehmen Sie nun einen mittleren Rotton des Autolacks auf. Photoshop legt automatisch die neue Kategorie ROTTÖNE 2 im BEARBEITEN-Menü an. Damit können Sie jetzt beginnen, das Vehikel umzulackieren.

Übungen zu Bildproblemen: Umfärben

Schritt 3: Den Farbbereich erweitern

Ziehen Sie nun den Regler für den FARBTON auf einen anderen Wert, beispielsweise -150, so sehen Sie, dass der Lack schon recht schick im neuen Blauton strahlt. Allerdings sind da noch ein paar Stellen zu verbessern, wo die neue Farbe nicht gegriffen hat und noch Rottöne zu sehen sind. Das ist vorne am Kotflügel der Fall sowie auch beim Schatten des Außenspiegels.

Blenden Sie die aktive Auswahl eventuell per [Strg]+[H] (PC) bzw. [⌘]+[H] kurzzeitig aus, um die Kanten besser zu sehen. Mit demselben Befehl erscheint die Auswahl erneut.

Sie haben zwei verschiedene Möglichkeiten, den Farbbereich zu erweitern:

1. Mit den Pipetten: Fügen Sie per Klick auf den betroffenen Bildbereich Farbtöne hinzu 🖉 oder entfernen 🖉 Sie welche bei Bedarf.

2. Per Farbregler: Erweitern Sie die Abnahme mit den weißen Dreiecksreglern ◁, indem Sie diese nach außen ziehen, oder/und vergrößern Sie den Farbbereich, indem Sie die vertikalen Striche ▯ versetzen und damit den grauen Balken erweitern.

Um die fehlerhaften Stellen im Übungsbild auszubessern, genügt es, die Abnahme des Farbbereichs per Dreiecksregler ◁ in Richtung der Blautöne zu erweitern.

Von der Farbveränderung werden auch Blinker und Rücklicht etwas in Mitleidenschaft gezogen. Darum kümmern Sie sich aber nachher.

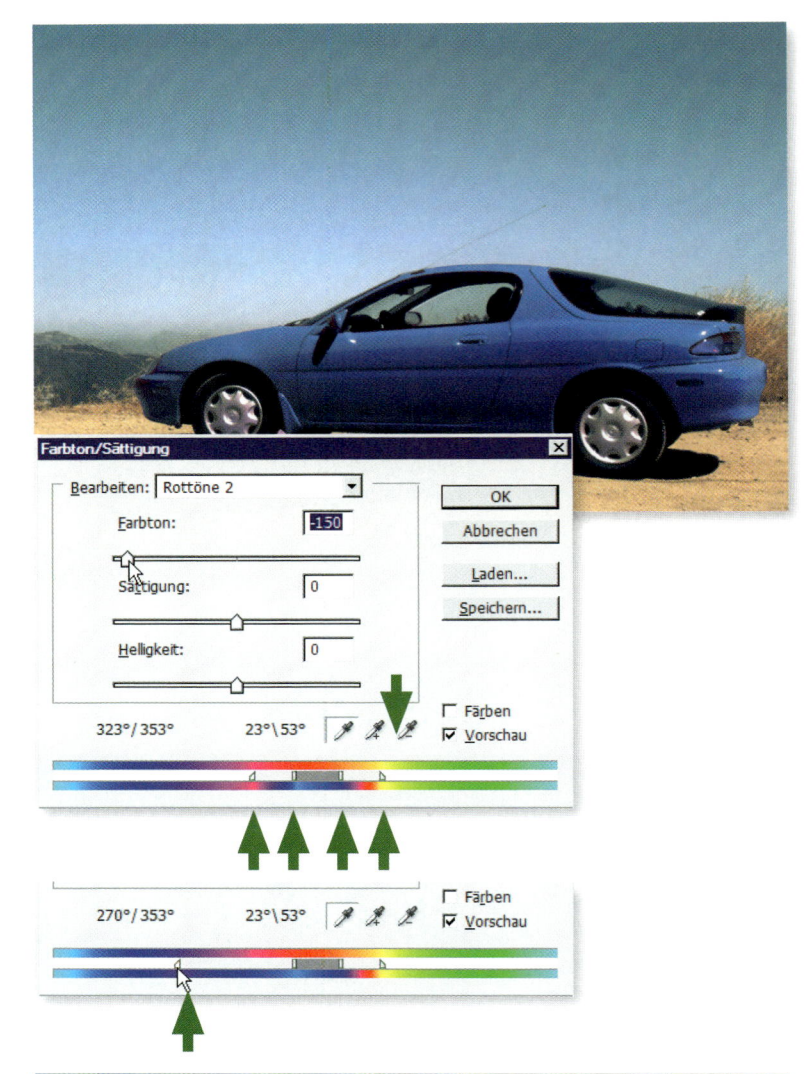

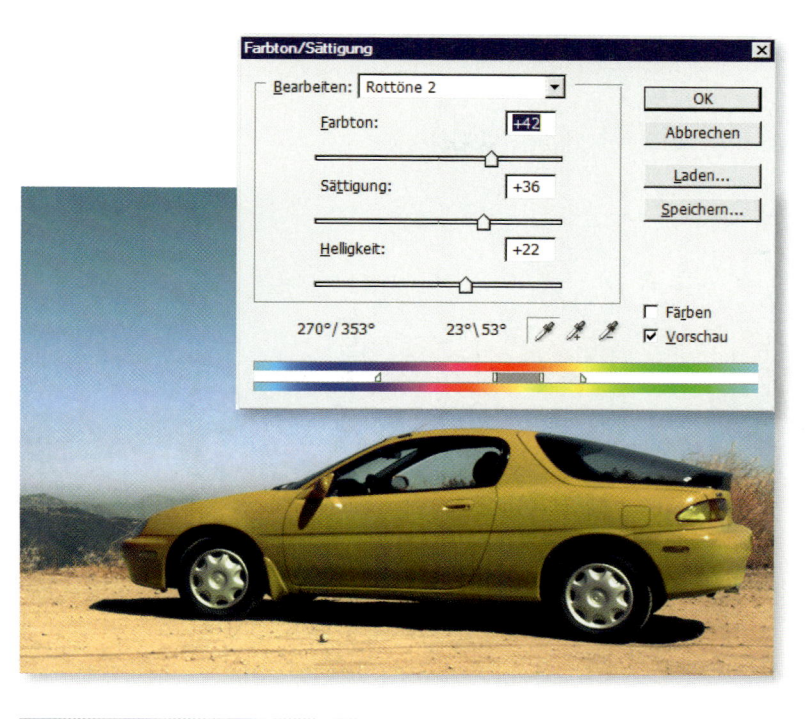

Schritt 4: Farbvarianten testen

Natürlich können Sie das Motiv nicht nur einfach umfärben. In der Bandbreite von FARBTON, SÄTTIGUNG und HELLIGKEIT stehen Ihnen wohl mehr Variationen zur Verfügung als der Autoindustrie. Probieren Sie die verschiedenen Kombinationen doch einmal aus.

Hier haben wir einen kräftigen, hellen Gelbton getestet, der einen guten Kontrast zum Blau des Himmels darstellt. Dazu ändern wir den ursprünglichen roten FARBTON von 0 auf +42, erhöhen die SÄTTIGUNG auf +36 sowie die HELLIGKEIT auf +22.

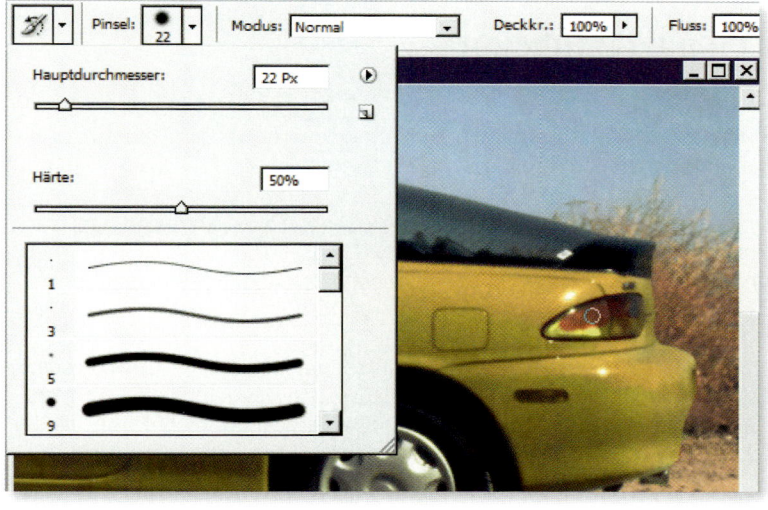

Schritt 5: Details in ursprüngliche Farben zurückwandeln

Egal, für welche Farbvariante Sie sich entschieden haben: Blinker und Rücklicht des Fahrzeugs vollzogen die Wandlung mit.

Korrigieren Sie die Partien, um die Farbgebung des Quellbilds zurückzuerhalten. Rufen Sie das Protokollpinsel-Werkzeug mit der Taste `Y` auf. Wählen Sie einen relativ kleinen HAUPTDURCHMESSER wie 22 Px und eine HÄRTE von 50%. Malen Sie nun mit gedrückter Maustaste über die Lichter, um den ursprünglichen Rotton wiederherzustellen. Verringern Sie an schmalen Stellen gegebenenfalls die Pinselgröße.

Tipp
Wenn Sie Objekte einfärben, mit denen feste Farbvorstellungen verbunden sind, irritieren Sie die Sehgewohnheiten der Betrachter besonders stark und erzeugen echte „Hingucker", beispielsweise mit blauen Lippen oder grünen Erdbeeren. Besonders schnell funktioniert das Umfärben, wenn Sie das Objekt vor gleichmäßigem Hintergrund — etwa mithilfe einer Softbox — fotografieren.

Übungen zu Bildproblemen: Himmel austauschen

Übung 2: Den Himmel neu erfinden

Wenn der Himmel im Bild zu blass oder trist ist, dann tauschen Sie ihn doch einfach durch einen geeigneten Ersatzhimmel aus. Sicherlich besitzen Sie ein Foto, das einen schöneren Himmel als die Vorlage liefern kann.

Der »richtige« Himmel ist natürlich eine Frage des Geschmacks, aber auch des Einsatzzwecks Ihres Fotos. Strahlend blau mit kleinen Wölkchen eignet er sich gut für die Urlaubserinnerung oder die Werbebroschüre eines Reisebüros. Aber auch ein recht zarter Himmel kann ein Foto mit fadem Grau schon gehörig aufwerten und ein blasser Sonnenuntergang erhält durch den leuchtenden Ersatz mehr Brillanz.

Achten Sie auf Farbtemperatur und Atmosphäre Ihres Fotos. Ein knalliger blauer Himmel passt weder zu einer Gewitterstimmung noch zu einer venezianischen Gondel, die sich bei verhangenem Himmel im grauen Wasser spiegelt. Bisweilen reicht sogar ein dezenter Verlauf, wie in Übungsschritt 8 beschrieben, um die Bildwirkung zu verbessern. Den Befehl **Filter: Renderfilter: Wolken** sollten Sie allerdings zur Verbesserung eines Himmels nicht nutzen, denn er erzeugt ein zu gleichmäßiges, unrealistisches Muster.

Infothek

	einfach				komplex

Lernschritte:	Wählen Sie den Himmel im Quellbild per **Farbbereich** aus und verfeinern Sie die Auswahl mit dem Lasso-Werkzeug. Speichern Sie die Auswahl als Alphakanal. Aus einem zweiten Foto kopieren Sie einen Bereich des Himmels, um ihn im Quellbild als eigene Ebene mit Ebenenmaske einzufügen. Skalieren Sie die Größe des neuen Himmels und bestimmen Sie den Bildausschnitt. Mit einem zarten Verlauf verhelfen Sie ihm zu mehr Tiefe.
Aufwand:	Mittel
Übungsdateien:	Himmel_1.jpg, Himmel_2.jpg, Himmel_1.psd

Übung 2

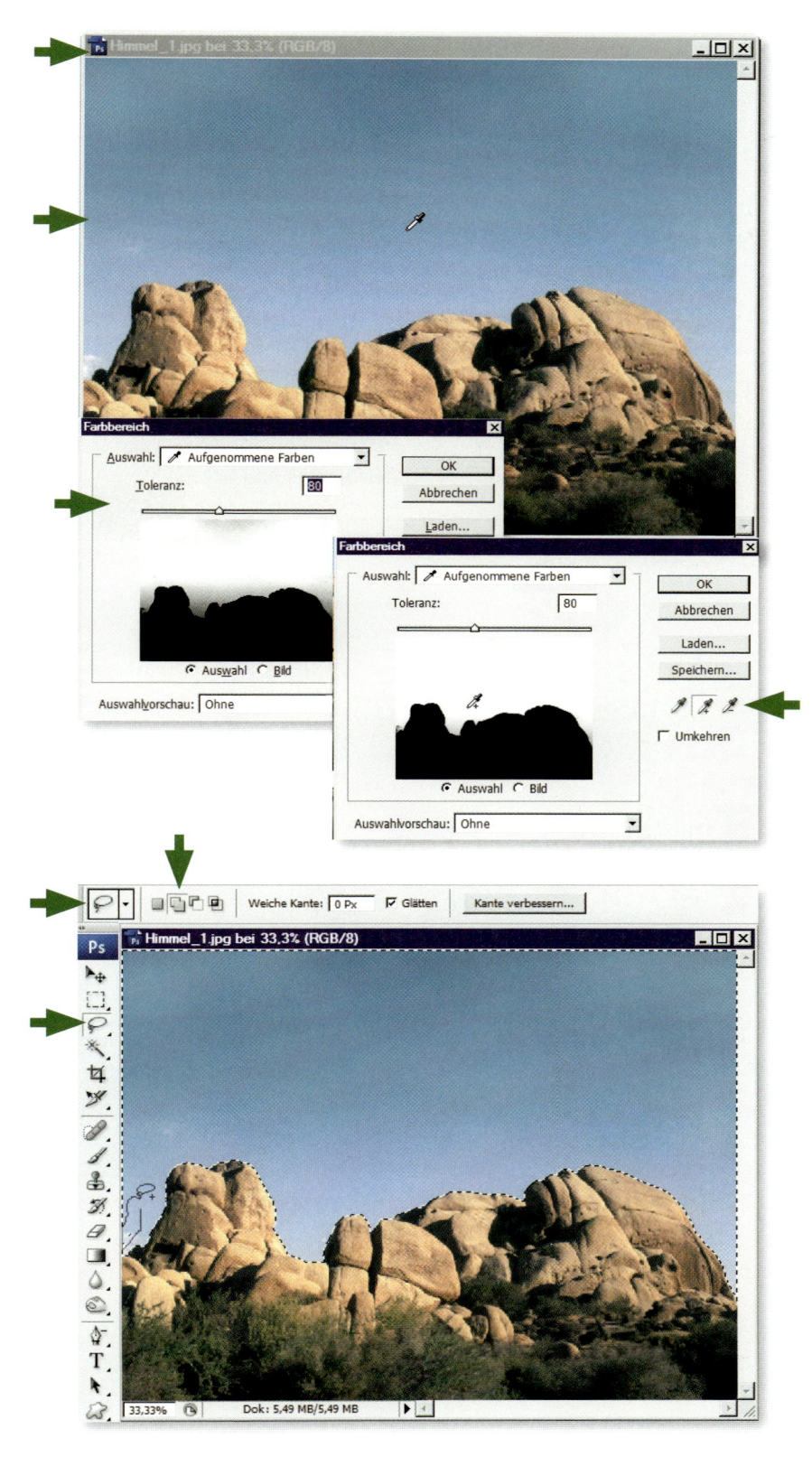

Schritt 1: Den Farbbereich auswählen

Im Foto »Himmel_1.jpg« nimmt ein ereignisloser, langweiliger Himmel mehr als die Hälfte der Bildfläche ein. Trotz der interessanten Felsformation gehört das Bild damit in die Kategorie „2. Wahl". Mit einem bewegten Himmel werten Sie die Landschaftsaufnahme wieder auf. — Tauschen Sie ihn doch einfach aus.

Dazu müssen Sie zunächst einmal eine Auswahl erstellen und zwar per **Auswahl: Farbbereich**. Der Befehl eignet sich deswegen gut, weil sich die Farbtöne von Himmel und Motiv klar unterscheiden und Sie knifflige Auswahlkanten wie die Felsritzen präziser einbeziehen können als etwa mit dem Zauberstab-Werkzeug.

Im Dialogfenster belassen Sie AUFGENOMMENE FARBEN und für das Vorschaubild aktivieren Sie AUSWAHL. Als AUSWAHLVORSCHAU nehmen Sie aufgrund des plastischen Motivs OHNE. Klicken Sie nun mit der Pipette auf einem mittleren Blauton im Bild und testen Sie die aktuelle Wahl, indem Sie den Regler für die TOLERANZ versetzen. Bei einem Wert von 80 bleiben Sie stehen. Den restlichen Verlauf fügen Sie per Klick mit der Plus-Pipette hinzu.

Schritt 2: Auswahlfehler korrigieren

Die aktive Auswahl wird nun von einer schwarzweißen Kante umgeben. An ein paar Stellen müssen Sie noch kleine Nachbesserungen vornehmen, denn hier und da sind ein paar Pixel zu viel oder zu wenig in die Auswahl integriert.

Nutzen Sie dazu das Lasso-Werkzeug: Um eine Partie zur Auswahl hinzuzufügen, ziehen Sie mit gedrückter ⇧-Taste einen Kreis darum. Der Cursor zeigt dabei ein Pluszeichen und in der Optionsleiste ist die HINZUFÜGEN-Schaltfläche gedrückt. Ausgewählte Bereiche innerhalb der Felsen und Gräser subtrahieren Sie nach diesem Prinzip bei gedrückter Alt-Taste. Der Cursor zeigt ein Minuszeichen an. Vergrößern Sie dabei den Bildausschnitt mit den Zoomwerkzeug.

Übungen zu Bildproblemen: Himmel austauschen

Schritt 3: Die Auswahl speichern

Die endgültige Auswahl des Himmels sichern Sie am besten gesondert, damit sie für spätere Arbeitsschritte immer wieder aufgerufen werden kann.

Wählen Sie den Befehl **Auswahl: Auswahl speichern**. Vergeben Sie einen geeigneten Namen wie »Himmel« und sichern Sie den neuen Kanal mit OK.

Damit der erstellte Alphakanal auch künftig zur Verfügung steht, speichern Sie die Datei nun nicht im bisherigen JPEG-Format ab, sondern als TIFF- oder PSD. Schließen Sie das Bild jedoch noch nicht.

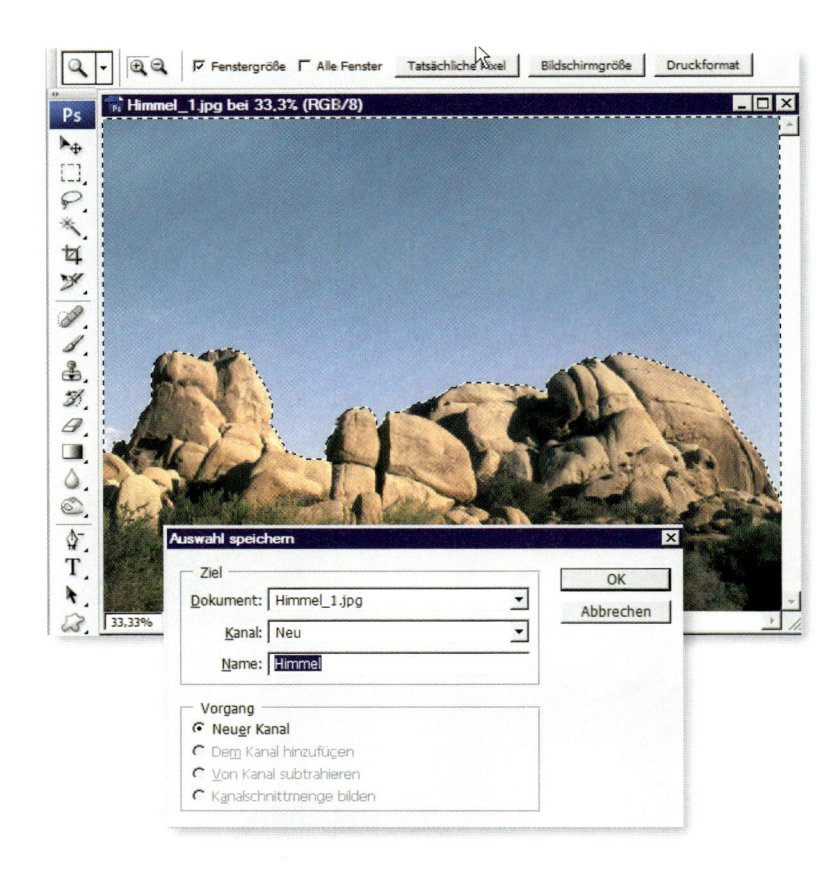

Schritt 4: Eine Vorlage für den neuen Himmel wählen

Das Foto »Himmel_2.jpg« soll das Motiv für den Ersatzhimmel liefern. Das Querformat ist mehr als doppelt so groß wie das Ausgangsbild oben und gestattet es, Größe und Ausschnitt des Himmels später nach Belieben anzupassen. Der Vergrößerungsfaktor in der Titelleiste zeigt die Differenz von 9% zu 33%.

Rufen Sie das Auswahlrechteck-Werkzeug per Taste [M] auf und ziehen Sie einen Rahmen um eine größere Fläche des Himmels auf. Auf genaue Maße oder Proportionen müssen Sie nicht achten.

Dann heißt es: [Strg]+[C] am PC beziehungsweise [⌘]+[C] am Mac, um die aktive Auswahl in die Zwischenablage zu kopieren.

Übung 2

Schritt 5: In die Auswahl einfügen

Holen Sie nun per Klick auf den Bildrahmen das Felsenfoto mit der aktiven Himmelsauswahl in den Vordergrund.

Mit dem Befehl **Auswahl: In die Auswahl einfügen** erscheint der neue fluffige Himmel prompt über der Felsformation. Dabei hat Photoshop eine neue Ebene mit Ebenenmaske angelegt; sie kaschiert die Wolken hinter dem Felsmotiv.

Vergleichen Sie den Ausschnitt des Himmels mit der Vorlage, so erahnen Sie bereits, wie viel Fläche sich momentan verbirgt. Der komplette Wolkenhimmel ist aber noch vorhanden.

Wählen Sie nun **Bearbeiten: Transformieren: Skalieren**, um Größe und Ausschnitt des Himmels neu zu bestimmen.

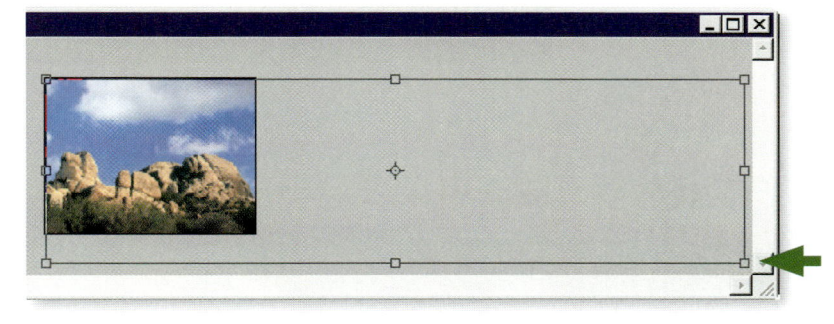

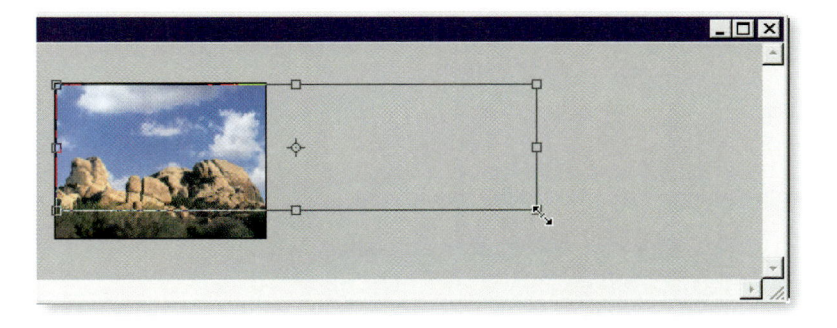

Schritt 6: Die Größe verringern

Damit Sie die Ausdehnung der Himmelsebene ganz sehen können, drücken Sie `Strg`+`0` (PC) — also die Zahl Null — bzw. `⌘`+`0` (Mac).

Verkleinern Sie nun zunächst den Himmel proportional, indem Sie den Anfasser rechts unten an der Ecke mit gedrückter `⇧`-Taste nach innen ziehen. Sobald er die Nähe der untersten Felskanten erreicht, lassen Sie los, denn damit ist die maximal mögliche Höhe erreicht.

Bestätigen Sie die Transformation mit der `↵`-Taste. Natürlich können Sie den Ausschnitt des Himmels nun bereits mit gedrückter Maustaste verschieben, doch die momentane winzige Abbildung erlaubt kein präzises Arbeiten.

Übung 2 • Den Himmel neu erfinden

173

Übungen zu Bildproblemen: Himmel austauschen

Schritt 7: Den neuen Ausschnitt bestimmen

Die Höhe des Himmels haben Sie mit der letzten Transformation bereits ausgereizt. Beim Bildausschnitt hingegen haben Sie noch jede Menge Möglichkeiten, den idealen Wolkenhimmel zu finden.

Vergrößern Sie die Abbildung zuerst wieder mit dem Zoomwerkzeug ⊕. Dann wählen Sie das Verschieben-Werkzeug und lassen mit den Pfeiltasten der Tastatur die Wolken nach links oder auch wieder zurück wandern, bis Ihnen der Ausschnitt gefällt. Wohlgemerkt, Sie arbeiten immer noch auf der aktiven EBENE 1.

Die fertige Datei mit Alphakanal und Himmelsausschnitt finden Sie auf der DVD im Ordner »Übungen« unter »Himmel_1.psd«.

Tipp
Es macht Spaß, die Wolken wandern zu lassen, nicht wahr? Deshalb haben wir daraus auch eine kleine GIF-Animation erstellt und zwar im Kapitel 9 »Dateiformate im Einsatz« in der »Übung 4 B«.

Schritt 8: Mehr Tiefe für den Himmel per Verlauf

Die endgültige Position des neuen Himmels steht nun fest. Aber haben Sie bemerkt, dass der Himmel im Quellbild vom Horizont bis hin zum oberen Bildrand etwas dunkler wird?

Dieses typische, natürliche Phänomen der Halbkugel fehlt dem neuen Himmel und dadurch wirkt er auch noch ein wenig künstlich. Mit einem zarten Verlauf verschaffen Sie ihm die nötige Tiefe.

Wählen Sie dazu das Verlaufswerkzeug in der Werkzeugpalette ▬. Dann klicken Sie oben in der Optionsleiste auf den angezeigten Verlauf.

Übung 2

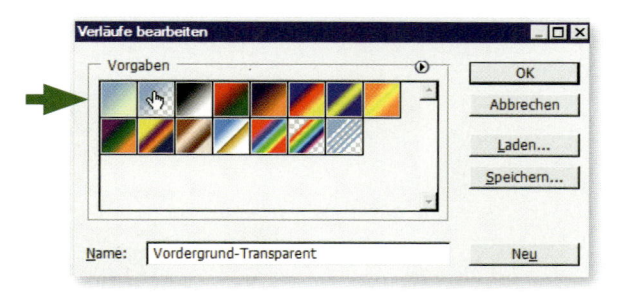

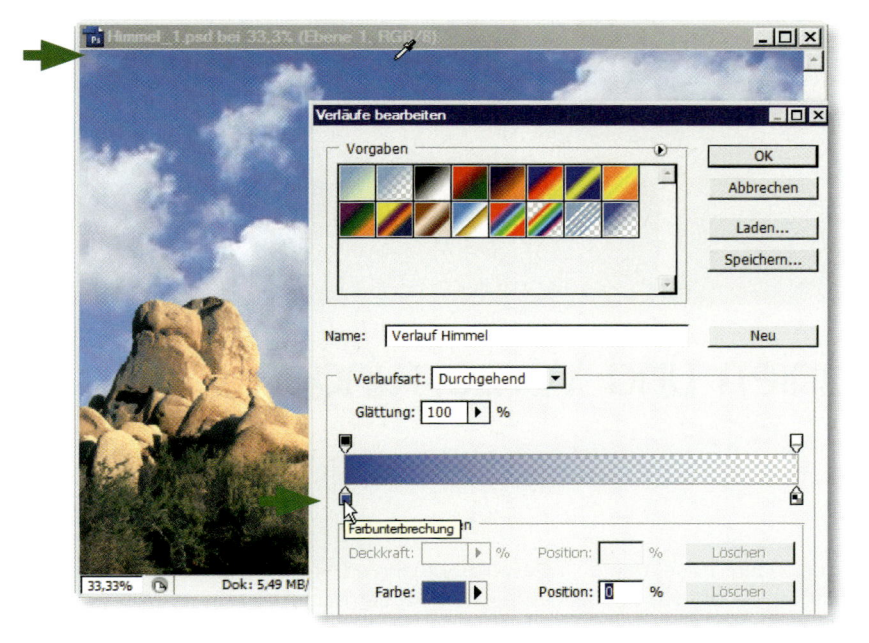

Das Dialogfenster VERLÄUFE BEARBEITEN öffnet sich. Photoshop bietet hier bereits einige Verläufe an. Im Menü der Verläufepalette ▶ finden Sie weitere Sortimente von Verläufen. In diesem Fall jedoch reicht die angebotene Auswahl. Klicken Sie auf die Version VORDERGRUND-TRANSPARENT.

In der Verlaufsleiste sehen Sie die aktuelle Vorschau von der Farbe bis hin zur Transparenz. Aktivieren Sie den linken Regler für die FARBUNTERBRECHUNG 🏠 per Klick, um die momentane Farbe zu ersetzen. Dann nehmen Sie mit der Pipette 🖉 einen möglichst tiefen Blauton im Bild auf.

Der neue Verlauf wird mit dem NAMEN BENUTZERDEFINIERT angezeigt. Ändern Sie den Namen beispielsweise in »Verlauf Himmel« und klicken Sie auf NEU. Der Verlauf erscheint als Miniatur gelistet. Alle anderen Optionen belassen Sie wie voreingestellt. Klicken Sie auf OK.

In der Optionsleiste wird der neue Verlauf angezeigt. Wählen Sie den LINEAREN VERLAUF und den MODUS MULTIPLIZIEREN bei einer DECKKR. von 60%. Aktivieren Sie auch DITHER und TRANSPARENZ.

Setzen Sie jetzt den Mauszeiger am oberen Bildrand an und ziehen Sie bei gedrückter ⇧-Taste eine gerade Linie nach unten, bis etwa 2/3 des Himmels bemessen sind. Der Himmel dunkelt nach oben leicht ab und erhält am Horizont mehr Tiefe.

Tipp

*Ein geeigneter Ersatzhimmel sollte zur Farbstimmung des Motivs passen. Achten Sie auf die Atmosphäre des Lichts, ob es sich etwa um grelle Mittagssonne oder warmes Spätnachmittagslicht handelt. Passen Sie entweder Motiv oder Himmel der richtigen Farbtemperatur an, etwa mit **Bild: Anpassungen: Farbton/Sättigung** oder **Farbbalance**.*

Übungen zu Bildproblemen: Stürzende Linien und Verzerrungen ausgleichen (1)

Übung 3: Stürzende Linien und Verzerrungen ausgleichen (1)

Durch den großen Brennweitenbereich entstehen insbesondere bei extremen Weitwinkelaufnahmen Verzerrungen, die von perspektivisch stürzenden Linien bis hin zu kissen- und tonnenartigen Wölbungen reichen. An der Kamera kann ein Shift-Objektiv dem Problem entgegenwirken, für die digitale Bildbearbeitung jedoch bietet Photoshop zwei äußerst effektive Wege, um die Bildfehler zu korrigieren.

Die erste Möglichkeit besteht in einer Transformation des Fotos. Sie ist Thema dieser Übung und funktioniert verblüffend einfach. Allerdings müssen Sie eventuell vorhandene Wölbungen gesondert per Filter ausgleichen. Die zweite, recht komplexe Möglichkeit lernen Sie in der darauffolgenden Übung kennen.

Ob Sie Architektur, Natur oder auch das Gemälde an der Wand fotografieren — Sie werden diese Korrekturen immer wieder benötigen, und sei es nur, um feine Details zu justieren.

Infothek

	einfach			komplex

Lernschritte:	Nach der Analyse der Bildfehler bereiten Sie mit Linealen, Hilfslinien und Arbeitsfläche die folgende Entzerrung vor. Mit dem Befehl **Frei Transformieren** gleichen Sie die perspektivische Verjüngung nach oben aus und korrigieren die Horizontale. Der leichten, kissenartigen Linsenverzerrung wirken Sie mit dem Filter **Wölben** entgegen.
Aufwand:	Gering
Übungsdatei:	Verzerrung_1.jpg

Übung 3

Schritt 1: Die Arbeitsfläche vorbereiten

Das Foto des Luxushotels in Sun City wurde mit einem Weitwinkelobjektiv aufgenommen. Torbögen und Türme verjüngen sich nach oben. Außerdem wölbt es sich ein wenig nach außen. Zusammen mit der perspektivischen Achse des Säulengangs links wirkt einfach alles schief und krumm. Richten Sie das Gebäude gerade aus, damit die Urlaubserinnerung ihre Pracht zurückerhält.

Öffnen Sie das Bild »Verzerrung_1.jpg« im Ordner »Übungen« auf der DVD.

Blenden Sie mit dem Befehl [Strg]+[R] am PC bzw. mit [⌘]+[R] am Mac die Lineale ein.

Dann ziehen Sie die untere rechte Ecke der Bildlaufleiste nach außen, um die graue Arbeitsfläche rund um das Foto besonders in der Breite zu vergrößern.

Erstellen Sie nun vertikale Hilfslinien, die Ihnen nachher bei der Korrektur der Verzerrung als Orientierung dienen. Dazu klicken Sie in das linke Lineal und ziehen mit gedrückter Maustaste Hilfslinien ins Bild.

Vergewissern Sie sich per **Ansicht: Ausrichten an: Dokumentbegrenzungen,** dass die Funktion per Häkchen aktiviert ist, und ziehen Sie aus dem oberen Lineal je eine Hilfslinie an den oberen sowie unteren Bildrand. Sie rastet automatisch richtig ein.

Übungen zu Bildproblemen: Stürzende Linien und Verzerrungen ausgleichen (1)

Schritt 2: Die Transformation aufrufen

Mit `Strg`+`A` (PC) oder `⌘`+`A` (Mac) wählen Sie jetzt das gesamte Bild aus. Der schwarzweiß gestrichelte Rahmen markiert die Auswahl.

Wenden Sie nun den Befehl **Bearbeiten: Frei Transformieren** an. Mit den Anfassern an den Eckpunkten des Rahmens werden Sie die Verzerrung vornehmen. Nähern Sie sich mit dem Mauszeiger einem der Eckpunkte, nimmt er zunächst die Form eines Doppelpfeils an.

Schritt 3: Die Verzerrung linkssseitig anwenden

Um zuerst nur den Anfasser links oben nach außen zu verschieben, halten Sie die `Strg`-Taste (PC) bzw. die `⌘`-Taste (Mac) gedrückt. Der Cursor verwandelt sich dabei in ein Dreieck.

Ziehen Sie den Anfasser so weit nach außen, bis er die vertikalen Achsen einigermaßen gerade zeigt. Orientieren Sie sich dabei an der Säule unten im Bild sowie am Turm.

Bei diesen Aktionen müssen Sie sich zum Glück kaum um die horizontalen Achsen kümmern, die gerade bleiben sollen, da Sie die Anfasser an den horizontalen Hilfslinien einschnappen lassen können.

Schritt 4: Mit der Verzerrung rechts dagegensteuern

Kümmern Sie sich nun um die Verzerrungen auf der rechten Bildseite.

Ziehen Sie mit demselben Tastenprinzip wie im vorherigen Übungsschritt den oberen Anfasser nach außen, bis Säule und Turm vertikal ausgeglichen sind.

Bei Bedarf können Sie jederzeit die Arbeitsfläche weiter vergrößern oder zusätzliche Hilfslinien einfügen.

Die etwas schrägen Stufen im Bild werden waagrecht, wenn Sie den unteren rechten Anfasser ein wenig tiefer legen.

Drücken Sie die ⏎-Taste, um die Transformation zu bestätigen.

Schritt 5: Die Wölbung ausgleichen

Blenden Sie Hilfslinien und Auswahlkante mit Strg+H (PC) bzw. ⌘+H kurzfristig aus, um das korrigierte Bild besser beurteilen zu können.

Wie bei den meisten Transformationen sind Details am Bildrand weggefallen. Abgesehen von einer leichten Wölbung steht das Hotel aber schon recht gerade da.

Wählen Sie **Filter: Verzerrungsfilter: Wölben**. Im Vorschaufenster stellen Sie den Bildausschnitt mit der Minus-Schaltfläche möglichst umfassend ein, damit Sie Wölbung und Korrektur besser beurteilen können. Bei einer STÄRKE von -6% sind Sie am Ziel und können auf OK klicken.

Durch die Begradigung des Gebäudes im Hintergrund wirkt die Dynamik des Brunnens im Vordergrund jetzt umso mehr. Das unruhige Bild kann diesen Ausgleich gut vertragen.

Übungen zu Bildproblemen: Stürzende Linien und Verzerrungen ausgleichen (2)

Übung 4: Stürzende Linien und Verzerrungen ausgleichen (2)

Durch die Weitwinkelaufnahme fluchtet die Perspektive der Hochhäuser auf dem Bild extremer nach oben, als es das Auge selbst wahrnehmen würde, da der Sehwinkel vergrößert ist. Zudem kippt auch die Horizontale etwas nach rechts oben und die Gebäude zeigen eine leichte Wölbung.

Sie können all diese Bildfehler mit einem einzigen Befehl korrigieren und Bildqualität bewahren, die bei mehreren einzelnen Entzerrungen stärker verloren ginge: Der Filter **Objektivkorrektur** macht es möglich, Verzerrungen und Wölbungen auszugleichen, schiefe Achsen waagrecht und senkrecht gerade zu rücken, die Perspektive auszugleichen und das Bild zu skalieren. Auch Vignettierungen oder chromatische Aberrationen können behoben werden.

Auf den ersten Blick mag das Dialogfenster dieses vielfältigen All-in-one-Befehls Sie etwas abschrecken, doch Sie werden staunen, wie einfach und effektiv die einzelnen Optionen funktionieren. Zeigt sich die Welt von ihrer schiefen Seite, so bringen Sie sie doch wieder in Ordnung — soweit das in Ihren Händen liegt, versteht sich.

Infothek	einfach			komplex
Lernschritte:	Bei der Objektivkorrektur orientieren Sie sich an einem einstellbaren Raster, um präzise die Bildfehler auszugleichen: Rücken Sie den gekippten Horizont gerade, gleichen Sie Wölbungen aus, korrigieren Sie Verzerrungen und Perspektive. Schließlich bestimmen Sie eine neue Bildgröße.			
Aufwand:	Mittel			
Übungsdatei:	Verzerrung_2.jpg			

Übung 4

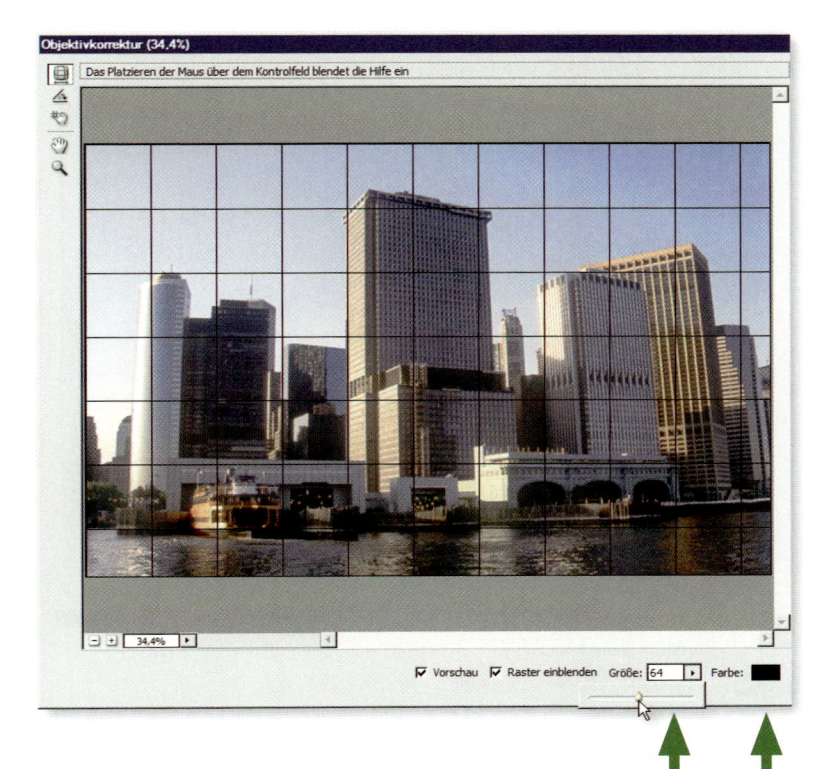

Schritt 1: Rasterweite im Dialogfenster »Objektivkorrektur«

Nachdem Sie das Foto »Verzerrung_2.jpg« im Ordner »Übungen« auf der DVD geöffnet haben, wählen Sie — bevor Sie noch an der eigenen Optik zweifeln — sogleich den Befehl **Filter: Verzerrungsfilter: Objektivkorrektur**.

Im Vorschaufenster wird das Bild von einem dichten, hellgrauen Raster überzogen. Sie können per Klick auf die Schaltfläche das RASTER DEAKTIVIEREN. Besser aber Sie ändern es im Stil des Rasters, wie es viele Digitalkameras, Mittelformat- oder Großbildkameras bieten.

Klicken Sie auf das kleine Dreieck neben GRÖSSE unten rechts, können Sie die Rasterweite per Regler bestimmen. Der Wert 64 passt gut zum Motiv. Mit einem weiteren Klick auf das graue Farbfeld geben Sie im FARBWÄHLER für R, G und B jeweils den Wert 0 ein, um ein schwarzes Gitter zu erhalten.

Übung 4 • Stürzende Linien und Verzerrungen (2)

181

Übungen zu Bildproblemen: Stürzende Linien und Verzerrungen ausgleichen (2)

Schritt 2: Horizontal gerade rücken

Anscheinend wurde die Kamera bei der Aufnahme ein wenig schief gehalten, so dass die Horizontale nach rechts oben ansteigt.

Wählen Sie das Gerade-ausrichten-Werkzeug und ziehen Sie eine Linie von links nach rechts entlang der Uferkante. Photoshop dreht das Bild dann im gemessenen Winkel und rückt das Bild gerade.

Die Korrektur wird im Dialogfenster unter TRANSFORMIEREN mit einem WINKEL von 358,64 angezeigt.

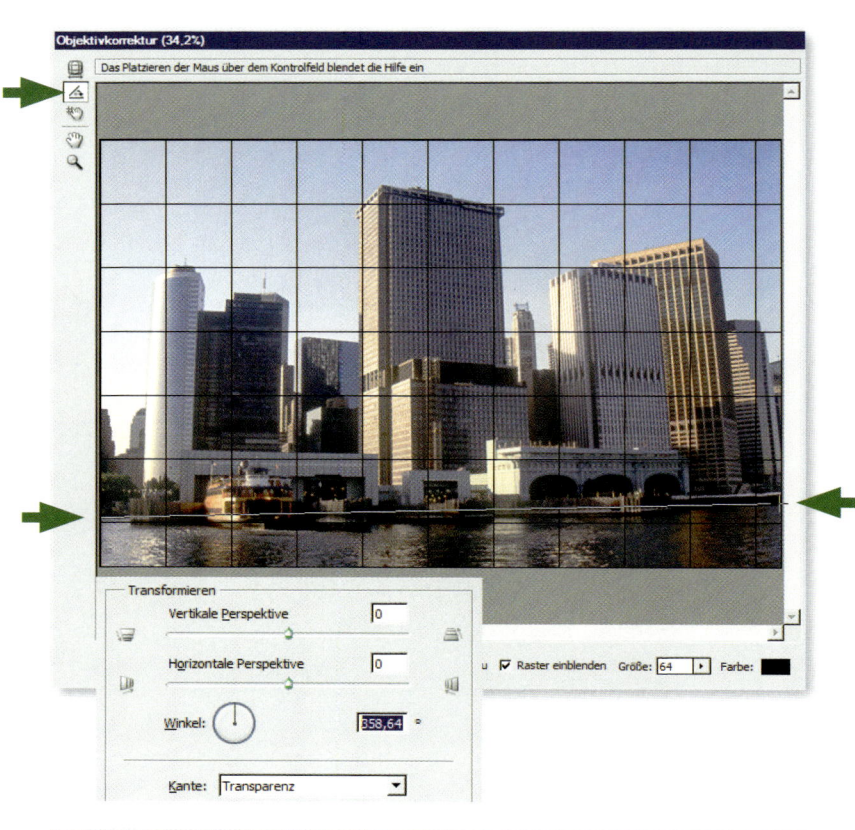

Schritt 3: Die Wölbung ausgleichen

Ein wenig Bildfläche haben Sie mit dem letzten Arbeitsschritt bereits eingebüßt, doch dabei wird es nicht bleiben.

Insbesondere an dem silbrig schimmernden Turm links sehen Sie, dass er sich leicht nach außen wölbt. Mit der Option VERZERRUNG ENTFERNEN biegen Sie die Kanten nun gerade. Ein Wert von +4,00 erzeugt ein gutes Ergebnis.

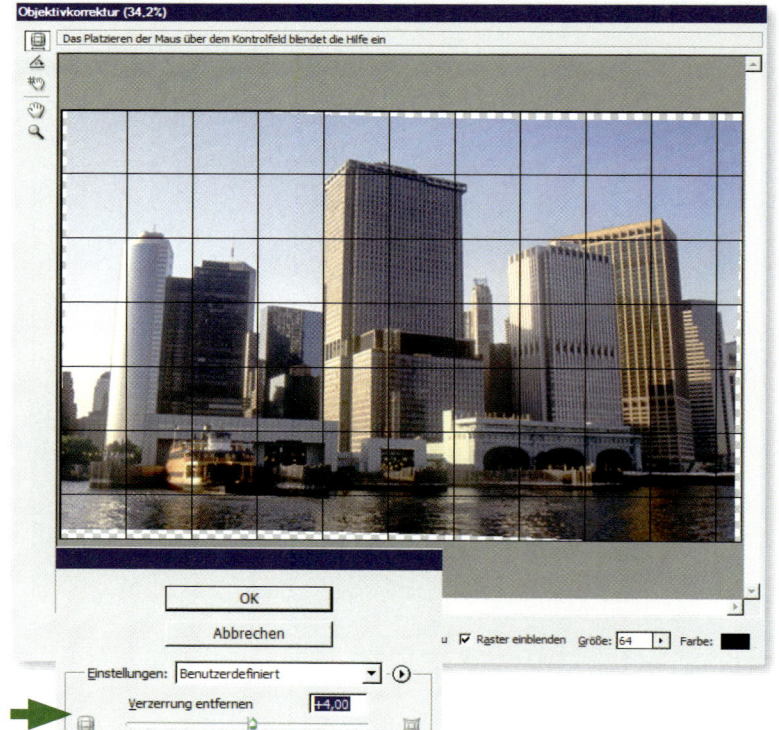

Übung 4

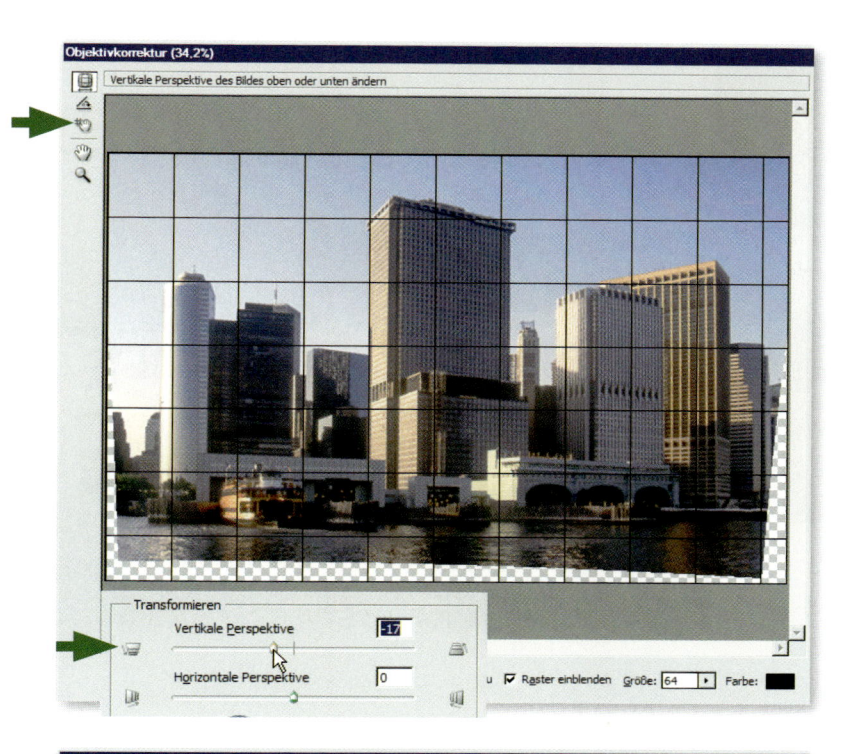

Schritt 4: Stürzende Linien ade!

Setzen Sie nun zum entscheidenden Coup an und gleichen Sie die fluchtende Perspektive der Hochhäuser aus.

Verändern Sie im Dialogfenster unter TRANSFORMIEREN die VERTIKALE PERSPEKTIVE: Bei –17 stehen die Gebäude wie eine Eins.

Verschieben Sie gegebenenfalls das Raster mit dem Raster-verschieben-Werkzeug, um markante Linien besser überprüfen zu können.

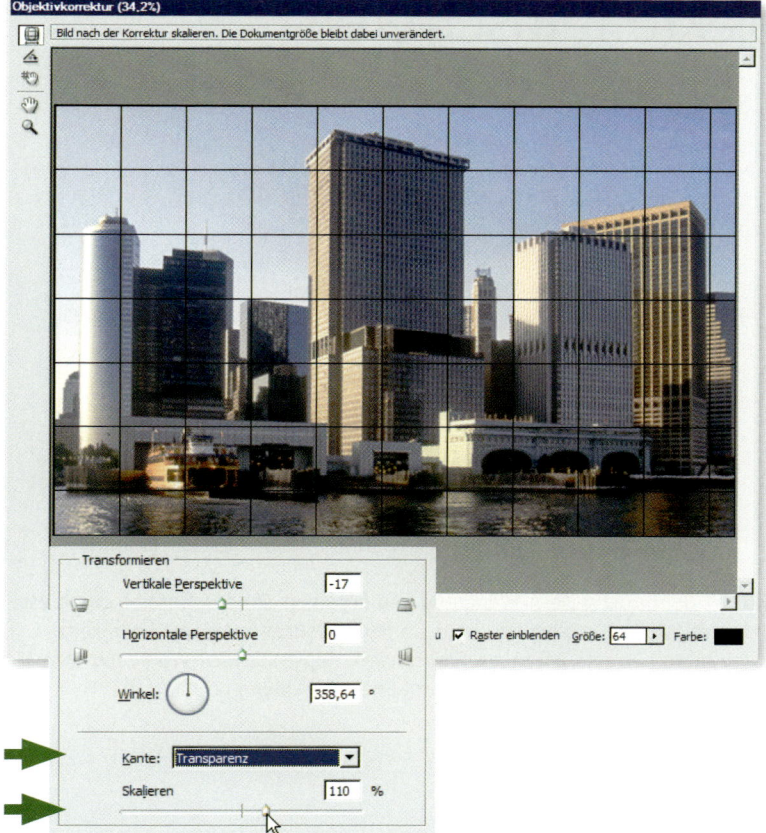

Schritt 5: Auf zu neuer Größe

Durch die Korrekturen hat das Bild Pixel eingebüßt und bedarf eines neuen Zuschnitts. Natürlich könnten Sie jetzt auf OK klicken und das Foto mit dem Freistellungswerkzeug bearbeiten. Doch es geht viel einfacher:

Um die fehlende Bildfläche zu ersetzen, gibt es statt der TRANSPARENZ als KANTE auch die Möglichkeit, eine HINTERGRUNDFARBE oder die sogenannte KANTENERWEITERUNG zu wählen. Natürlich eignet sich die HINTERGRUNDFARBE nur für monochrome Motive; ein Test per KANTENERWEITERUNG zeigt durch die Pixelwiederholung Schlieren, als ob das Wasser aus dem Bild laufen würde.

Bleiben Sie also bei der Transparenz und setzen Sie auf SKALIEREN. Bei 110% ist die neue Skyline perfekt. Klicken Sie auf OK.

Übung 4 • Stürzende Linien und Verzerrungen (2)

Übungen zu Bildproblemen: Störende Objekte retuschieren

Übung 5: Störende Objekte retuschieren

Die schönste Idylle eines Fotomotivs kann durch ein Detail gestört werden, das absolut nicht zum Bild passen will. Verkehrsschilder, Baukräne, Kabel oder Papierkörbe gehören zwar zur modernen Realität, müssen aber nicht unbedingt zum unangenehmen Hingucker Ihres Bilds werden. Gerade bei Schnappschüssen liegt das Augenmerk oft ganz woanders, so dass etwa ein Ast, der quasi aus einer Person zu wachsen scheint, erst beim Betrachten des Fotos richtig auffällt.

Entfernen Sie störende Objekte mit ein paar guten Werkzeugen, die Photoshop dafür bereitstellt und die Erstaunliches leisten. Meistens ist eine Kombination verschiedener Werkzeuge erforderlich, um die Korrekturen Hand in Hand zu vollziehen.

Diese Übung befasst sich in erster Linie mit dem Ausbessern-Werkzeug ⬭ sowie dem Kopierstempel-Werkzeug 🔧. Sie gibt Ihnen das Rüstzeug, die Wirklichkeit Ihres Fotos selbst zu bestimmen.

Infothek	einfach				komplex
Lernschritte:	Entfernen Sie ein störendes Objekt mit dem Ausbessern-Werkzeug und ersetzen Sie den Bereich durch eine andere Quelle im Bild. Per Nachbelichter-Werkzeug gleichen Sie nach dem Ausbessern kleine Helligkeitsunterschiede aus. Schadhafte Stellen entfernen und ergänzen Sie mit dem Kopierstempel-Werkzeug. Wie Sie Kanten retuschieren und mit Zielflächen ausbessern, erfahren Sie am Ende der Übung.				
Aufwand:	Mittel				
Übungsdatei:	Retusche_1.jpg				

Übung 5

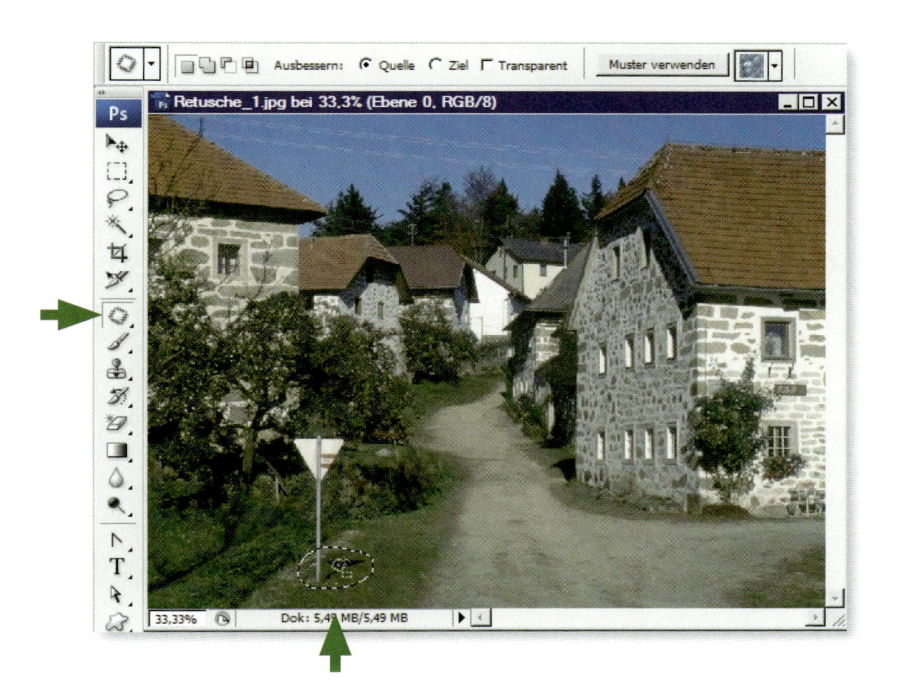

Schritt 1: Das Ausbessern-Werkzeug nutzen

Dorfbewohner mögen Verkehrszeichen und Kabelvernetzung durchaus zu schätzen wissen, doch für die Werbebroschüre zum Urlaub auf dem Land eignet sich das sperrige Kleinod nicht unbedingt.

Beheben Sie die Störungen im Bild »Retusche_1.jpg«, um den Besuch des Örtchens schmackhafter zu machen.

Entfernen Sie zunächst das aufdringliche Verkehrsschild im Vordergrund. Dazu wählen Sie das Ausbessern-Werkzeug ⌾ und aktivieren in der Optionsleiste die QUELLE. Umfahren Sie mit gedrückter Maustaste jetzt den unteren Bereich von Pfosten und Schatten.

Photoshop zeigt den markierten Bereich als aktive Auswahl per schwarzweiß gestrichelter Umrandung an. Möchten Sie die Auswahl erweitern, halten Sie beim Zeichnen die ⇧-Taste gedrückt. Um sie zu verkleinern, nutzen Sie die Alt-Taste.

Schritt 2: Die Auswahl anwenden

Vergrößern Sie mit dem Zoomwerkzeug 🔍 den betreffenden Bildausschnitt, um präziser arbeiten zu können.

Ziehen Sie nun mit gedrückter Maustaste die Auswahl auf einen Bereich im Bild, der sich optisch als Ersatz eignet. Sobald Sie die Maustaste loslassen, passt sich die neue Fläche in Struktur und Helligkeit dem Quellbereich an.

Fügt sich die neue Rasenfläche nahtlos ein? Drücken Sie Strg+H (PC) bzw. ⌘+H (Mac), um die Auswahlkante kurzfristig auszublenden, aber nicht aufzuheben. Stimmt die Retusche noch nicht ganz, verschieben Sie den Ausschnitt einfach so oft, bis Sie mit dem Ergebnis zufrieden sind.

Jetzt ist der Pfosten des Verkehrsschilds bereits um ein ganzes Stück kürzer geworden.

Übungen zu Bildproblemen: Störende Objekte retuschieren

Schritt 3: Eine neue Auswahl erstellen

Vielleicht fragen Sie sich, warum wir nicht das ganze Verkehrsschild auf einmal ausgewählt haben:

Zum Prinzip einer guten Retusche mit dem Ausbessern-Werkzeug ⊙ gehört es, die Auswahl derart zu treffen, dass verwandte Bereiche optimal verfügbar sind; die Ersatzteile holen Sie sich jeweils an der geeigneten Stelle und damit nicht immer an derselben. So heißt es auch für den verbleibenden Rest des Pfostens:

1. Auswahl zeichnen
2. Auswahl verschieben
3. Retusche prüfen

Schritt 4: Ausbessern & Kopierquelle

Den Hintergrund des Verkehrsschilds ersetzen Sie nun nach dem gleichen Prinzip mit dem Ausbessern-Werkzeug ⊙. Holen Sie sich am besten ein Stückchen von der Wiese mit dem Stein rechts. Alternative passende Flächen gibt es dazu kaum.

Sobald der Bereich ausgebessert ist, heben Sie per [Strg]+[D] (PC) bzw. [⌘]+[D] die Auswahl auf.

Die verräterische Kopie des Steins entsorgen Sie mit dem Kopierstempel-Werkzeug ⧈. Wählen Sie in der Optionsleiste als Pinsel einen Hauptdurchmesser von etwa 28 Pixel bei einer Härte von 0%. Die Deckkraft belassen Sie bei 100%.

Nehmen Sie nun bei gedrückter [Alt]-Taste ein benachbartes Stück Gras nahe des Steins auf, um es als Quellpunkt zu kopieren. Mit einigen Klicks auf den Stein fügen Sie das kopierte Gras ein.

Wiederholen Sie diesen Vorgang mit variierenden Quellpunkten, bis der gesamte Stein verschwunden ist. Auch die Doublette des hellen Pfostens werden Sie per Kopierstempel los. Variieren Sie nach Bedarf die Pinselgröße.

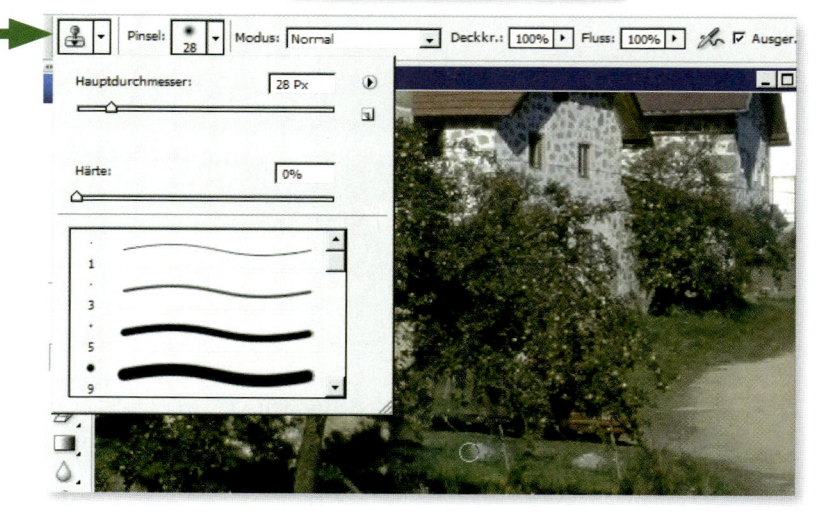

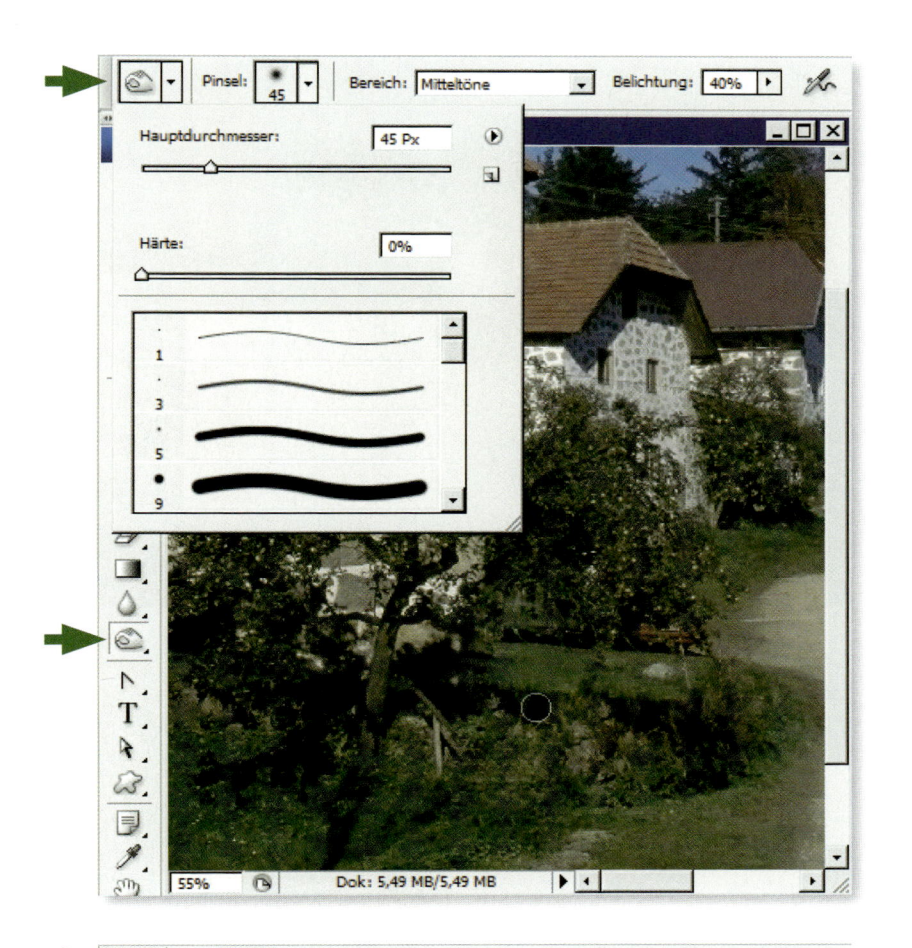

Schritt 5: Die Helligkeit angleichen

Ein paar milchige Stellen sind beim Ausbessern zuvor an der Böschung entstanden, wo das Verkehrsschild stand.

Der Grund: Das Ausbessern-Werkzeug gleicht nicht nur die Struktur, sondern auch die Beleuchtung an die Quellpixel an — und die waren ungünstigerweise sehr hell.

Wählen Sie das Nachbelichter-Werkzeug. In der Optionsleiste geben Sie für den PINSEL einen HAUPTDURCHMESSER von 44 Pixel bei einer HÄRTE von 0% an. Als BEREICH eignen sich die MITTELTÖNE und für die BELICHTUNG 40%.

Malen Sie nun mit gedrückter Maustaste über die flauen Stellen; wo sie noch immer nicht kräftig genug sind, auch noch ein oder zwei Mal mehr. Dieses Verfahren ist sensibler, als den Wert für die Belichtung zu hoch einzustellen.

Schritt 6: Begrünen per Kopierstempel

Schon recht nett, das Ganze. Wäre da nur nicht die kahle, abgeschabte Fläche vorne rechts im Bild. Etwas frischer Rasen würde dem Gesamteindruck gut tun.

Das erledigen Sie ebenfalls mit dem Kopierstempel-Werkzeug: Wählen Sie für den PINSEL einen HAUPTDURCHMESSER von 100 Pixel und eine HÄRTE von 30%. Die DECKKRAFT reduzieren Sie auf 70%.

Als Quellpunkt dient die Wiese links. Nehmen Sie mit gedrückter [Alt]-Taste nun immer wieder ein neues Stückchen Gras auf und setzen Sie es rechts vorne per Klick ein, bis die Fläche Ihren Vorstellungen entspricht. An manchen Stellen verdichten Sie das Gras, indem Sie zwei bis drei Quellpunkte darauf setzen.

Übungen zu Bildproblemen: Störende Objekte retuschieren

Schritt 7: Alles im Griff mit dem Protokoll

Bei so vielen Klicks kann es durchaus passieren, dass Sie die eine oder andere „Verschlimmbesserung" durchführen.

Natürlich können Sie per [Strg]+[Z] (PC) bzw. [⌘]+[C] (Mac) einen Arbeitsschritt rückgängig machen oder mit dem Befehl **Bearbeiten: Schritt zurück** schrittweise zu einem früheren Stadium zurückkehren.

Rascher und übersichtlicher gelingt es aber mit dem **Protokoll**, das Sie per **Fenster** aufrufen.

Bis zu 20 Arbeitsschritte listet Photoshop standardmäßig. Je nach Größe Ihres Arbeitsspeichers können Sie die Anzahl der PROTOKOLLOBJEKTE jedoch ändern. Wählen Sie dazu **Bearbeiten: Voreinstellungen: Leistung**.

Der unterste Arbeitsschritt entspricht dem zuletzt erstellten. Klicken Sie auf ein früheres Protokollobjekt, erhalten Sie genau dessen vormaligen Zustand im bearbeiteten Bild und können mit den Korrekturen dort neu ansetzen.

Schritt 8: Ausbessern an Kanten

Jetzt ist es an der Zeit, den blauen Himmel von den Drähten zu befreien. Dabei werden Sie ein echtes Manko des Ausbessern-Werkzeugs kennenlernen sowie den Weg, es zu umgehen.

Wählen Sie das Schnellauswahl-Werkzeug und markieren Sie einen kleineren Bereich des Himmels in der linken oberen Bildecke. Verschieben Sie nun die Auswahl wie gehabt bei aktivem **Ausbessern-Werkzeug**, bis nur noch blauer Himmel ohne Kabel zu sehen ist, und lassen dann die Maustaste los, erscheinen verschwommene Flecken entlang der Ränder.

Fazit: Setzen Sie das Ausbessern-Werkzeug nicht bei Flächen ein, die direkt an Kanten stoßen. Klicken Sie im Protokoll auf den zweitletzten Arbeitsschritt, um Ausbessern und Auswahl rückgängig zu machen.

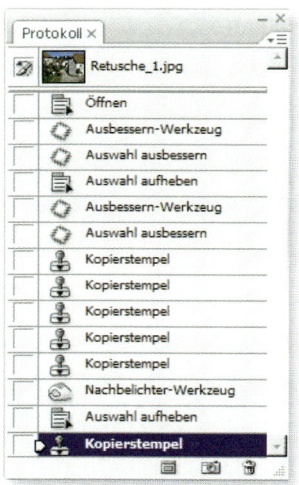

Übung 5

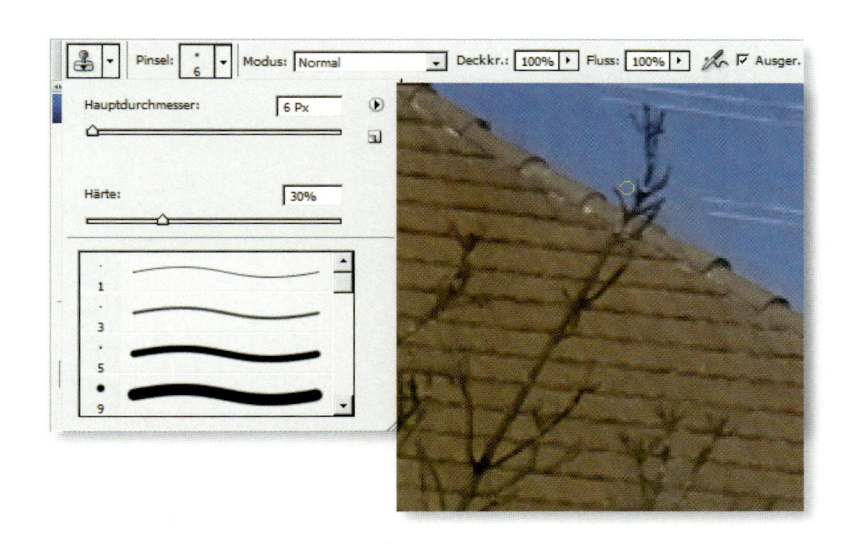

Arbeiten Sie nun entlang der Kanten mit dem Kopierstempel. Das ist etwas mühsam, doch wenn Sie präzise arbeiten, benötigen Sie nicht einmal eine Auswahl.

Wählen Sie einen geringen HAUPTDURCHMESSER von ca. 6 Pixel für den PINSEL und eine HÄRTE von 30%. Die DECKKRAFT bleibt bei 100%.

Klicken Sie mit gedrückter Alt-Taste immer wieder ins benachbarte, unversehrte Blau und malen Sie in kurzen Zügen über die Kabel. Bei feinen Ästen reduzieren Sie kurz-fristig die Pinselgröße auf 3 Pixel.

Nicht nur das Dach, sondern ebenso die Bäume im Bildhintergrund behandeln Sie auf diese Weise.

Schritt 9: Flächen retuschieren

Der Rest geht einfach: Wählen Sie erneut das Ausbessern-Werkzeug und aktivieren Sie in der Optionsleiste das ZIEL. Dann markieren Sie einen kleineren Bereich des blauen Himmels bei gedrückter Maustaste als Auswahl.

Verschieben Sie nun diese Auswahl auf die Kabel, dann repariert Photoshop die Fläche mit den Pixeln des ZIELS, wobei die Helligkeit dem Quellbereich angepasst wird.

Sie können die Auswahl immer wieder auf neue Stellen ziehen, die retuschiert werden sollen. Irgendwann wird Photoshop vielleicht die Helligkeit nicht mehr einwandfrei errechnen, dann zeichnen Sie nochmals eine neue Auswahl, um den Himmel blank zu polieren.

Übungen zu Bildproblemen: Bildrauschen entfernen

Übung 6: Bildrauschen entfernen

Digitales Bildrauschen zeigt sich in Form von Pixeln, die in Bildbereichen starke Körnung und/oder unnatürliche Farbabweichungen aufweisen. Besonders gut erkennen Sie die Unruhe von Graustufungen und das Gewimmel von Rot-, Grün- und Blauwerten, wenn Sie einen Bildausschnitt größer zoomen.

Bereits in der analogen Fotografie ließ sich das Bildrauschen manchmal nicht vermeiden. Extreme Lichtsituationen und hohe ISO-Werte mit starker Körnung zur Folge verursachen auch bei Digitalfotos Rauschen. Photoshop bietet verschiedene Möglichkeiten, das Bildrauschen zu reduzieren oder sogar ganz zu entfernen.

Am effektivsten wirkt der Filter **Rauschen reduzieren**, weil er mannigfaltige Einstellungen zulässt. Sie können das Luminanzrauschen (Graustufenrauschen) korrigieren, das Farbrauschen reduzieren und einzelne Farbkanäle separat behandeln. Insbesondere Nacht- und Gegenlichtaufnahmen sowie Fotos, die bei schwachem Licht entstanden sind, werten Sie damit effektiv auf.

Infothek

	einfach			komplex

Lernschritte:	Nach einer kurzen Einführung zum Thema »Rauschfilter« bearbeiten Sie mit dem Filter **Rauschen reduzieren** die Einstellungen, mit denen Sie Graustufen- sowie Farbrauschen verringern und dabei Bilddetails erhalten. Die Funktion jeder Einstellung lernen Sie im Einzelnen kennen. Nachdem Sie pauschal alle Farbkanäle korrigiert haben, verbessern Sie das Luminanzrauschen eines einzelnen Farbkanals.
Aufwand:	Mittel
Übungsdatei:	Bildrauschen.jpg

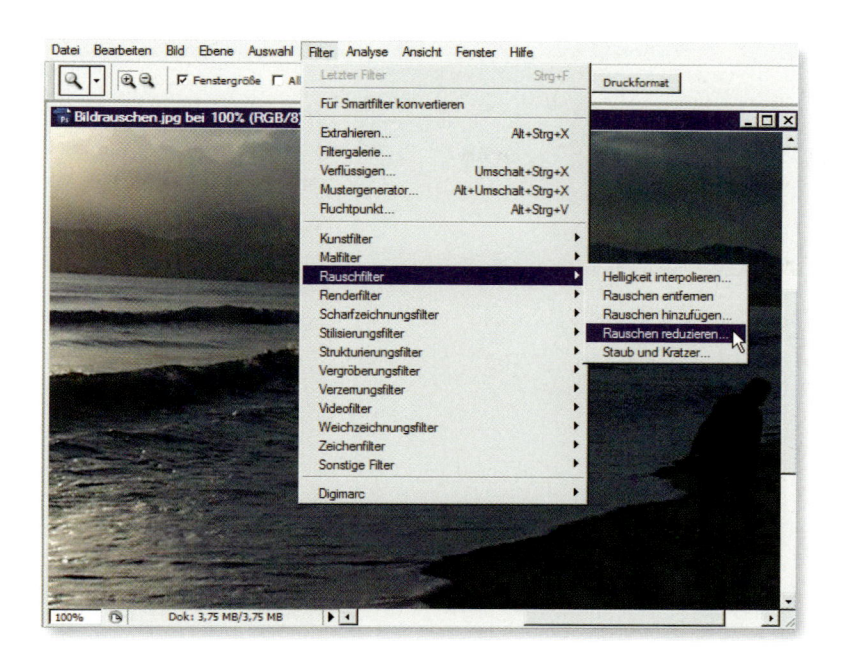

Schritt 1: Rauschfilter im Vergleich

Photoshop bietet mehrere Möglichkeiten, Bildrauschen per Filter zu reduzieren. Bei den Befehlen **Helligkeit interpolieren** und **Staub und Kratzer** riskieren Sie auch bei geringen Werten schon Unschärfen, was die folgenden beiden Rauschfilter besser lösen:

Dabei ist der Filter mit der Vertrauen erweckenden Behauptung **Rauschen entfernen** unlogischerweise lange nicht so effektiv und vielfältig, wie der vorsichtig formulierte Befehl **Rauschen reduzieren**, der jedoch der Wahrheit näherkommt.

Das Foto »Bildrauschen.jpg« entstand bei extremem Gegenlicht und zeigt insbesondere im Bereich von Himmel und Strand massive Pixelstörungen, die selbst in dieser Druckversion bei 100% Bildgröße noch erkennbar sind. Inwieweit sie zu beheben sind, erfahren Sie in den nächsten Arbeitsschritten.

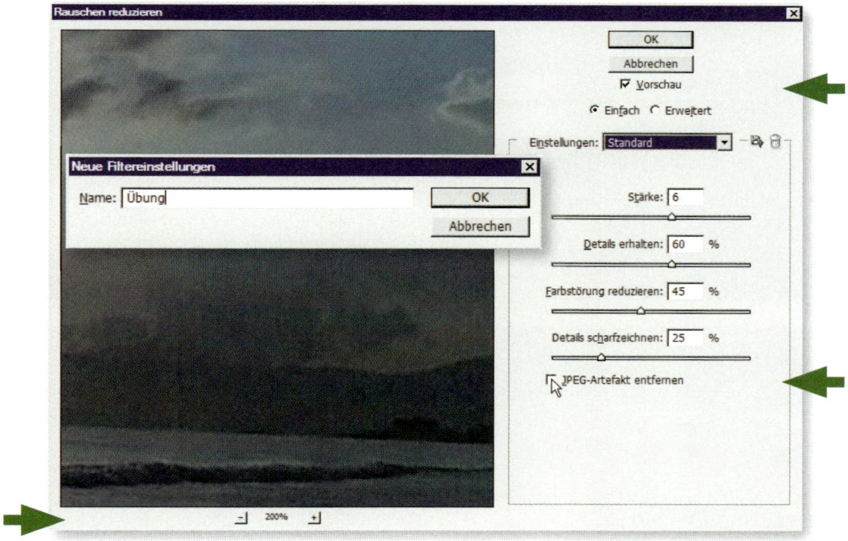

Schritt 2: Der Filter »Rauschen reduzieren«

Wählen Sie den Befehl **Filter: Rauschfilter: Bildrauschen reduzieren**. Photoshop öffnet das Dialogfenster mit den nebenstehenden Standardeinstellungen. Um sie zu erhalten, legen Sie in den Einstellungen per Klick auf das Disketten-Symbol 💾 Neue Filtereinstellungen an und vergeben dafür zum Beispiel den Namen »Übung«. Sie können die neue Einstellung später wieder löschen, indem Sie auf den Mülleimer daneben klicken.

Zoomen Sie mit der Plus-Taste einen Bildausschnitt größer und verschieben Sie ihn nach Bedarf mit gedrückter Maustaste, dann sehen Sie die ganze Pixelaufruhr noch deutlicher. Inwieweit die Bildfehler im JPEG-Übungsbild kompressionsbedingt sind, stellen Sie fest, wenn Sie JPEG-Artefakt entfernen aktivieren — etwas besser, aber noch lange nicht gut genug.

Wenn Sie jetzt kurz die automatische Vorschau aus- und wieder einschalten, sehen Sie direkt im Bild, welche Verbesserungen die voreingestellten Werte des Filters bisher leisteten.

Übungen zu Bildproblemen: Bildrauschen entfernen

Als EINSTELLUNGEN haben Sie nun statt STANDARD die neue ÜBUNG ausgewählt. Damit können Sie beginnen, das Bild zu optimieren. Vier Regler stehen Ihnen im Dialogfenster EINFACH zur Verfügung. Was ihre Werte im Einzelnen bewirken, erfahren Sie in der Folge:

➤ Mit der STÄRKE reduzieren Sie das sogenannte Luminanzrauschen. Durch Unterschiede in den Graustufen sieht das Bild dabei körnig aus. Ziehen Sie den Regler auf einen relativ hohen Wert, dann vereinheitlichen Sie die Pixelwerte. Wählen Sie die Stufe 8, denn dann verlieren Sie noch nicht all zu viele Details.

➤ Je mehr Sie DETAILS ERHALTEN, desto geringer wirkt die STÄRKE und das Luminanzrauschen verringert sich nur wenig. Bei einem Motiv mit Wolken und Strand dürfen Sie großzügiger sein als etwa bei feinen Haarstrukturen. Deshalb genügen 45% für DETAILS ERHALTEN durchaus.

➤ Der Wert für FARBSTÖRUNG REDUZIEREN regelt die zufällig auftretenden roten, grünen und blauen Pixel oder besser: das Farbrauschen. Im Übungsbild ist es relativ stark, deshalb eignen sich mindestens 70%.

➤ Per DETAILS SCHARFZEICHNEN bewahren Sie Bildschärfe. Mit höherem Wert verringern Sie dabei zusehends die STÄRKE, d.h., das Luminanzrauschen erhöht sich wieder. Wählen Sie mit 20% einen recht niedrigen Wert und bearbeiten Sie lieber später die Schärfe separat.

Klicken Sie noch nicht auf OK, denn es gilt noch Feines zu entdecken!

Tipp
Testen Sie zwischendurch den Unterschied zwischen dem Ausgangsbild und der korrigierten Version: Indem Sie im Vorschaufenster die Maustaste gedrückt halten, erscheint das unbearbeitete Foto.

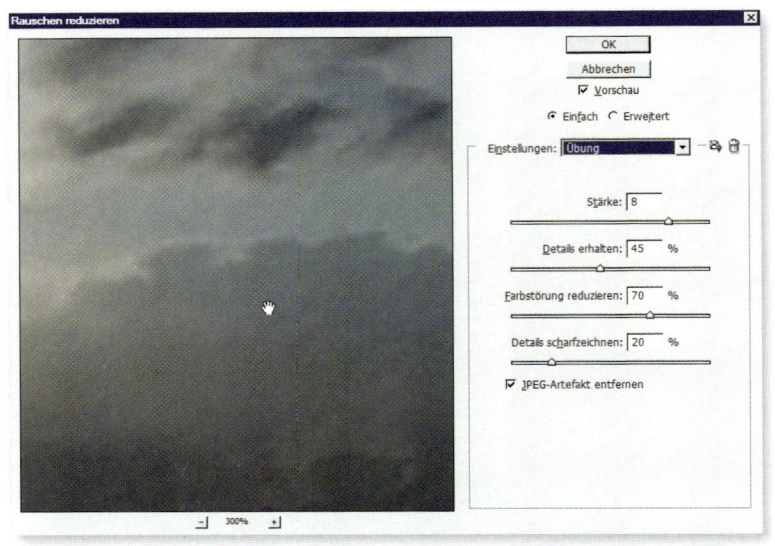

Übung 6

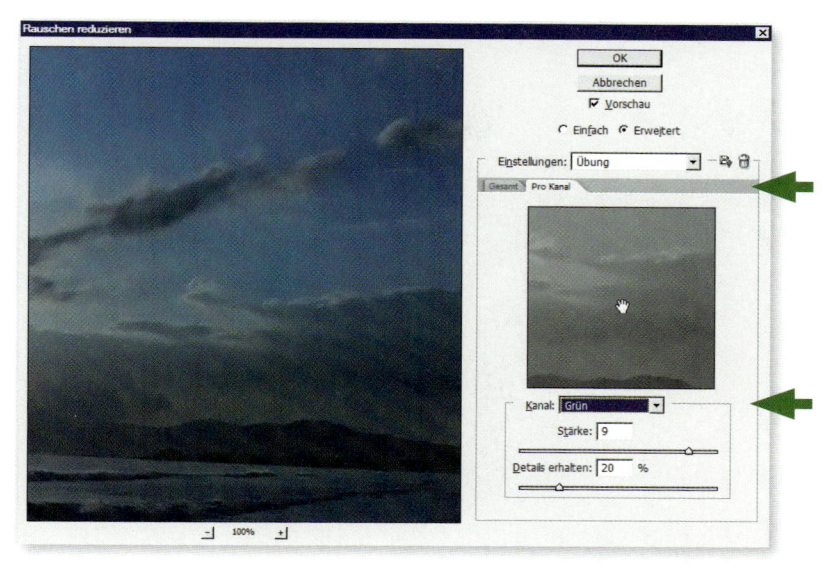

Schritt 3: Erweiterte Optionen

Sie haben bisher das Luminanzrauschen generell für alle Farbkanäle reduziert, was für das Übungsbild auch nötig ist. Vielleicht aber können Sie das Rauschen noch mehr reduzieren, indem Sie einen einzelnen Kanal speziell bearbeiten:

Bei manchen Bildern überwiegt das Luminanz- oder Graustufenrauschen in einem einzigen Kanal. Meist handelt es sich um den Blaukanal und manchmal genügt es auch, nur diesen einen Kanal zu korrigieren.

Klicken Sie auf die Option ERWEITERT und dann auf den Karteireiter PRO KANAL. Das Vorschaufenster für den Kanal zeigt die Grauwerte und Pixelabweichungen. Ziehen Sie mit gedrückter Maustaste einen verrauschten Bildausschnitt heran. Prüfen Sie als KANAL nacheinander ROT, GRÜN und BLAU.

Die stärkste Pixelunruhe herrscht im Grünkanal. Ziehen Sie die Stärke auf Stufe 9 hoch, vereinheitlichen sich schlagartig Bildbereiche im Himmel wie auch im Strand.

Begnügen Sie sich mit einem Wert von 20 % für DETAILS ERHALTEN, um die Verbesserung nicht zu stark einzudämmen.

Die zusätzliche Verbesserung der Bildqualität ist verblüffend. Jetzt müssen Sie sich eigentlich nur noch um die Schärfe kümmern, die durch die niedrigen Werte für DETAILS ERHALTEN etwas gelitten hat. Da Sie dabei die hellen und dunklen Pixel möglichst sensibel behandeln sollten, eignet sich der Filter **Selektiver Weichzeichner** am besten (siehe Übung 8 in diesem Kapitel).

Korrektur mit der Option »Einfach«

... plus Bearbeitung des Grün-Kanals

Übungen zu Bildproblemen: Klassisches Scharfzeichnen

Übung 7: Klassisches Scharfzeichnen

Photoshops Klassiker zum Scharfzeichnen von Bildern heißt **Unscharf maskieren**. Der Begriff stammt von einem Verfahren der analogen Fotoentwicklung: Indem eine unscharfe Kopie als Maske über das Negativ gelegt wird, erhöhen sich Tiefen und Lichter. Auch Photoshops Filter steigert den Kontrast entlang der Bildkanten, wobei hellere Pixel noch heller und dunklere weiter abgedunkelt werden.

Mit den drei Parametern STÄRKE, RADIUS und SCHWELLENWERT stehen Ihnen wesentlich differenziertere Einstellungen zur Verfügung, als es pauschale Filter wie **Scharfzeichnen** oder **Stärker Scharfzeichnen** leisten können. Viel stärker als etwa bei Korrekturen im Tonwertbereich lautet die Devise beim Betrachten der Bilder: *Schau genau!* Denn die Verbesserungen im Schärfebereich sind am Monitor wesentlich deutlicher zu erkennen als bei hochauflösenden Bildern in der Druckversion.

Das Foto »Scharfzeichnen_1.jpg« mit den beiden bezaubernd gruseligen Teenie-Geistern wurde in der Halloween-Nacht bei Blitzlicht aufgenommen. Mund, Augen und sogar Zahnspange — bis hin zu Haaren und Kostümstoff — sind etwas unscharf und bedürfen einer Nachbesserung. Testen Sie den Effekt per **Unscharf maskieren**.

Infothek

	einfach				komplex

Lernschritte:	Mit dem Filter **Unscharf maskieren** erfahren Sie, wie Stärke, Radius und Schwellenwert einander beeinflussen und welche Funktion jede dieser drei Komponenten erfüllt.
Aufwand:	Ziemlich gering, doch etwas trickreich
Übungsdatei:	Scharfzeichnen_1.jpg

Schritt 1: Unscharf maskieren

Wenn Sie die Bildschärfe bearbeiten, sollten Sie Ihr Bild unbedingt bei 100% ansehen, denn nur so können Sie die tatsächliche Wirkung richtig beurteilen. Klicken Sie dazu in der Werkzeugleiste doppelt auf das Zoomwerkzeug.

Wählen Sie **Filter: Scharfzeichnungsfilter: Unscharf maskieren**. Mit einer STÄRKE von 120 bei einem RADIUS von 2,4 und einem SCHWELLENWERT von 2 beginnen die Augen der kleinen Hexen zu leuchten. Haare und Kleidung zeigen feine Strukturen und mehr Brillanz. Beurteilen Sie die Wirkung direkt im Bild und nicht im Vorschaufenster. Klicken Sie auf das Häkchen neben VORSCHAU, sehen Sie den Vorher-Nachher-Effekt am besten.

Die Korrektur gelingt nur dann, wenn Sie die drei Faktoren STÄRKE, RADIUS und SCHWELLENWERT richtig kombinieren. Was aber bewirken sie genau? Testen Sie diverse Einstellungen:

➤ Per STÄRKE erhöhen Sie den gesamten Pixelkontrast im Bild. Je höher der Wert liegt, umso mehr sollten Sie den RADIUS zügeln, damit keine Farbkränze entstehen. Beispiel: Bei einer STÄRKE von 200 reicht bereits ein RADIUS von 0,5 im Übungsbild.

➤ Der RADIUS bestimmt, wie viele Pixel rund um die Kantenpixel mit geschärft werden. Unscharfe Motive mit harten Kanten vertragen eher einen etwas höheren RADIUS. Im Übungsbild müssen Sie dagegen bereits bei einem RADIUS von 4 die STÄRKE auf 50 reduzieren, um den Kontrast nicht zu überzeichnen. Bei hochauflösenden Bildern reicht meist ein RADIUS zwischen 1 und 2.

➤ Mit dem SCHWELLENWERT legen Sie fest, wie stark oder schwach verwandte Tonwerte auf der Skala von 0 bis 255 geschärft werden. Beispiel: Bei einem SCHWELLENWERT von 0 werden alle Pixel scharfgezeichnet, bei einem Schwellenwert von 4 nur jene Pixel, deren Tonwert sich auch um mehr als 4 unterscheidet. Verwandte Tonwerte wie etwa 140, 141 und 142 werden also noch nicht als Kantenpixel geschärft. Ein höherer SCHWELLENWERT lindert den Scharfzeichnungseffekt.

Übungen zu Bildproblemen: Selektives Scharfzeichnen

Übung 8: Selektives Scharfzeichnen

Der Filter **Selektiver Scharfzeichner** bietet noch mehr Optionen zum gezielten Schärfen von Bildern. Insbesondere für Tiefen und Lichter können Sie unterschiedliche Schärfegrade bestimmen. Mit der Komplexität der Einstellungen wächst aber auch der Anspruch.

Sie bestimmen, wie stark sich der Schärfegrad auf helle und dunkle Tonwertbereiche auswirkt, und können diverse Optionen kombinieren, um das beste Ergebnis zu finden.

Die Übung erklärt, welche Auswirkung STÄRKE, RADIUS, VERBLASSEN oder TONBREITE für die Scharfzeichnung haben, damit Sie auch künftig nicht mehr auf diesen hervorragenden Filter verzichten wollen. Wie auch in der Übung zuvor gilt die Devise: *Schau genau!* Denn nur dann erkennen Sie die feinen Schärfeunterschiede in den Abbildungen. Vollziehen Sie die Übung selbst am Monitor, sehen Sie die Verbesserungen deutlicher als in der gedruckten Version dieses Buchs.

— Werden Sie scharf auf diesen Filter!

Infothek

	einfach ▬▬▬▬▬▬▬▬▬▬▬▬▬▬▬ komplex
Lernschritte:	Lernen Sie einfache und erweiterte Optionen des **Selektiven Scharfzeichners** schrittweise kennen. Dabei bestimmen Sie die Stärke des Schärfens generell sowie gesondert für Tiefen und Lichter. Standardwerte und extreme Abweichungen werden in Bildbeispielen erklärt, so dass Sie den richtigen Ton(wert) auch für spätere Bearbeitungen finden. Im Extra erfahren Sie noch Tipps und Tricks, um digitales Bildrauschen zu reduzieren.
Aufwand:	Mittel (bis etwas höher bei der ersten Anwendung)
Übungsdatei:	Scharfzeichnen_2.jpg

Übung 8

Schritt 1: Zoomstufe 100%

Etwas verklumpt wirken die Blätter, Blüten und Büsche der mediterranen Landschaft im Foto »Scharfzeichnen_2.jpg«.

Wie auch in der vorherigen Übung lautet die erste Devise, um richtig scharfzuzeichnen: Ansicht bei 100%, um nicht von der Pixeldarstellung des Monitors getäuscht zu werden.

Wählen Sie in der Optionsleiste **Ansicht: Tatsächliche Pixel**. Alternativ verwenden Sie die Tastenkombination [Strg]+[Alt]+[0] (die Null, nicht den Buchstaben O) am PC oder [⌘]+[Alt]+[0] am Mac.

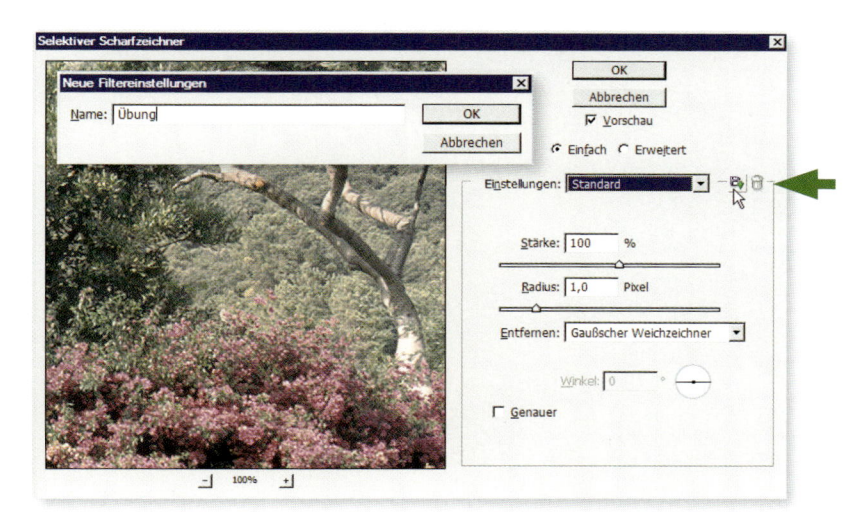

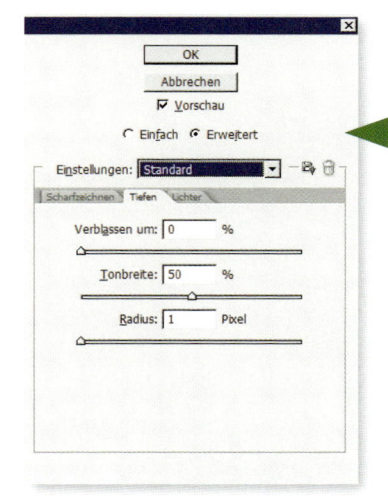

Schritt 2: Grundeinstellungen des Selektiven Scharfzeichners

Wählen Sie den Befehl **Filter: Scharfzeichnungsfilter: Selektiver Scharfzeichner**.

Bereits mit den STANDARD-Grundeinstellungen des Dialogfensters verbessert sich der Schärfegrad Ihres Bilds meist erheblich.

Bevor Sie irgendeinen Regler verändern, tun Sie unbedingt Folgendes: Legen Sie per Klick auf das Disketten-Symbol 💾 NEUE FILTEREINSTELLUNGEN an und vergeben Sie dafür etwa den Namen »Übung«. Sie können die neue Einstellung später wieder löschen, indem Sie auf den Mülleimer daneben klicken.

Alle Veränderungen, die Sie künftig vornehmen, vollziehen Sie unter der neuen Einstellung. Damit verlieren Sie die Ausgangswerte des STANDARDS nicht, die wirklich sinnvoll sind, denn Photoshop behält Ihre letzten Vorgaben immer bei.

Wie bitte? Sie haben bereits mit dem **Selektiven Scharfzeichner** experimentiert und die Standardeinstellungen völlig verstellt? Links sehen Sie alle ursprünglichen Einstellungen, oben im Modus EINFACH, darunter im Modus ERWEITERT. Für TIEFEN und LICHTER sind die Voreinstellungen identisch.

Wählen Sie als EINSTELLUNGEN den STANDARD, wenn Sie die hier gezeigten Ausgangswerte von Photoshop wiederherstellen möchten.

Für die folgenden Korrekturen legen Sie hingegen eine neue eigene Einstellung an.

Übungen zu Bildproblemen: Selektives Scharfzeichnen

Schritt 3: Einstellungen im Modus »Einfach«

Wohlgemerkt, Ihre EINSTELLUNGEN zeigen jetzt die »Übung« an. Aktivieren Sie zuerst die Schaltfläche GENAUER, um mit der optimalen Qualität zu arbeiten. Dadurch verlängert sich die Rechenzeit etwas, aber das Ergebnis ist es wert.

Auf welche Weise Sie die Unschärfe beheben wollen, wählen Sie per ENTFERNEN. Wenn Sie den GAUSSSCHEN WEICHZEICHNER entfernen, ähnelt das Ergebnis dem Filter **Unscharf maskieren**, da derselbe Algorithmus zugrunde liegt. Wie der Name schon sagt, eignet sich die BEWEGUNGSUNSCHÄRFE mit Einstellung des Winkels am besten für Motive, die durch Bewegung verwischt sind.

Besonders effektiv arbeitet die Option TIEFENSCHÄRFE ABMILDERN, deshalb entscheiden Sie sich dafür.

Ohne dass Sie bisher die Standardwerte der STÄRKE von 100% oder den RADIUS mit 1,0 Pixel verändert haben, wirkt das Foto schon jetzt scharf und differenziert.

Links sehen Sie einen Ausschnitt des Quellbilds, rechts die Version mit den aktuellen Vorgaben, bei denen Sie auch bleiben.

Schritt 4: Stärke und Radius

Was aber bewirken nun STÄRKE oder RADIUS genau?

➤ Per STÄRKE erhöhen oder reduzieren Sie den Kontrast zwischen den Kantenpixeln. Ein höherer Wert von 200 verstärkt Tiefen und Lichter schon massiv (siehe rechts). Ein niedriger Wert von 20 hingegen verändert das Quellbild kaum (siehe links).

Jetzt wissen Sie, wovon wir sprachen, als es um Standardeinstellungen ging: Für das Übungsbild eignet sich der Wert von 100% STÄRKE hervorragend.

Übung 8

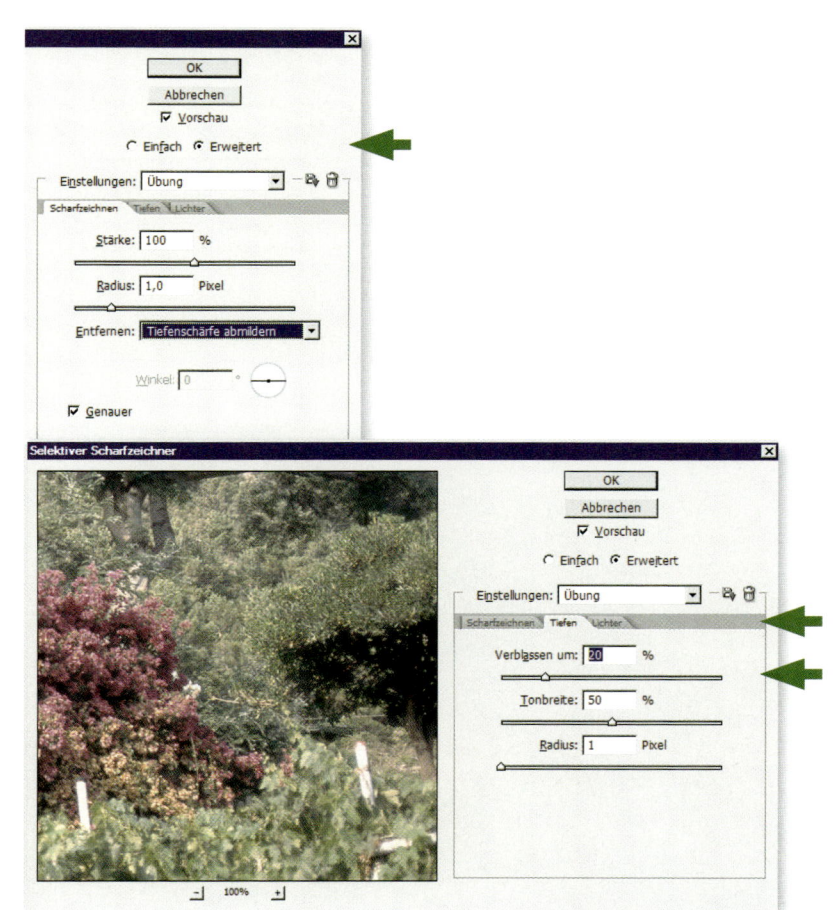

> Der RADIUS bestimmt, um wie viel Pixel der Kantenbereich breiter oder schmaler wird. Photoshops Skala reicht zwar von 0,1 bis 64 Pixel, doch die Regel für eine gute Scharfzeichnung ohne Farbkränze liegt bei kleineren Bildern eher im niedrigeren Bereich um etwa 1 Pixel.

Das Übungsbild verfügt über eine Breite von 1200 Pixel, daher genügt der Wert von 1 Pixel für den RADIUS völlig. Multiplizieren Sie für ein 10 Megapixel-Bild mit 3872 Pixel Breite den Wert für den RADIUS, dann bleiben Sie immer noch bei mageren 3 bis 4 Pixel RADIUS als Durchschnittswert.

Bei sonst konstant gebliebenen Werten sehen Sie links die Version mit einem RADIUS von 0,3 (zu gering), rechts den RADIUS 3 Pixel (viel zu hoch).

Schritt 5: Erweiterte Optionen — Tiefen

Aktivieren Sie nun ERWEITERT; die bisher gewählten Einstellungen bleiben erhalten, doch sind zwei neue Karteireiter hinzugekommen: TIEFEN und LICHTER. Damit können Sie die Schärfe für dunkle und helle Bereiche im Bild separat regeln.

Klicken Sie auf TIEFEN, so bietet Photoshop weitere Optionen, den Tonwertbereich mehr oder weniger zu schärfen.

> VERBLASSEN UM reagiert auf die zuvor eingestellte STÄRKE. Je höher Sie den Wert setzen, umso mehr wird die Schärfe in den Tiefen gemildert. Mit 100% heben Sie also den Schärfeeffekt komplett auf, bei 0% bleibt er voll erhalten.

Sehr gut können Sie die Wirkung am Busch unten rechts im Foto beobachten. Mit einem Wert von 20% bleiben die Schattenzonen im Übungsbild noch sehr differenziert, werden aber nicht unnatürlich überzeichnet.

199

Übungen zu Bildproblemen: Selektives Scharfzeichnen

➤ Die TONBREITE legt fest, wie weit sich die dunklen Pixel ausdehnen. Bei einem geringen Wert werden die Tiefen geschärft, bei einem hohen Wert erfasst die Schärfung die dunklen Partien kaum noch.

Wählen Sie einen Mittelwert von 50% für das Übungsbild. In Zusammenhang mit den 20% für VERBLASSEN UM erhalten Sie eine mittlere, leicht gemilderte Schärfe des Tiefenbereichs.

➤ Per RADIUS können Sie den Bereich der Tiefen ausweiten und Kontraste erhöhen. Da das Übungsbild bereits recht starke Tiefenbereiche zeigt, nehmen Sie auf der Skala von 1 bis 100 Pixel den geringsten RADIUS von 1.

Schritt 6: Erweiterte Optionen — Lichter

Klicken Sie jetzt auf den Karteireiter LICHTER. Der helle Himmel zeigt ein leichtes Bildrauschen und die gleißenden Blätter oben im Olivenbaum wirken zu hart. Also fahren Sie die Schärfe für die Lichter ein gutes Stück zurück.

Bewegen Sie im Vorschaufenster das Bild mit gedrückter Maustaste, bis Sie einen aussagekräftigen Ausschnitt für die Lichter finden.

➤ Ziehen Sie den Wert für VERBLASSEN UM auf 30%. Das Bildrauschen lässt nach, die Schärfe der Blätter wird etwas gedämpft, bleibt aber in den feinen Umrissen erhalten.

➤ Die TONBREITE weiten Sie ebenfalls etwas aus. Bei einem Wert von 60% verschwindet das Bildrauschen nun ganz und die Spitzlichter wirken etwas weicher.

➤ Wiederum genügt ein RADIUS von 1 Pixel, damit die hellen Pixel sich nicht weiter verbreitern.

Klicken Sie auf OK. Ihre Einstellungen bleiben unter dem Namen »Übung« erhalten.

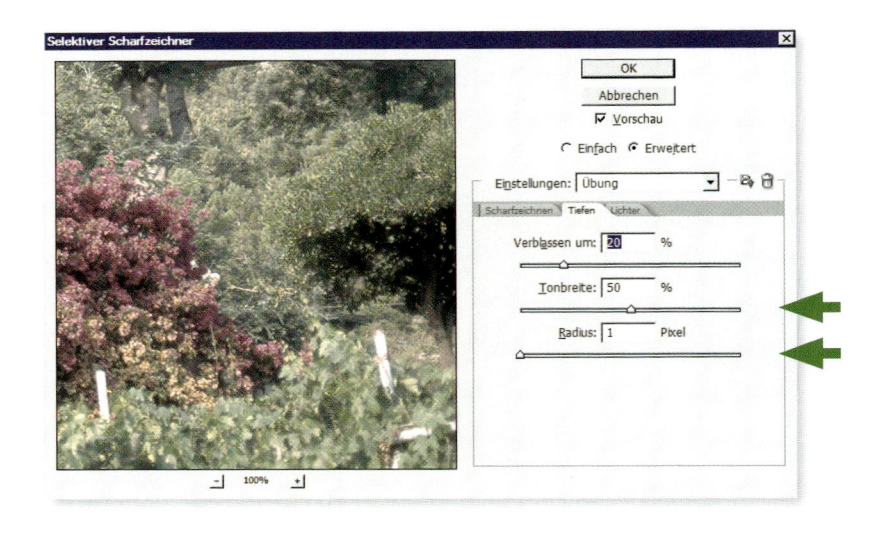

Übung 8

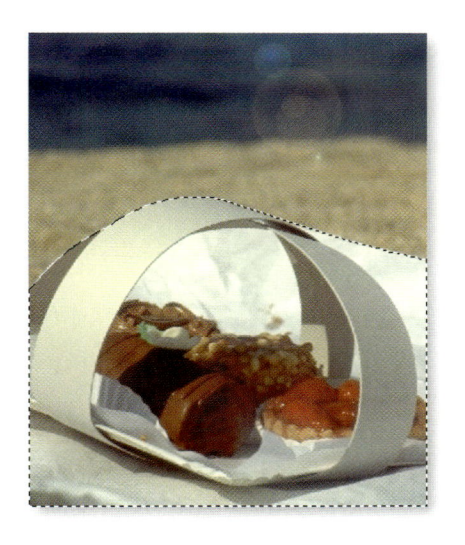

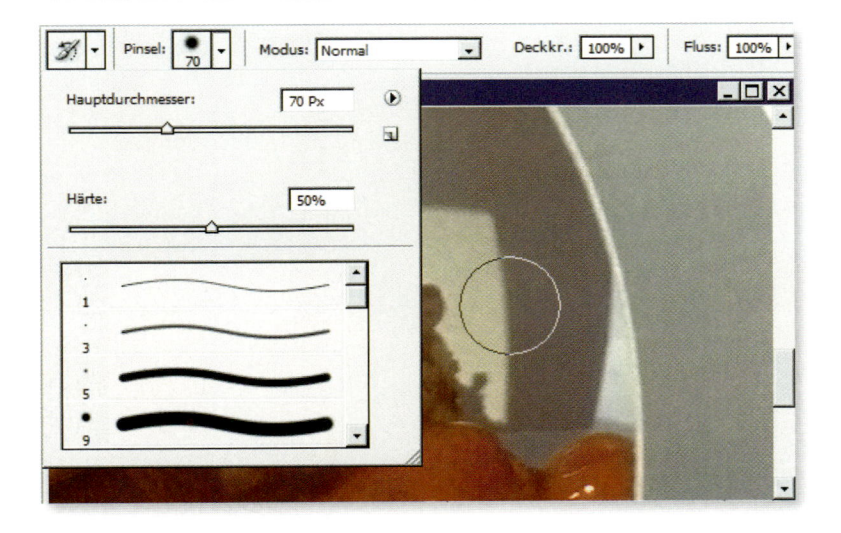

Schritt 7: Was tun gegen Bildrauschen? **EXTRA**

Insbesondere, wenn Sie Motive mit hoher ISO-Zahl aufgenommen haben, ein gescanntes Dia oder Negativ verwenden oder bei schwachem Licht fotografiert haben, kann Bildrauschen auftreten. Der **Selektive Scharfzeichner** verstärkt diesen Effekt unter Umständen kräftig. Sie haben verschiedene Möglichkeiten, um das Bildrauschen zu reduzieren:

➤ **Vor dem Schärfen (1):**
Bildrauschen tritt nicht erst beim Scharfzeichnen auf, vielmehr wird es nur noch verstärkt. Reduzieren Sie das Rauschen im Vorfeld mit einem Rauschfilter (siehe Übung 6 in diesem Kapitel).

➤ **Vor dem Schärfen (2):**
Erstellen Sie eine Auswahl rund um das Motiv, das scharfgezeichnet werden soll, und wenden Sie dann erst den **Selektiven Scharfzeichner** an.

➤ **Während des Schärfens:**
Ob das Bildrauschen bei den TIEFEN oder LICHTERN autritt – erhöhen Sie den Wert für VERBLASSEN UM im entsprechenden Bereich auf 100%. Steigern Sie zudem die TONBREITE.

➤ **Nach dem Schärfen:**
Nachdem Sie den **Selektiven Scharfzeichner** verwendet haben, stellen Sie verrauschte Bildbereiche mit dem Protokollpinsel wieder her:

Um „scharfe Törtchen" zu erhalten, wandten wir den **Selektiven Scharfzeichner** nur auf den ausgewählten Bereich an. Trotz der hohen Werte für VERBLASSEN und TONBREITE weist das weiße Körbchen Rauschen auf.

Wählen Sie per Taste [Y] das Protokollpinsel-Werkzeug. Bei geeigneter Pinselgröße und mittlerer HÄRTE, um das scharfgezeichnete Motiv nicht zu erwischen, malen Sie über alle Bereiche, die im Ausgangsbild besser wirkten. Ist das Rauschen nicht allzu stark, reicht eine DECKKRAFT von 50%.

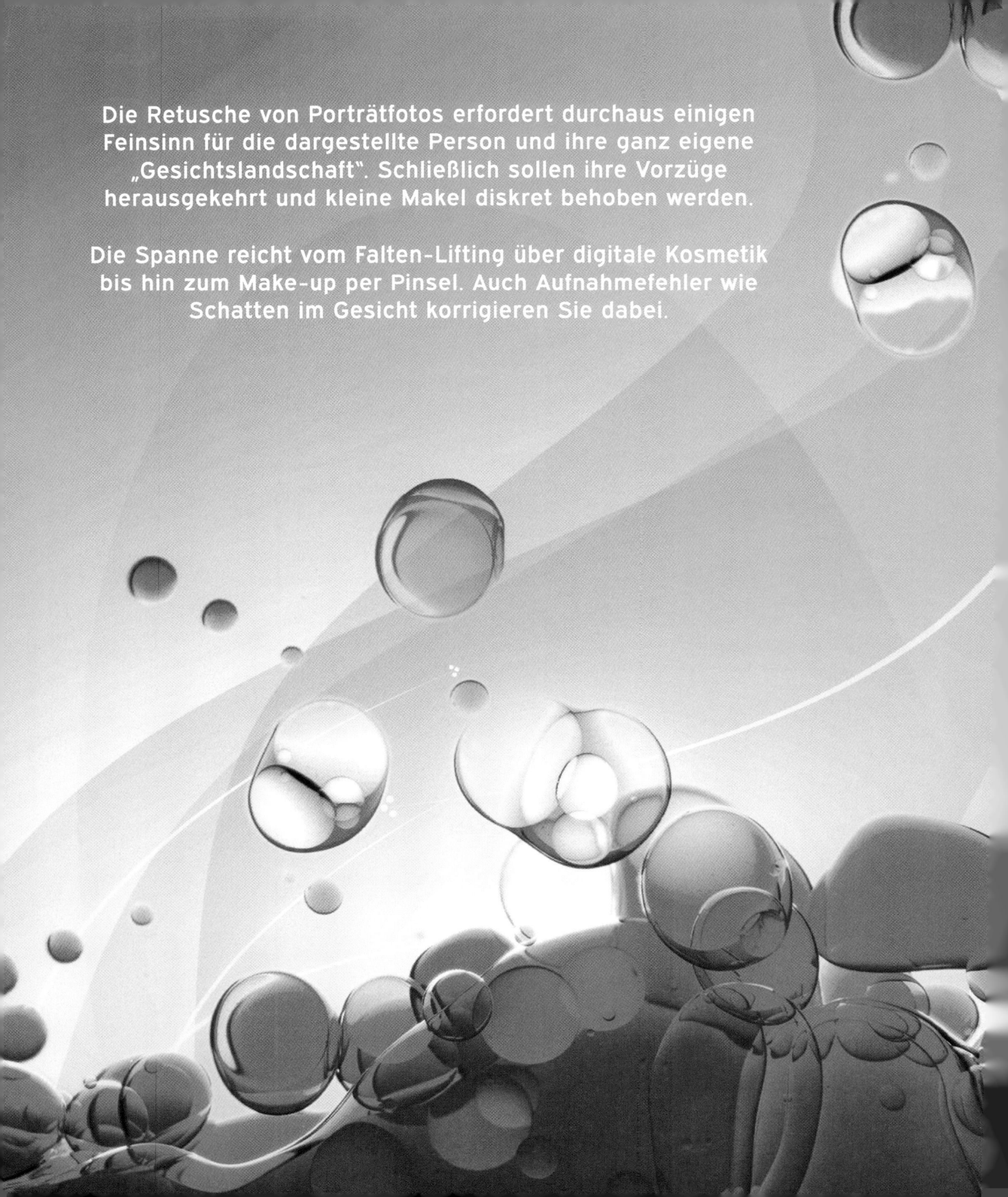

Die Retusche von Porträtfotos erfordert durchaus einigen Feinsinn für die dargestellte Person und ihre ganz eigene „Gesichtslandschaft". Schließlich sollen ihre Vorzüge herausgekehrt und kleine Makel diskret behoben werden.

Die Spanne reicht vom Falten-Lifting über digitale Kosmetik bis hin zum Make-up per Pinsel. Auch Aufnahmefehler wie Schatten im Gesicht korrigieren Sie dabei.

Kapitel 7
Porträts nachbearbeiten

Übung 1
Rote Augen — blaue Augen 204

Übung 2
Anti-Aging-Kur 206

Übung 3
Reif für das Titelbild 214

Übungen zur Gesichtsretusche: Rote Augen

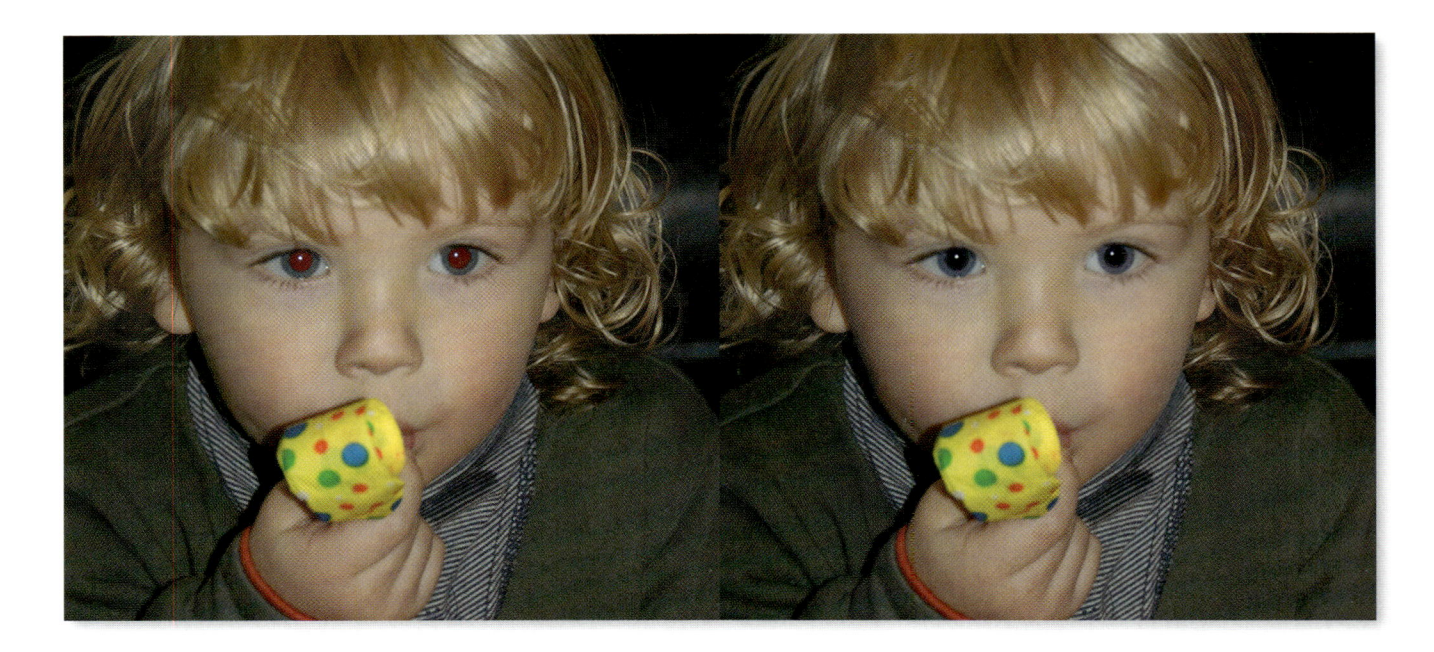

Übung 1: Rote Augen — blaue Augen

Wenn Sie Menschen oder auch Tiere, die frontal in die Kamera schauen, mit internem Kamerablitz fotografieren, werden die Pupillen des Porträtierten rot wie bei einem Spezialeffekt im Science-Fiction-Film. Warum aber ist das so?

Das Blitzlicht setzen Sie ein, wenn die Helligkeit der Szene nicht ausreicht. Durch den Lichtmangel öffnen sich jedoch die Pupillen des Porträtmodells weit. Das Blitzlicht trifft auf die Netzhaut, die von vielen feinen Äderchen durchzogen ist, und wird reflektiert. Gehen Sie näher an das Modell heran, findet die Reflektion in einem weniger spitzen Winkel statt und die roten Augen werden auf dem Foto eventuell vermieden. Auch mit einem externen Blitzgerät und natürlich mit der professionellen Studioblitzanlage umgehen Sie das Problem.

Billiger und wesentlich einfacher befreit Photoshop die Augen vom roten Glanz und dies mit nur wenigen Klicks, wenn Sie das Rote-Augen-Werkzeug benutzen. Auch im Beispielbild funktioniert dieses Werkzeug hervorragend, doch in unserer Praxis erlebten wir Fälle, wo das Verfahren verfeinert werden musste. Wie Sie das Problem beheben und auch noch den Augen eine neue Farbe geben, zeigt diese einfache Übung.

Infothek	einfach				komplex
Lernschritte:	Beheben Sie den Rote-Augen-Effekt mit dem geeigneten Werkzeug. Sie erfahren Möglichkeiten, die Auswahl der Pupillengröße zu verändern und den Grad der Abdunklung zu bestimmen. Wie Sie den Augen eine neue Farbe geben können, lesen Sie im nächsten Übungsschritt.				
Aufwand:	Gering				
Übungsdatei:	Rote_Augen.jpg				

Übung 1

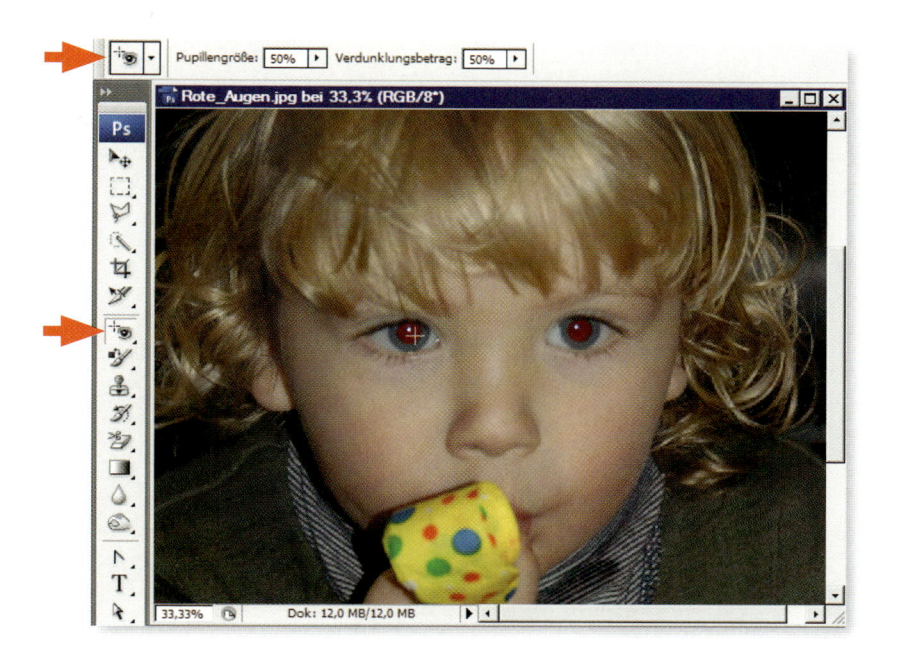

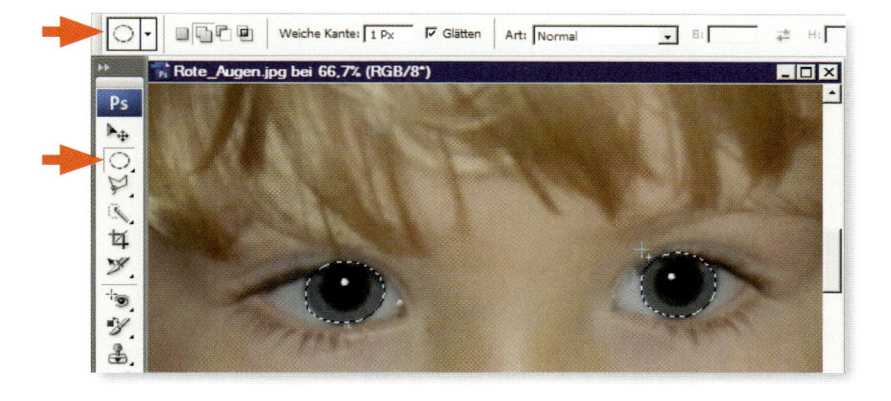

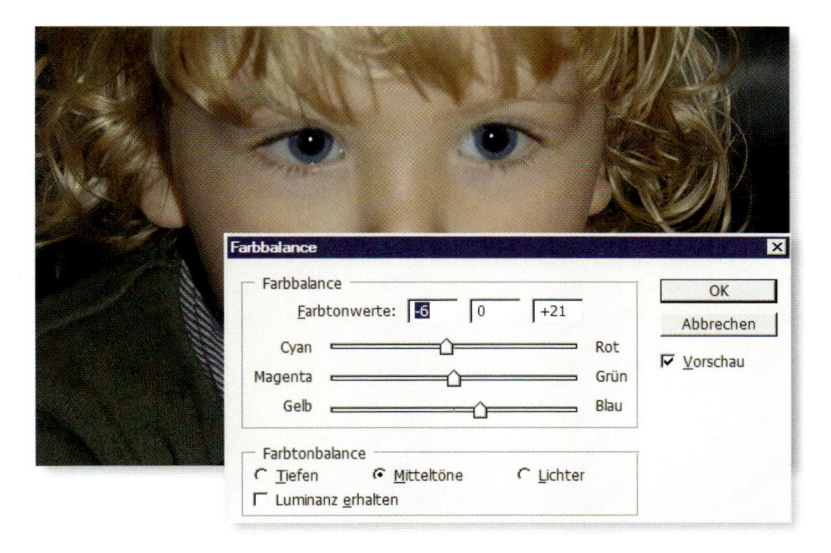

Schritt 1: Das Rote-Augen-Werkzeug

Der kleine Junge auf dem Foto »Rote_Augen.jpg« soll rasch von den roten Pupillen befreit werden. Rufen Sie das Zoomwerkzeug ⌕ per Taste [Z] auf, um den Bildausschnitt zu vergrößern. Ziehen Sie mit dem Cursor dabei ein Rechteck um die Augenpartie auf, um den gewünschten Ausschnitt heranzuzoomen.

Wählen Sie jetzt das Rote-Augen-Werkzeug und klicken Sie ein- bis zweimal in die rote Pupille. Schwups, der rote Fleck ist weg. Beim zweiten Auge funktioniert es genauso.

Oder bearbeiten Sie gerade ein anderes Bild, bei dem der Effekt nicht so einwandfrei funktioniert? Dann verändern Sie doch die Standardwerte von 50% in der Optionsleiste: Erhöhen Sie eventuell die PUPILLENGRÖSSE oder den VERDUNKLUNGSBETRAG; bei 100% werden die Pupillen ganz schwarz.

Schritt 2: Augenfarbe ändern

Gut, der Rote-Augen-Effekt ist beseitigt. Aber Sie möchten die Kinderaugen noch richtig zum Strahlen bringen und die graue Augenfarbe ändern?

Wählen Sie per Taste [M] das Auswahlellipse-Werkzeug ⬭ und geben Sie in der Optionsleiste eine WEICHE KANTE von 1 Pixel ein. Für die Auflösung des Übungsbilds ist das ausreichend. Setzen Sie in die Mitte des Augapfels an und ziehen Sie mit gedrückter [Alt]-Taste ein Oval auf.

Mit den Pfeiltasten der Tastatur können Sie die Auswahl versetzen. Mit gedrückter [⇧]-Taste fügen Sie eine Rundung hinzu und wählen auch den zweiten Augapfel aus. Das klappt am Anfang selten auf Anhieb, aber dazu gibt es ja die Undo-Funktion per [Strg]+[Z] (PC) bzw. [⌘]+[Z] (Mac). Wird der runde Augapfel durch die Lider etwas überdeckt, ziehen Sie den Bereich bei gerückter [Alt]-Taste mit dem Lasso ⌇ wieder von der Auswahl ab. Per Befehl **Bild: Anpassungen: Farbbalance** ändern Sie nun den Farbton für die MITTELWERTE nach Belieben — es muss ja auch nicht unbedingt Blau sein …

Übung 1 • Rote Augen — blaue Augen

Übungen zur Gesichtsretusche: Anti-Aging

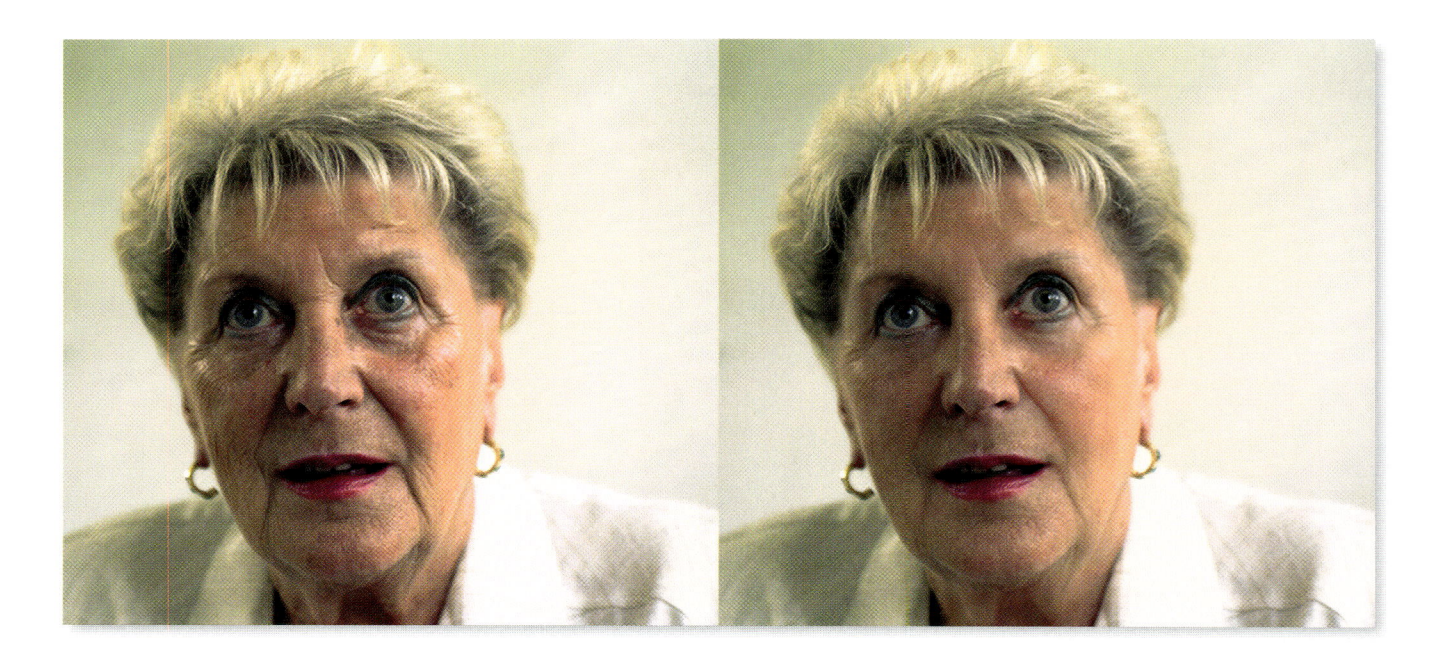

Übung 2: Anti-Aging-Kur

Gnadenlos friert das Kameraobjektiv ein Gesicht ein, wenn das Licht hart ist, Schattierungen ins Spiel kommen und damit die Vorstellung eines perfekten, makellosen Porträts ins Wanken gerät. So mancher Profi-Fotograf ist sogar stolz auf diesen unbarmherzigen Blick, der jede Spur und jedes Zeichen ungeschönt wahrnimmt.

Nicht zuletzt die Ästhetik der Werbung erzog uns aber längst schon zu einer anderen Sicht: Senioren sollen jugendlich frisch wirken, Mittvierziger fältchenlos und Jugendliche ohne jede Hautunreinheit. Die Wahrheit liegt wohl immer irgendwo dazwischen. Schaffen Sie es, die Aura einer Person im Foto einzufangen, spielen Falten oder Akne oft kaum eine Rolle. Ein Lächeln oder ein prägnanter Geichtsausdruck zählen viel mehr. Dennoch wünschen sich die Menschen zu Recht, in gutem (schönem) Licht zu erscheinen.

Diese Übung zeigt Ihnen ein Spektrum verschiedener Werkzeuge und Befehle für die gelungene Retusche. Um die Vorzüge und Möglichkeiten der einzelnen Tools kennenzulernen, bedarf es vieler Falten, die Sie in beliebigem Maß verschwinden lassen können, wobei Sie die sogenannte „Gesichtslandschaft" wahren. Wie Sie Pigmentflecke und Augenringe entfernen und das Weiß der Bindehaut aufhellen, erfahren Sie hier ebenfalls.

Infothek

	einfach			komplex

Lernschritte:	Entfernen Sie Pigmentflecke mit dem Bereichsreparatur-Pinsel und dem Ausbessern-Werkzeug. Sie arbeiten auf einer eigenen Retuscheebene, um Augenringe und Falten zu beheben. Dazu setzen Sie Reparatur-Pinsel sowie Kopierstempel ein. Mit dem Lasso-Werkzeug gleichen Sie Mundfalten aus. Schließlich mixen Sie Retuscheebene und Quellbild per Ebenentransparenz und hellen die Bindehaut der Augen auf.
Aufwand:	Höher
Übungsdatei:	Portrait_1.jpg

Übung 2

Schritt 1: Weg mit dem Pigmentfleck!

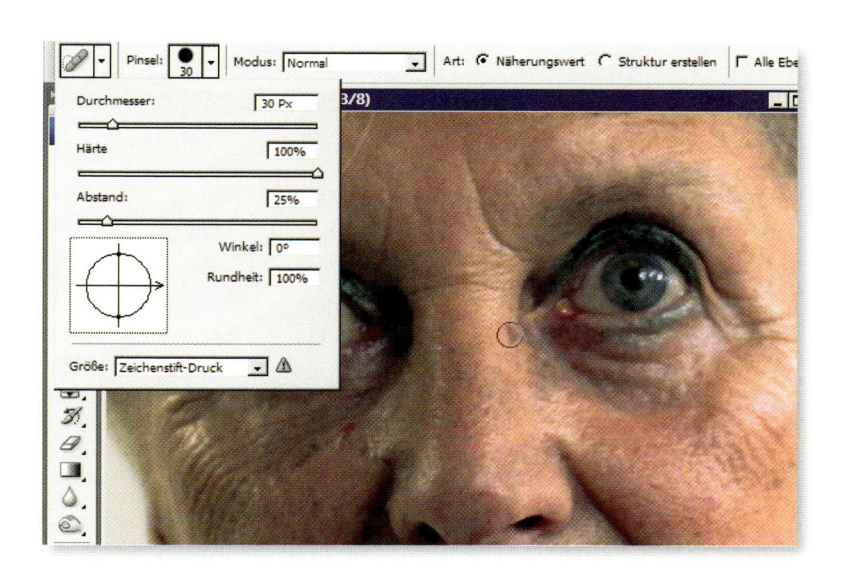

Das Porträt der älteren Dame »Portrait_1.jpg« könnte durchaus etwas schmeichelhafter aussehen. Enfernen Sie zunächst die kleinen Pigmentflecken.

Wählen Sie das Hilfsmittel mit dem knackigen Namen Bereichsreparatur-Pinsel-Werkzeug . Der DURCHMESSER des PINSELS sollte ein wenig größer sein als der Fleck, den Sie retuschieren möchten. Mit 30 Pixel deckt er die Stelle an der Nase gut ab.

HÄRTE und ABSTAND belassen Sie bei den standardmäßigen Voreinstellungen von 100% und 25%.

Klicken Sie jetzt einfach auf einmal auf den Fleck — schon ist er weg. Für weitere kleine Makel passen Sie die Pinselgröße entsprechend an.

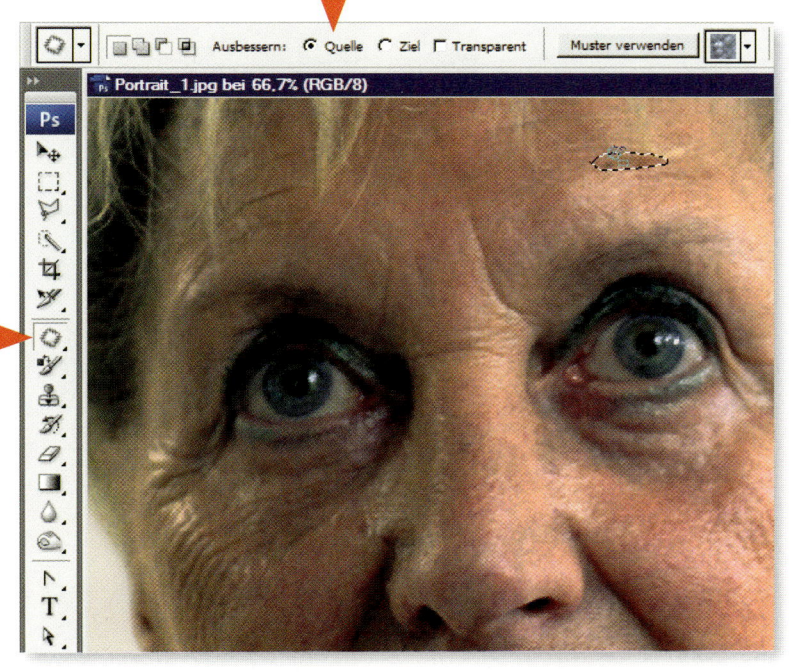

Schritt 2: Auch Ausbessern hilft

Bei dem kleinen Fleck auf der Stirn mag der Bereichsreparatur-Pinsel nicht so recht greifen. Wählen Sie stattdessen das Ausbessern-Werkzeug . Aktivieren Sie QUELLE und zeichnen Sie eine Auswahl um den fehlerhaften Bereich.

Dann verschieben Sie die Auswahl nach oben, um die Fläche gegen neue Quellpixel, also gegen ein anderes Stückchen Haut, auszutauschen.

Photoshop zeigt den markierten Bereich als aktive Auswahl per schwarzweiß gestrichelter Umrandung an. Um die Auswahl zu erweitern, halten Sie beim Zeichnen die ⇧-Taste gedrückt. Um sie zu verkleinern, nutzen Sie die Alt-Taste.

Drücken Sie Strg+H (PC) bzw. ⌘+H (Mac), um die Auswahlkante kurzfristig auszublenden, aber nicht aufzuheben, dann können Sie das Resultat gut überprüfen.

Übung 2 • Anti-Aging-Kur

207

Übungen zur Gesichtsretusche: Anti-Aging

Schritt 3: Eine neue Ebene als Plattform für die Korrektur

Um Augenringe und Falten zu retuschieren, legen Sie zunächst eine neue Ebene an. Damit beschreiten Sie einen professionellen Weg, die Gesichtskorrektur so zu steuern, dass sie später auch realistisch wirkt.

Wählen Sie im Menü der Ebenenpalette ▾≡ den Befehl **Ebene duplizieren**. Vergeben Sie einen Namen wie beispielsweise »Retusche«. Alle folgenden Korrekturen erstellen Sie auf dieser aktiven Ebene. Dabei kümmern Sie sich zuerst um die rechte Gesichtshälfte der Fotoansicht.

Schritt 4: Augenfaltenpflege per Reparaturpinsel

Während sich der Bereichsreparatur-Pinsel eher eignet, um kleinere Flecke zu bearbeiten, greifen Sie jetzt zum Reparatur-Pinsel 🖋 für die etwas größeren Partien unterhalb der Augen.

— Wohlgemerkt: *etwas* größer, denn auch mit diesem Werkzeug werden Sie nicht alle Falten unter dem Auge auf einmal beheben können. Korrigieren Sie die Falten nacheinander, dann arbeitet der Reparatur-Pinsel meist auch recht präzise. Arbeiten Sie sich von unten bis an die Augen heran.

Für den Pinsel wählen Sie einen Durchmesser von 65 Pixel. Er passt gut zur Auflösung des Übungsbilds und zur Größe der Augenfalten.

Belassen Sie die Härte bei 100% und den Abstand bei 25%. Winkel und Rundheit können Sie später bei Bedarf ändern. Der Modus bleibt bei Normal.

1. Nehmen Sie nun mit gedrückter ⎇-Taste ein (relativ) glattes Stückchen Haut von der Wange auf und malen Sie über den unteren Bereich des Augenrings.

2. Photoshop berechnet Struktur und Tonwerte, was ein bisschen dauert.

3. Das Resultat zeigt hellere, glattere Haut mit mindestens einem „Jahresring" weniger.

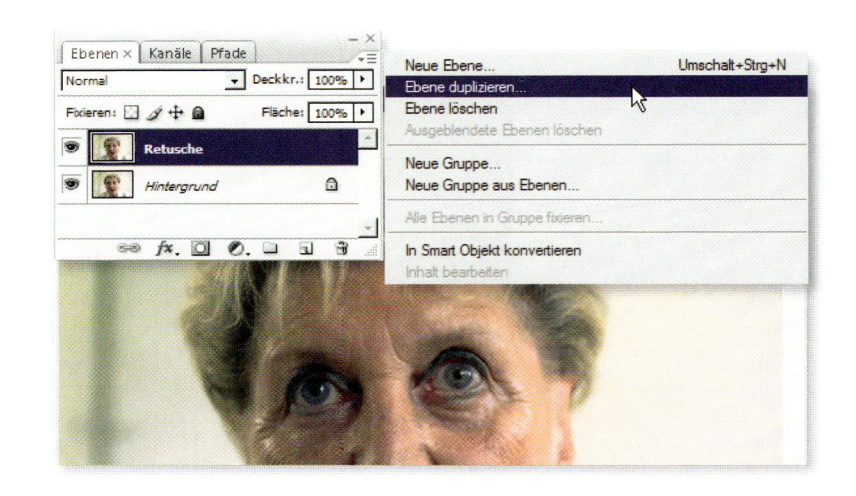

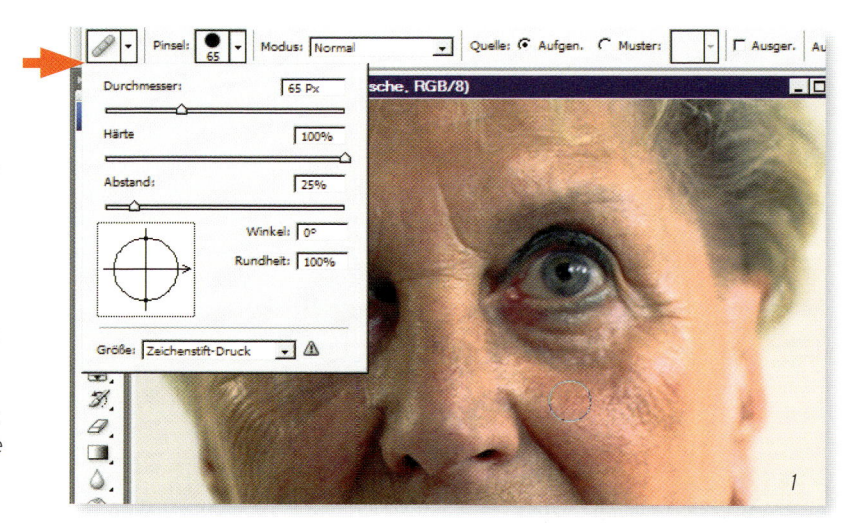

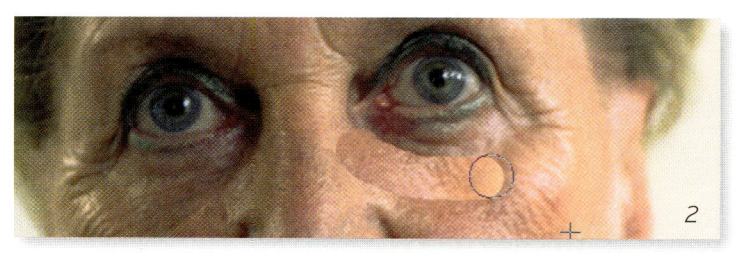

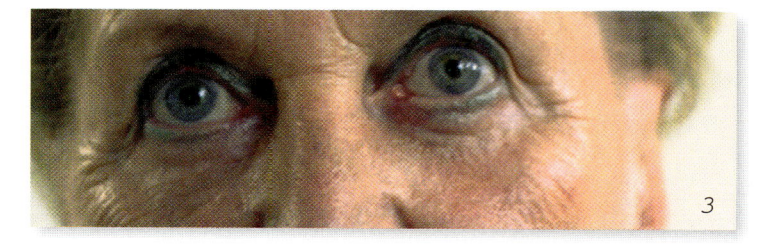

Übung 2

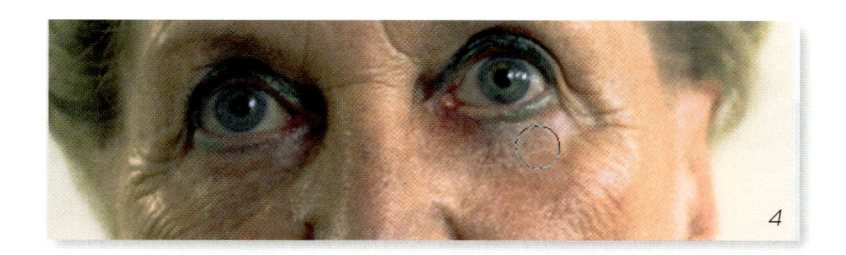

4. Wiederholen Sie das Verfahren nun für die Falte direkt unter dem Auge. Stoppen Sie vor dem äußeren Augenwinkel, da die Berechnung für den Reparatur-Pinsel sonst zu viel wird und Flecken entstehen. Vergleichen Sie das Ergebnis mit der Stufe 1, so sehen Sie die deutliche Verbesserung.

Damit ist es höchste Zeit, das Bild neu zu speichern. Wählen Sie das PSD-Format und einen geeigneten Ordner auf Ihrer Festplatte.

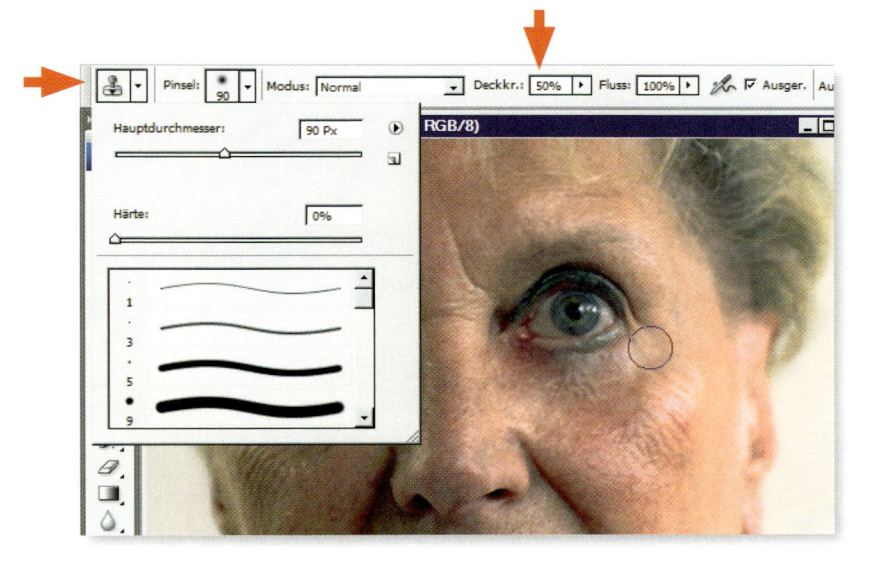

Schritt 5: Die Mimik erhalten mit dem Kopierstempel

Die verschmitzten Fältchen rechts des Auges sollten Sie lieber nicht mit dem Reparatur-Pinsel bearbeiten, denn er zerstört dabei die Mimik zu stark.

Probieren Sie es doch aus — per **Datei: Zurück zur letzten Version** zeigt das Bild wieder den zuvor gespeicherten Stand.

Stattdessen nehmen Sie lieber das Kopierstempel-Werkzeug. Dabei eignen sich für den PINSEL ein HAUPTDURCHMESSER von 90 Pixel und eine HÄRTE von 0%. Die DECKKRAFT reduzieren Sie auf 50%.

Klicken Sie nun mit gedrückter [Alt]-Taste in ein Stückchen Haut an der Schläfe und dann ein paar Mal auf die Fältchen bis hin zum Auge, weiter außen etwas öfter. Damit werden die Falten stark reduziert, der ursprüngliche Augenwinkel bleibt aber erhalten.

Verfahren Sie genauso beim zweiten Auge. Den Rest der Falten auf Stirn und Wange können Sie wie in Schritt 4 mit dem Reparatur-Pinsel erledigen.

Momentan sieht die Dame in der oberen Gesichtshälfte zwar schon faltenfreier, aber etwas unnatürlich und unscharf aus. Ärgern Sie sich nicht, warten Sie es ab!

Übungen zur Gesichtsretusche: Anti-Aging

Schritt 6: Hauttransplantation per Lasso gegen Mundfalten

So gut Kopierstempel-, Reparatur-Pinsel- und Ausbessern-Werkzeug bei kleineren Flächen greifen — für die Mundfalten sollten Sie ein größeres, zeitsparendes Kaliber nutzen:

Wählen Sie das Lasso-Werkzeug und geben Sie in der Optionsleiste eine WEICHE KANTE von 10 Pixel ein. Wie immer hängt der Wert dabei von der Bildgröße ab. (Das Übungsbild verfügt über 2500 x 1659 Pixel.) GLÄTTEN sollte aktiviert sein.

1. Zeichnen Sie nun mit gedrückter Maustaste eine großzügige Auswahl rund um die rechte Mundfalte.

2. Lassen Sie das Lasso-Werkzeug eingeschaltet und bewegen Sie die Auswahl per Maus oder mit den Pfeiltasten der Tastatur auf den Bereich der Wange außerhalb des Mundschattens. Anders als beim Verschieben-Werkzeug wandert dabei nur die Auswahl, nicht jedoch der Bildinhalt.

3. Drücken Sie dann [Strg]+[Alt] (PC) bzw. [⌘]+[Alt] (Mac), um die Hautpartie zu duplizieren, und ziehen Sie diese auf die Mundfalte.

   Um den Auswahlrahmen (nicht die Auswahl selbst) kurzfristig verschwinden zu lassen, drücken Sie [Strg]+[H] (PC) bzw. [⌘]+[H] (Mac). Auf diese Weise können Sie die bisherige Transplantation besser begutachten.

4. Das Ergebnis wird Sie sicher noch nicht begeistern, denn die Wölbung der Wange widerspricht der vertieften Mundfalte. Mit dem Befehl **Bearbeiten: Verblassen** werden Sie die Hautpartie angleichen. Wählen Sie zunächst den MODUS AUFHELLEN und reduzieren Sie dann die DECKKRAFT auf 75%.

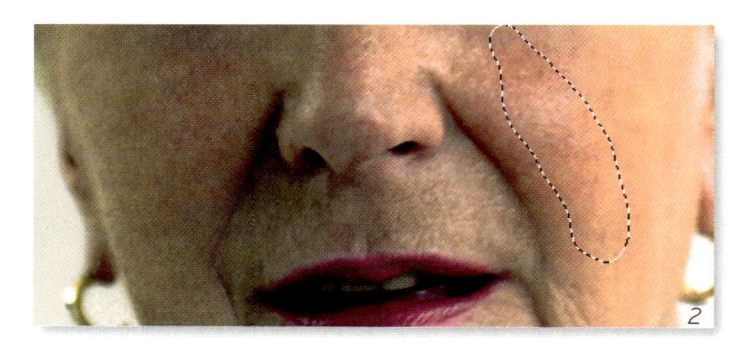

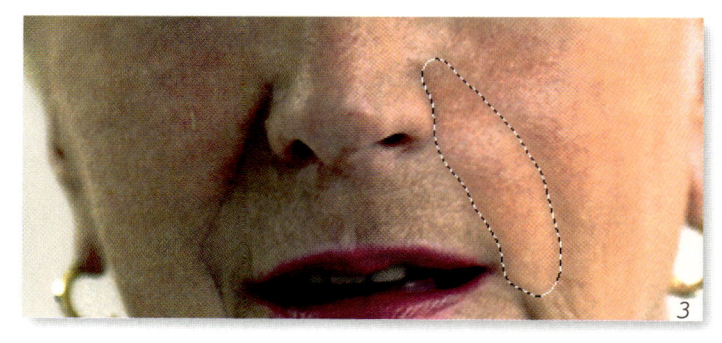

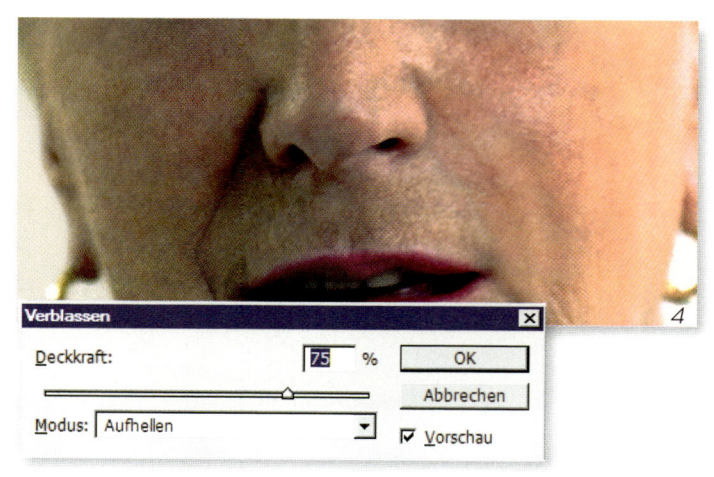

Schritt 7: Feintuning für die Mundfalten

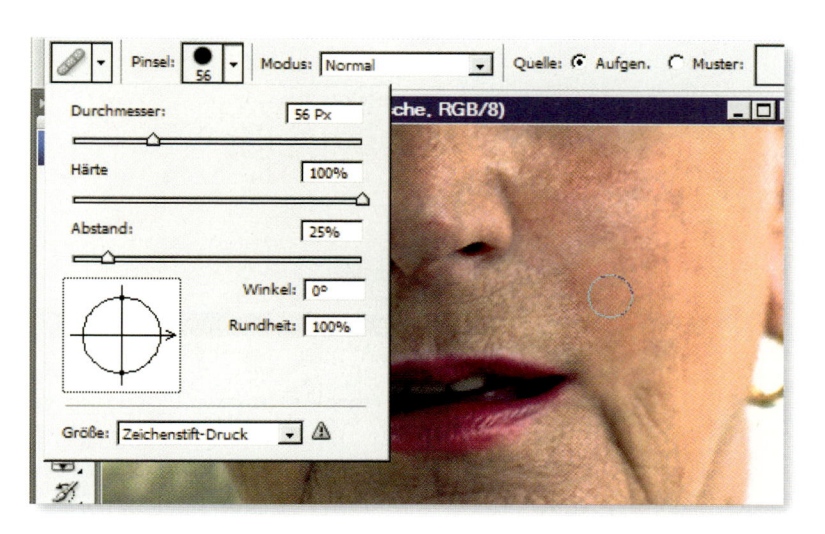

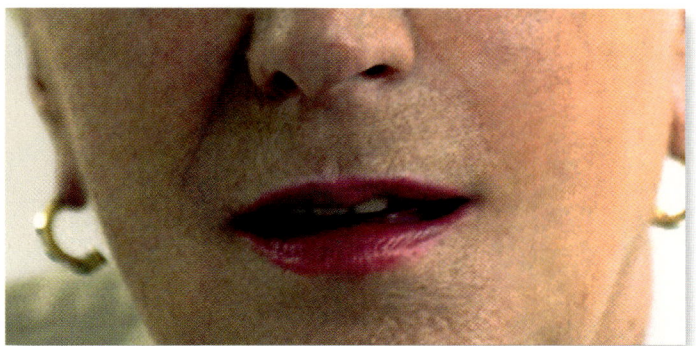

Schon besser, doch entlang der Auswahlkanten blieben leichte Schatten stehen.

Heben Sie die aktuelle Auswahl per [Strg]+[D] (PC) bzw. [⌘]+[H] (Mac) auf.

Entfernen Sie die kleinen Störungen rasch mit dem Reparatur-Pinsel, wie in Übungsschritt 4 beschrieben. Ein DURCHMESSER von etwa 56 Pixel eignet sich für die meisten Korrekturen gut, alle anderen Einstellungen behalten Sie bei.

Auch die Falten am Kinn lassen sich mit dem Reparatur-Pinsel bei gleichen Einstellungen einfach beheben.

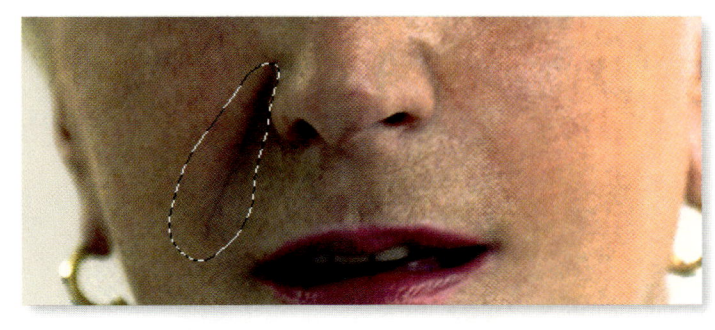

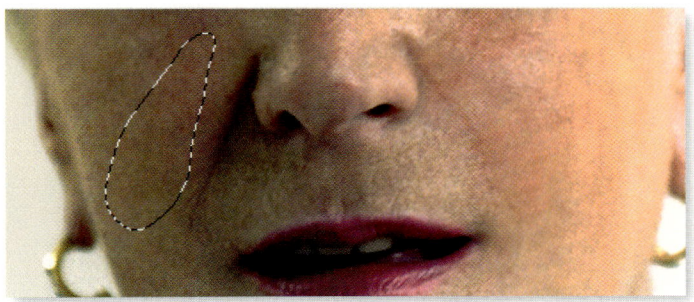

Schritt 8: Eine zweite Lasso-Operation

Die zweite Mundfalte beheben Sie wiederum mit dem Lasso-Werkzeug bei einer WEICHEN KANTE von 10 Pixel.

Gehen Sie genauso vor, wie in Schritt 6 beschrieben:

1. Die Auswahl per Lasso-Werkzeug zeichnen.

2. Die Auswahl in den Bereich der Wange verschieben.

Übungen zur Gesichtsretusche: Anti-Aging

3. Die Hautpartie per Strg+Alt (PC) bzw. ⌘+Alt (Mac) duplizieren und auf die Mundfalte ziehen.

4. **Bearbeiten: Verblassen** wählen. Diesmal genügt der Modus Normal bei einer Deckkraft von 65%.

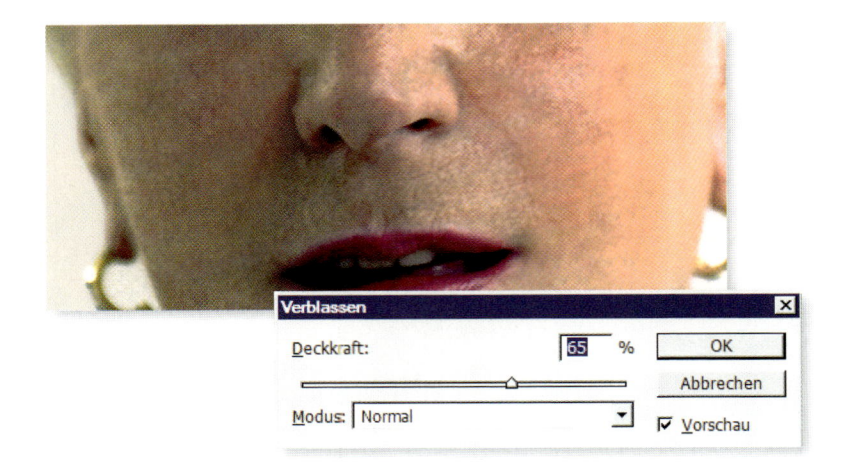

Schritt 9: Ein schönerer Hals per Kopierstempel

Auch der Hals darf natürlich beim Liften nicht übersehen werden. Wiederum eignet sich hier das Kopierstempel-Werkzeug am besten, da Sie die Kontur des Kinns erhalten und es fast wie eine Puderquaste einsetzen können.

Wählen Sie für den Pinsel einen recht hohen Hauptdurchmesser von etwa 180 Pixel und eine Härte von 0%. Die Deckkraft senken Sie auf 40% herab.

Da der Hals nicht allzu hell erscheinen soll, holen Sie sich als Quellpixel mit gedrückter Alt-Taste eine Partie der rechten Wange, also aus der dunkleren Gesichtshälfte der Dame, und klicken ein- bis zweimal auf den Hals. Die Falten mildern sich zusehends.

Holen Sie sich immer wieder einen neuen Quellpunkt für die Korrektur, bis das Ergebnis ausgewogen ist. Variieren Sie bei Bedarf die Pinselgröße oder/und Deckkraft.

Schritt 10: Den Charakter wahren durch Ebenentransparenz

Das retuschierte Gesicht wirkt nun zwar wesentlich jugendlicher, doch der Gesichtslandschaft fehlt es an Charakter. Statt einer Maske wollen wir Lebendigkeit und das Wesen der Dame unterstreichen.

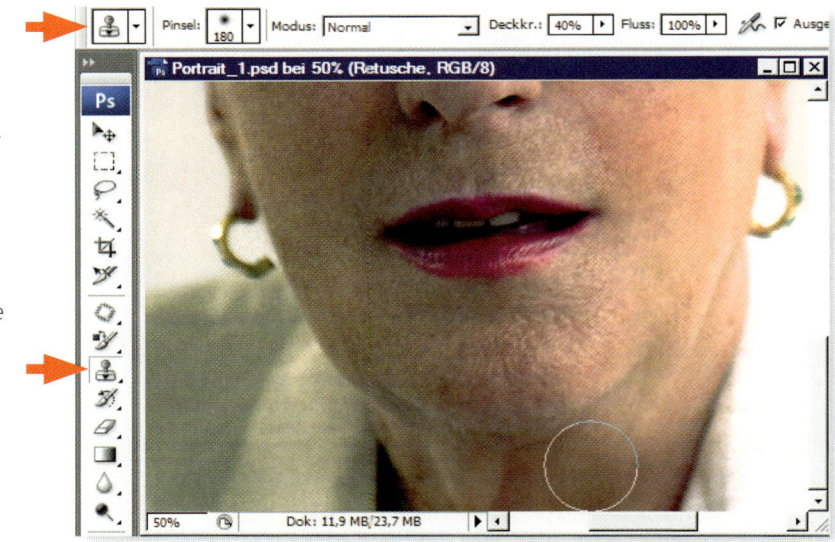

Übung 2

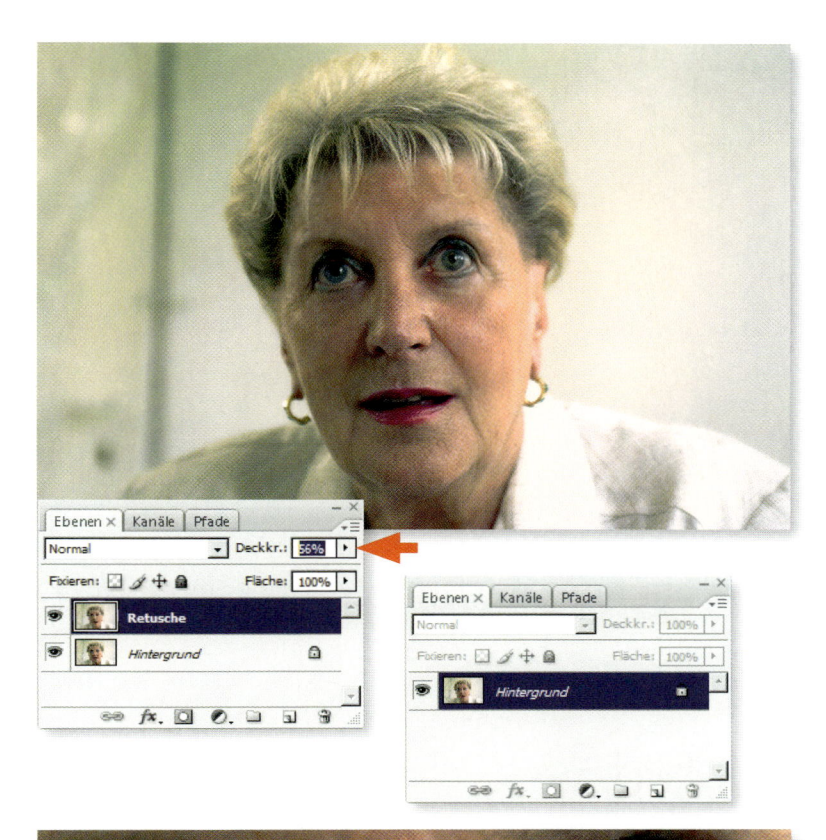

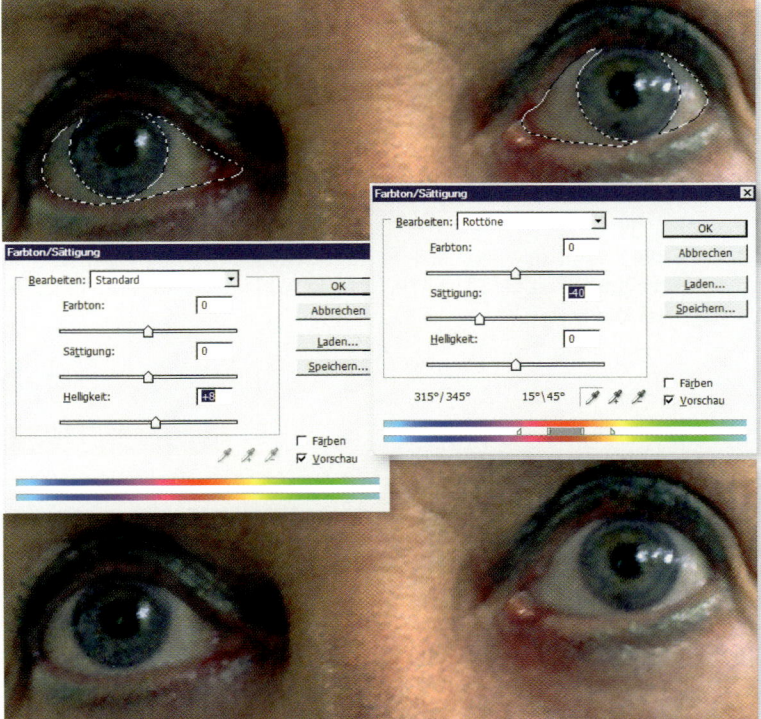

In der Ebenenpalette befindet sich noch immer die Hintergrundebene mit dem unbearbeiteten Bild.

Die retuschierte Version des Gesichts befindet sich auf der Ebene RETUSCHE. Für diese aktive Ebene verringern Sie nun die DECKKRAFT: Je niedriger der Wert liegt, desto stärker werden die Falten wieder. Mit einer Deckkraft von 56% haben wir nach unserer Ansicht den richtigen Kompromiss gefunden.

Lassen Sie nun die beiden Ebenen zu einer einzigen verschmelzen, indem Sie sie per `Strg`+`E` (PC) bzw. `⌘`+`E` (Mac) auf die Hintergrundebene reduzieren.

Schritt 11: Mehr Weiß für die Augen

Verleihen Sie dem aufmerksamen Blick mehr Ausdruck, indem Sie das Weiß der Bindehaut aufhellen.

Wählen Sie das Zoomwerkzeug 🔍 und ziehen Sie einen rechteckigen Rahmen um die Augenpartie auf, damit sie entsprechend vergrößert wird. Dann erstellen Sie eine Auswahl rund um die Bindehaut der beiden Augen.

Nutzen Sie dazu am besten das Polygon-Lasso mit einer WEICHEN KANTE von 2 Pixel. Klicken Sie in kurzen Abständen, um Kanten zu vermeiden. Bei gedrückter `⇧`-Taste fügen Sie Bereiche zur Auswahl hinzu, per `Alt`-Taste ziehen Sie Flächen ab.

Wählen Sie **Bild: Anpassungen: Farbton/Sättigung**. Unter BEARBEITEN: STANDARD erhöhen Sie die HELLIGKEIT auf +8. Das dürfte genügen, um keine künstlichen Puppenaugen zu erzeugen.

Dann klicken Sie bei BEARBEITEN auf die ROTTÖNE und reduzieren die SÄTTIGUNG auf -40. Gerötete Augen und Äderchen verschwinden.

Übungen zur Gesichtsretusche: Reif für das Titelbild

Übung 3: Reif für das Titelbild

Sei es das Titelbild einer Zeitschrift oder das gerahmte Foto an der Wand — für manche Zwecke braucht man ein optimales Porträt. »Corriger la nature« nennen es die Franzosen charmant, wenn Kosmetik und Make-up ins Spiel kommen. Photoshops Möglichkeiten, ein Porträt nachzubearbeiten, sind wahrscheinlich vielfältiger, als es die schnöde Wirklichkeit selbst zulässt.

Korrigieren Sie Fehler bei der Aufnahme wie etwa Schatten, entfernen Sie kleine Muttermale oder Pickel, gestalten Sie die Haut samtweich, hellen Sie das Weiß der Zähne auf und nutzen Sie Puder, Lippenstift, Lidschatten sowie Rouge aus dem digitalen Schminkkoffer.

Wie weit Sie die Retusche vorantreiben, obliegt ganz Ihrem Ermessen. Schließlich soll die abgebildete Person in ihren Vorzügen herausgestellt werden, doch dabei sie selber bleiben. Obwohl diese Übung recht viele Arbeitsschritte enthält, sind die einzelnen Handgriffe nicht schwer. Gehen Sie also mutig ans Werk.

Infothek	einfach				komplex
Lernschritte:	Mit dem Bereichsreparatur-Pinsel und dem Kopierstempel entfernen Sie kleine Flecke auf der Haut und mattieren Glanzlichter. Störende Schlagschatten im Gesicht beheben Sie mit dem Reparatur-Pinsel und ebenfalls per Kopierstempel. Soften Sie die Haut mit dem Gaußschen Weichzeichner ab und holen Sie scharfgezeichnete Bereiche per Protokollpinsel-Werkzeug zurück. Das Make-up legen Sie schichtweise auf einzelnen Ebenen an.				
Aufwand:	Hoch				
Übungsdatei:	Vorlage: Portrait_2.jpg, Ergebnis: Portrait_2.psd				

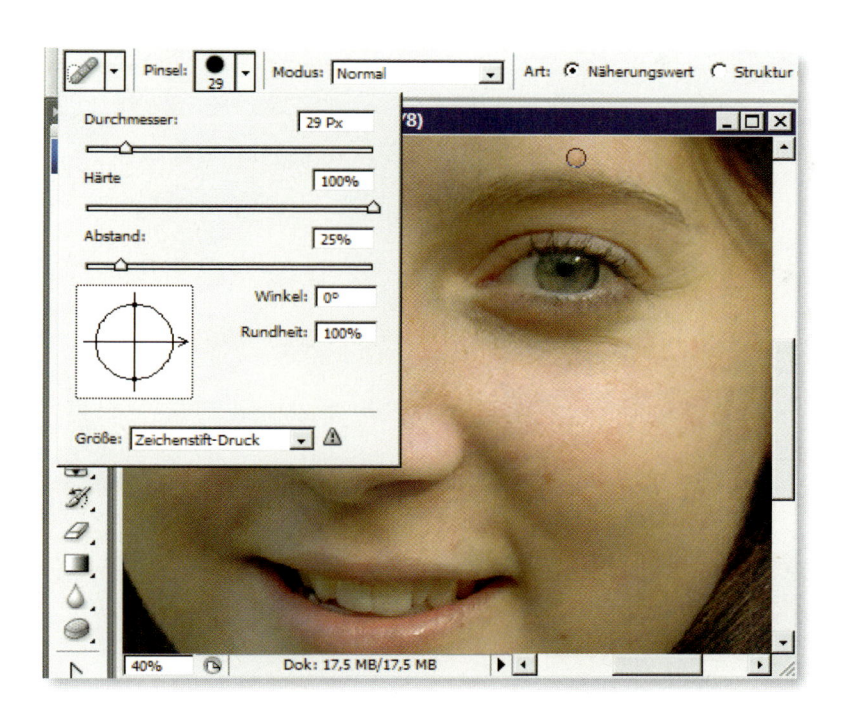

Schritt 1: Kleine Flecken entfernen per Bereichsreparatur-Pinsel

Wenn es doch nur im richtigen Leben genauso einfach wäre, Leberflecke, Narben oder Pickel zu entfernen. — In Photoshop genügt dazu meist schon ein einziger Klick.

Für die kleinen Flecken im Foto »Portrait_2.jpg« eignet sich das Bereichsreparatur-Pinsel-Werkzeug 🖌 ganz hervorragend.

Wählen Sie den DURCHMESSER des PINSELS so, dass er etwas größer ist als die Stelle, die Sie retuschieren wollen. Etwa 29 Pixel passen gut zum Übungsbild.

Die HÄRTE belassen Sie bei 100% und den ABSTAND bei 25%. Klicken Sie einmal auf den Fleck und prompt ist er weg!

Wiederholen Sie den Vorgang nun für alle weiteren auffälligen Punkte. So gut der Bereichsreparatur-Pinsel allerdings auch arbeitet, manchmal produziert er auch zu helle oder zu dunkle Pixel, die sich nicht so recht ins Bild einfügen wollen. Insbesondere passiert das in der Nähe von Kanten und Tonwertdifferenzen, wie etwa oberhalb der linke Augenbraue der jungen Dame.

Schritt 2: Punkte und Härchen mit dem Kopierstempel tilgen

Schimpfen Sie nicht, greifen Sie lieber zum Kopierstempel-Werkzeug 🖋.

Wählen Sie für den PINSEL einen HAUPTDURCHMESSER von etwa 30 Pixel und eine HÄRTE von 0%. Die DECKKRAFT bleibt bei 100%.

Nehmen Sie dann mit gedrückter Alt -Taste ein benachbartes, unversehrtes Stückchen Haut auf und tilgen Sie den kleinen Makel per Klick darauf.

Um die einzelne, verwehte Haarsträhne auf der Stirn zu entfernen, gehen Sie genauso vor. Dabei können Sie mit dem Mauszeiger auch über kurze Strecken malen, bevor Sie einen weiteren Quellpunkt aufnehmen.

Übungen zur Gesichtsretusche: **Reif für das Titelbild**

Schritt 3: Kümmern Sie sich um die Schlagschatten

Das helle Sonnenlicht hinterließ einige störende Schatten im Gesicht, etwa am Haaransatz, unter den Augen, neben der Nase sowie am Hals. Sie bringen etwas Härte in das zarte Porträt des jungen Mädchens und sollten schleunigst gemildert werden.

Mit dem Reparatur-Pinsel können Sie die Schattierungen geschickt beheben. Wählen Sie für den PINSEL einen DURCHMESSER von 85 Pixel. Belassen Sie die HÄRTE bei 100% und den ABSTAND bei 25%. Als MODUS nehmen Sie AUFHELLEN.

Mit gedrückter Alt -Taste nehmen Sie jetzt ein helles Stückchen Haut von der Wange auf und malen derart über den Schatten unter dem Auge, dass die Wimpern nicht betroffen werden. Photoshop passt die Farb- und Tonwerte mit kurzer Rechendauer an. Ist ein Stückchen noch nicht perfekt angeglichen, klicken Sie noch einmal auf die betreffende Stelle.

Denselben Weg beschreiten Sie beim zweiten Auge mit gutem Resultat.

Auch beim Schatten neben der Nase funktioniert die Methode einwandfrei, sofern Sie nur entlang des Rands der Schattenzone malen, um die Modellierung des Gesichts nicht aufzuheben.

Für den Quellpunkt holen Sie sich auch hier wieder ein helles Stück Haut von der Wange. Ein oder zwei Klicks zur Nachkorrektur und schon ist der kleine Schlagschatten beseitigt.

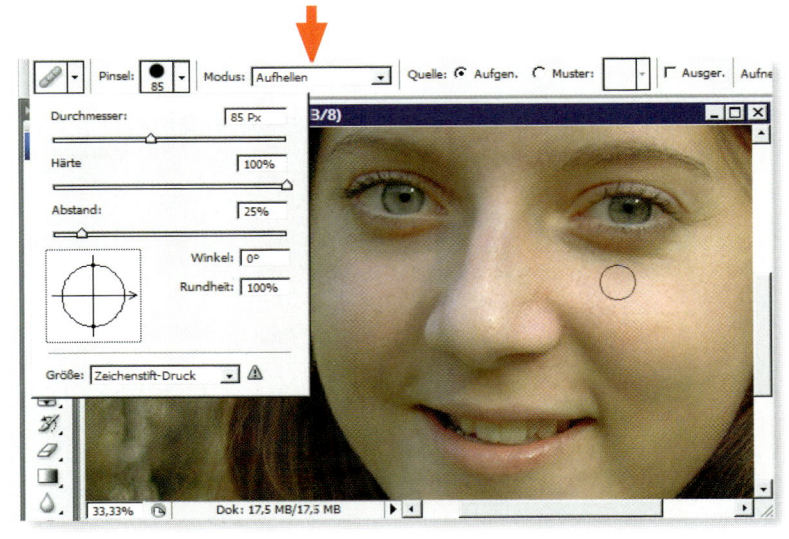

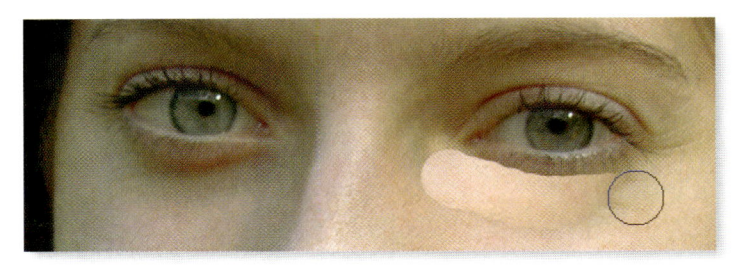

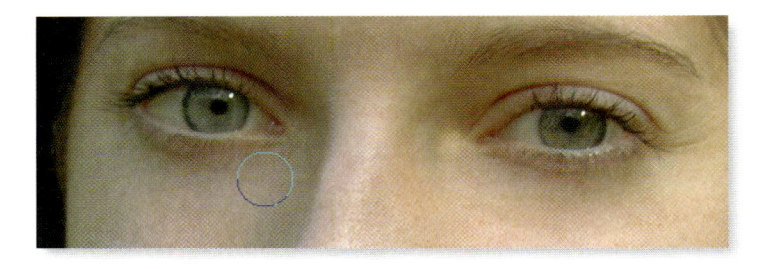

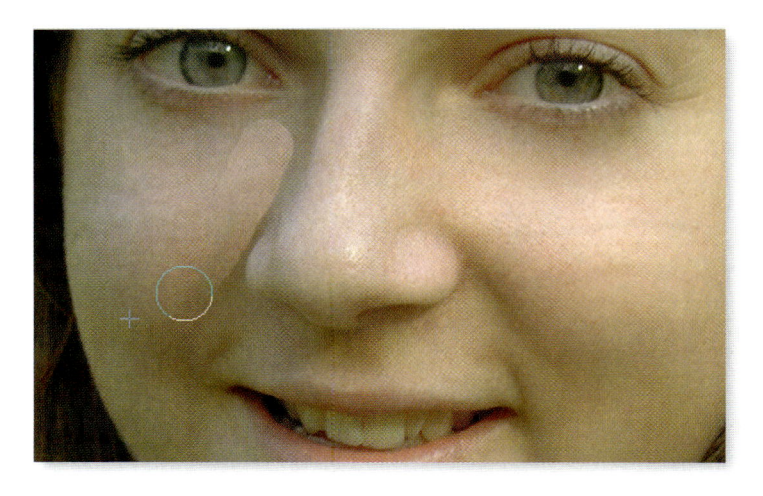

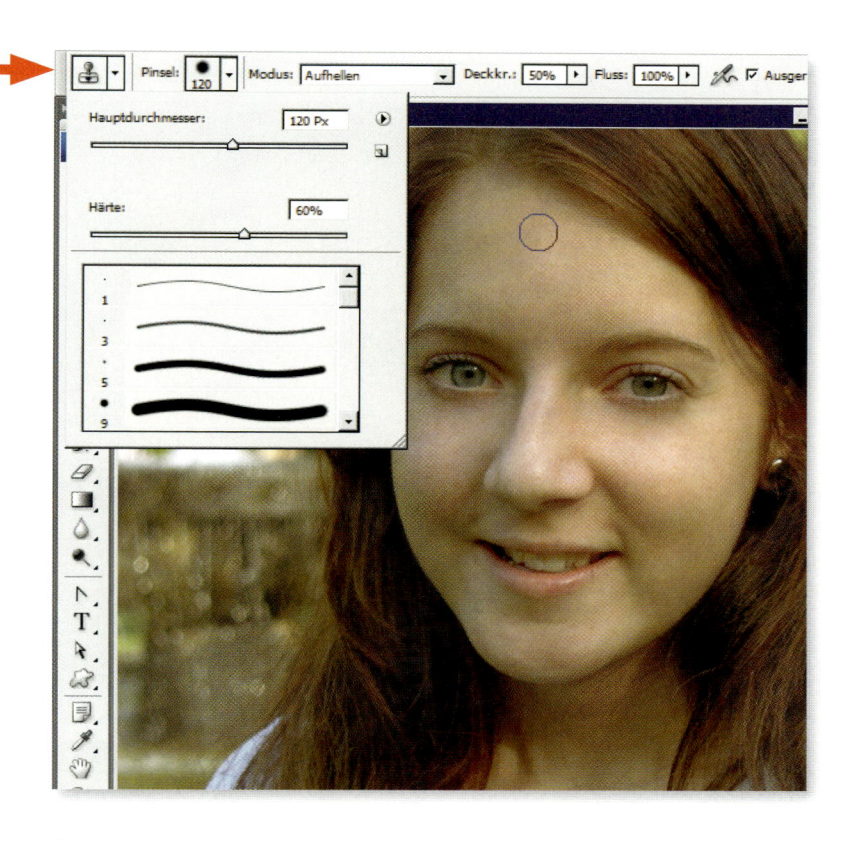

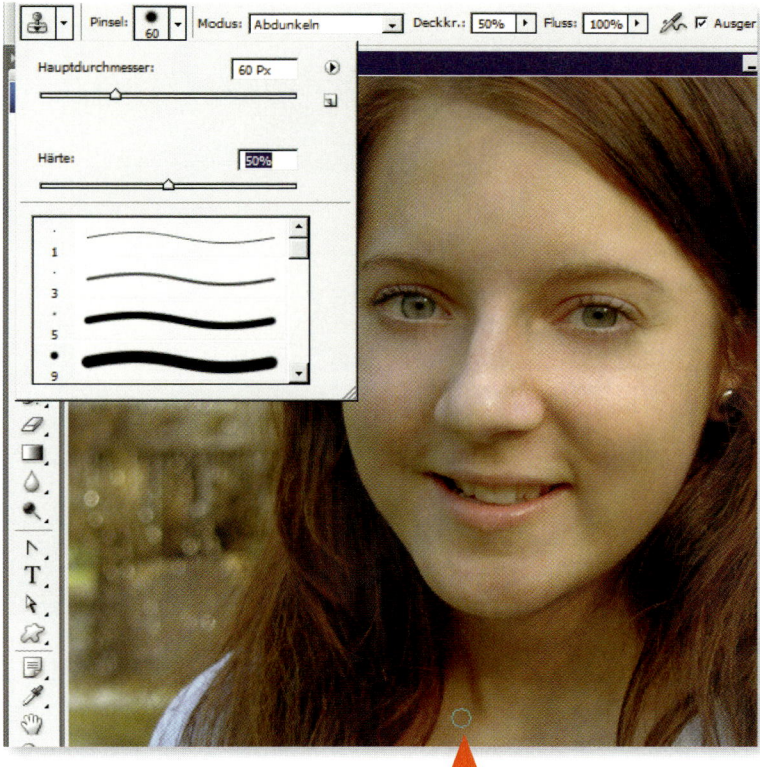

Schritt 4: Schatten an Kanten entfernen

Möchten Sie mit dem Reparatur-Pinsel nun auch noch die Schatten an Haaransatz und Schläfe entfernen, entdecken Sie die Grenzen des Werkzeugs: Wo die helle Haut und das dunkle Haar aufeinandertreffen, produziert der Reparatur-Pinsel Schlieren und Verläufe, da er die Kanten aufweicht.

Lösen Sie das Problem mit dem Kopierstempel-Werkzeug. Für den PINSEL wählen Sie einen HAUPTDURCHMESSER von 120 Pixel und eine HÄRTE von 60%. Die DECKKRAFT reduzieren Sie auf 50%. Als MODUS nutzen Sie AUFHELLEN.

Klicken Sie nun mit gedrückter [Alt]-Taste in ein Stückchen Haut der Stirn und malen Sie — wenn möglich in einem Zug — entlang des Schattens am Haaransatz. Müssen Sie nochmals korrigieren, senken Sie dafür die DECKKRAFT auf etwa 15%.

Für den Schatten an der Schläfe hingegen eignet sich eine DECKKRAFT von 100% besser. Wählen Sie dazu den MODUS NORMAL. Malen Sie in ganz kurzen Zügen und nehmen Sie per [Alt]-Taste immer wieder neue Quellpunkte aus der direkten Umgebung auf.

Schritt 5: Sonnenfleck und Glanzpunkte beheben

Auch den Sonnenfleck am Hals sowie das Spitzlicht auf der Nase können Sie mit dem Kopierstempel-Werkzeug bearbeiten. Allerdings unterscheiden sich einige Einstellungen:

Wählen Sie den MODUS ABDUNKELN, damit nur die Pixel korrigiert werden, die heller sind als die aufgenommenen Quellpixel.

Ein HAUPTDURCHMESSER von 60 Pixel eignet sich für den PINSEL bei einer HÄRTE von 50%. Als DECKKRAFT genügen 50%.

Dann heißt es wieder: Quellpixel rechts des Sonnenflecks mit gedrückter [Alt]-Taste aufnehmen und über den Fleck malen.

Übungen zur Gesichtsretusche: Reif für das Titelbild

Um die glänzende Stelle an der Nase zu entfernen, bleiben Sie im MODUS ABDUNKELN. Erhöhen Sie den HAUPTDURCHMESSER auf 70 Pixel, damit er etwas größer ist als das Spitzlicht. Die HÄRTE fahren Sie auf 0% herab, um einen nahtlosen Übergang zu erhalten.

Klicken Sie mit gedrückter [Alt]-Taste auf die Nasenspitze nahe des Glanzpunkts und dann nur einmal auf den hellen Fleck. Fertig.

Schritt 6: Alabaster-Teint ohne Makel

Um eine samtweiche, glatte Haut zu erzeugen, wählen Sie zunächst den Befehl **Filter**: **Weichzeichnungsfilter**: **Gaußscher Weichzeichner**.

Ziehen Sie den Regler für den RADIUS so weit nach rechts, bis die Haut ganz ausgeglichen erscheint. Für das Übungsbild eignet sich ein Wert von 7 Pixel.

Keine Sorge, das Bild sieht momentan ganz verschwommen aus, doch das ändern Sie im nächsten Arbeitsschritt.

Tipp
Haben Sie den Gaußschen Weichzeichner doch zu stark eingestellt? Dann wählen Sie ***Bearbeiten***: ***Verblassen*** *und reduzieren Sie die* DECKKRAFT *entsprechend.*

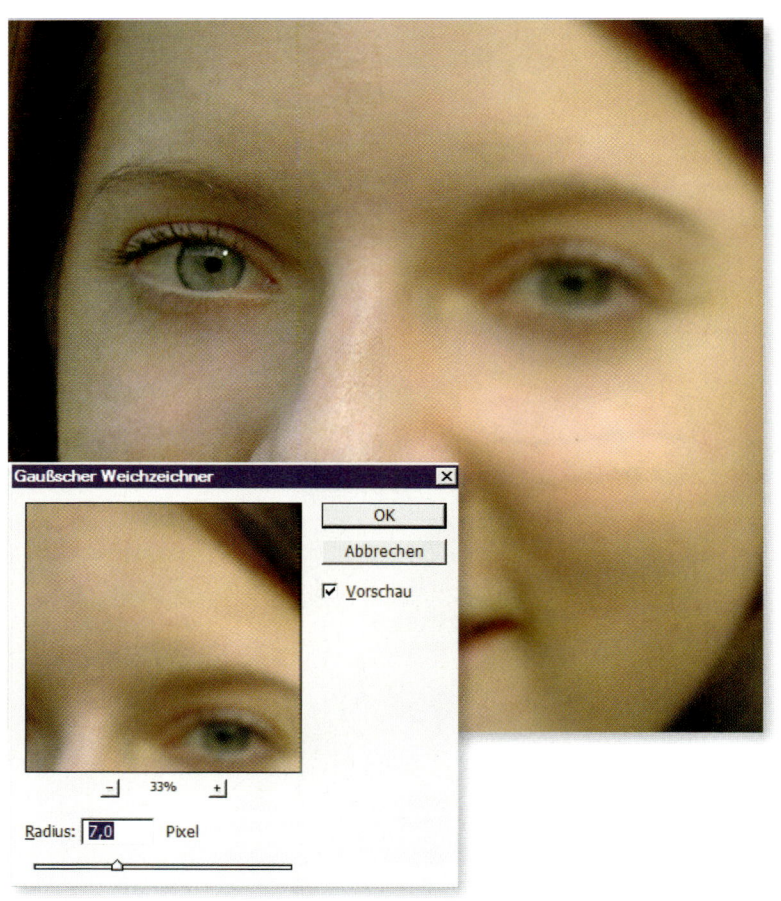

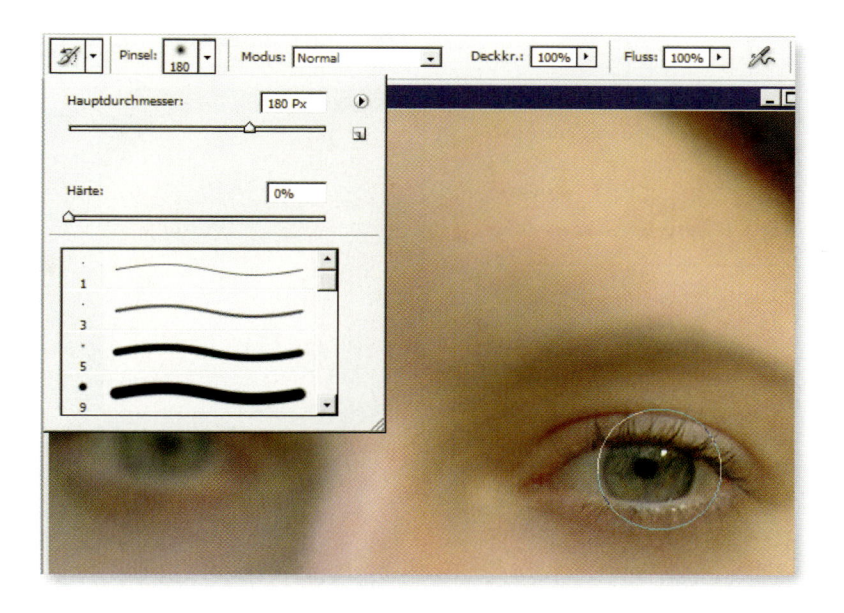

Schritt 7: Retusche mit 100% Deckkraft

Aktivieren Sie nun per Taste `Y` das Protokollpinsel-Werkzeug. Für die Pinselspitze wählen Sie einen HAUPTDURCHMESSER von 180 Pixel und eine HÄRTE von 0% für weiche Kanten. Der MODUS bleibt bei NORMAL und die DECKKRAFT zunächst bei 100%.

Malen Sie derart über einen Bildbereich, wird der vormalige Zustand ohne die Gaußsche Weichzeichnung wiederhergestellt. Vermeiden Sie es so gut als möglich, zu weit in den Bereich der Haut hineinzumalen und arbeiten Sie sorgfältig entlang der Konturen.

Für die Augen eignen sich die Einstellungen hervorragend. Gehen Sie eventuell mehrfach über die Wimpern, um den Schärfebereich sanft auszuweiten.

Die Augenbrauen bearbeiten Sie mit einem geringen Pinseldurchmesser von etwa 40 Pixel. Nutzen Sie rege die verschiedenen Vergrößerungsstufen per Zoomwerkzeug. Um den Mund exakt zu bearbeiten, reduzieren Sie die Pinselgröße auf 95 Pixel beziehungsweise noch kleinere Werte für die Mundwinkel: 55 Pixel passen recht gut.

Großzügig hingegen bemessen Sie die Pinselspitze für den sowieso schon unscharfen Hintergrund und auch die Haare. 500 Pixel dürfen es ruhig sein. Malen Sie besonders vorsichtig an der Kontur des Gesichts, um die Schärfe am Rand wiederherzustellen. Umso freier fahren Sie dafür über den Hintergrund.

Tipp

*Sicherlich werden Sie das eine oder andere Mal nicht exakt die gewünschten Konturen ummalen. Wählen Sie per **Fenster** das **Protokoll** und klicken Sie auf einen früheren Bearbeitungsstatus weiter oben in der Liste.*

Um rasch die Pinselgröße zu wechseln, rufen Sie die Pinselpalette mit der rechten Maustaste (PC) auf bzw. mit gedrückter `Ctrl`-Taste (Mac). Noch rascher funktioniert es per Tasten: Mit `#` vergrößern Sie den Pinsel, mit `Ö` verkleinern Sie ihn.

Übungen zur Gesichtsretusche: Reif für das Titelbild

Schritt 8: Reduzierte Deckkraft für sensible Zonen

Bis auf den kompletten Bereich der Haut haben Sie nun wieder alle Bildbereiche in den ursprünglichen Schärfegrad zurückversetzt. Die Konturen von Nase und Kinn wirken allerdings viel zu verwaschen.

Kitzeln Sie die Konturen vorsichtig wieder heraus und zwar ebenfalls mit dem Protokollpinsel-Werkzeug. Für den Pinsel eignet sich ein HAUPTDURCHMESSER von etwa 80 Pixel, wiederum bei 0% HÄRTE. Den MODUS belassen Sie auch hier bei NORMAL. Die DECKKRAFT jedoch reduzieren Sie auf 50%.

Fahren Sie nun über die Konturen von Nasenflügeln, -löchern und -rücken sowie Kinn. Damit steigt der Schärfegrad wieder an, während die weichgezeichnete Haut bestehen bleibt.

Tipp
Wenn Sie die Datei speichern und später wieder aufrufen, kann der Protokollpinsel den Zustand des unbearbeiteten Quellbilds nicht mehr herstellen. Wollen Sie in mehreren Etappen korrigieren, erstellen Sie eine Ebenenkopie des Ausgangsbilds mit dem Befehl **Ebene duplizieren** *im Menü der Ebenenpalette. Führen Sie die Korrekturen mit dem Radiergummi-Werkzeug durch. Dabei radieren Sie weichgezeichnete Bildbereiche dort weg, wo das darunterliegende Original sichtbar werden soll.*

Schritt 9: Weißere Zähne

Wie Sie das Weiß der Augen steigern, haben Sie bereits in Schritt 11 der vorherigen Übung erfahren. Nach demselben Prinzip, aber noch einfacher, hellen Sie die Zähne auf:

Wählen Sie die Zähne mit dem Polygon-Lasso-Werkzeug bei einer WEICHEN KANTE von 3 Pixel aus. Mit dem Befehl **Bild: Anpassungen: Farbton/Sättigung** reduzieren Sie die SÄTTIGUNG der Zähne, die immer einen gewissen Gelbton aufweisen, auf -16. Die HELLIGKEIT erhöhen Sie in diesem Fall geringfügig auf +6. — Heben Sie die Auswahl für den nächsten Arbeitsschritt noch nicht auf!

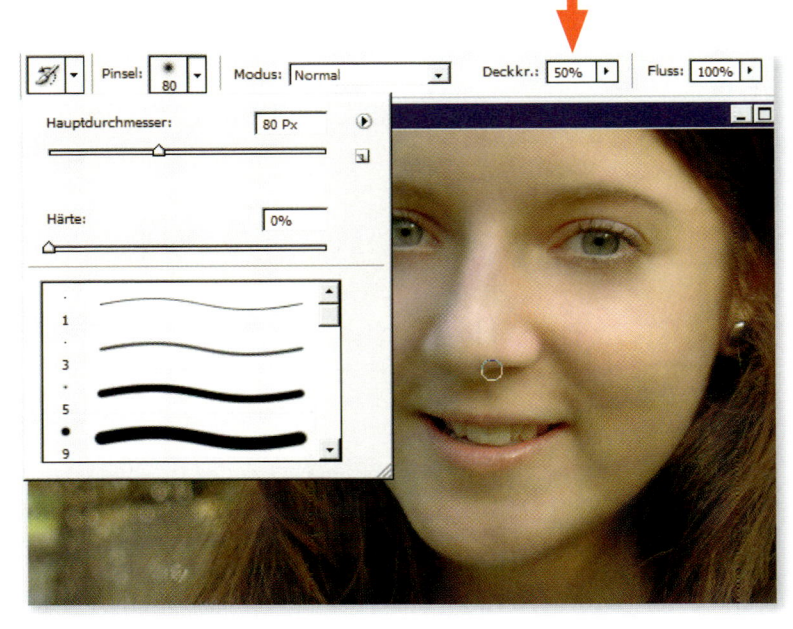

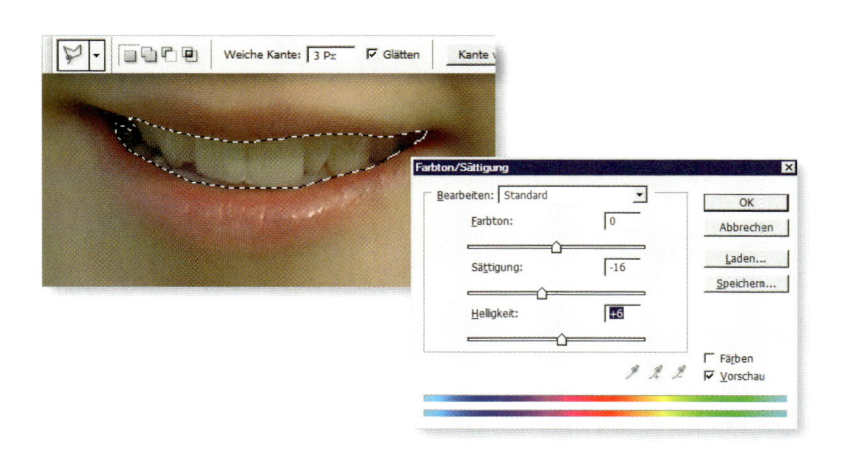

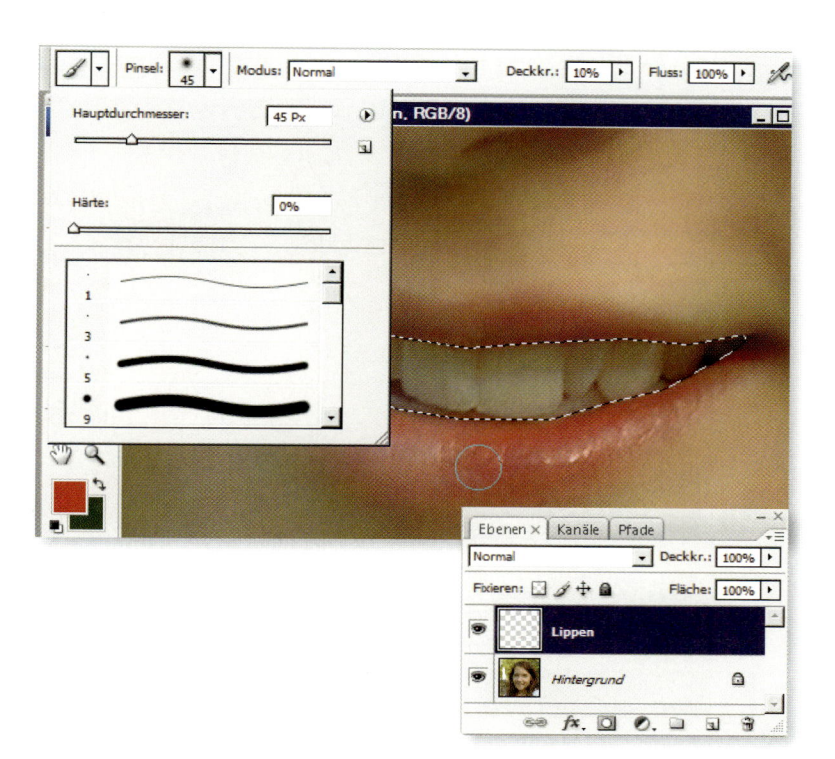

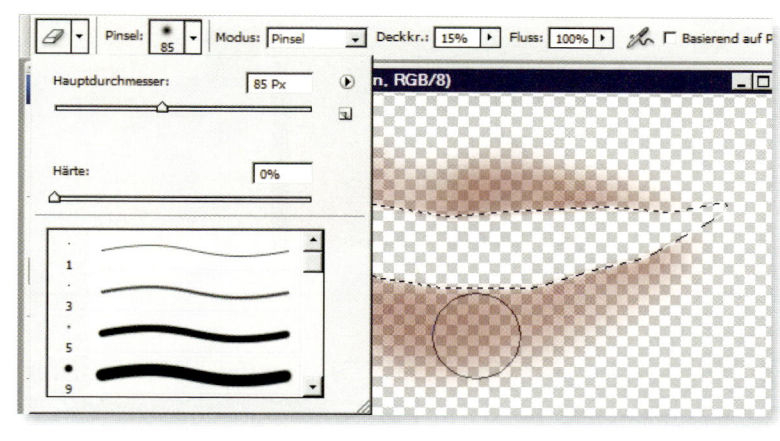

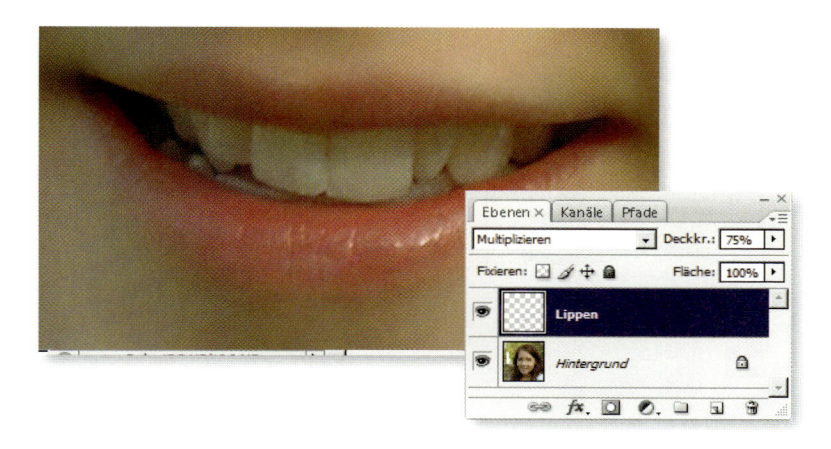

Schritt 10: Ein Hauch von Make-up: die Lippen betonen

Was selten in der Handtasche einer Dame fehlt, sollen Sie auch hier nicht missen: Lidschatten, Rouge und Lippenstift (der Puder ist ja bereits vorhanden). Mit wenigen Pinselstrichen zaubern Sie der jungen Dame ein paar zarte Farbakzente ins Gesicht.

Beginnen Sie mit den Lippen, um die noch aktive Auswahl des letzten Übungsschritts zu nutzen. Wählen Sie den Befehl **Auswahl: Auswahl umkehren**. Damit sind schon einmal die Zähne von der folgenden Korrektur ausgeschlossen, so dass Sie nur noch an den äußeren Rändern der Lippen vorsichtig arbeiten müssen.

➤ Erstellen Sie für die Retusche eine neue Ebene, um beim Schminken flexibel zu bleiben. Dazu nutzen Sie im Menü der Ebenenpalette den Befehl **Neue Ebene**.

➤ Klicken Sie auf das Pinsel-Werkzeug und geben Sie dem PINSEL einen HAUPTDURCHMESSER von etwa 45 Pixel bei 0% HÄRTE. Für die DECKKRAFT genügen 10%.

➤ Wählen Sie per Klick auf die Vordergrundfarbe einen etwas gedämpften Rotton und malen Sie, nach Belieben auch mehrfach, über die Lippen. Kontrollieren Sie das Ergebnis, indem Sie die Hintergrundebene per Augen-Symbol kurzfristig ausschalten.

➤ Haben Sie es zu bunt getrieben? Dann verringern Sie Fläche und Dichte doch mit dem Radiergummi-Werkzeug. Dabei reicht eine geringe DECKKRAFT von ca. 15%. Oder/Und Sie reduzieren in der Ebenenpalette die DECKKRAFT auf beispielsweise 75%.

➤ Wählen Sie in der Ebenenpalette den Modus MULTIPLIZIEREN, um die Lippen etwas dunkler und natürlicher erscheinen zu lassen.

Übungen zur Gesichtsretusche: Reif für das Titelbild

Schritt 11: Lidschschatten auflegen

Um mit etwas Lidschatten die Augen zu betonen, legen Sie wiederum per Befehl **Neue Ebene** im Menü der Ebenenpalette eine separate Ebene an. Wählen Sie auch hier den Modus MULTIPLIZIEREN. Klicken Sie auf die Vordergrundfarbe in der Werkzeugpalette, um eine Farbe auszusuchen, die zu den Augen passt. Ein gedämpftes Grün eignet sich gut.

Greifen Sie wieder zum Pinsel-Werkzeug. Für den PINSEL können Sie die Werte belassen, die Sie zuvor für die Lippen eingestellt haben, also einen HAUPTDURCHMESSER von 45 Pixel bei 0% HÄRTE. Die DECKKRAFT bleibt ebenfalls bei 10%.

Malen Sie nun entlang des Augenlids. Den äußeren Augenwinkel betonen Sie stärker, indem Sie öfter darüber fahren.

Auch hier gleichen Sie Fehler oder zu starke Farbsättigung per Radiergummi-Werkzeug aus.

Tipp
Mit dem Pinsel-Werkzeug können Sie auf diese Weise ganze Bildbereiche oder Objekte modellieren und ihnen Dreidimensionalität verleihen.

Schritt 12: Etwas Rouge für die Wangen

Um die Wangen etwas zu röten, legen Sie eine weitere Ebene im Modus NORMAL an. Belassen Sie alle Einstellungen für das Pinsel-Werkzeug und ändern Sie nur den HAUPTDURCHMESSER auf großzügige 305 Pixel.

Malen Sie vom Haaransatz nach innen auf die Wangen, am Rand dabei etwas häufiger. Farbspuren in den Haaren beseitigen Sie mit dem Radiergummi-Werkzeug bei ähnlicher Pinselgröße und 100% DECKKRAFT. Natürlich können Sie auch hier die Ebenendeckkraft beliebig reduzieren.

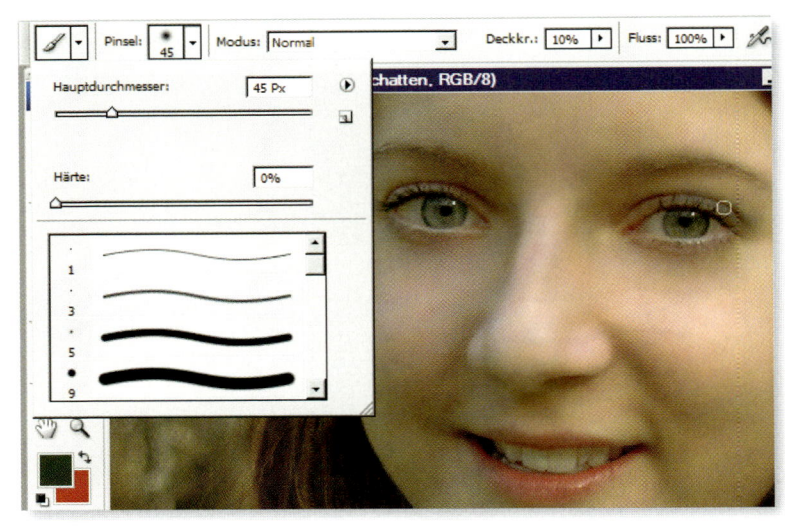

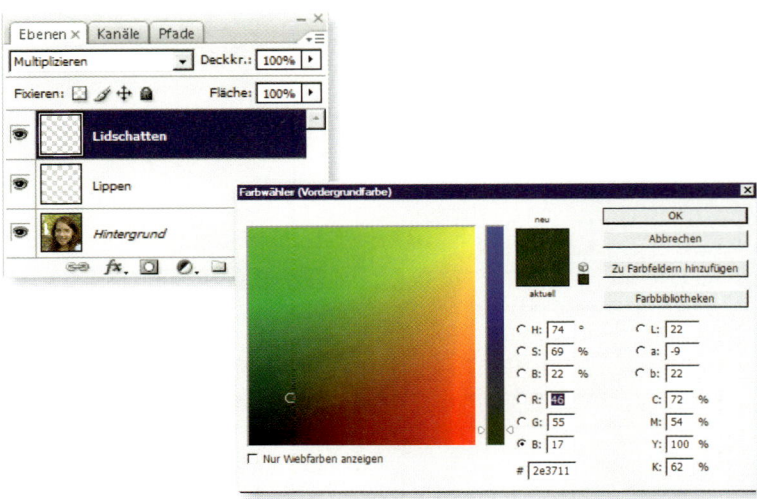

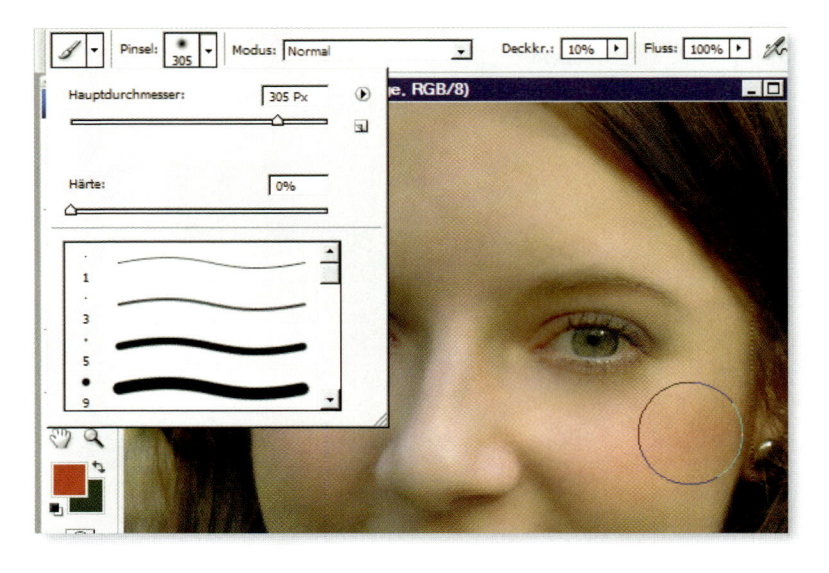

Übung 3

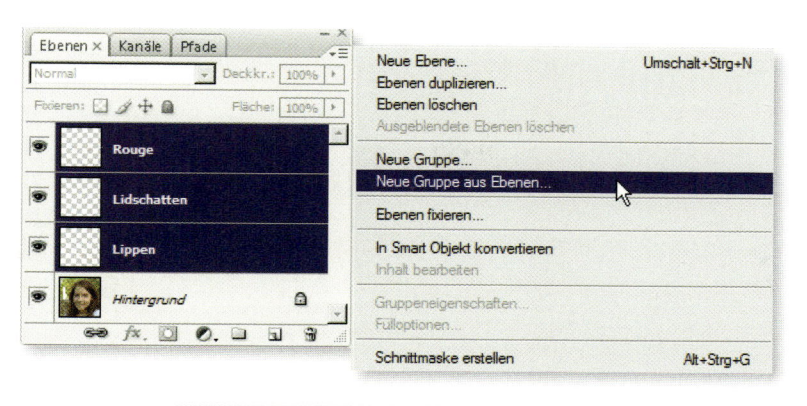

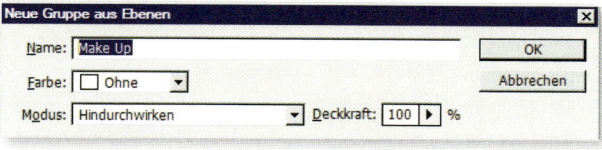

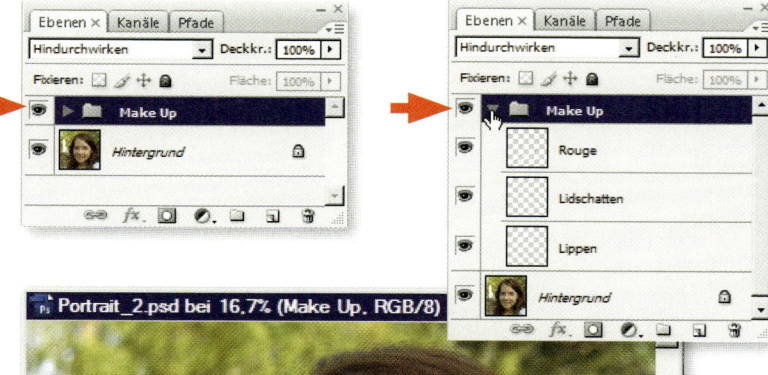

Schritt 13: Ordnung für die Ebenen

Wie so oft nach getaner Arbeit sollten Sie noch ein wenig aufräumen:

Wählen Sie alle drei Ebenen für das Make-up mit gedrückter ⇧-Taste aus. Dann heißt es im Menü der Ebenenpalette ≡: **Neue Gruppe aus Ebenen**.

Vergeben Sie den NAMEN »Make Up«. Den MODUS belassen Sie bei HINDURCHWIRKEN, um die unterschiedlichen Ebenentransparenzen und Einstellungen zu erhalten.

Photoshop erstellt in der Ebenenpalette eine Ebenengruppe mit Ordner-Symbol. Klicken Sie auf die Dreieckstaste ▶ davor, werden die untergeordneten Ebenen angezeigt.

Wenn Sie Ebenenmontagen mit vielen verschiedenen Ebenen anlegen, können Sie mit den Ordnern von Ebenengruppen den Überblick bewahren.

Sie können nun die einzelnen Unterebenen wie auch die gesamte Ebenengruppe in Modus oder Deckkraft ändern.

Ein Klick auf das Augen-Symbol 👁 der Ebenengruppe genügt, um die Dame bequem wieder abzuschminken.

Speichern Sie die Datei im PSD-Format auf Ihrer Festplatte. Auf der DVD finden Sie die fertige Ebenenmontage unter dem Namen »Portrait_2.psd« im Ordner »Übungen«.

Übung 3 • Reif für das Titelbild

In diesem Kapitel finden Sie eine bunte Mischung von Übungen zu Ebenenmontagen und Spezialeffekten. Zunächst befassen Sie sich mit den Möglichkeiten, Schrift und Text wirkungsvoll zu gestalten.

Wie Sie eine präzise Auswahl mit Pfaden oder Bézier-Kurven anlegen, erfahren Sie in zwei weiteren Übungen.

Einen richtigen Augenschmaus erleben Sie schließlich mit den Themen Schwarzweiß, Panorama und HDRI.

Kapitel 8
Spezialeffekte & Montagen

Übung 1
Text in Form gebracht   226

Übung 2
Völlig neue Textperspektiven   230

Übung 3
Voller Durchblick mit Glasschrift   236

Übung 4
Präzise Pfade für die Weiterverarbeitung   242

Übung 5
Digitales Kurvenlineal   246

Übung 6
Von Farbe zu Schwarzweiß   252

Übung 7
Zauberhafter Rundblick — Panoramabilder   256

Übung 8
Aha-Effekt mit Dynamikwunder HDRI   262

Übungen zu Texteffekten: **Text in Form**

Übung 1: Text in Form gebracht

Photoshop bietet fast so viele leistungsstarke Textwerkzeuge wie ein Desktop Publishing-Programm – Sie können Texte in beliebiger Form setzen, Spalten wie bei einer Zeitschrift mit Blocksatz füllen oder Buchstaben beliebig einfärben, verzerren und verfremden. Doch die eigentliche Stärke von Photoshop im Textbereich liegt bei kunstvoll verzierten Lettern mit Glanzeffekten, räumlicher Tiefe oder Schattenwurf, die Sie entweder manuell oder über die in Hülle und Fülle vorhandener, vordefinierten Stile erzielen.

Ein weiterer gern verwendeter und gesehener Effekt ist das Ausfüllen von Buchstaben mit grafischen Elementen – zum Beispiel ein plakatives Foto oder ein prägnantes Muster, das nur innerhalb der Buchstabenkonturen zu sehen ist.

Alles Wissenswerte über diese grundlegenden Texteffekte erfahren Sie in der nachfolgenden Übung – vom simplen Schriftzug bis hin zu stilvollen Grafiklettern.

Infothek	einfach			komplex
Lernschritte:	Sie lernen zunächst, wie Sie einfachen Text mithilfe der Textfunktion erzeugen und diesen formatieren. Anschließend importieren Sie einen Mengentext aus einer anderen Anwendung und richten diesen im zeitschriftentypischen Blocksatz aus. Dann verkrümmen Sie ein Wort in Bogenform und versehen das Ganze mit einem plastisch wirkenden Stil. Zu guter Letzt füllen Sie ein Wort mit einem Bild.			
Aufwand:	Gering bis mittel			
Übungsdateien:	Im DVD-Ordner »Übungen/Texteffekte/«: Textuebung_1.psd bis Textuebung_4.psd			

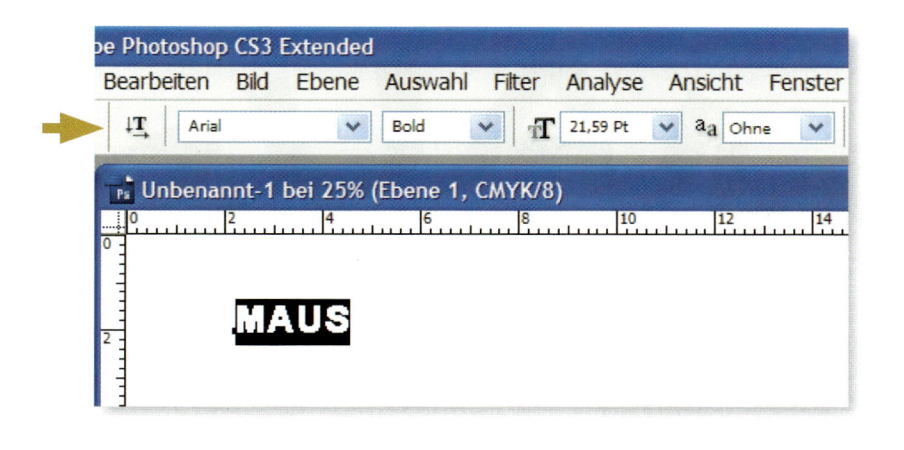

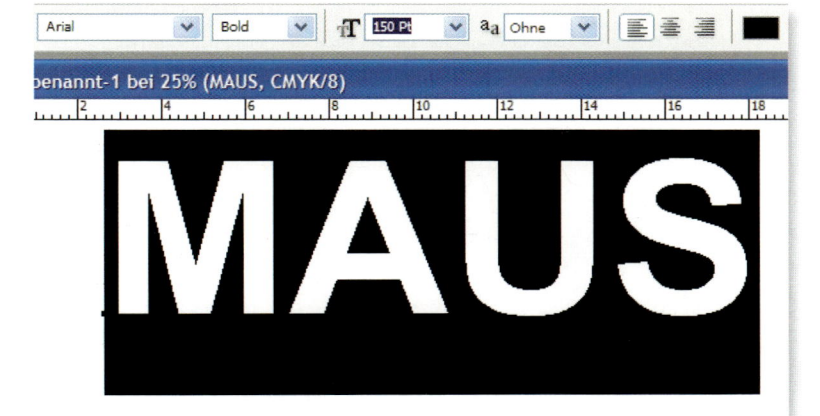

Schritt 1: Text erzeugen oder über Zwischenablage einfügen

Erzeugen Sie mit **Datei, Neu** und der VORGABE: DIN-FORMATE eine neue Datei im DIN-A4-Format. Für den späteren Druck wählen Sie eine Auflösung von 300 Pixel/Zoll im FARBMODUS CMYK. Aktivieren Sie das Werkzeug TEXT T, und klicken Sie einmal in den oberen linken Bereich des Fensters. Nun geben Sie das Wort MAUS in Großbuchstaben ein. Markieren Sie den gesamten Text mit [Strg]+[A] (PC) bzw. [⌘]+[A] (Mac) und klicken Sie in der Optionsleiste oben auf das Pulldown-Menü SCHRIFTFAMILIE EINSTELLEN, um die Schriftart ARIAL in der Auszeichnung BOLD zu wählen.

Vergrößern Sie den Text auf ein bildschirmfüllendes Format – tippen Sie dazu im Feld SCHRIFTGRAD EINSTELLEN ⁀T den Wert 130 pt ein.

Tipp:
Alternativ können Sie die Schriftgröße stufenlos ändern, indem Sie den Mauszeiger über das Symbol ⁀T führen, die Maustaste gedrückt halten und die Maus nach rechts (größer) oder links (kleiner) ziehen.

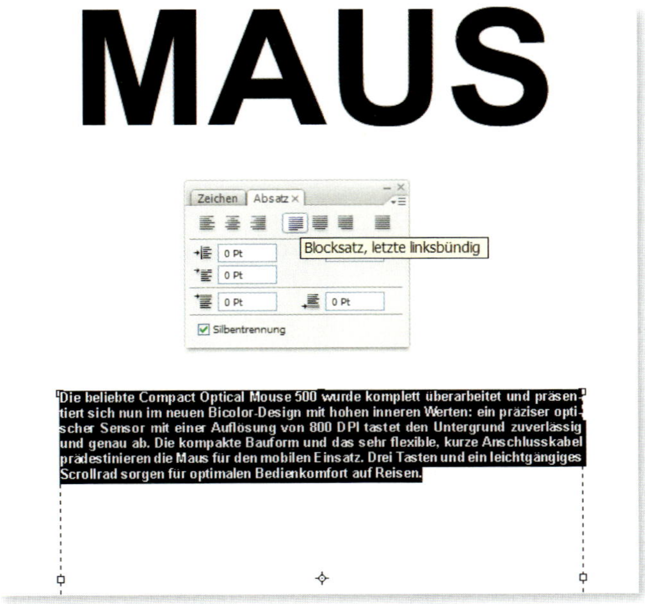

Um längere Textpassagen – zum Beispiel einen Absatz aus Word oder einer anderen Textverarbeitung zu übernehmen – kopieren Sie den gewünschten Text mit [Strg]+[C] (PC) bzw. [⌘]+[C] (Mac) in die Zwischenablage, wechseln zurück zu Photoshop, ziehen Sie mit aktiviertem TEXTWERKZEUG einen Rahmen innerhalb der Arbeitsfläche auf und fügen den gesamten Text per [Strg]+[V] (PC) bzw. [⌘]+[V] (Mac) in den Rahmen ein.

Holen Sie nun mit einem Klick auf ▭ die Zeichen-/Absatzpalette auf den Bildschirm und wechseln Sie zur Registerzunge ABSATZ. Markieren Sie den gesamten Text und klicken Sie auf BLOCKSATZ ▭.

Die Übungsdatei ab diesem Bearbeitungsstand heißt »Textuebung_1.psd« und findet sich auf der DVD im Ordner »Texteffekte«.

Übungen zu Texteffekten: Text in Form

Schritt 2: Text verkrümmen

Der Schriftzug MAUS soll nun der oberen Kontur der Maus folgen. Aktivieren Sie die Textebene MAUS und klicken Sie auf das Textwerkzeug T (Taste T). Im oberen Opionsmenü rufen Sie mit einem Klick auf das Icon den Dialog TEXT VERKRÜMMEN auf.

Wählen Sie im Pulldown-Menü ART die Variante BOGEN, aktivieren Sie die Option HORIZONTAL und geben Sie eine BIEGUNG von +50% vor. Schon schmiegt sich der Text an die Oberseite des Mausgehäuses. Das Ergebnis liegt als Übungsdatei »Textuebung_2.psd« vor.

Schritt 3: Stilvoller Text

Trotz der schicken Krümmung wirkt der schwarze und effektarme Schriftzug immer noch sehr langweilig. Peppen Sie ihn auf, indem Sie ihm einen passenden Stil verpassen! Holen Sie die Palette STILE aus dem Menü **Fenster** auf den Bildschirm und klicken Sie im Palettenmenü auf das Stilset TEXTEFFEKTE.

Probieren Sie durch Anklicken der farbigen Stil-Icons die verschiedenen Textstile aus – Sie werden begeistert sein vom Effektreichtum der angebotenen Varianten. Ideal für unser Mausbild ist jedoch der Stil MILCHGLAS, da er in Sachen Form, Farbe und Textur perfekt zum Erscheinungsbild der Maus passt (»Textuebung_3.psd«).

Tipp:
Sämtliche Stilelemente finden sich nach der Anwendung in der Ebenenpalette unterhalb des Ebenennamens wieder. Ein Doppelklick auf die jeweilige Rubrik unter EFFEKTE bringt Sie direkt zum Einstellungsdialog für den entsprechenden Effekt, so dass Sie bestimmte Stilelemente wie Kantenstärke oder Schattendichte blitzschnell an Ihre Vorstellungen anpassen können.

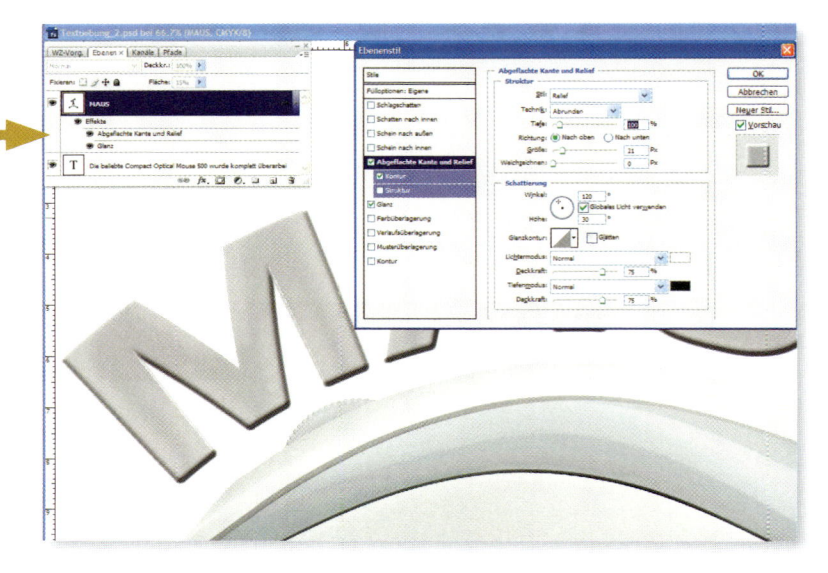

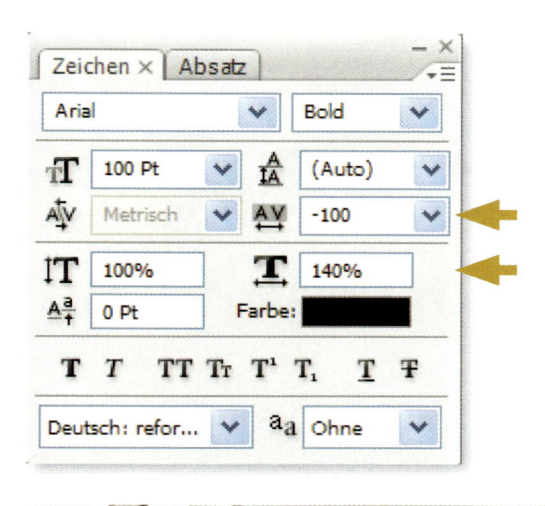

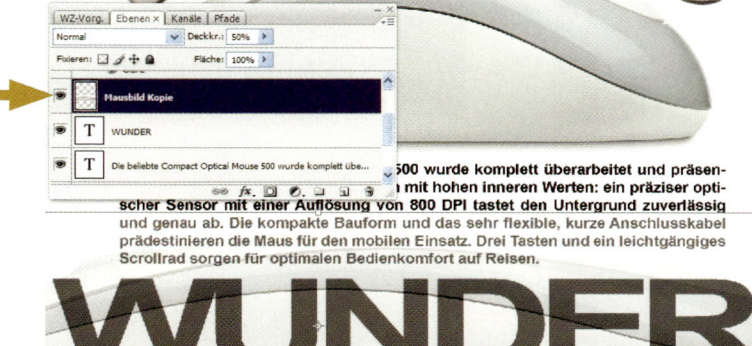

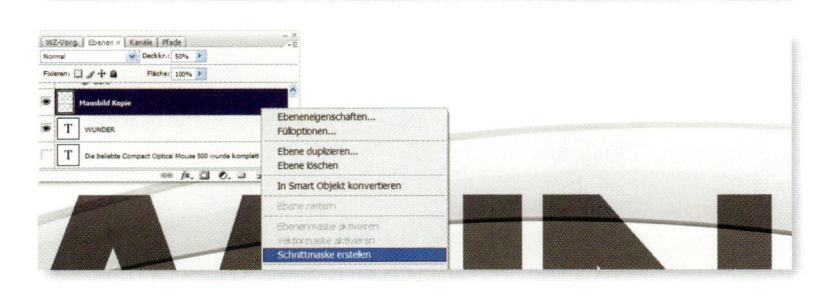

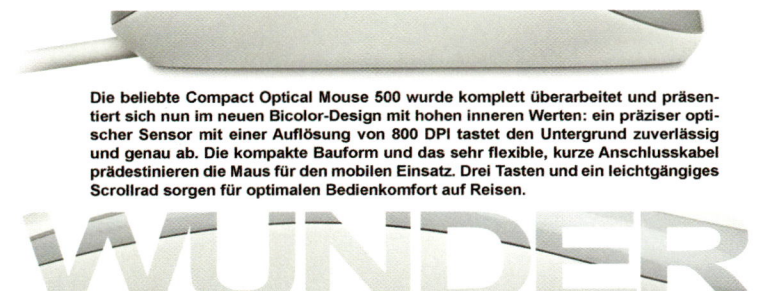

Schritt 4: Buchstaben mit Bildelementen maskieren

Fügen Sie nun mit dem Textwerkzeug das Wort WUNDER in die Datei ein. Für das Maskieren von Text mit einem Bild benötigen Sie sehr dicke, direkt aneinander angrenzende Lettern. Diese erzielen Sie durch die kombinierte Anwendung von LAUFWEITE und HORIZONTAL SKALIEREN in der Zeichenpalette.

Verringern Sie die LAUFWEITE auf einen Wert von -100 und skalieren Sie den Text horizontal um 140%, und schon bieten die Lettern genug „Fleisch" zur Aufnahme des Bildelements.

Erzeugen Sie nun in der Ebenenpalette ein Duplikat der Ebene Mausbild, indem Sie im Menü der Ebenenpalette den Befehl **Ebene duplizieren** wählen. Verschieben Sie die Bildebene in der Ebenenpalette direkt über die Textebene WUNDER. Nun skalieren und stauchen Sie das Bild mithilfe der Tastenkombination [Strg]+[T] (PC) bzw. [⌘]+[T] (Mac) so weit, bis es perfekt in das Wort passt.

Tipp:
Um den Text während der Bildskalierung sehen zu können, verringern Sie im Ebenen-Menü die DECKKR. der Bildebene auf einen Wert unter 50%.

Nach der Anpassung des Bilds an den Text klicken Sie auf die Bildebene und wählen im Menü der Ebenenpalette **Schnittmaske erstellen**.

Durch die Schnittmaske werden die Bildbereiche über den Buchstabenkonturen ausgeschnitten, so dass das Bild wie in die Lettern hinein geprägt wird. Die finale Datei finden Sie im Übungsordner unter »Textuebung_4.psd«.

Übungen zu Texteffekten: Textperspektiven

Übung 2: Völlig neue Textperspektiven

Wer schon einmal versucht hat, ein Bildelement perspektivisch an die Fluchtlinien eines Fotos anzupassen, weiß, wie sinnlos dieses Unterfangen ist – die herkömmliche Perspektivenfunktion von Photoshop mit dem Befehl **Bearbeiten: Transformieren: Perspektivisch** ist einfach zu unflexibel.

Doch mithilfe eines perspektivisch korrekten Rasters, das mit dem Fluchtpunkt-Dialog entsteht, können Sie beliebige Objekte und auch Texte im Nu perfekt „fliehen lassen".

In der nachfolgenden Übung erzeugen Sie ein solches Raster und richten anschließend einen Schriftzug perspektivisch korrekt daran aus. Ausgeschmückt mit einem plastisch wirkenden Ebenenstil und einem realistischen Schlagschatten sehen die hinzugefügten Wörter fast so aus wie eine bereits im Foto vorhandene Leuchtreklame.

Infothek	einfach				komplex
Lernschritte:	Sie erzeugen mit der Funktion **Fluchtpunkt** ein perspektivisches Gitterraster, mit dessen Hilfe Sie anschließend einen Textblock so verzerren, dass er mit den Gebäudefluchten des Hintergrundbilds korrespondiert. Diesem perspektivischen Text weisen Sie einen Stil mit Schatten und Transparenz zu.				
Aufwand:	Hoch				
Übungsdateien: psd	Im DVD-Ordner »Übungen/Texteffekte/«: 5th_Avenue.psd, 5th_Avenue_Raster.psd, 5th_Avenue_Text_Final.psd				

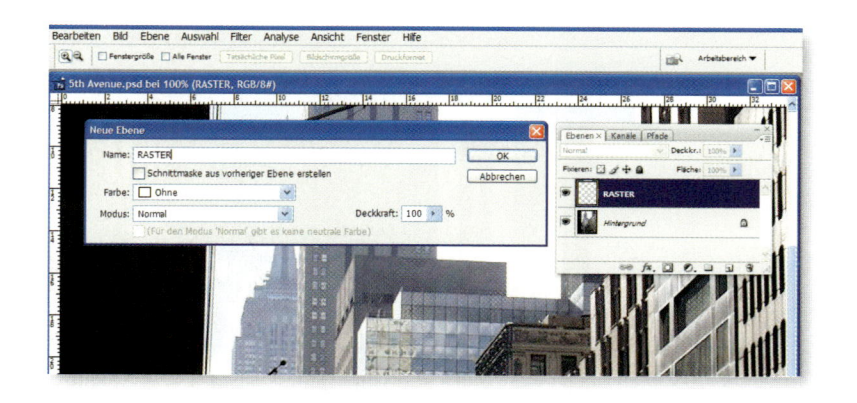

Schritt 1: Hintergrundbild mit Perspektivenraster versehen

Die New Yorker Stadtansicht »5th_Avenue.PSD« dient als Hintergrundbild für diese Übung. Die starken Fluchten machen dieses Bild zum idealen Kandidaten für perspektivischen Text.

Nach dem Öffnen erzeugen Sie per **Ebene, Neu, Ebene** eine weitere Ebene namens RASTER.

Nun erstellen Sie ein perspektivisch korrektes Gitterraster zur späteren Ausrichtung der Textelemente. Aktivieren Sie dazu im Menü **Filter** den Dialog **Fluchtpunkt**.

Klicken Sie im Dialogfenster links oben auf das Ebene-erstellen-Werkzeug (Taste C). Im Pulldown-Menü EINSTELLUNGEN UND BEFEHLE aktivieren Sie die Option **Raster in Photoshop rendern**.

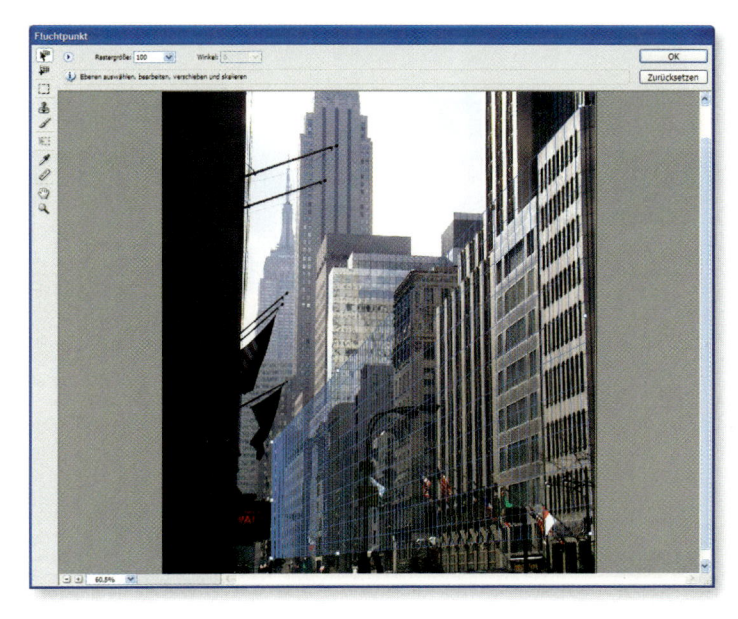

Definieren Sie nun mit vier Klicks auf die Eckpunkte des nahen und fernen Gebäudes den Umriss für das Perspektivenraster. Beginnen Sie an der oberen rechten Ecke des nahen, hellen Hauses und ziehen Sie die blaue Linie deckungsgleich mit den Fluchtlinien der anderen Gebäude bis zum hintersten sichtbaren Haus der Straße. Dort klicken Sie erneut und ziehen die Linie lotrecht bis zur Unterseite des hinteren Hauses. Nach dem dritten Klick bewegen Sie die Maus nach rechts und halten dabei die blaue Linie deckungsgleich mit den Fluchtlinien im unteren Bildbereich. Nach Klick Nummer 4 am unteren rechten Bildrand berechnet Photoshop das Perspektivenraster.

Tipp:
Sie müssen in dieser Phase nicht hoch präzise arbeiten – das Feintuning erfolgt später im Zoom-Modus.

Übungen zu Texteffekten: Textperspektiven

Schritt 2: Raster exakt ausrichten

Klicken Sie im Dialog FLUCHTPUNKT auf das Werkzeug ZOOM (Taste [Z]) und zoomen Sie die obere rechte Ecke des nahen hellen Gebäudes nah heran. Kontrollieren Sie, ob die Linien korrekt den Fluchtlinien im Bild folgen, und verschieben Sie den Eckpunkt mithilfe des Ebenebearbeiten-Werkzeugs bei gedrückter Maustaste, um gegebenenfalls eine Korrektur vorzunehmen.

Bewegen Sie mit den Bildlaufleisten den Bildausschnitt entlang der Rasterlinien, um die Deckungsgleichheit mit weiteren Fluchtlinien im Bild zu verifizieren. Justieren Sie die anderen drei Eckpunkte nach, bis alle Rasterlinien korrekt zu den Fluchtlinien an den Gebäuden verlaufen. Nach getaner Arbeit schließen Sie den Dialog mit einem Klick auf OK. Das soeben erstellte Raster befindet sich nun als blaue Gitternetzlinie in der Ebene RASTER (Übungsdatei »5th_Avenue_Raster.psd«).

Tipp:
Das Perspektivenraster lässt sich durch Klick-Ziehen der mittleren Bearbeitungspunkte auch in seiner Ausdehnung variieren. Wenn Sie innerhalb des Rasters klicken und die Maus bei gedrückt gehaltener Taste bewegen, verschieben Sie das gesamte Raster.

Schritt 3: Text eingeben und formatieren

Klicken Sie auf das Textwerkzeug T und rufen Sie in der Optionsleiste die Zeichen-/Absatzpalette auf. Wählen Sie als FARBE Weiß.

Nun schreiten Sie zur Texteingabe. Platzieren Sie den Cursor des Textwerkzeugs T an einer beliebigen Stelle im Bild und geben Sie folgende Worte ein: „NEUE WEGE GEHEN". Erhöhen Sie den Zeilenabstand auf 77 Pt.

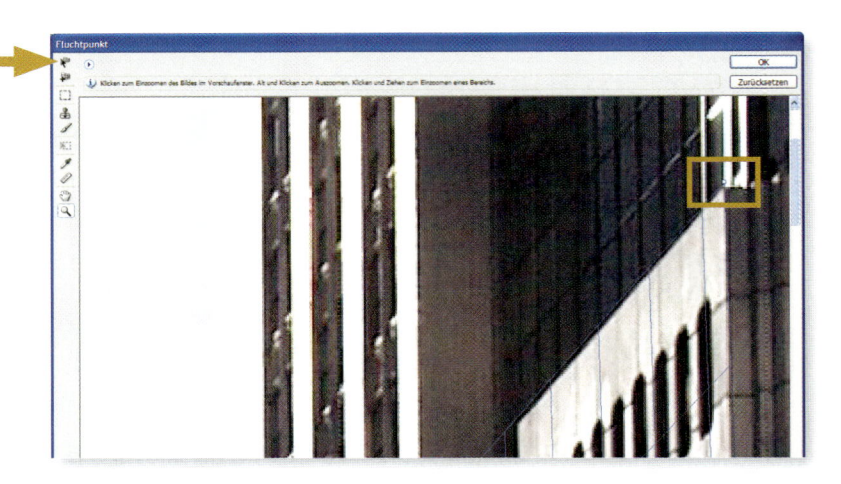

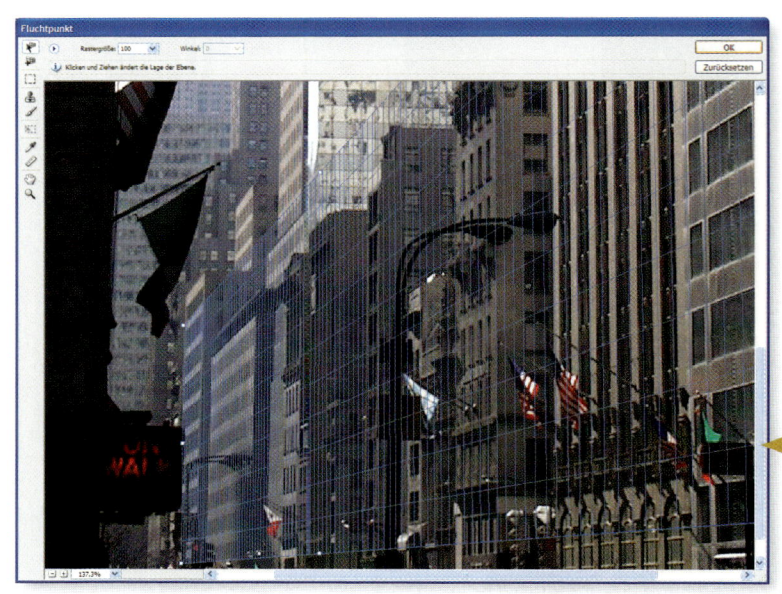

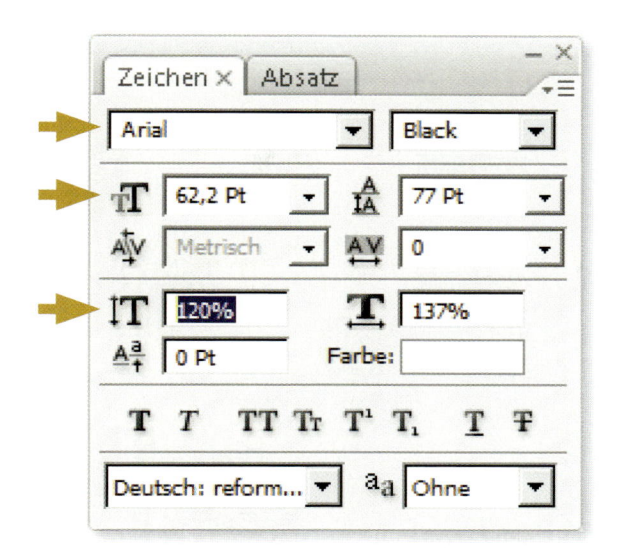

Markieren Sie den gesamten Textblock mit `Strg`+`A` (PC) bzw. `⌘`+`A` (Mac) und ändern Sie die Schriftart in der Zeichenpalette auf Arial Black oder eine ähnliche Schrift mit fetten, flächigen Lettern. Geben Sie eine Buchstabengröße von rund 62 Punkt vor und skalieren Sie die Buchstabenhöhe auf 120 Prozent.

Um die Lettern im nachfolgenden Schritt problemlos in Form bringen zu können, muss die Schrift gerastert werden. Klicken Sie dazu in der Ebenenpalette mit der rechten Maustaste auf die Textebene NEUE WEGE GEHEN und wählen Sie im Kontextmenü den Befehl **Text rastern**.

Schritt 4: Perspektivische Verzerrung vorbereiten

Zoomen Sie nun die beiden Gebäude in der rechten Bildhälfte auf maximale Größe heran. Dann markieren Sie die vormalige Textebene und wählen **Bearbeiten: Frei transformieren**. Diese Bearbeitungsoption können Sie auch ganz schnell mit der Tastenkombination `Strg`+`T` (PC) bzw. `⌘`+`A` (Mac) einleiten. Daraufhin erscheint ein Bearbeitungsrahmen um den Textblock herum.

Übungen zu Texteffekten: Textperspektiven

Schritt 5: Eckpunkte verschieben

Halten Sie die Taste ⌜Strg⌝ (PC) bzw. ⌘ (Mac) gedrückt und bewegen Sie den Mauspfeil über den rechten oberen Bearbeitungspunkt des Rahmens. Verschieben Sie diesen Punkt bei gedrückt gehaltener Maustaste nach rechts oben, bis er über dem Schnittpunkt zweier Rasterlinien zum Liegen kommt. Die Verzerrung wirkt nun sehr extrem, doch keine Angst: Durch das Verschieben der anderen Punkte wird wieder perspektivische Ordnung ins Bild kommen.

Anschließend ist der obere linke Bearbeitungspunkt an der Reihe. Verschieben Sie diesen bei gedrückt gehaltener ⌜Strg⌝- bzw. ⌘- und Maustaste an das linke Ende des zweiten Gebäudes und achten Sie darauf, dass sich die obere Linie des Bearbeitungsrahmens mit der entsprechenden Rasterlinie deckt.

Verschieben Sie den Bildausschnitt mit dem Mausrad oder der Bildlaufleiste nach unten, bis Sie den unteren linken Bearbeitungspunkt erkennen können. Richten Sie diesen auf dieselbe Weise wie die vorangegangenen Punkte am Raster aus.

Zuletzt verschieben Sie den unteren rechten Bearbeitungspunkt, so dass die rechte und die untere Linie des Bearbeitungsrahmens mit dem Raster zur Deckung kommen. Voilá – der Text folgt nun perspektivisch korrekt der Hauswand. Sieht gut aus, oder?

Tipp:
Wenn Sie Schwierigkeiten beim Erkennen der Gitternetzlinien haben, können Sie vor dem Umformen die Hintergrundebene mit einem Klick auf das Augen-Symbol ausblenden.

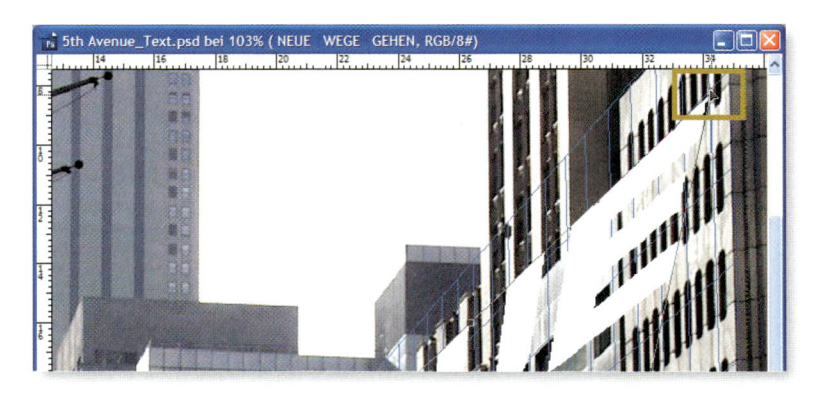

Übung 2

Schritt 6: Textblock mit Stil, Farbe und Schatten versehen

Nachdem der Text nun perfekt an der Gebäudefront ausgerichtet ist, soll mithilfe von Stilen und Schlagschatten ein wenig Plastizität und Farbe ins Bild kommen.

Klicken Sie mit der rechten Maustaste auf die Ebene NEUE WEGE GEHEN und wählen Sie den Befehl **Fülloptionen**.

Klicken Sie in der Auswahlliste im Dialog links auf STILE und laden Sie mit einem Klick auf das Pfeilsymbol ▶ das Stilset **Webstile**. Als Basis für die Farbgebung des Schriftzugs dient der Stil GEBÜRSTETES METALL.

Wechseln Sie zur Sektion SCHLAGSCHATTEN und geben Sie eine DECKKRAFT von 60%, einen WINKEL von 140 Grad und einen ABSTAND von 20 Pixel vor. Nun scheint die Schrift in einiger Distanz vor der Hauswand zu schweben, was den realistischen Eindruck zusätzlich verstärkt.

Zum Schluss erhalten die Lettern noch einen Farbanstrich, der sie prägnanter und leuchtender erscheinen lässt. In der Sektion FARBÜBERLAGERUNG klicken Sie rechts neben dem Auswahlmenü FÜLLMETHODE auf das Farbfeld und stellen einen kräftigen Orangeton ein (RGB 255, 168, 0).

Damit die Lettern ein wenig mit dem Hintergrund verschmelzen, setzen Sie in der Ebenenpalette die DECKKRAFT auf 90 Prozent herab.

Das Endergebnis können Sie in der Übungsdatei »5th_Avenue_Text_Final.psd« begutachten.

Übungen zu Texteffekten: Glasschrift

Übung 3: Voller Durchblick mit Glasschrift

Wenn man Texte mit Ebenenstilen und Filtern kombiniert, ergeben sich ungeahnte Gestaltungsmöglichkeiten. Dabei erfordern die faszinierenden Ergebnisse nur wenig Aufwand – wenn man die richtigen Tricks und Kniffe anwendet.

In der nachfolgenden Übung gestalten Sie ein fiktives Werbeplakat für das Fremdenverkehrsamt eines italienischen Badeorts an der Adria. Zielsetzung: Das glasklare Wasser der Adriaküste soll ansprechend thematisiert werden.

Dazu erzeugen Sie zunächst einen Text in einer Schriftart mit viel „Fleisch" – also zum Beispiel einem Font in der „Black"-Auszeichnung. Diesen versehen Sie mit einem Ebenenstil, der die Schrift wie halbtransparentes Glas wirken lässt.

Der eigentliche Clou kommt ganz zum Schluss: Sie erzeugen eine Auswahl von den Textkonturen und versehen das Hintergrundbild im Textinneren mit einem ungemein realistisch wirkenden Glaseffekt.

Infothek

	einfach			komplex

Lernschritte:	Sie erzeugen einen Text über einem Hintergrundbild, versehen diesen mit einem Ebenenstil im Glas-Look und wenden abschließend einen auf die Schriftkontur begrenzten Glasfilter auf das Hintergrundbild an.
Aufwand:	Gering
Übungsdateien:	Im DVD-Ordner »Übungen/Texteffekte/«: Blubucht.jpg, Glaseffekt_1..psd, Glaseffekt_Final.psd

Übung 3

Schritt 1: Hintergrund laden und Text eingeben

Öffnen Sie als Hintergrund die Datei »Blubucht.jpg« und aktivieren Sie das Textwerkzeug **T** mit einem Druck auf die Taste [T]. Klicken Sie mit dem Textcursor einmal in das obere linke Drittel des Hintergrundbilds und geben Sie das Wort „GLAS" ein

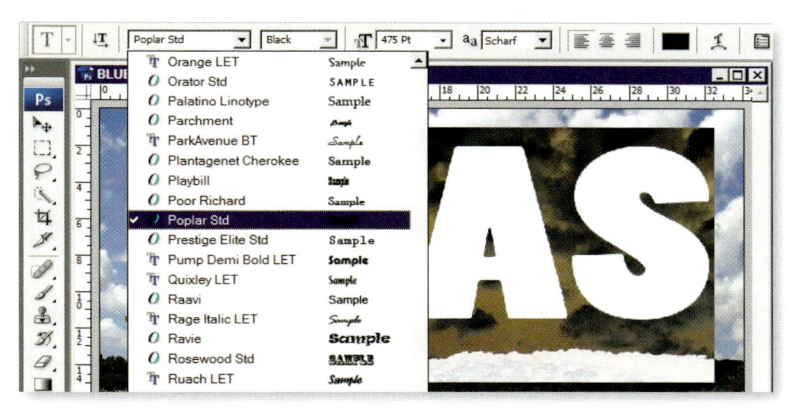

Markieren Sie nach der Eingabe das gesamte Wort mit der Tastenkombination [Strg]+[A] (PC) bzw. [⌘]+[A] (Mac) und öffnen Sie das Pulldown-Menü SCHRIFTFAMILIE EINSTELLEN in der Optionsleiste oben links. Suchen Sie anhand der Vorschautexte im Menü rechts eine Schriftart mit viel „Fleisch" aus; in unserem Beispiel haben wir den Font „Poplar Std" verwendet. Geben Sie im Feld SCHRIFTGRAD EINSTELLEN eine Schriftgröße von 475 Punkt ein.

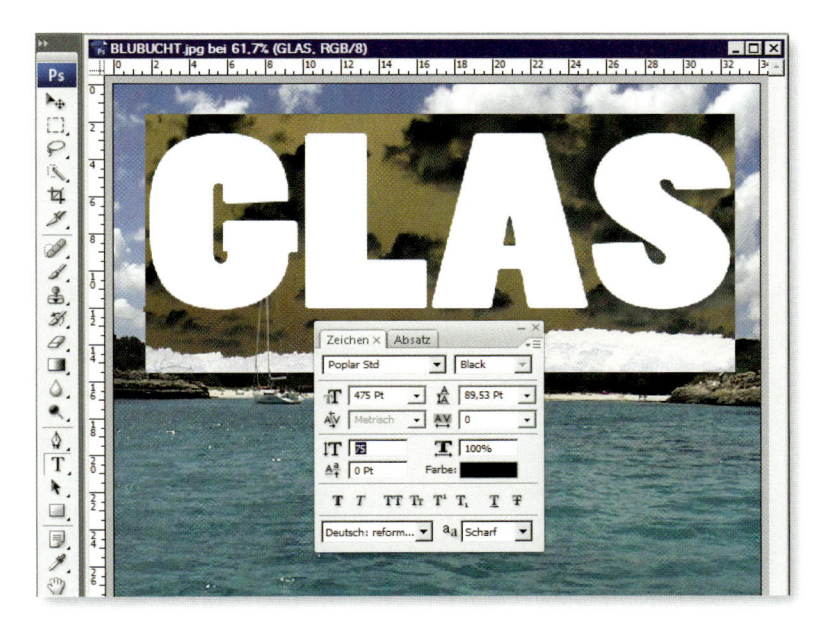

Nun stauchen Sie das Wort ein wenig, so dass die Buchstaben niedriger und gedrungener wirken. Öffnen Sie dazu die Zeichen-/Absatzpalette mit einem Klick auf das Symbol. In der Palette geben Sie im Feld VERTIKAL SKALIEREN **IT** den Wert 75 ein, so dass die Schrifthöhe auf 75% des Originalwerts verringert wird. Die Datei mit den vorbereiteten Texten finden Sie im Übungsordner unter dem Dateinamen »Glaseffekt_1.psd«.

Tipp:

*Wenn Sie lieber mit der Maus statt mit der Palette arbeiten möchten, können Sie den Schriftzug alternativ wie folgt stauchen: Verwenden Sie die Funktion **Frei transformieren** (Tastenkombination [Strg]+[T] bzw. [⌘]+[T]) und verschieben Sie den oberen mittleren Anfasspunkt des Bearbeitungsrahmens bei gedrückter Maustaste nach unten.*

Übung 3 • Voller Durchblick mit Glasschrift

Übungen zu Texteffekten: Glasschrift

Schritt 2: Glas-Look per Ebenenstil hinzufügen

In der Ebenenpalette klicken Sie nun mit der rechten Maustaste auf die Textebene GLAS und wählen im Kontextmenü den Befehl **Fülloptionen**, woraufhin der Dialog EBENENSTIL auf dem Bildschirm erscheint.

Klicken Sie im Dialogfenster links auf den ersten Eintrag STILE, um sich die vordefinierten Ebenenstile anzeigen zu lassen. Öffnen Sie das Pulldown-Menü zur Auswahl von Stilsets, indem Sie auf das Symbol im Stilbereich rechts oben klicken. Der für unser Beispiel verwendete Effekt ist Bestandteil des Stilsets TEXTEFFEKTE 2. Nach dem Anklicken des Setnamens erscheint ein Bestätigungsdialog, in dem Sie das Standard-Stilset per OK gegen das ausgewählte Set ersetzen können. Mit ANFÜGEN fügen Sie das ausgewählte Set zum Standard-Stilset hinzu. Indem Sie später die STILE ZURÜCKSETZEN, erhalten Sie das Standard-Stilset zurück.

Weisen Sie der Textebene mit einem Klick auf das erste Icon in der dritten Reihe den Stil GLÄNZENDES BLAUES METALL zu. Um den gläsernen Rand um die Lettern herum zu betonen, nehmen Sie eine kleine Feineinstellung innerhalb des Stils vor. Klicken Sie im Dialog links auf ABGEFLACHTE KANTE UND RELIEF und erhöhen Sie den Wert im Feld GRÖSSE auf 14 Pixel.

Tipp:
Wenn Sie Ihre Variationen in vordefinierten Stilen zur späteren Verwendung speichern wollen, verwenden Sie die Schaltfläche NEUER STIL... und geben Sie im nachfolgenden Dialog eine aussagekräftige Bezeichnung für Ihren modifizierten Stil ein.

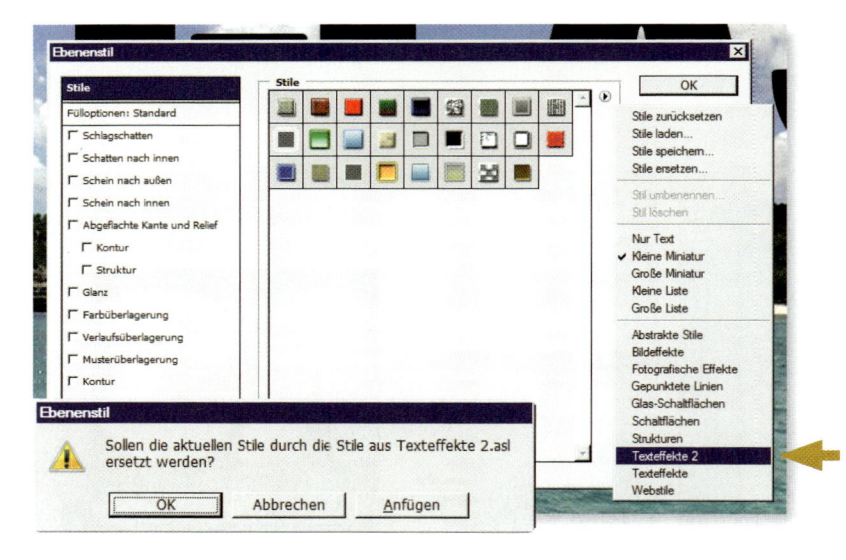

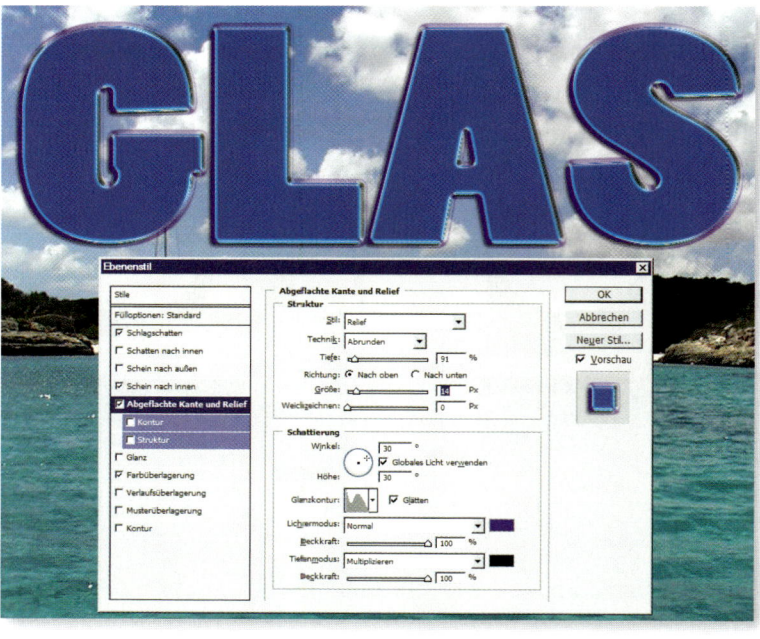

Übung 3

Schritt 3: Aussparungen in den Buchstaben erzeugen

Für die nachfolgenden Aktionen benötigen Sie eine Auswahl mit den Konturen der vier Buchstaben. Dazu klicken Sie in der Ebenenpalette mit gedrückter Strg-Taste (PC) bzw. ⌘-Taste (Mac) auf die Textminiatur links neben der Ebenenbezeichnung.

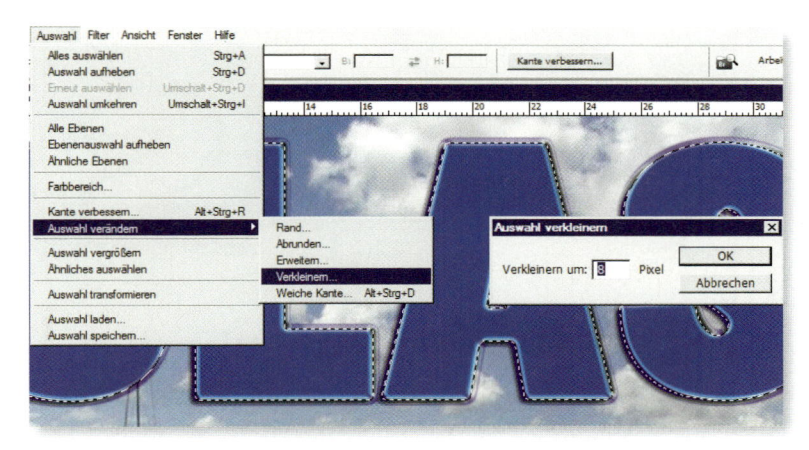

Damit später noch ein sichtbarer Randbereich von den Buchstaben erkennbar bleibt, müssen Sie die Auswahl ein wenig verkleinern. Dies bewerkstelligen Sie mit der Funktion **Auswahl verändern, Verkleinern…** im Menü **Auswahl**. Tragen Sie in das Feld VERKLEINERN UM einen Wert von 8 Pixel ein.

Durch die Verkleinerung der Auswahl ist der Auswahlrahmen deutlich vom Rand weg und zum Zentrum der Buchstaben hin gewandert.

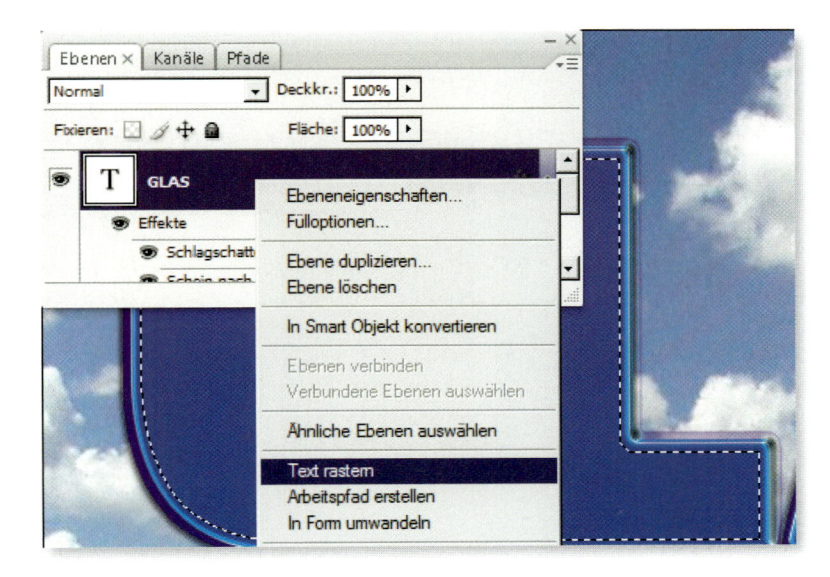

Für die nachfolgende Aussparung der Innenflächen müssen Sie die Textebene rastern. Wechseln Sie in der Ebenenpalette wieder zurück zur Registerzunge EBENEN und wählen Sie im Kontextmenü (Rechtsklick) der Ebene GLAS die Option **Text rastern**. Nun sind die Buchstaben zwar nicht mehr editierbar, sie lassen sich jedoch wie ganz normale Pixelbilder weitreichend bearbeiten.

Übungen zu Texteffekten: Glasschrift

Mit einem Druck auf die Taste [Entf] löschen Sie nun die Bildbereiche innerhalb der Auswahl – der dahinterliegende Himmel wird durch die Buchstaben hindurch sichtbar.

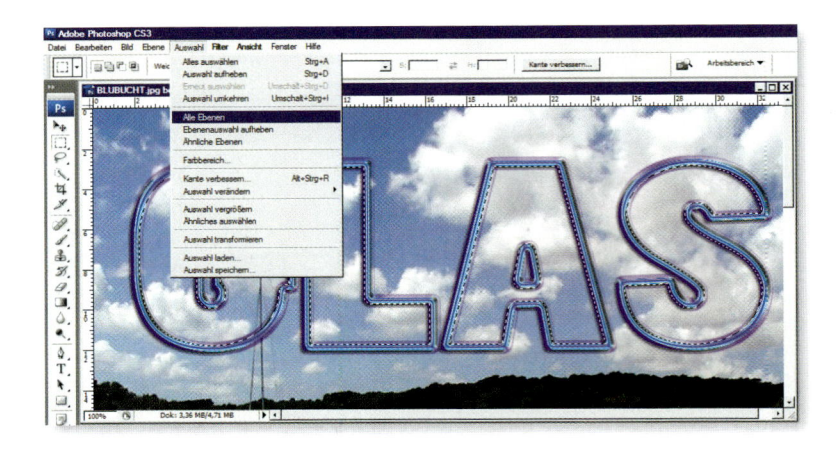

Schritt 4: Hintergrund verglasen

Aktivieren Sie per Mausklick in der Ebenenpalette die Hintergrundebene, auf der unser stimmungsvolles Urlaubsfoto liegt. Anschließend wählen Sie im Menü **Filter** aus der Kategorie **Verzerrungsfilter** die Variante **Glas**.

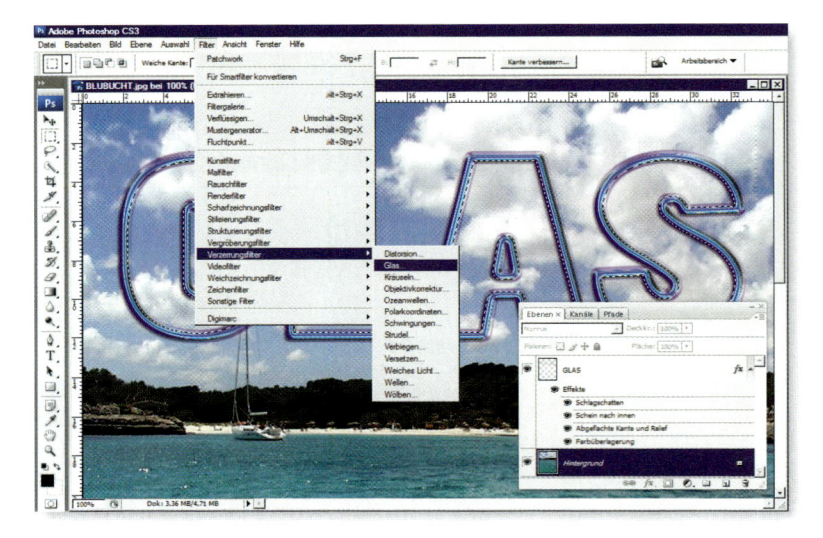

Im Filterdialog geben Sie eine VERZERRUNG von 15 vor, damit die Glasstruktur deutlich zur Geltung kommt. Die GLÄTTUNG reduzieren Sie auf einen Wert von 3, um das Muster nicht über die Maßen abzusoften. Als Struktur eignet sich MILCHGLAS bei einer SKALIERUNG von 100% hervorragend für unsere Zwecke. Im linken Drittel des Filterdialogs können Sie alle Änderungen direkt in einem Vorschaubild begutachten.

Nachdem Sie alle Einstellungen vorgenommen haben, wenden Sie den Filter mit einem Klick auf OK auf das Hintergrundbild an.

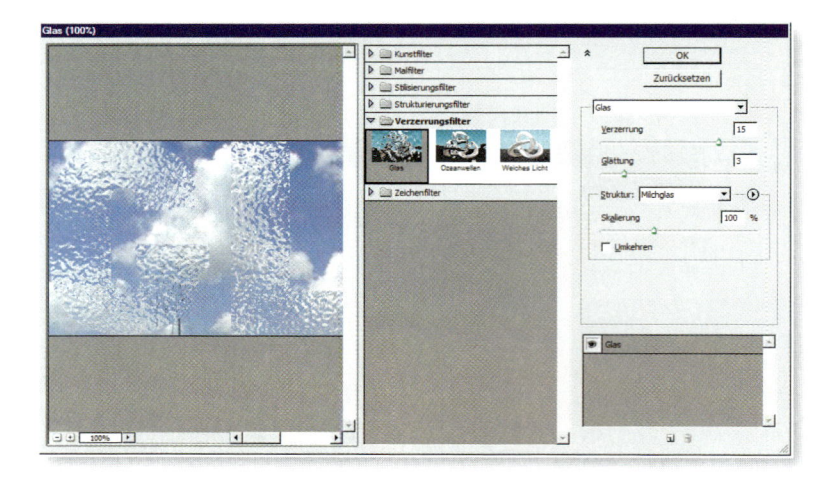

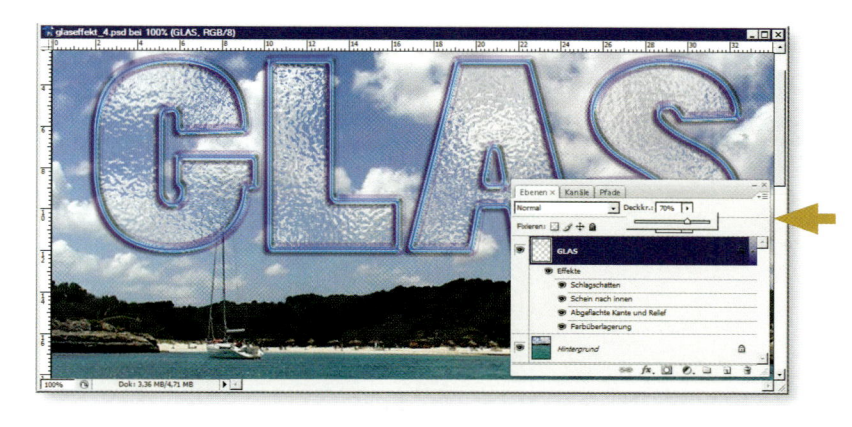

Schritt 5: Kontur transparent gestalten

Damit die grellblauen Konturen nicht so „knallen", schwächen Sie diese durch eine Verringerung der Deckkraft ab. Dazu markieren Sie in der Ebenenpalette erneut die Ebene GLAS und geben in das Feld DECKKR.: den Wert 70% ein. Zu guter Letzt entfernen Sie die Auswahl mit [Strg]+[D] (PC) bzw. [⌘]+[D] (Mac).

Schritt 6: Bild finalisieren

Das Wort „KLAR" am unteren Rand des fiktiven Werbeposters entstand auf dieselbe Weise wie zuvor das Wort „GLAS". Als Ebenenstil in den Fülloptionen wurde jedoch der Stil GESPRÜHTE SCHABLONE aus dem Stilset **Texteffekte** verwendet. Darüber hinaus haben wir den Buchstabenflächen noch eine FARBÜBERLAGERUNG mit Schwarz und einer DECKKRAFT von 20% spendiert. Die Datei im finalen Stadium finden Sie auf der DVD: »Glaseffekt_Final.psd«

Tipp
*Wenn Sie mit Textebenen arbeiten und Ihre PSD-Datei auf einem anderen Rechner oder einer anderen Plattform verwendet werden soll, verwenden Sie Schriften, die dort auch verfügbar sind: (1) Systemschriften wie Arial oder Times oder (2) liefern Sie den Font als Datei mit (nicht plattformübergreifend) oder (3) Rastern Sie die Textebene per **Ebene: Rastern: Text** (nicht mehr editierbar).*

Übungen zu Pfaden: Pfad per Auswahl

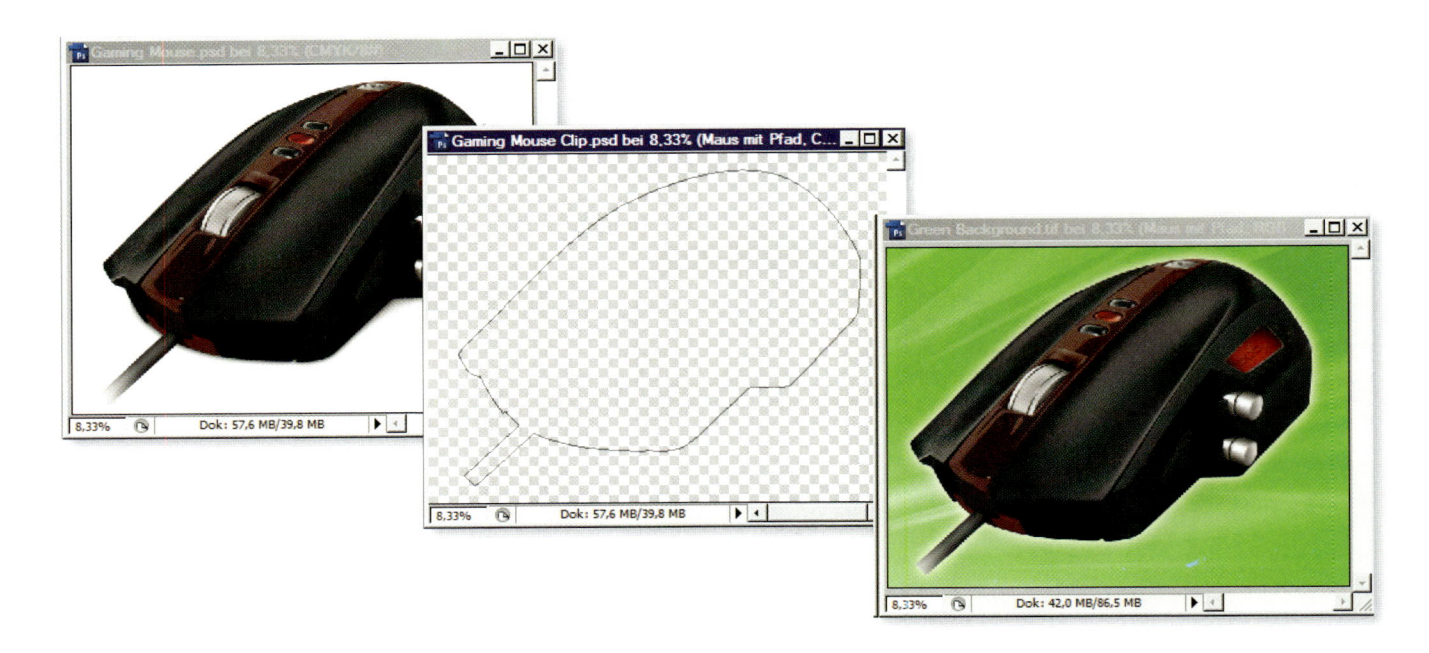

Übung 4: Präzise Pfade für die Weiterverarbeitung

Pfade sind ein absolut präzises und praktisches Werkzeug zum Freistellen von Bildelementen in Photoshop. Dabei wird eine Vektorkontur erzeugt, die das ausgewählte Objekt umschließt. Diese Kontur lässt sich als Vektormaske, zur Erstellung einer Auswahl oder zur Speicherung als Beschneidungspfad verwenden. Beschneidungspfade sind ein enorm wichtiges Hilfsmittel für Layouter, die Photoshop-Dateien in ihre Dokumente integrieren wollen.

Desktop Publishing-Programme wie Adobe InDesign oder QuarkXpress sind in der Lage, Pfade aus einer Photoshop-Datei auszulesen und diese als Konturen für Freistellungsmaßnahmen anzuwenden. Das Ergebnis ist eine präzise Freistellung des mit einem Pfad versehenen Objekts ohne Blitzer und „ausgefressene" Kanten. Besonders in der Produktfotografie kommt Pfaden eine große Bedeutung zu.

In der ersten Übung erzeugen Sie einen Pfad aus einer ganz normalen Auswahl und integrieren diesen in die PSD-Datei. In Übung 5 legen Sie selbst einen hoch präzisen Pfad mithilfe des Zeichenstift-Werkzeugs fest.

Infothek

einfach		komplex

Lernschritte:	Sie markieren ein Bildelement innerhalb einer PSD-Datei und verwandeln die Auswahl in einen Pfad. Anschließend geben Sie dem Pfad einen Namen und speichern ihn ab. Die Pfadinformation nutzen Sie dann in einer neuen Photoshop-Datei.
Aufwand:	Mittel
Übungsdateien:	Im DVD-Ordner »Übungen/Pfade/«: Gaming_Mouse.psd, Gaming_Mouse_Clip.psd, Green_Background.tif

Übung 4

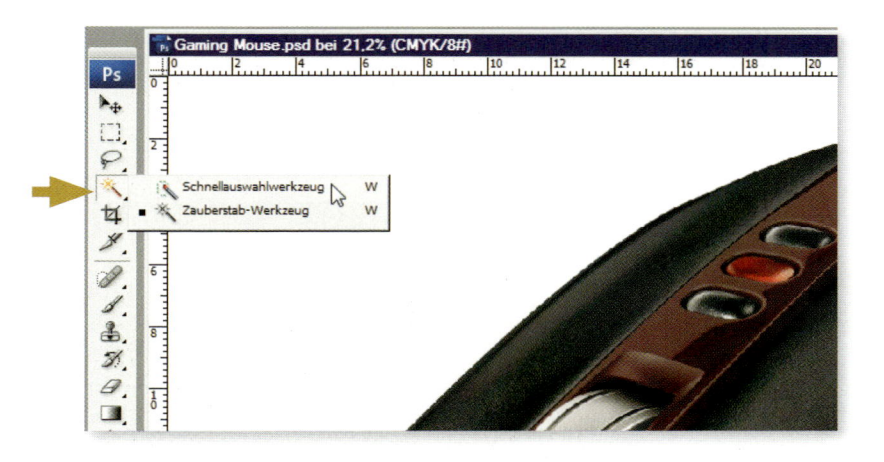

Schritt 1: Auswahl erstellen

Nachdem Sie die Übungsdatei »Gaming_Mouse.psd« geladen haben, aktivieren Sie das Werkzeug SCHNELLAUSWAHL.

Im Beispiel fungiert das Schnellauswahl-Werkzeug als eine Art digitale Mausefalle – mit wenigen Klicks fangen Sie die Computermaus in einer Auswahl ein. Dazu stellen Sie im Optionsmenü oben neben PINSEL eine Pinselgröße von 30 ein und setzen ein Häkchen neben AUTOMATISCH VERBESSERN. Nun platzieren Sie den Cursor innerhalb der Maus nahe des Rands, halten die linke Maustaste gedrückt und verfolgen die Kontur. Auf diese Weise markieren Sie die gesamte Maus inklusive Kabel und sparen den Hintergrund sowie den Schatten aus.

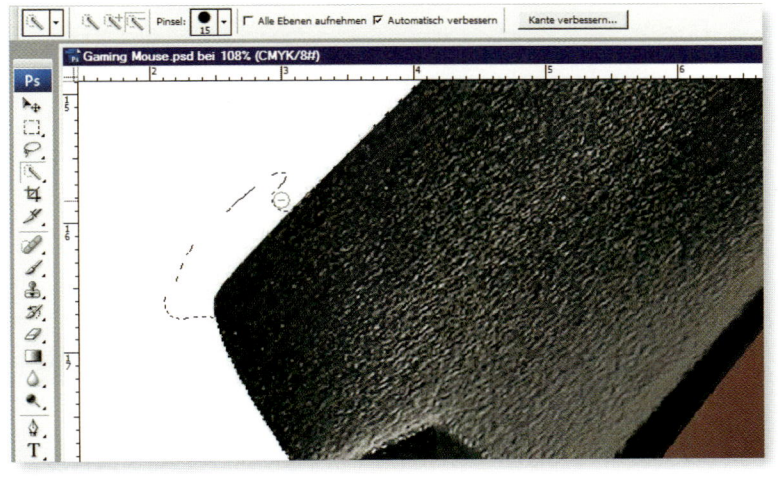

Tipp:
Sollte das Schnellauswahl-Werkzeug mal über das Ziel hinausschießen und einen weißen Bereich nahe der Kontur mit in die Auswahl übernehmen, gehen Sie vor wie folgt: Zoomen Sie den betreffenden Bereich ganz nah heran, reduzieren Sie die Pinselgröße auf einen Wert zwischen 10 und 20 und aktivieren Sie in der oberen Optionsleiste das Icon VON AUSWAHL SUBTRAHIEREN. Nun klicken Sie in den fehlerhaften Bereich, um die Auswahl wieder in Ordnung zu bringen.

243

Übungen zu Pfaden: Pfad per Auswahl

Schritt 2: Auswahl optimieren

Durch die Schnellauswahl entstehen gerne mal sogenannte Blitzer an den Objektkanten, die vor dunklem Hintergrund weiß aufleuchten. Um die Auswahl diesbezüglich zu optimieren, klicken Sie in der Einstellung auf KANTE VERBESSERN. Klicken Sie im Fenster ganz unten auf das Icon AUF SCHWARZ, damit Ihnen die freigestellte Maus vor einem schwarzen Hintergrund präsentiert wird. Dann verschieben Sie den untersten Regler VERKLEINERN/ERWEITERN so weit nach links, bis die hellen Säume rund um die Maus verschwunden sind.

Schritt 3: Pfad erstellen

Nun verwandeln Sie die optimierte Auswahl in einen Vektorpfad. Dazu klicken Sie in der Ebenenpalette auf die Registerzunge PFADE und im dazugehörigen Ausklappmenü auf den Befehl **Arbeitspfad erstellen**.

Im nun erscheinenden Dialog ARBEITSPFAD ERSTELLEN reduzieren Sie die TOLERANZ auf ein Pixel, damit die Vektorlinie so präzise wie möglich an die Auswahlkante angelehnt ist.

Nun taucht in der Palette der neu erstellte Arbeitspfad mit einer kleinen Vorschauminiatur auf, die auf einen Blick Aufschluss über die Form des Pfads gibt.

Um den Pfad zu benennen und zusammen mit der PSD-Datei zu speichern, wählen Sie im Palettenmenü die Option **Pfad speichern**.

Tipp:
Im internationalen Bildbearbeitungsjargon hat sich die Bezeichnung Clip für Beschneidungspfade etabliert. Dabei handelt es sich um die Abkürzung für Clipping Path (engl. Beschneidungspfad).

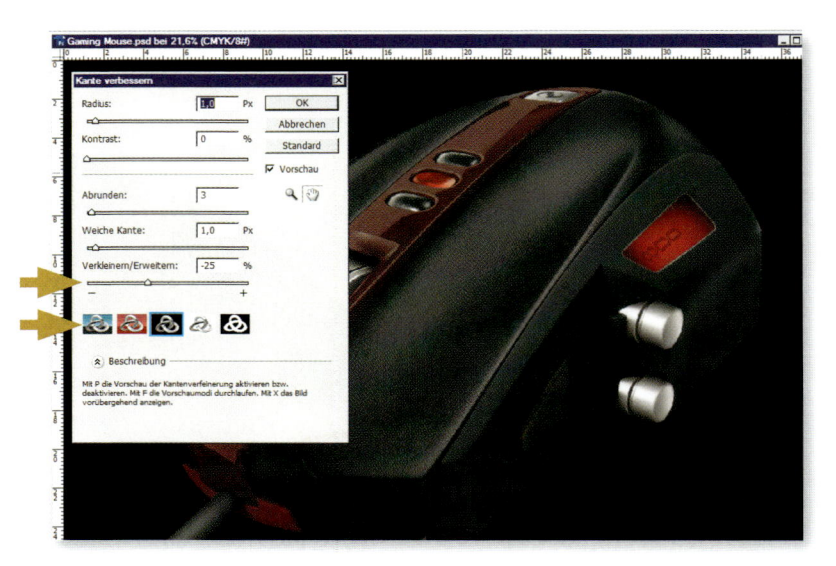

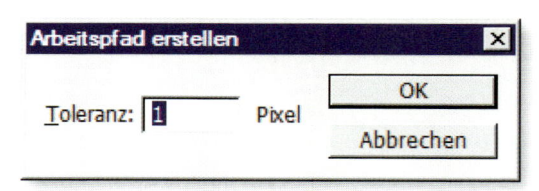

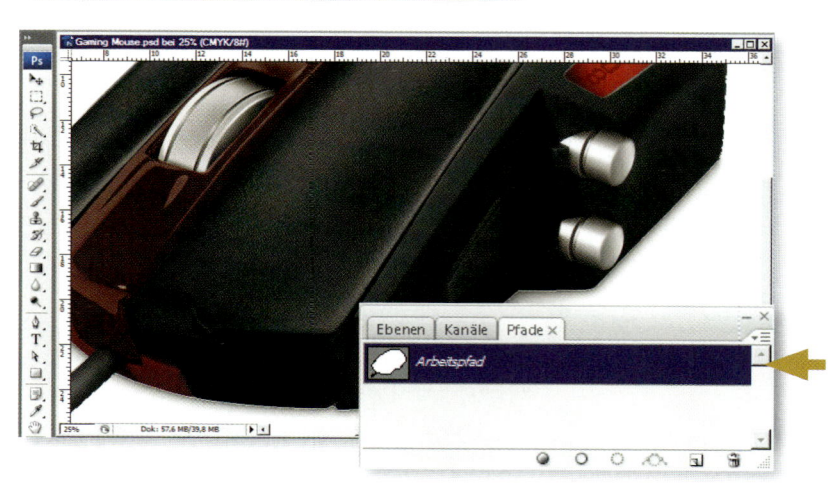

Übung 4

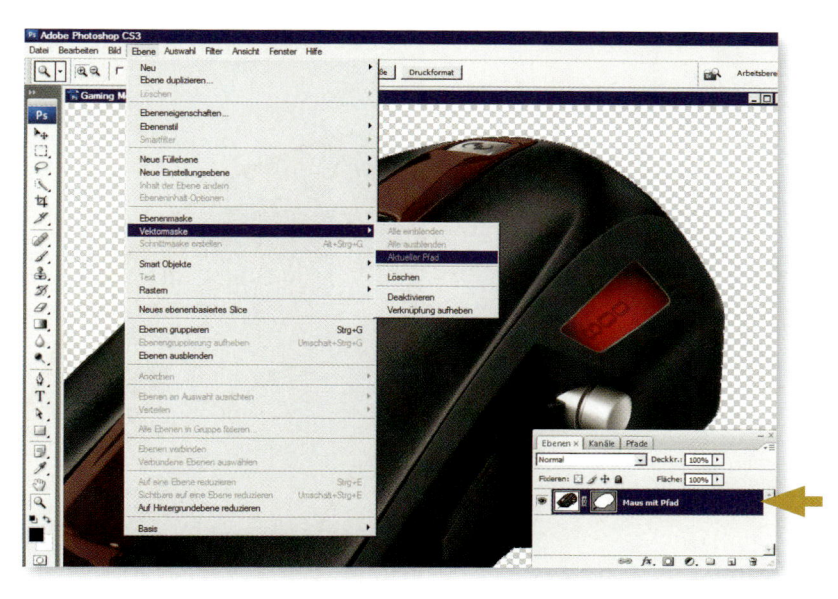

Schritt 4: Pfadinformationen in Photoshop nutzen

Öffnen Sie die Übungsdatei »Gaming_Mouse_Clip.psd« mit korrekt benannten Pfad- und Ebenenbezeichnungen. Wechseln Sie zur Palette PFADE und aktivieren Sie den Pfad CLIP durch einen Einzelklick. Im Menü **Ebene** klicken Sie auf **Vektormaske**, gefolgt von **Aktueller Pfad**. Wechseln Sie zurück zur Registerzunge EBENEN, wo Sie anhand des Symbols in der Ebene MAUS MIT PFAD die verkettete Vektormaske erkennen können.

Laden Sie nun die Hintergrundgrafik »Green_Background.tif«, die von den Bildabmessungen her schon an das Mausfoto angepasst wurde. Klicken Sie auf das Verschieben-Werkzeug (Taste V) und ziehen Sie die vektormaskierte Maus bei gedrückt gehaltener Maustaste aus ihrem Bildfenster heraus über das Fenster »Green_Background.tif«. Sobald Sie die Maustaste loslassen, erscheint die perfekt freigestellte Maus auf dem grünen Hintergrundbild.

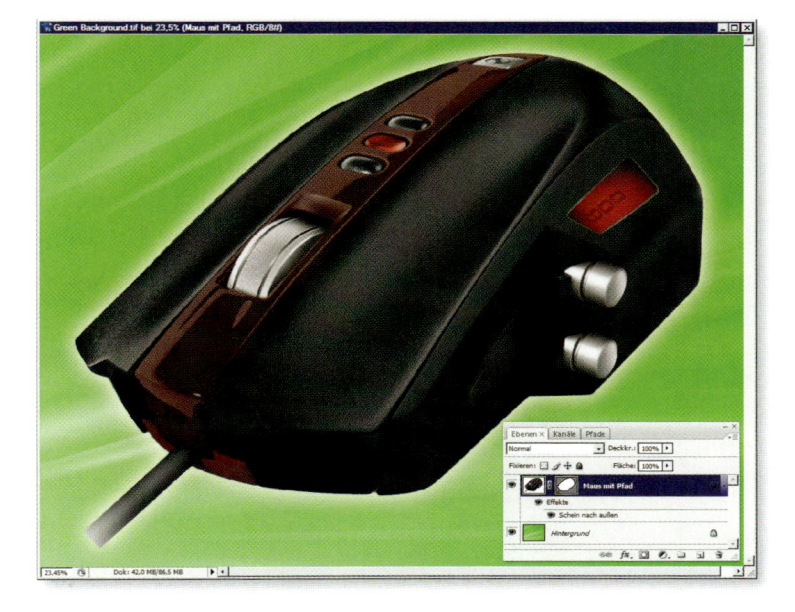

Tipp:
Wenn Sie die Pfad- beziehungsweise Vektormaskenkonturen ausblenden möchten, erreichen Sie dies mit der Tastenkombination Strg+H *(PC) bzw.* ⌘+H *(Mac).*

Auf die vektormaskierte Maus können Sie nun alle typischen Ebeneneffekte anwenden – in unserem Beispiel haben wir dem Motiv einen attraktiven SCHEIN NACH AUSSEN zugewiesen.

Übungen zu Pfaden: Bézier-Kurven

Übung 5: Digitales Kurvenlineal

Wer Wert auf maximale Präzision beim Anlegen von Pfaden legt, muss die Konturen mit dem vektorbasierten Beziér-Werkzeug von Photoshop bestimmen. Mit dem Zeichenstift und den Werkzeugen zum Hinzufügen und Umwandeln von Ankerpunkten gelingen Ihnen nicht nur ideale Freisteller, sondern auch jederzeit editierbare Konturen. Darüber hinaus weisen Beziér-Pfade je nach Verfahren wesentlich weniger Ankerpunkte auf als umgewandelte Auswahlen, wodurch die Abbildung und Weiterverarbeitung im Layoutprogramm und in der Druckvorstufe um ein Vielfaches präziser erfolgt.

Gerade in der Produktfotografie ist das Integrieren mehrerer alternativer Pfade durchaus sinnvoll – damit kann der Layouter bestimmte Bildteile nach seinen Wünschen in das Dokument integrieren. In unserem Beispiel legen wir in einem typischen Produktbild gleich drei verschiedene Pfade fest – zwei für die Produkte (Maus und Tastatur) sowie einen für Produkte plus Personen (ohne Hintergrund). Eine solche PSD-Datei verfügt über maximale Flexibilität bei der Weiterverarbeitung – Ihre Kunden werden es Ihnen danken!

Infothek	einfach				komplex
Lernschritte:	Sie lernen den grundlegenden Umgang mit Beziér-Kurven, wie man mit solchen Kurven eine Bildkontur umschließt, wie man Pfade nachträglich editiert und mehrere Pfade in eine PSD-Datei integriert.				
Aufwand:	Hoch				
Übungsdateien:	Im DVD-Ordner »Übungen/Pfade/«: Pfadformen.psd, Paar_Computer.psd, Paar_Computer_Pfade.psd				

Übung 5

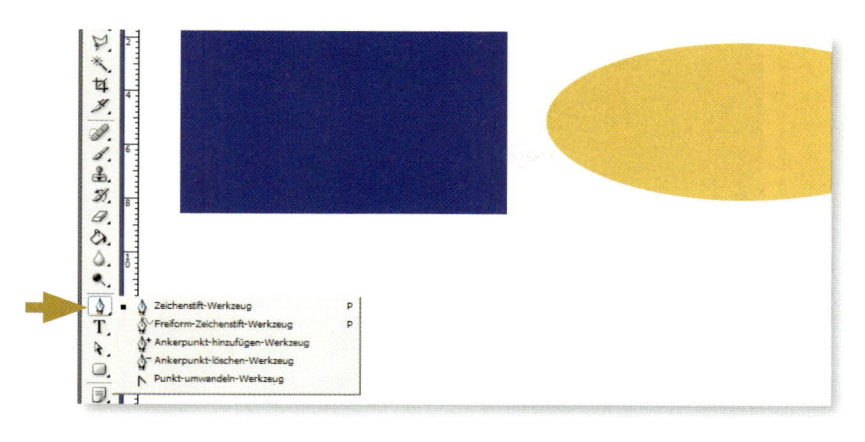

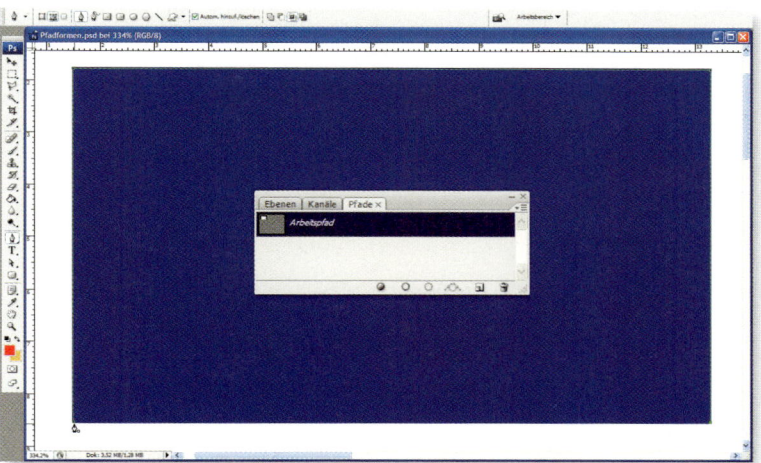

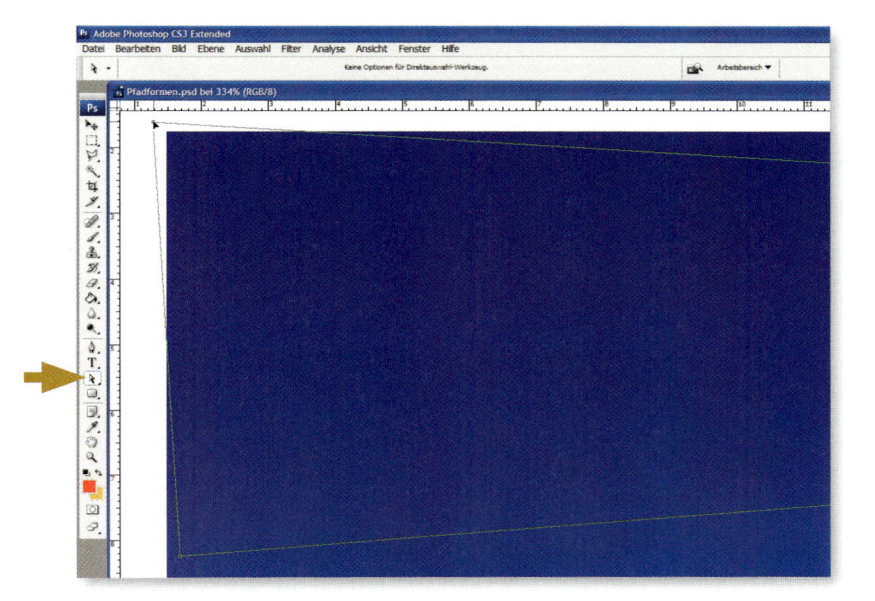

Schritt 1: Grundlegendes zu Beziér-Kurven

Mit dem Werkzeug Zeichenstift können Sie sowohl gerade Pfadlinien als auch beliebig geschwungene Kurven erzeugen. In beiden Fällen legen Sie per Mausklick einen Startpunkt und mit einem zweiten Klick einen Endpunkt für die Gerade/Kurve fest.

Die drei Grundformen in der Übungsdatei »Pfadformen.psd« eignen sich ideal für die ersten Schritte mit dem Zeichenstift.

Aktivieren Sie das Werkzeug Zeichenstift (Taste P) und klicken Sie einmal kurz auf den unteren linken Eckpunkt des blauen Rechtecks. Bewegen Sie den Cursor nach oben und klicken Sie ein zweites Mal am oberen linken Eckpunkt. Nachdem auch die beiden rechten Ecken auf dieselbe Weise markiert wurden, führen Sie den Mauszeiger zurück zum ersten Ankerpunkt, woraufhin ein kleiner Kreis am Cursor erscheint – wenn Sie nun klicken, wird der Pfad geschlossen.

In der Ebenenpalette erkennen Sie jetzt unter der Registerzunge PFADE einen neuen Arbeitspfad in der Form des Rechtecks.

Schritt 2: Ankerpunkte von Pfaden verschieben

„Wie unterscheidet sich diese Art der Auswahl denn nun von einer (wesentlich einfacheren) normalen Auswahl?" werden Sie sich nun sicher fragen. Neben der bereits erwähnten höheren Präzision und den Möglichkeiten zur Weiterverarbeitung sticht ein Vorteil von Pfadauswahlen besonders hervor: ihre Editierbarkeit. Aktivieren Sie das Werkzeug Direktauswahl mit der Taste A und klicken Sie auf eine beliebige Stelle in der Pfadkontur, um die Ankerpunkte sichtbar zu machen. Nun können Sie die vier Ankerpunkte des Arbeitspfads nach Belieben bei gedrückt gehaltener Maustaste verschieben – ideal zur Nachbearbeitung oder zur Feinjustierung.

Übungen zu Pfaden: Bézier-Kurven

Schritt 3: Kurven erzeugen

Wie Sie in Schritt 2 gesehen haben, erzeugen Sie mit einfachen Mausklicks Geraden zwischen den Ankerpunkten. Um Kurven zu zeichnen, müssen Sie bei der Erstellung der Ankerpunkte die Maustaste gedrückt halten und die Maus ein wenig nach oben oder unten ziehen, so dass zwei sogenannte Hantelpunkte sichtbar werden. Erzeugen Sie einen solchen Ankerpunkt direkt an der gedachten Mittellinie am linken Rand der gelben Ellipse.

An der gegenüberliegenden Seite der Ellipse fügen Sie nun ebenfalls einen Ankerpunkt mit zwei Hanteln hinzu. Daraufhin entsteht eine leicht gewellte Kurve zwischen den beiden Punkten. Drücken Sie die Taste [A] für das Direktauswahl-Werkzeug und platzieren Sie den Cursor in der Mitte zwischen den Ankerpunkten. Ziehen Sie die Kurve bei gedrückter Maustaste nach oben, so dass sie ungefähr dem oberen Konturverlauf der Ellipse folgt.

Tipp
Zwei Hilfslinien an den Mittelachsen der Ellipse helfen bei der Ausrichtung der Ankerpunkte: Blenden Sie dazu per [Strg]+[R] (PC) bzw. [⌘]+[R] (Mac) die Lineale ein und ziehen Sie die Hilfslinien mit gedrückter Maustaste daraus ins Bild.

Mit dieser groben Korrektur stimmt der Kurvenverlauf noch nicht exakt mit der Kontur der Ellipse überein. Deshalb justieren Sie nun durch Verschieben der Hantelpunkte bei gedrückt gehaltener Maustaste den Verlauf der Kurve. Indem Sie die beiden oberen Hanteln ein wenig nach unten und innen ziehen, schmiegen Sie den Pfad exakt an die Objektkontur an.

Tipp
*Pfade lassen sich ähnlich wie Auswahlen und Ebenen beliebig transformieren – sobald ein Pfad ausgewählt ist, stehen Ihnen im Menü **Bearbeiten** die Befehle unter **Pfad transformieren** zur Verfügung. Im Beispiel wurde der Pfad kopiert und mit dem Befehl **Bearbeiten**, **Pfad frei transformieren** nach unten gespiegelt, um die untere Hälfte der Ellipse zu umschließen.*

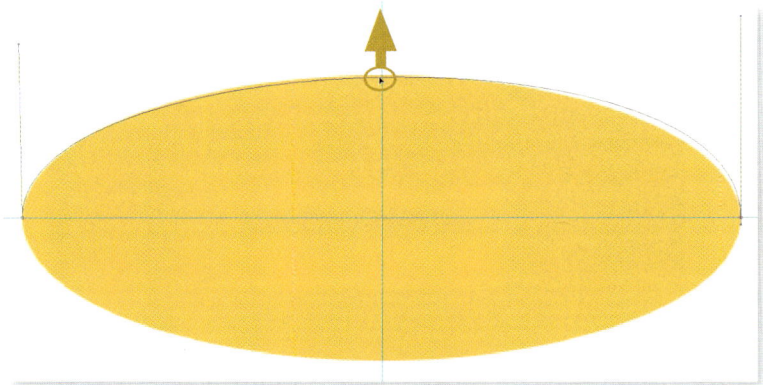

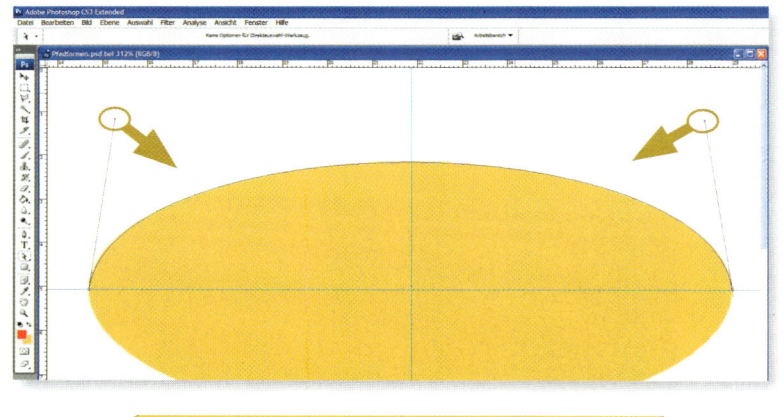

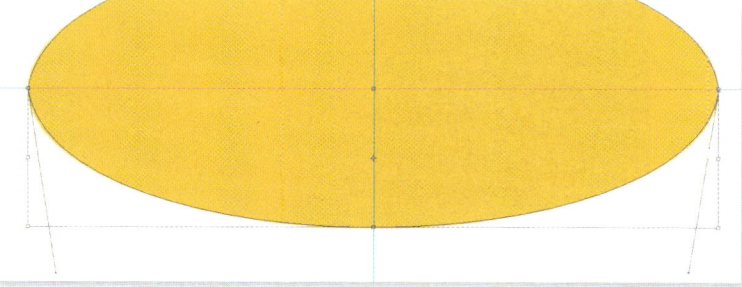

Übung 5

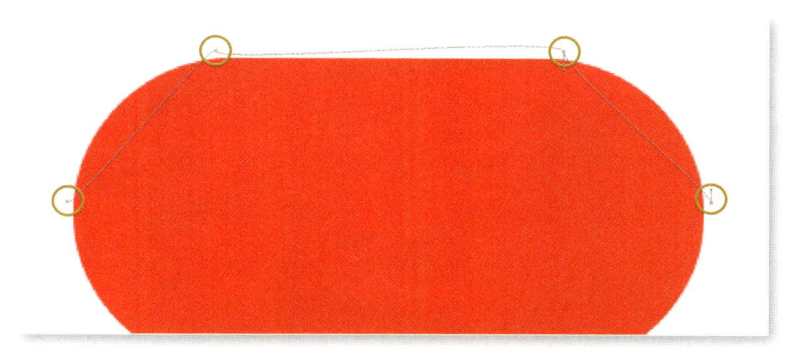

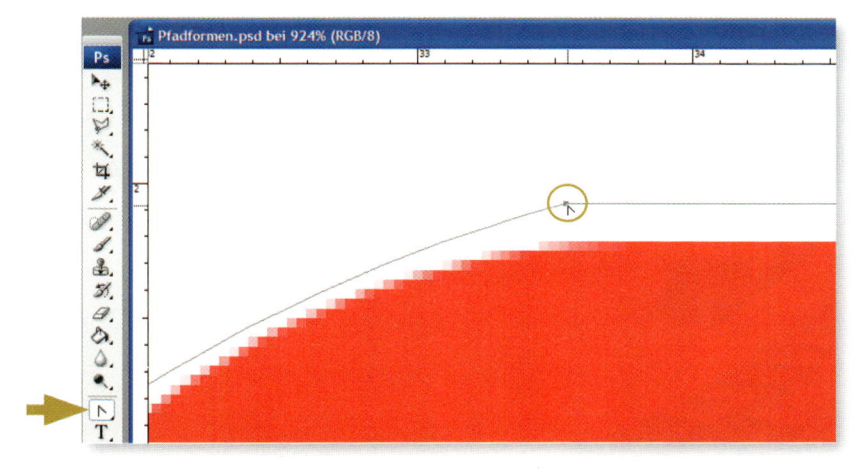

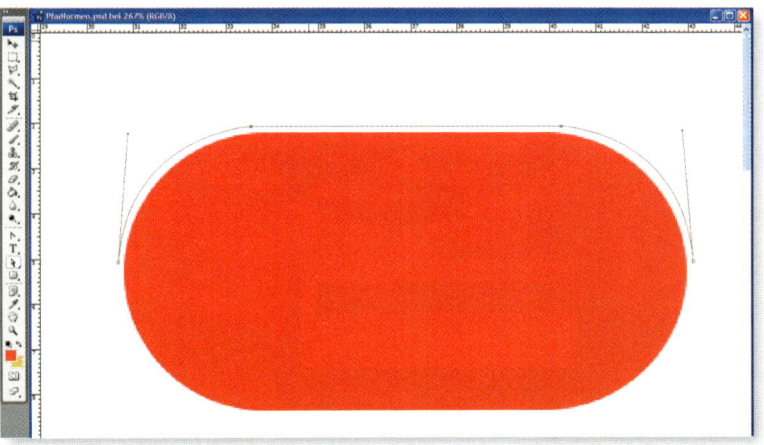

Schritt 4: Kurven und Geraden in einem Pfad kombinieren

Nun wird es knifflig – das Rechteck mit den abgerundeten Ecken soll von einer Kombination aus Geraden und Kurven umschlossen werden. Dazu erzeugen Sie zunächst einmal durch Klickziehen mit dem Werkzeug Zeichenstift ◊ an den im Bild links markierten Stellen vier Kurven-Ankerpunkte mit Hantelpunkten.

Anschließend wechseln Sie zum Werkzeug Direktauswahl ▸ und justieren mithilfe der Hantelpunkte der beiden unteren Ankerpunkte den linken und rechten Kurvenverlauf.

Nun stehen Sie vor dem Problem, dass die obere Kurve eigentlich eine Gerade sein sollte – ein Problem, das in der Praxis beim Nachfahren verschiedener Konturen häufig auftritt. Doch mit dem Punkt-umwandeln-Werkzeug ▸, das sich ganz unten im Ausklappmenü des Zeichenstift-Werkzeug befindet, bekommen Sie die Problematik in den Griff – ein Klick mit diesem Werkzeug auf einen Kurven-Ankerpunkt verwandelt diesen in den Ankerpunkt einer Geraden. Führen Sie diese Operation an den beiden oberen Ankerpunkten durch.

Durch das Verwandeln der oberen Ankerpunkte in eine Gerade haben sich die Rundungen der äußeren Pfadkonturen etwas verändert. Nutzen Sie die Hantelpunkte, um den Kurvenverlauf nachzujustieren.

Tipp
Wenn Sie zu Beginn noch Schwierigkeiten mit dem Anpassen von Kurven per Hantelpunkt haben, nicht verzagen! Die abstrakte Methodik erfordert einiges an Übung. Mit der Zeit werden Ihnen die Kurvenkorrekturen jedoch in Fleisch und Blut übergehen und Sie werden selbst komplexe Pfade in Sekunden justieren.

Übungen zu Pfaden: Bézier-Kurven

Schritt 5: Ein Produktfoto per Pfad freistellen

Nach so viel Theorie geht es nun in die bunte Praxis. Ihre Aufgabe: ein Produktfoto von Menschen und Hardware-Teilen mit diversen Pfaden für den nachfolgenden Einsatz im Layoutprogramm versehen. Laden Sie die Übungsdatei »Paar_Computer.psd« und zoomen Sie die Tastatur rechts unten ganz nah heran.

Klicken Sie in der Ebenenpalette auf die Registerkarte PFADE und wählen Sie im Palettenmenü den Befehl **Neuer Pfad**. Verleihen Sie dem Pfad den Namen TASTATUR und setzen Sie an der rechten Unterkante der Tastatur per Klickziehen mit dem Zeichenstift-Werkzeug den Kurven-Ankerpunkt Nr. 1 (siehe Ziffer im Bild rechts). Nachdem Punkt 2 gesetzt ist, lässt sich die leichte Krümmung der Kurve problemlos mit den Hantelpunkten der Ankerpunkte 1+2 justieren. Gleiches gilt für die Kurve zwischen Punkt 2 und 3.

Wenn Sie bei Punkt 6 angelangt sind, wandeln Sie den Ankerpunkt per Punkt-umwandeln-Werkzeug in eine Gerade um. Da die Punkte 7 bis 10 durch gerade Linien miteinander verbunden sind, genügt beim Setzen der Ankerpunkte ein einfacher Mausklick ohne Ziehen und Erzeugen von Hantelpunkten.

Tipp
Grundsätzlich gilt: Wenn sich die Richtung einer Kurve stark ändert, muss ein neuer Ankerpunkt gesetzt werden.

Punkt 11 beschreibt wieder eine Kurve, also ist wieder Klickziehen und Hanteljustage angesagt. Setzen Sie nach Punkt 12 noch einen letzten Punkt kurz vor Punkt 1, damit die finale Rundung gelingt. Dann führen Sie den Cursor über Punkt 1, worauf er sich in das Symbol verwandelt und der Pfad mit einem letzten Mausklick geschlossen wird.

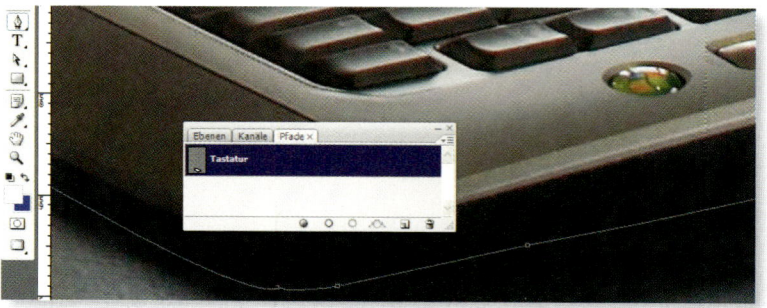

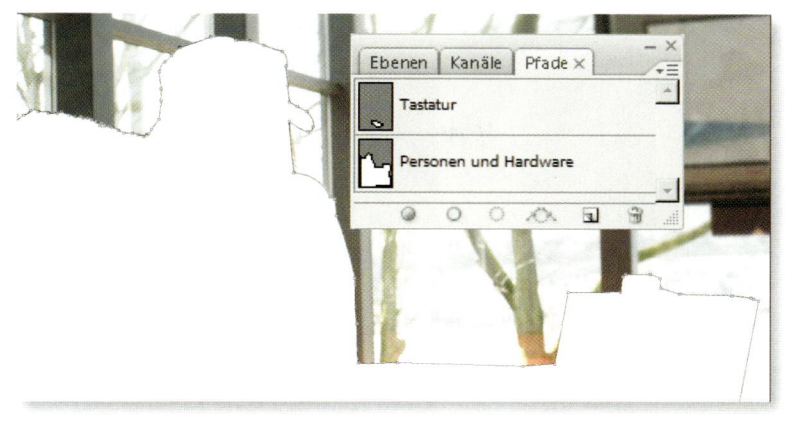

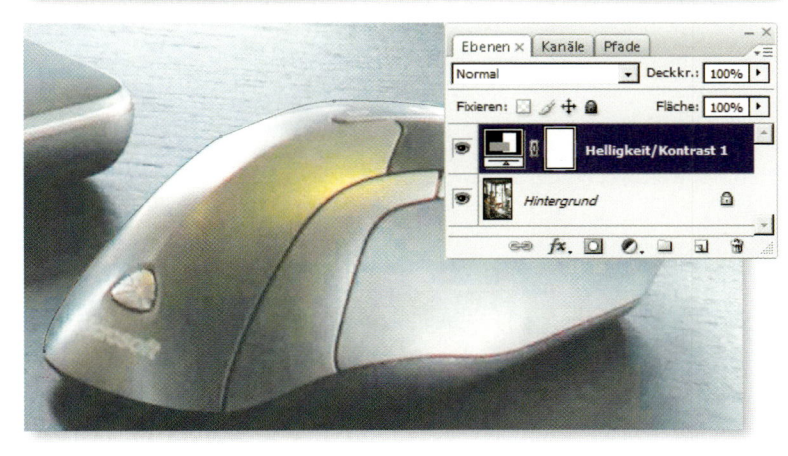

Schritt 6: Personen im Bild per Pfad freistellen

Nachdem die Tastatur vollendet ist, erzeugen Sie einen neuen Pfad mit der Bezeichnung PERSONEN UND HARDWARE. Den wuscheligen Haaren des jungen Mannes im Bild ganz links folgen Sie durch kurz hintereinander gesetzte Geraden-Ankerpunkte. Im Bild links haben wir zur besseren Übersicht die Pfadfläche mit der Vordergrundfarbe (Weiß) gefüllt. Dies bewerkstelligen Sie mit einem Klick auf ● in der Pfadpalette ganz unten.

Achten Sie stets darauf, dass die Pfadkonturen ein wenig innerhalb der freizustellenden Objekte verlaufen, um später Blitzer durch „mitgenommene" Hintergrundpixel zu vermeiden. Während für die Konturen der Frau ausschließlich Kurven eingesetzt wurden, kamen beim Sofa und beim Monitor auch Geraden zum Einsatz.

Schritt 7: Maus freistellen mithilfe einer Korrekturebene

Bei der Maus tritt ein Problem auf: Die Unterseite driftet in die Schatten ab und ist deshalb nur zu erahnen. Ziehen Sie deshalb in der Ebenenpalette eine Korrekturebene für **Helligkeit und Kontrast** ein, die Sie über das Symbol ● erhalten. Erhöhen Sie beide Werte auf über 70 Prozent und schon lässt sich der Pfad rund um die Mauskonturen wesentlich leichter erstellen. Nach getaner Arbeit entfernen Sie die Korrekturebene per Rechtsklick in der Palette und **Ebene löschen**.

Nun verfügt das Produktfoto über alle erforderlichen Pfade für die Einbindung in Werbebroschüren, Poster, Datenblätter etc. Links sehen Sie die direkt in InDesign eingebundenen Freisteller aus der Übungsdatei »Paar_Computer_Pfade.psd«.

Die Pfade werden automatisch zusammen mit der PSD-Datei gespeichert und stehen im Layoutprogramm auf Abruf zur Verfügung!

Übungen zu Schwarzweiß

Übung 6: Von Farbe zu Schwarzweiß

Wer in der grauen Bildbearbeitungsvorzeit (also vor dem Erscheinungstermin von Photoshop CS3) Farbbilder in hochwertige Schwarzweißaufnahmen konvertieren wollte, musste sich mühsam durch Ebenenmenüs, Kanalmixer, Bildmultiplikationen und viele weitere Arbeitsschritte quälen.

Mit CS3 haben die Entwickler die Freunde der simulierten Schwarzweißfotografie endlich ernst genommen und einen komfortablen Dialog eingebaut, der herausragende Ergebnisse liefert.

Der Dialog SCHWARZWEISS bietet nicht nur eine hervorragend funktionierende Automatikfunktion, sondern auch Regler für die Grauwertgewichtung jeder einzelnen Farbnuance sowie die Möglichkeit, Schwarzweißbilder mit wenigen Mausklicks nach Belieben zu tonen. Und mit einigen Klicks mehr zaubern Sie atemberaubende Kompositionen aus Schwarzweißbildern mit farbigen Akzenten.

Infothek

	einfach ———————————————————— komplex
Lernschritte:	Sie konvertieren ein Farbbild mithilfe des Graustufenmodus in ein Graustufenbild, lassen alternativ den Schwarzweißdialog eine automatische Graustufenwandlung vornehmen, arbeiten mit vordefinierten Schwarzweißfiltern, regulieren die Graustufengewichtung einzelner Farbtöne im Bild manuell und setzen zum Schluss einen farbigen Akzent in einem Schwarzweißbild.
Aufwand:	Gering
Übungsdateien:	Im DVD-Ordner »Übungen/Schwarzweiss/«: SW_Gemuese.jpg, SW_Tomate.psd, SW_Tomate_Rot.psd

Übung 6

Schritt 1: Quick & Dirty-Konvertierung in Graustufen

Der schnellste und einfachste Weg, ein Farbbild in eine Schwarzweißaufnahme zu verwandeln, ist die direkte Änderung des **Modus** im Menü **Bild**. Laden Sie die Übungsdatei »SW_Gemuese.psd« und wählen Sie **Bild**, **Modus**, **Graustufen**. Im folgenden Warnhinweis werden Sie schon einmal auf den wesentlich leistungsstärkeren Dialog SCHWARZWEISS aufmerksam gemacht, doch vorerst ignorieren Sie das und bestätigen mit einem Klick auf LÖSCHEN. Die Farbinformationen werden verworfen und ein in Sachen Kontrast und Tiefe sehr neutrales Graustufenbild erscheint auf dem Monitor.

Schritt 2: Automatische Konvertierung im Schwarzweißdialog

Wesentlich ausgewogenere Ergebnisse als mit der Graustufenkonvertierung erzielen Sie mit der neuen Schwarzweißfunktion von Photoshop. Machen Sie die Konvertierung mit der Tastenkombination [Strg]+[Z] (PC) bzw. [⌘]+[Z] (Mac) ungeschehen und klicken Sie in der Ebenenpalette ganz unten auf das Symbol ⬤, um eine neue Einstellungsebene zu erzeugen. Im Pulldown-Menü klicken Sie auf **Schwarzweiß**.

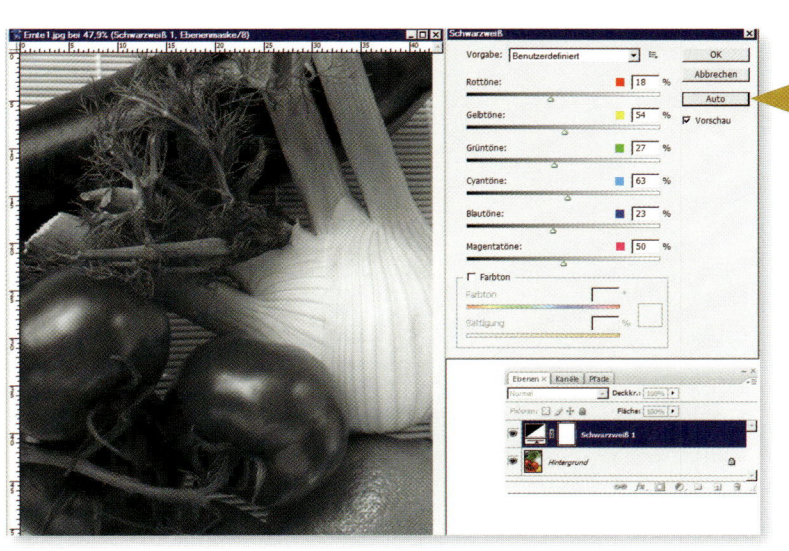

Im nun erscheinenden Dialogfenster SCHWARZWEISS klicken Sie auf die Schaltfläche AUTO und schon errechnet Photoshop die passenden Gewichtungen der Grundfarben im Graustufenspektrum. Wenn Sie das Ergebnis direkt mit dem obersten Graustufenbild auf dieser Seite vergleichen, werden Sie erkennen, dass die Kontraste nun viel höher und damit die Tiefen wesentlich satter ausfallen – das ganze Bild wirkt nicht mehr so fahl und kommt schon näher an das Ideal einer ansprechenden Schwarzweißaufnahme.

Übung 6 • Von Farbe zu Schwarzweiß

253

Übungen zu Schwarzweiß

Schritt 3: Vordefinierte Schwarzweißfilter verwenden

Öffnen Sie das Pulldown-Menü VORGABE und probieren Sie die verschiedenen vordefinierten Filtervariationen aus. Mit diesen Filtern lassen sich interessante Verfremdungseffekte erzielen – zum Beispiel ein extrem kontrastreiches Bild mit der Einstellung BLAU-FILTER MIT HOHEM KONTRAST oder ein fast schon surreal wirkendes, milchig-weißes Ergebnis mit der Einstellung MAXIMALES WEISS.

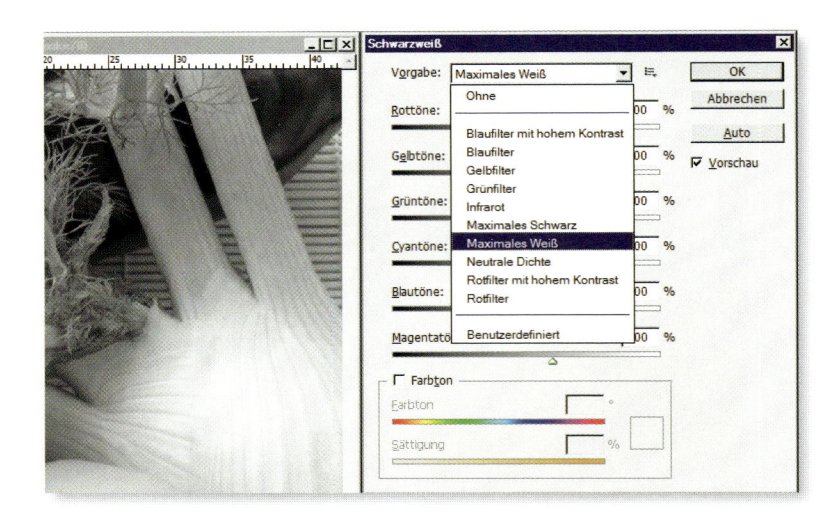

Schritt 4: Farbgewichtung selbst ausbalancieren

Setzen Sie die VORGABE auf OHNE zurück und bewegen Sie den Mauscursor aus dem Dialogfenster heraus über das Bild. Der Cursor verwandelt sich in eine Pipette, die das herausragendste Werkzeug im Schwarzweißdialog darstellt. Denn damit können Sie sämtliche Schattierungen im Bild ohne Umweg über die einzelnen Schieberegler direkt variieren!

Verschieben Sie den Pipetten-Cursor über eine der Tomaten und klicken Sie einmal – schon wird im Schwarzweißdialog der Schieberegler für die ROTTÖNE aktiv. Ein Klick auf die Zitrone rechts unten und der Regler für die GELBTÖNE tritt in Aktion.

Wenn Sie nun die Maustaste gedrückt halten und die Maus nach rechts verschieben, verstärken Sie die Gewichtung des aktuellen Farbtons im Bild. Eine Bewegung der Maus nach rechts schwächt die Gewichtung ab, wodurch der entsprechende Farbton dunkler erscheint. Auf diese Weise können Sie durch einfaches Klickziehen in den relevanten Farbereichen alle Grauwerte in Ihrem Bild blitzschnell nach eigenem Gusto einstellen, ausbalancieren und variieren, bis Ihnen das Gesamtergebnis zusagt.

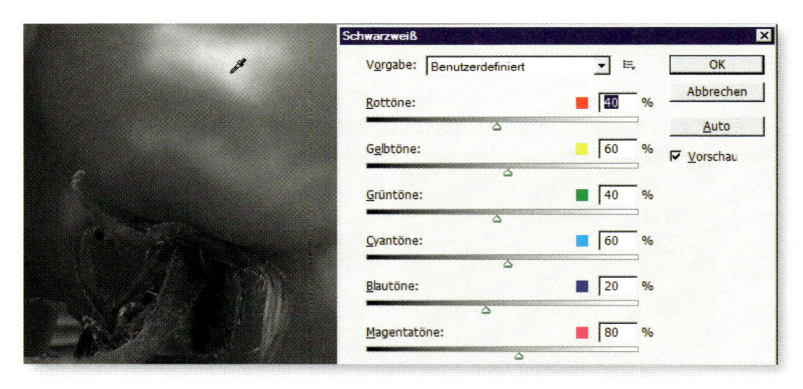

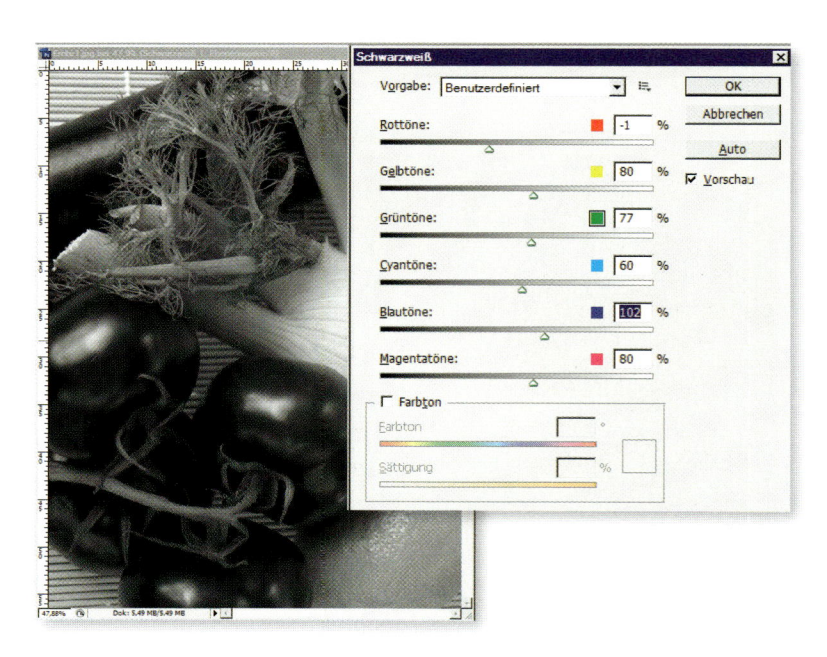

254

Übung 6

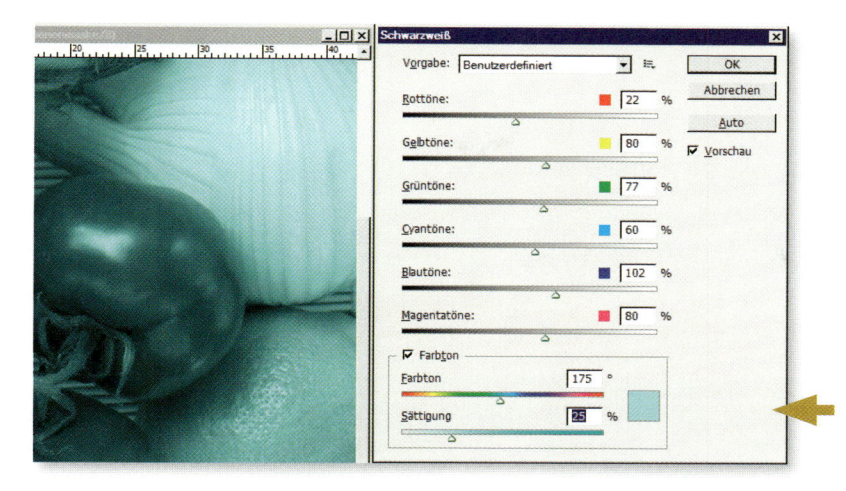

Schritt 5: Getontes Schwarzweiß erzeugen

Nachdem die idealen Kontrastwerte für die einzelnen Farben eingestellt sind, können Sie der Aufnahme noch eine Farbtönung verleihen – im Fachjargon „Getontes Schwarzweiß" genannt. Aktivieren Sie dazu das Häkchen neben FARBTON und wählen Sie mit dem gleichnamigen Regler die gewünschte Farbnuance aus. Mit dem Regler SÄTTIGUNG variieren Sie die Stärke des Tonungseffekts. Im Beispiel haben wir mit einem FARBTON von 175 Grad und einer SÄTTIGUNG von 25% die ganze Szenerie in ein kühles Grünblau getaucht.

Schritt 6: Farbliche Akzente in Schwarzweißaufnahmen setzen

Für einen ganz besonderen Aha-Effekt sorgen einzelne farbige Tupfer in Schwarzweißbildern – typische Beispiele sind die vollen, roten Lippen einer Frau, das grüne Licht einer Ampel oder, wie hier im Beispiel, eine einzelne Tomate, die aus dem schwarzweißen Hintergrund hervorsticht.

Zunächst laden Sie das Originalbild, zoomen die Tomate ganz nah heran und erstellen mit dem Schnellauswahl-Werkzeug eine grobe Auswahl der betreffenden Tomate. Wählen Sie eine recht kleine Pinselgröße von 10 bis 15 und fahren Sie dicht an den Konturen der Tomate entlang. Blätter und Stengel werden mit dem Zauberstab bei einer Toleranz von rund 40 von der Auswahl abgezogen. Die Ausgangsdatei mit Auswahl finden Sie auf der DVD im Ordner »Schwarzweiss« als »SW_Tomate.psd«, das Resultat als »SW_Tomate_Rot.psd«.

Sobald die Auswahl steht, wählen Sie **Auswahl, Umkehren** und aktivieren in der Ebenenpalette wie zuvor beschrieben die Einstellungsebene **Schwarzweiß**. Nun wirkt sich der Schwarzweißfilter ausschließlich auf die von der Auswahl erfassten Bereiche rund um die Tomate aus, wobei die Originalfarbe der Frucht unangetastet bleibt.

Übungen zu Panoramabildern

Übung 7: Zauberhafter Rundblick — Panoramabilder

Selbst mit dem stärksten Weitwinkelobjektiv bleibt der Blickwinkel einer Kamera auf einen relativ kleinen, frontalen Bereich beschränkt. Landschaften, die sich in die Breite ausdehnen und die wir in ihrer ganzen Pracht erfassen, indem wir unseren Blick schweifen lassen, kann ein Kameraobjektiv nur in kleinen Ausschnitten aufzeichnen. Um das große Ganze auf ein einziges Foto zu bannen, greifen Sie ganz einfach auf die Panoramafunktion von Photoshop zurück.

Aus zwei, drei, vier oder mehr einzelnen Fotos aus verschiedenen Blickwinkeln montiert Photoshop mit der Funktion **Photomerge** ein beeindruckendes Panorama im Cinemascope-Format.

Dazu müssen Sie Photoshop lediglich mit dem nötigen Ausgangsmaterial füttern und einige wenige Mausklicks durchführen, und schon wird die korrekte Montage der Bilder vollautomatisch für Sie erledigt. Wer selbst Hand anlegen will, kann natürlich auch die Einzelbilder eines Panoramas manuell anstückeln und ausrichten.

Infothek	einfach		komplex
Lernschritte:	Sie erfahren Tipps und Kniffe für die korrekte Aufnahme von Panoramabildern und lernen die verschiedenen Montageoptionen des Dialogs Photomerge kennen. Darüber hinaus erfahren Sie, wie Sie Panoramen nachbearbeiten und mit einem kostenlosen Miniprogramm in QuickTime VR-Dateien umwandeln.		
Aufwand:	Gering		
Übungsdateien:	Im DVD-Ordner »Übungen/Panorama/«: Pano_01.jpg, Pano_02.jpg, Pano_03.jpg, 01.jpg bis 09.jpg		

Vorbereitungen und Aufnahme

Schritt 1: Einzelbilder für die Panoramaaufnahme anfertigen

Vom prächtigen Naturwunder über den historischen Stadtkern Ihrer Heimatstadt bis hin zu den eigenen vier Wänden — potenzielle Motive für Panoramaaufnahmen gibt es wie Sand am Meer. Sobald Sie das Motiv Ihrer Wahl gefunden haben, packen Sie die Digitalkamera aus und montieren sie am besten auf einem standfesten Stativ mit leichtgängigem Drehgelenk an der Oberseite. — Wir empfehlen diese Vorgehensweise trotz der leistungsstarken Funktionen zur Perspektivenkorrektur von Photomerge.

Achten Sie darauf, dass störende Einflüsse wie direktes Sonnenlicht, kreuzende Passanten oder vorüberziehende Wolken auf ein Minimum reduziert sind. Es ist von größter Wichtigkeit, dass jedes einzelne Bild gleichmäßig ausgeleuchtet ist und über möglichst ähnliche Farbwerte verfügt. Dadurch sparen Sie sich viel Zeit bei der Korrektur in Photoshop.

Wenn Licht- und Umgebungsverhältnisse zufriedenstellend sind, knipsen Sie die gewünschte Anzahl von Fotos. Ein typisches Weitwinkelmotiv lässt sich in der Regel auf drei Fotos bannen. Für 360-Grad-Panoramen benötigen Sie dagegen acht bis zehn Aufnahmen, wobei Sie den Aufnahmewinkel nach jedem Foto um 30 bis 40 Grad justieren müssen.

Achten Sie beim Blick durch den Sucher darauf, dass sich die Motive an den Rändern deutlich überlagern – nur so kann Photoshop die Einzelbilder später korrekt zusammenfügen. Um den Korrekturaufwand bei der Bildbearbeitung niedrig zu halten, sollen Sie von jeder Einstellung zwei bis drei Aufnahmen anfertigen. Dadurch genießen Sie hinterher die Freiheit, die farblich am besten zueinanderpassenden Aufnahmen auswählen zu können.

Eine weitere große Hilfe für das spätere Montieren sind deutlich erkennbare Bilddetails in den Überlappungsbereichen. Gebäude, Bäume, Objektkanten – jede Bildinformation, die sich später eindeutig auf beiden Fotos zuordnen lässt, wird Ihnen viel Arbeit ersparen und für ein professionelles Endergebnis sorgen.

Übungen zu Panoramabildern

Schritt 2: Panoramaerstellung mit Photomerge vorbereiten

In Photoshop CS3 wurde die aus den Vorgängerversionen bekannte Funktion **Photomerge** erheblich erweitert und verbessert – Photomerge übernimmt nicht nur das perfekte Aneinanderfügen der einzelnen Bilder (Fachbegriff: Stiching) für Sie, sondern passt die einzelnen Bilder auch noch in Farbe und Helligkeit an.

Den Photomerge-Dialog öffnen Sie mit **Datei, Automatisieren, Photomerge…**

Schritt 3: Dateien auswählen

Nun erscheint der Dialog PHOTOMERGE, in dessen Zentrum sich das Auswahlfeld für die Einzelbilder des Panoramas befindet. Klicken Sie auf die Schaltfläche DURCHSUCHEN und wählen Sie die gewünschten Dateien bei gedrückt gehaltener Taste `Strg` (PC) bzw. `⌘` (Mac) gemeinsam aus. Bestätigen Sie Ihre Auswahl mit OK. Die Quelldateien für unser Beispielpanorama finden Sie auf der Buch-DVD im Ordner »Übungen/Panorama«: »Pano_01.jpg«, »Pano_02.jpg« und »Pano_03.jpg«.

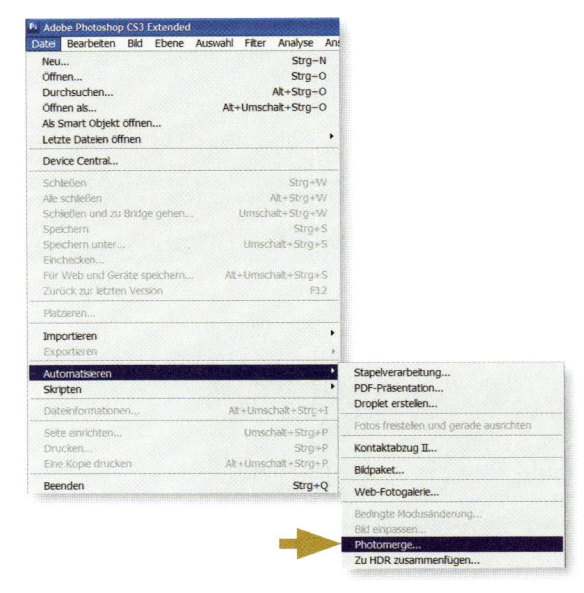

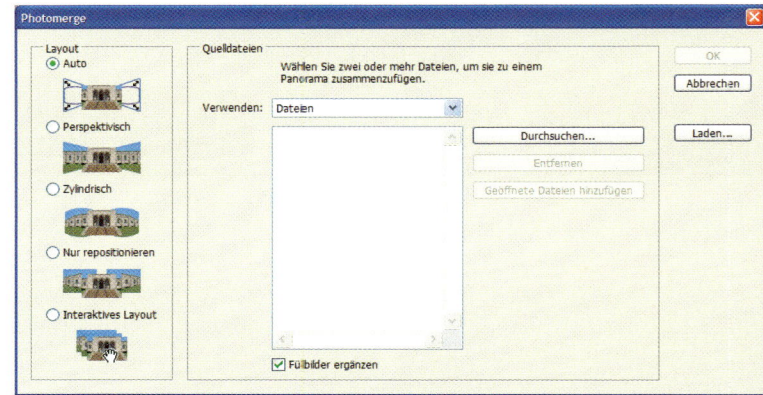

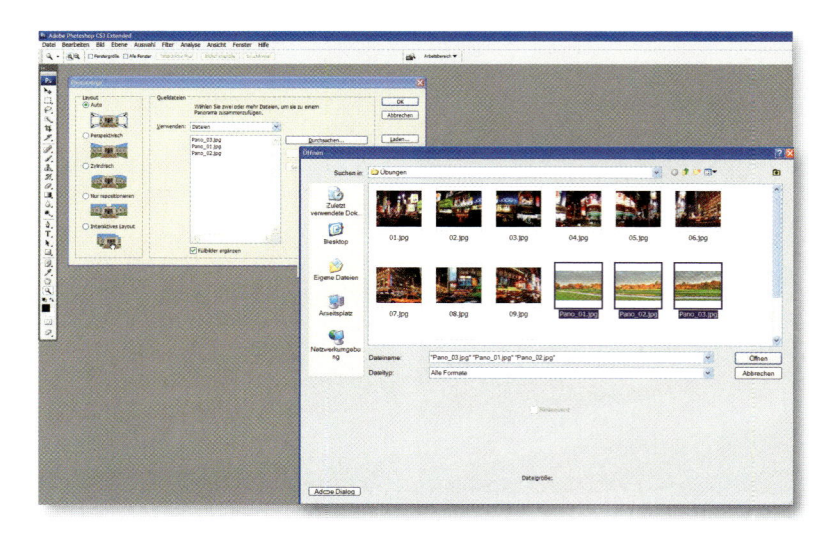

Tipp:
Indem Sie im Pulldown-Menü VERWENDEN die Option ORDNER auswählen, können Sie direkt den gesamten Inhalt eines Ordners als Quelldateien für Ihr Panorama auswählen.

Stitching mit Photomerge

Schritt 4: Richtiges Panoramalayout auswählen

Photomerge bietet in der Spalte LAYOUT fünf verschiedene Vorgehensweisen für die Montage der Einzelbilder.

➤ AUTO: Photomerge versucht, das jeweils ideale Montagelayout nach Analyse der Quelldateien automatisch anzuwenden.

➤ PERSPEKTIVISCH: Das Panorama wird zu den Rändern hin perspektivisch korrigiert. Dramatischer Bildeindruck, jedoch können je nach Vorlage sehr starke Verzerrungen an den äußersten Bildrändern sowie große Leerflächen zur Bildmitte hin auftreten.

➤ ZYLINDRISCH: Das Panorama wird auf die Innenseite eines virtuellen Zylinders projiziert. Sehr homogener Bildeindruck ohne sichtbare Verzerrungen; gleichmäßig verteilte Leerflächen.

➤ NUR REPOSITIONIEREN: Das Panorama wird nicht verzerrt, sondern lediglich an den Schnittkanten aneinandergereiht. Keine Verzerrungen; Leerflächen je nach Differenz der Quellbilder.

➤ INTERAKTIVES LAYOUT: Der Anwender kann die Positionierung und die Verzerrung der Quellbilder selbst bestimmen.

Sobald Sie sich für eine Layoutvariante entschieden haben, bestätigen Sie mit OK. Nun müssen Sie ein wenig Geduld mitbringen – die Analyse, der Abgleich und die Ausrichtung der einzelnen Ausgangsbilder nimmt einige Zeit in Anspruch. Selbst wenn Sie über einen schnellen PC mit ausreichend Prozessorleistung und RAM verfügen, kann die Prozedur eine Minute und länger dauern.

Nach den Berechnungen präsentiert Ihnen Photomerge die fertige Datei als »Unbenanntes_Panorama1«. Nun können Sie entweder das Bild mit **Datei, Speichern** auf die Festplatte sichern oder zur Nachbearbeitung des Panoramas schreiten.

Übungen zu Panoramabildern

Schritt 5: Panoramabild manuell zusammensetzen

Hat Photomerge die Quellbilder korrekt zusammengefügt, können Sie direkt mit Schritt 6 fortfahren. Gab es allerdings Probleme bei der automatischen Montage – z.B. wegen unzureichender Überlappung oder wenigen optischen Anhaltspunkten –, müssen Sie das Panorama mit der Layoutvariante INTERAKTIVES LAYOUT manuell zusammensetzen. Das Dialogfenster zeigt zur besseren Orientierung dunkle Schatten zwischen den einzelnen Bildern – keine Angst, diese verschwinden nach der finalen Montage.

Auch in diesem Modus versucht Photomerge, die Bilder automatisch aneinander auszurichten. Um in den manuellen Modus zu wechseln, müssen Sie daher die Checkbox AN BILD AUSRICHTEN deaktivieren. Nun können Sie ein Quellbild mit dem Bild-auswählen-Werkzeug (Taste [A]) anklicken und bei gedrückt gehaltener Maustaste frei verschieben, so dass Sie es mit dem benachbarten Bild zur Deckung bringen können. Bei Bedarf können Sie ein Bild mit der Funktion BILD DREHEN (Taste [R]) frei rotieren. Wenn Sie ein perspektivisch verzerrtes Panorama wünschen, klicken Sie im Bereich EINSTELLUNGEN auf die Option PERSPEKTIVISCH.

Tipp:
Eine Schaltfläche zum Rückgängigmachen einer Operation suchen Sie im Dialogfenster vergeblich. Verwenden Sie stattdessen ganz einfach die Tastenkombination [Strg]+[Z] (PC) bzw. [⌘]+[Z] (Mac). Mit der Schaltfläche ZURÜCKSETZEN machen Sie alle im Panorama getätigten Änderungen auf einmal rückgängig. Drücken Sie dazu die [Alt]-Taste.

Schritt 6: Panorama zuschneiden und speichern

Je nach Layoutvariante entstehen weiße Leerbereiche um das eigentliche Panoramabild herum. Markieren Sie mit dem Auswahlrechteck-Werkzeug (Taste [M]) den inneren Bereich des Bilds ohne die Leerbereiche und entfernen Sie Letztere mit der Funktion **Freistellen** aus dem Menü **Bild**. Abschließend speichern Sie die fertige Datei im gewünschten Format.

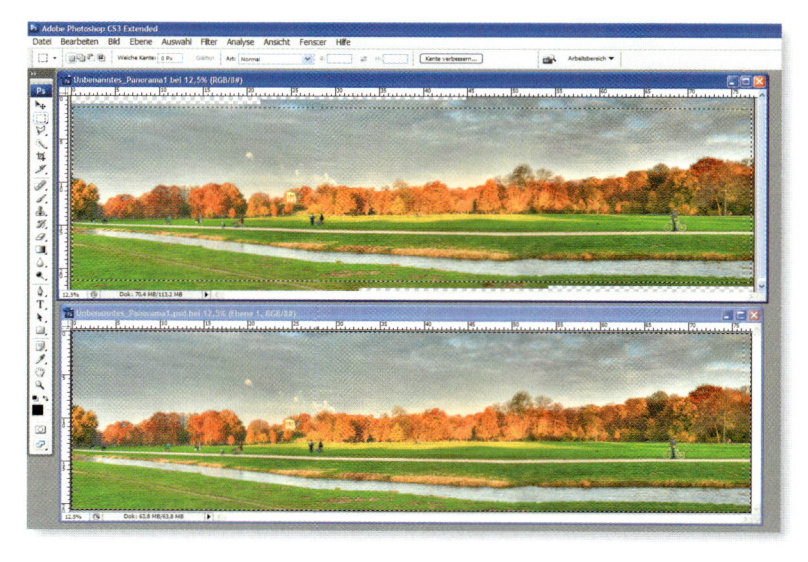

Nachbearbeitung und QuickTime VR

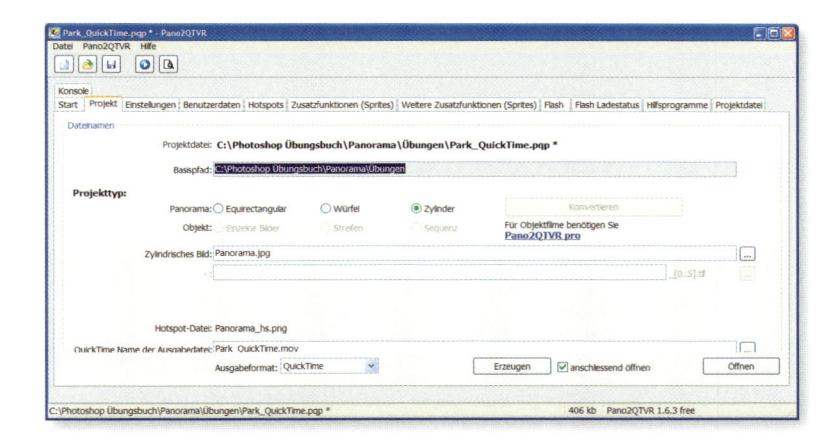

Schritt 7: Interaktive Panoramen mit QuickTime VR *EXTRA*

Bei QuickTime VR handelt es sich um ein spezielles QuickTime-Format von Apple, welches das interaktive Betrachten von Panoramaaufnahmen im QuickTime-Viewer ermöglicht. Per Mauszeiger kann der Anwender in das Bild hineinzoomen und den Blickwinkel frei bestimmen. Leider bietet Photoshop CS3 keine Speicheroption für das QTV-Format, so dass Sie auf die Hilfe von externen Lösungen angewiesen sind.

Ein kostenloser, deutschsprachiger Konverter ist Pano2QTVR, den Sie unter www.pano2qtvr.com herunterladen können. Bereits in der Freeware-Version bietet dieses Tool alles, was Sie zum Verwandeln Ihrer schönsten Panoramen ins interaktive Format benötigen.

Tipp:
Die besten Ergebnisse im Zusammenspiel mit Pano2QTVR erzielen Sie, wenn Sie in Photomerge die Layoutvariante ZYLINDRISCH wählen.

Nach der Installation starten Sie das Programm Pano2QTVR — GUI, klicken auf NEUES PROJEKT ERSTELLEN und wählen einen Dateinamen aus. Aktivieren Sie die Option ZYLINDRISCH und klicken Sie auf das Symbol [...] rechts neben dem Eingabefeld ZYLINDRISCHES BILD. Nun wählen Sie die gewünschte, fertige Panoramadatei aus und klicken auf OK. Anschließend führt Pano2QTVR einige interne Berechnungen durch, an deren Ende die Präsentation des fertigen Films im QuickTime VR-Format steht. Probieren Sie es einfach mit den Beispielbildern 01.jpg bis 09.jpg aus!

Im QuickTime-Player können Sie nun die Datei betrachten und durch Verschieben der Maus bei gedrückt gehaltener Maustaste im Panorama „spazierengehen". Der Clou: mit der Taste [⇧] können Sie in das Panorama hineinzoomen und mit [Strg] (PC) bzw. [⌘] (Mac) wieder herauszoomen.

Tipp:
360-Grad-Panoramen eignen sich am besten für die Konvertierung in das QuickTime VR-Format. Dazu müssen Sie neun Quellbilder mit einem Versatz von je 40 Grad aufnehmen.

Übung 7 • Zauberhafter Rundblick — Panoramabilder

261

High Dynamic Range Imaging

Übung 8: Aha-Effekt mit Dynamikwunder HDRI

In den letzten Jahren hat sich eine faszinierende Bildmontagetechnik in der Beliebtheitsskala der Hobby- und Profifotografen ganz nach oben geschwungen: High Dynamic Range Imaging oder kurz HDRI.

Das Prinzip der Technik ist ganz einfach, doch die Ergebnisse sind überwältigend – HDRI bietet einen Kontrastumfang, den keine Kamera in einer einzelnen Aufnahme einfangen kann. Dazu werden in der Regel drei Varianten einer Aufnahme angefertigt: eine korrekt belichtete und zwei jeweils über- und unterbelichtete. Die drei Aufnahmen enthalten alle Details in den Schatten, in den Lichtern und in den Mitten. Überlagert man diese drei Bilder, entsteht ein HDR-Bild mit einem atemberaubenden Dynamikumfang. Dazu bietet Photoshop eine spezielle Montagefunktion namens **Zu HDR zusammenfügen**, die allerdings ein Ergebnis mit einem derart hohen Kontrastumfang erzeugt, den ein herkömmlicher Computermonitor nicht mehr darstellen kann. Die unansehnlichen HDR-Rohbilder werden erst durch die Behandlung mit einem Tone Mapping-Plug-in zu kontrastreichen, detaillierten und aufregend bunten Meisterwerken.

Infothek

	einfach		komplex
Lernschritte:	Sie erfahren, was HDRI bedeutet und wie ein solches Bild entsteht, welche Ausrüstung Sie dafür benötigen, und welche Kameraeinstellungen Sie vornehmen sollten. Anschließend lernen Sie, wie Sie mit der Ebenen-, der Auswahl- und der Automatisierungsfunktion von Photoshop mehrere Aufnahmen zu einem HDR-Bild verschmelzen und mit einem Tone Mapping-Plug-in für die Monitordarstellung und Druckausgabe optimieren.		
Aufwand:	Gering bis mittel		
Übungsdateien:	Im DVD-Ordner »Übungen/HDR/«: Herbstlaub1.jpg, Herbstlaub2.jpg, Herbstlaub3.jpg, Loewe1.psd, Loewe2.psd, Saeulen1.jpg, Saeulen 2.jpg		

Hintergrund: Was ist HDRI?

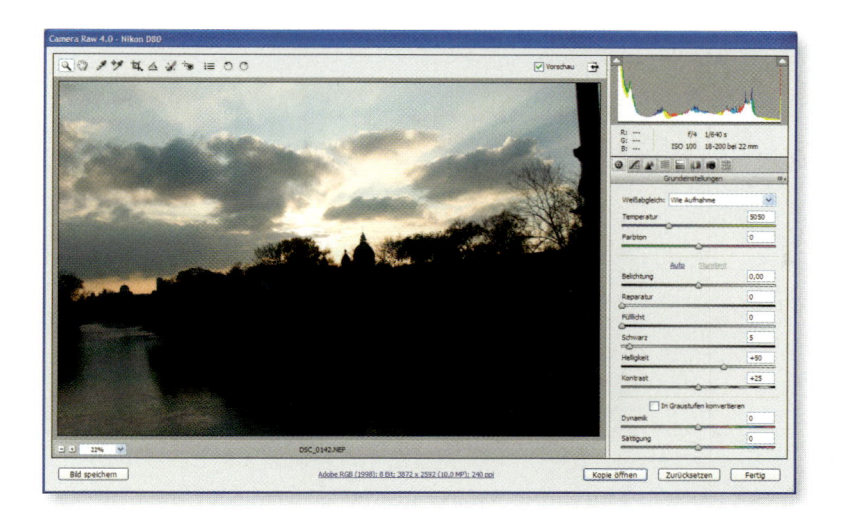

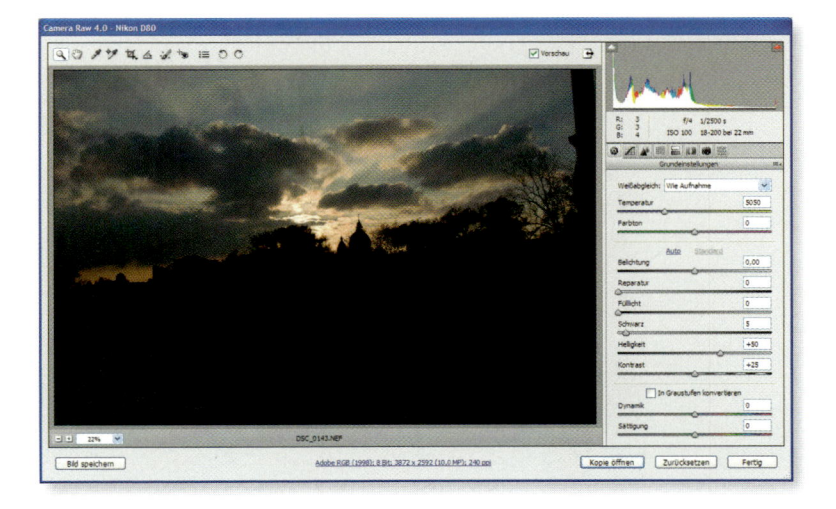

So ist ein HDR-Bild aufgebaut

Das Aufmacherfoto auf der linken Seite basiert auf drei unterschiedlich belichteten Einzelbildern, die anschließend in Photoshop zu einem HDR-Bild montiert und mit dem Tonemapping-Plug-in Photomatix für die Bildschirmdarstellung und Druckausgabe optimiert wurden.

Das obere Bild zeigt die korrekt belichtete Aufnahme mit Blende f/4 und einer Belichtungszeit von 1/640 Sekunde. Die typischen Probleme einer solchen Aufnahme treten deutlich hervor: Der Himmel ist zwar korrekt mit allen Details und Farben in den Wolken abgebildet, doch die Bäume in der unteren Bildhälfte sind nichts weiter als eine tiefschwarze Fläche.

Die mittlere Aufnahme wurde mithilfe der Belichtungsreihenfunktion mit +2 Blenden angefertigt, wodurch die Kameraelektronik eine Belichtungszeit von 1/160 Sekunde gewählt hat. Der Himmel ist farblos und fast weiß überzeichnet, doch dank der Überbelichtung treten die Details in den Schatten deutlich hervor, z.B. die Lichtspiegelungen auf dem Wasser und die Farbnuancen des Herbstlaubs.

Aufnahmevariation Nummer drei entstand mit einer Vorgabe von -2 Blenden, was in einer Belichtungszeit von 1/2500 Sekunde resultiert. Die Schatten sind vollends schwarz, doch die wunderschöne Zeichnung und Farbgebung der Wolken kommen hier voll zur Geltung.

High Dynamic Range Imaging

Schritt 1: Auf der Suche nach dem idealen HDRI-Motiv

Wie schon die Aufmachergrafik dieser Übung zeigt, entstehen die prächtigsten HDR-Bilder im Freien. Doch auch für bestimmte Innenaufnahmen ist die Technik gut geeignet. Hier ein paar Tipps für die Motivsuche:

➤ Dramatische Wolkenformationen

➤ Naturmotive in der Dämmerung

➤ Szenen mit hohem Hell-/Dunkelkontrast

➤ Spiegelungen in Wasserflächen

➤ Tunnel und sonstige starke Fluchten

➤ Landschaft bei Regen oder Schnee

➤ Farbig beleuchtete Szenen/Motive

➤ Beleuchtete Gebäude in der Nacht

➤ Bunte Motive wie z.B. Autos, Herbstlaub

➤ Kirchen/Kathedralen mit Lichteinfall

➤ Hochhäuser, U-Bahn-Stationen

Diese Motive haben sich für die HDRI-Fotografie bestens bewährt, sollen jedoch nur eine Anregung darstellen. Ihrer Fantasie sind bei der Motivsuche keine Grenzen gesetzt – Sie werden verblüfft sein, was für spektakuläre Bilder aus vormals langweiligen Szenerien entstehen können!

Schritt 2: Die richtige Ausrüstung

Aufgrund der teilweise sehr langen Belichtungszeiten für die überbelichteten Aufnahmen ist ein Stativ die Grundvoraussetzung für gelungene HDR-Aufnahmen. Doch gerade bei Aufnahmen in der Dämmerung oder in der Nacht kann schon der Finger auf dem Auslöser zum Verwackeln der Aufnahme führen. Aus diesem Grund empfiehlt sich ein Fernauslöser, der entweder per Kabel direkt mit der Kamera verbunden wird oder kabellos per Infrarot arbeitet.

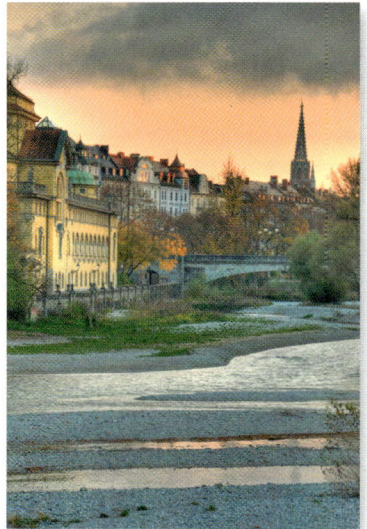

Motive und Kameraeinstellungen

Schritt 3: Kameraeinstellungen

Je nach Kameramodell ist das Anfertigen mehrerer unterschiedlich belichteter Fotos mit geringem oder recht hohem Aufwand verbunden. Digitale Spiegelreflexkameras neuerer Bauart, wie etwa die Canon-EOS-Reihe oder die D-Serie von Nikon bieten Automatikfunktionen für Belichtungsreihen. Zunächst stellen Sie die Anzahl der gewünschten Aufnahmen ein, gefolgt von der Blendenabweichung.

Eine der Aufnahmen sollte richtig belichtet werden, also mit der Blendeneinstellung 0 EV. Die beiden anderen Fotos sollten +/- 1,5 bis 2,0 Blenden Abweichung aufweisen.

Bei Kameras mit automatischen Belichtungsreihen müssen Sie einfach nur den Finger auf dem (Fern-)Auslöser halten, während die drei Bilder der Reihe aufgenommen werden.

Einfachere Kameramodelle erfordern die manuelle Einstellung der Blendenkorrektur. Fertigen Sie zunächst eine korrekt belichtete Aufnahme an, gefolgt von einem Bild mit +1 bis +2 und einem Foto mit -1 bis -2 EV an.

Fertigen Sie am besten von jedem Motiv zwei bis drei Belichtungsreihen an, um Bildfehler durch Verwackeln, sich bewegende Objekte oder mangelhafte Scharfstellung später am PC kompensieren zu können.

Tipp:
Drei Aufnahmen sind ideal für ansprechende Endergebnisse und reichen in den allermeisten Fällen vollkommen aus. Doch bei besonders dynamischen Motiven erzielen Sie unter Umständen mit vier oder gar fünf Variationen noch interessantere HDR-Bilder. Auch aus zwei unterschiedlich belichteten Aufnahmen desselben Motivs lassen sich schon respektable HDR-Fotos basteln. Selbst eine einzige Aufnahme kann als Basis für ein HDR-Bild dienen – dazu fertigen Sie einfach im RAW-Importdialog zwei Kopien mit +/- 2 Blenden an. Letztere Variante liefert allerdings wesentlich unspektakulärere Ergebnisse als HDR-Kombinationen aus mehreren Quellbildern.

High Dynamic Range Imaging

Schritt 4: Einfache Montage von zwei Quellbildern

Die einfachste Form von High Dynamic Range Imaging besteht im Verschmelzen zweier Quelldateien – einer unter- und einer überbelichteten. Auf diese Weise erhalten Sie ein Bild mit ausgewogenen Lichtern und Schatten, wobei jedoch der Aha-Effekt echter, mit Tone Mapping bearbeiteter HDR-Bilder ausbleibt.

Wählen Sie **Datei, Automatisieren, Photomerge**, um das eigentlich für Panoramaaufnahmen gedachte Plug-in zu aktivieren. Legen Sie nach einem Klick auf Durchsuchen die Beispielbilder »Saeulen1.jpg« und »Saeulen2.jpg« von der DVD als Quelldateien fest.

Tipp:
Photomerge eignet sich ideal für die Montage von aus der Hand geschossenen Aufnahmen, da es die einzelnen Quelldateien aneinander ausrichtet. Wenn Sie die Aufnahmen mit Stativ und Fernauslöser angefertigt haben, können Sie die Ausgangsbilder direkt mit dem Befehl Öffnen aus dem Menü Datei laden.

Deaktivieren Sie die Option Füllbilder ergänzen und wählen Sie im Fenster links die Montagevariante Nur repositionieren. Nach dem finalen Klick auf Ok müssen Sie eine Weile warten, bis Photoshop die notwendigen Berechnungen durchgeführt hat. Das Ergebnis der Bemühungen von Photomerge ist eine Datei, die aus zwei Ebenen besteht: oben das überbelichtete Foto und darunter das unterbelichtete Bild.

Aktivieren Sie in der Ebenenpalette die obere Ebene »Saeulen2.jpg« und setzen Sie den Wert neben Deckkr. auf 30 bis 50 Prozent herab. Durch diese Maßnahme werden die Schatten und die satten Farben aus der dahinterliegenden, unterbelichteten Ebene sichtbar, wobei die Details aus den Lichtern der überbelichteten Ebene erhalten bleiben.

Tipp:
Achten Sie stets darauf, dass sich die überbelichtete, hellere Aufnahme in der oberen Ebene befindet.

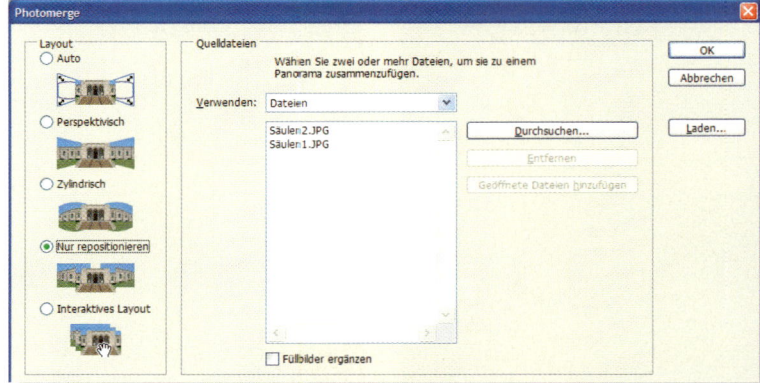

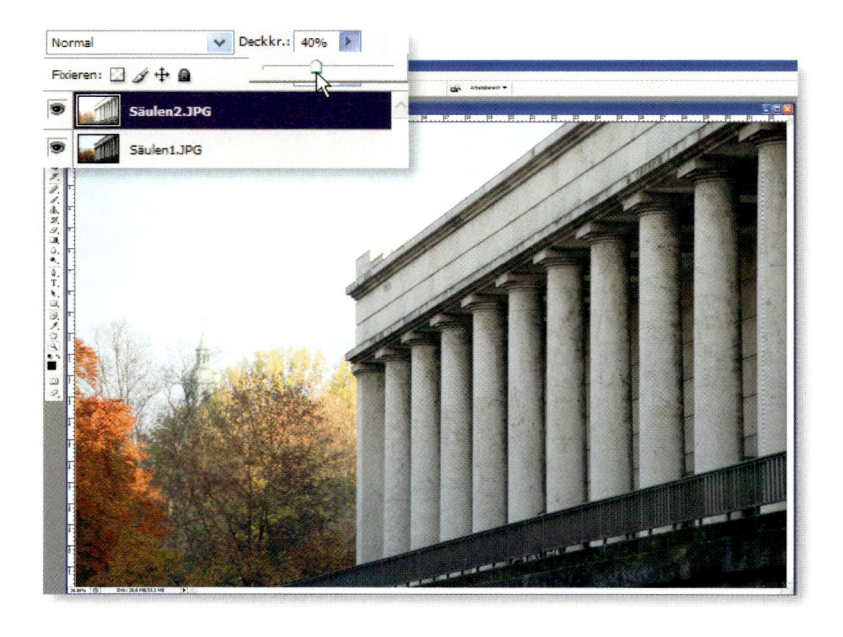

Einfache HDR-Montagen

Schritt 5: HDR-Bilder mit ausgewählten Bereichen kombinieren

Wenn zwei Quelldateien deutlich abgegrenzte Objekte beinhalten, so wie die Beispieldateien »Loewe1.psd« und »Loewe2.psd«, dann können Sie den HDR-Effekt durch Maskieren der richtig belichteten Objekte erreichen.

Im Beispielbild »Loewe1.psd« erscheint der Löwenkopf links klar strukturiert und richtig ausgeleuchtet, während der Hintergrund extrem überstrahlt. In der unterbelichteten Datei »Loewe2.psd« wird der Hintergrund korrekt wiedergegeben, während der Löwenkopf in den Schatten versumpft.

Da eine klare Trennlinie zwischen Motiv und Hintergrund besteht, können Sie das Hauptmotiv problemlos isolieren und somit beide Fotos zu einem in allen Bereichen korrekt ausgeleuchteten Gesamtbild montieren.

Markieren Sie das gesamte Bild »Loewe1.psd« mit [Strg]+[A] bzw. [⌘]+[A] und befördern Sie es mit [Strg]+[C] bzw. [⌘]+[C] in die Zwischenablage. Aktivieren Sie die Datei »Loewe2.psd« und drücken Sie [Strg]+[V] bzw. [⌘]+[V], um das hellere Bild als neue Ebene einzufügen. Mit dem Werkzeug SCHNELLAUSWAHL (Taste [W]) fahren Sie an den Konturen des Löwen entlang, bis sich dieser komplett in einem Auswahlrahmen befindet. Weichen Sie die harte Kante ein wenig auf, indem Sie unter **Auswahl, Auswahl verändern, Weiche Kante** einen Wert von 10 Pixel festlegen. Dadurch wird der Übergang zwischen den beiden Quelldateien so stark verwischt, dass er kaum noch sichtbar sein wird.

Zu guter Letzt invertieren Sie die Auswahl mit dem Befehl **Auswahl umkehren**, so dass nun statt der Statue der gesamte Hintergrund ausgewählt ist.

Löschen Sie nun den Hintergrund mit einem Druck auf die Taste [Entf] und schon befindet sich der korrekt beleuchtete Löwenkopf vor dem ebenso perfekt belichteten Hintergrund aus der Ebene 2. Mit der Tastenkombination [Strg]+[D] bzw. [⌘]+[D] heben Sie die Auswahl auf und genießen das ansehnliche Endergebnis.

Übung 8 • Aha-Effekt mit Dynamikwunder HDR!

267

High Dynamic Range Imaging

Schritt 6: HDR zusammenfügen

Um drei Bilder zu einer echten HDR-Datei zu kombinieren, wählen Sie in Photoshop **Datei: Automatisieren: Zu HDR zusammenfügen**. Im nachfolgenden Dialogfenster klicken Sie auf die Schaltfläche DURCHSUCHEN, woraufhin ein Fenster zur Dateiauswahl erscheint. Wählen Sie bei gedrückt gehaltener Taste ⌃Strg bzw. ⌘ die gewünschten Quelldateien aus und bestätigen Sie mit ÖFFNEN. Anschließend klicken Sie auf OK, um die Dateiauswahl zu beenden. Im Beispiel werden die Bilder »Herbstlaub1.jpg«, »Herbstlaub2.jpg« und »Herbstlaub3.jpg« verwendet.

Wenn geringe Kamerabewegungen zu leicht unterschiedlichen Bildausrichtungen geführt haben, können Sie den daraus entstehenden Doppelkanten- und Unschärfeeffekt durch Ankreuzen der Checkbox QUELLBILDER NACH MÖGLICHKEIT AUTOMATISCH AUSRICHTEN verhindern.

Tipp:
Wenn Sie Ihre Belichtungsreihen bereits in eigene Ordner gepackt haben, wählen Sie zum Öffnen des Inhalts eines kompletten Verzeichnisses im Pulldown-Menü VERWENDEN die Option ORDNER.

Nun führt Photoshop eine langwierige Montageprozedur durch, an deren Ende die Präsentation des Dialogs ZU HDR ZUSAMMENFÜGEN steht. Links sind die Ausgangsbilder nebst Belichtungsangaben zu sehen, in der Mitte erscheint das Vorschaubild und rechts finden Sie einige wenige Optionen. Die BITTIEFE sollten Sie auf 32-Bit-Kanal belassen, um die volle Bandbreite der HDR-Dynamik zu nutzen. Der Regler WEISS-PUNKTVORSCHAU dient nur zur Begutachtung des Vorschaubilds und wirkt sich nicht auf die Qualität des finalen HDR-Bilds aus. Der eingestellte Weißpunkt wird mit dem Bild gespeichert und zur Anzeigeoptimierung bei jedem Öffnen in Photoshop angewendet. Ein Klick auf OK erzeugt das finale HDR-Bild, das Sie allerdings aufgrund des eingeschränkten Dynamikbereichs des Monitors garantiert noch nicht vom Hocker hauen wird.

Tipp:
Wenn Sie die Bittiefe auf 8 oder 16 Bit beschränken, können Sie die Bilddynamik in einem Extra-Dialog manuell anpassen.

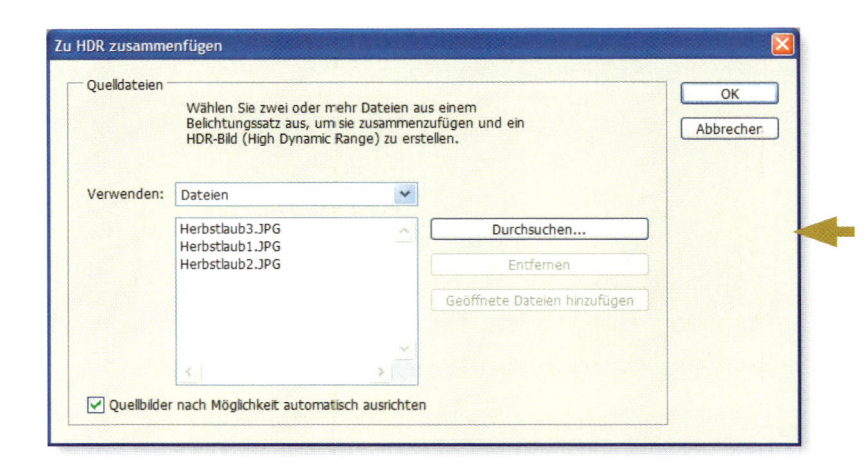

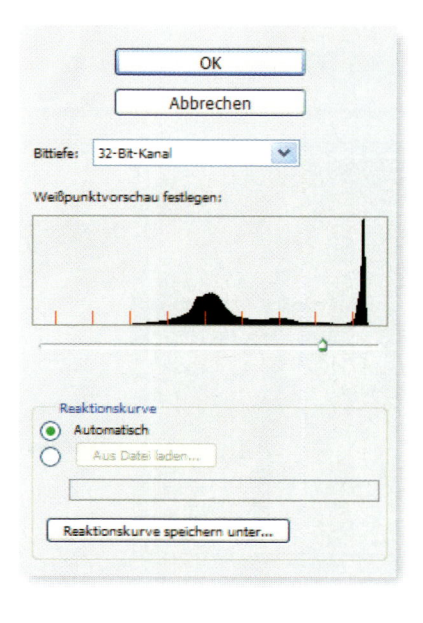

HDR-Montage und Tone Mapping

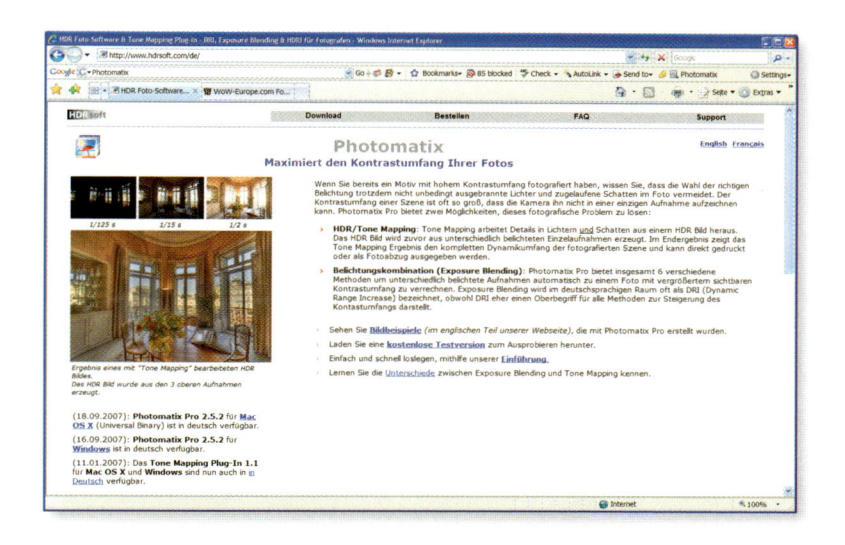

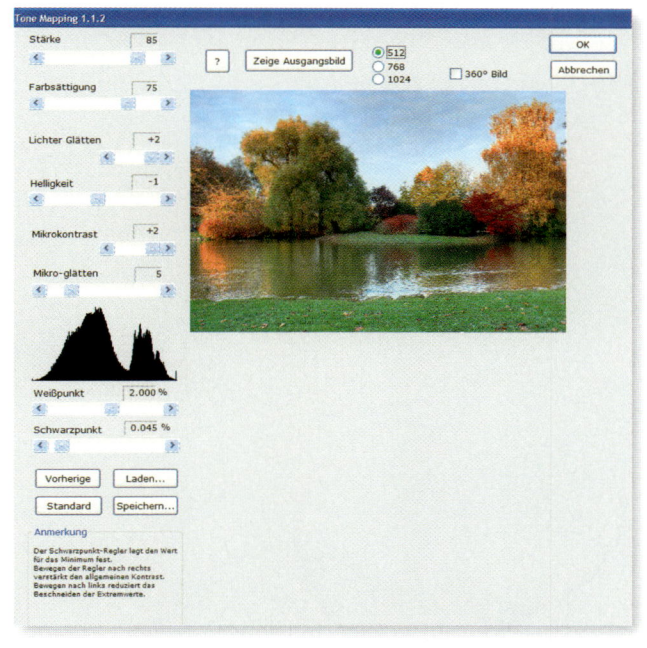

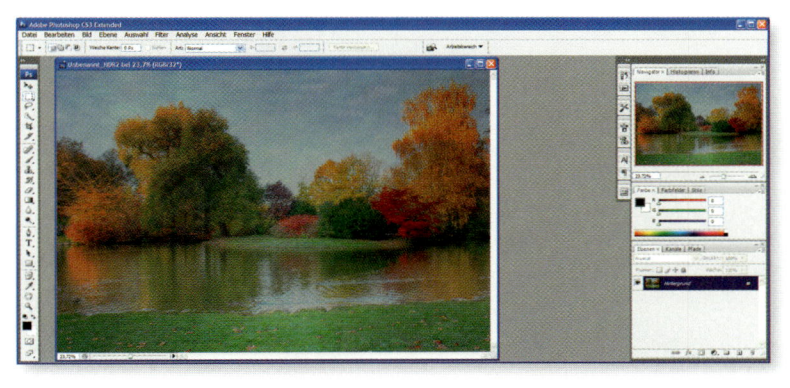

Schritt 7: Zur vollen HDR-Pracht mit Tone Mapping-Plug-in

Die Rohfassung des HDR-Bilds enthält alle erforderlichen Bilddaten, Farben und Details. Um diese für den eingeschränkten Dynamikbereich von Monitor oder Drucker sichtbar zu machen, müssen Sie ein Tone Mapping-Plug-in verwenden. Ein sehr beliebtes und preiswertes Plug-in aus dieser Gattung heißt Photomatix und lässt sich unter http://www.hdrsoft.com/de/ herunterladen.

Sie können sich selbst von der guten Qualität des Tone Mapping überzeugen, indem Sie die kostenlose Testversion herunterladen. Diese prägt Wasserzeichen in das fertige Bild ein. Die Lizenzierung zur Vollversion kostet € 55.

Nach der Installation des Plug-ins steht im Menü **Filter** der Eintrag **Photomatix** bereit, in dem Sie auf **Tone Mapping** klicken.

Schon das kleine Vorschaubild wird Sie beeindrucken, doch Sie können den Tone Mapping-Effekt auf vielerlei Weise nach eigenem Gusto anpassen. Die drei wichtigsten Regler im Dialog sind STÄRKE, FARBSÄTTIGUNG und HELLIGKEIT. Mit Ersterem regulieren Sie die Stärke der Kontrastverbesserung. Mit Werten zwischen 75 und 90 erzielen Sie die schönsten Ergebnisse. Die FARBSÄTTIGUNG sollte stets höher als 60 sein, denn nur dann kommt die bunte Pracht von HDR-Aufnahmen so richtig zur Geltung. Die HELLIGKEIT wirkt sich direkt auf die Schattenzeichnung aus – niedrige Werte (unter 0) lassen das HDR-Bild wesentlich kontrastreicher erscheinen.

Die Option LICHTER GLÄTTEN sollten Sie stets auf einem Wert von 1 bis 2 einstellen, da niedrigere Werte deutlich erkennbare Lichtsäume um Kontrastkanten herum entstehen lassen.

Mit MIKROKONTRAST und MIKRO-GLÄTTEN reduzieren Sie das Rauschen in homogenen Farbflächen. Letzteres sollten Sie nur dann anwenden, wenn deutlich sichtbares Rauschen vorhanden ist. Zu guter Letzt stellen Sie mit WEISS- und SCHWARZPUNKT noch die Stärke der Lichter und Schatten ein. Nach dem finalen Klick auf OK und kurzer Wartezeit können Sie Ihr Meisterwerk in Photoshop bewundern!

Übung 8 • Aha-Effekt mit Dynamikwunder HDRI

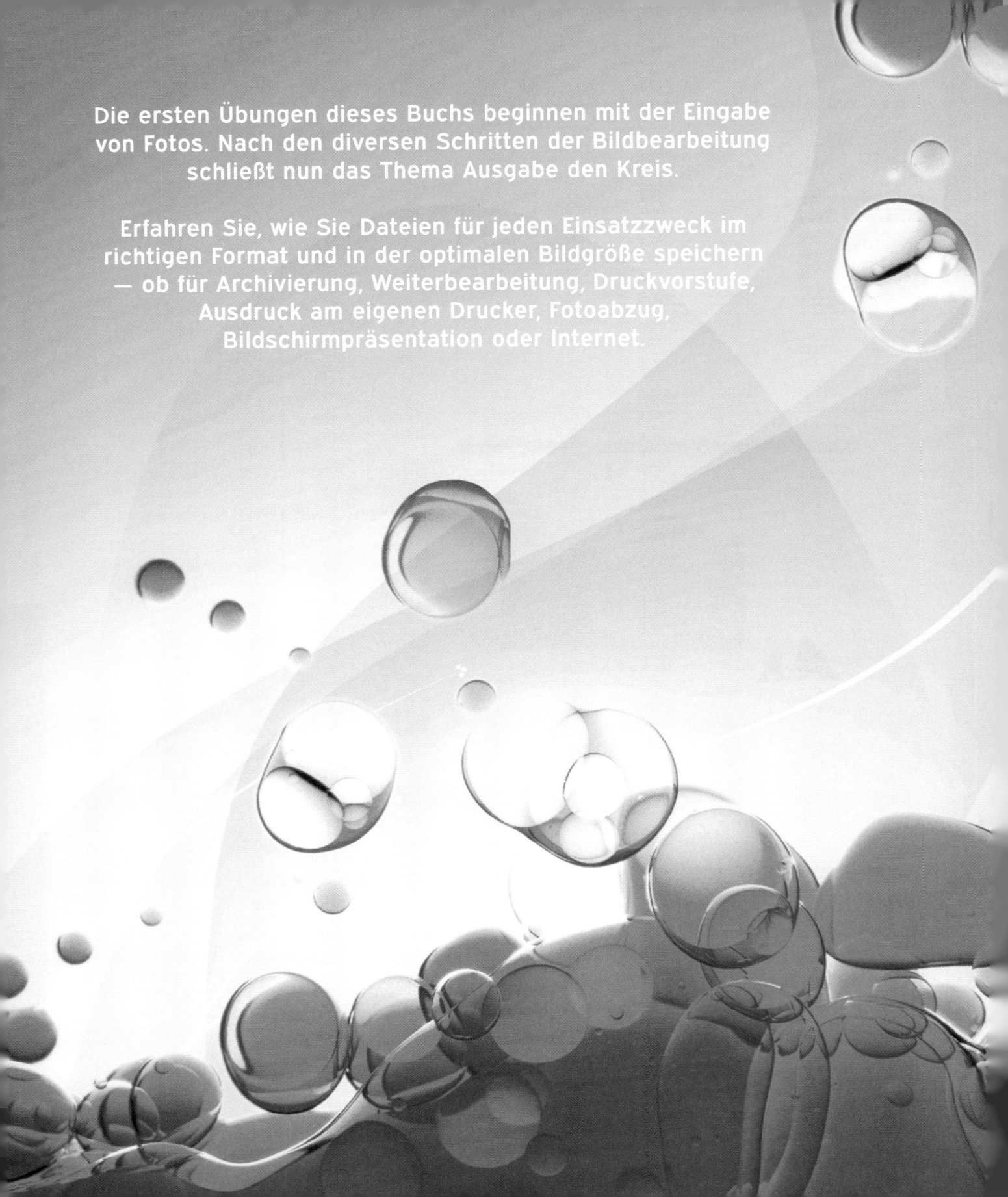

Die ersten Übungen dieses Buchs beginnen mit der Eingabe von Fotos. Nach den diversen Schritten der Bildbearbeitung schließt nun das Thema Ausgabe den Kreis.

Erfahren Sie, wie Sie Dateien für jeden Einsatzzweck im richtigen Format und in der optimalen Bildgröße speichern — ob für Archivierung, Weiterbearbeitung, Druckvorstufe, Ausdruck am eigenen Drucker, Fotoabzug, Bildschirmpräsentation oder Internet.

Kapitel 9
Dateiformate im Einsatz

Übung 1
Start mit Raw über DNG nach PSD — 272
A: Raw-Dateien als flexible Basis im Archiv — 273
B: Volles Programm mit dem PSD-Format — 277

Übung 2
Von PSD zu TIFF für Offset- und Digitaldruck — 280
A: Fit für die Druckvorstufe (CMYK) — 281
B: TIFF-RGB — ideal für Toner und Tinte — 287

Übung 3
JPEG: Der kompakte Allrounder — 290
A: Ein Fotoabzug im richtigen Seitenverhältnis — 291
B: Leichte Kost für Bildschirmpräsentationen — 297
C: JPEG für Internet und E-Mail — 302

Übung 4
GIF im Internet — 306
A: GIF-Logo mit Transparenz — 307
B: GIF-Animation — 311

Übungen zu Dateiformaten

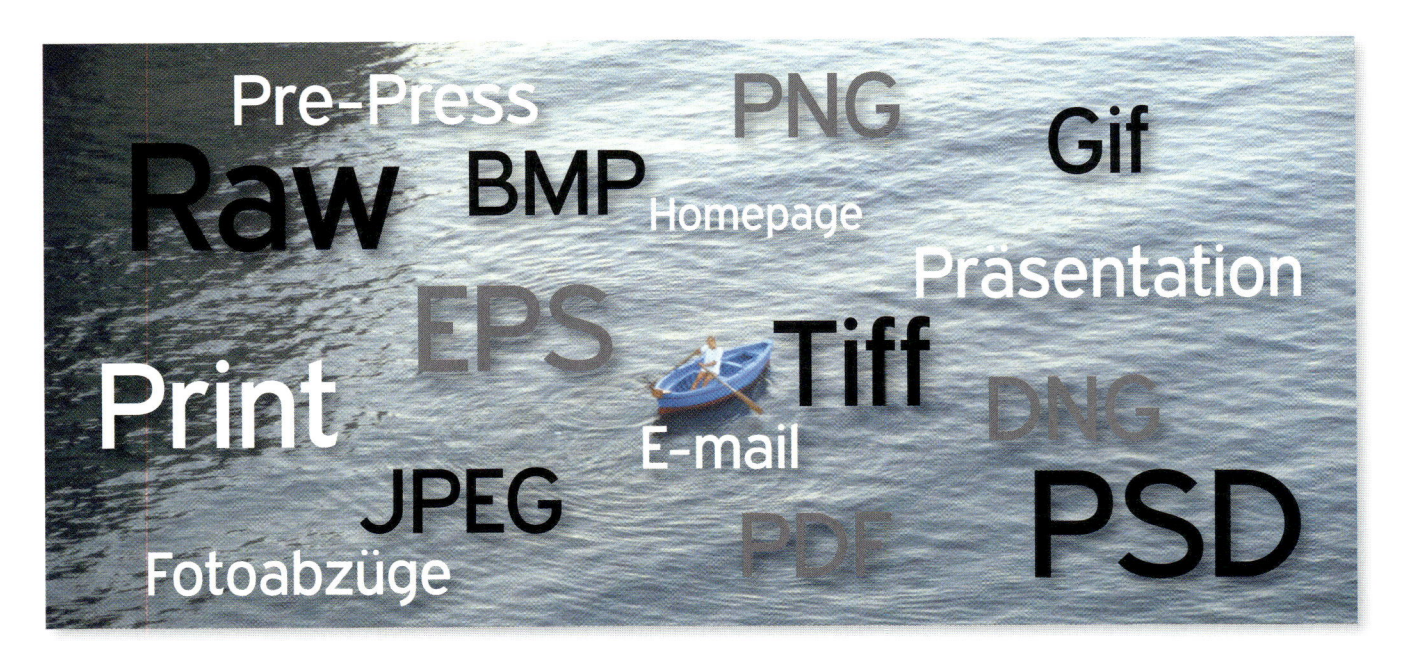

Dateiformate im Einsatz
Übung 1: Start mit Raw über DNG nach PSD

Kommen Sie manchmal „ins Schwimmen", wenn es darum geht, sofort das richtige Dateiformat und die ideale Bildgröße für den jeweiligen Zweck zu finden? Hier braucht jemand schnell einen Bildbeitrag zur Homepage, dort müssen Sie eine Fotoserie für eine PowerPoint-Präsentation liefern und die Druckerei wartet auf korrekte PDF-Dateien zur Ausbelichtung in CMYK. Nach unserer Erfahrung machen selbst Profis, die von derartigen Aufträgen leben, manchmal Fehler beim Speichern, die sich durch mangelnde Kompatibilität in Zeit- und Produktionskosten niederschlagen. Dieses Kapitel dient als schneller Check von wichtigen Dateiformaten und Speicheroptionen, damit Sie in der Praxis Ihre Dateien zur richtigen Zeit am richtigen Ort unterbringen. In den Übungen vollziehen Sie typische Anwendungen von DNG bis GIF, wobei diverse Arbeitsschritte durchaus für mehrere Dateiformate gültig sind. Es lohnt sich also, keine der Übungen zu überspringen.

Die oberste Regel für einen angemessenen Datenaustausch allerdings lautet: Dateien korrekt benennen! Vermeiden Sie Sonderzeichen wie Bindestriche oder Punkte im Dateinamen vor der Endung. Beispielsweise wird eine Datei namens »Landschaft.Italien.tif« im Datenaustausch oft unbrauchbar und muss zumindest umbenannt werden, um lesbar zu sein. — Dieser Hinweis richtet sich verschärft an Mac-Nutzer, wo das Problem systemintern nicht auftritt. Aber auch bei Dateien, die Sie für das Internet speichern gilt: *Keine* Sonderzeichen und *keine* Umlaute, denn HTML-Editoren und Browser zeigen die »Schöne-Landschaft.jpg« als fehlendes Bild an und interpretieren dagegen die »Schoene_Landschaft.jpg« richtig.

Infothek	einfach			komplex
Lernschritte:	Im Raw-Dialogfenster verknüpfen Sie eine Raw-Datei mit einem externen XMP-Filialdokument, das Ihre optimierten Einstellungen speichert und auf andere Raw-Fotos anwendbar ist. Dann speichern Sie die Raw-Datei als kompatibles Digital Negative (DNG) mit den richtigen Optionen. Sie erfahren, wie Sie mehrere Raw-Dateien gleichzeitig laden, bearbeiten und speichern. Eine DNG-Datei wird als Ebenenmontage mit Alphakanal im Format PSD gespeichert und dient als Ausgangspunkt für weitere Übungen.			
Aufwand:	Höher			
Übungsdateien:	DSC_0134.NEF, DSC_0134.xmp, Dateiformat.psd, Dateiformat.dng			

Übung 1 A zu Raw-Dateien

Übung 1 A: Raw-Dateien als flexible Basis im Archiv

Das Rohdatenformat liefert Graustufenbilddaten vom Sensorchip der Digitalkamera, die noch nicht ausgewertet, optimiert oder komprimiert wurden. In Photoshops **Camera Raw**-Dialog generieren Sie mit den Informationen zur Kamera und den Metadaten des Fotos ein Farbbild.

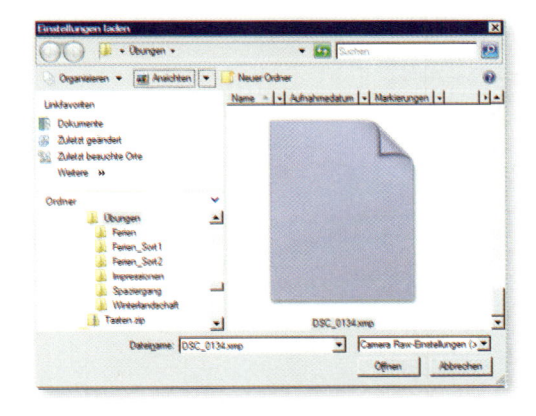

Schritt 1: Raw-Dateien per XMP optimieren

Kopieren Sie die Dateien »DSC_0134.NEF« sowie »DSC_0134.xmp« von der Übungs-DVD in einen gemeinsamen Ordner auf Ihre Festplatte.

Öffnen Sie nun die Raw-Datei »DSC_0134.NEF« per Doppelklick im Camera-Raw-Dialogfenster. Diese 10 Megapixel große Raw-Datei mit dem Adobe RGB-Farbprofil mit 8 Bit Farbtiefe und einer Auflösung von 3872 x 2592 Pixel bei 240 ppi dient als Ausgangsbild für alle weiteren Speicherformate und Bildgrößen. Hier weichen Grundeinstellungen und Objektivkorrekturen von den Standardeinstellungen ab.

Wählen Sie probeweise im Menü des Raw-Dialogfensters den Befehl CAMERA RAW-STANDARDS ZURÜCKSETZEN, so sehen Sie das ursprüngliche Bild ohne Verbesserungen mit Farbstich, mangelnder Belichtung und Vignettierung.

Der Grund: Die Raw-Datei ist mit dem XMP-Filialdokument »DSC_0134.xmp« verknüpft, das die Optimierung gespeichert hat. Laden Sie diese Camera-Raw-Einstellungen nun erneut mit dem Menübefehl EINSTELLUNGEN LADEN, so erscheint das Bild im Vorschaufenster wieder optimiert. Voraussetzung: Die Datei befindet sich im selben Ordner wie die Raw-Datei.

273

Speichern von Raw-Dateien

Sie können die Raw-Einstellungen nun je nach Geschmack etwas variieren. Per Menübefehl EINSTELLUNGEN IN XMP EXPORTIEREN speichern Sie diese im externen XMP-Dokument. Eine bereits zum Raw-Bild erstellte XMP-Datei wird dabei ungefragt überschrieben.

Sobald Sie ein Raw-Bild im DNG-Format abspeichern, wird das XMP-Dokument in die Datei eingebettet.

Tipp
Wenn Sie mehrere Fotos mit gleicher oder ähnlicher Belichtungssituation aufgenommen haben, können Sie nach dem Öffnen im Raw-Dialog ein erstelltes XMP-Dokument darauf anwenden. Benutzen Sie dazu den Befehl EINSTELLUNGEN LADEN.

Schritt 2: Lesbarkeit mit DNG

Per BILD SPEICHERN verwandeln Sie das geöffnete Raw-Bild in das breiter nutzbare Digital Negative-Format (DNG). Als einheitlicher Standard für herstellerspezifische Camera-Raw-Dateien wie NEF, CRW, SRF und unzählige weitere garantiert das DNG-Format auch für die Zukunft größere Kompatibilität bei möglichen verlustfreien Raw-Korrekturen und benötigt weniger Speicherplatz als eventuell eine Camera-Raw- oder gar eine TIFF-Datei. Änderungen wie Weißabgleich, Tonwertbereich, Kontrast, Farbsättigung usw. bleiben rücksetzbar, so dass Sie mit diesem Äquivalent zum Farbnegativ jederzeit wieder ins digitale Fotolabor zurückkehren können.

In den **Speicheroptionen** wählen Sie unter ZIEL einen gewünschten Speicherort auf Ihrer Festplatte.

Die DATEIBENENNUNG erlaubt komplexe Einträge, die von Dateinamen über Seriennummern bis hin zu Datumsangaben wie Jahr, Monat und Tag (JJJJMMTT) reichen und per Plus- und Minus-Schaltflächen ergänzt werden können. Das BEISPIEL zeigt die aktuelle Benennung an. Begnügen Sie sich beim Übungsbildbild mit dem simplen Eintippen des Namens »Dateiformat«.

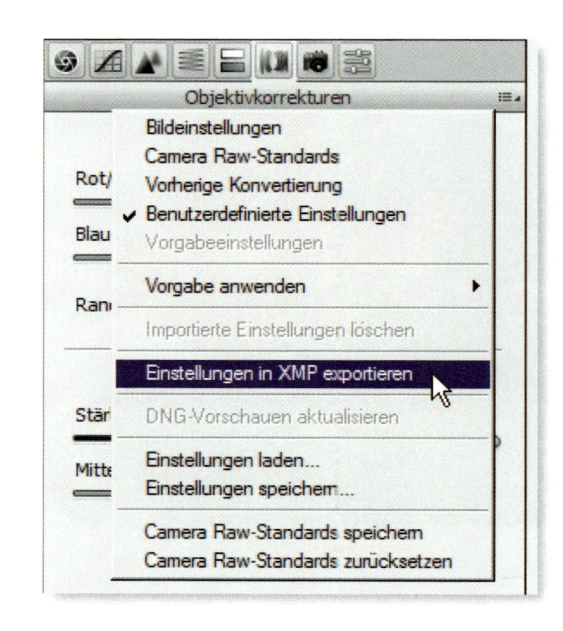

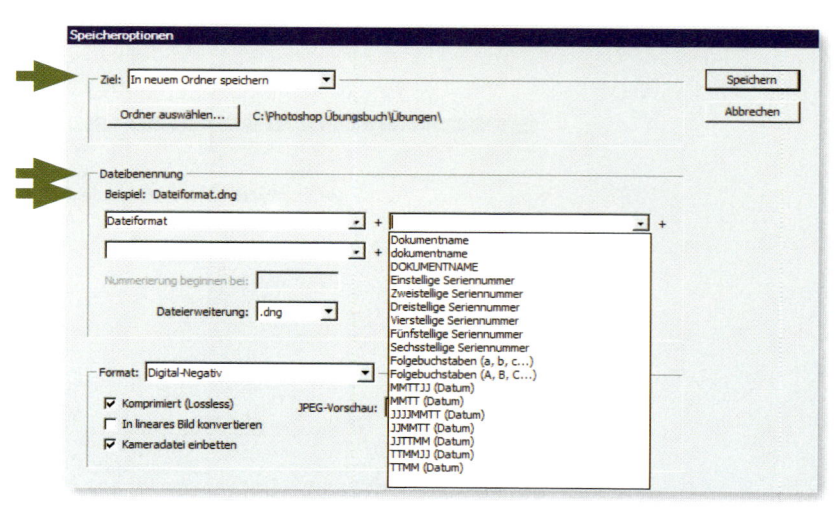

Übung 1 A zu Raw-Dateien

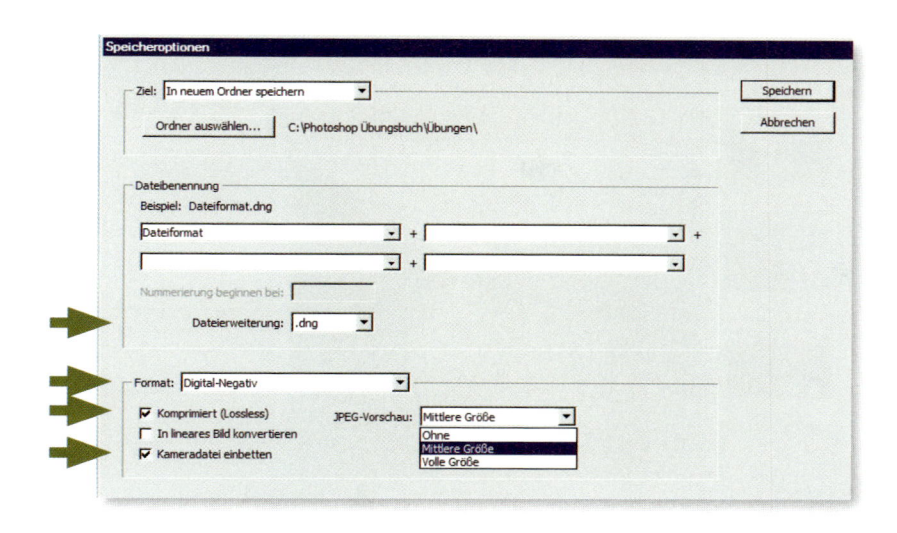

Wählen Sie nun die DATEIERWEITERUNG sowie das Format im Einklang. Standardmäßig werden die Einträge ».dng« und »Digital-Negativ« angezeigt, die Sie so belassen sollten. (Alternativ ist auch der Export in den Formaten JPEG, TIFF oder Photoshop = PSD möglich.)

Per JPEG-Vorschau bestimmen Sie, in welcher Qualität das Bild in der Vorschau angezeigt wird. Diese Option betrifft nicht die eigentliche Datei, erleichtert aber die Darstellung in manch anderen Programmen.

Aktivieren Sie KOMPRIMIERT (LOSSLESS), wird die Dateigröße ohne Datenverlust verringert. Ein Häkchen vor der Option IN LINEARES BILD KONVERTIEREN empfiehlt sich nur dann, wenn Sie ein interpoliertes Bild für eine Software benötigen, die das Profil Ihrer Digitalkamera nicht interpretieren kann. Per KAMERADATEI EINBETTEN werden die ursprünglichen Camera-Raw-Bilddaten in die DNG-Datei übernommen.

Tipp
Der kostenlose »Adobe DNG Converter« wandelt Rohdaten aus einer Vielzahl derzeit verfügbarer Kameramodelle ins DNG-Format um und startet schneller als Photoshop. Den Download für PC und Mac finden Sie unter: http://www.adobe.com/de/products/dng/

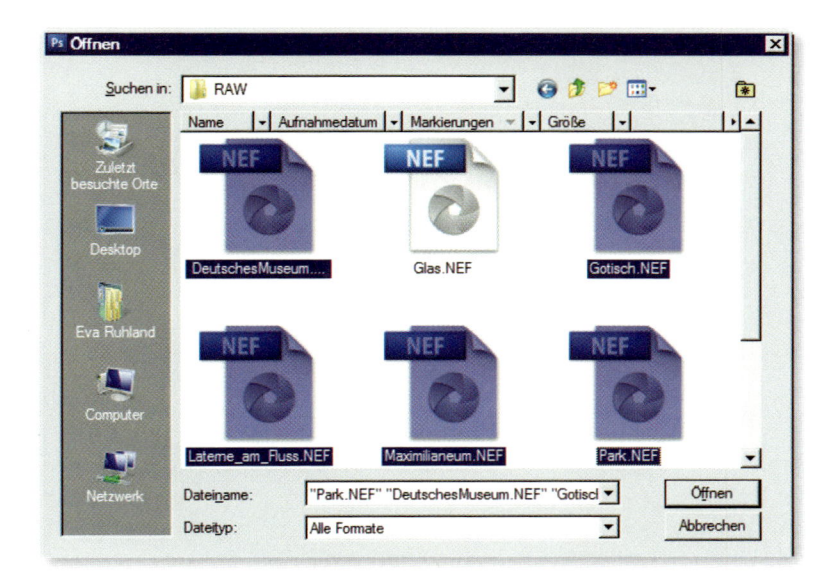

Schritt 3: Mehrere Raw-Bilder laden und bearbeiten *EXTRA*

Im Camera-Raw-Dialog können Sie gleichzeitig auch mehrere Bilder laden und bearbeiten.

Wählen Sie mehrere Bilder im Ordner »Übungen/RAW« auf der DVD per Befehl **Datei: Öffnen** bei gedrückter Strg-Taste (PC) bzw. ⌘-Taste (Mac) aus. Mit Klick auf ÖFFNEN werden sie im Raw-Dialog gelistet.

Alternativ öffnen Sie die Raw-Dateien aus Bridge unter **Datei: Öffnen mit: Adobe Photoshop CS3**.

Speichern von Raw-Dateien

Im Miniaturfenster des Raw-Dialogs sehen Sie die Reihe der geöffneten Bilder. Die aktuelle Auswahl wird im Vorschaufenster angezeigt.

Um mehrere Bilder mit bestimmten Einstellungen zu versehen, klicken Sie nun entweder auf ALLES AUSWÄHLEN oder suchen Sie einzelne Bilder mit gedrückter [Strg]-Taste (PC) bzw. [⌘]-Taste (Mac) aus. Erhöhen Sie nun den Wert für die Sättigung bei drei ausgewählten Bildern auf 43. Navigieren Sie mit den Pfeiltasten ◀ ▶ durch die Bildreihe, um die Wirkung zu überprüfen.

Natürlich können Sie einer Fotoserie umso mehr gemeinsame Einstellungen zuweisen, je ähnlicher z.B. die Belichtungssituation bei der Aufnahme war.

Welche Parameter für alle ausgewählten Bilder gelten sollen, bestimmen Sie im Dialog **Synchronisieren**. Deaktivieren Sie jetzt probeweise die soeben veränderte SÄTTIGUNG, wird neben SYNCHRONISIEREN eine EIGENE TEILMENGE statt der EINSTELLUNGEN angezeigt und der Effekt wirkt sich nur auf das Foto aus, das aktuell im Vorschaufenster zu sehen ist.

Ebenso ökonomisch und bequem verwandeln Sie dann per BILDER SPEICHERN die Fotos in DNG-Dateien. Benennen Sie die Bilder dann am besten mit dem Dateinamen sowie — je nach Anzahl der Fotos — etwa mit einer zweistelligen Seriennummer. Beispiel: Dateiformat01.dng etc.

Fazit für die Praxis:
Raw-Dateien eignen sich zur internen Bearbeitung und Archivierung durch ihren Urheber, am kompatibelsten im Format DNG. Bei Weitergabe der Daten riskieren Sie massive Verfremdungen des interpretierbaren Originals. Raw- und DNG-Dateien dienen als Quelle, jedoch nicht als Ausgabeformat im externen Datenaustausch.

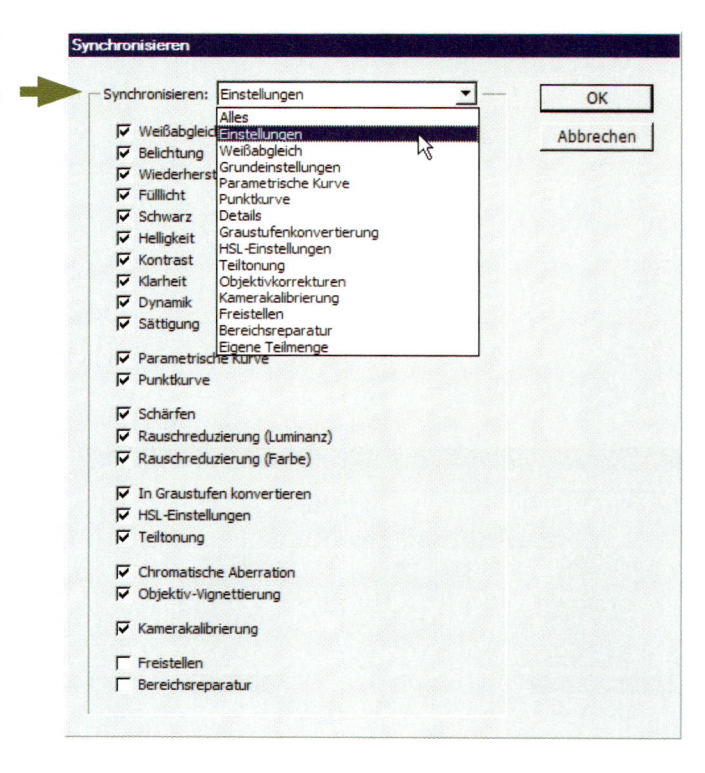

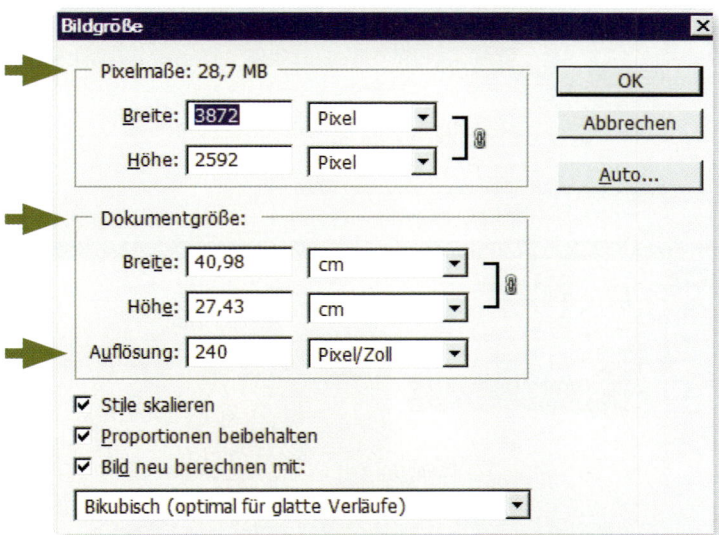

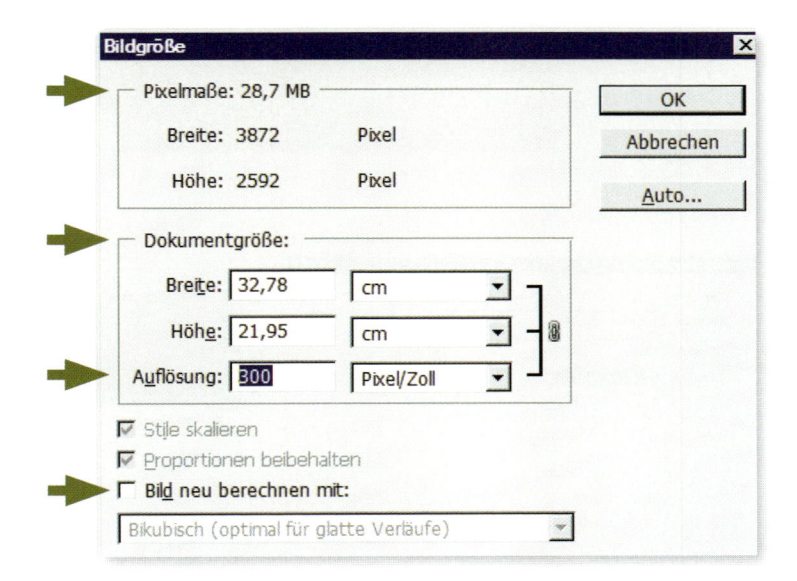

Übung 1 B: Volles Programm mit dem PSD-Format

Öffnen Sie nun die Datei »Dateiformat.dng« von Ihrer Festplatte bzw. alternativ von der DVD im Übungsordner.

Schritt 1: Auflösung und Druckgröße festlegen

Mit dem Befehl **Bild: Bildgröße** prüfen Sie die PIXELMASSE und die DOKUMENTGRÖSSE der DNG-Beispieldatei.

Wie groß aber kann das Foto später bei einer optimalen Auflösung von 300 Pixel/Zoll gedruckt werden? Rechnen Sie es um, ohne die tatsächlichen Pixelmaße zu verändern und die Qualität des Ausgangsbilds zu verlieren.

Dazu deaktivieren Sie die Option BILD NEU BERECHNEN MIT: per Klick und tippen als AUFLÖSUNG 300 ein. BREITE und HÖHE der PIXELMASSE ändern sich nicht, die Dokumentgröße dagegen verringert sich auf Werte, die nur wenig größer als DIN A4 sind. (Logischerweise würde sich die Dokumentgröße bei einer Auflösung von 150 Pixel/Zoll verdoppeln und damit noch gut für den Druck eines Plakats reichen.)

Sobald Sie Ihre Eingabe mit OK bestätigen, haben Sie die Basis für die weitere Bearbeitung in Photoshop geschaffen. Erstellen Sie nun eine kleine Photoshop-Montage, die mit den Möglichkeiten des PSD-Formats spielt. Schließlich unterstützt es die meisten Funktionen des Programms, erlaubt flexibles Arbeiten mit Ebenen, die je nach Bedarf ein- oder ausgeblendet werden können, und gestattet den direkten Import in andere Adobe-Anwendungen, plattformübergreifend für PC und Mac. Im PSD-Format können Sie auch Bilder mit 16 Bit pro Kanal und Bilder mit 32 Bit pro Kanal als HDR (High Dynamic Range) speichern.

Speichern von PSD-Dateien

Schritt 2: Eine Ebenenmontage erstellen

Erstellen Sie nun ohne großen Aufwand eine kleine Ebenenmontage, deren Eigenschaften Sie in weiteren Übungen zu Dateiformaten nutzen werden:

Verwenden Sie im Menü ▼≡ der Ebenenpalette den Befehl EBENE DUPLIZIEREN. Damit erhöhen Sie die Dateigröße bereits etwa um das Doppelte. In der aktiven neuen Ebene HINTERGRUND KOPIE wählen Sie mit dem Schnellauswahlwerkzeug die Schatten- und Hintergrundflächen mit gedrückter Maustaste in kurzen Zügen aus. Eine Pinselgröße von 17 Pixel DURCHMESSER mit 100% HÄRTE eignet sich gut. Korrigieren Sie die Auswahl in Details bei Bedarf mit den Plus- und Minus-Werkzeugen des Optionsfensters. Löschen Sie nun den ausgewählten Bereich per ←-Taste.

Dann klicken Sie in der Ebenenpalette auf die Ebene HINTERGRUND und wählen **Filter: Weichzeichnungsfilter: Gaußscher Weichzeichner** mit dem maximalen RADIUS von 250 Pixel. Nach dem OK verschwimmen die Schatten im Hintergrund. Um sie noch zarter werden zu lassen, können Sie den **Gaußscher Weichzeichner** noch ein zweites Mal mit demselben RADIUS anwenden.

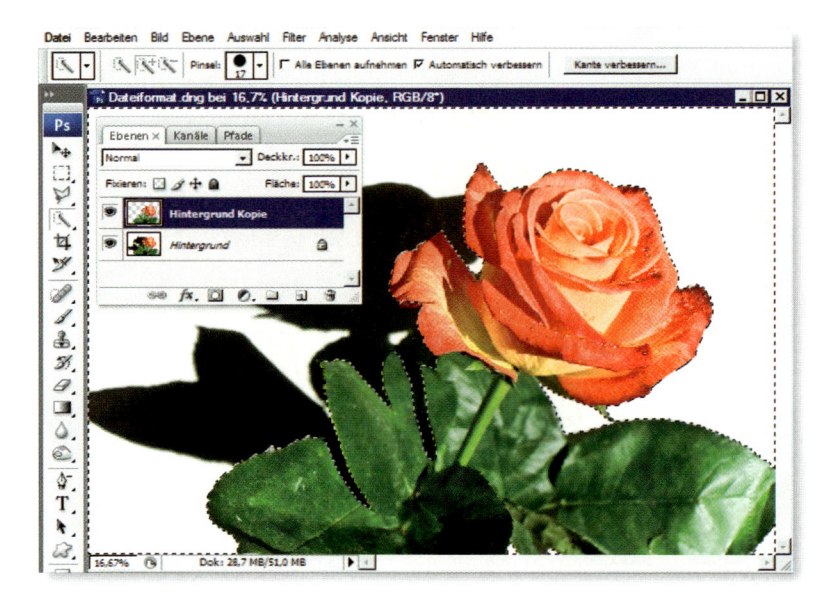

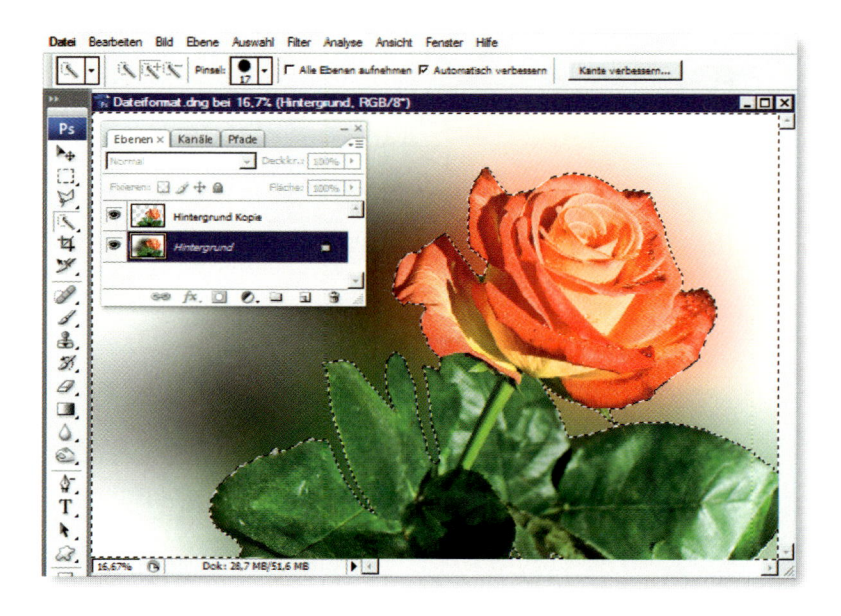

Speichern Sie nun die aktive Auswahl des Hintergrunds als Alphakanal für spätere Bearbeitungsschritte. Dazu wählen Sie den Befehl **Auswahl: Auswahl speichern**, belassen KANAL: NEU und tippen als NAME: z.B. »Alpha Hintergrund« ein. Der Kanal wird nun in der Kanälepalette unter den RGB-Kanälen gelistet.

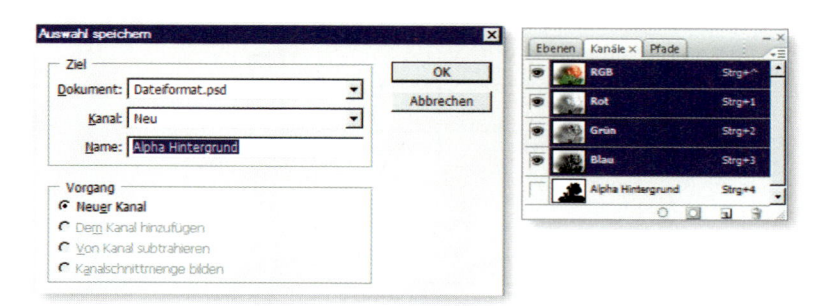

Übung 1 B zu PSD-Dateien

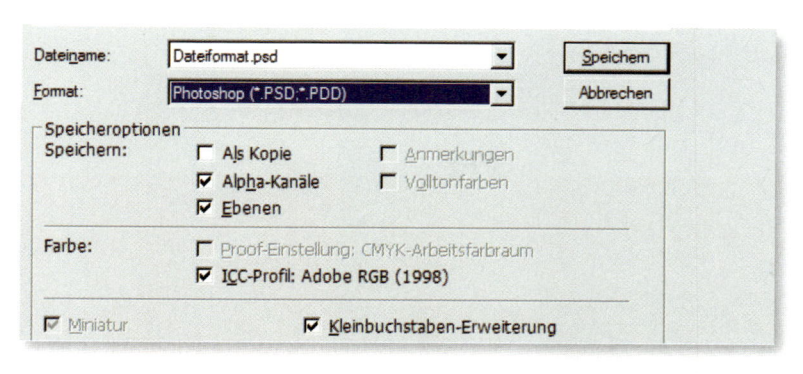

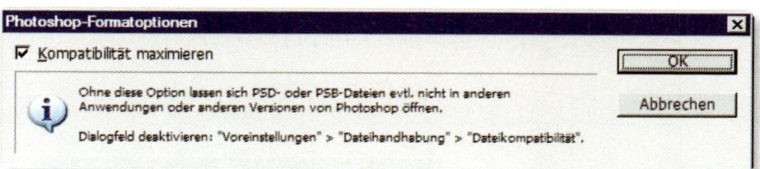

Schritt 3: PSD-Speicheroptionen

Per **Datei: Speichern unter** sichern Sie jetzt das Bild in Photoshops Standardformat PSD mit ALPHA-KANÄLEN und EBENEN im ADOBE RGB-Profil auf Ihrer Festplatte. Es dient als Quelle aller weiteren Formate und Kompressionen. (PSD ist übrigens identisch mit dem Format PDD von Adobe PhotoDeluxe).

Nach dem Klick auf SPEICHERN erscheint das Fenster **Photoshop-Formatoptionen**. Hier legen Sie die Kompatibilität der Photoshop-Montage zu anderen Programmen bzw. älteren Programmversionen fest. Auch einige Bilddatenbanken zeigen die Dateien nur dann korrekt an, wenn Sie KOMPATIBILITÄT MAXIMIEREN aktiviert haben. Allerdings steigt die Dateigröße nicht unerheblich. Features, die mit der Version CS3 hinzugekommen sind, können in älteren Photoshop-Versionen nicht bearbeitet werden. Speichern Sie die Datei dort neu, gehen diese Merkmale verloren.

Tipp
Sie können die Optionen zum Speichern von Dateien ändern, so auch den Dialog zu den **Photoshop-Formatoptionen**. *Wählen Sie dazu den Befehl* **Bearbeiten: Voreinstellungen: Dateihandhabung**.

Mit der Anlage von Ebenen und Kanälen steigt die Dateigröße recht schnell. Die ursprüngliche DNG-Datei beträgt 14 Megabyte und wächst beim Speichern im PSD-Format auf 17,7 MB. Mit dem Erstellen der zweiten Ebene verdoppelt sich die Größe auf 36,5 MB. Der Alphakanal erhöht auf 36,6 MB. Ohne die Option KOMPATIBILITÄT MAXIMIEREN benötigt dieselbe Datei nur 24,1 MB. Vergleichen Sie Ihre Übungsdatei nach Bedarf mit der bearbeiteten Version »Dateiformat.psd« auf der DVD.

Fazit für die Praxis:
Verwenden Sie das PSD-Format als 1. Wahl zur Bearbeitung von Bildern, um das Spektrum der Photoshop-Funktionen ohne Verlust zu nutzen. Die weitere Verwendung des Formats in mehreren anderen Adobe-Programmen sowie auf den Plattformen PC und Mac ist möglich.

Speichern von TIFF-Dateien

*In der subtraktiven Farbmischung **C**yan, **M**agenta und **Y**ellow ergibt die Mischung theoretisch Schwarz. Der **K**ey bringt den reinen Schwarzwert.*

Übung 2: Von PSD zu TIFF für Offset- und Digitaldruck

Viel umfassender noch als PSD erlaubt das TIFF-Format (Tagged Image File Format) den problemlosen Austausch mit fast allen Belichtungsdiensten, Programmen und Betriebssystemen. Es unterstützt RGB, Graustufen, CMYK oder Lab, Alphakanäle, Pfade sowie Bilder mit 16-Bit-Farbtiefe. Auch Ebenen können Sie mit speichern, sie dienen jedoch meist nur zur Weiterbearbeitung in Photoshop.

Im Internet eignet sich das TIFF-Format allenfalls zum Server-Upload für den Druckdienst oder eine Pressestelle, keinesfalls jedoch für die direkte Bildanzeige auf Webseiten.

In dieser Übung geht es um die Ausgabe von TIFF-Dateien: Erstellen Sie im Folgenden zwei verschiedene TIFF-Bilder, einmal als CMYK-Bild ohne Ebenen und Kanäle in der Druckvorstufe für eine Belichtung, zum anderen als RGB-Bild in DIN-A4-Größe zum Ausdruck per Tintenstrahldrucker.

Infothek

einfach — komplex

Lernschritte:	In Übung 2 A bereiten Sie ein Bild für die Druckvorstufe im CMYK-Modus vor: Dabei arbeiten Sie mit einem Farbproof, prüfen den Farbumfang, lernen Möglichkeiten kennen, Farben anzuwählen und zu ersetzen. Des Weiteren führen Sie eine Tonwertkorrektur anhand des Histogramms durch, arbeiten mit Gradationskurven, und speichern als TIFF im CMYK-Modus. In Übung 2 B bearbeiten Sie ein Bild für den Digitaldruck im RGB-Modus, optimieren die Auflösung, reduzieren die Bild- sowie Dateigröße und speichern mit LZW-Kompression.
Aufwand:	Hoch
Übungsdatei:	Dateiformat.psd, Dateiformat_fertig.psd, Dateiformat_CMYK.tif, Dateiformat_RGB.tif

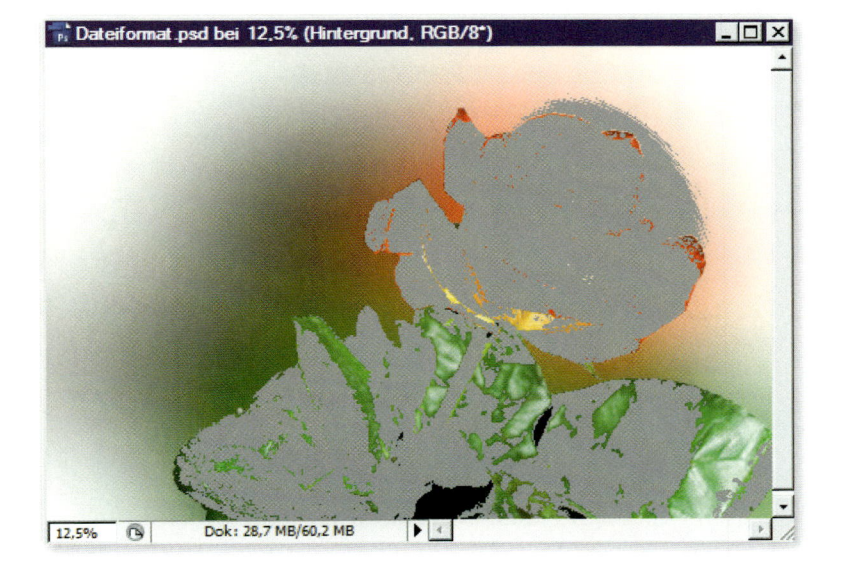

Übung 2 A zu TIFF-Dateien für den Druck

Übung 2 A: Fit für die Druckvorstufe (CMYK)

Öffnen Sie Ihre gespeicherte PSD-Übungsdatei (oder die Version »Dateiformat.psd« von DVD). Für den Vierfarbdruck bei optimaler Auflösung von 300 Pixel/Zoll ergibt sich eine Bildgröße von knapp 33 x 22 cm — überzeugen Sie sich per **Bild: Bildgröße**.

Schritt 1: Ein Proof zur Ansicht

Führen Sie Farb- und Tonwertkorrekturen Ihres Bilds bevorzugt im RGB-Modus durch, da die Arbeit mit drei statt vier Kanälen einerseits weniger Speicherplatz benötigt, andererseits der RGB-Farbumfang größer ist und der Farbraum des Monitors die druckbaren CMYK-Werte nicht richtig darstellen kann. Nur die letzten Feineinstellungen sollten Sie erst im CMYK-Modus vornehmen und dazu die RGB- und CMYK-Variante vergleichen:

Wählen Sie **Fenster: Anordnen: Neues Fenster für „Dateiformat.psd"**. Für dieses neue Fenster richten Sie einen Proof zur CMYK-Ansicht ein und zwar per **Ansicht: Proof einrichten: CMYK-Arbeitsfarbraum**. Dann aktivieren Sie unter **Ansicht** den **Farbproof**. Jede folgende Änderung wird vergleichbar in beiden Fenstern angezeigt.

Schritt 2: Den Farbumfang prüfen

Mit der Darstellung im CMYK-Modus verliert das Bild scheinbar an Farbbrillanz. Welche Farbtöne außerhalb des aktuellen RGB-Farbraums liegen und bei der Konvertierung in CMYK durch ähnliche Farbtöne ersetzt werden, überprüfen Sie per **Ansicht: Farbumfang-Warnung**. Sie werden als graue Flächen angezeigt und betreffen einen Großteil der etwas überstrahlten Farben von Rose und Blättern im Übungsbild.

Welche Farben im Einzelnen druckbar sind, wird durch den aktuellen CMYK-Arbeitsfarbraum festgelegt. Sie können ihn per **Bearbeiten: Farbeinstellungen** überprüfen bzw. ändern.

Speichern von TIFF-Dateien

Schritt 3: Farben außerhalb des Farbumfangs ersetzen

Bei Bedarf können Sie aber auch schon vor der Konvertierung einen Farbwert manuell ersetzen: Deaktivieren Sie die Farbumfang-Warnung nun wieder per Klick.

Wählen Sie **Bild: Anpassungen: Farbe ersetzen** und nehmen Sie mit dem Pipette-Werkzeug eine Farbe der betroffenen Zone auf. Um einen Farbton zu finden, der bei der Konvertierung ersetzt wird, können Sie sich auch an der Infopalette orientieren. Sie zeigt dann ein Ausrufezeichen neben den CMYK-Werten. Die aktuelle FARBE wird angezeigt und kann per TOLERANZ ausgeweitet oder beschränkt werden.

Klicken Sie nun unter ERSETZUNG auf das Farbfeld von ERGEBNIS, öffnet sich der Farbwähler. Ein Warndreieck ⚠ zeigt die Farbe an, die außerhalb des Farbumfangs liegt. Mit einem weiteren Klick auf die kleine Farbfläche unterhalb des Warndreiecks wird die Farbe durch eine ähnliche ersetzt, die im Farbumfang liegt.

Natürlich können Sie hier auch einen ganz anderen Farbton einstellen. Für die Darstellung dieses Beispiels im Buch mussten auch wir den Farbton für das ERGEBNIS etwas abändern, denn die Umwandlung in CMYK hätte beim Druck logischerweise identische Farbtöne geliefert.

Wollen Sie nicht nur einen, sondern gleich alle problematischen Farbtöne selbst bestimmen, dann wählen Sie den Befehl **Auswahl: Farbbereich**. Per AUSWAHL: AUSSERHALB DES FARBUMFANGS erhalten Sie die gesamte Auswahl — machen Sie einen Test.

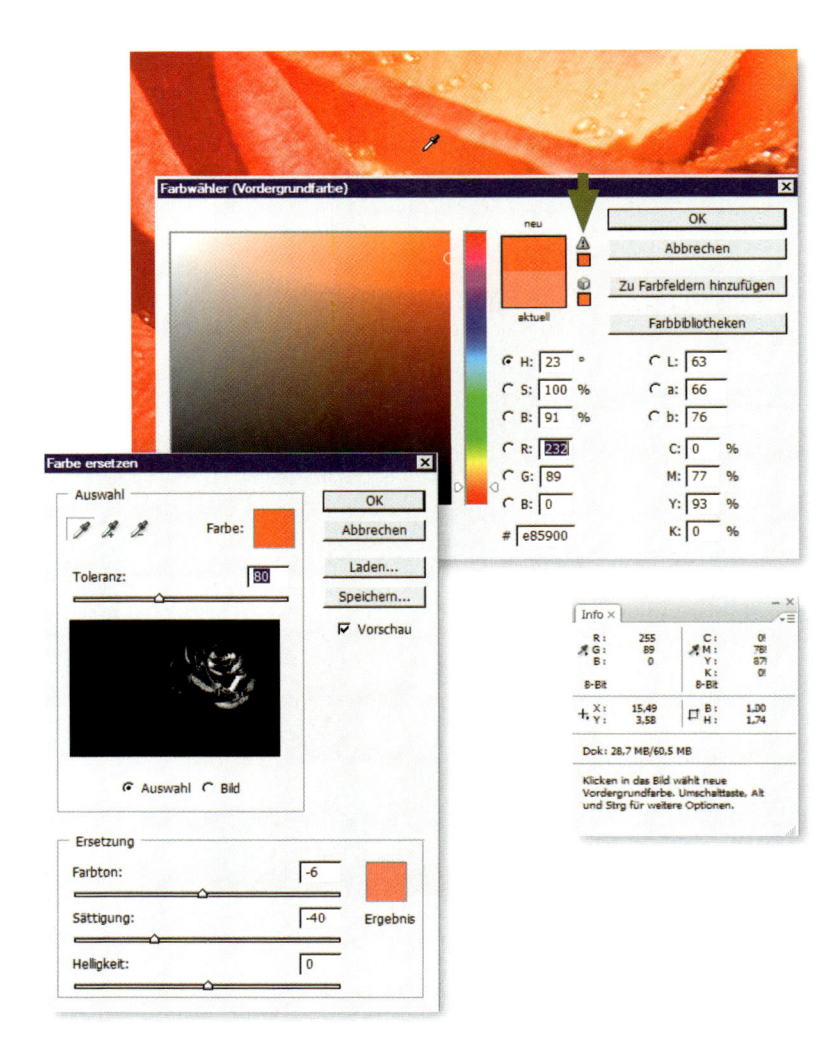

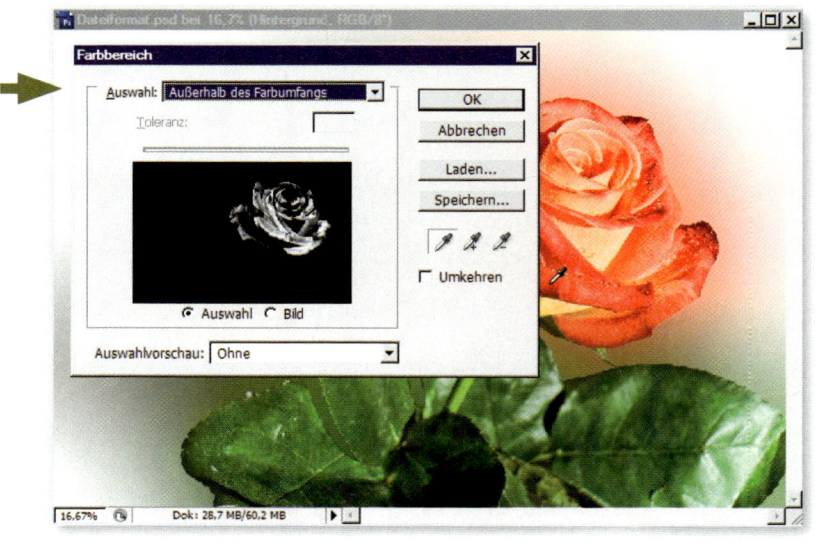

282

Kapitel 9 • Dateiformate im Einsatz

Übung 2 A zu TIFF-Dateien für den Druck

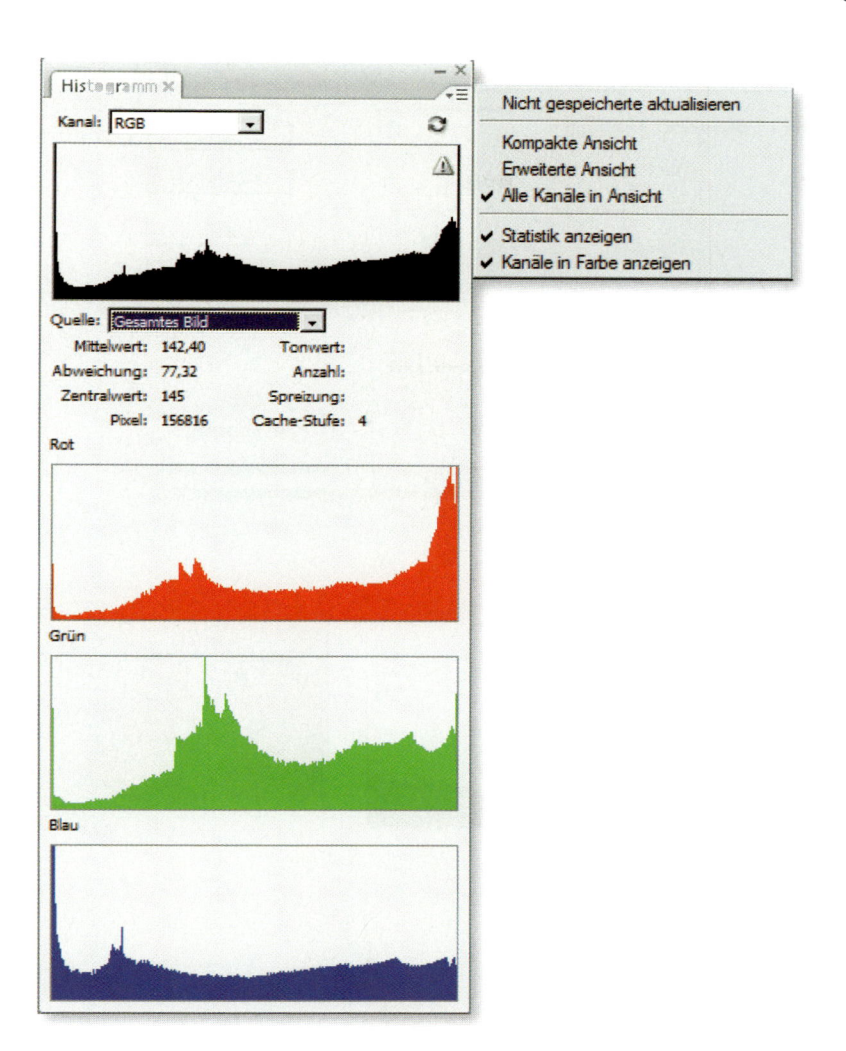

Schritt 4: Der Histogrammcheck

Bereits die Histogrammanzeige einer guten Digitalkamera verrät Wesentliches über die Belichtungsqualität der Aufnahme. Mit den möglichen Variationen eines Fotos im Raw-Dialog und der weiteren Bearbeitung in Photoshop entfernen Sie sich unter Umständen weit davon.

Machen Sie eine Bestandsaufnahme von der Verteilung der Helligkeitsstufen Ihres aktuellen Bilds. Generell sollte der Tonwertbereich bei Tiefen (links im Histogramm), Mitteltönen (Mitte) und Lichtern (rechts) eine gewisse Anzahl von Pixeln aufweisen. Sind etwa im linken Bereich der Tiefen keine Werte vorhanden, ist das Bild überbelichtet, fehlen Pixel komplett im rechten Bereich der Lichter, handelt es sich um eine Unterbelichtung.

Das Histogramm-Menü ist unglaublich flexibel. Testen Sie im KANAL die RGB-Werte, einzelne Kanäle, Luminanz oder etwa Farben. Lassen Sie sich nun als QUELLE entweder die Werte für GESAMTES BILD anzeigen oder für einzelne Ebenen. Bei einer eigenen aktiven Auswahl erhalten Sie ebenfalls ein eigenes Histogramm.

Wählen Sie im Menü der Histogrammpalette den Befehl STATISTIK ANZEIGEN, so erfahren Sie zum Beispiel den MITTELWERT auf einer Skala von 0 bis 255. Eine CACHE-STUFE von 4 berechnet einen ordentlichen Durchschnittswert aus je vier Pixeln. Per Klick auf das Warndreieck aktualisieren Sie das Histogramm derart, dass es auf allen vorhandenen Bildpunkten und nicht nur auf einer Hochrechnung basiert.

Im Übungsbild »Dateiformat.psd« liegen die Werte für das gesamte Bild durch den hellen Hintergrund nicht sehr hoch.

Aktivieren Sie die verwischte HINTERGRUNDEBENE in der Ebenenpalette und wählen Sie in der Histogrammpalette als QUELLE die AUSGEWÄHLTE EBENE: Sie sehen, dass die Ursache des hohen Rotwerts bei den Lichtern auf der unteren Ebene liegt.

Die fehlenden Pixel im Bereich der Tiefen sind bei den hellen, zarten Tönen dieser Ebene ganz normal, doch den Rotstich sollten Sie dämpfen.

Speichern von TIFF-Dateien

Schritt 5: Tonwertkorrektur anhand des Histogramms

Wählen Sie den Befehl **Bild: Anpassungen: Farbton/Sättigung**. Vergewissern Sie sich, dass die VORSCHAU per Häkchen aktiviert ist, denn dann können Sie jede Korrektur im Histogrammfenster mit verfolgen.

Nun geben Sie neben BEARBEITEN die Option ROTTÖNE an und setzen die SÄTTIGUNG auf -40 herunter. Die HELLIGKEIT reduzieren Sie auf etwa -30.

Im Histogrammfenster ändert sich parallel zur Korrektur der hohe Wert für die Lichter. Die ursprünglichen Kurven sind grau bzw. rosa dargestellt.

Während die Auswirkung für das gesamte Bild nicht gravierend ist (links), erscheint sie im Rotkanal der ausgewählten Hintergrundebene verschärft (unten).

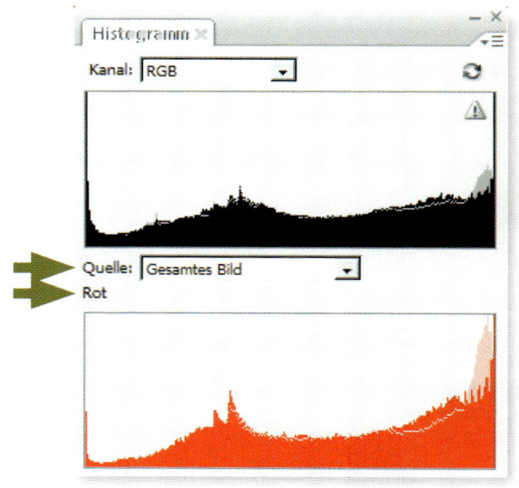

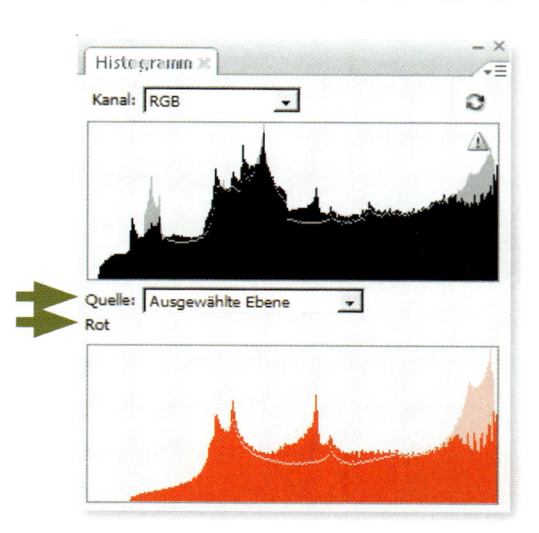

Übung 2 A zu TIFF-Dateien für den Druck

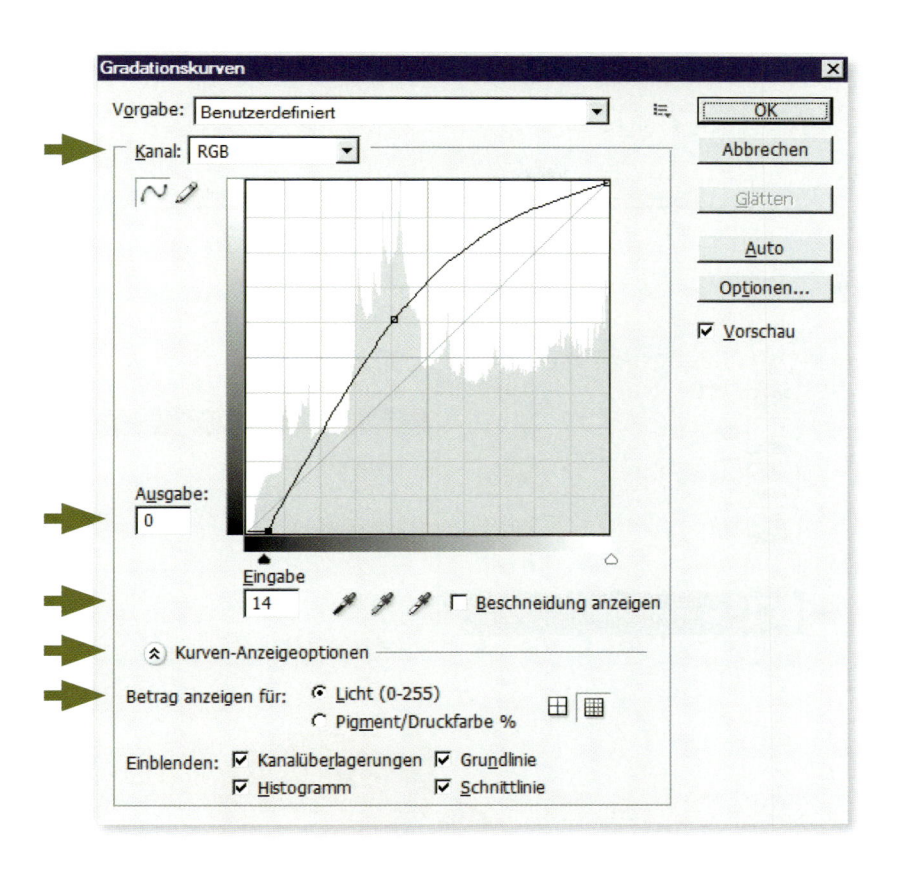

Schritt 6: Kontrast korrigieren

Um den Schatten im Bildhintergrund zarter erscheinen zu lassen und der Rose mehr Plastizität zu geben, bleiben Sie bei der angewählten Hintergrundebene. Führen Sie eine Korrektur des Kontrasts per **Bild: Anpassungen: Gradationskurven** durch.

Klappen Sie die KURVEN-ANZEIGEOPTIONEN unten im Fenster mit dem Doppelpfeil aus und aktivieren Sie sämtliche Optionen. Damit wird auch das Histogramm der aktiven Ebene im Hintergrund angezeigt.

Klicken Sie in der Mitte auf die diagonale Linie und verschieben Sie mit gedrückter Maustaste den mittleren Anfasser nach links oben. Dann reduzieren Sie mit dem Bildpunkt unten links den Tiefenbereich, indem Sie ihn etwas nach rechts ziehen, so dass die AUSGABE den Wert 0 anzeigt und die EINGABE 14.

Die Veränderung zeigt sich dabei nur in der Histogrammpalette.

Schritt 7: In CMYK konvertieren

Nun ist es endlich so weit. Ihr Bild ist sprichwörtlich druckreif. Doch halt: Vor der Konvertierung sollten Sie unbedingt die aktuelle RGB-Version speichern, um für spätere Verwendungszwecke oder Nachkorrekturen keine Rückkonvertierung zu riskieren. Denn mit jeder Konvertierung werden sensible Tonwerte neu interpretiert und reduziert.

Speichern Sie das Bild mit Alphakanälen und Ebenen als »Dateiformat_fertig.psd« auf Ihrer Festplatte für die weiteren Übungen.

Nehmen Sie nun die Farbseparation vor und zwar per **Bild: Modus: CMYK-Farbe**.

285

Speichern von TIFF-Dateien

Photoshop fragt sogleich nach der Reduktion der Ebenen. In diesem Fall werden sie nicht benötigt, klicken Sie deshalb auf REDUZIEREN. Die Kanälepalette zeigt das Ergebnis der Farbseparation mit den Kanälen Cyan, Magenta, Yellow und Black.

Die nächste Entscheidung betrifft den Umgang mit dem Alphakanal. Für die direkte Weitergabe an eine Druckerei sollten Sie ihn unbedingt löschen, um keine fehlerhafte Wiedergabe des Bilds zu riskieren und um die Dateigröße zu reduzieren.

Wollen Sie jedoch das Bild mit flexiblen Möglichkeiten an einen Layouter weitergeben, der es nach Bedarf freistellen kann, dann belassen Sie den Kanal. Eben diese Variante sehen Sie rechts (der zarte Schlagschatten entstand im Layoutprogramm).

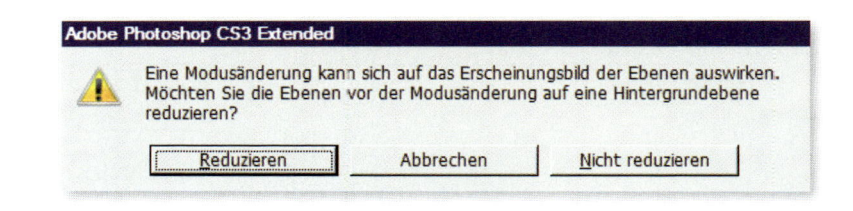

Schritt 8: TIFF-Format speichern

Speichern Sie das Bild per ⇧+Strg+S am PC bzw. ⇧+⌘+S am Mac unter dem FORMAT TIFF. Überlegen Sie gut, ob die ALPHA-KANÄLE mitgespeichert werden sollen, und deaktivieren Sie das Häkchen nach Bedarf. Die Datei wird mit dem aktuellen CMYK-Farbprofil Ihres Photoshop gespeichert. Ändern Sie es eventuell unter **Bearbeiten**: **Farbeinstellungen**.

Übung 2 B zu TIFF-RGB

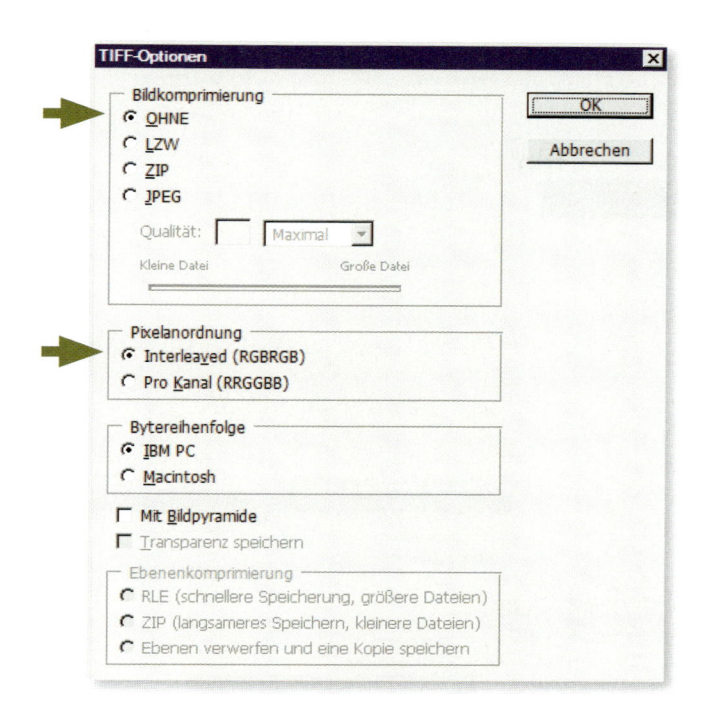

Die TIFF-Optionen halten Sie im Pre-Press-Fall so risikolos wie möglich. Verzichten Sie auf eine BILDKOMPRIMIERUNG per OHNE und bleiben Sie bei der TIFF-üblichen PIXELANORDNUNG INTERLEAVED, denn sie gewährt beste Kompatibilität zu anderen Programmen. Sicherheitshalber (wenn heute auch zumeist irrelevant) wählen Sie die BYTEANORDNUNG Ihrer Plattform IBM-PC oder MACINTOSH.

MIT BILDPYRAMIDE aktivieren Sie am besten nur dann, wenn das Bild in bestimmten Server- oder Layoutprogrammen zur Voransicht genutzt werden soll, da hierbei mehrere Auflösungen im Bild gespeichert werden, jedoch nur die höchste in Photoshop angezeigt wird; außerdem steigt die Dateigröße.

Mit dem OK speichern Sie Ihr CMYK-Bild. Unter dem Namen »Dateiformat_CMYK.tif« finden Sie es auch auf der DVD.

Übung 2 B: TIFF-RGB — ideal für Toner und Tinte

Mit den verlustfreien TIFF-Dateien hantieren Sie an diversen Ausgabegeräten und liefern Qualität im Datenaustausch. Bildgröße, Auflösung und Speicheroptionen sollten Sie je nach Zweck optimieren:

Schritt 1: Die Datei entschlacken

Öffnen Sie erneut Ihre gespeicherte PSD-Übungsdatei (oder die Version »Dateiformat_ fertig.psd« von DVD). Um eine Rückkonvertierung zu vermeiden, gehen Sie also nicht von der CMYK-TIFF-Version der vorigen Übung aus.

Speichern von TIFF-Dateien

Das Bild soll am heimischen Drucker auf einem DIN-A4-Fotopapier ausgedruckt werden. Ebenen und Alphakanäle sind dabei nur unnötiger Ballast.

Verschmelzen Sie die Ebenen zu einer einzigen per Befehl AUF HINTERGRUNDEBENE REDUZIEREN im Menü der Ebenenpalette.

Auch der Alphakanal ist für den Zweck des Dokuments überflüssig. Entfernen Sie ihn mit dem Befehl KANAL LÖSCHEN im Menü der Kanälepalette. Mit der Reduktion schrumpfen die PIXELMASSE des Bilds bereits erheblich. Der Arbeitsspeicher zeigt statt der vormaligen 60,2 MB nur noch 28,7 MB an. Entschlacken Sie die Datei jetzt noch weiter:

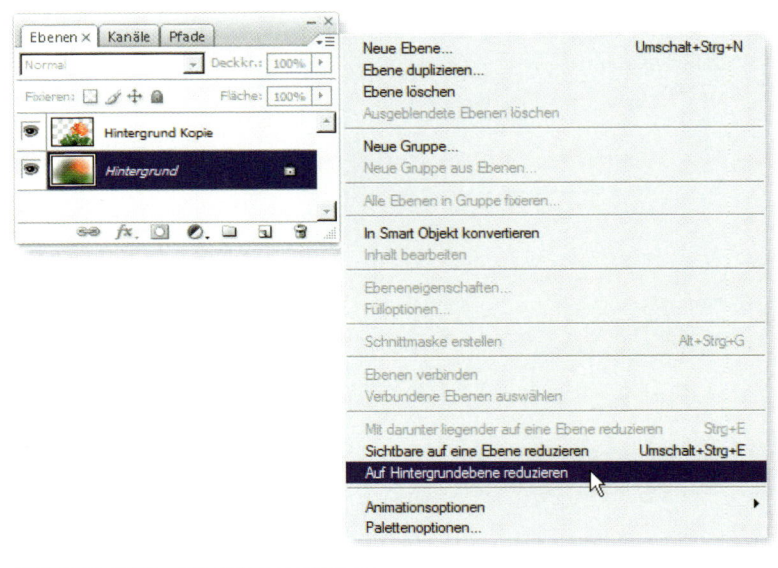

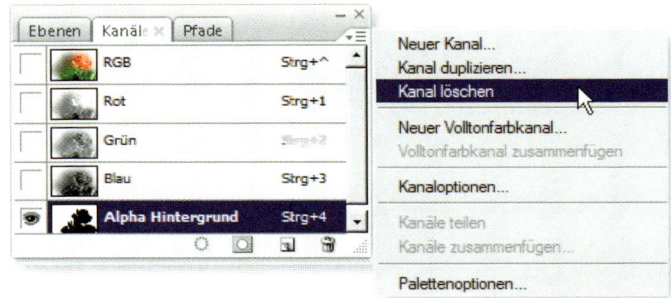

Schritt 2: Größe & Auflösung reduzieren

Um Größe und Auflösung herunterzurechnen, wählen Sie den Befehl **Bild: Bildgröße**. Die entscheidenden Häkchen setzen Sie bei den Optionen BILD NEU BERECHNEN MIT und PROPORTIONEN BEIBEHALTEN. Im Fall des Übungsbilds müssen Sie dagegen nicht, wie sonst häufig, die Funktion STILE SKALIEREN aktivieren, da keine Stile angewandt wurden.

Tippen Sie nun unter DOKUMENTGRÖSSE die gewünschte Breite von z.B. 18 cm ein, so wird die HÖHE automatisch skaliert. Für einen guten Tintenstrahldrucker sollte eine AUFLÖSUNG von 250 Pixel/Zoll ausreichen. Mit der Einstellung BIKUBISCH SCHÄRFER bleiben bei der Reduktion die Details am besten erhalten. Klicken Sie auf OK.

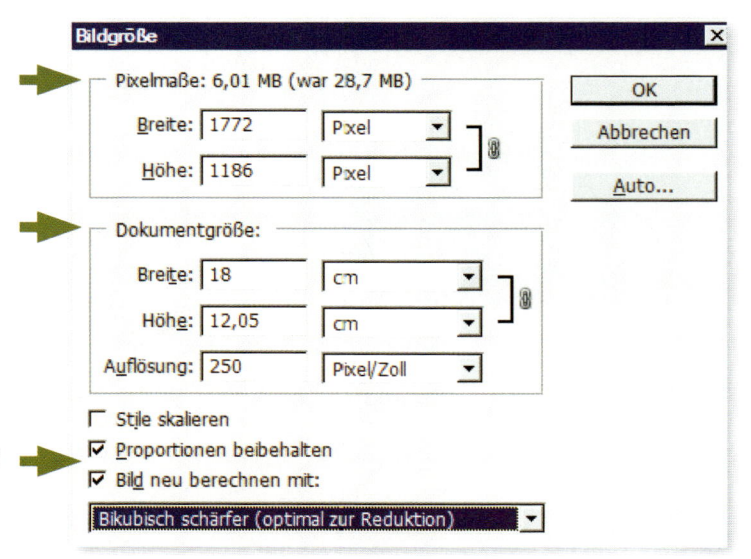

Übung 2 B zu TIFF-RGB

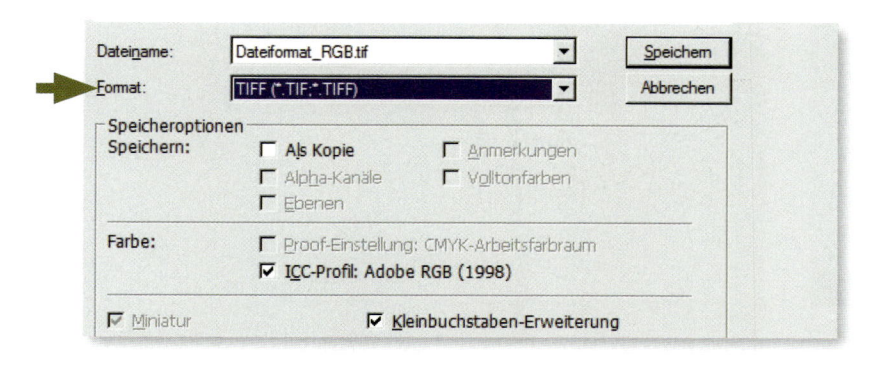

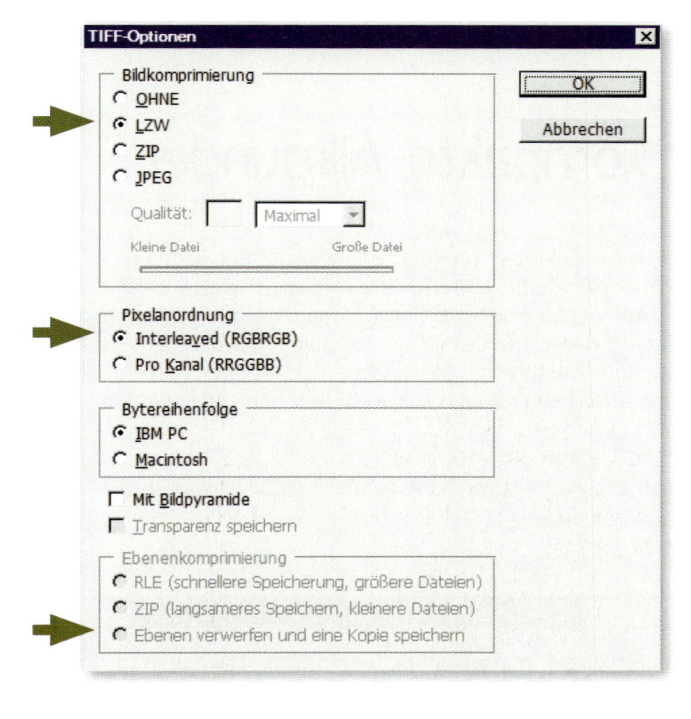

Schritt 3: TIFF-Speicheroptionen wählen

Mit den TIFF-Speicheroptionen erleichtern Sie nun Ihre Datei noch ein wenig. Per **Datei: Speichern unter** wählen Sie das Format TIFF. Alphakanäle und Ebenen sind hier bereits ausgegraut und nicht mehr verfügbar. Alle Einstellungen für ein Standard-TIFF sind damit erfüllt, bei 8 Bit Farbtiefe pro Kanal und dem Farbmodus RGB (sonst auch Graustufen, indiziert, CMYK).

Sollten Sie einmal vergessen haben, Ebenen oder Alphakanäle im Bild zu löschen, können Sie es im Speicherfenster noch nachholen. Allerdings speichert Photoshop Ihr Bild dann als Kopie und damit zusätzlich zum Quellbild. Das Gleiche gilt für das Fenster TIFF-OPTIONEN, wo Sie noch EBENEN VERWERFEN UND EINE KOPIE SPEICHERN können.

Wenn Sie für die BILDKOMPRIMIERUNG LZW wählen, sparen Sie ohne jeden Qualitätsverlust eine ganze Menge an Festplattenspeicher. Das Übungsbild benötigt beim Speichern ohne LZW-Komprimierung 6,1 MB, mit LZW jedoch nur 2, 1 MB. Die meisten Programme können diese Datei auch öffnen, eventuell jedoch nicht alle Funktionen des Photoshop-TIFF nutzen. Weniger kompatibel, doch mit stärkerer Kompression arbeiten in der Steigerung ZIP und JPEG, Letzteres aber mit Qualitätsverlust. Ein ähnliches Prinzip gilt bei der Ebenenkomprimierung mit RLE oder ZIP.

Nach dem OK können Sie das Bild nun bearbeiten, drucken, weitergeben etc. Die DVD enthält das fertige Bild als »Dateiformat_RGB.tif« mit einer Größe von leichten 2 MB. Die Speicherung mit Ebenen und Alphakanal würde 12,6 MB kosten und wäre um ein Drittel größer als das PSD-Format mit 7,8 MB — ein KO-Argument für die Ebenenspeicherung beim TIFF.

Fazit für die Praxis:
Die kompakten TIFF-Dateien eignen sich sowohl zum Archivieren eigener fertiger Bildversionen (am besten auf Basis gesicherter PSD-Formate) als auch für den verlustfreien, plattformübergreifenden Datenaustausch in Bildbearbeitungs- und Layoutprogrammen bis hin zu Druck und Druckvorstufe.

Übungen zu JPEG-Dateien

Übung 3: JPEG — der kompakte Allrounder

Universeller als TIFF, allerdings (nach wie vor) mit der überwiegenden Tendenz zur Bildschirmdarstellung, sind JPEG-Bilder. Für E-Mails, Internet und Online-Dienste ist JPEG (Joint Photographic Experts Group) das gängige Format bei Fotos und anderen Halbtonbildern, da es aufgrund der geringen Dateigröße einen raschen Datenaustausch ermöglicht. Mit den Farbmodi RGB, Graustufen und CMYK wird es deshalb auch im Bereich Druck immer beliebter, obwohl die JPEG-Kompression verlustreich ist (siehe Artefakte im rechten Bild) — wie sehr, bestimmen Sie selbst entscheidend mit. Neben der üblichen 8-Bit-Farbtiefe unterstützt JPEG auch 16-Bit, Pfade und IPTC-Texte, jedoch keine Ebenen oder Alphakanäle.

Aufgrund der vielfältigen Einsatzzwecke müssen Sie JPEG-Bilder oft in unterschiedliche Bildgrößen und Auflösung wandeln. Schneiden Sie nun passgenaue Bilder für Fotobelichtung sowie Bildschirmpräsentation zu und bereiten Sie korrekte Dateien für E-Mail und Internet vor.

Infothek

	einfach ——————————————————— komplex
Lernschritte:	Erstellen Sie die Vorlage für einen Fotoabzug im richtigen Seitenverhältnis. Nach dem korrekten Abspeichern sichern Sie die Formatvorlage im Seitenverhältnis 2:3, um sie für Fotodrucke diverser Größen wieder zu verwenden. Dann errechnen und sichern Sie Bilder für Bildschirmpräsentationen im Vollbildmodus — vom Einzelbild bis hin zur Serie in komprimierter, leichter Dateigröße zur Vorführung in Photoshop, Bridge oder anderen Programmen. Schließlich optimieren Sie noch JPEG-Dateien für die Nutzung im Internet oder via E-Mail.
Aufwand:	Höher
Übungsdatei:	Fotoabzug.jpg, Ordner »Praesentation« mit Schau_15.tif, Ordner »Praesentation_Bildschirm«, Webvorlage_1.tif, Webvorlage_1.jpg

Übung 3 A : JPEG-Fotoabzug

Übung 3 A: Ein Fotoabzug im richtigen Seitenverhältnis

Viele Kompaktkameras liefern Fotos im Seitenverhältnis 4:3. Die meisten DSLR-Kameras arbeiten mit einem 3:2-Sensor, so dass das Seitenverhältnis wieder dem länglicheren, analogen Kleinbildformat entspricht. Diesem Verhältnis entsprechen auch die meisten Standardgrößen von Fotoabzügen.

Damit wird ein Bild mit den Proportionen 4:3 vom Fotodruckdienst entweder beschnitten oder es bleibt ein weißer Rand stehen. Bestimmen Sie den Bildausschnitt doch lieber selbst und prüfen Sie die Bildqualität für bestimmte Druckgrößen, um ein optimales Ergebnis zu erhalten.

Links im Bild sehen Sie, wie wichtig es ist, diese Formatbeschneidung selbst vorzunehmen, damit nicht etwa die Sonne in der Gegenlichtaufnahme plötzlich fehlt.

Schritt 1: Die Maße beim Freistellungswerkzeug bestimmen

Öffnen Sie die Übungsdatei »Fotoabzug.jpg« von der DVD. Sie verfügt über die Maße von 2136 x 2848 Pixel und entspricht damit dem Seitenverhältnis von 4:3. Von dem Sechs-Megapixel-Bild soll ein Fotoabzug in der Größe von 10 x 15 cm entstehen, also im Format einer Postkarte mit dem 2:3-Verhältnis.

Wählen Sie das Freistellungswerkzeug 🔲 und tippen Sie oben in der Optionsleiste eine BREITE von 2 cm und eine HÖHE von 3 cm ein.

Warum nicht einfach 10 x 15 cm? Das können Sie natürlich auch eingeben, doch dann müssen Sie künftig wieder für jedes 2:3-Maß die entsprechenden Werte ermitteln. Die hier vorgestellte Methode ist auf den ersten Blick etwas umständlicher, doch längerfristig schneller und einfacher.

Das Feld AUFLÖSUNG lassen Sie frei, um die ursprünglichen Pixelmaße beizubehalten und nicht herauf- oder herunterzuskalieren.

Übungen zu JPEG-Dateien

Schritt 2: Den Ausschnitt festlegen

Setzen Sie mit dem Mauszeiger links oben im Bild an und ziehen Sie ein Rechteck auf. Mit den Anfassern können Sie den Ausschnitt vergrößern oder verkleinern. Wollen Sie die Auswahl an eine andere Position setzen, so bewegen Sie sie mit gedrückter Maustaste innerhalb der gestrichelten Begrenzung.

Durch den abgedunkelten Rand erkennen Sie den gewählten Rahmen sehr viel besser. Je nach Bildmotiv können Sie FARBE und DECKKRAFT ändern, sofern ABDECKEN aktiviert ist.

Mit der ⏎-Taste bestätigen Sie den Beschnitt.

Sollten Sie bereits den Auswahlrahmen aufgezogen haben, doch lieber neu beginnen wollen, drücken Sie einfach die Taste Esc.

Schritt 3: Die Druckgröße ermitteln

Lassen Sie sich die neuen Maße des beschnittenen Bilds per **Bild: Bildgröße** anzeigen. Es hat etwas an Bildpunkten verloren und zeigt statt der 2136 x 2848 Pixel in Breite und Höhe nur noch die PIXELMASSE 1855 x 2782.

Da sich aber die vorhandene Anzahl von Pixeln mit dem neuen Ausschnitt selbst nicht geändert hat, zeigt die Dokumentgröße bei den winzigen 2 x 3 cm BREITE X HÖHE nun die inflationäre Auflösung von 2355,427 Pixel/Zoll. Dies ist angesichts einer optimalen Druckauflösung von 300 Pixel/Zoll für Toner, Tinte und Druckdienste doch entscheidend zu viel und kann in der Qualität gar nicht mehr umgesetzt werden.

Deaktivieren Sie die Option BILD NEU BERECHNEN MIT, um die vorhandenen Pixel beizubehalten und nur deren Konzentration zu lichten.

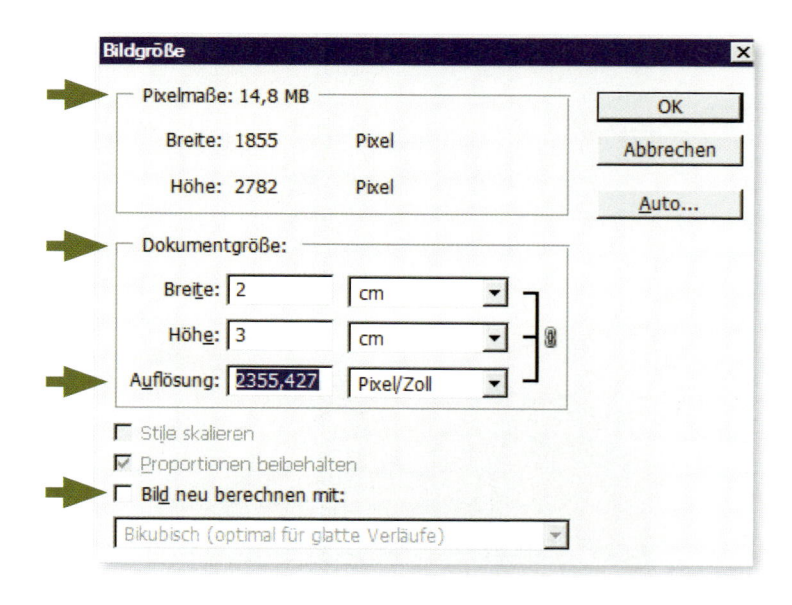

Übung 3 A : JPEG-Fotoabzug

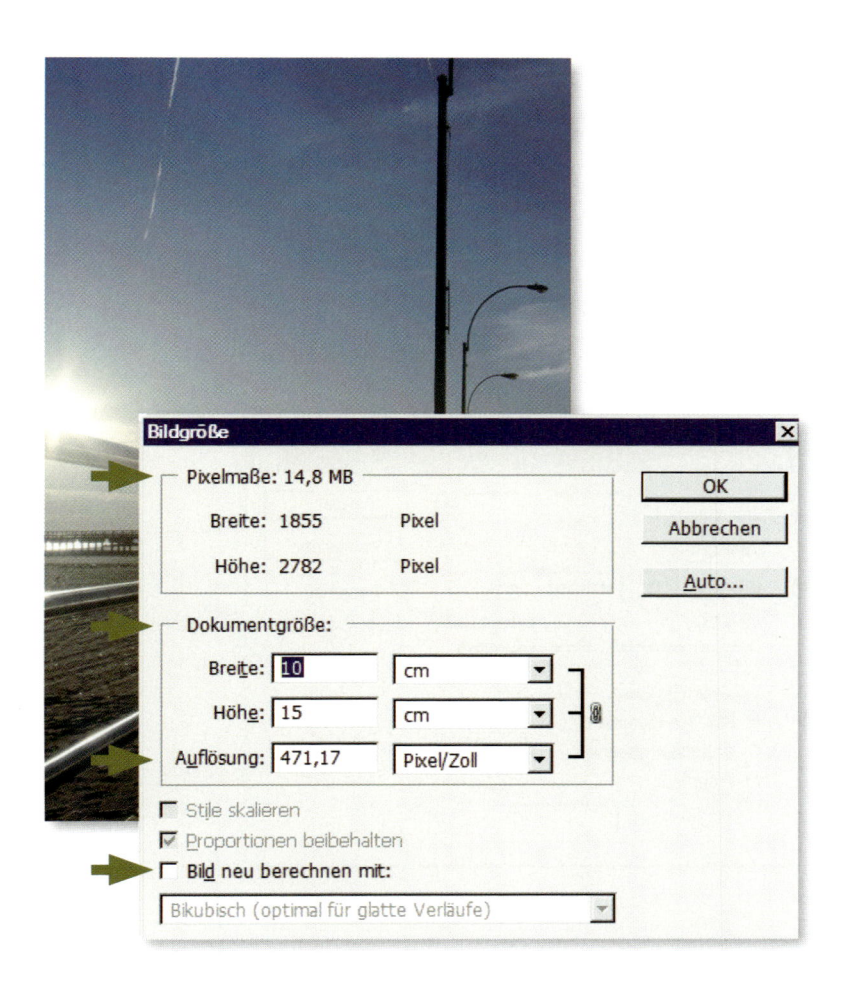

Tippen Sie als AUFLÖSUNG probeweise 300 Pixel/Zoll ein, so errechnet Photoshop automatisch eine Höhe x Breite von knapp 16 x 24 cm. Mit dieser Größe könnten Sie also in voller Schärfe drucken. Bei einer immer noch recht ordentlichen AUFLÖSUNG von 250 erreichen Sie sogar 18,85 x 28,27 cm. Je kleiner Sie den Wert für die Pixel/Zoll setzen, umso unschärfer würde das Druckergebnis in der errechneten Größe wirken.

Tippen Sie nun unter DOKUMENTGRÖSSE eine BREITE von 10 cm ein. Photoshop ergänzt automatisch die HÖHE mit 15 cm, da das Seitenverhältnis von 2:3 bereits vorliegt. Die PIXELMASSE selbst ändern sich wie gewünscht nicht.

Damit ergibt sich eine AUFLÖSUNG von 471,17 Pixel/Zoll — unnötiger Ballast für eine Online-Bestellung beim Druckservice, den Sie im nächsten Schritt abwerfen. Lassen Sie das Fenster **Bildgröße** dazu noch geöffnet.

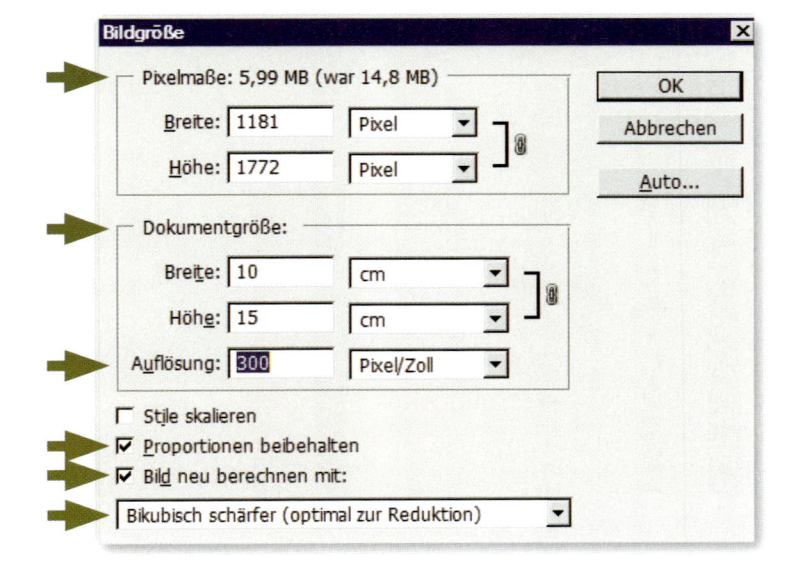

Schritt 4: Die Dateigröße optimieren

Aktivieren Sie die Optionen BILD NEU BERECHNEN MIT: sowie PROPORTIONEN BEIBEHALTEN. Geben Sie als AUFLÖSUNG nun 300 Pixel/Zoll ein. Die DOKUMENTGRÖSSE bleibt gleich, doch die PIXELMASSE werden von 14,8 auf 5,99 MB reduziert.

Statt der vormaligen Bildpunkte von 1855 x 2782 erhalten Sie 1181 x 1772 Pixel — ideal für das Format 10 x 15 cm, doch **Achtung**: ungeeignet für künftige größere Fotoabzüge!

Per BIKUBISCH SCHÄRFER (OPTIMAL ZUR REDUKTION) bewahren Sie die maximale Schärfe bei der Skalierung nach unten.

Übungen zu JPEG-Dateien

Schritt 5: Als JPEG speichern

Wählen Sie nun den Befehl **Datei: Speichern unter** und geben Sie als FORMAT JPEG an.

Das ICC-PROFIL sRGB entspricht dem voreingestellten Standardfarbraum vieler Digitalkameras. Während sich für die Druckvorstufe Adobe RGB aufgrund des größeren Farbraums besser eignet, können Sie es hier belassen. Nach dem Klick auf SPEICHERN erscheint das Fenster mit den **JPEG-Optionen**.

Unter den BILDOPTIONEN stehen für die QUALITÄT zwölf Stufen von NIEDRIG, über MITTEL bis HOCH (ab 8) und MAXIMAL (ab 10) zur Verfügung. Für gelungene Fotoabzüge sollten Sie natürlich im Bereich HOCH bis MAXIMAL bleiben. Der Rest ist eine sensible Entscheidung zwischen Qualität und Quantität:

Wenn Sie das Übungsbild mit Stufe 12 speichern, erhalten Sie eine Dateigröße von 1,3 MB, mit Stufe 9 hingegen nur 294 KB, womit Sie bereits vier statt nur ein Foto in derselben Dateimenge online weitergeben können.

Bei Fotos mit hohem Kontrastumfang, filigranen Linien oder enthaltenen Schriften bleiben Sie besser bei einem Wert von 12, da selbst Stufe 9 schon kleine Artefakte zeigt.

Als FORMAT-OPTIONEN wählen Sie BASELINE (STANDARD), das sich in jedem Programm öffnen lässt.

Per Klick auf OK speichern Sie die Datei als »Fotoabzug_10x15.jpg«. Unter diesem Namen befindet sie sich auch auf der Übungs-DVD.

Das JPEG-Verfahren komprimiert verlustreich. Mit jedem weiteren Speichervorgang multipliziert sich der Verlust. Insbesondere, wenn Sie — wie im Fall unseres Übungsbilds — bereits eine JPEG-Datei als Vorlage haben, eignet sich eine höhere Qualitätsstufe zum erneuten Speichern.

Wenn möglich, wählen Sie als Ausgangsformat für Ihr späteres JPEG eine PSD- oder TIFF-Datei und speichern weitere JPEG-Versionen jeweils neu vom Quellbild.

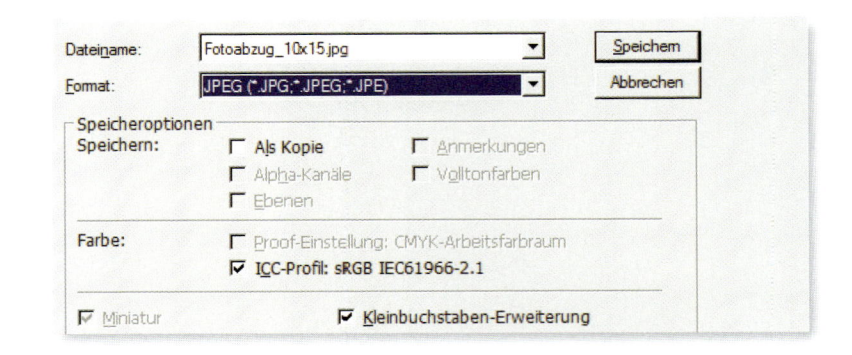

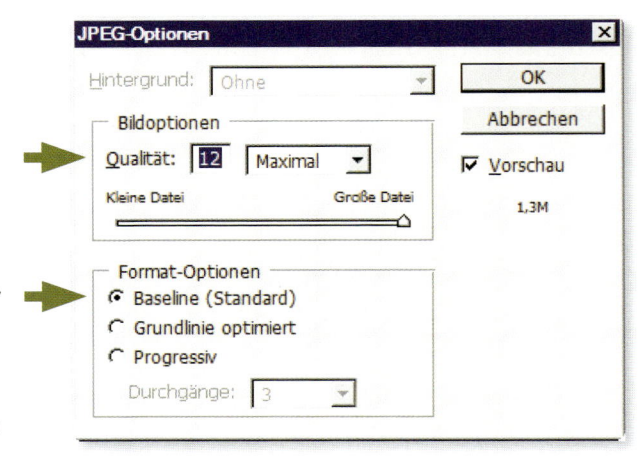

Der feine Unterschied: JPEG mit Stufe 12 (links), JPEG mit Stufe 9 (rechts)

Übung 3 A : JPEG-Fotoabzug

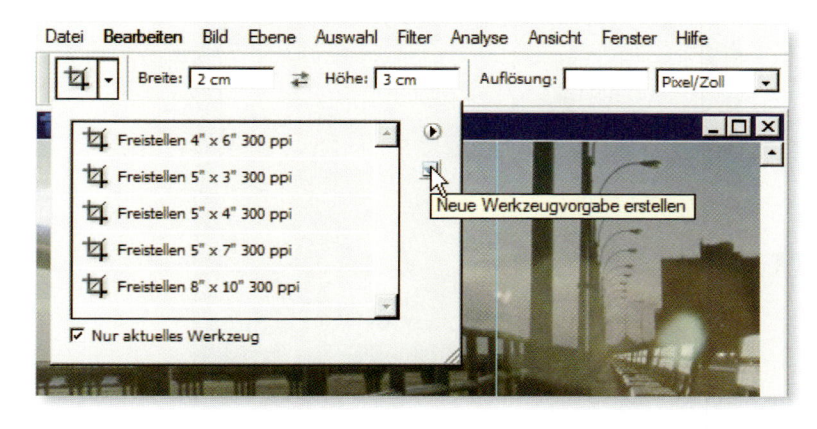

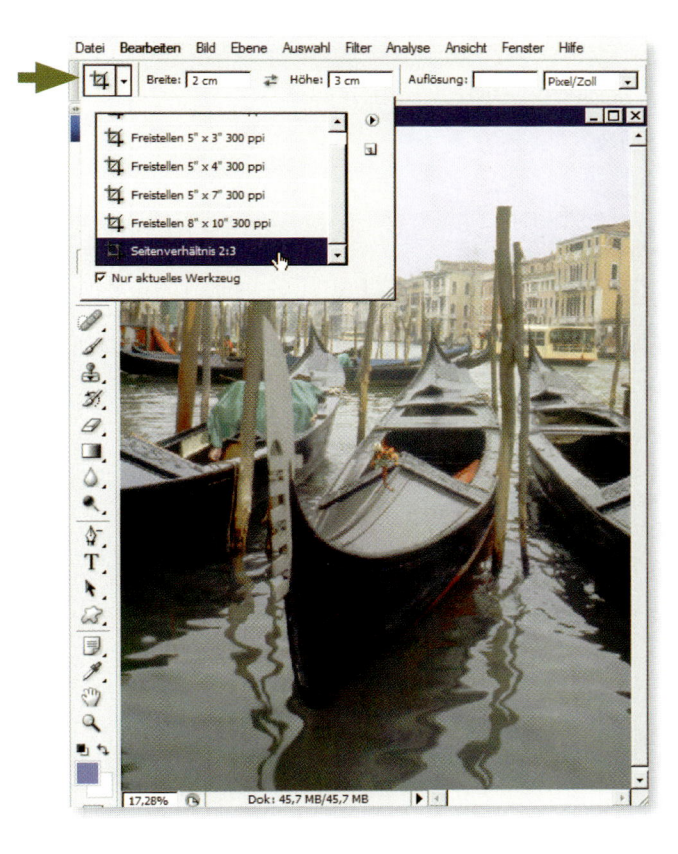

Schritt 6: Die Werkzeugvorgabe speichern

Das Foto ist fertig und gesichert. Speichern Sie nun auch die 2:3-Einstellung für das Freistellungswerkzeug, um sie jederzeit wieder auf weitere Bilder anzuwenden.

Klicken Sie oben in der Optionsleiste auf das kleine Dreieck neben dem Freistellungswerkzeug, um das Fenster mit den standardmäßig vorhandenen Freisteller-Vorgaben aufzuklappen.

Mit einem weiteren Klick auf die Schaltfläche NEUE WERKZEUGVORGABE ERSTELLEN können Sie den neuen Namen »Seitenverhältnis 2:3« eintippen und in der Vorgabenliste speichern.

Damit wenden Sie den 2:3-Beschnitt künftig rasch für alle in Frage kommenden Bilder an. Benötigen Sie bestimmte Seitenverhältnisse öfter, erstellen Sie auch für diese rasch eine Vorgabe wie eben beschrieben — etwa für das Querformat 3:2.

Schritt 7: Freistellvorlage anwenden *EXTRA*

Nach der etwas mühsamen Pflicht folgt nun die leichte Kür: Wenden Sie die erstellte 2:3-Freistellvorlage auf den raschen Zuschnitt eines weiteren Fotos an.

Diesmal handelt es sich um eine unkomprimierte TIFF-Datei, die als Fotoabzug in der Größe von 20 x 30 cm erstellt werden soll. Öffnen Sie das Bild »Fotoabzug2.tif« von der DVD.

Wählen Sie das Freistellungswerkzeug aus der Werkzeugleiste und klicken Sie auf das kleine Dreieck neben dem Icon in der obigen Optionsleiste. Im Vorgabenkatalog aktivieren Sie das »Seitenverhältnis 2:3« und bestimmen dann den neuen Bildausschnitt.

Übungen zu JPEG-Dateien

Schritt 8: Größe und Auflösung errechnen *EXTRA*

Das 8 Megapixel große Foto im Seitenverhältnis 3:4 verfügt über 2448 x 3264 Pixel. Um eine möglichst hochwertige Auflösung für den Fotoabzug von 20 x 30 cm beizubehalten, wählen Sie mit dem Freistellungswerkzeug einen großen Bildausschnitt.

Theoretisch können Sie das Bild nach dem Zuschnitt direkt an die Fotobelichtung weiterreichen, denn das Seitenverhältnis von 2:3 stimmt jetzt und Sie müssen nur die Größe des Abzugs angeben.

Wollen Sie jedoch wissen, wie hoch die Auflösung des Fotoabzugs wird, wählen Sie **Bild: Bildgröße** und deaktivieren die Option BILD NEU BERECHNEN MIT.

In unserem Fall ergab der Zuschnitt die PIXELMASSE von 2147 x 3220 für BREITE x HÖHE. Das mag bei Ihrem eigenen Zuschnitt etwas differieren, ändert jedoch nichts an der Vorgehensweise:

Geben Sie unter der DOKUMENTGRÖSSE eine BREITE von 20 cm ein, so errechnet Photoshop automatisch die HÖHE und AUFLÖSUNG. Mit rund 272 Pixel/Zoll liegen Sie absolut im grünen Bereich eines hochwertigen Fotoabzugs.

Speichern Sie das Bild wie in Schritt 5 beschrieben im JPEG-Format. Bei der höchsten Qualitätsstufe 12 schrumpft das ehemals 22,8 MB große TIFF auf 4, 1 MB. Mit Stufe 9 landen Sie schon bei simplen 0,98 MB.

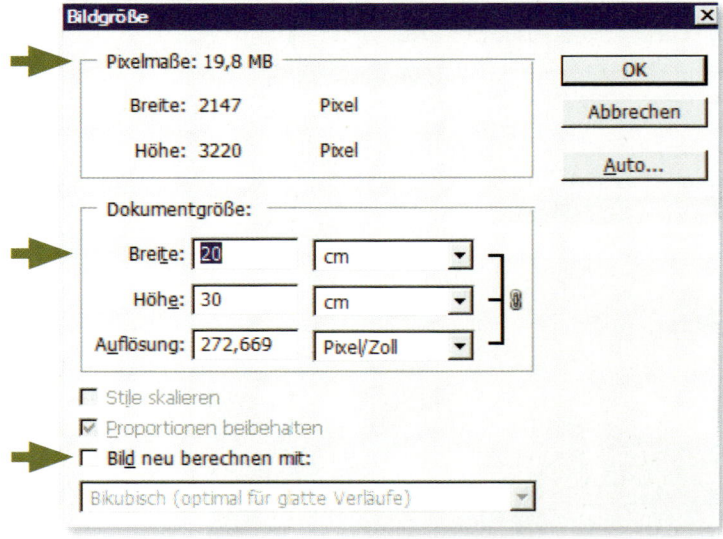

Übung 3 B: Leichte Kost für Bildschirmpräsentationen

Ziel dieser Übung ist es, die Bilder für eine einheitliche und rasch funktionierende Bildschirmpräsentation aufzubereiten — und dies so zeitsparend wie bildschirmfüllend.

Schritt 1: Die Auflösung des Ausgabegeräts zugrunde legen

Als Maßstab für die optimale Berechnung Ihrer Fotos dient die native Auflösung des Ausgabegeräts, auf dem Sie Ihre Präsentation zeigen wollen. Beispielsweise entsprechen die Pixelmaße 1024 x 768 einem Standardseitenverhältnis von 4:3 und damit dem Seitenverhältnis vieler Digitalkameras, Monitore oder auch Beamer. Von Bridge bis hin zu PowerPoint eignet es sich gut für eine Präsentation im Vollbildmodus.

Viele neuere Computermonitore verfügen hingegen über das Breitbildformat im Maßstab 16:10. So manches Notebook wiederum zeigt ein Verhältnis von 5:4. Wollen Sie Ihre Präsentation später an einem TV-Gerät abspielen, hat es womöglich das Format 16:9. Und fotografieren Sie eventuell mit einer DSLR, nimmt sie die Fotos im Seitenverhältnis 3:2 auf. Um im Wirrwarr der Formate die ideale (Auf-)Lösung für Ihre Präsentation zu finden, beantworten Sie folgende Fragen:

➤ Welche native Auflösung hat das Ausgabegerät für Ihre Präsentation?

➤ Welche Proportionen bietet das Ausgabegerät verglichen mit dem Seitenverhältnis der Fotos?

➤ Sollen die Fotos den ganzen Bildschirm ausfüllen und gegebenenfalls im Seitenverhältnis angepasst werden oder hat das ursprüngliche Format der Fotos Vorrang vor den Proportionen des Ausgabegeräts?

Generell gilt: Eine höhere Auflösung, als das Ausgabegerät zeigen kann, ist auch für die Fotos nicht nötig, sofern man nicht zoomen will.

Seitenverhältnis 4:3

Seitenverhältnis 16:10

Foto mit dem Seitenverhältnis 4:3 auf einem 16:10-Monitor

Übungen zu JPEG-Dateien

Schritt 2: Mehrere Fotos zugleich anpassen

Der Ordner »Präsentation« auf der DVD enthält Fotos mit unterschiedlichen Pixelmaßen. Bis auf das Bild »Schau_15.tif« in den Proportionen 16:10 jedoch entsprechen alle dem JPEG-Format bei einem Seitenverhältnis von 4:3 im Querformat bzw. 3:4 im Hochformat.

Alle Fotos des Ordners sollen möglichst formatfüllend dargestellt werden. Rechnen Sie Kopien mit einem einzigen Befehl in die entsprechende Größe um, ohne die Originale zu überschreiben. Dazu müssen Sie nicht einmal ein Bild öffnen, sondern nur in Photoshop den Befehl **Datei: Skripten: Bildprozessor** wählen. (In Bridge lautet der Befehl **Werkzeuge: Photoshop: Bildverarbeitung**. Hier können Sie auch Einzelbilder auswählen.)

Unter 1 Zu verarbeitende Bilder auswählen geben Sie per Ordner auswählen den Pfad zum Ordner »Präsentation« auf der DVD an. Mit 2 Speicherort für verarbeitete Bilder auswählen legen Sie einen neuen Ordner für die Fotos auf Ihrer Festplatte an.

Bei 3 Dateityp aktivieren Sie Als JPEG speichern und An Format anpassen. Mit dieser Option erreichen Sie, dass jedes Querformat mit der maximalen Breite und jedes Hochformat mit der maximalen Höhe dargestellt wird, ohne die Proportionen eines Bilds zu verzerren. Tippen Sie nun die Höhe und Breite der Bilder gemäß Ihrer Monitorauflösung ein. Im klassischen Fall eines 4:3-Verhältnisses etwa B: 1024 und H: 768 Px.

Mit einer Qualität von 8 oder 9 und dem sRGB-Profil erzielen Sie eine gute Bildschirmdarstellung. Auch Copyright-Informationen ergänzen Sie bei Bedarf. Natürlich erscheinen sie nicht auf dem Monitor.

Nach dem Klick auf Ausführen sehen Sie für eine kurze Zeit leere Fenster aufpoppen, so lange, bis Photoshop alle Dateien durchgerechnet hat. Statt des vormals 43,7 MB großen Ordners haben Sie einen Ordner mit nur 3,14 MB erhalten, dessen Bilder bei der Präsentation in verschiedensten Programmen eine gute Performance garantieren.

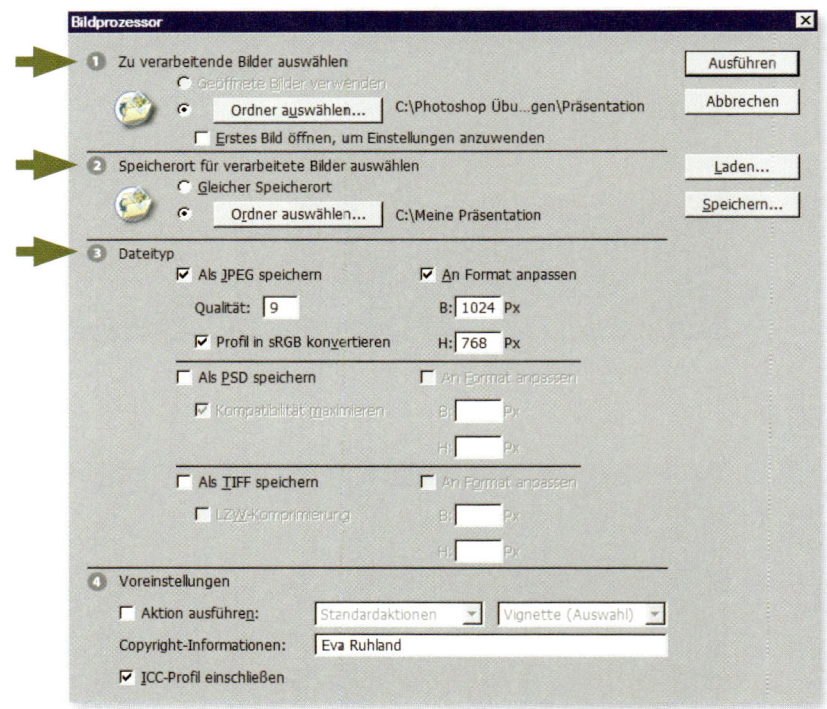

Übung 3 B: JPEG für Bildschirmpräsentation

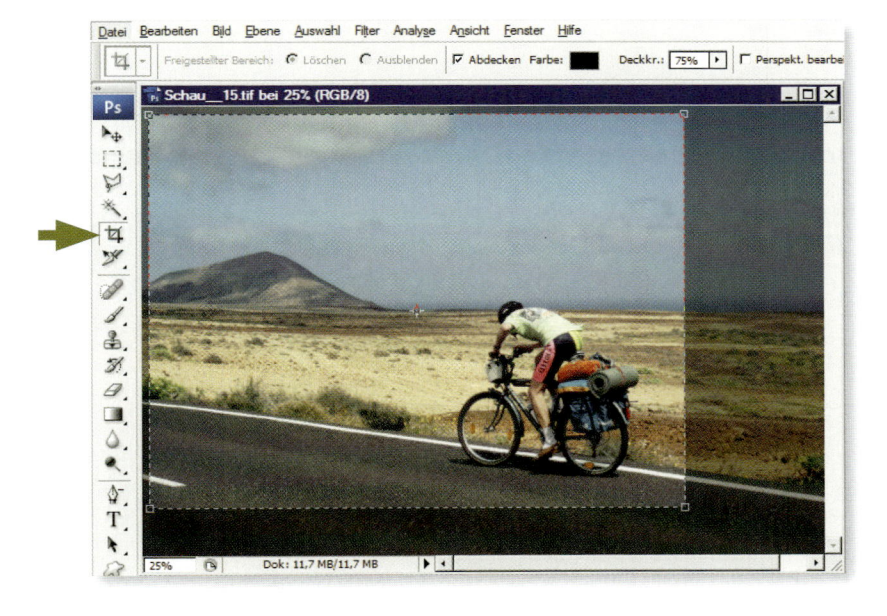

Schritt 3: Einzelbilder freistellen

Nicht immer werden Sie mit Seitenverhältnis und Bildgröße eines Fotos in der Präsentation zufrieden sein. Dann bleibt nur der individuelle Zuschnitt, bei dem Sie dafür den Bildausschnitt selbst bestimmen können.

Öffnen Sie das Bild »Schau_15.tif« im Ordner »Präsentation« auf der DVD. Es entspricht mit den Bildmaßen von 2362 x 1410 Pixel dem 16:10-Seitenverhältnis und ist unnötig groß, wie Ihnen der Blick per **Bild: Bildgröße** verrät.

Mit der folgenden Eingabe schneiden Sie das Bild für die Bildschirmpräsentation zu: Wählen Sie das Freistellungswerkzeug 🔲 und tippen Sie oben in der Optionsleiste neben BREITE 1024 PX sowie neben HÖHE 768 PX ein. Vergessen Sie keinesfalls, das Maß »Px« einzugeben, sonst macht Photoshop je nach Voreinstellung eventuell fatale »cm« daraus und das Bild wächst ins Unermessliche. Das Feld AUFLÖSUNG benötigt in diesem Fall keine Eingabe.

Ziehen Sie nun mit gedrückter Maustaste einen Rahmen auf, um den neuen Bildausschnitt zu bestimmen. Mit den Anfassern vergrößern oder verkleinern Sie den Ausschnitt proportional. Da die Pixelmaße des Ausgangsbilds recht hoch sind, müssen Sie nicht befürchten, dass durch den Beschnitt die Auflösung zu gering wird. Bestätigen Sie den freigestellten Bereich per ⏎-Taste.

Natürlich können Sie je nach Bildschirmauflösung auch andere Maße für Breite und Höhe eingeben. Überprüfen Sie vor dem Zuschnitt jedoch immer mit dem Befehl **Bild: Bildgröße**, ob die Pixelmaße des Quellbilds höher liegen als jene des Zielbilds, um eine zu geringe Auflösung zu vermeiden.

Tipp
Statt der Pixelmaße können Sie im Optionsfeld des Freistellungswerkzeugs auch nur das Seitenverhältnis eintragen z.B. BREITE 16 cm und HÖHE 10 cm. Dann haben Sie die Bilder in der richtigen Proportion, um sie später für verschiedene Bildschirmauflösungen abzuspeichern — etwa 1280 x 800 oder auch 1680 x 1050 Pixel, sofern die Auflösung der Fotos dafür ausreicht.

Übungen zu JPEG-Dateien

Schritt 4: Mehrere Fotos in Photoshop öffnen *EXTRA*

Mit ein paar geschickten Tastaturgriffen können Sie bereits direkt in Photoshop eine unkomplizierte Präsentation Ihrer Bilder vorführen.

Für die Übung nutzen Sie entweder Ihren soeben per **Bildprozessor** erstellten Ordner auf der Festplatte oder den Ordner »Präsentation_Bildschirm« auf der DVD.

Per **Datei: Öffnen** wählen Sie ein oder mehrere Fotos für Ihre Schau aus. Einzelne Fotos klicken Sie mit gedrückter ⌜Strg⌝-Taste (PC) bzw. gedrückter ⌜⌘⌝-Taste (Mac) an. Um alle Fotos zu öffnen, wählen Sie ⌜Strg⌝+⌜A⌝ bzw. ⌜⌘⌝+⌜A⌝.

Tipp
Photoshop startet die spätere Schau mit dem zuletzt geöffneten Bild. Bei systematischer Benennung der Fotos sortieren Sie nach Namen in umgekehrter Reihenfolge, so dass das letzte Bild zuerst gelistet wird. Drücken Sie dazu die rechte Maustaste (PC), um die Sortierung zu bestimmen, oder den Pfeil ▼ neben NAME am Mac.

Schritt 5: Bilder in Photoshop präsentieren *EXTRA*

Nach dem Befehl ÖFFNEN zeigt Photoshop die Bilder hintereinandergestapelt an. Klicken Sie nun ganz unten in der Werkzeugleiste auf BILDMODUS ÄNDERN und wählen Sie den VOLLBILDMODUS. Er wird übrigens auch angezeigt, wenn Sie dreimal die Taste ⌜F⌝ drücken.

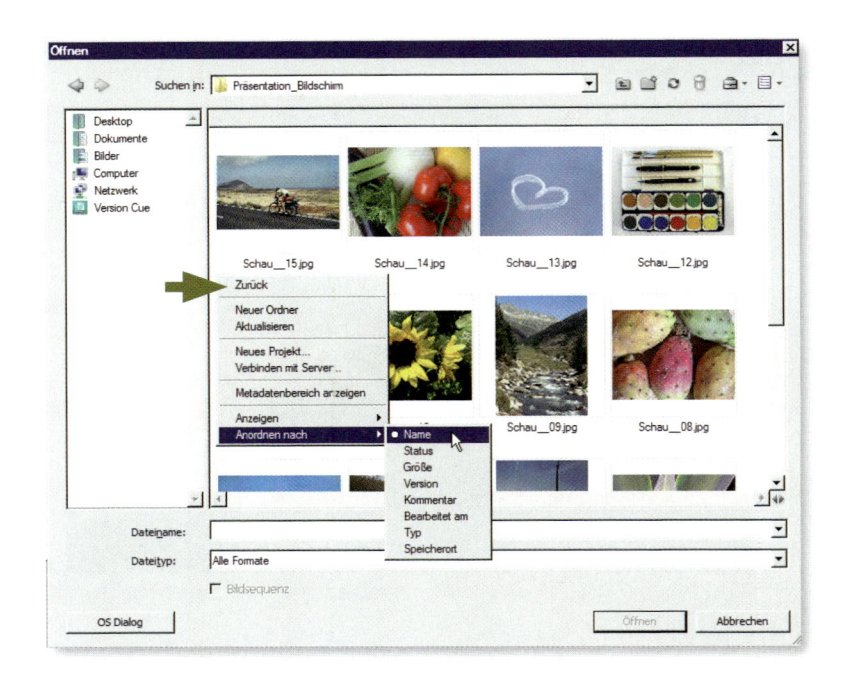

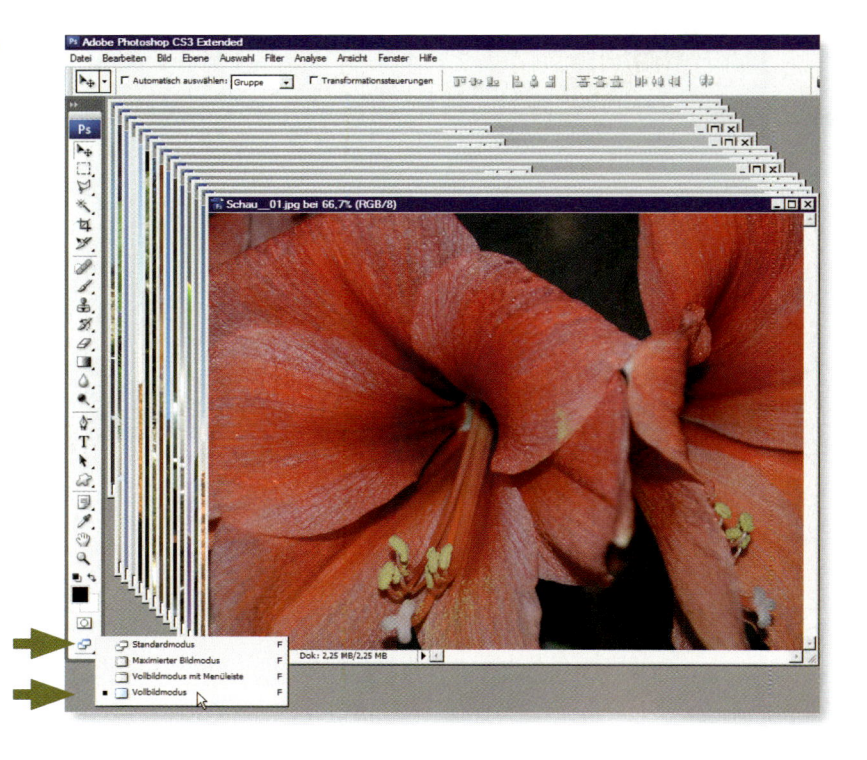

300

Übung 3 B: JPEG für Bildschirmpräsentation

Nur das vorderste Bild erscheint zentriert auf schwarzem Grund. Entfernen Sie jetzt alle störenden Paletten, Fenster und Leisten, indem Sie einfach die Taste ⇆ drücken.

Um nun durch die Schau zu navigieren, halten Sie die Strg/⌘-Taste gedrückt und gelangen mit ⇆ zum jeweils nächsten Bild. Sie können die Präsentation so lange durchklicken, wie Sie möchten, denn sie bleibt beim letzten Bild nicht stehen, sondern beginnt von vorn.

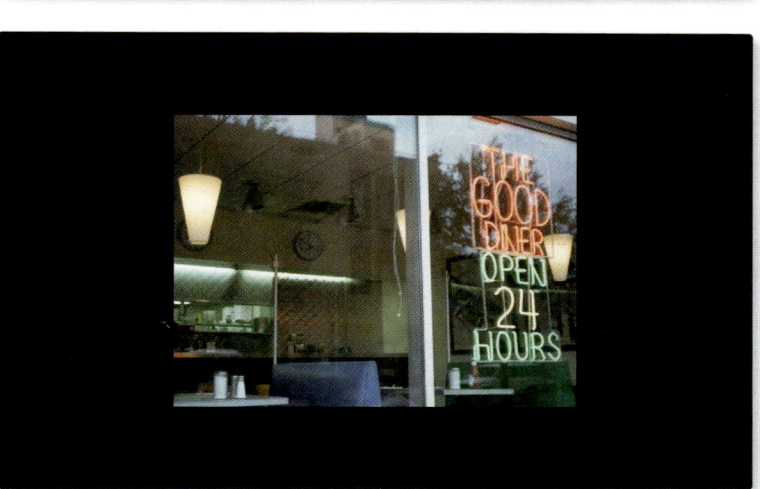

Wollen Sie die Schau wieder verlassen, blenden Sie mit der Taste ⇆ die Werkzeugpalette wieder ein und wählen erneut den STANDARD-MODUS in der Werkzeugpalette.

Allerdings werden die Bilder nicht bildschirmfüllend dargestellt, denn dazu müssten Sie für jedes einzelne Bild erst in der Werkzeugleiste das Zoomwerkzeug 🔍 wählen und dann in der Optionsleiste oben die BILDSCHIRMGRÖSSE anklicken, bevor Sie den Vollbildmodus aktivieren. — Gehen Sie so vor, wenn Sie rasch ein einzelnes Bild präsentieren möchten.

Tipp

*Mühelos gelangen Sie in Bridge zur schnellen Vollbildschau. Lassen Sie sich dort den Ordner »Präsentation_Bildschirm« von der DVD im Inhaltsfenster anzeigen. Mit dem Befehl Strg+L (PC) bzw. ⌘+L (Mac) startet die Präsentation. Die Einstellungen für Bildübergänge und Folienanzeigedauer legen Sie per **Ansicht: Präsentationsoptionen** fest. Ob die Bilder nun automatisch oder manuell per Klick ablaufen, können Sie selbst bestimmen.*

Hier zeigt sich auch, ob die Fotos Ihrer Schau korrekt berechnet sind: Ist die Bildschirmauflösung höher als die Pixelmaße der Fotos, bleibt ein Rand um das Bild stehen. Links sehen Sie ein Bild mit 1024 x 768 Pixel auf einem Monitor mit der Auflösung von 1280 x 800 Pixel.

Übungen zu JPEG-Dateien

Übung 3 C: JPEG für Internet und E-Mail

Das Format JPEG eignet sich im WWW für Bilder mit Verläufen, feinen Abstufungen und allen üblichen Halbtonvarianten. Damit ist es die erste Wahl beim Speichern Ihrer Fotos für die Homepage oder Mail.

Rechnen Sie nun ein Übungsbild auf die optimale Größe Ihres Internetauftritts herunter. Dabei gilt es, den besten Kompromiss für die folgende Regel zu finden: Dateigröße so klein wie möglich, Bildqualität so groß wie möglich.

Schritt 1: Bildgröße verringern

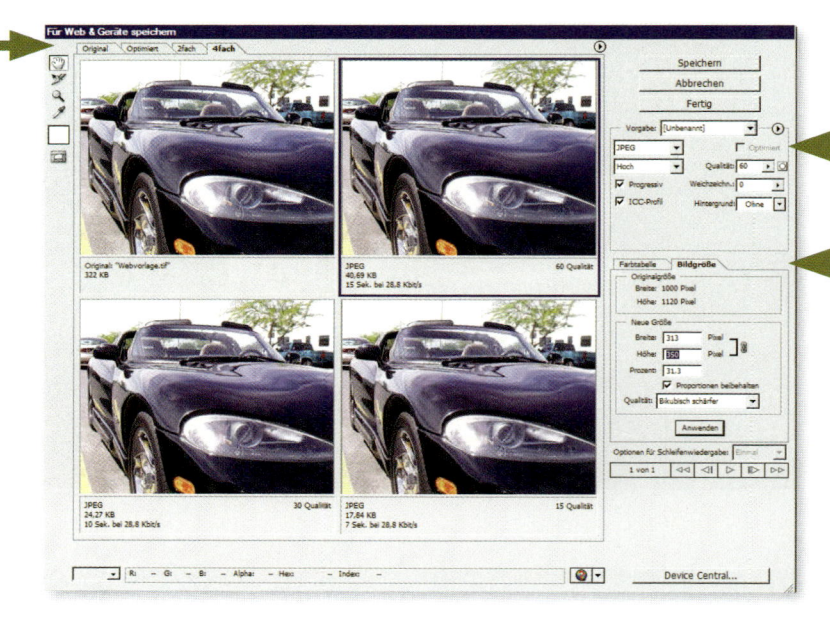

Öffnen Sie das Bild »Webvorlage_1.tif« im Ordner »Übungen« auf der DVD. Für den Gebrauch im Internet ist es mit den Pixelmaßen 1000 x 1120 noch so groß, dass es glatt eine Webseite füllen könnte. Andererseits ist es wiederum klein genug, um problemlos im Web-Dialogfenster geöffnet zu werden, ohne dass Sie es erst mit dem Befehl **Bild: Bildgröße** herunterrechnen müssen.

Nutzen Sie also direkt den Befehl **Datei: Für Web und Geräte speichern**. In der 4fach-Ansicht sehen Sie links oben das Originalbild. Die weiteren drei Ansichten können Sie per Klick aktivieren und testweise mit diversen Optionen zu Dateiformat und Kompression versehen.

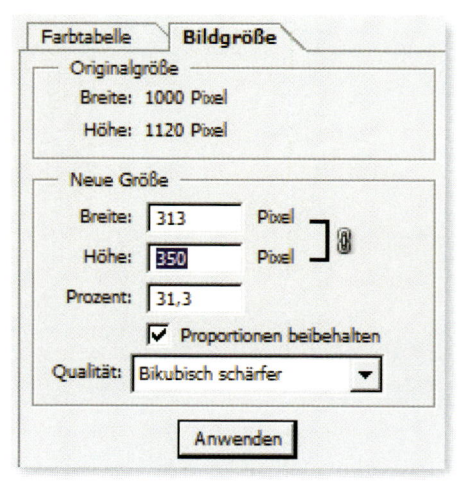

Wählen Sie das Bild rechts oben. Der blaue Rahmen zeigt an, dass diese Ansicht aktiv ist. Suchen Sie im Dialogfenster rechts das Format JPEG aus und kümmern Sie sich nun zuerst um die Größe des Bilds.

Dazu klicken Sie auf den Karteireiter BILD-GRÖSSE. Per Häkchen bestimmen Sie PROPORTIONEN BEIBEHALTEN und tippen dann unter NEUE GRÖSSE 350 Pixel für die HÖHE ein. Damit ergibt sich die Breite von selbst. Zum Herunterrechnen eignet sich die QUALITÄT BIKUBISCH SCHÄRFER. Per ANWENDEN erscheint das Bild verkleinert in allen vier Ansichten.

Übung 3 C: JPEG fü das Internet

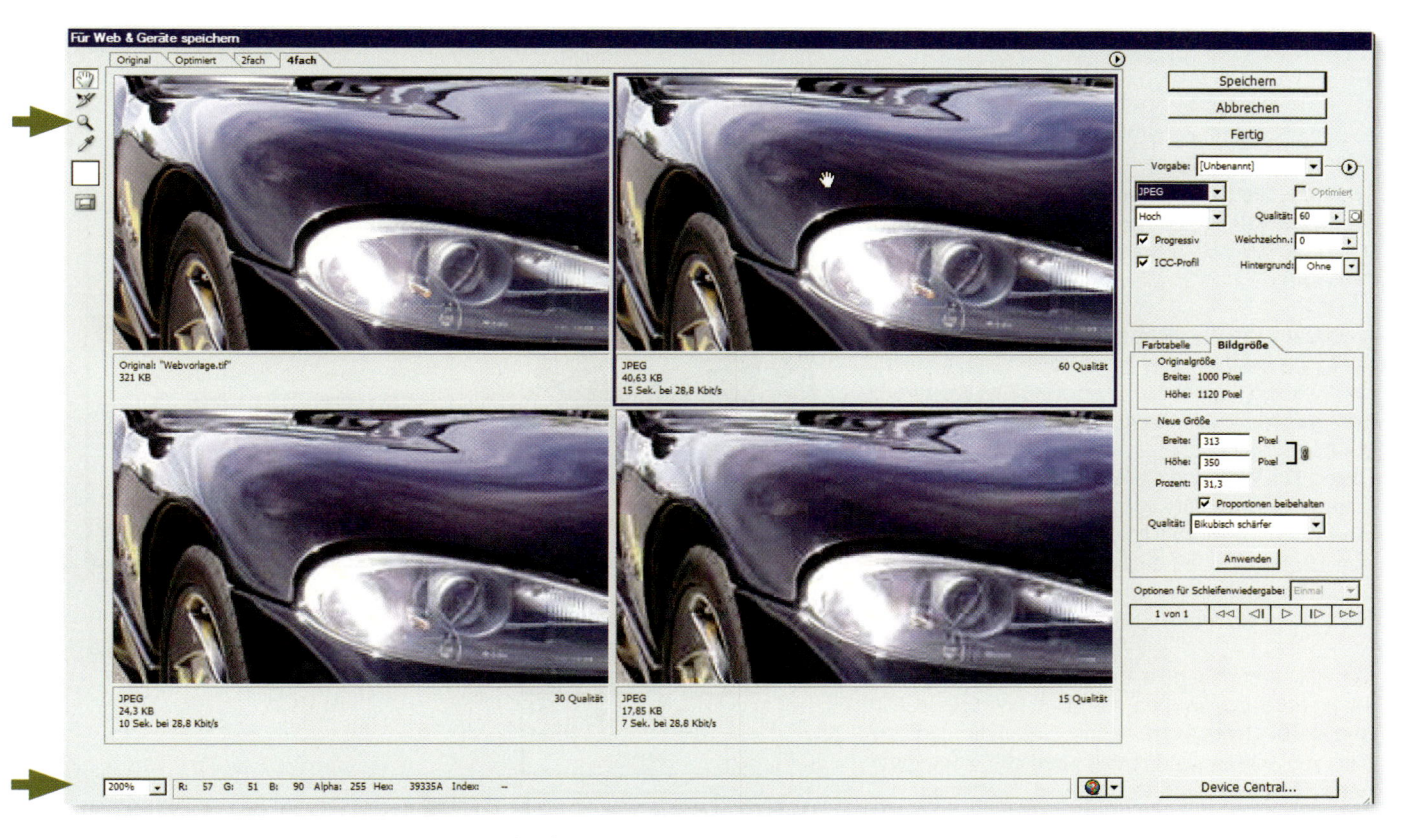

Der Bildausschnitt im rechten unteren Vorschaufenster weist mit einer niedrigen Kompression (Stufe 15) bei 17,85 KB deutliche Artefakte auf.

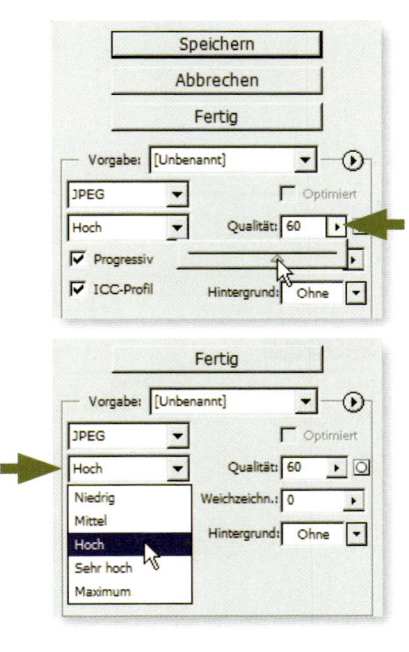

Schritt 2: Kompression wählen

Um genau beurteilen zu können, wie sich die Kompression auf das Bild auswirkt, vergößern Sie mit dem Zoomwerkzeug einen Bildausschnitt oder erhöhen den ZOOMFAKTOR im Fenster links unten auf z.B. 200%. In der Ansicht verschieben Sie den Auschnitt bei gedrückter Maustaste.

Per Klappfenster wählen Sie die Kompression entweder in fünf Qualitätsstufen von NIEDRIG über HOCH bis MAXIMUM oder klicken auf den Pfeil neben QUALITÄT, um stufenlos mit dem Regler von 0 bis 100 einzustellen. Je niedriger der Wert ist, desto kleiner wird die Dateigröße und desto stärker wirkt die Kompression.

Wählen Sie für jedes der drei Ansichtsfenster neben dem Original nun eine andere Kompressionsstufe, um die Wirkung zu testen und die entstehende Dateigröße zu sehen. Mit nur 40,63 KB können Sie die QUALITÄT letztendlich ruhig bei HOCH mit dem Wert 60 belassen.

Übungen zu JPEG-Dateien

Schritt 3: Weitere Optionen

Mit Klick auf das Menü-Dreieck ⊙ oberhalb des rechten Vorschaufensters bestimmen Sie die Internetverbindung, nach der die Größe und Ladezeit des Bilds berechnet werden — ob Modem, ISDN oder DSL. Die aktuellen Werte lesen Sie jeweils links unterhalb des Vorschaubilds.

In diesem Fenster können Sie auch Farbeinstellungen wählen. Die NICHT KOMPENSIERTE FARBE nimmt keine Veränderung am Gamma-Wert vor und entspricht der Standardeinstellung. Die WINDOWS-STANDARDFARBE stellt die Bilder im Dialog **Für Web und Geräte speichern** mit einem Gamma-Wert von 2,2 dunkler dar als die MACINTOSH-STANDARDFARBE mit einem Wert von 1,8. Sie können auch ein spezifisches DOKUMENT-FARBPROFIL VERWENDEN, wenn die Datei über eine Farbverwaltung verfügt.

Per Häkchen neben PROGRESSIV wird das Bild im Webbrowser in mehreren Durchgängen aufgebaut. Bei langsamen Internetverbindungen ist dies von Vorteil, da das Bild nicht erst komplett nach dem Ladevorgang erscheint. Nachteilig ist hingegen, dass manche, insbesondere ältere Browser progressive JPEGs nicht darstellen können bzw. die Ladezeit verlängert wird.

Das ICC-PROFIL können Sie nur aktivieren, wenn es in eine bereits gespeicherte Datei eingebettet ist. Im Fall des Übungsbilds handelt es sich um sRGB, das sich für die Darstellung im Browser am besten eignet.

Vorsicht bei der Option WEICHZEICHNEN! Der Effekt ähnelt dem Filter **Gaußscher Weichzeichner** und sollte insbesondere für (zu) stark scharfgezeichnete Motive verwendet werden. Er lindert zwar Artefakte, verursacht jedoch schnell Unschärfe. Eine Farbwahl für den HINTERGRUND benötigen Sie nur, wenn Ihr Bild über transparente Bereiche verfügt. Da JPEG keine Transparenz darstellen kann, wird dann der Bereich mit der gewählten Farbe gefüllt. Ein Klick auf das Dreieck-Menü ⊙ rechts neben der VORGABE führt Sie zu weiteren Optimierungseinstellungen. Unter anderem können Sie ein Bild in sRGB konvertieren, Einstellungen für weitere Bilder speichern oder die Ausgabeeinstellungen, etwa für die richtige Browseransicht, bearbeiten.

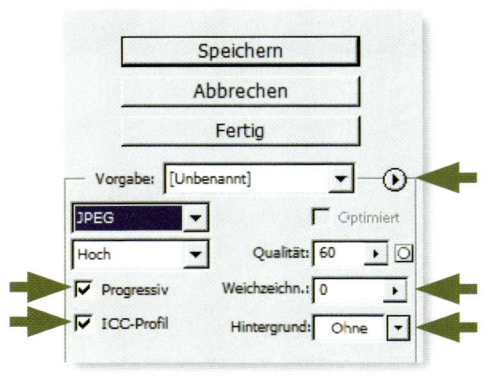

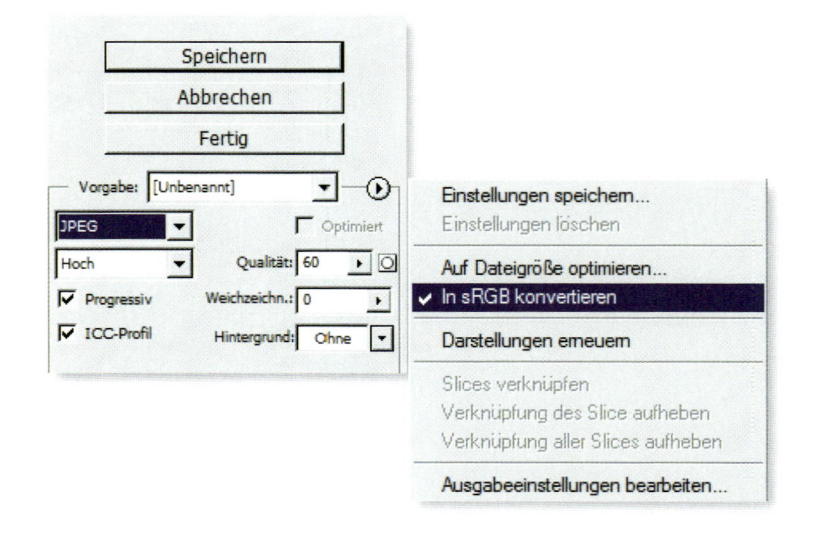

Übung 3 C: JPEG fü das Internet

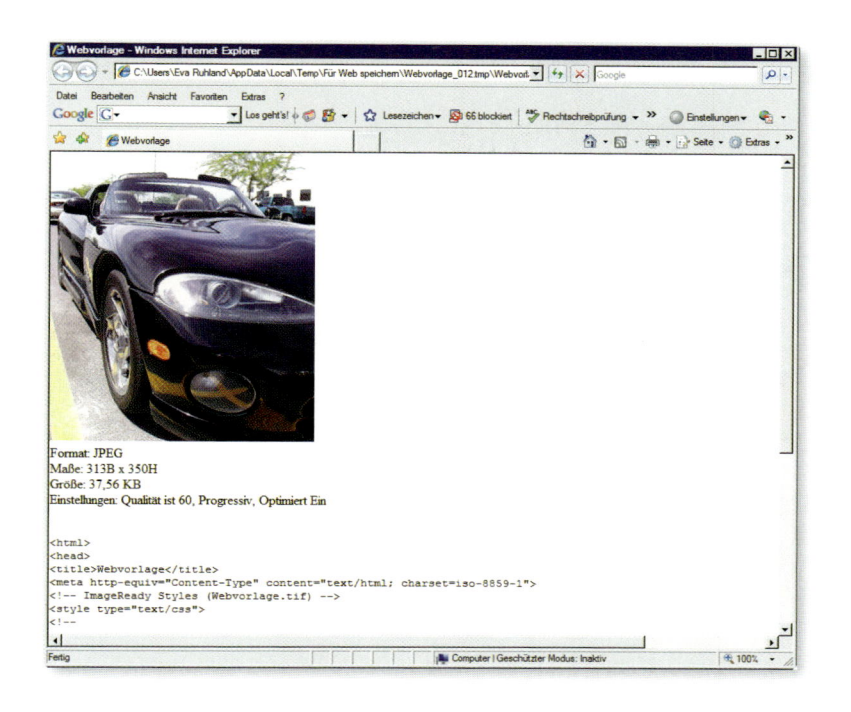

Schritt 4: Die Vorschau im Browser begutachten

Rechts unten im Dialogfenster **Für Web und Geräte speichern** begutachten Sie über die VORSCHAU IM STANDARDBROWSER nun die Bildgröße und Darstellung Ihrer Webgrafik. Angezeigt wird immer das jeweils aktive Vorschaufenster. Komfortablerweise stattet Photoshop das Bild mit den Informationen über die Einstellungen sowie mit einem HTML-Code aus.

Das heruntergerechnete Foto mit 313 x 350 Pixel wirkt auf einmal gar nicht mehr so klein. Bedenken Sie, dass die durchschnittliche Auflösung bei den Browser-Fenstern vieler Nutzer doch noch bei ca. 1024 x 768 Pixel liegt.

Schließen Sie das Browser-Fenster per Klick auf ⊠ rechts oben, um weitere Korrekturen vorzunehmen bzw. um das Bild zu speichern.

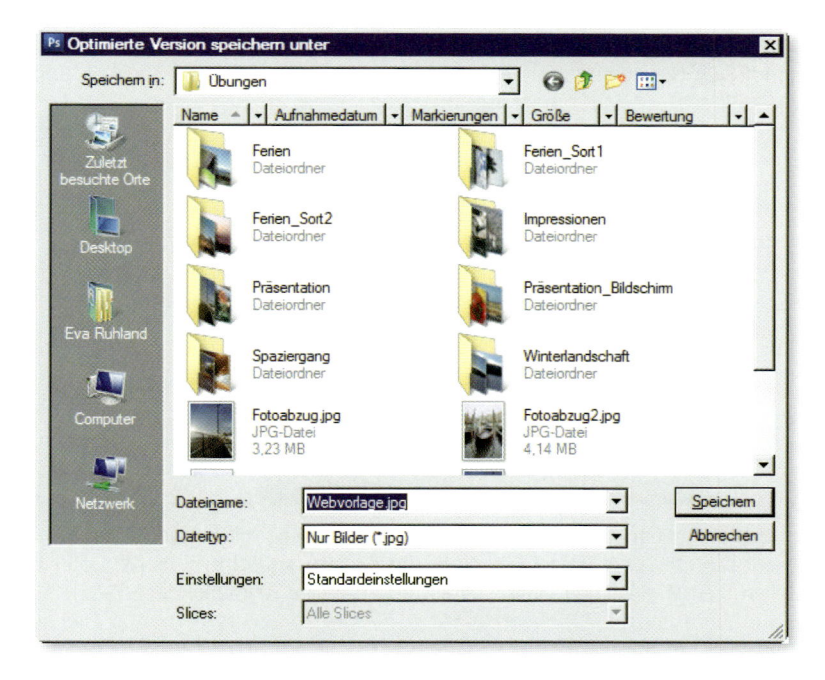

Schritt 5: Als JPEG speichern

Mit Klick auf SPEICHERN im Dialogfenster **Für Web und Geräte speichern** erstellen Sie die optimierte Version. Als DATEITYP wählen Sie NUR BILDER (JPG) und die EINSTELLUNGEN belassen Sie bei STANDARDEINSTELLUNGEN.

Die nur 38 KB große Datei finden Sie auch auf der DVD im Ordner »Übungen« als »Webvorlage_1.jpg«.

Übungen zu GIF-Dateien

Übung 4: GIF im Internet

Das GIF-Dateiformat (Graphics Interchange Format) eignet sich mit seinen maximal 256 Farbtönen und der 8-Bit-Farbtiefe für die Präsentation bestimmter Bilder im Internet. Jeder grafikfähige Browser zeigt GIF-Bilder an.

Mit geringer Dateigröße können Sie Animationen, Freisteller, Logos und Bilder mit harten Kanten webgerecht speichern. Für Vorlagen mit Verläufen und nuancierten Halbtönen verwenden Sie jedoch besser das JPEG-Format.

Weniger verbreitet, weil keine wirkliche Alternative zu GIF oder JPEG, ist das PNG-Format (Portable Networks Graphics). Zwar unterstützt es wie GIF-Dateien Transparenz mit harten Kanten als PNG-8 und kann sogar Transparenz mit weichen Kanten als PNG-24 (24-Bit-Farbtiefe) darstellen, das wird aber eventuell von etwas älteren Browsern nicht angezeigt. Alphakanäle werden weder von GIF noch von PNG unterstützt. Animationen funktionieren nur im GIF-Format.

Da auch die PNG-Speicheroptionen jenen des GIF-Formats ähneln, konzentriert sich diese Übung allein auf GIF-Dateien und zeigt Ihnen, wie Sie Freisteller und Animation für HTML-Dokumente optimieren.

Infothek	einfach			komplex
Lernschritte:	Bereiten Sie die Bildgröße für den angemessenen Auftritt im Internet vor. Transparenz mit harten Kanten wird das Freisteller-Logo erhalten, um dann mit dem Befehl **Für Web und Geräte speichern** als GIF-Datei optimiert zu werden. Danach erstellen Sie mit einfachen Mitteln eine frame-basierte Animation für HTML-Seiten.			
Aufwand:	Höher			
Übungsdatei:	Vorlagen: Webvorlage_2.psd, Himmel_2.psd. Resultate: Webvorlage_2.gif, Himmel_Animation.psd und Himmel_Animation.gif			

Übung 4 A: GIF-Logo mit Transparenz

Schritt 1: Die Bildgröße reduzieren

Verwenden Sie für die Übung zunächst die Datei »Webvorlage_2.psd«. Der Aufbau der Ebenen entspricht der „großen Schwester", die Sie in der Übung 1 B dieses Kapitels erstellt haben. Allerdings kamen noch der Schriftzug mit Ebenenstil plus ein Rahmen per **Bearbeiten: Kontur** füllen hinzu.

Für den Einsatz im Internet ist die Datei mit 1600 x 1071 Pixel erheblich zu groß. Nutzen Sie den Befehl **Bild: Bildgröße**, um das Bild zu verkleinern. Es soll als kleines Logo auf einer Webseite erscheinen.

Aktivieren Sie die Optionen BILD NEU BERECHNEN MIT und PROPORTIONEN BEIBEHALTEN sowie STILE SKALIEREN.

Ganz wichtig ist es auch, das Häkchen vor STILE SKALIEREN zu setzen, damit der Schriftzug seinen Ebenenstil beibehält. Hätten Sie das Bild im Dialogfenster **Für Web und Geräte speichern** skaliert, würde Ihnen diese Option fehlen.

Geben Sie nun unter PIXELMASSE eine Breite von 200 Pixel ein. Das ist für die Größe des Logos im Internet sogar noch recht üppig bemessen. Die Höhe errechnet Photoshop automatisch. Mit der Einstellung BIKUBISCH SCHÄRFER bleiben Kanten bei der Reduktion besonders scharf. Klicken Sie auf OK.

Schritt 2: Transparenz ohne Verlauf vorbereiten

Der Schatten im Hintergrund der Blume eignet sich nicht für eine Transparenz mit harten Kanten, denn schließlich soll das Logo nachher einwandfrei auf dem farbigen Hintergrund der Webseite stehen.

Ein Klick auf das Augen-Symbol der Ebene HINTERGRUND in der Ebenenpalette genügt, um sich vom Schatten zu befreien.

Übungen zu GIF-Dateien

Schritt 3: Ebeneneffekt anpassen

Der Schriftzug erscheint mit der Reduktion der Bildgröße jetzt ziemlich verwaschen. Grund ist ein Ebeneneffekt. Klicken Sie doppelt auf KONTUR im Ebenenfenster, so haben Sie den Übeltäter gefunden:

Im größeren Ausgangsbild betrug die KONTUR nur 1 Pixel GRÖSSE. Mit der massiven Verkleinerung ist sie damit relativ zur Schrift gewachsen, denn weniger als 1 Pixel ist nun einmal nicht möglich.

Lösen Sie das Problem, indem Sie in der Ebenenpalette auf das Augen-Symbol neben KONTUR klicken und damit den Effekt aufheben.

Schritt 4: Einstellungen im Dialogfenster »Für Web und Geräte speichern«

Die Webseite von »Call a flower« wartet schon auf die Blumenbestellungen und damit auf den Befehl **Für Web und Geräte speichern**.

Sobald Sie im Karteireiter der 4-fach-Ansicht auf eine andere Variante als das Original links oben klicken, eröffnet Photoshop die Dialogbox mit den Einstellungen zur Optimierung. Wählen Sie als Erstes das Format GIF. Damit erscheint sogleich die Farbpalette mit den möglichen 256 Farben.

➤ Ziehen Sie kurzfristig mit dem Zoomwerkzeug in einem der Vorschaufenster ein Rechteck um das Bild auf, um es auf Fenstergröße zu skalieren und unterschiedliche Einstellungen besser zu erkennen. Später sollten Sie die Varianten allerdings mit 100% Zoom beurteilen.

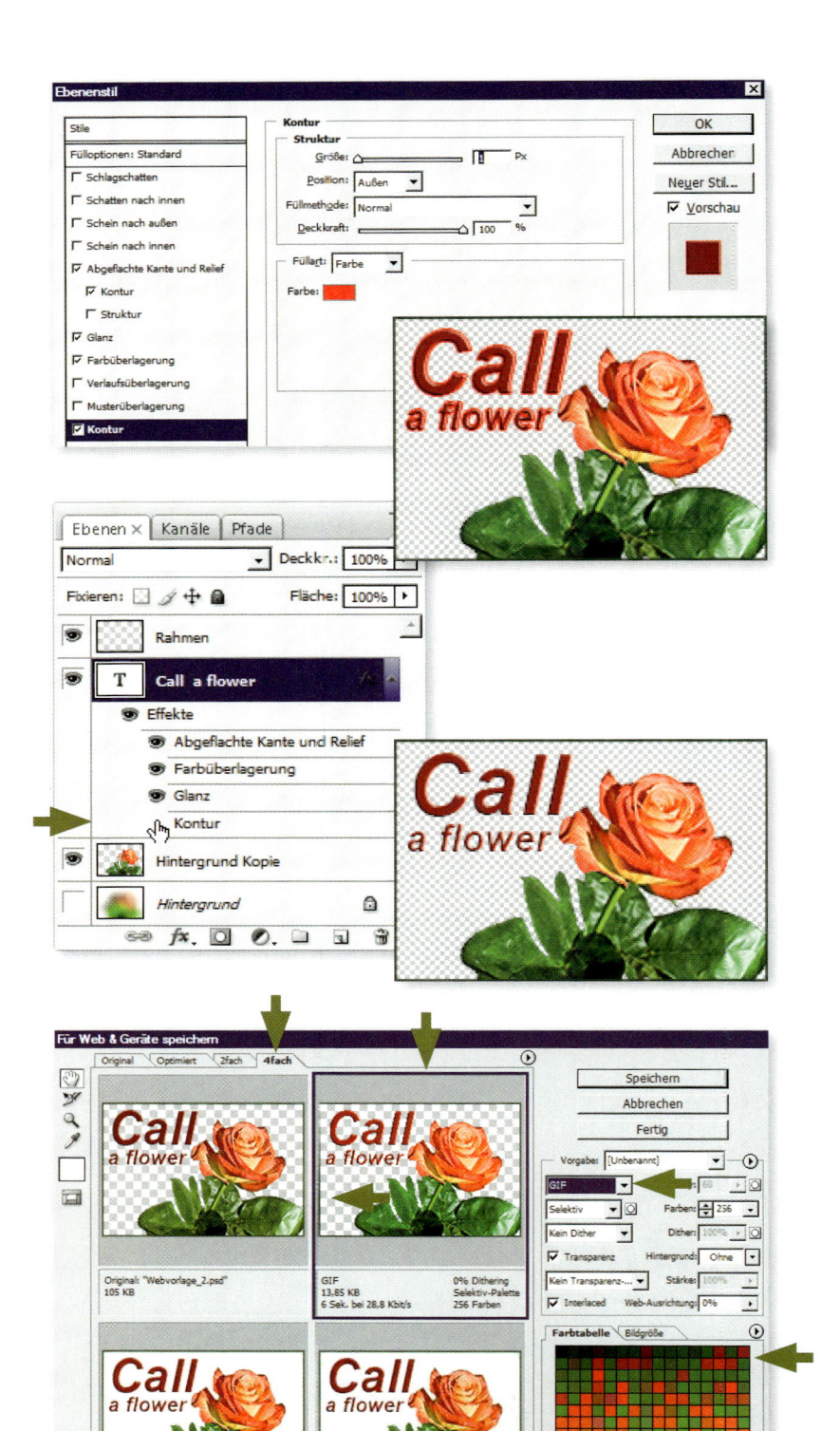

Übung 4 A: GIF-Freisteller

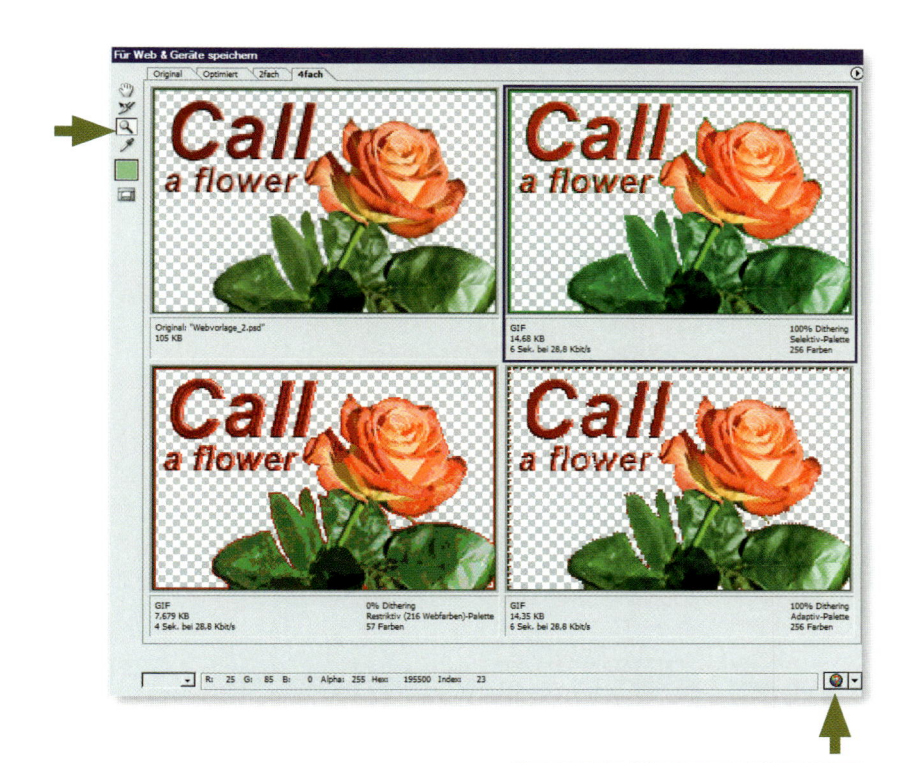

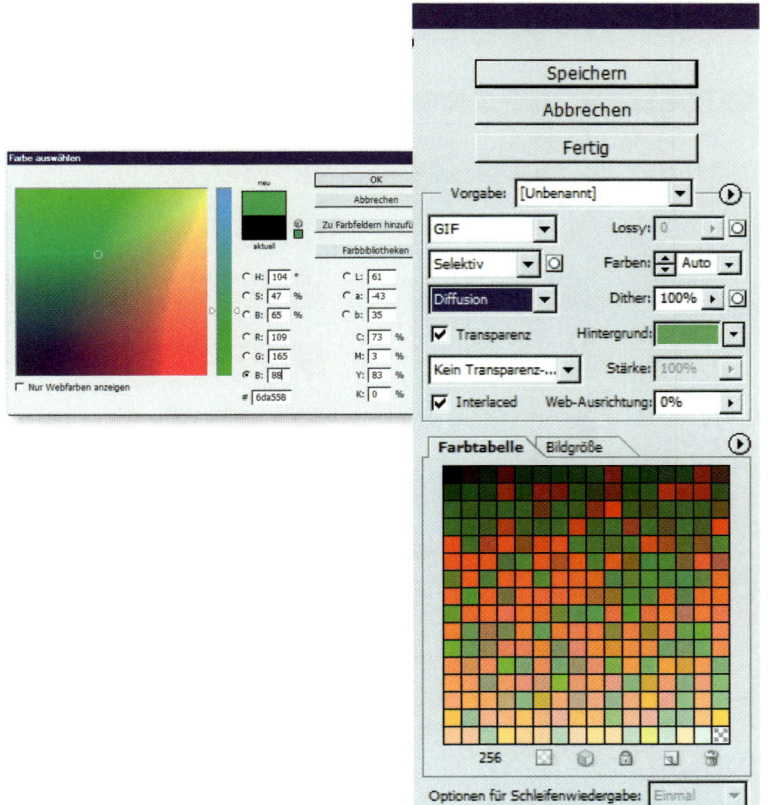

➤ Wählen Sie den Algorithmus für die Farbreduktion: So manches Logo verfügt über eine geringe Anzahl von Fartönen und kann mit der Methode RESTRIKTIV auf eine websichere Auswahl von beispielsweise 128 oder noch viel weniger Farben reduziert werden (siehe Vorschaufenster links unten).

Da das Motiv der Rose jedoch differenzierte Verläufe aufweist, eignet sich SELEKTIV am besten, weil die höchste Übereinstimmung zwischen websicheren Farben und den Originalfarben des Bilds besteht. Bleiben Sie mit AUTO bei der maximalen Anzahl von 256 Farben.

➤ Mit DITHER DIFFUSION werden blockartige Farbflächen aufgebrochen und gestreut. Die Halbtonwerte der Rose erscheinen dadurch natürlicher.

➤ Schalten Sie die TRANSPARENZ ein, damit das Logo später transparent auf dem Hintergrund der Webseite steht.

➤ Der TRANSPARENZ-DITHER wirkt sich nur auf halbtransparente Bildteile aus. Da er die Ränder im Übungsbild zu stark zerfranst (siehe Vorschaufenster rechts unten), schalten Sie besser auf KEIN TRANSPARENZ-DITHER.

➤ Die Hintergrundfarbe der späteren Webseite besteht aus Grüntönen mit dem mittleren Farbwert R: 109, G: 165, B: 88. Klicken Sie auf den Dreiecksschalter ▼ neben HINTERGRUND und geben Sie ANDERE an. Im Farbwähler tippen Sie dann die RGB-Werte ein. Damit webt Photoshop den Grünton in die Ränder von Motiv und Schrift ein, was auf der Webseite die optimale Anpassung an den Hintergrund einbringt.

➤ Aktivieren Sie INTERLACED und belassen Sie die WEB-AUSRICHTUNG für die websicheren Farben ruhig bei 0%.

➤ Sehen Sie sich das Ergebnis per VORSCHAU IM STANDARDBROWSER 🌐 an (das Symbol rechts unten im Dialogfenster).

Übungen zu GIF-Dateien

Schritt 5: Vorschau im Browser

Die VORSCHAU IM STANDARDBROWSER zeigt das Logo vor dem gewählten Grünton des Hintergrunds.

Maße, Optimierungseinstellungen sowie HTML-Code für die Testseite werden mitgeliefert.

Per Klick auf den Dreiecksschalter ▼ können Sie auch andere Internetbetrachter als Ihren Standardbrowser aufrufen, sofern Sie diese vorinstalliert haben.

Wollen Sie das Logo auch für mobile Endgeräte aufbereiten, um es etwa als Hintergrundbild auf dem Handy zu sehen, dann klicken Sie auf DEVICE CENTRAL. Ansonsten klicken Sie jetzt im Dialogfenster **Für Web und Geräte speichern** auf SPEICHERN.

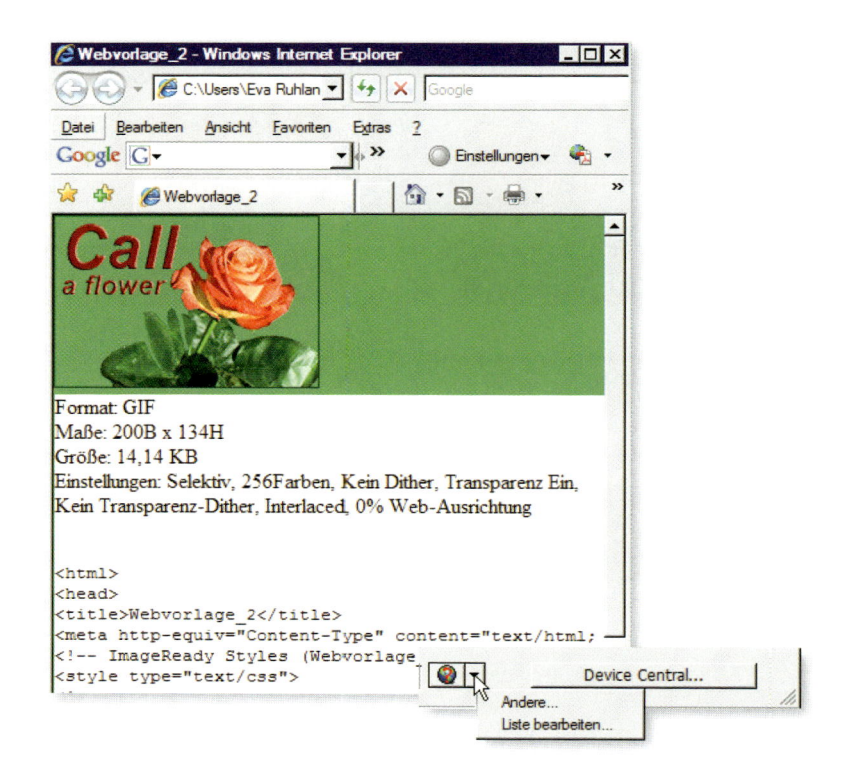

Schritt 5: Speicheroptionen

Die Einstellungen zum Speichern des GIF-Bilds sind recht einfach.

Wählen Sie einen geeigneten Ordner auf Ihrer Festplatte und vergeben Sie einen DATEINAMEN. Als DATEITYP nehmen Sie NUR BILDER (*GIF) und die EINSTELLUNGEN zeigen in diesem Fall die STANDARDEINSTELLUNGEN.

Das fertige GIF-Bild finden Sie im Ordner »Übungen« auf der DVD unter dem Namen »Webvorlage_2.gif«.

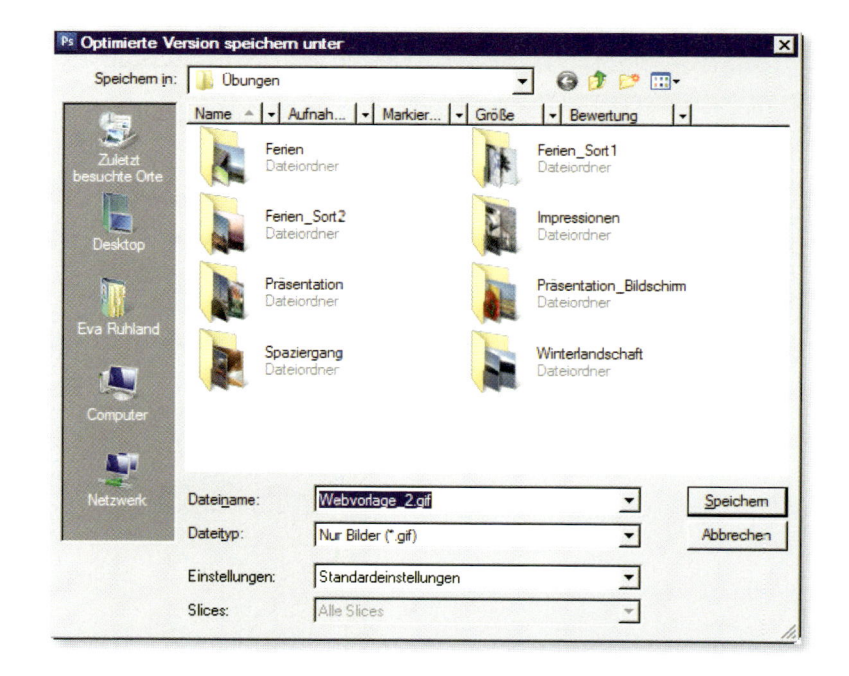

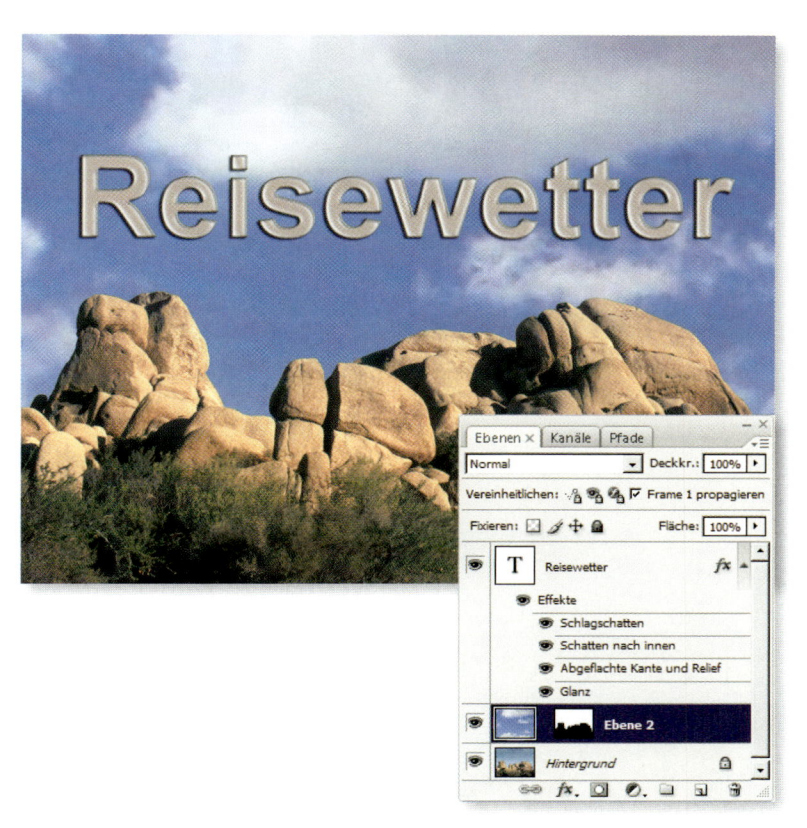

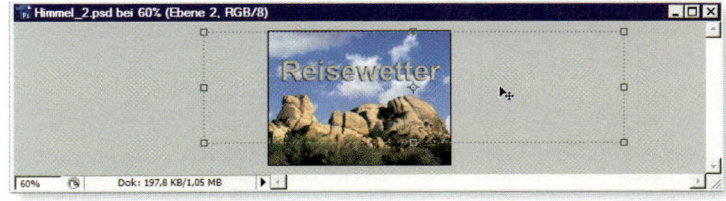

Übung 4 B: GIF-Animation

Schritt 1: Die Vorlage testen

Als Blickfang für die Introseite einer Homepage soll eine kleine Animation entstehen. Die Vorlage für diesen Trickfilm kennen Sie vielleicht noch aus der Übung 2 in Kapitel 6, in der ein neuer Wölkchenhimmel eingefügt wurde, wobei die Felsen mit einer Ebenenmaske ausgespart wurden.

Allerdings haben wir für die Filmversion noch einen Text hinzugefügt und das Bild bereits auf webgerechte 300 x 225 Pixel verkleinert.

Öffnen Sie die Datei »Himmel_2.psd«. Der Himmel ist, wie auch in der Vorgängerversion, noch wesentlich größer, als es die Dokumentbegrenzung zeigt. Wie groß aber ist er genau?

Klicken Sie in der Ebenenpalette auf die Miniatur des Himmels. Dann wählen Sie das Verschieben-Werkzeug per Taste [V] und aktivieren in der Optionsleiste die TRANSFORMATIONSSTEUERUNGEN.

Prompt sehen Sie die gestrichelte Umrisslinie des Himmels mit Anfassern. Sie können die Fläche an den Anfassern z.B. schmaler ziehen, um mehr Wolken ins Bild zu holen oder die gesamte Fläche mit gedrückter Maustaste ein Stück verschieben, um einen anderen Ausschnitt zu sehen.

Damit stehen die Zeichen gut, rasch eine simple kleine Animation der wandernden Wolken zu erstellen. Setzen Sie die Himmelsfläche dafür wieder an die Ausgangsposition links oben.

Schritt 2: Die Animationspalette aufrufen

Mit dem Befehl **Fenster: Animation** wählen Sie die Animationspalette. Sie zeigt als ersten Frame die Ebenenmontage an.
Hinweis für Benutzer von Photoshop CS3 Extended: Entspricht das Aussehen der Animationspalette nicht dem, was Sie hier im Buch sehen, sondern sehen Sie blaue Balken? Per Klick auf die Taste rechts unten wechseln Sie zur Frame-Animation.

Übungen zu Dateiformaten

Schritt 3: Den Frame duplizieren

Im Menü der Animationspalette wählen Sie nun den Befehl **Frame kopiere**n und danach **Frame einfügen**. Mit der Option NACH AUSWAHL EINFÜGEN erscheint die Kopie als zweiter Frame in der Animationsleiste.

Schritt 4: Den zweiten Frame verändern

Achten Sie darauf, dass die EBENE 2 in der Ebenenpalette aktiviert ist. Mit dem Verschieben-Werkzeug ziehen Sie nun den Himmel im Bild möglichst weit nach links. Die Wolkenformation ändert sich. Sie können den Himmel alternativ auch mit den Pfeiltasten der Tastatur bewegen. Klicken Sie zum Test auf den ersten Frame. Er zeigt nach wie vor den ursprünglichen Wolkenausschnitt.

Schritt 5: Neue Zwischenbilder

Wählen Sie in der Animationsleiste den zweiten Frame aus und drücken Sie auf TWEENING, um weitere Animationsframes hinzuzufügen.

Geben Sie für DAZWISCHEN EINFÜGEN VORHERIGER FRAME an und tippen Sie als Anzahl der HINZUZUFÜGENDEN FRAMES 5 ein. Wählen Sie ALLE EBENEN und aktivieren Sie sämtliche PARAMETER. Nach dem OK hat Photoshop zwischen dem ersten und letzten Bild fünf Zwischenbilder eingefügt und dabei die Wolken schrittweise wandern lassen.

Für die folgende Einstellung der Standzeiten klicken Sie mit gedrückter ⇧-Taste auf den ersten und letzten Frame, um alle Bilder auszuwählen.

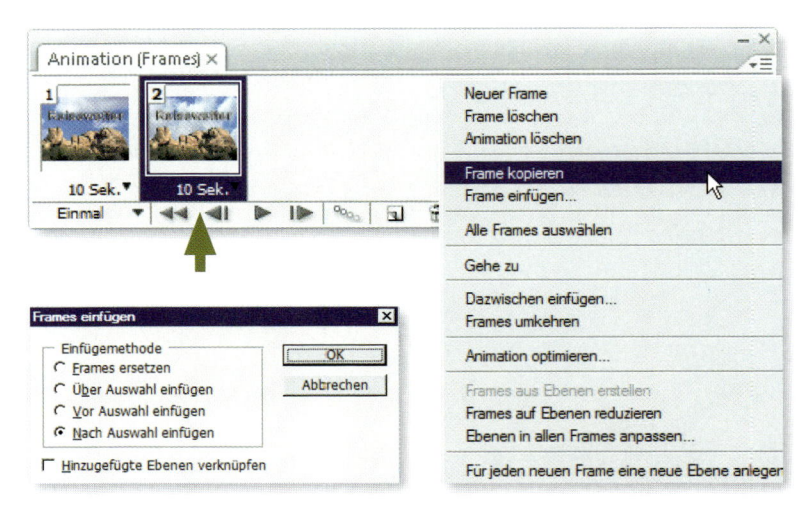

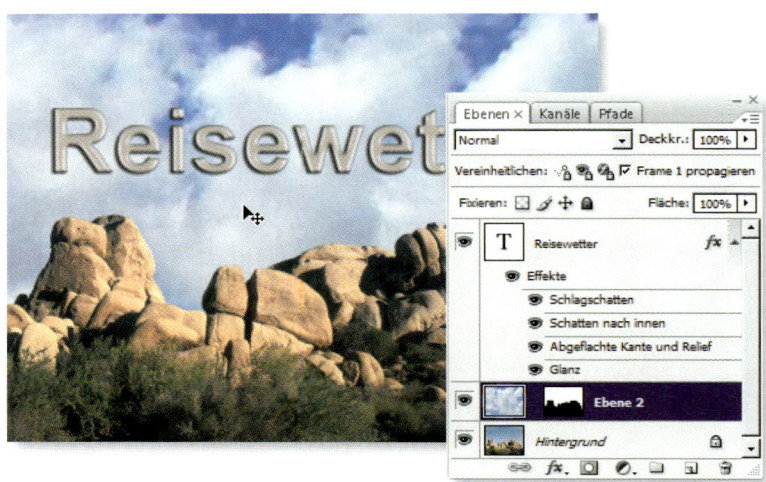

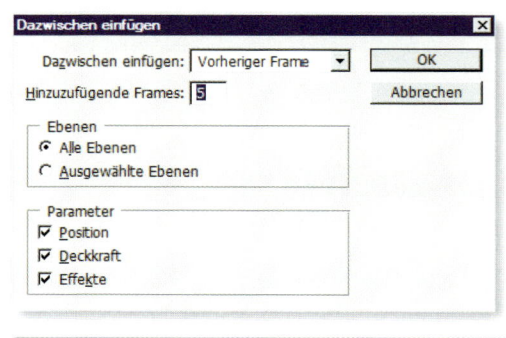

Übung 4 B: GIF-Animation

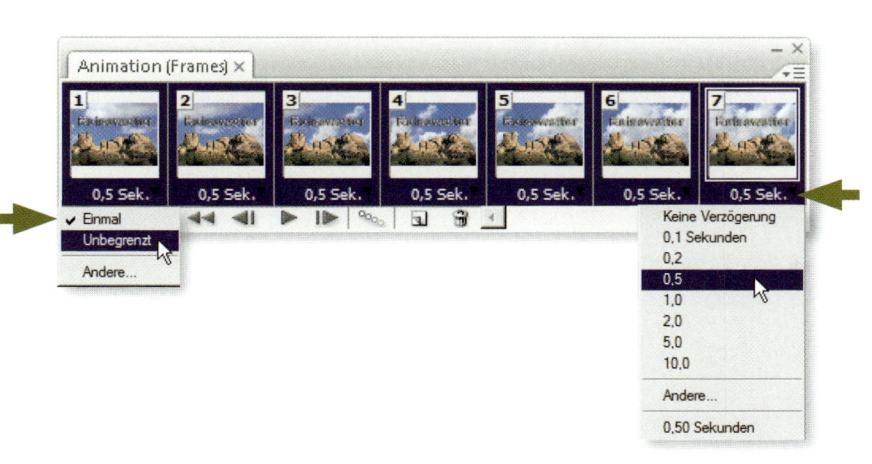

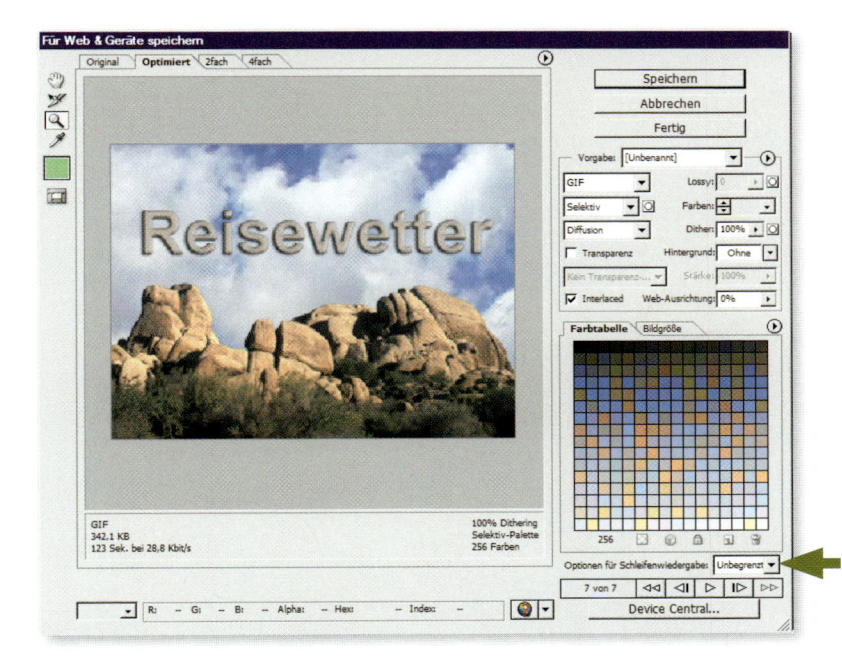

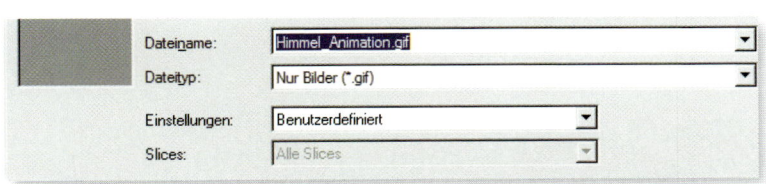

Schritt 6: Standzeiten und Durchläufe festlegen

Um alle ausgewählten Frames in der gleichen Geschwindigkeit abzuspielen, klicken Sie auf die Zeitangabe irgendeines Bilds und wählen zwischen vorgegebenen Standzeiten oder eigenen Angaben per ANDERE. Mit 0,5 Sekunden Dauer bewegen sich die Wolken angemessen, ohne mit flackernder Sturmgeschwindigkeit über den Monitor zu jagen.
Damit die Animation kontinuierlich läuft, wählen Sie als Option für die Schleife UNBEGRENZT aus. Testen Sie den Durchlauf nun mit Klick auf die Play-Taste ▶ und per VORSCHAU IM STANDARD-BROWSER.

Schritt 7: Die Animation zweifach speichern

Sie sollten die Animation unbedingt auf zwei verschiedene Weisen speichern:
einmal als PSD-Datei per **Datei: Speichern unter**, um die Frames jederzeit weiterbearbeiten zu können. Das andere Mal mit dem Befehl **Für Web und Geräte speichern**, um den Trickfilm im GIF-Format für den Einsatz im Internet zu optimieren.

Ähnlich wie für den Freisteller in Übung 4 A wählen Sie das Format GIF mit der Farbreduktion SELEKTIV und 100% Diffusions-Dithering. Auf die TRANSPARENZ können Sie hier verzichten, ebenso wie auf eine Farbe für den HINTERGRUND, also OHNE.

Achten Sie darauf, dass die OPTIONEN FÜR SCHLEIFENWIEDERGABE auf UNBEGRENZT stehen bzw. Ihren bevorzugten Einstellungen entsprechen. Dann speichern Sie die Animation wiederum mit dem DATEITYP NUR BILDER. PSD- und GIF-Version der Animation liegen im Ordner »Übungen« auf der DVD bereit unter: »Himmel_Animation.gif« und »Himmel_Animation.psd«.

Tipp
Öffnen Sie die gespeicherte GIF-Animation in Photoshop, wird nur ein einzelner Frame angezeigt. Speichern Sie erneut, ist die Animation verloren. Betrachten Sie die Animation im Browser.

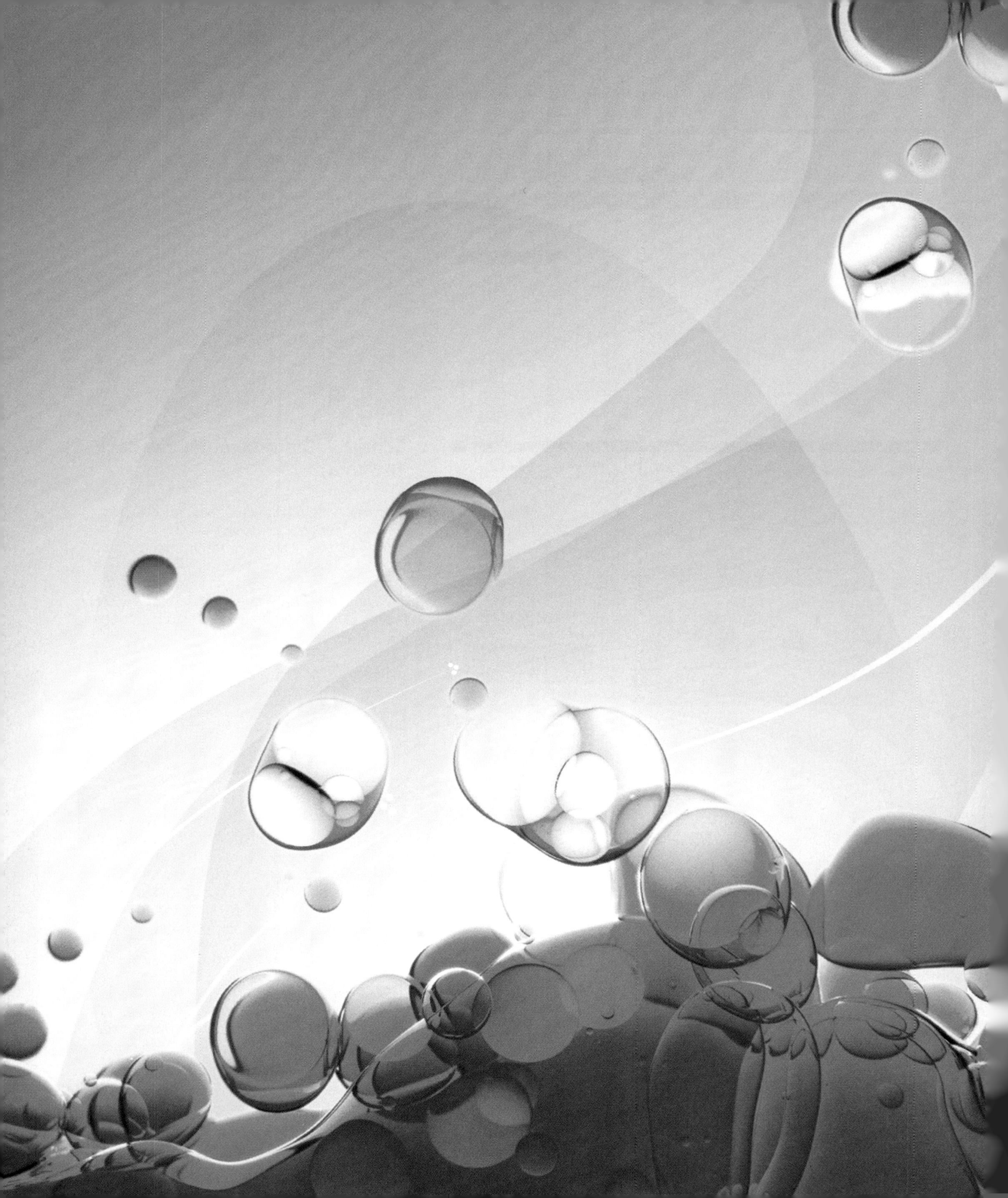

Index

Index

A

Alphakanal 278, 286
Animationspalette 311
Arbeitsfläche 97
Aufhellblitz 150
Ausbessern-Werkzeug 185, 188, 207
Auswahl
   Auswahl speichern 172
   Auswahl transformieren 107
   Auswahl umkehren 167, 221
   Auswahlrechteck-Werkzeug 172
   Farbbereich 171
   In die Auswahl einfügen 173
   Kante verbessern 244
   Lasso-Werkzeug 171
   Schnellauswahlwerkzeug 167
   Verkleinern 239
   Weiche Kante 267
Auswahlellipse-Werkzeug 205
Auto-Farbe 133
Auto-Kontrast 131
Auto-Tonwertkorrektur 130

B

Bereichsreparatur-Pinsel-Werkzeug 207, 215
Bikubisch schärfer 293
Bildgröße (Bild-Befehl) 101
   Auf Druckgröße reduzieren 110
   Bildgröße verringern 109
   Für E-Mail & Web 111
   Hochrechnen 112
   In DIN-Norm 113
Bildprozessor (Datei-Befehl) 298
Bildrauschen 201
Bildschirmpräsentationen 297
Bridge
   Arbeitsbereich optimieren 24
   Beschriftungen 27
   Dateiinformationen 41, 44
   DNG-Konvertierungseinstellungen 17
   Einzelne Fotos verschieben oder kopieren 23
   Favoriten verwalten oder löschen 24
   Favoriten zuweisen 23
   Foto-Downloader 14
   Fotos drehen 27
   IPTC-Einträge vornehmen 42
   Kontaktabzug 47
   Kontaktabzug, Ebenenmontage 49
   Metadaten anhängen 45
   Metadaten bearbeiten 40
   Metadaten löschen 45
   Metadatenfenster 41
   Metadatenvorlage 43
   Navigation 20
   Ordner kopieren 22
   Paletten anordnen 25
   Sortieren 33
   Sortieren, manuell 34
   Stichwörterpalette 37
   Stichwort entfernen 39
   Stichwort neu anlegen 38
   Stichwort suchen 39
   Stichwort vergeben (IPTC-Technik) 36
   Umbenennen (Stapelverarbeitung) 34
   Umbenennen von Hand 35
   Wegweiser 21
   Wertungen (Sterne) 29

C

Camera Raw
   Belichtung 64, 65
   Dateibenennung 274
   Digital Negative-Format 274
   Einstellungen in XMP exportieren 274
   Farbton 62
   Freistellungswerkzeug 59
   Fülllicht 64, 67
   Gerade-ausrichten-Werkzeug 59
   Gradationskurve 61, 68
   HDRI 65
   Histogramm 57
   HSL-Einstellungen 63, 64
   JPEG- und TIFF-Dateien öffnen 58
   Kamerakalibrierung 70
   Kameraprofil sichern 71
   per XMP optimieren 273
   Rauschreduzierung 67
   Raw-Datei öffnen 58
   Raw-Dialog im Überblick 57
   Retuschierwerkzeug 69
   Rote Augen korrigieren 61
   Sättigung 63
   Scharfzeichnen 67
   Speicheroptionen 65
   Stapelverarbeitung 275
   Vignettierung entfernen 70

Index

Vorgaben-Sets speichern 71
Weißabgleich 59, 62
CMYK-Arbeitsfarbraum 281, 285

D

Dateinamen 272
Digitalkamera 58
DIN-Formate 227
Direktauswahl-Werkzeug 247
DNG 274
Druckgröße 277, 292

E

Ebenen
   Auf Hintergrundebene reduzieren 288
   Deckkraft 213, 241
   Duplizieren 137
   Ebene duplizieren 208
   Ebenenmaske bearbeiten 149
   Ebenenmaske erstellen 146
   Effekt: Kontur 53
   Einstellungsebene 144
   Einstellungsebene auf andere Bilder übertragen 148
   Einstellungsebene Farbton/Sättigung 146
   Einstellungsebene Helligkeit/Kontrast 148
   Füllmethode 137
   Neue Füll- oder Einstellungsebene erstellen 145
   Neue Gruppe aus Ebenen 223
   Sichtbarkeit 139
Ebenenmaske 173
Ebenenmontage 278
EXIF-Daten 41

F

Farbbalance (Bild-Befehl) 83, 133, 143, 205
Farbbereich (Auswahl-Befehl) 282
Farbe ersetzen (Bild-Befehl) 282
Farbprofil 286
Farbton/Sättigung (Bild-Befehl) 134, 146, 167, 213
Farbumfang-Warnung 281
Farbwähler 158, 282
Fluchtpunkt 231
Fotoabzug 291
Frei transformieren (Bearbeiten-Befehl) 178, 233

Freistellen 92
Freistellungswerkzeug 93, 98, 100, 105, 291
Für Web und Geräte speichern (Datei-Befehl) 302, 308, 313

G

Gaußscher Weichzeichner (Filter-Befehl) 218, 278
GIF mit Transparenz 307
GIF-Animation 311
GIF-Dateiformat 306
Gradationskurven (Bild-Befehl) 141, 156
   Beschneidungen prüfen 159
   Kurven-Anzeigeoptionen 157
   Lichter absenken 142
   Lichter aufhellen 163
   Mitteltöne setzen (Pipette) 142, 161
   Mittelwert und Weißpunkt zuweisen 158
   Schatten aufhellen 162
   Schwarzpunkt bestimmen 158
   Schwarzpunkt festlegen (Pipette) 160
   Tonwertspreizung 141
   Weißpunkt wählen (Pipette) 160

H

HDRI 262
HDRI-Montage von zwei Quellbildern 266
HDRI-Motiv 264
Helligkeit/Kontrast 131, 145
Hintergrund entfernen 278
Histogramm 129, 141, 151, 283

J

JPEG-Dateiformat 290

K

Kanäle 278, 281, 286
Kontaktabzug 47
   Ebenenmontage 49
Kopierstempel-Werkzeug 99, 186, 209, 212, 215, 217

Index

L

Lasso-Werkzeug 210
Lichter 141, 157
Lineale 177
Linealwerkzeug 97

N

Nachbelichter-Werkzeug 187

P

Pano2QTVR 261
Panorama 256
Panoramabild manuell zusammensetzen 260
Panoramen mit QuickTime VR (interaktiv) 261
Perspektive korrigieren per Freistellungswerkzeug 95
Pfade
   Arbeitspfad 247
   Arbeitspfad erstellen 244
   Korrekturebene 251
   Neuer Pfad 250
   Per Auswahl 243
   Pfad speichern 244
   Punkt-umwandeln-Werkzeug 250
   Vektormaske 245
   Zeichnen 248, 249
Photomerge 258, 266
Pinsel-Werkzeug 146, 221, 222
Polygon-Lasso-Werkzeug 213, 220
Proof einrichten 281
Protokoll 219
Protokoll (Fenster-Befehl) 188
Protokollpinsel-Werkzeug 135, 169, 219, 220
PSD-Format 277

R

Radiergummi-Werkzeug 139, 221
Raster 231
Rauschen 201
   reduzieren 191
   reduzieren (pro Kanal) 193
Rauschfilter (Filter-Befehl) 191
Raw-Dateien 55, 273
Reparatur-Pinsel 208, 216

Retusche 287
   Kratzer beseitigen 85
   Scan reinigen 78
   Störende Objekte entfernen 184
   Porträts 203
RGB 287
Rote-Augen-Werkzeug 205

S

Scans
   Auflösung und Druckgröße 77
   Ausgeblichene Fotos auffrischen 87
   Automatisieren: Fotos freistellen und gerade ausrichten 75
   Druckraster verringern 76
   Farbstich entfernen 83
   Filter gegen Raster 77
   Generelle Hinweise 74
   Kratzer beseitigen 85
   Nachbelichten 84
   Rauschen reduzieren 80
   Reinigen 78
   Smartfilter 89
   Vignettierung 80
Scharfzeichnungsfilter: Unscharf maskieren 195
Schnellauswahl-Werkzeug 243, 255
Schwarzweiß
   Graustufen (Bild-Befehl) 253
   Schwarzweiß (Bild-Befehl) 253
Seitenverhältnis 291
Selektiver Scharfzeichner 196
   Lichter 200
   Tiefen 199
Skalieren (Bearbeiten-Befehl) 173
Smart Objekte 118
   Auf Originalgröße umrechnen 124
   Ersetzen 123
   In Smart Objekt konvertieren 120
   Skalieren 122
   Transformieren 120
   Vergrößern 125
Smartfilter 89, 125
sRGB 294
Stile 238

T

Textfunktionen
   Absatz 227

Fluchtpunkt 231
Formatieren 232
Fülloptionen 235
Horizontal skalieren 229
Horizontales Textwerkzeug 227
Laufweite 229
Schnittmaske erstellen 229
Stile 238
Texteffekte 228, 241
Verkrümmen 228
Vertikal skalieren 237
Zeilenabstand 232
Tiefen/Lichter 87, 151
  auf andere Fotos übertragen 155
TIFF-Dateiformat 280
TIFF-Speicheroptionen 289
Tonwertkorrektur 130, 132, 134
Transformieren (Bearbeiten-Befehl) 173

U

Überbelichtung 136, 140
Unscharf maskieren 194
Unterbelichtung 128, 139, 145, 150, 156

V

Verlauf erstellen 175
Verlaufswerkzeug 174
Verschieben-Werkzeug 245
Verzerrungsfilter (Filter-Befehl) 240
  Objektivkorrektur 181
  Wölben 179
Vollbildmodus 300

Z

Zeichenstift 247
Zoomstufe 197
Zoom-Werkzeug 21, 195, 205
Zu HDR zusammenfügen 268

Unser Prachtstück!

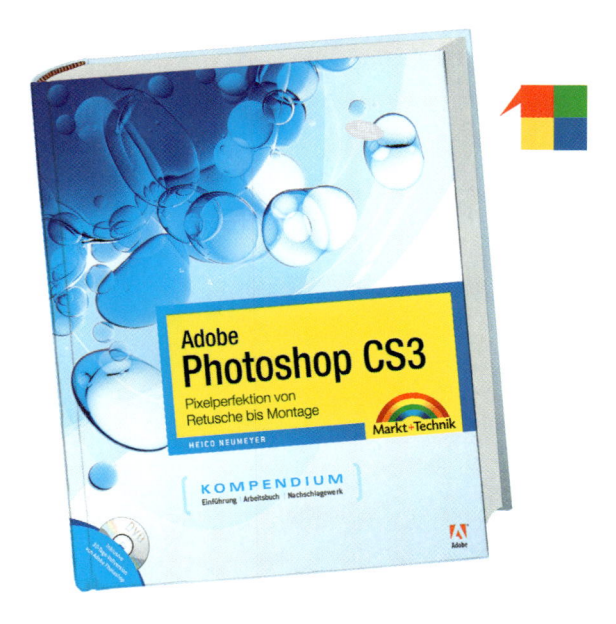

Das seit langem zum Standardwerk etablierte Kompendium ist die umfangreichste Photoshop-Wissens-Ressource und erscheint komplett überarbeitet mit vielen neuen Bildbeispielen in neuem Gewand. Neue Tipps und Tricks für Digitalfotografen berücksichtigen die aktuellen Trends, so etwa Raw-Entwicklung, HDR, Smart Filter und alle Neuheiten der Version CS3. Sie erhalten den gesamten Photoshop-Funktionsumfang - versehen mit einer Vielzahl von Tricks und Kniffen aus der langjährigen Praxis des Autors. Das komplett in Farbe gestaltete Buch lädt ein zum Stöbern, Entdecken, Ausprobieren und Nachschlagen: der „Brockhaus" für Photoshop!

Heico Neumeyer
ISBN 978-3-8272-4252-5
39.95 EUR [D]

Sie suchen ein professionelles Handbuch zu wichtigen Programmen oder Sprachen? Das Kompendium ist Einführung, Arbeitsbuch und Nachschlagewerk in einem. Ausführlich und praxisorientiert.

Mehr auf www.mut.de

Markt+Technik

informit.de, Partner von Markt+Technik, bietet aktuelles Fachwissen rund um die Uhr.

www.informit.de

In Zusammenarbeit mit den Top-Autoren von Markt+Technik, absoluten Spezialisten ihres Fachgebiets, bieten wir Ihnen ständig hochinteressante, brandaktuelle deutsch- und englischsprachige Bücher, Softwareprodukte, Video-Trainings sowie eBooks.

wenn Sie mehr wissen wollen …

www.informit.de